Henryk Nerlich Jan 1 Feb. 04

Der Filmminister

Felix Moeller

Der Filmminister

Goebbels und der Film im Dritten Reich

Mit einem Vorwort von Volker Schlöndorff

Henschel Verlag Berlin 1998

Die Deutsche Bibliothek - CIP-Einheitsaufnahme

Moeller, Felix:
Der Filmminister : Goebbels und der Film im Dritten Reich / Felix Moeller. Vorw. von Volker Schlöndorff. – Berlin : Henschel, 1998
ISBN 3-89487-298-5

Einbandgestaltung: Konstantin Buchholz, Hamburg
Titelbild: Joseph Goebbels bei den Dreharbeiten zum Ufa-Film PREUSSISCHE LIEBESGESCHICHTE (1935), AKG photo, Berlin
Rückseite: KOLBERG (1945), Archiv Stiftung Deutsche Kinemathek, Berlin
Gestaltung und Satz: AS Satz & Grafik, Berlin
Lektorat: Jürgen Bretschneider
Druck: Wiener Verlag, Himberg
Printed in Austria

ISBN 3-89487-298-5

Gedruckt auf alterungsbeständigem Papier mit chlorfrei gebleichtem Zellstoff.

Inhalt

Vorwort

von Volker Schlöndorff

Der deutsche Film hat, vereinfacht gesagt, zwei Ursprünge: Der eine ist der Stummfilm, wie ihn Friedrich Wilhelm Murnau, Fritz Lang, der frühe Ernst Lubitsch und andere schufen. Auch das war Unterhaltungsfilm, aber mit einem großen ästhetischen Anspruch an die neue, die siebte Kunst. Offen für alle gesellschaftlichen Strömungen der Zeit, für die politischen und technischen ebenso wie für die Tendenzen in der Malerei, Literatur und Musik der Zwanziger. Auf diese nur etwa zehn Glanzjahre des Stummfilms beruft sich jeder Versuch einer Renaissance des deutschen Kinos. Insbesondere der junge oder Neue Deutsche Film der sechziger und siebziger Jahre versuchte die Brücke zu schlagen in diese glorreiche Vergangenheit. Ebenso gingen alle Bestrebungen der DEFA, sich in die Filmgeschichte einzureihen, immer von der realistischen Schule der zwanziger Jahre aus.

Die andere Tradition des deutschen Films ist die Unterhaltung pur, verkürzt Ufa-Film genannt, deren Konstante von den dreißiger Jahren bis heute im konsequenten Ausgrenzen ästhetischer und gesellschaftlicher Entwicklungen liegt. Diese unsägliche Art des Kinos ist von Goebbels mit der ganzen Macht des nationalsozialistischen Apparates so radikal durchgesetzt worden, daß sie bis in die bleierne Adenauer-Ära weiterwirkte, und auch heute sind die Erben dieses Genres die beliebtesten Unterhalter des deutschen Publikums.

Kann es sein, daß ein Propagandaminister weit über sein ruhmloses Ende hinaus den Publikumsgeschmack so nachhaltig geprägt hat – oder war Goebbels selbst nur der deckungsgleiche Ausdruck dieser kleinbürgerlichen, jedem Kunstwillen und jeder Gesellschaftskritik feindlichen Haltung?

Unter der Führung des Propagandaministers wird von den Nazis und deren Helfern ein Deutschland erfunden, das sich auf mystische

Ursprünge beruft und aus einem Mischmasch von Germanentum, Märchen und Sagen besteht – unter Aussparung aller historischen Fakten. Die vaterländischen Werte der nationalsozialistischen Ideologie werden zeitlich in die Vergangenheit rückprojiziert und räumlich nach Norden und Osten weit über die Grenzen Deutschlands behauptet, und zwar so nachhaltig, daß es im Bodensatz unseres kollektiven Bewußtseins immer noch köchelt.

Goebbels hat – ob allein oder als Katalysator des Zeitgeistes – das Bild der Deutschen von sich und ihrem Land so geprägt wie Hollywood das Bild von der grenzenlosen Freiheit des Individuums, das die demokratischen Werte in den weiten Landstrichen des Wilden Westens oder den engen Straßenschluchten der Großstadt notfalls mit dem Colt durchsetzt. Es ist nicht auszuschließen, daß Goebbels diese Strömungen nur wahrgenommen und kanalisiert hat, daß sie jedoch ohnehin existiert haben und es womöglich noch immer tun. So schlagen manche Autoren ja die Brücke vom Totenkult der Nazis bis zur Todessehnsucht der deutschen Romantik und dem »mitten im Leben vom Tode umfangen« der Reformation. Zynischste Bemerkungen, wie etwa Görings Satz »Soldaten sind zum Sterben da« oder Verweise auf Sparta und den von den Spartanern mit Stolz ertragenen Tod angesichts Hunderttausender in Stalingrad sinnlos hingemetzelter Soldaten, sind von unserem Volk ohne offenen Widerstand hingenommen worden. Ähnlich todessehnsüchtiges Gebräu findet sich auf Schritt und Tritt in den Melodramen des »reinen« Unterhaltungsfilms.

Glaubt man Goebbels' Tagebüchern, hatte er als der große Mephistopheles alles fest in der Hand. Noch bevor er Propagandaminister wurde, war er wohl schon der erste moderne Wahlkampfmanager. Zwar konnte er noch keinen unmittelbaren Einfluß auf die Presse, die Wochenschau und das Radio ausüben, aber er erkannte, daß es genügt, ein großes Spektakel zu bieten, um in der Berichterstattung aufzufallen. »Medienwirksame Ereignisse schaffen« nennt man das heute. Das Bild eines Fackelzuges, eines machtvoll inszenierten Aufmarsches, eines strahlenden Frauengesichtes, eines Kindes mit Blumenstrauß wird von den Medien gerne weiterverbreitet und kann auf diese Weise mehr bewirken als jedes politische Programm. Das Bild der heilen deutschen Welt ist schon das Programm. In Kriegszeiten muß es nur ausgetauscht werden gegen das Bild einer heroischen Welt, schlußendlich vor dem Hintergrund ihres Untergangs.

Von Tagebucheintragung zu Tagebucheintragung wird immer deutlicher, wie das Aussparen der gesellschaftlichen Wirklichkeit und der Geschichte mit all ihren Widersprüchen zum Grundsatz der Informationspolitik wie auch der Unterhaltung wurde. Diese Unterhaltung, angesiedelt in der Kunstwelt der Traumfabrik, war an sich schon ideologisch, obendrein sollte sie jedoch oft noch spezifische politische Botschaften verkaufen. Daraus ergaben sich Widersprüche. Das Publikum spürte die Absicht und blieb fern, denn auch Goebbels konnte es nicht in seine Filme zwingen. Er mußte es verführen wie jeder Hollywood-Produzent auch. Daher analysiert er in seinem Tagebuch die Besucherzahlen und ist bestrebt, Wege zu finden, damit das, was die Leute sehen *wollen*, auch das ist, was sie sehen *sollen*. Zuallererst muß er konstatieren: Die Zuschauer verlangen nicht gerade nach dem Politischen. Wäre es ihm also nur um den Erfolg an der Kasse gegangen, hätte er es bei der Unterhaltung pur belassen können. Aber er sah sich ja als Missionar der nationalsozialistischen Ideologie, und in seinen Augen sollte gerade der Film Vorkämpfer der nationalen Kultur sein.

Goebbels Aufgabe war es nun einmal, Propaganda zu machen. Wenn zum Beispiel das Volk die Vernichtung des »unwerten Lebens« nicht billigte, er es aber für das »Euthanasieprogramm« der Nazis einnehmen sollte, versuchte er mit Argumenten und Emotionen einen Stimmungsumschwung herbeizuführen. Das Publikum im Kino mißtraute einer Sache aber desto mehr, je nationalsozialistischer gefärbt sie dargestellt war. In ICH KLAGE AN läßt Goebbels schließlich Szenen, in denen Hakenkreuzfahnen vorkommen (unvermeidlicherweise im Gerichtssaal), nachdrehen. So verzichtete der Propagandaminister paradoxerweise in den meisten deutschen Filmen auf das wohl prominenteste NS-Symbol, doch nur, weil er sich dadurch die geeignetere Werbung für seine politischen Ziele versprach. Wenn die Zuschauer dem rein Politischen, das als solches erkennbar war, eher reserviert begegneten, dann mußte er eben immer wieder nach Mitteln und Wegen suchen, um es ihnen unmerklich unterzujubeln. Nur selten trat der Fall ein, wo Ideologie und Publikumsgeschmack (auch gesundes Volksempfinden genannt) sich deckten, dann konnte sogar ein Propagandafilm wie JUD SÜSS zum Kassenschlager werden.

Tatsächlich ist sich Goebbels des Zuspruchs des deutschen Publikums sicherer als der Unterstützung durch die Künstler. Er mußte erkennen, daß Kunst nicht nur von Können kommt, wie er es sich wünschte, sondern auch von Inspiration. Diese wiederum läßt sich nicht erzwingen, sie resultiert aus der Wahrhaftigkeit der Aussage und der Integrität des Künstlers. Viele Nazikünstler glaubten zwar an ihre Sache, wie auch Eisenstein, Pudowkin, Renoir oder Rossellini an den Kommunismus glaubten. Aber der immerwährende Kampf für Freiheit, Gleichheit und Brüderlichkeit ist eine treibende Kraft aller Gesellschaften und inspiriert entsprechend stärker als jede verlogene, zynische, destruktive Ideologie. Die Werte des Faschismus sind hohl und falsch, weshalb seine »Künstler« auch nur propagandistisches Kunstgewerbe hervorbringen. In diesem Sinne könnte man an der Kunst die Wahrheit manch einer gesellschaftlichen Ordnung ermessen. Zu einer solchen Erkenntnis gelangte Goebbels natürlich nicht, er fischte im Trüben emotionaler Assoziation – wie er ja auch die deutschen Künstler als »Schöpfer« sah, die aus den dunklen, tiefen Quellen des deutschen Genius' schöpften.

In seinen Tagebüchern spricht er darüber mit erstaunlicher Offenheit. Seine Eitelkeit ist der größte Feind der Geschichtsfälschung, die er anstrebt. Er kann einfach nicht umhin, seine Eingriffe und Manipulationen mit dem Stolz des erfolgreichen Machers auszubreiten. Geradezu weinerlich kommt er auf seine Niederlagen zu sprechen. Ebenso wie Hitler verzweifelt er oft am deutschen Volk. Letztlich ist sein Glaube an die Brauchbarkeit des Spielfilms als Mittel der Propaganda (immer wieder zitiert er das erfolgreiche Beispiel PANZERKREUZER POTEMKIN) stark erschüttert worden, und er hat sich mehr und mehr der Wochenschau zugewandt. Deren Dokumente geben sich objektiv, sind jedoch tatsächlich reine Fiktion, für die der Propagandaminister vom Gegenlicht bis zur dramatischen Kameraperspektive die Technik der Herstellung genau vorgeschrieben hat. Da es die einzigen Bilder der Zeit sind, werden sie heute wieder und wieder benutzt und analysiert, und zwar so, als ob es objektive Dokumente wären. Hitler hat ganz Deutschland und einen großen Teil der Welt zerstört. Er hat ›nur‹ Ruinen hinterlassen. Goebbels Erbe dagegen wirkt weiter: durch die Wochenschaubilder und die Spielfilme, die propagandistischen ebenso wie jene, die der reinen Unterhaltung verschrieben sind und die doch alle ein verzerrtes, wirklichkeitsfremdes Bild unseres Landes, unserer Gesellschaft und unserer Geschichte fortschreiben.

Folglich fasziniert Goebbels heute – zumindest die Medienmacher – mehr als Hitler. Niemand hat je eine so ausschließliche Macht über alle in seiner Zeit existierenden Medien besessen, und nie hat ein Verantwortlicher seine Aufgabe mit dieser Leidenschaft (eines verhinderten Künstlers) betrieben. Heute ist der Einfluß der Medien auf unser Leben noch unendlich viel größer als in den dreißiger Jahren, und deshalb ist die vorliegende Studie über einen derart Besessenen von größtem Wert, zumal dieser Besessene seine Macht über die Medien nicht nur radikal genutzt, sondern auch noch täglich – und zwar über 20 Jahre hinweg mindestens eine Stunde – darüber Buch geführt hat.

Speziell für uns Deutsche und Europäer ist dabei von pikanter Aktualität, daß Goebbels nicht nur allgemeingültige Regeln für den Verkauf von Politik in den Medien aufstellte, sondern ebenso Patentrezepte zur Herstellung von Unterhaltung pur. Schließlich sann er über Strategien nach, wie der künstlerischen, handwerklichen und wirtschaftlichen Überlegenheit des amerikanischen Films zu begegnen wäre, denn mehr noch als PANZERKREUZER POTEMKIN liebte er VOM WINDE VERWEHT. Diese Art der melodramatischen Geschichtsbewältigung wünschte er sich auch von den deutschen Autoren und Regisseuren. Die waren alle guten Willens, sie mühten sich redlich, und der Minister führt sie in seinen Eintragungen alle namentlich an, was der vorliegenden Studie zusätzliche Brisanz verschafft.

Goebbels verstand es meisterhaft, die von ihm gewünschten und gebrauchten Stars – ob Schauspieler oder Regisseure – mit den verschiedensten Angeboten und Methoden zu ködern. Wie Felix Moeller im einzelnen belegt, reichte die teils simple, teils raffinierte Vorzugsbehandlung von Propagandaaufträgen, Traumgagen und Steuervorteilen über die Vergabe von Theaterintendanzen, Orden und Ehrenzeichen bis hin zu Empfängen bei Staats- und Parteigrößen oder den begehrten Freistellungen vom Wehrdienst. Für manche auch unverfroren begünstigter Luxus durch arisierte Villen und Autos oder stetig steigender Ruhm als gehätschelte Volkslieblinge. Kaum einer der Künstler hat diesen Verführungen widerstehen können, was in den fünfziger Jahren übrigens nur die wenigsten daran hinderte, erneut Karriere zu machen – trotz oder gerade wegen ihrer angeblich unpolitischen Weltanschauung. Das abschließende Kapitel über die Filmkünstler ist insofern nicht nur ebenso bestürzend wie amüsant, sondern es birgt darüber hinaus auch Stoff für viele mögliche Filme ...

Das Vermächtnis des Dr. G.

Am 22. April 1945 zog der NS-Propagandaminister Joseph Goebbels mit seiner Frau Magda und den fünf Kindern in den unterirdischen »Führer«-Bunker der Reichskanzlei, wo er sich und die Familie einen Tag nach Hitlers Selbstmord ebenfalls umbrachte.

Als Soldaten der Roten Armee Goebbels' Quartier im Bunker durchsuchten, fanden sie einige lose Blätter mit seinen letzten Tagebucheintragungen – versteckt unter Drehbüchern für neue Filmprojekte. Bis zum bitteren Ende hatte der Propagandist des Dritten Reiches – von Hitler noch zu seinem Nachfolger als Reichskanzler ernannt – Tagebuch geschrieben und Filmpläne entworfen.

I.

Die Tagebuchnotizen dokumentieren den Aufstieg des Dr. phil. Paul Joseph Goebbels vom erfolglosen Journalisten zu einem Politiker, dessen Machtfülle über den Film, das wohl prägendste Medium unseres Jahrhunderts, nach wie vor ein Phänomen ist. In anderen Diktaturen sucht man seinesgleichen vergebens. Höchstens der Filmfanatiker Josef Stalin, der manches Werk hundertmal gesehen haben soll, der gleichfalls Regisseure und Schauspieler persönlich aussuchte, kommt dem nahe. Viele Diktatoren des 20. Jahrhunderts, auch Hitler und Mussolini, waren ausgesprochene Filmliebhaber. Ein Mitglied der Staatsspitze jedoch, das noch Probeaufnahmen für Besetzungen von Nebenrollen prüfte, als die feindlichen Armeen bereits die Grenzen überschritten hatten – so etwas gab es nur in Deutschland.

Heute werden Hitler und Goebbels als »master showmen« (Eric Rentschler) bezeichnet: Ohne ihre Inszenierungsfähigkeiten, ohne die

Traummaschine des Films, so Rentschler, seien Tod und Zerstörung des Dritten Reichs unmöglich gewesen.

Goebbels selbst wird inzwischen nicht mehr so dämonisiert und in den Rang eines überirdischen Propagada-Genies erhoben wie noch in früheren Jahren. Doch auch wenn das schiefe und einseitige Bild von ihm als dem alles beherrschenden NS-»Filmdiktator« längst überholt ist, so lenkte er doch den »größten Kulturkonzern der Welt«, wie er sein Ministerium nach den heimlichen Aufkäufen von Radiostationen, Zeitungen, Filmstudios und Kinos in ganz Europa gerne nannte. Goebbels war »die Spitze eines gigantischen, in der Geschichte einmaligen Kontroll- und Manipulations-Apparates mit einer verblüffenden persönlichen Präsenz seines Chefs« (Wolf Donner).

Die unter Goebbels' produzierten Filme haben Publikumsmentalitäten und Massengeschmack bis weit in die Nachkriegszeit geprägt. Noch heute erzielen TV-Ausstrahlungen damals gedrehter Unterhaltungsfilme auf privaten wie öffentlich-rechtlichen Kanälen beträchtliche Einschaltquoten und es gibt regelmäßig Kritik, wenn in Fernsehdokumentationen über die NS-Herrschaft Originalmaterial aus den Wochenschauen verwendet wird. Goebbels und seine Kameraleute und Regisseure gingen zu perfekt zu Werke, »als daß nicht die Gewalt der Bilder auch noch heute ihre Verführungskraft hätte«.[1]

Das Goebbels-Portrait in der ZDF-Reihe »Hitlers Helfer« haben im Februar 1997 zur besten Sendezeit über sieben Millionen Zuschauer gesehen. Die Banalität des Bösen übt noch immer ihre Faszination aus, und auf Goebbels treffen wohl alle jemals über ihn verbreiteten Charakteristika auch tatsächlich zu – ein zynischer, gerissener, brutaler, intellektueller, besessener, haßerfüllter und über alle Maßen eitler Mann. Er war aber nicht nur der Erfinder des Führer-Mythos, das »Reichslügenmaul« oder der Einpeitscher des totalen Krieges, sondern er trieb ganz persönlich den Massenmord voran, wo er nur konnte. Ob es um die Deportation von Juden, die Erschießung von Streikenden in den besetzten Gebieten oder die Hinrichtung von unvorsichtigen Ufa-Angestellten ging, stets hatte Goebbels für das denkbar brutalste Vorgehen plädiert, und zwar selbst dann, wenn andere hohe Nazis nicht so weit gehen wollten: »Ich vertrete einen radikalen Standpunkt«, formulierte er allgemeingültig auf einer Konferenz nach der Reichspogromnacht.

Die Tagebücher Joseph Goebbels' sind eine Informationsquelle völ-

1 Elisabeth Bauschmidt in: *Süddeutsche Zeitung* vom 14.1.1997.

lig neuer Dimension. Als authentische und fast lückenlos überlieferte Aufzeichnungen aus dem inneren Kreis des NS-Machtapparates gelten sie als eines der wichtigsten Dokumente aus der Zeit der Nazi-Herrschaft. Gerade zur Filmpolitik des Dritten Reichs bietet das Tagebuch des Filmministers viel Neues, es birgt gleichermaßen aber gravierende quellenkritische Probleme, denn auch im Tagebuch bleibt Goebbels an vielen Stellen ein gewiefter Propagandist, der lügt, verfälscht, manipuliert, glättet. Seine Notizen ergeben kein wirkliches *journal intime*, sie sind kein »Beichtstuhlersatz«, und von einem »Fenster« zu Goebbels' und Hitlers geheimsten Gedanken kann man nur in den seltensten Fällen sprechen. Letzthin ist gar von kalkulierten »Inszenierungen für die Nachwelt« (Bernd Sösemann) die Rede. Handelt es sich also am Ende nur um eine stilisierte Selbstdarstellung des »Schirmherrn des deutschen Films« als Chef einer reibungslos laufenden Propagandamaschine?

Zumindest läßt sich durch diese Tagebücher, in denen Pläne und Absichten ausgebreitet werden, das Auseinanderklaffen von Anspruch und Realität vortrefflich erkennen, und so lassen sich die Ergebnisse der NS-Filmpropaganda an Goebbels' eigentlichen Zielen messen, sofern diese nicht von vornherein nur rhetorisch und unrealistisch formuliert waren.

Ein erhebliches Maß an Quellenkritik ist also erforderlich, um dem »Minister of illusion« auf die Spur zu kommen, seine Motive zu ergründen und echte Informationen von Schönfärberei zu trennen. Ansonsten würde man nur die Fehler jener filmgeschichtlichen Literatur wiederholen, die Goebbels-Zitate unreflektiert und als bloße illustrative Einsprengsel verwendet. Was aber wirklich entstehen soll, ist nicht mehr und nicht weniger als eine historiographische Rekonstruktion nationalsozialistischer Filmpolitik anhand sämtlicher über die Tagebücher hinaus verfügbarer Quellen und Dokumente. Goebbels setzt thematisch die Akzente, aber es muß jederzeit klar werden, was er verschweigt, unterschlägt, manipuliert.

»Sieht heute ein Nationalist den Film ›Panzerkreuzer Potemkin‹, dann ist er in Gefahr Kommunist zu werden, weil der Film so gut gedreht ist«[2], sagte Goebbels 1933. Der Regisseur Billy Wilder, der nach

2 Rede vom 25.3.1933 vor Intendanten und Direktoren der Rundfunkgesellschaft. In: Helmut Heiber (Hrsg.), *Goebbels-Reden 1932-1939*, Düsseldorf 1971, S. 94. Bei früheren Gelegenheiten sprach Goebbels durchaus nicht nur von einem Nationalisten, sondern gar von einem Nationalsozialisten.

dem Machtantritt der Nazis Deutschland verließ und über Frankreich in die USA ging, war der gleichen Meinung: »Wer den ›Panzerkreuzer Potemkin‹ gesehen hat, ist wenigstens einen Moment lang Kommunist«.[3]

Nur auf den ersten Blick verblüffen die Parallelen zu heute und die Aktualität einiger Goebbelsscher Bemerkungen. Viele Probleme der Identität des europäischen Films klingen heute, wenn auch unter ganz anderen Vorzeichen, nicht viel anders als zu Goebbels' Zeiten. Der Propagandaminister beschwor die »Auseinandersetzung mit dem amerikanischen Film« (22.7.1941) und rief dazu auf, »daß die europäischen Länder sich für diese Konkurrenz rüsten«. »Wenn ein Amerikaner einen deutschen Film anschaut, dann will er nicht einen Film sehen, der ebensogut in Amerika hätte gedreht werden können. Wenn er einen deutschen Film sehen will, dann will er das typisch Deutsche sehen«, meinte Goebbels 1933. 1997 schrieb der Filmkritiker Michael Althen in der *Süddeutschen Zeitung*: »Wer einen französischen Film ansieht, sucht ja nicht das allgemein Europäische, sondern das speziell Französische.«

Wenn Goebbels damals über mißlungene Filme klagte: »Man fragt sich verzweifelt: Welcher Dramaturg hat dieses gänzlich unzulängliche Manuskript geprüft und durchgehen lassen?«, kommen einem nicht heute sehr oft ähnliche Gedanken? Wie sich zeigen wird, war Goebbels in künstlerischer Hinsicht mit seinen an der Kinokasse erfolgreichen Produkten selten zufrieden. Im gleichen Tenor klagen heute Filmkritiker über den zwar kommerziell, aber künstlerisch wenig überzeugenden deutschen Film: »Wollt ihr den totalen Film, wollt ihr ihn womöglich noch totaler und deutscher als ihr ihn euch überhaupt vorstellen könnt?«, fragte Andreas Kilb 1997 in der *Zeit* mit Blick auf eine wieder höchst selbstbewußte Branche, die mit neudeutschen Unterhaltungsfilmen Millionenumsätze macht. Je erfolgreicher der deutsche Film und die deutsche Filmkomödie heute, um so zwingender also der Vergleich mit der Ufa-Zeit, als ähnliche Konzepte Früchte trugen?

Doch trotz aller scheinbaren Analogien, Kontinuitäten, Abgrenzungen und fortdauernder Identitätsprobleme des deutschen und europäischen Films: Das Unterhaltungskino der Nazis war nicht nur kommerziell erwünscht, es war im Gegensatz zu heute politisch tota-

3 *Süddeutsche Zeitung* vom 29.3.1995, S. 15.

litär verordnet, weil es unter anderem dem Zweck der Kriegsverlängerung diente. Das sollte man nicht vergessen, auch wenn im »Dritten Reich« – bei allerdings abgeschottetem Markt – ähnlich wie heute oder in den fünfziger Jahren bestimmte Verdrängungsmechanismen einem biederen Unterhaltungskino zum Erfolg verhalfen.

II.

Teile der veröffentlichten Aufzeichnungen Goebbels' sind bereits in einigen filmhistorischen Untersuchungen verwendet worden. Gerd Albrecht ging schon 1969 in einer soziologischen Auswertung dieser Tagebücher aus den Jahren 1942/1943 der Frage nach, »welche Entscheidungen im Bereich des Films in Goebbels ihren Urheber haben und welchen Fragen in diesem Bereich sich Goebbels besonders gewidmet hat«, und er konstatierte »fehlende grundsätzliche Richtlinien« und ein hohes Maß an »ad-hoc-Entscheidungen«.[4] Bei Rainer Rother heißt es, die »Tagebücher zeigen einen Mann, der von der Schaffung eines volkstümlichen Kinos besessen ist, eines Kinos ohne offenen Intellektualismus, politische Ungeschicklichkeit und künstlerisches Unvermögen«.[5] Während der Regisseur Arthur Maria Rabenalt, der Goebbels einige Propagandafilme lieferte, der Auffassung ist, die Tagebuch-Filmkommentare seien »erstaunlich allgemein«, ja geradezu »banal und klischeehaft«, sie »erschöpften sich in Belanglosigkeiten« und »oberflächlichen Forderungen«[6], attestiert Klaus Kreimeier Goebbels' Analysen der Filmerfolge Hollywoods »ein erstaunliches Gespür für die Qualitäten des internationalen Showbusiness«.[7] Siegfried Zielinski meldet allerdings den grundsätzlichen Zweifel an, ob Tagebücher, und seien sie auch vom maßgeblichen Mann verfaßt, überhaupt die Realität wirtschaftlicher und politischer Produktionsbedingungen und die künstlerisch-ästhetische Entwicklung des NS-Films widerspiegeln können.[8] Nicht wenige Filmgrößen

---

4 Gerd Albrecht, *Nationalsozialistische Filmpolitik*, Stuttgart 1969 (Albrecht I), S. 56f.
5 Rainer Rother, Die Effekte der Unterhaltung, in: Wolfgang Jacobsen (Hrsg.), *Babelsberg*, Berlin 1992, S. 213.
6 Arthur M. Rabenalt, *Joseph Goebbels und der »Großdeutsche« Film*, München 1985, S. 69.
7 Klaus Kreimeier, *Die Ufa-Story*, München 1992, S. 285.
8 Siegfried Zielinski, *Veit Harlan*, Frankfurt/M. 1981, S. 10f.

des »Dritten Reichs«, darunter Leni Riefenstahl und Heinz Rühmann, mußten erfahren, wie genau Goebbels ihre Nähe zum Regime festgehalten hat. Andere, wie Luis Trenker, suchten sich aus den Aufzeichnungen die passenden Passagen heraus und fanden die schon immer behauptete Gegnerschaft Goebbels' gegen sie bestätigt.

An solches Material hat man natürlich eine Fülle von Fragen, so daß eine Beschränkung auf wesentliche Aspekte not tut.

Zunächst einmal ist da Goebbels' Selbstpräsentation als cineastisch kompetenter Mann, dessen visuelle Prägung schon vor der »Machtergreifung« erfolgt sein muß.

Wenn Goebbels bei der Reorganisation und »Gleichschaltung« der Filmindustrie künstlerisch, personell und institutionell sehr weitgesteckte Ziele verkündet, muß man die Erfolge an seinen eigenen Ambitionen messen.

Ein ästhetisches Filmkonzept Goebbels' schon bei der Regierungsübernahme wird oft vorausgesetzt. Doch nur, indem man Goebbels' Einfluß auf die Produktion von 1933 bis 1945 chronologisch und nach Filmgattungen nachzeichnet, erschließen sich die wirklichen Gestaltungsvorgaben und Fertigungsintentionen des Filmministers. Das gilt gerade für die thematische und psychologische Ausrichtung einzelner Produktionen während der Kriegsvorbereitung, Blitzkriegszeit und Durchhaltepropaganda. Und:Gab es überhaupt die vielfach beschworenen, »kriegsvorbereitenden« Spielfilme 1938/39?

Welchen Anteil hatten Kalkül und Ideologie in Goebbels' Politik? Diese Frage gilt auch für seine Filmpolitik, insbesondere, ob er von ideologischen Fixierungen wie »Antibolschewismus« und Antisemitismus geleitet wurde oder als prinzipienloser Opportunist und »Prototyp des modernen Nihilismus« (Carin Kessemeier) nur zwischen Parteiforderungen, Publikumsgeschmack, propagandistischen Notwendigkeiten und politischen Bedingungen lavierte.

Im übrigen kehren Goebbels' umfangreiche Kommentare zu Entwicklungsstadien wichtiger Propaganda- und Unterhaltungsfilme – vom Scriptentwurf bis zur Kalkulation möglicher Auswirkungen auf die »Volksstimmung« – neben dem obersten Produzenten auch den (zweit)höchsten Filmzensor heraus. Bis heute sind die Hintergründe einiger spektakulärer Filmverbote unbekannt. Konnte der selbstherrliche Minister in Sachen Filmzensur so schalten, wie er wollte?

Der Gestaltung der Wochenschau als zeitweilig wichtigstem »Propagandakampfmittel« der Nationalsozialisten widmete Goebbels im Krieg einen Großteil seiner Arbeitszeit. Interessant an seinen Tagebuchkommentaren zur Wochenschau sind seine technisch-ästhetische Methode ebenso wie inhaltlich-propagandistische Prinzipien.

Die meisten Untersuchungen handeln vom NS-Spielfilm und drohen das nonfiktionale Genre zu überlagern. Hat auch Goebbels pseudodokumentarische, Kultur- und Kompilationsfilme vernachlässigt? Zumindest kann man Hinweise über die Entwicklungsbedingungen der Dokumentarfilmproduktion allgemein erwarten.

Schließlich eignen sich Goebbels' Aufzeichnungen über das Verhältnis von Künstlern zum NS-Regime vortrefflich, sie mit den reinwaschenden Nachkriegszeugnissen vieler Filmstars zu vergleichen.

III.

Noch vor wenigen Jahren schien es, als wäre von der Filmgeschichtsschreibung zum Film im Dritten Reich nicht mehr viel zu erwarten. Doch nach dem Ufa-Jubiläum 1992[9] und dem Zentenarium des Films drei Jahre darauf hat sich das Bild komplett gewandelt. Ebenso stand zu befürchten, daß nach dem Tod von Karsten Witte, Wolf Donner und Peter Bucher ein Vakuum im Raum der interpretatorisch bestechenden und wissenschaftlich-fundierten Filmanalysen entstünde. Doch nicht nur Hilmar Hoffmann, Georg Seeßlen, Eric Rentschler und Klaus Kanzog haben mit Überblicken, innovativen Thesen und monumentalen Anthologien neue Diskussionen vorangetrieben. Früher berechtigte Klagen, im Bereich der NS-Filmgeschichte mangele es an wissenschaftlich-seriöser Literatur, sind verstummt.[10] Selbst die Vergangenheitsbewältigung großer Filmstars (Hans Albers, Hans Moser, Paula Wessely) ist das Thema bemerkenswerter Studien.[11]

Tatsächlich dominierten lange Zeit entweder historische Kolportagen, Anekdotensammlungen über die »größte Zeit des deutschen

---

9 Hans-Michael Bock/Michael Töteberg (Hrsg.), *Das Ufa-Buch*, Frankfurt/M. 1992; Wolfgang Jacobsen (Hrsg.), *Babelsberg*, Berlin 1992; Klaus Kreimeier, *Die Ufa-Story*, München 1992.

10 Ullrich von Thüna, in: *Publizistik* 34. Jg., 1989, S. 233.

11 Michaela Krützen, *Hans Albers. Eine deutsche Karierre*, Berlin 1995; Dodo Kresser/Michael Horvath, *Nur ein Komödiant?* Hans Moser in den Jahren 1938-1945, Wien 1994. Maria Steiner, *Paula Wessely. Die verdrängten Jahre*, Wien 1996.

Films« oder verdienstvolle, überwiegend cineastisch-künstlerische Betrachtungen, die aber wirtschaftliche, politische und technische Bedingungen sowie rezeptionsgeschichliche Aspekte ausblendeten oder nur unzureichend berücksichtigten (David S. Hull, Pierre Cadars/ Françis Courtade, Jerzy Toeplitz).[12]

Zu den Standardwerken und Gesamtdarstellungen gehören Erwin Leisers *Deutschland erwache* (ein erster Versuch, auch den Zusammenhang zwischen Außen-, Kriegs- und Filmpolitik des Regimes zu beleuchten), die Materialsammlung von Boguslaw Drewniak,[13] die wirtschafts- und strukturgeschichtlichen Arbeiten von Wolfgang Becker/Jürgen Spiker[14], Gerd Albrechts soziologische und statistische *Nationalsozialistische Filmpolitik*[15] mit einer umfangreichen Dokumentensammlung (und einer Einteilung aller von 1933 bis 1945 produzierten Spielfilme in bestimmte Kategorien[16] der politischen Funktion und des Propagandagehalts, die fragwürdige Ergebnisse erbringt).[17] Wenig aussagekräftig ist Albrechts filmpolitische Analyse anhand einer schmalen Auswahl der Goebbels-Aufzeichnungen (Lochner-Fragmente).

Die Hintergründe der NS-Filmzensur vermitteln auf breiter Materialbasis Klaus-Jürgen Maiwald und Kraft Wetzel/Peter Hagemann[18] (nun durch Informationen zu undurchsichtigen Filmverboten aus Goebbels' Tagebuch ergänzt).

Zu einem Klassiker dürfte sich die herausragende Ufa-Monographie von Klaus Kreimeier entwickeln.[19] Die Schilderung dieses Konzerns im NS-Staat ergibt dank breiter Quellenbasis – Produktionsdis-

---

12 Françis Courtade/Pierre Cadars, *Geschichte des Films im Dritten Reich*, München 1975; z.T. vorzuziehen ist die französische Fassung Françis Courtade/Pierre Cadars, *L'histoire du cinema nazi*, Paris 1972; Jerzy Toeplitz, *Geschichte des Films*. Bd.3: 1934-1939, Berlin 1982, Bd.4: 1939-1945, Berlin 1983; David Stewart Hull, *Film in the Third Reich*, Berkeley 1968.

13 Boguslaw Drewniak, *Der deutsche Film 1938-1945*, Düsseldorf 1987.

14 Wolfgang Becker, *Film und Herrschaft*, Berlin 1973; Jürgen Spiker, *Film und Kapital*, Berlin 1975.

15 Gerd Albrecht, *Nationalsozialistische Filmpolitik*, Stuttgart 1969 (Albrecht I) und ders. (Hrsg.) *Der Film im Dritten Reich. Eine Dokumentation*, Karlsruhe 1979 (Albrecht II).

16 Albrecht I, S. 102 f.

17 Zielinski, S.101 f. Es zeigen sich auch interessante Gegensätzlichkeiten in der von Albrecht vorgenommenen Einteilung und der Sichtweise Goebbels' hinsichtlich einiger Produktionen im Grenzbereich zwischen Politik und Unterhaltung.

18 Klaus-Jürgen Maiwald, *Filmzensur im NS-Staat*, Dortmund 1983; Kraft Wetzel/ Peter Hagemann, *Zensur-Verbotene deutsche Filme 1933-1945*, Berlin 1978.

19 Siehe Anm. 7

positionen der Firmen, Anweisungen des Ministers, Reaktionen des Publikums – ein facettenreiches Bild deutscher Kinogeschichte; allein die Aufzeichnungen Goebbels' wurden nicht berücksichtigt. Auch war die Ufa zwar der größte, nicht aber der einzige Produktionskonzern, der den Nazis Filme lieferte. Ihr Programm spiegelt die Filmpolitik nur zum Teil wider, da gerade in der Blütezeit des politischen Films, während der sogenannten Blitzkriege von 1939 bis 1941, die wichtigsten Propagandaproduktionen von der Tobis kamen.

Die meisten Untersuchungen zum NS-Film behandeln den Propagandafilm[20], insbesondere die antisemitischen Produktionen und Filme zur Propagierung der »Euthanasie«.[21] Eine bewundernswerte Faktengrundlage und Analyse liefert Klaus Kanzog für die als »staatspolitisch wertvoll« prädikatiserten Filme. Zuletzt gab Wolf Donner einen Überblick samt neuer Interpretationen der bekanntesten Propagandafilme.[22]

Eine posthum veröffentlichte Aufsatzsammlung von Karsten Witte zeigt noch einmal die ganze Breite der Diskussion um einen angeblich »unpolitischen« Unterhaltungsfilm im »Dritten Reich«.[23] Eine der zentralen Thesen Wittes lautet, die »ästhetische Opposition« einiger Regisseure (darunter Helmut Käutner, Rolf Hansen, Peter Pewas) hätte offizielle Propagandaziele teilweise konterkariert. Schließlich setzte auch Goebbels auf Form vor Inhalt. Witte spricht von faschi-

---

20 David Welch, *Propaganda and the German Cinema*, Oxford 1983; Erwin Leiser, *»Deutschland erwache«. Propaganda im Film des Dritten Reiches*, Hamburg 1968. Den dokumentarischen Propagandafilm behandelt Hilmar Hoffmann, *»Und die Fahne führt uns in die Ewigkeit«*. Propaganda im NS-Film, Frankfurt 1988. Diese Unausgewogenheit beklagt auch Andrea Winkler-Mayerhöfer, *Starkult als Propagandamittel im Dritten Reich*, München 1992, S. 61.

21 Dorothea Hollstein, *Antisemitische Filmpropaganda*, München/ Berlin 1971; Zielinski; Peter Bucher, Die Bedeutung des Films als historische Quelle: »Der ewige Jude« (1940), in: *Festschrift für Eberhard Kessel*, München 1982, S. 301-327; Karl Ludwig Rost, *Sterilisation und Euthanasie im Film des »Dritten Reichs«*, Diss. med. Berlin 1986; Udo Benzenhöfer/Wolfgang U. Eckart, Medizin im Spielfilm des Nationalsozialismus, in: *Hannoverische Abhandlungen zur Geschichte der Medizin und der Naturwissenschaften* H.1, Tecklenburg 1990; Karl Heinz Roth, *Filmpropaganda für die Vernichtung der Geisteskranken und Behinderten im »Dritten Reich«*, Diss. med. Hamburg 1986.

22 Klaus Kanzog, *»Staatspolitisch besonders wertvoll«. Ein Handbuch zu 30 deutschen Spielfilmen der Jahre 1934 bis 1945*, München 1994; Wolf Donner, *Propaganda und Film im »Dritten Reich«*, Berlin 1995.

23 Karsten Witte, *Lachende Erben – Toller Tag*, Berlin 1995. Ausgelöst hat die Diskussion Arthur M. Rabenalt, *Film im Zwielicht*, München 1958. Zu der Problematik nach zwei Jahrzehnten »Auslegungsstreit« s. zusammenfassend Kreimeier, S. 330ff.

stisch funktionalisierten Kunstmitteln sowohl im politischen als auch im unterhaltenden Film.[24] Auch Hilmar Hoffman merkt zum Thema »faschistische Kunstmittel« an: »Die Kunstmittel waren an sich genommen nicht spezifisch faschistisch, in gewaltsamen Kontexten wurden sie zu dieser Tendenz aber instrumentalisiert.«[25] Was nur heißen kann: Erst in einem Klima der Aufrüstung und Kriegshetze konnte ein Revuefilm mit diszipliniert paradierenden Girls der Kriegsvorbereitung förderlich sein. Im heutigen Nachmittagsprogramm der Fernsehsender erscheinen solche Streifen harmlos. Auf dieser Linie liegt auch Stephen Lowry – der die nicht ostentativ propagandistischen Filme wie DIE GOLDENE STADT in den Mittelpunkt rückte – mit seiner Unterscheidung zwischen politik-, aber nicht ideologiefreien Filmen.[26]

Es ist jedoch unbestreitbar, daß gerade in den Anfangsjahren der NS-Herrschaft, als zwar schon massiv Themen selektiert und Wirklichkeit ausgeblendet wurde, noch nicht jede Produktion mit subtil oder offen präsentierten ideologischen Botschaften versehen war beziehungsweise werden konnte. Später mögen auch noch so eskapistische Kostümfilme vielleicht keine primär, also inhaltlich-propagandistische Funktion gehabt haben, gleichwohl aber hatten sie eine sekundär politische. Diese bestand in der Ruhigstellung des Publikums, im Ausschalten des kritischen Denkens, in der Stabilisierung einer bestimmten »Haltung« (die Goebbels ausdrücklich von der »Stimmung« der Bevölkerung abgrenzte). Die »Kriegsfähigkeit« von Rüstungsarbeitern, Fronturlaubern und Soldatenfrauen sollte durch kontinuierliche Zerstreuung gewährleistet werden.

Damit sind aber längst nicht alle Fragen beantwortet: Weder von der Fertigungsideologie der damaligen Macher noch von der Rezeptionsideologie des Publikums wissen wir, was als normal, als traditionell, als reaktionär oder als »faschistisch« angesehen wurde, gerade bei den gängigen Schemata wie Geschlechterrollen oder Werten wie Treue, Gemeinschaft, Vaterland. Was ging in den Köpfen der Dra-

24 Witte, Lachende Erben, S. 240, 259.

25 Hilmar Hoffmann, *100 Jahre Film. Von Lumière bis Spielberg 1894 bis 1994*, Düsseldorf 1994, S.160.

26 Stephen Lowry, *Pathos und Politik*, Tübingen 1991, S. 27ff., greift zur Definition von Schattierungen zwischen »unpolitisch« und regimekritisch auch auf Karsten Wittes Begriff von der »ästhetischen Opposition« durch Regisseure wie Wolfgang Staudte zurück.

maturgen vor, was in denen der Zuschauer, wenn stets die »dienende« Rolle der Frau betont wurde? Wo wurde unterschwellige Normvermittlung wirksam, wo wurde sie weder bewußt noch unbewußt wahrgenommen? Filmwissenschaftler wie Witte argumentieren und begründen brillant, neigen aber zu einem retrospektiven Hineininterpretieren in von ihnen hypersezierte bürgerliche Ufa-Unterhaltungsfilme. Die Werteabgrenzung zwischen konservativ, traditionell und typisch nationalsozialistisch fällt nicht einmal der Sozialgeschichtsschreibung im Rahmen der Modernisierungsdebatte leicht.

Einige der facettenreich und geschickt lancierten NS-Positionen im Film dürften auch gar nicht bemerkt worden sein. Wenn in DIE GOLDENE STADT ein Slawe die blonde Anna (Kristina Söderbaum) in den Tod treibt, ist der Fall klar. Aber kann man, wenn einige Komödien der frühen dreißiger Jahre das bürgerliche Konkurrenzdenken im Wirtschaftsleben karikieren, sogleich auf eine sozialromantische Verdammung der Weimarer Parteienkonkurrenz schließen und somit auf ein Plädoyer für deren Abschaffung durch *ein* Gemeinwohl und *eine* Partei?[27] Gleiches gilt für die Interpretation der im Sänger- und Nachtclub-Milieu spielenden Komödie DIE NACHT IN VENEDIG als herrschafts- und ordnungsstabilisierend.[28] Ist es ein NS-typisches Merkmal oder ein universales dramaturgisches Mittel, wenn in Liebeskomödien wie ABENTEUER IM GRANDHOTEL (1943) am Ende die streitenden Ehepartner wieder zusammenfinden? NS-typisch doch nur dann, wenn schon von den Autoren ganz bewußt, und nicht bedingt durch dramaturgische Routine, so fein seziert und kalkuliert worden wäre. Diesbezüglich sind jedoch erhebliche Zweifel angebracht. Einige überlieferte Dramaturgensitzungsprotokolle[29] geben keine endgültige Aufklärung, sondern enthalten die erwünschten, vorgegebenen Grobzeichnungen.

Weiter verfeinerte Untersuchungen von Unterhaltungsfilmen behandeln durchgängig transportierte Moralvorstellungen und soziale Leitbilder – zum Beispiel das Frauenbild oder die Darstellung von bestimmten Berufsgruppen –, versteckte Botschaften und identifikationsfördernde Merkmale.[30] Die gleich mehrfach vorliegenden Analysen etwa des Revue-Melodrams DIE GROSSE LIEBE zeigen dabei aller-

---

27 Witte, Lachende Erben, S. 56f.
28 Witte, Filmkomödie, S. 363 (1942, Paul Verhoeven, BA Film/B Film-Nr. 06569).
29 Vgl. etwa BA/K R 109I/2139.

dings die Grenzen eines auf einzelne Kassenschlager konzentrierten Ansatzes. Die verstärkt ausschnittartige Betrachtung einzelner spektakulärer Titel ist inzwischen ergänzt worden durch eine ausladende Untersuchung der Produktionsgeschichte des letzten, unvollendet gebliebenen Ufa-Durchhaltestreifens DAS LEBEN GEHT WEITER.[31] Doch nicht allein einige wenige aufwendige Großfilme, sondern die Summe bestimmter ideologischer Botschaften in der Masse kleinerer und mittlerer »Durchschnittsfilme« waren für Einstellungsveränderungen und konkrete Handlungsfolgen beim Publikum entscheidend.[32] Eine fast monumentale, sämtliche in Deutschland gezeigten Spiel-, Dokumentar- und Kurzfilme eines Jahres erfassende und auswertende Dokumentation liegt bisher nur für das Jahr 1929 vor.[33] Für weitere Untersuchungen fehlt es wohl noch an der Quellengrundlage.

Düftig beleuchtet ist nach wie vor das Verhältnis von Filmpolitik und Tagespolitik. Wenn heute konstatiert wird, der Spielfilm in der NS-Zeit sei »wegen des langen Planungs- und Produktionsvorlaufs für Propaganda mit tagespolitischen Bezügen weniger geeignet« gewesen, weshalb nur »grundsätzliche Einstellungen und Werthaltungen« wie Kinderreichtum und Nationalgefühl propagiert werden konnten,[34] so ist das eine Erkenntnis im nachhinein. Mußte Goebbels eine solche Erfahrung nicht erst machen, bezahlt mit bitteren Fehlplanungen? Diese Abhängigkeit wird außerhalb der neueren Film-Einzelanalysen meist nur am Rande berücksichtigt und erschöpft sich nicht selten in Hinweisen auf den Stop »antibolschewistischer« Filme nach Abschluß des deutsch-russischen Nichtangriffsvertrages.

Eine besonders zukunftsträchtige Forschungsrichtung der letzten

30 Dora Traudisch, *Mutterschaft mit Zucker. Frauenfeindliche Propaganda im NS-Spielfilm*, Pfaffenweiler 1991; Martin Loiperdinger/Klaus Schönekäs, Die große Liebe - Propaganda im Unterhaltungsfilm, in: Rainer Rother (Hrsg.), *Bilder schreiben Geschichte: Der Historiker im Kino*, Berlin 1991, S. 143-153; Jens Thiele/Fred Ritzel, Politische Botschaft und Unterhaltung – die Realität im NS-Film: Die große Liebe, in: Werner Faulstich/Helmut Korte (Hrsg.), *Fischer Filmgeschichte*, Frankfurt/M. 1991, Bd. 2, S. 310-321; Andrea Huemer, *Die Frau im NS-Film*, Wien 1985.

31 Hans C. Blumenberg, *Das Leben geht weiter. Der letzte Film des Dritten Reichs*, Berlin 1993.

32 Friedrich P. Kahlenberg: »Die vom Niederrhein«– ein Spielfilm aus dem Jahre 1933, in: Karl Friedrich Reimers/Helmut Friedrich (Hrsg.), *Zeitgeschichte in Film und Fernsehen,* München 1982, S. 263f. Vgl. dazu auch Peter Longerich, Nationalsozialistische Propaganda, in: Karl Dietrich Bracher u.a.(Hrsg.), *Deutschland 1933-1945*, Düsseldorf 1992, S. 305.

33 Gero Gandert (Hrsg.), *Der Film der Weimarer Republik: 1929*, Berlin 1993.

34 Peter Longerich, S. 305.

Jahre wird von der Frage nach dem Wert des (Spiel-)Films als historische Quelle bestimmt, da ja gerade auch die NS-Historienfilme stets mehr über Entstehungszeit als über die dargestellte Epoche aussagen. Die Untersuchungskomponenten, also Entstehungsbedingungen, intendierte Wirkung und Rezeptionsvoraussetzungen,[35] sind für die filmhistorische Forschung unverzichtbar. Der eigentlich angestrebte Erkenntnisgewinn im Sinne von Peter Bucher und Günther Moltmann – »Milieuschilderung«, Vermittlung von »historischer Atmosphäre«, Ergänzung anderer Quellen über den tatsächlichen Ablauf damaliger Ereignisse – ist allerdings nur für bestimmte Fragestellungen interessant.[36] Und über die methodisch-quellenkritische Problematik ist man sich ohnehin nicht einig; sie wird je nach Forschungsdisziplin unterschiedlich angegangen.[37]

Erstaunlich wenig eigenständige Untersuchungen existieren zum nonfiktionalen Genre des Dokumentarfilms, das bisher meist im Rahmen von Spielfilm-Darstellungen mitabgehandelt wurde.[38] Während die Parteitagsfilme SIEG DES GLAUBENS und TRIUMPH DES WILLENS sowie der »Olympiade«-Film von Leni Riefenstahl stets größte Aufmerksamkeit gefunden haben,[39] konnten die Kultur- und Lehrfilme[40] – eine Sparte, die als Pflichtbestandteil jeder Kinovorstellung seit 1933 stark expandierte – erst in jüngster Zeit entsprechendes Interesse gewinnen.

Monographien über die Wochenschau als dem zeitweilig effektivsten Propagandamittel der Nationalsozialisten oder über die in der Kriegszeit das Bildmaterial beschaffenden Propagandakompanien (PK) stehen noch aus. Einzelne überblicksorientierte Aufsätze[41] ergeben wichtige Anhaltspunkte, können eine Gesamtdarstellung aber

---

35 Ebd., S. 516.

36 Peter Bucher, Film als Quelle, in: *Der Archivar* 41.Jg., 1988, S. 523; Günther Moltmann/Karl Friedrich Reimers, *Zeitgeschichte in Bild- und Tondokumenten,* Göttingen 1970, S.18.

37 Vgl. auch aus sozialhistorischer Perspektive die Einführung von Holger Schettler, *Arbeiter und Angestellte im Film*, Bielefeld 1992, S. 22-30.

38 Hans-Jürgen Brandt, *NS-Filmtheorie und dokumentarische Praxis: Hippler, Noldan, Junghans*, Tübingen 1987. Verschiedene Aufsätze in: Manfred Hattendorf, *Perspektiven des Dokumentarfilms*, München 1995.

39 Vgl. hierzu die neuesten Untersuchungen: Manfred Loiperdinger, *Der Parteitagsfilm »Triumph des Willens«*, Opladen 1987; Hilmar Hoffmann, *Mythos Olympia,* Berlin 1993. Klaus Kanzog, *Dokumentarfilm als politischer Katechismus: Triumph des Willens*, in: Manfred Hattendorf: S. 57-84.

40 Demnächst erscheint von Michael Marek *Der Kulturfilm 1933-1945.*

nicht ersetzen, da sie nicht die sich über die Jahre wandelnde Bedeutung der Wochenschau von etwa 1938 bis 1944 widerspiegeln. Darüber hinaus liegen einige Filmeditionen samt Begleitpublikationen vor, die sich nur mit einzelnen Wochenschauausgaben befassen.[42]

Noch ein Wort zu den wichtigsten ergänzenden Quellen in Bezug auf Goebbels' Filmpolitik. Einen hohen Stellenwert haben die Protokolle der von ihm täglich abgehaltenen Konferenzen mit seinen leitenden Mitarbeitern. Darin finden sich Weisungen zum Einsatz und zur Planung von Spiel-, Dokumentarfilmen und Wochenschauen in Deutschland sowie in den besetzten Gebieten.[43]

Goebbels' zahlreiche Film-Reden sind bei aller Propaganda von einiger Aussagekraft, wurden seinerzeit zum Teil vor ausgewähltem Fachpublikum gehalten und erst mit jahrelanger Verzögerung veröffentlicht.[44]

Eine gute Ergänzung zu den Goebbels-Tagebüchern sind auch die Presseanweisungen des Propagandaministeriums[45] beziehungsweise die Aufzeichnungen aus der Kulturpolitischen Pressekonferenz, denen man ebenso wie dem Zeitschriftendienst (ZD) entnehmen kann, welche Filme das Propagandaministerium besonders gewürdigt wissen wollte und welche die Presse eher übergehen sollte. Zu wichtigen politischen Filmen wie etwa OHM KRÜGER, JUD SÜSS oder DIE ENTLASSUNG wurden auf diesem Wege ausführlichste und nicht selten in der Argumentation komplizierte Kampagnen gesteuert und Tendenzen für die Besprechungen in den einzelnen Blättern vorgegeben.[46]

---

41 Peter Bucher, Goebbels und die deutsche Wochenschau, in: *Militärgeschichtliche Mitteilungen* 40. Jg., 1986, S. 53-69; Peter Bucher, Der Kampf um Stalingrad in der deutschen Wochenschau, in: Friedrich P. Kahlenberg (Hrsg.), *Aus der Arbeit der Archive. Festschrift für Hans Booms*, Boppard 1989, S. 565-584; Bianca Pietrow-Ennker, Die Sowjetunion in der Propaganda des Dritten Reiches. Das Beispiel der Wochenschau. Eine Dokumentation, in: *Militärgeschichtliche Mitteilungen* 43. Jg., 1989, S. 79-120.

42 Vgl. die Filmeditionen des Instituts für den wissenschaftlichen Film, Göttingen; Gerd Albrecht, Sozialwissenschaftliche Ziele und Methoden der systematischen Inhaltsanalyse von Filmen. Beispiel: UFA-Tonwoche 451/1939- Hitlers 50. Geburtstag, in: Moltmann/Reimers, S. 25-37 sowie Bucher, Stalingrad ; Pietrow-Ennker.

43 Willi A. Boelcke (Hrsg.), *Kriegspropaganda 1939-1941*. Geheime Konferenzen im Reichspropagandaministerium, Stuttgart 1966; ders.(Hrsg.), *»Wollt ihr den totalen Krieg«. Die geheimen Goebbels-Konferenzen 1939-1943*, Stuttgart 1967.

44 Albrecht I, S. 439-500.

45 Gabriele Toepser-Ziegert (Bearb.), *NS-Presseanweisungen der Vorkriegszeit. Edition und Dokumentation*, 4 Bde., München 1987ff.

Als ebenso wertvolle wie interpretationsbedürftige Quelle erweisen sich auch die Stimmungsberichte des Sicherheitsdienstes der SS (SD-Berichte).[47] Die hier ermittelten Publikumsreaktionen sind nur bis zu einem gewissen Grade objektiv, da die Meldungen der über das ganze Reich verstreuten Spitzel in ausgewählter Form präsentiert wurden und tendenziell einen völkisch-orthodoxen Standpunkt besitzen. So wird zum Beispiel wiederholt von angeblichen Forderungen der Bevölkerung nach »realistischen Bauernfilmen« und von der Zurückweisung mondäner Unterhaltungsfilme berichtet.[48] Die Grenzen der Aussagekraft solcher Stimmungs- und Publikumsreaktionen sind mitunter offenkundig. So erscheint es gewagt, vom Erfolg des »getarnten« antisemitischen Spielfilms JUD SÜSS und dem Mißerfolg des pseudo-dokumentarischen Hetzfilms DER EWIGE JUDE auf den Grad des Antisemitismus der deutschen Bevölkerung bei Kriegsbeginn schließen zu wollen.[49]

Weil der SD aber eine von Goebbels unabhängige Instanz war, lassen sich interessante Hinweise auf die Wechselwirkung zwischen »Volksstimmung« und Filmpolitik beziehungsweise Wochenschaugestaltung gewinnen. Wegen der Verbreitung der SD-Berichte in der NS-Führung und möglicher Folgen für Goebbels' Stellung innerhalb des Regimes mußte dieser die an seinem Arbeitsfeld geäußerte Kritik sehr ernst nehmen.

Im Bereich der Bildquellen sind die Defizite in der Überlieferung wichtiger Filme der NS-Zeit durch die Bestände des DDR-Filmarchivs (des ehemaligen Reichsfilmarchivs) geringer. Nur bei den Vorkriegs-Wochenschauen[50] und Produktionen verschiedener Dienststellen des Staates und der NSDAP sind die Lücken erheblich. Im Bundesfilmarchiv in Berlin[51] sind im Gegensatz zu den früher im Westen zirkulierenden unterschiedlichen – TV-sendegerechten – Kopien nicht nur

---

46 BA/K Zsg 102 (Sammlung Sänger), Zsg 101 (Brammer) Zsg 109 (Oberheitmann) sowie Zeitschriftendienst (ZD) und »Deutscher Wochendienst« 1939-1945 in BA/K R 55.

47 Heinz Boberach (Hrsg.), *Meldungen aus dem Reich 1938-1945. Die geheimen Lageberichte des Sicherheitsdienstes der SS*, 16 Bde., Herrsching 1984.

48 Boberach, S. 27, schließt aus der häufigen Kritik der SD-Berichterstatter an den Propagandamitteln, daß die positiven Filmurteile »als zuverlässig gelten können«.

49 Bucher, Film als Quelle, S. 524.

50 Vgl. Findbücher zu Beständen des Bundesarchivs Bd. 8, *Wochenschauen und Dokumentarfilme 1895-1950*, bearb. von Peter Bucher, Koblenz 1984.

51 BA Filmarchiv Berlin (BA Film/B).

Spielfilme in der damaligen Premierenfassung erhalten, sondern auch zahlreiche ausländische Streifen, die im Propagandaministerium als Anschauungsmaterial für die »Feindproduktion« vorgeführt wurden.

Die Reste der Akten des Propagandaministeriums lagern im Bundesarchiv Koblenz und Potsdam. Die Filmabteilung war von Zerstörungen besonders stark betroffen.[52] Im Potsdamer Bundesarchiv liegen zusätzlich einige interessante Nachlässe (unter anderem von Karl Ritter; in den Akten der Deutschen Bank finden sich versteckt einige Filmangelegenheiten).[53]

Als Hauptquelle zur Filmpolitik im »Dritten Reich« sind die als »Ufa in Liquidation« ins Bundesarchiv Koblenz gelangten Bestände der ab 1937 verstaatlichten Filmproduktionsgesellschaften zu werten. Die Sitzungsprotokolle ihrer verschiedenen Vorstände, Aufsichtsräte und weiteren Gremien bieten neben den geschäftlichen Angelegenheiten wertvolle Einblicke in Direktiven des Propagandaministeriums, Produktionsdispositionen, Schnittauflagen für einzelne Filme, Schauspielereinsatz und so weiter. Anhand dieser Unterlagen läßt sich die Produktionsgeschichte vieler wichtiger Filme anschaulich verfolgen; verschiedene Positionen der Führungsebenen zwischen Anpassungsbereitschaft und stillschweigender Obstruktion werden erkennbar.

In den Protokollen der »Dramaturgenbesprechungen« wurden dagegen unerwünschte und erwünschte politische Sujets behandelt und die inhaltlich-thematischen Vorgaben des Reichsfilmdramaturgen im Propagandaministerium für Drehbücher und Filmprojekte[54] festgehalten.

Mehr als 3000 von der Reichsfachschaft Film in der Reichsfilmkammer beziehungsweise damit der Reichskulturkammer angelegte Personalunterlagen der »Filmschaffenden«,[55] inzwischen dem Bundesarchiv übergeben, geben nicht nur Auskunft über politische »Zuverlässigkeit«, Beschäftigung und Verhalten im Krieg, sondern zeigen auch gegenseitige Denunziationen von Schauspielern, Regisseuren, Produzenten und Ministerialbeamten.

Eine überraschend reichhaltige Fundstelle sind auch die Akten der

52 BA/K R 55, R 56 VI, R 109 II und III.

53 BA/P 50.01. Darüber hinaus sind einige Unterlagen zur Geschäftspolitik der Ufa in dem Bestand der Deutschen Bank 80 BA 2 überliefert.

54 Vgl. etwa BA/K R 109I/2139.

55 Bestand Reichskulturkammer/Reichsfilmkammer (BDC-RKK).

Reichspropagandaleitung, teilweise identisch mit den rekonstruierten Beständen der NSDAP-Parteikanzlei,[56] da die Filmfunktionäre der NSDAP eifrig, bürokratisch und gut dokumentierend, wenn auch ohne großen Erfolg, auf die Filmpolitik, die Zensur, Einfluß nehmen wollten.

Sofern Hitler, die Reichskanzlei oder seine Adjutantur mit Filmfragen befaßt waren, bieten die jeweiligen Provenienzen Einblick in Geschmacksäußerungen, Zensurwünsche und kuriose Einmischungen des Diktators, beispielsweise sein Auftrag zum Bau gigantischer Filmateliers nahe seiner österreichischen Lieblingsstadt Linz.[57]

56 BA NS 18 und Mikroficheedition.
57 BA/K NS 10 (Adjutantur des Führers), R 43 (Reichskanzlei).

Die Tagebücher von Joseph Goebbels: Eine Einführung

Die Beliebheit von Tagebuch-Editionen ist ungebrochen. Das zeigen die jüngst so erfolgreich veröffentlichten Tagebücher des Romanisten Victor Klemperer, die letzten Aufzeichnungen von Thomas Mann oder die Vielzahl weiterer, persönlicher Notizen von Diplomaten, Journalisten, Politikern und Schriftstellern.[1] Tagebücher als Überlieferungsform, die vermeintlich intime Einblicke verspricht und einen potentiellen Enthüllungscharakter aufweist, können nicht nur historisch und politisch bedeutsame Informationen enthalten.

Das Tagebuchschreiben war für viele dieser Autoren ein literarisches Stilmittel. Neben dem manchmal unbestreitbaren literarischen Genuß dieser Gattung ist das wichtigste Qualitätsmerkmal bei der Frage nach historischer Bedeutung der Informationswert, daß Privates wie Politisches neben- oder nacheinander »von einem gut informierten und selbstkritischen Zeitgenossen in ›unliterarischer Aufrichtigkeit‹« und nicht im Hinblick auf eine Veröffentlichung analysiert und beschrieben werden muß.[2] Private Tagebücher von Personen der Zeitgeschichte sind in gewisser Weise immer auch politische, und gerade für die politische Kategorie ist eine »einzige methodische Qualität entscheidend«, nämlich die »Unerschrockenheit der Bloßle-

1 Peter Hartl (Hrsg.), *Ursula von Kardorff. Berliner Aufzeichnungen 1942-1945*, München 1992; Heimannsberg/Laemmle/Schoeller (Hrsg.), *Klaus Mann. Tagebücher 1936-1937*, München 1990; Jürgen Schebera (Hrsg.), *William S. Shirer. Berliner Tagebuch. Aufzeichnungen 1934-1941*, Leipzig 1991 und *Aufzeichnungen 1944/45*, Leipzig 1994; Friedrich Freiherr Hiller von Gaertringen (Hrsg.), *Die Hassell-Tagebücher 1938-1944. Ulrich von Hassell. Aufzeichnungen vom anderen Deutschland*, Berlin 1988; Inge Jens (Hrsg.), Thomas Mann: *Tagebücher 1953 - 1955*, Frankfurt/M. 1995.

2 Bernd Sösemann (Hrsg.), *Theodor Wolff. Tagebücher 1914-1919*, Boppard 1984, S. 1.

Goebbels' Arbeitszimmer im Propagandaministerium: Täglich diktiert

gung«.[3] Ausgangspunkt jeder Einordnung oder Interpretation ist die – explizit bekundete oder zweifelsfrei feststellbare – Intention des Verfassers, die Funktion, die er seinen Aufzeichnungen zuordnet (und somit auch die Umstände der Entstehung). Ein Grund mehr, einen kritischen Blick auf die Tagebücher, Diktate und tagebuchähnlichen Notizen des NS-Propagandaministers zu werfen.

Spätestens ab Juni 1924 und von da an bis in die letzten Apriltage 1945[4] verfaßte Joseph Goebbels nahezu täglich seine Einträge und diaristischen Notizen, unterbrochen nur durch Krankheiten, persönliche Krisen oder außergewöhnliche politische Umstände.[5] Minde-

3 Gustav R. Hocke, *Europäische Tagebücher aus vier Jahrhunderten*, München 1978, S. 194.

4 Der letzte bisher überlieferte Eintrag datiert vom 10.4.1945. Aus dem Moskauer Zentralarchiv gibt es Hinweise auf den 29.4.1945 als Tag des letzten Eintrags: *Süddeutsche Zeitung* vom 4./5. 7.1992. Siehe auch *Der Spiegel* Nr.10/3.3.1997, S. 18 über Funde im Führerbunker.

5 So etwa Ende Dezember 1938 (Baarova-Affäre) und 21./22.7.1944.

stens 16, wahrscheinlich über 20 handschriftliche Kladden mit insgesamt etwa 6000 Seiten füllte der ehemalige Propagandaminister bis zum 8. Juli 1941; nach diesem Datum sind in diktierter, maschinenschriftlicher Form (Erst- und Durchschrift) etwa 35.000 Blatt überliefert.

Die abenteuerliche Überlieferungsgeschichte der Goebbels-Tagebücher soll hier nicht das Thema sein, zumal viele Fragen nach den wechselnden Aufenthaltsorten des Materials, nach verschiedenen Besitzern, Ländern und Archiven bis heute noch nicht geklärt sind.[6]

Der größte Teil kam als Kriegsbeute in die UdSSR, kleinere Fragmente fanden sich beispielsweise in den siebziger Jahren – in Kisten – bei Nachforschungen auf dem Gelände der ehemaligen Reichskanzlei. Völlig durcheinander geriet das Material unter anderem durch Entnahmen von sowjetischer und DDR-Seite, die für verschiedene Prozesse oder eventuelle Erpressungen belastende Dokumente gegen hohe Nazis zusammentrugen. In der Sowjetunion angefertigte Microfilm-Kopien wurden über Umwege in die Bundesrepublik geschleust. 1987 publizierte das Münchner Institut für Zeitgeschichte (IfZ) trotz des überwiegend schlechten Zustands der Kopien alle bis dato vorliegenden handschriftlichen Notizen.

Nach dem Ende der Sowjetunion wurde im Frühjahr 1992 der Zugang zu einem Moskauer Sonderarchiv und den dort schon immer vermuteten Glasplatten-Microfiches gewährt. Deren noch von Goebbels angeordnete Herstellung hatte der Stenograph des Propagandaministers, Richard Otte, Ende 1944 überwacht. Die Fiches enthalten fast die gesamten hand- wie maschinenschriftlichen Aufzeichnungen.[7]

---

6 Vgl. für die folgenden Abschnitte: Bernd Sösemann, Die Tagesaufzeichnungen des Joseph Goebbels und ihre unzulänglichen Veröffentlichungen, in: *Publizistik* H.2, 37. Jg., 1992, S. 213-244; Elke Fröhlich (Hrsg.), *Die Tagebücher von Joseph Goebbels. Sämtliche Fragmente. Teil I 1924-1941.* 4 Bde., München 1987 (Fröhlich I), hier: Bd. 1, S. VII bis CIII; Ralf Georg Reuth (Hrsg.), *Joseph Goebbels. Tagebücher 1924-1945*, 5 Bde., München 1992, hier: Bd. 1, Seite 3-19; Peter Stadelmayer (Hrsg.), *Joseph Goebbels. Tagebücher 1945. Die letzten Aufzeichnungen*, Hamburg 1977, S. 562-568.

7 *Süddeutsche Zeitung* vom 4./5.7.1992 und 9. 7. 1992; *The Independent* vom 3.7.1992. Wann genau die Reproduktionsarbeiten begannen, ist nicht bekannt. Den damit beauftragten Photo-Pionier Joseph Goebel und dessen Verfilmungssystem erwähnt Goebbels – jedoch nicht in Zusammenhang mit den Aufzeichnungen – in einem Eintrag vom 14.12.1944. Zu Goebbels' Stenograph Richard Otte s. »Nazism's witness. Goebbels notetaker« in *International Herald Tribune* vom 18.7.1992 und *Die Welt* vom 10.7.1992. Zum technischen Verfahren s. Stadelmayer, S. 564f.

Darüber hinaus sollen sich auch sämtliche – mit Ausnahme der in Berlin zerstört aufgefundenen – originalen handschriftlichen Tagebuchbände sowie die Erstschrift der täglichen Dikate 1941 bis 1945 in Moskau befinden.[8] Originale Goebbels-Tagebücher und Kopien liegen heute in der Stanford University/USA, im Moskauer Außenministerium sowie im Sonderarchiv der Russischen Föderation), in den National Archives, Washington, im Bundesarchiv/Potsdam und Koblenz und im Münchner Institut für Zeitgeschichte (IfZ).

Von 1993 bis 1996 erschienen im Münchner K.G. Saur Verlag 15 Bände mit sämtlichen diktierten Tagebüchern Goebbels', die nur noch sehr geringe Überlieferungslücken aufweisen. Ebenso sollen ab 1998 die nun dank der Glasplatten besser lesbaren, handschriftlichen Tagebücher in einer mehrbändigen, vervollständigten und verbesserten Ausgabe neu aufgelegt werden.

Texte, Veröffentlichungen

Bei der Analyse von Goebbels' Tagebüchern sind einige Besonderheiten zu beachten. Seine handschriftlichen Notizen in den 17 Jahren von 1924 bis 1941 trug Goebbels – soweit bisher erkennbar – in etwa DIN A5 große Bände unterschiedlichen Umfangs ein.[9] Die Länge der Eintragungen reichte von weniger als einer halben bis zu sechs Seiten. Die Handschrift Goebbels' – keineswegs Sütterlin[10] – ist zwar relativ einheitlich, jedoch auch eng und eigenwillig und unterliegt im Laufe der Jahre deutlichen Veränderungen.[11] Einer gleichmäßigen Ausformung in Entspannungsphasen, insbesondere im Reisetagebuch, stehen offenbar in zum Teil rasendem Tempo heruntergeschriebene Wortrudimente in Phasen mit großer Belastung und Zeitmangel gegenüber. Mindestens neun Buchstaben sind nahezu ununterscheidbar, so daß jede Entzifferungsarbeit, zumal bisher noch auf Grundlage schlechter Kopien, einer nervenaufreibenden Geduldsprobe gleichkommt.[12] Zeitweise führte Goebbels mehrere Tagebücher parallel: an seinen

8 »Eine Sensation auf gläsernen Platten«, in: *Süddeutsche Zeitung* vom 22.7.1992.
9 Vgl. Fröhlich I, Bd.1, S.C, Anm. 14. Dazu Sösemann, Tagesaufzeichnungen, S. 229
10 Dies behauptet irrtümlich *Der Spiegel* Nr. 29 vom 13.7.1992, S. 3.
11 Vgl. Sösemann, Inszenierungen, S. 10.
12 Vgl. »Nur drei Leute können die Schrift lesen«, in: *Die Welt* vom 10.7.1992.

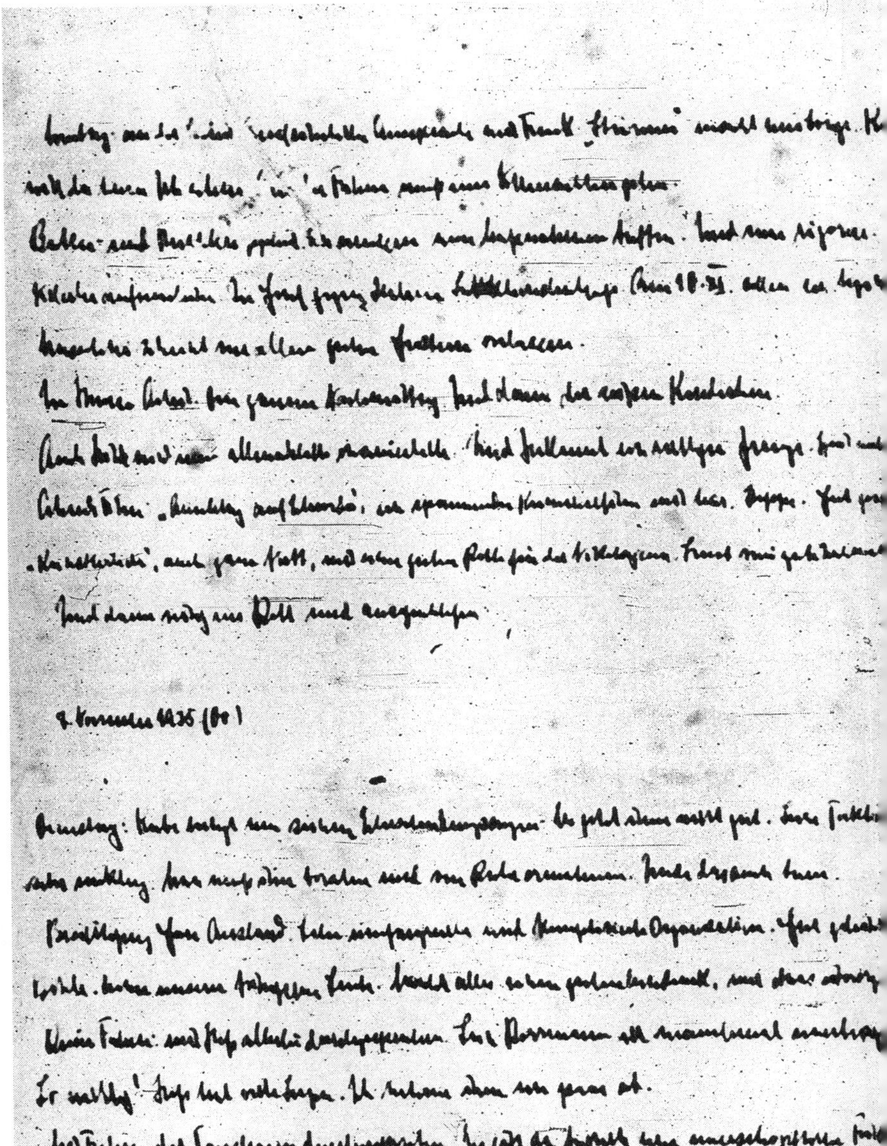
7. November 1935 (Do)

Tagebuch-Eintrag vom 7. November 1935

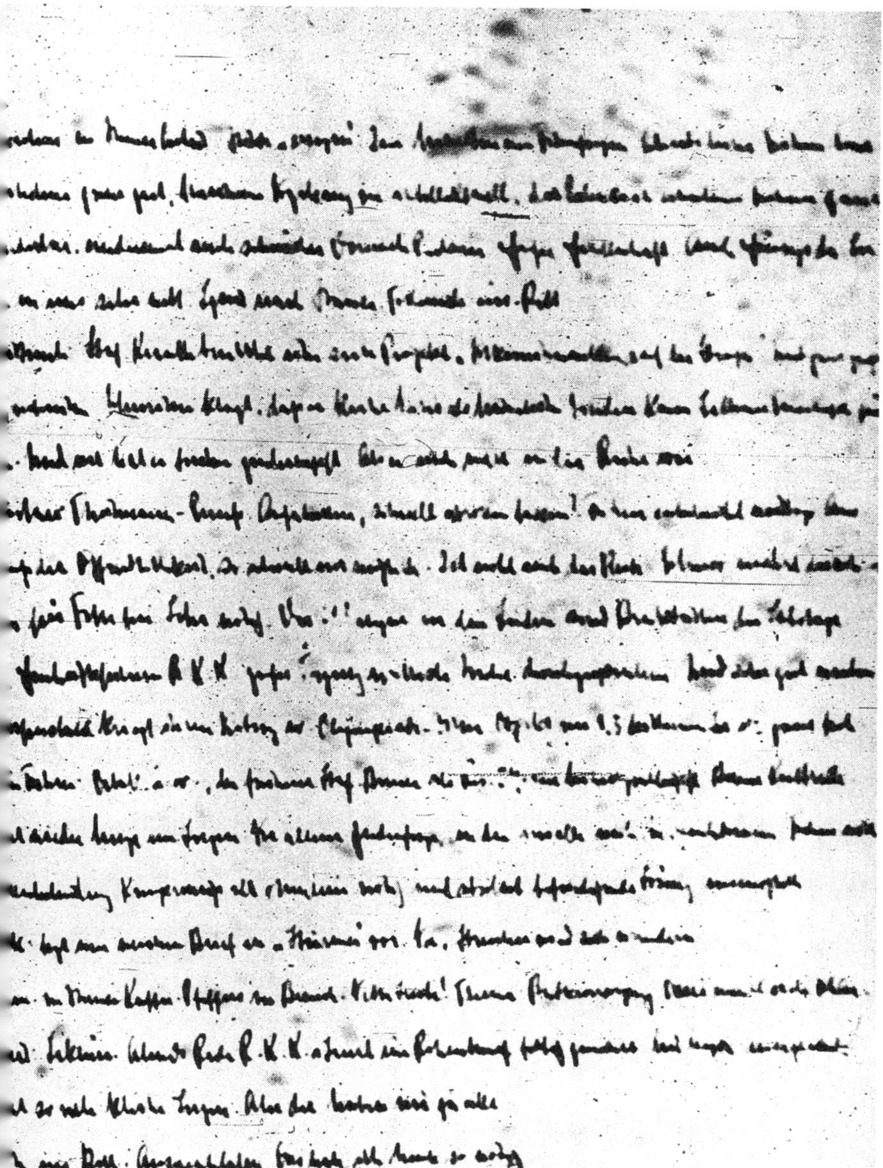

verschiedenen Wohnorten, im Propagandaministerium und eines »für Ferien und Reise«.[13]

Goebbels verfaßte seine Notizen – in Gegenwartsform – in der Regel morgens für den vorangegangenen Tag. Das Datum jeder Eintragung bezieht sich somit auf den Vortag (»Gestern:«) Zum Teil unterbrach er und ließ Lücken, um dann mit dem Abstand von Stunden oder Tagen retrospektiv nachzutragen.

Zusammenfassungen mehrerer Tage unter einer Eintragung sind aber ebenso die Ausnahme wie längere Unterbrechungen aufgrund außergewöhnlicher politischer oder privater Umstände.[14] Goebbels unterliefen zahlreiche Schreib- und Flüchtigkeitsfehler, auch finden sich eigentümliche Wortkreationen.[15] Tagebuchtypische Streichungen, Einfügungen oder Korrekturen fehlen jedoch.[16]

Nicht zuletzt aufgrund des erheblichen Zeitmangels kurz vor und nach dem Überfall auf die Sowjetunion am 22. Juni 1941 wechselte Goebbels zum Diktat. In diesen Tagen wurden die Einträge immer länger, vorangestellte Bemerkungen (»Eine rasende Eile. Darum nur Stichworte«, 20.6.1941)[17] verdeutlichen, wie zeitraubend die eigenhändigen Niederschriften für Goebbels gewesen sein müssen.[18]

Seine Gedanken soll Goebbels morgens vor der gegen 11 Uhr abgehaltenen Ministerkonferenz wiederum für den vorangegangenen Tag in schneller, freier Rede seinen Stenographen Otte und Jacobs vorgetragen haben,[19] die sie in maschinenschriftliche Form brachten; hochwertiges Papier wurde einseitig mit der übergroßen »Führer-Type« beschrieben, so daß eine Seite der Aufzeichnungen nur zirka 35 Prozent einer normalen DIN-A4-Seite entspricht. Dies relativiert den teil-

---

13 Zur Problematik und textkritischen Bewertung dieser möglicherweise retrospektiv angefertigten »Nebenaufzeichnungen« s. Sösemann, Tagesaufzeichnungen, S. 232ff.

14 Sösemann, Tagesaufzeichnungen, S. 233. Dies betrifft etwa die Lücke vom 18.12. bis 29.12.1938. Den Eintrag vom 30.12.1938 beginnt Goebbels statt mit dem üblichen »Gestern:« mit »Das waren furchtbare zwei Wochen. Ich war nahe dran zu verzweifeln«.

15 Vgl. Fröhlich I, Bd.1, S. LXXXVI.

16 Sösemann, Tagesaufzeichnungen, S. 235.

17 Siehe dazu auch die langen Einträge der ersten Tage im Juli 1941. Im folgenden werden die Daten der Tageseintragungen im Text jeweils in arabischen Zahlen wiedergegeben, um sie von allen übrigen, nicht tagebuchbezogenen und ausgeschriebenen Datumsangaben abzuheben.

18 In vergleichbaren Situationen, zum Beispiel während der ersten Tage des Angriffs auf Polen, ist eine ähnlich gehetzte und unleserliche Schrift festzustellen (s. Eintrag vom 9.9.1939).

19 Vgl. Wilfried von Oven, *Wer war Goebbels?*, München 1987, S. 123.

weise beträchtlichen Umfang der im Schnitt 30seitigen Diktatnotizen, die in Sonderfällen auf 119 (20.8.1942) oder gar 144 (23.9.1943) Seiten anwuchsen.

Diese im Ministerium hergestellten und verwahrten, stellenweise amtlichen Dienstberichte richteten sich in den Kriegsjahren immer nach dem gleichen Schema: Dem eigentlichen Bericht Goebbels' wurde ein militärischer Lagebericht, genannt »Militärische Lage«, vorangestellt. Im Text selbst wird dann noch einmal auf die Mittags- und Abendlage eingegangen. Ausführlich referiert und kommentiert sind im Verlauf der Eintragung regelmäßig eine internationale Presseübersicht, Berichte und Erzählungen von Mitarbeitern über die innenpolitische Lage anderer Staaten sowie Zusammenfassungen verschiedener Stimmungsberichte, Weisungen und Gespräche. Als Schlußbemerkung findet sich meist ein Resümee der allgemeinen Lage, verknüpft mit stoßgebetartigen Hoffnungen auf Besserung, welches die schicksalsträchtigen rhetorischen Fragen, die Weltschmerz-Anwandlungen und die Angaben über Beginn und Verlauf der Nachtruhe in den handschriftlichen Teilen ablöst.

Im Gegensatz zu seinen Reden ist Goebbels' Aufzeichnungsstil gekennzeichnet durch sehr viele schwärmerisch-pathetische Sätze, aber auch durch unambitionierte, dürftige[20], nur stichwortartige und bisweilen von einigen grammatikalischen Unsicherheiten geprägte Formulierungen sowie durch einen eher schmalen, nach Beginn der Diktate weiter reduzierten, offiziösen und mit Phrasen angereicherten Wortschatz. In Anbetracht des schnellen mündlichen Vortrags ist es allerdings ein recht flüssiger Stil. Goebbels offenbart Schwierigkeiten im Umgang mit Anglizismen und Eindeutschungen, ergeht sich aber gelegentlich in trockenem, zynischem Humor. So kommentiert er in einem Eintrag vom 13.6.1941 die Massenverhaftungen von Anthroposophen, Hellsehern und Okkultisten mit den Worten: »Sonderbarerweise hat nicht ein einziger Hellseher vorausgesehen, daß er verhaftet wurde. Ein schlechtes Berufszeichen.« Selbst als Minister verwendet er bisweilen einige umgangssprachliche und vulgäre Formulierungen. Kriegsgegner wollte er »niederboxen« und »abstinken« lassen, die Versenkungsziffern deutscher U-Boote verglich er mit einem »Schluck aus der Pulle«. In feindlichen Ländern saßen »doofe

20 Helmut Heiber, *Joseph Goebbels*, München 1965, S. 314. Dazu Fröhlich I, Bd.1, S. LXXXVIff.

Demokraten«[21], und es galt die Gleichung »Monarchie=Scheiße«[22]. Andere NS-Führer nannte er zuweilen »dreckiges Schwein«, »Stinktier« oder »Wanze«.[23]

Zweifel an der Echtheit des Materials, wie sie anfangs nach der Erfahrung mit zahlreichen Falsifikaten in Dokumenteneditionen selbst renommierter Historiker und insbesondere auch der gefälschten Hitler-»Tagebücher«[24] formuliert wurden,[25] werden heute von ernstzunehmender Seite kaum noch erhoben. Daß Goebbels ein Tagebuch führte, war schon zu seinen Lebzeiten bekannt, spätestens während des Krieges konnten Mitarbeiter die Herstellung im Ministerium verfolgen. Kriminaltechnische Untersuchungen und Befragungen ergaben keine Veranlassung, die Authentizität des erhaltenen Materials in Frage zu stellen.[26] Eventuellen Manipulationen wäre durch Textkritik ebenfalls schnell auf die Spur zu kommen.

Jahrzehntelang hat der Schweizer Bankier, Alt-Nationalsozialist und Goebbels-Verehrer François Genoud die Werknutzungsrechte am gesamten literarischen Nachlaß von Joseph Goebbels und anderen Vertretern des NS-Regimes beansprucht, die er aufgrund der unklaren Rechtslage in den fünfziger Jahren angeblich erworben hatte.[27] Dabei steht seit langem fest, daß Goebbels seine Tagebücher schon zu Lebzeiten an den parteieigenen Eher-Verlag verkauft hat, dessen gesamter Besitz nach dem Krieg auf das Land Bayern übergegangen ist.[28] Genoud erlangte unbestreitbaren Einfluß auf die NS-Forschung durch erzwungene Vorworte und seine Mitsprache hinsichtlich Inhalt und

---

21 Eintrag vom 7.1.1943.

22 Eintrag vom 25.12.1940.

23 Eintrag vom 11.1.1938 über den »Reichskulturwalter« Hans Hinkel.

24 Zu den Falsifikaten in Eberhard Jäckels gesammelten Hitler-Schriften s. Sösemann, Tagesaufzeichnungen, S. 214f.; s. auch Josef Henke, Die sogenannten Hitler-Tagebücher und der Nachweis ihrer Fälschung. Eine archivfachliche Nachbetrachtung, in: Friedrich P. Kahlenberg (Hrsg.), *Aus der Arbeit der Archive. Festschrift für Hans Booms*, Boppard 1989, S. 287-317.

25 Konrad Repgen, in: *Rheinischer Merkur* vom 18.3.1988; Otto B. Roegele, in: *Rheinischer Merkur* vom 2.1.1988; Albert M. Beer, *Die Tagebücher von Joseph Goebbels: Eine Fälschung?* Maschinenschriftl. Manuskript, Ellwangen 1988.

26 Fröhlich I, Bd.1, S. LXXIVf; Hans-Günther Hockerts, Die Goebbels Tagebücher 1932-1941. Eine neue Hauptquelle zur Erforschung der nationalsozialistischen Kirchenpolitik, in: Dieter Albrecht u.a. (Hrsg.), *Politik und Konfession. Festschrift für Konrad Repgen*, Berlin 1983, S.360. Sämtliche Überprüfungen werden aufgezählt in *Der Spiegel* Nr. 29 vom 13.7.1992, S. 109.

27 Vgl. Siegfried Becker, Ein Nachlaß im Streit, in: Kahlenberg, S. 276.

28 Vgl. Karl-Heinz Janßen, in: *Die Zeit* Nr.10 vom 2.3.1990.

Gestaltung der Veröffentlichungen von Reden und Schriften Goebbels' und anderer Nationalsozialisten.[29] Genoud beging im Alter von 81 Jahren am 12.12.1996 in Pully bei Lausanne Selbstmord.

Die 1987 im Münchner K.G. Saur Verlag erschienenen vier Bände von Aufzeichnungen Goebbels' enthalten alle bis dato verfügbaren Kopien seiner handschriftlichen Notizen von 1924 bis 1941. Transkriptionsfehler und eine hohe Anzahl von Entzifferungslücken waren aufgrund der schlechten Vorlagen unvermeidbar. Die Edition ist benutzbar, doch sollte man in allen Zweifelsfällen einen Blick in die Kopien der Handschriften werfen. Sonst kann es passieren, daß zum Beispiel Goebbels von Lilian Harvey schreibt, die aber als Brigitte Horney entziffert wurde.[30] Auf den Seiten 456-459 findet sich ein Überblick mit zum Teil sehr aufschlußreichen Korrekturen und Ergänzungen von Fehlern und Lücken, die bisher als »definitiv unlesbar«[31] bezeichnet wurden.

Eine »Volksausgabe« der gesamten Tagebücher von 1924 bis 1945 wurde 1992 von Ralf Georg Reuth im Münchner Verlag R. Piper herausgegeben.[32] Reuths Publikation enthält Auszüge (etwa 20 Prozent des Gesamtumfangs) aus den schon bisher in deutschen Archiven befindlichen Aufzeichnungen sowie – allerdings in verschwindend kleiner Zahl – einige Neuzugänge aus Moskau, insbesondere Passagen von 1933/34 und 1938/39. Diese Novitäten sind dem britischen Historiker (und Auschwitz-Leugner) David Irving zu verdanken, dessen »freundliche Unterstützung« unter den jeweiligen Einträgen vermerkt ist. Ihm sind allerdings spektakuläre Lesefehler unterlaufen: Zum Beispiel habe Goebbels – laut Irving – am 24.8.1939, nach dem Moskauer Nichtangriffsvertrag, vermerkt, der »Führer« glaube nun an eine »Mauserung des Bolschewismus«, richtig ist aber »Wandelung«.[33] Irving selbst hat eine deutsche und eine italienische Ausgabe der Goebbels-Tagebücher von 1938 veröffentlicht.

---

29 So bei Helmut Heiber (Hrsg.), *Goebbels-Reden 1932-1945*, 2 Bde., Düsseldorf 1971/72, S.VIIf. Zu dem Einfluß Genouds s. auch Sösemann, Tagesaufzeichnungen, S. 277 Anm. 79.

30 6.2.1938, Band 3, S. 433.

31 Fröhlich I, Bd.1, S. LXXXIV.

32 Ralf Georg Reuth (Hrsg.), *Joseph Goebbels. Tagebücher 1924-1945*, 5 Bde., München 1992.

33 *Der Spiegel* Nr. 32/1992, S. 61.

Für Goebbels war die diaristische Form schon vor Aufnahme der regelmäßigen Notizen ein literarisches Stilmittel. »Michael Vormann. Ein Menschenschicksal in Tagebuchblättern« lautet der Titel eines frühen schriftstellerischen Versuchs;[34] »Aus meinem Tagebuch« nannte er eine längere Konfession an seine Freundin Else Janke.[35]

Höhepunkt dieser literarischen Stilübungen ist 1934 die Veröffentlichung »Vom Kaiserhof zur Reichskanzlei«, für die Goebbels seine Notizen als Grundlage für die NS-propagandistische Schilderung der letzten 16 Monate vor der Machtergreifung verwendet hat.

Eine Nachweltorientierung des Propagandaministers ist in seinen Tagebüchern unbestreitbar. Als augenfälliges Zeichen dafür kann der zwischen Januar und März 1934 vorgenommene Wechsel in der Bezeichnung Hitlers von »Chef« oder »Hitler« zum stereotypen »Führer« gelten.[36] In den Aufzeichnungen selbst findet sich am 22.10.1936 die folgenschwere Notiz: »Ich verkaufe Amann meine Tagebücher. 20 Jahre nach meinem Tode zu veröffentlichen. Gleich 250 000 Mk und jedes Jahr laufend 100 000 Mk. Das ist sehr großzügig. Magda und ich sind glücklich. Amann hat damit eine gute Kapitalanlage.«

Goebbels hat seine Tagebücher ohne jeden Zweifel veröffentlichen wollen[37] und so auch kurz vor Kriegsende die bereits erwähnten Bemühungen zur Sicherung und Duplizierung des Materials gestartet.

Das alles ist Grund genug für einige quellenkritische Reminiszenzen. Schon 1962 hat Helmut Heiber zutreffend analysiert, daß die Aufzeichnungen nicht »letzte Enthüllungen« enthalten, sondern als »Rohstoff für den künftigen Geschichtsschreiber und Altenteiler Joseph Goebbels« gedacht gewesen seien, daß sie »Ereignisse aus der Sicht des überlegenen Staatsmannes, dargestellt für die Nachwelt« widerspiegeln.[38]

---

34 1929 überarbeitet erschienen beim parteieigenen Eher-Verlag als »Michael. Ein deutsches Schicksal in Tagebuchblättern«.

35 BA/K NL Goebbels 118/126.

36 Der Zwischenzeitraum ist bisher nicht überliefert.

37 Eintrag vom 30.3.1941: »Ich schaffe meine Tagebücher, 20 dicke Bände, in die unterirdischen Tresore der Reichsbank. Sie sind doch zu wertvoll, als daß sie einem evtl. Bombenangriff zum Opfer fallen dürften. Sie schildern mein ganzes Leben und unsere Zeit. Läßt das Schicksal mir dafür ein paar Jahre, dann will ich sie für spätere Generationen überarbeiten. Sie werden draußen wohl einiges Interesse finden.« Wenige Tage zuvor hatte Goebbels erstmals die Angriffspläne auf die Sowjetunion erwähnt.

38 Heiber, Joseph Goebbels, S. 264.

Goebbels bei der Silvesteransprache 1939

Es entsteht tatächlich in weiten Teilen der Eindruck eines Grundschemas aus Selbstdarstellung, Selbstbespiegelung und »Fixierung von Botschaften an die Nachwelt«.[39]

Doch Licht und Schatten liegen dicht beieinander. Viele »Enthüllungen« oder Einblicke in NS-Herrschaftstechniken liefert Goebbels aus reiner Routine. Da die Möglichkeit zu späteren Kürzungen bestand, konnte sich Goebbels zum selben Thema im Abstand von nur wenigen Zeilen erst kritisch-räsonierend, dann wieder unübersehbar propagandistisch äußern. Die Grenzen zwischen bewußter Manipulation, echter Überzeugung und subjektiver Ehrlichkeit erscheinen gelegentlich fließend. Nicht hinter jedem Halbsatz steckt das ausgeklügelte System eines rationalen Fälschers. Oft sind es bloße Berichte aus dem täglichen Arbeitsablauf.

Darüber hinaus galten für Goebbels – verglichen mit heute – andere Maßstäbe hinsichtlich brisanter Themen. So verschweigt er die Ver-

39 Bernd Sösemann, »Ein tieferer geschichtlicher Sinn aus dem Wahnsinn«. Die Goebbels-Tagebuchaufzeichnungen als Quelle für das Verständnis des nationalsozialistischen Herrschaftssystems und seiner Propaganda, in: Thomas Nipperdey u.a.(Hrsg.), *Weltbürgerkrieg der Ideologien. Antworten an Ernst Nolte.* Festschrift zum 70. Geburtstag, Frankfurt/M.-Berlin 1993, S. 148.

folgung, Erschießung und Vergasung von Juden ebensowenig wie die Ermordung Geisteskranker, weil er dies keineswegs als inkriminierend, sondern vielmehr als darstellenswerte Leistung verstand, die Verständnis, Zustimmung, wenn nicht gar Ruhm bei kommenden Generationen versprach.[40]

Im Gegensatz dazu wird jedoch für den Eintrag zum ersten Tag des Zweiten Weltkriegs die Propagandalüge vom »polnische[n] Angriff auf den Sender Gleiwitz« – in der Nacht zum 1. September 1939 – übernommen, obwohl nur wenige Sätze vorher von Hitlers »Befehl zum Angriff gegen 5h« sowie von Sonderbefehlen für die SS die Rede ist. Außerdem: Schon nach dem Abschluß des Nichtangriffsvertrags zwischen Berlin und Moskau heißt es: »Nachmittags gibt er [Hitler] mir einen ausführlichen Überblick über die Lage: die Lage Polens ist verzweifelt. Wir werden es angreifen bei der nächsten besten Gelegenheit. Der polnische Staat muß zerschlagen werden genau wie der tschechische« (24.8.1939).

In den letzten Jahren ist die propagandistische Dimension, die »Inszenierungen für die Nachwelt«, der Goebbels-Aufzeichnungen detailliert nachgewiesen und vor »konsequent beachteten historischen Stilisierungen«[41] gewarnt worden, die in erster Linie der »Vorbereitung des Vermächtnisses« an den Leser gedient hätten. Zumindest sollte sich anders als bisher ein kritikloser Gebrauch der Aufzeichnungen verbieten. Goebbels' Schrift ist »kein mit subjektiver Aufrichtigkeit verfaßtes ›journal intime‹«, sondern es wurde vom »Chefpropagandisten des Nationalsozialismus« mit Blick auf »künftige Generationen« angelegt.[42]

Im übrigen ist dort, wo Goebbels ganz offensichtlich vorbehaltlos berichtet, stets entscheidend, welche Materialien ihm selbst vorgelegen haben. Über viele politische Ereignisse in aller Welt standen ihm nur Berichte zur Verfügung, die man zwar als Insiderwissen charakterisieren kann, die aber dennoch einem relativ großen Kreis zugänglich waren. Goebbels – immerhin in führender Position im NS- Staat – erscheint oft nur oberflächliches Wissen zu besitzen. So spekuliert er etwa über die Hintergründe von Stalins Erschießungen der russischen Generalität um Marschall Tuchatschewski im Juni 1937 und ahnt

40 Siehe unten Seite 52
41 Ebd., S. 151.
42 Fröhlich II, S. 7.

Minister Goebbels: Tagebuch als propagandistisches Vermächtnis?

offenbar nichts von Heydrichs Desinformationsversuchen, wo doch selbst »untere Kreise« der Hauptstadtelite gleich gut, ja oft besser und präziser Bescheid wußten, wie man dem Tagebuch der stets wohlinformierten jüdischen Berliner Journalistin Bella Fromm entnehmen kann.[43]

Historisch bedeutende Daten

Natürlich ist es unabdingbar, nachzuprüfen, wie Goebbels im Rahmen seines »Grundschemas« aus Wahrheiten, Halbwahrheiten, propagandistischen Stilisierungen, Verzerrungen, Selektionen und Schönfärbereien die wichtigsten Daten der NS-Geschichte abgehandelt hat. An den bisher bekanntgewordenen Passagen zum Reichstagsbrand vom Februar/März 1933[44] entzündete sich sogleich eine Kontroverse entlang der alten Frontlinien über das Für und Wider einer nationalsozialistischen Urheberschaft.[45] Goebbels zufolge wurde die NS-Spitze von dem Brand überrascht, hätte aber sogleich die Chance für eine Ausschaltung der Opposition gesehen. Dies bestätigt die Ergebnisse des überwiegenden Teils der historischen Forschung.[46] Daß damit die Alleintäterschaft des Holländers van der Lubbe nun endgültig »wissenschaftlich erwiesen« sei,[47] ist allerdings eine unzulässige Schlußfolgerung. Ebensowenig Beweiskraft hat eine Passage vom 9.4.1941, in der Goebbels ein Gespräch mit Hitler über mögliche »Urheber« des Reichstagsbrands wiedergibt, und er seinen »Führer« den ehemaligen Vorsitzenden der KPD-Reichstagsfraktion, Ernst Torgler, bezichtigen läßt. Im Sinne von diktatur-typischen Verschwörungstheorien werden gleichzeitig, ganz im Sinne der damaligen offiziellen Propagandalinie,

---

43 Bella Fromm, *Als Hitler mir die Hand küßte*, Berlin 1992, u.a. ihr Eintrag vom 24.10.1936.

44 *Der Spiegel* Nr. 31 vom 27.7.1992, S. 110 (28.2.1933): »Da Anruf Hanfstaengl: der Reichstag brennt; tolle Phantasie. Aber es stimmt. Gleich mit Hitler heruntergerast, das ganze Gebäude steht in Flammen [...] Von Kommune angelegt. Göring ganz groß in Fahrt, Hitler ist in Rage [...] Das fehlte uns noch. Nun sind wir ganz heraus. Täter gefasst: 24jähriger holländischer Kommunist«.

45 Vgl. *Frankfurter Allgemeine Zeitung* vom 12.8.1992; *Die Weltwoche* vom 23.7.1992.

46 Hans Mommsen, Van der Lubbes Weg in den Reichstag – der Ablauf der Ereignisse, in: Uwe Backes u.a., *Reichstagsbrand. Aufklärung einer historischen Legende*, München 1986, S. 53f.

47 *Der Spiegel* Nr.31 vom 27.7.1992, S. 110f.

Otto Strasser und der englische Geheimdienst als Drahtzieher für das Bürgerbräu-Attentat vom November 1939, das ebenfalls auf einen Einzeltäter zurückzuführen ist,[48] verantwortlich gemacht. Es wird stets die Version der »Hintermänner« angeboten.

Ähnlich kann ja auch Goebbels' retrospektive Bewertung des November-Pogroms von 1938 – als Ausdruck des spontanen Antisemitismus der Bevölkerung und nicht als Ergebnis gesteuerter Parteiaktionen – nicht als Beweis angeführt werden.[49]

In den Passagen über die »Reichskristallnacht« zeichnet Goebbels auffällig das Bild eines im Hintergrund initiativ die Fäden ziehenden Hitler und widerspricht damit späteren Darstellungen eines zum Unwillen des Diktators vorgepreschten Propagandaministers.[50] In einem Eintrag vom 10.11.1938 spricht Goebbels abwechselnd von »Volkszorn« (»Das ganze Volk ist in Aufruhr«), dem man seinen Lauf lassen müsse, dann wieder von gezielt angewiesenen »Stoßtrupps« der SA, die »fürchterliche Arbeit« leisteten. Goebbels stellt sich als Exekutor Hitlers dar, dessen Ansichten in Bezug auf die Juden und die Pogromaktionen er als »ganz radikal und aggressiv« beschreibt.

Interessant erscheint Goebbels' mitunter differenzierte Rezeption der Kriegspolitik Hitlers und deren befürchtete Auswirkungen auf die Stimmung in der Bevölkerung im Sommer/Herbst 1938, bis hin zur

---

48 Vgl. auch Eintrag vom 17.11.1939: »Die Hintergründe des Münchner Attentats liegen nun ziemlich klar: der eigentliche Attentäter ist eine Kreatur von Otto Straßer. Der war während der entscheidenden Tage in der Schweiz. Nach dem Attentat ist er gleich nach England, also zu seinen Brot- und Auftraggebern abgekratzt. Das Werk des secret service. Wir halten alles noch geheim, um die Hintermänner nicht argwöhnisch zu machen.« Es ist mehr als fraglich, ob Goebbels solche Informationen tatsächlich vorlagen. In den internen Untersuchungen und Verhör-Protokollen des Attentäters Georg Elser ist davon nicht die Rede. Es ist jedoch bekannt, daß Hitler trotz fehlender Hinweise nicht davon abzubringen war, daß hinter dem Anschlag der britische Geheimdienst steckte: Anton Hoch, Das Attentat auf Hitler im Münchner Bürgerbräu-Keller, in: *Vierteljahreshefte für Zeitgeschichte* 17.Jg., 1969, S. 383-413.

49 Eintrag vom 12.8.1941: »Ich möchte es nicht wieder erleben, daß wie im Jahre 1938 die Judenfrage vom Pöbel gelöst wird«.

50 Eintrag vom 10.11.1938: »Ich trage dem Führer die Angelegenheit vor. Er bestimmt: Demonstrationen weiterlaufen lassen. Polizei zurückziehen. Die Juden sollen einmal den Volkszorn zu spüren bekommen. Das ist richtig. Ich gebe gleich entsprechende Anweisungen an Polizei und Partei [...] Der Führer hat angeordnet, daß 20-30000 Juden sofort zu verhaften sind.« 11.11.1938: »In der Osteria erstatte ich dem Führer Bericht. Er ist mit allem einverstanden. Seine Ansichten sind ganz radikal und aggressiv [...] Der Führer will zu sehr scharfen Maßnahmen gegen die Juden schreiten«.

deutlich durchklingenden Erleichterung über den vermiedenen Konflikt mit den Westmächten im Eintrag vom 29.9.1938.[51] Sie enthalten partiell aufblitzendes Räsonnement, enthüllen Unsicherheit und Eingeständnisse, die ein Jahr darauf während der politisch-diplomatischen und militärischen Zuspitzung vor und nach dem Abschluß des »Nichtangriffspakts« mit der Sowjetunion fehlen oder nur in rhetorischer Form (»Was mag die Zukunft bringen, Krieg oder Frieden?«, 24.8.1939) vorgebracht werden.

Keine neuen Erkenntnisse offenbaren Goebbels' umfangreiche Schilderungen über den Ablauf der Widerstandsaktionen des 20. Juli 1944 und die von ihm entscheidend organisierten Gegenmaßnahmen.[52]

Leichte Skepsis klingt an dem von Hitler vorausgesagten Scheitern der alliierten Landung in der Normandie vom 7. Juni 1944 durch.[53]

Goebbels über Hitler, den Holocaust und den Überfall auf Moskau

Ein beliebtes Stilmittel bei Goebbels ist es, eigene Absichten, Kritik oder Ziele indirekt zur Sprache zu bringen: als Meinung Hitlers, anderer Gesprächspartner oder gar als Wunsch der Bevölkerung. Goebbels' von Hitler zunächst immer wieder zurückgewiesenes Bestreben, mehr Kompetenzen zur Durchsetzung von Maßnahmen des »Totalen Krieges« zu erhalten, liest sich dann als »Volkswunsch« so: »Man bedauert den Führer, daß er zuviel am Halse hat, und wünscht, daß er für die innere Führung eine Reihe von Vollmachten an einen harten Mann abgibt, und verweist dabei vor allem auf meine Person« (5.2.1943).

Räumt Goebbels eine schlechte Stimmungslage in der Bevölkerung ein, zum Beispiel nach dem England-Flug von Rudolf Heß (»saumäßig«, 14.5.1941), zu Beginn der Kinderlandverschickung (1.10.

51 Vgl. Kap. III, S. 192-194.

52 Sogar *Der Spiegel* Nr. 30 vom 20.7.1992, S.101, rückt Goebbels' voreilige Behauptung, Generaloberst Fromm sei das Haupt der Verschwörung, zurecht. Nur einige Details zum Tagesablauf mögen überprüfenswerte Hinweise bieten.

53 Eintrag vom 7.6.1944: »Wenn wir die Invasion zurückschlagen, so wird natürlich das Kriegsbild eine totale Veränderung erfahren. Der Führer rechnet bestimmt damit. Er macht sich kaum Sorgen, daß das nicht gelingen könnte. Ich bin dagegen etwas zurückhaltender«.

1940) oder während prekärer militärischer Situationen, führt er sie meist nicht auf die eigene Propaganda, sondern auf die Nachrichtenpolitik des Oberkommando der Wehrmacht (OKW), die unhaltbaren Versprechungen Görings oder die voreiligen Siegesmeldungen seines Widersachers, des Pressechefs der Reichsregierung, Otto Dietrich, zurück.

In der Kriegspropaganda betont Goebbels die Überlegenheit der deutschen Methoden, reklamiert stereotyp deren »große Wirkung« in den Feindstaaten und neutralen Ländern,[54] berichtet von Zerwürfnissen in fremden Regierungen und der katastrophalen Lage und Moral der dortigen Bevölkerung. Seine Stilisierung der deutschen Propaganda geht sogar soweit, daß er aufgrund der SD-Berichte nachweisbare Fehlschläge wie die sogenannte Victory-Propaganda im besetzten Polen vom Juli 1941 wahrheitswidrig in Erfolge umkehrt.[55]

Die kritische Reflexion propagandistischer Aktionen der Kriegsgegner bleibt die Ausnahme, so wenn Goebbels gelegentlich eine Churchill-Rede lobt (22.8.1940) oder Hermann Rauschnings 1939 erschienenes Buch »Gespräche mit Hitler« als »Riesengefahr« einstuft[56]. Stets betont Goebbels den Beitrag seiner publizistischen Tätigkeit für die Hebung der inneren Stimmung, die wegweisende Funktion seiner Reden und Aufsätze: »Meine ›Reich‹-Artikel stellen augenblicklich für das deutsche Volk sozusagen das tägliche Brot dar« (7.10.1944). Negative Meldungen im Bericht des Sicherheitsdienstes (SD) über die Propagandaarbeit läßt Goebbels oftmals weg, kritisiert die Autoren als »defaitistisch« oder macht »stänkerische Stimmen« aus, die nicht uneingeschränkt in den Chor der Lobpreisungen seiner »Totalen-Krieg«-Rede einstimmen wollen.[57]

Ein eigenständiger Bereich in Goebbels' Aufzeichnungen ist die

54 Eintrag vom 18.5.1940: »Unsere Propaganda arbeitet meisterhaft. Das wird im ganzen Lande und wohl auch in der gesamten Weltöffentlichkeit anerkannt«.

55 Bernd Sösemann/Jürgen Michael Schulz/Annette Weinke, in: *Aviso-Informationsdienst der DGPuK* Nr. 4/Dezember 1991.

56 Eintrag vom 13.2.1940: »Der gemeinste Propagandist auf der Gegenseite ist Rauschnigg [sic!]. Sein Buch ›Gespräche mit Hitler‹ ist außerordentlich geschickt geschrieben und stellt für uns eine Riesengefahr dar«.

57 Eintrag vom 21.2.1943. Vgl. dazu SD-Bericht vom 22.2.1943, in: Heinz Boberach (Hrsg.), *Meldungen aus dem Reich 1938-1945. Die geheimen Lageberichte des Sicherheitsdienstes der SS*, 16 Bde., Herrsching 1984, S. 4831. Die Zirkulation der Berichte wurde auf Druck von Goebbels 1943 eingeschränkt und später ganz eingestellt: Manfred Wirl, *Die öffentliche Meinung unter dem NS-Regime*, Diss. Mainz 1990, S.12ff; Boberach, S. 27 und 36 sowie Einträge vom 27.4.1943, 12.5.1943 und 18.5.1944.

Fülle von Eintragungen privater Natur, über Ehekräche und -krisen, Krankheiten und so weiter mit hier und da anzutreffender Intimität, wie zum Beispiel in einem Eintrag vom 3.1.1934: »Magda empfängt im Negligé. Darüber gibt es einen schrecklichen Krach. Sie beschimpft mich furchtbar und unerträglich.« Oder im Eintrag vom 31.3.1943: »Ich habe augenblicklich wieder sehr viel mit meinem Hautekzem zu schaffen. Dies Übel plagt mich nun schon seit etwa zwei Jahren, und es gibt keinen Arzt, der mich davon befreien kann«. Ähnliche Passagen finden sich über Zigarettenrauchen (6.6.1944), Magda Goebbels' Krankheiten, Magen-Darmprobleme, finanzielle Kalamitäten, Steuerschulden, Grundstücksangelegenheiten.[58] Übrigens erwähnt Goebbels die Rolle von Hitlers Geliebter Eva Braun erst im Juni 1943, und auch dann recht verklausuliert.

Von Offenheit weit entfernt, kommt auch seine langjährige Affäre mit der tschechischen Schauspielerin Lida Baarova nur verschlüsselt zum Vorschein.[59] Gleiches gilt für die umfangreichen Einschübe im Sommer 1939, als das Verhältnis seiner Frau Magda mit seinem Staatssekretär Hanke bekannt wurde, mit einer Menge tagebuchtypischen Selbstmitleids und Rechtfertigungen.[60]

Das Hitler-Bild Goebbels' ist recht eindimensional im Sinne einer »Weiterführung der publizistischen Propagierung eines Führermythos«.[61] In der Tat erscheint Hitler als zentraler Fixpunkt der gesamten Aufzeichnungen, der »unter dem Schutz des Allmächtigen« stehe und erst sterben werde, »wenn seine Mission erfüllt ist« (9.11.1939), der privat gütig »wie ein Vater« (16.8.1938), in der Politik aber nervenstark und krisenfest sei, kurzum ein genialer Staatsmann und »auf allen Gebieten Fachmann«([10.]7.1939). Selbst in größten Krisen erscheint Hitler als »zuversichtlich« und »unerschütterlich«: »Der Füh-

58 Vgl. Einträge vom 15.3.1936, 29.3.1938, zahlreiche Einträge vom Juli 1939 sowie vom 13.3.1942.

59 Fröhlich I, Bd.1, S. XLV; Reuth, Goebbels, S. 402ff. sowie die TV-Sendung *Joseph Goebbels, gesehen von Lida Baarova*: ARD 7.4.1991, 22 Uhr 30. Darin werden die einschlägigen Tagebuchzitate verwendet, und Lida Baarova äußert sich erstmals öffentlich über die Affäre mit Goebbels.

60 Sösemann, Ein tieferer Sinn, S. 147, hält die privaten Themen für »aufgesetzt« und »angeklebt«.

61 Sösemann, Ein tieferer Sinn, S. 157.

62 Nur indirekt kommt Hitlers Fehleinschätzung der Kriegsbereitschaft Englands und Frankreichs zum Ausdruck: »Der Führer glaubt auch nicht daran, daß England eingreifen wird« (1.9.1939).

rer weist uns den richtigen Weg«, heißt es am 27.8.1939, wenige Tage vor Kriegsausbruch[62], und am 12.10.1939 schreibt Goebbels: »Mit dem Führer werden wir immer siegen, er vereint in sich alle Tugenden des großen Soldaten: Mut, Klugheit, Umsicht, Elastizität, Opfersinn und eine souveräne Verachtung der Bequemlichkeit. Unter ihm zu kämpfen kann nur Ehre sein«. Bis zum Schluß finden sich weitere, geradezu grotesk anmutende Hymnen – wie die zu Hitlers 55. Geburtstag am 20.4.1944: »Ich wünsche, daß der Führer noch mindestens 30 Jahre lebt. Ginge dieser Wunsch in Erfüllung, so würde er das Reich zur Weltmacht erheben und es zur Herrscherin über Europa machen.« Dank des behaupteten Konsenses mit Hitler kann sich Goebbels Polemiken gegen andere führende Mitglieder der Staats- und Parteispitze leisten, insbesondere gegen Ribbentropp[63], Göring[64], Bormann[65], Lammers[66], Keitel[67] oder Himmler[68].

Differenzen mit Hitler notiert Goebbels äußert selten. Sie betreffen meist nur Detailfragen oder sekundäre Bereiche. Dies reicht von der Sitzordnung der Staats- und Parteiführung bei der Olympiade (15.8.1936), der gegensätzlichen Beurteilung der Marionettenregierung des deutsch-besetzten Norwegens unter Quisling (18.4.1940), Meinungsunterschieden in Kunstfragen (9.3.1940) über das Einstellen der *Frankfurter Zeitung* (10.5.1943) bis zur propagandistischen Beeinflussung der Bevölkerung in den besetzten Sowjetrepubliken (9. 3.1943).

Erst gegen Ende des Krieges wird Goebbels gegenüber Hitler deutlich kritischer. Sorgfältig skizziert er dabei das Bild eines oft gesundheitlich anfälligen und überlasteten Hitler, der unter dem Einfluß unfähiger Berater stehe, und er selbst bietet sich als rechte Hand und quasi Vertreter in der »innerpolitischen Führung« an (27.2.1943, 22.6.1944).[69] Goebbels' Zweifel an Hitlers Führungsfähigkeiten werden zwar immer wieder durch demonstrativ propagandistische Passagen kompensiert – bis hin zu Zweideutigkeiten gegenüber Hitlers

63 Eintrag vom 28.10.1944: »Ribbentrop ist nicht ein deutscher Außenminister, sondern ein Schädling unserer Kriegspolitik, der so schnell wie möglich beseitigt werden muß« und unzählige weitere Passagen.

64 Eintrag vom 2.2.1943.

65 Eintrag vom 22.3.1941.

66 Eintrag vom 27.1.1943.

67 Eintrag vom 2.3.1943.

68 Einträge meist in der Vorkriegszeit, etwa 14.11.1937.

69 Vgl. auch Eintrag vom 11.7.1944.

militärischen Prognosen: »Es ist imponierend, mit welcher Sicherheit der Führer an seine Sendung glaubt« (7.6.1944). Doch seinem Ärger darüber, daß Hitler wiederholt Vorschläge und Denkschriften sowohl zur Innen- als auch zur Außenpolitik ablehnte oder gar nicht zur Kenntnis nahm, verlieh er recht deutlichen Ausdruck: »Wenn das so weiter geht, dann stehen die Sowjets sehr bald vor unserer ostpreussischen Grenze. Ich frage mich immer wieder verzweifelt, was der Führer dagegen tut« (9.7.1944).

Fast hat es den Anschein, als verstummten solche Zwischentöne durch die Ereignisse des 20. Juli, die Hitler wieder als »größtes geschichtliches Genie« (23.7.1944) erscheinen lassen, um dann in den letzten Monaten des Krieges stärker denn je hervorzutreten. So klagt Goebbels am 2.9.1944, daß Hitler mit Divisionen operiere, »die praktisch nicht mehr, oder nur noch zum Teil vorhanden sind«, und verkündet am 9.4.1945 gar: »Wenn ich der Führer wäre, dann wüsste ich, was jetzt zu tun ist [...] In Deutschland kann man ja nachgerade machen was man will. Die starke Hand fehlt.« Zu Berichten über die letzten militärischen Operationen, die nicht mehr Hitler, sondern General Rundstedt dirigierte, bemerkt Goebbels am 10.1.1945: »Vom Führer ist nirgendwo die Rede. Weder im Positiven noch im Negativen.« Auch hier freilich, und dies dokumentiert Goebbels' innere Gespaltenheit, fehlt es nicht an gegenteiligen Bekundungen, etwa: »ohne den Führer könnten wir den Krieg schwerlich weiter fortsetzen, mit dem Führer aber besteht begründete Hoffnung auf einen deutschen Sieg« (11.10.1944).

Ein weiterer, höchst aufschlußreicher Komplex in den Tagesaufzeichnungen ist die »Judenpolitik«. Trotz Nazi-Terminologie und Sprachregelung treten Vernichtungsabsichten eigentlich von Anfang an recht deutlich zutage. Schon in den dreißiger Jahren finden sich eine Fülle von Absichtsbekundungen[70] und persönlich initiierten Verfolgungsaktionen in Berlin,[71] die gleich zu Kriegsbeginn eine weitere Verschärfung erfahren: Die Juden müßten »unschädlich gemacht« werden (7.10.1939), was eine »klinische« und »chirurgische« Aufgabe sei (2./3.11.1939).[72] In Posen sei »allerhand liquidiert worden, vor allem an Judenunrat. Das muß auch sein«, heißt es am 19.3.1941.

---

70 Einträge vom 30.11.1937, 25.7.1938.
71 Einträge vom 11.6.1938, 22.6.1938. Vgl. dazu Reuth, S. 383ff.
72 Vgl. auch Einträge vom 5./6.12.1939 und 20.7.1940.

Hitler-Kritiker Goebbels: Die starke Hand fehlt

Die mehrtägigen Massaker von Kiew und Dnjepropetrovsk im Oktober 1941 (»riesige Judenerschießungen«, 19.10.1941) finden sich ebenso wie Besprechungen mit Heydrich über die Einrichtung von »Lagern« im Osten (auch den »Eismeerlagern«) (24.9.1941 und 18.11.1941) oder die unter maßgeblicher Beteiligung einheimischer Hilfsverbände – Goebbels stellt dies ausdrücklich heraus – vollzogenen Exekutionen in Riga vom November: »Zu Tausenden sind sie niedergeschossen worden und werden jetzt noch zu Hunderten füsiliert[...] Die Juden sind die Läuse der zivilisierten Menschheit. Man muß sie irgendwie ausrotten[...]«(2.11.1941). Allerdings offenbart Goebbels hier, wie man inzwischen weiß, keine »geheime Reichssache« und nicht mehr Wissen als auch mittlere Chargen in Wehrmacht, Verwaltung und SS hatten.

Zu Beginn der Massendeportationen – die ersten Transporte europäischer Juden trafen in Auschwitz und Belzec ein – nimmt Goebbels in einem der meistbeachteten Einträge seiner Aufzeichnungen ausdrücklich Bezug auf die von wilden Exekutionsexzessen begleitete Räumung des Ghettos von Lublin und die Vergasungen an den Bestimmungsorten:

»Aus dem Generalgouvernement werden jetzt, bei Lublin beginnend, die Juden nach dem Osten abgeschoben. Es wird hier ein ziemlich barbarisches und nicht näher zu beschreibendes Verfahren angewendet, und von den Juden selbst bleibt nicht mehr viel übrig. Im großen kann man wohl feststellen, daß 60% davon liquidiert werden müssen, während nur 40% in die Arbeit eingesetzt werden können. [...] Auch hier ist der Führer der unentwegte Vorkämpfer und Wortführer einer radikalen Lösung, die nach Lage der Dinge geboten ist und deshalb unausweichlich erscheint. Gottseidank haben wir jetzt während des Krieges eine ganze Reihe von Möglichkeiten, die uns im Frieden verwehrt wären. Die müssen wir ausnützen. Die in den Städten des Generalgouvernements freiwerdenden Gettos werden jetzt mit den aus dem Reich abgeschobenen Juden gefüllt, und hier soll sich dann nach einer gewissen Zeit der Prozeß erneuern.« [73]

Goebbels, der den nationalsozialistischen Massenmord mitverfolgt hat (»unsere geschichtliche Mission, die durch den Krieg nicht aufgehalten, sondern nur beschleunigt werden kann«, 13.5.1943), äußert sich über die Jahre hinweg in Bemerkungen von unglaublicher, offener Brutalität. Er kommentiert die Erschießungen nach dem Heydrich-Attentat, die Zustände in Lublin, den Aufstand im Warschauer Ghetto, die Behandlung der ungarischen Juden[74] und endet in einer grausigen Selbstbestätigung: Man habe zwar die Kirche und die alten Eliten, insbesondere die Militärführung nicht so »hart angepackt« wie dies etwa Stalin getan habe, jedoch: »Einzig in der Judenfrage haben wir eine so radikale Politik betrieben. Sie war richtig, und heute sind wir ihre Nutznießer. Die Juden können uns keinen Schaden mehr stiften. Trotzdem hat man vor Anpackung der Judenfrage immer und immer wieder betont, daß die Judenfrage nicht zu lösen sei. Man sieht, daß es möglich ist, wenn man nur will« (4.3.1944).

Von einiger historischer Bedeutung ist noch seine vielfach publizierte Passage zum taktischen Zurückweichen gegenüber dem sogenannten Rosenstraßenprotest in Berlin im März 1943. Damals mußten jüdische Mischehen-Partner nach Protesten ihrer Frauen von der SS wieder freigelassen werden.[75]

---

73 Das durch Lochner bekanntgewordene Zitat vom 27.3.1942 wird in der Forschungsliteratur als Beweis für die schnelle Information der NS-Führungsspitze gewertet: Gerald Fleming, *Hitler und die Endlösung*, Berlin 1987, S. 125; Dieter Pohl, *Von der »Judenpolitik« zum Judenmord*. Frankfurt/M. 1993, S.117. Pohl nimmt an, daß nur 10 Tage nach der Aktion von Lublin Goebbels nur von Himmler oder Hitler direkt informiert worden sein konnte. Czeslaw Madajczyk, Hitlers direct influence on decisions effecting jews during World War II, in: *Yad Vashem Studies* 20. Jg., 1990, S. 59, sieht dagegen den Zuträger in Goebbels' Bekanntem Ernst Zoerner, dem Gouverneur von Lublin.

74 Einträge vom 24.1.1942, 2.6.1942, 13.5.1943, 25.5.1943, 23.2.1944, 13.3.1944, 26.4.1944. Zu Goebbels' Eingehen auf den Holocaust in Ungarn s. Fröhlich, Krisenjahr, S. 210f.

Immer wieder verblüffend ist die Anlehnung selbst intimst klingender Tagebuch-Passagen an die öffentliche antisemitische NS-Propaganda und -publizistik, so wenn Goebbels am 18.8.1941 festhält:

»Wir reden auch über das Judenproblem. Der Führer ist der Überzeugung, daß seine damalige Prophezeiung im Reichstag, daß, wenn es dem Judentum gelänge, noch einmal einen Weltkrieg zu provozieren, er mit der Vernichtung der Juden enden würde, sich bestätigt. Sie bewahrheitet sich in diesen Wochen und Monaten mit einer fast unheimlich anmutenden Sicherheit. Im Osten müssen die Juden die Zeche bezahlen; in Deutschland haben sie sie zum Teil schon bezahlt und werden sie in Zukunft noch mehr bezahlen müssen.«

Denn es ist eine Tatsache: Nur leicht abgewandelt findet sich diese Passage ganz offen in einem Aufsatz Goebbels' in seiner Wochenzeitung *Das Reich* vom 16. November 1941.[76]

Die »Prophezeiung« Hitlers in seiner Reichstagsrede vom 30. Januar 1939 ist überhaupt der Fixpunkt für Goebbels' Kommentare zur Ermordung der Juden in den Kriegsjahren. Sie taucht auch in Goebbels' Schilderung der Berliner Reichs- und Gauleitertagung vom 12. Dezember 1941 auf, die übrigens inzwischen als das Forum angesehen wird, auf der Hitler seinen lange gesuchten »Führerbefehl« zur Endlösung gab[77]: »Bezüglich der Judenfrage ist der Führer entschlossen, reinen Tisch zu machen. Er hat den Juden prophezeit, daß, wenn sie noch einmal einen Weltkrieg herbeiführen würden, sie dabei ihre Vernichtung erleben würden. Das ist keine Phrase gewesen. Der Weltkrieg ist da, die Vernichtung des Judentums muß die notwendige Folge sein«(13.12.1941).

Schließlich erscheint die Schilderung der Vorbereitungen des Rußlandfeldzugs im Frühjahr 1941 noch beachtenswert. Goebbels hat – laut Tagebuch – davon spätestens am 28.3.1941 erfahren und sogleich angemerkt: »[...] nur die Wenigsten wissen davon«. Nur im nachhinein bestätigt der Propagandaminister am 22.6.1941 Hitlers

---

75 Eintrag vom 2.3.1943. Vgl. dazu Gernot Jochheim, *Frauenprotest in der Rosenstraße*, Berlin 1992, S. 133 sowie Nathan Stoltzfus, *Social Limitations on the Nazi Dictatorship: The Rosenstraße Protest and the Case of German-Jewish Intermarriage*, Boston 1996.

76 Diese »Prophezeiung« findet sich etwa auch in den Einträgen vom 20.6.1941 und 11.8.1941. Siehe auch Siegfried Maruhn in *Die Zeit* vom 26.5.1995, S. 52.

77 Vgl. *Frankfurter Allgemeine Zeitung* vom 6.12.1997, S.33.

78 »Seit Juli vorigen Jahres hat er daran gearbeitet, und nun ist der Zeitpunkt da.« Dies bezieht sich auf Hitlers Weisung, die Sowjetunion in einem Angriffskrieg im Frühjahr 1941 »zu erledigen«, s. Franz Halder, *Kriegstagebuch. Tägliche Aufzeichnungen des Chefs des Generalstabes des Heeres 1939-1942*, bearb. von Hans-Adolf Jacobsen, 3 Bde., Stuttgart 1962ff. hier: Bd. 2, S. 49 (31.7.1940).

seit Juli 1940[78] gehegte Angriffsabsichten. Vorher hatte er sich mit der Wiedergabe von Hitlers unverändertem »Antibolschewismus« (9.8. 1940) und allgemein geäußertem Mißtrauen gegenüber der Sowjetunion begnügt.[79] Zahlreiche widersprüchliche und ambivalente Zitate belegen, daß Goebbels den Nichtangriffsvertrag vom August 1939 und die Partnerschaft mit dem »Bolschewismus« eher zwiespältig gesehen haben dürfte.[80] Zudem lassen die Aufzeichnungen jedes konkrete subjektive Bedrohungsgefühl vor einem russischen Angriff auf seiten der deutschen Führung im Frühjahr 1941 vermissen.[81] Die Rechtfertigungsabsicht von Goebbels' Präventivkriegs-Bekundungen unmittelbar vor dem Angriff ist allzu durchsichtig.[82] Deutlich werden auch die vermutete Kenntnis Stalins der deutschen Angriffspläne,[83] die erstaunlich konkrete Gerüchtebildung in der deutschen Bevölkerung[84] und die Unterschätzung der Roten Armee.

Offensichtlich ist die Aussagekraft von Goebbels' Tagebüchern je nach Thema ganz unterschiedlich. Es wird sich zeigen, ob die Filmpolitik in die erste Reihe der Themen gehört, die Goebbels nur im Hinblick auf eine intendierte Wirkung abfaßte. Sollte Goebbels dabei also mangels Aufmerksamkeit nicht alle seine Äußerungen kalkuliert haben – die Untersuchung kann davon nur profitieren.[85]

---

79 Von Wegner, S. 120, wird dies als Beleg für das Fortbestehen von Hitlers Lebensraumprogrammatik gewertet. Vgl. auch Eintrag vom 9.11.1939.

80 Vgl. Eintrag vom 1.10.1939: »Ribbentrop erzählt mittags von Moskau. Ich glaube, er sieht zu rosig. Als wenn der Bolschewismus so eine Art von Nationalsozialismus wäre. Jetzt sieht sich alles rosig an, was früher Verbrechen war. Ich rede dagegen.« Zur Genese des Paktes aus der Sicht Goebbels' vgl. auch Einträge vom 11.6.1939 (»Er [Hitler] weiß nicht, was Moskau will«), 24.8.1939 und 30.9.1939: »Konferenz mit dem Führer unter vier Augen [...] er ist von Rußlands Loyalität überzeugt. Stalin steckt ja einen großen Gewinn ein«.

81 Eintrag vom 29.4.1941: »Aber wir haben im Augenblick keinen Grund, es [Rußland] zu fürchten.« Vgl. auch Eintrag vom 4.12.1940: »Aber es wird nie etwas gegen uns unternehmen – aus Angst«.

82 Eintrag vom 16.6.1941: »Aber Rußland würde uns angreifen, wenn wir schwach werden, und dann hätten wir den Zweifrontenkrieg, den wir durch diese Präventivaktion verhindern«.

83 Einträge vom 20.4.1941 und 6.6.1941.

84 Vgl. Eintrag vom 18.6.1941. Vgl. dazu die Einleitung von Boberach, S. 25 und SD-Bericht vom 12.6.1941: Boberach, S. 2394 sowie SD-Bericht vom 16.6.41: Boberach, S. 2408. Dahinter fällt Goebbels' Darstellung vom 16.6.1941 zurück: »Der Führer fragt mich, was das Volk denkt. Es glaubt, wir wären mit Rußland handelseins, wird aber tapfer sein, wenn wir es aufrufen«.

85 Die vorliegende Untersuchung beruht auf etwa 90 Prozent des überlieferten Gesamtmaterials der Goebbels-Tagebücher, die inzwischen aus Archiven und Editionen zur Verfügung stehen.

»Eine außerordentlich wirkungsvolle Avantgardistenarbeit«: Der Herrscher als Kenner?

Goebbels' Gedanken über Film und Kino sind nahezu über den gesamten Zeitraum ein fester Bestandteil seines Tagebuchs. Seine ersten Kinoerlebnisse sind kommentiert im September 1924, sie enden im März 1945 mit der Bemerkung: »Man wundert sich darüber, dass das deutsche Volk noch Lust hat, überhaupt ins Kino zu gehen.«

In den mehr als 20 Jahren dazwischen finden sich alle Spielarten eines Tagebuchschreibers: Mal widmet er dem Thema einen Satz, mal eine Seite, manchmal, an regnerischen Sonntagen, sogar fast die Hälfte des gesamten Eintrags (zum Beispiel am 6.11.1939). In seinem Haus auf Schwanenwerder ließ sich dann der Minister im Privatkino bis zu fünf Filme ganz oder teilweise vorführen (so am 15.8.1938). Doch es sind nicht nur Urteile zu bestimmten Filmen überliefert, Goebbels hat schlichtweg alles gestreift, was das Medium ausmacht, sei es technischer, ästhetischer oder organisatorischer Art: die Treffen mit der Filmprominenz, Organisations- und Besetzungsfragen, die reißbrettartige Filmplanung, Berichte zur wirtschaftlichen Situation, Aspekte der Farbfilmentwicklung, die Wochenschaugestaltung.

Schon bevor Goebbels im Juli 1941 sein Tagebuch zu diktieren begann, hatte sich – analog dem Tagesablauf – ein bestimmtes Schema für die Darstellung seiner Filmaktivitäten entwickelt: Einem »dienstlichen« Teil – Besprechungen im Ministerium, Weisungen oder zur Kenntnis genommene Berichte im ersten Abschnitt der Tageseintragungen – stehen am Ende der jeweiligen Aufzeichnung die Schilderungen der abendlichen, halbprivaten Filmprüfungen oder der Vorführungen im Kreis einiger »Filmschaffender« gegenüber.

Dabei ist eine bemerkenswerte Kontinuität entstanden. Ab 1935 fällt ihm fast täglich etwas zum Thema Film ein – Unterbrechungen über längere Zeit hinweg ergeben sich nur aufgrund von Reisen, schweren privaten Spannungen oder dramatischen politischen Ereignissen – wie den Angriffsvorbereitungen gegen Polen und die Sowjetunion im Sommer 1939 beziehungsweise im Juni 1941. Höhepunkt der Filmkommentare ist das Jahr 1937, bevor außenpolitische Krisen und Kriegspropaganda die Eintragungen dominieren. Hier finden sich Petitessen, etwa über Problemchen der Filmprominenz oder Besetzungsfragen, die Goebbels später verzichtbar erschienen.

Als die Kriegslage immer kritischer wurde, hat Goebbels den Filmbereich unverkennbar vernachlässigt, allerdings nicht mit stetig abnehmender Tendenz. Die Einträge von Juli/August 1943 sind umfangreicher und gehaltvoller als diejenigen der Vormonate. Gleiches gilt für Februar/März 1944 im Verhältnis zu November/Dezember 1943. (Erst im Januar 1945 brechen die Film-Eintragungen ziemlich abrupt ab).

Nicht selten fügte er, in durchsichtig stilisierter Manier, den Filmeintragungen der letzten Kriegsjahre die Bemerkung an, solche Probleme interessierten »angesichts des Überlebenskampfes des deutschen Volkes ja nur noch am Rande«. Offensichtlich war er sich selbst und der Nachwelt gegenüber um Rechtfertigung bemüht für die Tatsache, daß er in der Schicksalsstunde heitere Filmkomödien zensierte – wenn die Nachwelt überhaupt vom Filmkonsum des Ministers erfahren sollte: Aus den Notizen von 1932/33, die er 1934 als Propagandabuch veröffentlichte, hat er nahezu sämtliche Filmpassagen herausgestrichen.

1. *Frühe Erkenntnisse*

Gerade in jüngster Zeit ist man auf in Tagebüchern fixierte Kinoerlebnisse verstärkt aufmerksam geworden. Darunter besonders prägnant beschriebene wie die von Franz Kafka[1] oder Victor Klemperer[2], um zwei zu Goebbels völlig konträre Beispiele zu nennen.

Es war nicht unüblich, daß intellektuelle Filmzuschauer der zwanziger und dreißiger Jahre, auch wenn sie Kino vorwiegend als Amüse-

1 Hanns Zischler, *Kafka geht ins Kino*, Reinbek 1996.

2 Victor Klemperer, *Ich will Zeugnis ablegen bis zum letzten, Tagebücher 1933-1945* 2 Bde., Berlin 1995; ders., *Leben sammeln, nicht fragen wozu und warum. Tagebücher 1918-1932*, 2Bde., Berlin 1996. Dazu auch Heinrich August Winkler in *Die Zeit* Nr. 41 vom 4.10.1996, S. 27.

ment und Zeitvertreib betrachteten, in ihren Tagebüchern kleine Filmkritiken ablieferten. Nicht wenige dieser Beobachtungen sind oft geistreicher als die des selbsternannten NS-Filmexperten.

Es ist sicherlich kaum möglich, schon aus den ersten Passagen ab 1924 Goebbels' große Filmleidenschaft herauszulesen. Seine laienhaften Urteile sind stark von Emotionen geprägt, sie sind fast immer extrem und selten das Ergebnis nüchterner Analyse. Er bedient sich eines bestimmten Vokabulars für immer wiederkehrende Subjektivismen und Gefühlsausbrüche, zeigt sich entweder »begeistert« und »ergriffen« oder lehnt Filme schlichtweg als »widerlich« ab. So dominiert in den Bemerkungen über Kinobesuche von Klassikern wie DIE NIBELUNGEN (11.4.1925) und WEGE ZU KRAFT UND SCHÖNHEIT (9.6.1925) die Wiedergabe persönlicher Empfindungen (»helle Freude«, »Schönes und Entzückendes«).

Trotz aller noch wirren Qualitätsmaßstäbe wird eines überdeutlich: Hier schreibt ein Propagandist in spe, der politisch urteilt, der stets die Publikumsreaktionen im Auge hat – »die roten Kinder klatschen dazu«, heißt es über einen sowjetischen Film (28.10.1928) –, und der die Möglichkeiten des neuen Mediums schnell erahnt.

Anfangs ist er tief verhaftet in kitschig-banaler und völkischer Terminologie (zu Fritz Langs DIE NIBELUNGEN schreibt er: »Die deutsche Spitzenleistung. Ich bin wieder einmal erschüttert von diesem grandiosen Gemälde deutscher Kraft, Größe und Schönheit. Wie alt ist dieser Film schon, – und doch wie modern! Alles im Phoebus-Palast mit tiefem, geheimem Grauen. Das war das deutsche Schicksal schlechthin«, 4.11.1929). Er betont seine Vorliebe für »heldische«, militärische und Weltkriegs-Durchhaltefilme[3] und zeigt sich »ergriffen« vom FLÖTENKONZERT VON SANSSOUCI (29.12.1930) aus der reaktionären Filmreihe über Friedrich den Großen.

Doch auch Zweifel an der Wirksamkeit des deutsch-nationalen Films der zwanziger Jahre werden laut: Ein »Blücher-Film ›Waterloo‹

3 Vgl. Eintrag vom 10.3.1929: »›Der Patriot‹ mit Emil Jannings. Ein fabelhafter Darsteller. Das Drama ist durchaus heldisch. Einer gibt sein Leben für sein Volk. Das ist immer das Größte, was man sehen kann«, vom 23.9.1928 (DER LETZTE BEFEHL) und vom 19.3.1930 über DIE LETZTE KOMPAGNIE: »Voll von heldischer Gesinnung, aber ohne sentimentalen Kitsch. Ergreifend und erschütternd. Dabei nüchtern in der Auffassung. Konrad Veidt in großer Form«. Zu dem Durchhaltedrama DIE LETZTE KOMPAGNIE über die Preußischen Befreiungskriege gegen Napoleon s. Christa Bandmann/Joe Hembus, *Klassiker des deutschen Tonfilms*, München 1980, S. 222; Françis Courtade/Pierre Cadars, *Geschichte des Films im Dritten Reich*, München 1974, S. 39.

Erster Tonfilm THE SINGING FOOL: *Die Zukunft erkennen*

mit [Otto] Gebühr« sei so »zwar kernig, aber eben wesenslos«(5.1.1929), vor allem im Vergleich mit ausländischen Produktionen: »›Kampf um Paris‹! ›Die Kommune von 1871‹. Wenn man dieser so faustdicken Tendenz das gegenüberstellt, was Hugenberg mit seinem Film macht, dann kann man sehen, was der Bürger wert ist und warum er unterliegen muß.« (15.8.1929)

Angesichts solcher Defizite fiel es Goebbels nicht schwer– trotz aller Parolen gegen den »Judenkitsch« der »Hebräer« in Hollywood[4] – sofort den hohen technischen Standard und die Professionalität des amerikanischen Kinos zu erkennen:

»[...] den ersten Tonfilm gesehen. Ein Amerikaner. ›Singing fool‹. Ich war überrascht über die schon so weit fortgeschrittene Technik des Tonfilms. Hier liegt eine Zukunft, und wir tuen Unrecht daran, daß alles von uns als amerikanisches Gemache abgelehnt wird. Hineingestellt! Erobert! Der Inhalt war furchtbarer new-yorker sentimentaler Kitsch. Aber trotzdem: Wir müssen hier das Zukünftige und die kommenden Möglichkeiten erkennen.« (2.9.1929)

Noch viel stärker muß das revolutionäre Werk Sergej Eisensteins den bereits zum »Antibolschewismus« konvertierten Berliner NSDAP-

4 Vgl. auch Eintrag vom 3.12.1928: »[...] ›Hollywood‹-Film gesehen. Welch eine grauenvolle Artlosigkeit, dieses Hollywood. Ohne Stil und ungewachsen. Diese sogenannten Film-Flimmersterne in einer eitlen Selbstbespiegelung gezeigt. Einfach grauenhaft. Judenkitsch. Man sah fast nur Hebräer«.

Gauleiter Joseph Goebbels fasziniert haben. Das russische Kino vermittelte ihm wesentliche, prägende und für seine spätere Entwicklung gar nicht zu überschätzende Eindrücke vom Film als dem massenwirksamen Mittel der Meinungsbeeinflussung:

»Abends sahen wir den Potemkin. Ich muß schon sagen, dieser Film ist fabelhaft gemacht. Mit ganz prachtvollen Massenszenen. Technische und landschaftliche Details von prägnanter Durchschlagskraft. Und die Bombenparolen so geschickt formuliert, daß man keinen Widerspruch erheben kann. Das ist das eigentlich Gefährliche an diesem Film.« (30.6.1928)

Goebbels hat nicht lange gebraucht, um die Möglichkeiten der visuellen Vermittlung politischer Botschaften zu begreifen. Den politisch-ideologischen Erfolg der treffsicheren und einprägsamen »Bombenparolen« in PANZERKREUZER POTEMKIN führt er auf den radikal-realistischen Stil, den Aufwand, die Neuerungen bei Technik und Montage zurück. So stark war er von der inszenatorischen Leistung beeindruckt, daß er nach dem Machtantritt den Film über den Matrosenaufstand in Odessa mehrmals öffentlich lobte und – für viele völlig unverständlich – einen »nationalsozialistischen Potemkin« forderte.[5] Und selbst bei schwächer eingeschätzten russischen Filmen bewahrte sich Goebbels sein Gespür für Publikumswirksamkeit:[6]

»›Kampf um die Erde‹. Sowjetfilm von Eisenstein. Gut gemacht, aber stark übertrieben und deshalb peinlich.[...] Aber trotzdem ist der Film gefährlich und wir sollen daran lernen.«(16.2.1930)

Die funktionale Trennung von propagandistischer Form und ideologischer Botschaft, die Hitler bei PANZERKREUZER POTEMKIN offenbar nicht nachvollziehen konnte[7], und die Übernahme der ästhetisch-politischen Suggestion für die eigenen manipulatorischen Interessen durchziehen auch Goebbels' Bemerkungen zu weiteren russischen Filmen (»gemacht ist das alles hervorragend«). Schließlich »können die Russen schon was und wir müssen mehr dabei lernen«. Über die deutsch-russische Adaption von Lew Tolstois Drama DER LEBENDE LEICHNAM schreibt er: »Alles ist hingelegt, ohne Mache, Pudowkin ist

---

5 Rede vom 9.2.1934 vor der Reichsfachschaft Film in *Völkischer Beobachter* (Berliner Ausgabe) vom 11.2.1934 und Rede vom 25.3.1933 vor Intendanten und Direktoren der Rundfunkgesellschaft, abgedr. in: Helmut Heiber (Hrsg.), *Goebbels-Reden* 1932-1939, Düsseldorf 1971, S. 94.

6 Vgl. Eintrag vom 28.10.1928.

7 Vgl. Felix Moeller, I Gusti del Führer, in: *Il cinema dei dittatori*, Bologna 1992, S. 261. Hitler bezeichnete PANZERKREUZER POTEMKIN offiziell als »Hochschule der Bestialität«: *Völkischer Beobachter* (Münchner Ausgabe) vom 26.5.1926.

Goebbels-Vorbild PANZERKREUZER POTEMKIN:
Gefahr, Kommunist zu werden

ein großer Künstler. Selbst die schlechte Idee kann große Begabungen wecken.« (26.2.1929)

Triumph der Form über den Inhalt – diese Erkenntnis mußte Goebbels gerade aus seiner Bewunderung für »jüdische« amerikanische und »bolschewistische« russische Filme ziehen. Ihm war bewußt, daß man diese massenwirksame Durchschlagskraft nicht dem ideologischen Gegner überlassen durfte. Zu offensichtlich war die Anfälligkeit des Publikums für die brillant inszenierte »bolschewistische« Propaganda. Das Volk, notiert er nach einem Kinobesuch am 10.12.1928, »sehnt sich nach geistigem Brot«.

Im Rahmen der NSDAP-Filmarbeit vor 1933 ist es Goebbels zwar noch nicht gelungen, die gewonnenen Erkenntnisse über Filmwirkung auch umzusetzen[8], aber als Propagandaminister konnte er dann darauf zurückgreifen und mußte so nicht bei Null anfangen. Sein filmpropagandistischer Instinkt und sein innerer Antrieb, sich die unbedingte Kontrolle über dieses Medium zu verschaffen, wurden bei seinen Kinobesuchen in den zwanziger Jahren geweckt.

8 Thomas Hanna-Daouod, *Die NSDAP und der Film vor der Machtergreifung*, Köln 1996.

2. Der Propagandaminister als Cineast?

Der Versuch, mit Hilfe der Tagebücher dem Kunst- und Kulturverständnis des immerhin promovierten Literaturgeschichtlers Joseph Goebbels auf die Spur zu kommen, ist ein eher enttäuschendes Unterfangen. Die Aufzeichnungen sind kaum Spiegel einer ernsten Auseinandersetzung des hauptstädtisch-intellektuellen Nationalsozialisten mit künstlerisch-kulturellen Fragen oder Kontroversen.

Mit Göring war sich Goebbels – als recht konventioneller Anhänger der schönen Künste – einig im zunächst eingeschlagenen kulturpolitischen Kurs, die bürgerliche Hochkultur und die Leistungen der deutschen Kunstelite allemal einer faschistischen, aber dilettantischen Linientreue vorzuziehen. Goebbels galt im NS-»Kulturkampf« 1933 bis 1935 schon aus machtpolitischen Interessen als Gegner von Rosenbergs völkisch-orthodoxem Kurs und protegierte als »Kunstbolschewisten« bezeichnete Maler und Bildhauer.[9] Später revidierte er diese Haltung, ebenso wie frühe Symphatien für den Expressionismus verschwanden. Zu Beginn der NS-Diktatur mag ihm eine Art faschistische Avantgarde vorgeschwebt haben, die sich – wie im Italien Mussolinis – zur Verherrlichung der eigenen Ideologie auch futuristischer oder surrealistischer Stilmittel bediente.

Immerhin finden sich in den frühen Tagbüchern Hinweise darauf, daß ihn Werke von Nolde, Barlach, Slevogt durchaus berührt haben. Später dagegen fehlen derartige Wertschätzungen und so fragt er sich bei Emil Nolde höchstens: »Bolschewist oder Maler?« (2.7.1933).

Die bisher bekannten Texte geben wenig her zum brodelnd kulturellen Leben Berlins, nichts über Dix, Beckmann, Picasso, Kandinsky, über die Inszenierungen von Erwin Piscator – den er offensichtlich sympathisch fand (21.10.1930) –, Fritz Kortner oder Max Reinhardt. Reine NS-Bühnenpamphlete nach der Machtergreifung nennt er schon einmal »Ein dramatisiertes Rosenbergprogramm [...]. Man schläft fast ein dabei.« (31.10.1937) Aber auch alles, was zu sehr aus der Reihe fällt, wenngleich gerade noch erlaubt – wie die »philosophischen Tänze« von Mary Wigman oder der Dresdnerin Gret Palucca[10] –, lehnt er ab: »Tanz muß beschwingt sein und schöne Frauenkörper zeigen« (27.6.1937).

---

9 Vgl. Peter Reichel, *Der schöne Schein des Dritten Reiches*, München/Wien 1991, S. 95.
10 Vgl. Peter Jarchow/Ralf Stabel, *Palucca*, Berlin 1997, S. 44f.

Pflichtlektüre waren dem verkannten Dichter Goebbels Klassiker von Dostojewski bis Thomas Mann, allerdings gibt er dazu wenig aussagekräftige Kommentare. Goebbels versucht dabei mitunter, das Werk von der Person des Künstlers zu trennen: »Die Buddenbrooks« waren natürlich »fabelhaft«(23.2.1930), nicht dagegen deren Autor, für Goebbels nicht erst seit dessen Appellen aus dem Exil ein »seniler Schwätzer« (22.3.1941). George Bernard Shaw gefällt ihm zwar schon 1930, noch besser findet er den »brillanten Spötter« aber, als dieser ständig die eigene britische Regierung kritisiert. Richard Strauss blieb für Goebbels auch nach politischen Ungeschicklichkeiten ein Genie.

Goebbels war sich der Defizite der NS-Kunst wohl bewußt, das zeigen wiederholt abfällige Kommentare über offizielle Kunstpreise, doch seine Kompetenzen waren in der Kulturpolitik nicht besonders groß: Eine eigene Linie gegenüber den Kunstbesessenen Hitler und Göring durchzusetzen, dürfte ihm fast chancenlos erschienen sein. So orientiert er sich immer mehr an der Linie des »Führers«, mit dem er über die Qualität von Opernaufführungen und Dirigenten wie Karajan, Furtwängler oder Knappertsbusch philosophiert, und huldigt den Kunst-Titanen und dem nationalsozialistischen Geniekult: Wagner, Bruckner, Nietzsche. Hindemith verteidigt er gar gegen Angriffe radikaler Parteiaktivisten.

Obwohl Goebbels die Kunst ursprünglich als individuell bewegendes Moment angesehen haben mag und nicht bloß unter dem Gesichtspunkt reiner Instrumentalisierung,[11] ist sein Biograph Helmut Heiber doch auch der Meinung, Goebbels habe kein inneres Verhältnis zu Kunst und Kultur gehabt. Kultur habe er »weitgehend als eine Funktion der Propaganda« angesehen[12] und allein das Ziel verfolgt, »einen umfangreichen Kulturbetrieb aufzuziehen, der mit dem Schlagwort ›Die Kunst dem Volke‹ und im statistischen Rausch wachsender Besucherzahlen alle Hohlheit und Trivialität zu verdecken suchte«.[13]

Goebbels' großer Sachverstand in bezug auf den Film wird dagegen kaum in Zweifel gezogen. Françis Courtade und Pierre Cadars betonen Goebbels' Maxime, daß »der propagandistische Zweck eines

---

11 Thomas Mathieu, *Kunstauffassungen und Kulturpolitik im Nationalsozialismus*, Saarbrücken 1997, S. 82-91.

12 Helmut Heiber, *Joseph Goebbels*, München 1965, S. 197.

13 Ebd.

Films stets an ästhetische und technische Qualitäten gebunden bleiben« müsse.[14] Gleichwohl es auch Stimmen gibt, die ihn zum Dilettanten erklären, dominiert das Bild des Kenners mit »sicherem ästhetischen Urteil«[15], ja des Genies.[16]

Solche Urteile stützen sich meist auf Populärliteratur, persönliche Überlieferungen, Anekdoten und Filmreden von 1933 bis 1941. Dabei entbehren Goebbels' Reden und Schriften weitgehend einer theoretischen Grundlage. Es fehlt an einer klaren Definition von Filmkunst, wenn man von einigen Bemerkungen zur Wahrnehmung des Films und zum Wesen des Films als »sinnliche Kunst« absieht.[17] Die Behauptung, Goebbels habe alle wesentlichen zeitgenössischen theoretischen Schriften über Film von Bela Balazs oder Siegfried Kracauer gekannt,[18] findet zumindest in den Aufzeichnungen keine Bestätigung.[19]

Es gibt wenige konstante filmpolitische Äußerungen und Thesen in den Tagebüchern, Reden und Aufsätzen von 1933 bis 1944. Eine wesentliche programmatische Zielsetzung Goebbels' bestand darin, den Film als genuine, eigenständige Kunstrichtung zu etablieren und ihm als »Volkskunst« denselben Rang wie den übrigen traditionellen Kulturbereichen Theater, Musik und Malerei zu verschaffen.[20] Dafür mußte das »Primat der Bühne und der Literatur« über den Film gebrochen werden. Auf dieses Spannungsverhältnis zwischen Bühne und Film kommt Goebbels wiederholt zu sprechen. Auch hier spielt das Vorbild Amerika eine Rolle, wobei er neidvoll einräumt, daß der amerikanische Film sich nie erst von der Bühne hat befreien müssen.

Weithin dominieren Schlagworte, wenn er gegen »Kitsch« und »Literatur«, »blassen Ästhetizismus« und »blutleeren l'art pour l'art

---

14 Courtade/Cadars, S. 8.

15 Klaus Kreimeier, *Die Ufa-Story*, München 1992, S. 246.

16 Rabenalt, *Joseph Goebbels und der »Großdeutsche« Film*, München 1985, S. 68; Curt Riess, *Joseph Goebbels*, Baden-Baden 1950, S. 205; Richard Manvell/Heinrich Fraenkel, *Goebbels. Der Verführer*, Köln 1960, S. 215ff. Courtade/Cadars, S. 8; Leiser, S. 16ff.

17 Karsten Witte, *Lachende Erben – Toller Tag*, Berlin 1995, leitet aus Bemerkungen wie diesen allerdings eine stringente Filmtheorie Goebbels' ab: S. 123.

18 Rabenalt, S. 68.

19 Nur ein einziger Hinweis deutet auf Goebbels' Kenntnis etwa von Kracauers Schriften hin. Anläßlich der Planung des Friedrich-II.-Films DER GROSSE KÖNIG notiert er am 26.4.1940: »Ich will aber jetzt den Friedrich nach Kunersdorf, nicht den Gartenlaube-Friedrich von [dem Schauspieler Otto] Gebühr.« »Gartenlaube-Friedrich« war eine Wortschöpfung Kracauers für die seit Ende der zwanziger Jahre in zahlreichen Filmen stets reaktionär gezeichnete Figur des Preußenkönigs.

20 Rede vom 5.3.1937, abgedr. bei: Gerd Albrecht, *Nationalsozialistische Filmpolitik*, Stuttgart 1969, S. 447.

Standpunkt«[21] wettert oder gegen die »vulgäre Plattheit des Massenamüsements« und »blödesten Gesellschaftskitsch« angeht.[22]

Schon in den Aufzeichnungen vor 1933 finden sich geradezu inflationär die Schlagworte der völkischen NS-Kulturrhetorik wie »Kitsch« und »Kintopp« zur Verächtlichmachung des Unterhaltungsfilms der Weimarer Republik, insbesondere bei Filmen jüdischer Schauspieler und Regisseure: »Film ›Kampf der Tertia‹. Furchtbarer Judenkitsch!« (31.1.1929)

Goebbels favorisierte »volksnahe« Stoffe nach historischen Vorlagen, die »aus der Eigengesetzlichkeit eines Theaterdramas oder eines epischen Stoffes in die Eigengesetzlichkeit des Films« überführt werden.[23] Für die Filmkunst, so gab der Minister als Anregung, müsse man eine Abhandlung schaffen, die der Bedeutung der Lessingschen »Hamburgischen Dramaturgie« für die Bühne entspreche.[24]

Goebbels mißbilligte den Doppelcharakter des Films als Kunst und Kommerz; diesem Antagonismus von »Rentabilitätsbonzen und Künstlern« sollte durch eine Stärkung der Verantwortung der künstlerischen Einzelpersönlichkeit entgegengewirkt werden. Nur so könne der Film sein in den Augen der Bildungsbürger anrüchiges Image eines unseriösen, auf unsicherer wirtschaftlicher Grundlage stehenden und von schnellebigen Geschmäckern abhängigen Saisonbetriebs ablegen, sagte er anläßlich des internationalen Filmkongresses in Berlin 1937.[25] Ein finanziell gesunder, solider und seriöser Film sei aber nur zu bewerkstelligen, wenn er sich in den Händen des Staates befinde.[26] Nur dann könne er sich zu wirklicher Kunst entwickeln.

Schon in seiner ersten Rede als neuer Propaganda- und Filmminister im Berliner Hotel Kaiserhof präsentierte sich Goebbels »als ein Mann, der niemals dem deutschen Film ferngestanden hat« und als ein »leidenschaftliche[r] Liebhaber der filmischen Kunst«[27]: »Ich kann weiterhin zu meinem Vorteil anführen, daß ich die meisten in- und aus-

---

21 Rede vom 5.3.1937, abgedr. bei: Albrecht, S. 461.

22 »Goebbels' Filmthesen«, abgedr. bei: Wilfried Bredow, *Film und Gesellschaft in Deutschland*, Hamburg 1975, S. 178.

23 Rede vom 5.3.1937, abgedr. bei: Albrecht, S. 457.

24 Laut Rabenalt, S. 61, wollte Goebbels eine solche Abhandlung selber schreiben. Vgl. auch Rede vom 5.3.1937, abgedr. bei: Albrecht, S. 451.

25 Ebd., S. 455. Auch in späteren Film-Reden wiederholte Goebbels seine Polemik gegen den »Saisonbetrieb«.

26 Rede vom 14.2.1941, abgedr. bei: Albrecht, S. 472f.

27 Rede vom 28.3.1933, abgedr. bei: Albrecht, S. 439.

ländischen Filme gesehen habe, daß ich also aus einem gewissen Wissens- und Erfahrungsvorrat heraus ein immerhin beachtliches Urteil über die Dinge abzugeben in der Lage bin.«[28] Dabei nannte Goebbels auch einige Filmtitel als Vorbilder für die zukünftige deutsche Filmproduktion: Neben PANZERKREUZER POTEMKIN auch Fritz Langs DIE NIBELUNGEN, das amerikanische Greta-Garbo-Melodram ANNA KARENINA (der Stummfilm von 1928) und Luis Trenkers DER REBELL.[29]

Viel stärker als in grundsätzlichen und öffentlichen Äußerungen offenbaren sich Goebbels' Vorstellungen in Filmkommentaren und Analysen. Sicherlich verfolgt er auch in seinen Selbstzeugnissen durchgängig die Linie, sich als Filmkenner ins rechte Licht zu setzen. Wichtiger als den auf Massenwirkung bedachten bloßen Propagandisten herauszukehren, empfand er dabei seine Selbstdarstellung als omnipotenter Fachmann mit dem präzisen Auge für Gestaltungsweise und Details der Filmkunstwerke.

Schon im allerersten bisher überlieferten Film-Eintrag – zum schwedischen Stummfilmklassiker GÖSTA BERLING – will Goebbels bei der schwedischen Schauspielkunst im Gegensatz zur deutschen eine »Diskretion im Mienenspiel« (24.9.1924) entdeckt haben.

Aufgrund seiner Tendenz, Filme in Einzelleistungen zu unterteilen, verfeinert sich auch das Vokabular. Er analysiert eine gute Kamera und schlechte Darsteller, weiß ein schlechtes Drehbuch von der guten Regie zu unterscheiden, er reflektiert Milieu, »Menschenführung«, »Atmosphäre« und »Szenenführung«.[30] Er übernimmt Begriffe der zeitgenössischen Filmterminologie wie »Volksfilm«, »Problemfilm«, »Dialogfilm«, nennt ausländische Antinazi-Produktionen »Hetzfilme«. »Propagandafilm« beschreibt meist eine dokumentarische Produktion, »Tendenzfilm« einen deutschen politischen Film. Letzte-

---

28 Rede vom 5.3.1937, abgedr. bei: Albrecht, S. 449

29 Diese Wertschätzung war keinesfalls unerschütterlich; über spätere Filme von Greta Garbo und Luis Trenker finden sich Bemerkungen schärfster Ablehnung: Vgl. Eintrag 21.4.1934 über KÖNIGIN CHRISTINE.

30 Vgl. einige typische Beispiele in den Einträgen vom 7.12.1936 (»Abends Filme: Albers-Uciky ›Unter heißem Himmel‹, überladen, etwas schmieriges Milieu, Handlung zu breit und unverständlich, kein Treffer. Albers wirkt auch zu maniriert [!]. ›Port Artur‹, mit Karin Hardt und Wohlbrück. Ein Volltreffer, heroisch und groß gesehen in der Handlung, gute Regie, glaubhafter, sehr tragischer Konflikt. Herrliches Spiel der Darsteller.« und 21.1.1937 (»[...]›Ball im Metropol‹ von Wysbar gedreht mit Hilde Weißner und George: Idee gut, Schauspieler auch gut, aber schwache, zu aufdringliche Regie. Keine Zügigkeit.«) sowie 11.4.1937, 18.5.1938, 23.3.1939, 24.3.1939.

Fritz Langs M – Eine Stadt sucht einen Mörder: Für die Todesstrafe

ren wird entweder vorgehalten, sie seien, wie Menschen ohne Vaterland, ohne »Konturen, Linie, Tendenz« (8.2.1937), oder sie werden gelobt, wie Ritt in die Freiheit, als »sehr anständig« in »Handlung, Regie, Gesinnung« (19.10.1936). Weitere politische Kriterien drücken sich in Begriffen wie »Haltung«, »heroisch«, »männlich«, »geschickt«, »psychologisch« oder »gefährlich« aus.

Komödien dagegen werden tituliert als »amüsant«, »zwerchfellerschütternd«, »lustig« und »temporeich«. Melodramen können »hinreißend«, »ergreifend«, »brauchbar« oder »ungekonnt«, »unscharf«, »peinlich«, »Quatsch«, »Mist«, »starr«, »leblos«, »steril«, »platt«, »ausgewalzt«, »geist- und witzlos« oder einfach »ein Schmarrn« sein.

Nach Beginn der Diktate wird Goebbels' Wortwahl weniger variationsreich, es dominieren Stereotypen wie »außerordentlich gelungen« und »wirkungsvoll«, »ausgezeichnet« oder »vollkommen verballhornt« und »mißlungen«. Selten liefert er noch eine Gesamtanalyse. Über Frontthеater heißt es am 14.8.1942: »Die Charaktere sind schlecht gezeichnet, der Konflikt an den Haaren herbeigezogen und die Durchführung der Handlung ganz äußerlich und konventionell gemacht«. Und über Paracelsus: »Zu barock, zu gewollt, mehr

Theater als Film. Vor allem der gekünstelte, mittelalterliche Stil fällt etwas auf die Nerven, und die übertriebene Darstellungsweise von Werner Krauß ist auch nicht jedermanns Sache.« (28.2.1943)

Goebbels' Absicht, schlüssige Filmanalysen zu liefern, wird allerdings aufgrund häufig sehr spontaner Urteile und Geschmacksunsicherheiten konterkariert: »›M‹ von Fritz Lang gesehen. Fabelhaft. Gegen die Humanitätsduselei. Für Todesstrafe. Gut gemacht«, notiert er überraschenderweise am 21.5.1931 und steht mit dieser Interpretation des klassischen Meisterwerks im völligen Gegensatz zur zeitgenössischen Filmkritik. Wahrscheinlich hatte er die Zwischentöne gar nicht wahrgenommen, so, wenn zum Beispiel bei der gemeinsamen Jagd von Polizei und Unterwelt auf einen geistesgestörten Kindermörder die Unterschiede zwischen beiden bewußt verwischt werden. Wenn der Anführer der Verbrecher in seinem leidenschaftlich-karikierenden Plädoyer schließlich die Todesstrafe für den Mörder fordert, sah Goebbels darin offenbar nicht mehr als eine Anklage der Berliner Kriminalität in den dreißiger Jahren.[31]

Der Wertschätzung von ›M‹ steht die erwartete Ablehnung der – ihm aber als Lieblingsfilm zugeschriebenen[32] – Heinrich-Mann-Verfilmung DER BLAUE ENGEL mit Marlene Dietrich gegenüber. Ebenso wie die Romanvorlage nennt er den Film schlichtweg »entsetzlich«. (4.4.1930)[33]

Nach 1933 kann man Goebbels' artikulierten Filmgeschmack wohl kaum mehr von der staatlichen Filmpolitik trennen. An zu vielen wichtigen Produktionen bis 1945 war er nun persönlich beteiligt, als daß er sich ein objektives Urteil hätte erlauben können. Auch andere Faktoren sind zu berücksichtigen, vom Goebbelschen Opportunismus bis zu Hitlers Einfluß auf die Filmurteile seines Ministers, was mitunter zu grotesken Widersprüchen führen konnte. Schätzt Goebbels am 8.11.1936 BURGTHEATER von Willi Forst noch als »einen gute[n] Film« ein, so revidiert er diese Meinung, nachdem er von der Ablehnung seines »Führers« erfahren hat. Nun, am 12.11.1936, ist der Streifen plötzlich eine »scheußliche Mißgeburt«.

Allenfalls die Produktionen der Übergangsjahre 1933/35 lassen einige Rückschlüsse auf Goebbels' Filmgeschmack zu, wenngleich hier

---

31 Zu dem Film s. Bandmann/Hembus, S. 33 ff.; Ulrich Gregor/Enno Patalas, *Geschichte des deutschen Films*, Gütersloh 1962, S. 146.

32 Heiber, Goebbels, S.169.

33 Der Film wurde als einer der ersten nach der Regierungsübergabe an die Nationalsozialisten verboten.

seine Urteile oftmals von funktionalen und legitimierenden Motiven im Sinne der angestrebten Umgestaltung der Filmlandschaft beeinflußt sind. Bezeichnenderweise mißfielen ihm dabei sämtliche Produktionen, die auch nur leicht vom konventionellen Stil abwichen oder gar avantgardistisch auftraten: so der Dokumentarfilm DAS STAHLTIER, der von der Filmliteratur gepriesene, mystisch-düstere FÄHRMANN MARIA (»ein Experiment, aber kein gutes. Gewollt. Literatur!«, 21.12.1935), der aufwendig-phantastische Zukunftsfilm GOLD (»vom technischen Standpunkt fabelhaft«, »persönliche Szenen stark kitschig«, 2.4.1934), der Jazz-Film HEUT KOMMT'S DRAUF AN mit Hans Albers (»Furchtbarer Mist«, 14.7.1933)[34] und Reinhold Schünzels satirisches AMPHYTRION (»Konglomerat von widersprechenden Stilelementen«, 13.7.1935).[35] Für Goebbels' Kennerblick spricht sein Lob für die wohl beste deutsche screwball-comedy, GLÜCKSKINDER, mit Willy Fritsch und Lilian Harvey (der angeblichen UFA-Antwort auf Frank Capras auch in Berlin sehr erfolgreichen Komödie IT HAPPENED ONE NIGHT/ES GESCHAH IN EINER NACHT), wobei er ausdrücklich die witzigen Dialoge und »die den Müßiggang feiernden Liedtexte«[36] von Curt Goetz hervorhebt (17.9.1936). GLÜCKSKINDER ist einer der Filme, für die sich nachweisen läßt, daß sie von Goebbels geschätzt, von der NS-Presse dagegen – in diesem Fall dem *Schwarzen Korps* – angegriffen wurden.[37] Auch die gagreiche, mit amerikanischem Tempo inszenierte Komödie ALLOTRIA von Willi Forst charakterisiert er professionell: »Sehr flott und mit viel Tempo. Aber übertrieben an Effekten, und darum nicht ganz befriedigend«(10.6.1936).

Einigen Genres stand Goebbels grundsätzlich eher kritisch gegenüber: Kriminal-, Revue- oder Bauernfilme finden weniger Anklang. Aber für kaum eine Sparte läßt sich generelle Ablehnung nachweisen. Dem »ewigen Singsang in Unterhaltungsfilmen« und »verfilmte[n] Operetten« (31.7.1937) droht er Verbote an und notiert über Marika Rökks GASPARONE: »Ein typischer Operettenfilm, aber ganz unfilmisch, stilwidrig und unerträglich. Ich kann das nicht mehr ansehen« (17.12.1937).[38] Die bekannten Revuefilme EINE NACHT IM MAI (»Ein

34 Einem der erfolgreichsten Filme von 1933 unter der Regie des zunächst emigrierten, dann 1944 in Theresienstadt ermordeten Regisseurs Kurt Gerron.

35 Vgl. zu Schünzels LAND DER LIEBE (1937) auch Eintrag vom 28.4.1937 (»eine typische Judenmache. Ganz unausstehlich.«) und Kreimeier, S. 333.

36 Kreimeier, S. 279.

37 Witte, S. 110.

lustiger und gut gemachter Tanzfilm«, 12.7.1938) und WIR TANZEN UM DIE WELT (»Ein sehr guter und schmissiger Unterhaltungsfilm«, 10.12.1939) dagegen schätzt er durchaus hoch ein. Kritisch sieht er – bis auf den auch in Venedig prämierten Welterfolg MASKERADE von Willi Forst (»sehr gut gemacht«, 22.8.1934)[39] – Operettenfilme im Wiener Milieu. Repräsentativ der Kommentar zu ES LEUCHTEN DIE STERNE: »Keine Kunst, aber gute Unterhaltung« (11.3.1938).

Von Goebbels darf man also keine Anhaltspunkte erwarten, die der Interpretation deutscher Revuefilme als militärische Analogien – NS-spezifischer »kostümierter Gleichschritt« oder »Heerschau des Propagandaministeriums«[40], in dem zivile Truppen paradieren – dienlich sein könnten.

Über Heimat- und Bauernfilme verbreitet sich Goebbels eher uneinheitlich. Grundsätzlich stand er als Stadtmensch der Blut und Boden-Mythologie Rosenbergs und Darrés reserviert gegenüber. Harmlose Schwänke wie die »urkomische Bauernkomödie«(4.7.1933) KRACH UM JOLANTHE trafen jedoch durchaus seinen Geschmack – es sei denn, sie waren zu »ordinär« (DAS BAD AUF DER TENNE, 14.2.1943). Im Krieg durften gerade diese Produktionen nicht »schwerblütig« sein, sondern mußten lustig daherkommen wie KOHLHIESLS TÖCHTER (7.3. 1942). DER FLACHSACKER habe gar »zum ersten Mal gezeigt, daß man das Bauernmilieu auch in einer künstlerisch hochstehenden Weise darstellen kann« (15.3.1942). Heimatromane im bayerischen Bergmilieu und Ganghofer-Filme zieht er den Possen Weiß Ferdls vor. Doch die »melancholisch trübselige Schwarte« IM SCHATTEN DES BERGES (11. 12.1940) steht dann wieder ganz im Gegensatz zu dem in den Aufzeichnungen und auch öffentlich gelobten Bergdrama DIE GEIERWALLY.[41]

Den Gerichtsfilm DER FALL DERUGA (6.7.1938) und das Sherlock-Holmes-Abenteuer DER HUND VON BASKERVILLE (10.12.1936) hebt Goebbels als Musterbeispiele des Kriminalfilmgenres hervor. AUTOBUS S (»schmieriges Verbrechermilieu«, 2.8.1937), SCHUSS IM RAMPENLICHT oder KRIMINALKOMMISSAR EYCK dagegen sind »der alte Verbrecherquatsch« (18.12.1939).

---

38 Vgl. auch Eintrag vom 12.6.1936 über die Filmoperette BOCCACCIO: »Burlesk und viel Klamauk. Ich mag diese ewige Singerei nicht.«

39 Courtade/Cadars, S. 243.

40 Witte, S. 177.

41 Vgl. Eintrag vom 23.7.1940 und Rede vom 15.2.1941, abgedr. bei Albrecht, S. 470.

Romanze in Moll (1943)

Angesichts manch undifferenzierter Bemerkungen über deutsche Kinoproduktionen könnte man sehr wohl annehmen, Goebbels' filmisches Verständnis sei überschätzt worden. Doch Goebbels hat dank seiner ständigen Beschäftigung mit Film im Laufe der Jahre auch eine Entwicklung durchgemacht und seinen Blick fürs Handwerkliche immer mehr geschärft. Treffend erkennt er am 17.12.1942 die miserable Schauspielerführung von Herbert Selpin und Werner Klingler in Titanic (1943). Große Filmkunst dagegen entging ihm nicht. In Helmut Käutners herausragendem Melodram Romanze in Moll (10.1.1943) sieht er eine »außerordentlich wirkungsvolle Avantgardistenarbeit« (10.1.1943), und Käutners atmosphärisch dichtes Meisterwerk Unter den Brücken ist für ihn ein »ausgezeichnetes Kunstwerk, das vor allem durch seine kluge psychologische Führung wie durch seine moderne Psychologie besticht. Käuntner ist der Avantgardist unter unseren deutschen Filmregisseuren« (28.12.1944).

3. *Das Ausland als Vorbild*

Oftmals aufschlußreicher als seine Kommentierung der bis auf wenige Ausnahmen überwiegend künstlerisch unergiebigen deutschen Produktionen sind Bemerkungen zu ausländischen Filmstilen und Filmen, vorwiegend aus amerikanischer, französischer, russischer und italienischer Produktion. Ob ausländische Filme und welche bis Kriegsbeginn – beziehungsweise im Falle der amerikanischen Filme bis 1941 – gezeigt werden durften, entschied Goebbels persönlich. Obwohl das französische Kino mit Werken von Marcel Carné, Jean Renoir, Julien Duvivier und Jacques Feyder in den dreißiger Jahren in Europa stilbildend gewirkt hat, scheint Goebbels auf den französischen Film kein spezielles Augenmerk gerichtet zu haben. Mit dem international erfolgreichen poetischen Realismus konnte er, wenn er überhaupt diese Filmrichtung begriffen haben sollte, offensichtlich nichts anfangen. Jacques Feyder sei zwar, wie er am 18.5.1938 notiert, »einer der größten lebenden Regisseure«, doch verschweigt er, daß Feyder der einzige bekannte europäische Regissseur war, der noch 1938 nach Deutschland kam, um unter dem Titel FAHRENDES VOLK die von Goebbels hochgelobte deutsche Version seines französischen Zirkus-Films GENS DU VOYAGE zu realisieren.[42]

Bezeichnend sind Goebbels' Kommentare zu den Werken Julien Duviviers. UN CARNET DE BAL (SPIEL DER ERINNERUNG) wird als »Verfallskunst tollster Art« tituliert: »Schwer enttäuschend. Ohne jede Haltung und Tendenz« (18.11.1937); auch PÉPÉ LE MOKO (IM DUNKEL VON ALGIER) sei »Ein typisches Verfallsprodukt. Morbid und dekadent. Man versteht immer mehr, warum Frankreich zugrunde gehen mußte.« (9.1.1941) Ganz offensichtlich war Goebbels nicht in der Lage, die fatalistisch-melancholischen Filme über soziale Außenseiter ohne Bezug zur politisch-propagandistischen Realität zu sehen. Einzig bei LA FIN DU JOUR (LEBENSABEND), ebenfalls von Duvivier, klingt etwas Wertschätzung an: »Eine sehr gekonnte Menschendarstellung und Milieuschilderung. Aber wie immer bei den Franzosen voll tiefem

42 Eintrag vom 18.5.1938: »Ein bezaubernd gemachter Film. Diese Art der Menschenführung, die Zeichnung eines Zirkusmilieus, der Darstellung von tragischen Konflikten, das alles ist meisterhaft, unübertrefflich. [...] Ich bin ganz hingerissen. Der Stoff selbst ist etwas anrüchig. Aber hier sehe ich nicht so sehr den Inhalt wie die Methode, die Darstellung.« Vgl. auch Eintrag vom 3.1.1936 über Feyders deutsch-französische Gemeinschaftsproduktion LA KERMESSE HÉROIQUE/DIE KLUGEN FRAUEN (1936): »Überlegen inszeniert. Richtig gekonnt, mit witzigem Dialog«.

Jean Gabin in PÉPÉ LE MOKO *(1936): »Typisches Verfallsprodukt«*

Pessimismus und lähmender Resignation.« (27.9.1939) Mit diesen bewußt eingeführten, vollkommen unfilmischen Kriterien und seiner politischen Kritik lag Goebbels ganz auf der Linie der rechtsbürgerlichen französischen Presse, die diese »pessimistischen« Filme (auch QUAI DES BRUMES – HAFEN IM NEBEL) als zersetzend beschimpfte.[43]

Die französischen Anti-Nazi-Filme, die nach dem Sieg über Frankreich in deutsche Hände fielen, konnte Goebbels mit vertrauten Kategorien analysieren: als »raffiniert, wirksam und gefährlich« (26.6. 1940) charakterisiert er den originellen und geschickt mit dem Nationalsozialismus abrechnenden Dokumentar-Spielfilm HITLER – MES

43 Vgl. Jerzy Toeplitz, *Geschichte des Films*, Berlin 1982 ff., Bd. 3, S. 171. So erscheint die Behauptung von Rabenalt, S. 71, Goebbels habe ROMANZE IN MOLL nur deshalb gemocht, weil dieser im international so erfolgreichen französischen Filmstil der dreißiger Jahre gedreht worden sei, mehr als zweifelhaft.

CRIMES.[44] Im weiteren Verlauf des Krieges hat Goebbels offenbar nur noch französische Produktionen der – unter deutscher Kontrolle stehenden – Produktionsfirma Continental Films in Paris gesehen, die im besetzten Frankreich von 1940 bis 1944 Spielfilme wie CAPRICE, ANNETTE ET LA DAME BLONDE, LES INCONNUS DANS LA MAISON herstellte.

Am stärksten war Goebbels ohne Frage vom amerikanischen Film eingenommen. Melodramen wie Greta Garbos MENSCHEN IM HOTEL, ANNA KARENINA oder MARIA WALEVSKA (15.2.1933, 26.12.1937) lösten regelmäßig die größte persönliche »Ergriffenheit« aus. »So ist jetzt das Weltgefühl«, erklärt er am 8.6.1933 den Erfolg der Filme aus Hollywood. Unumwunden bestätigt er die Überlegenheit amerikanischer Musicals aus der Broadway-Melody-Serie – sie eigne sich sogar »zum Studieren« (18.3.1936, 29.10.1937) –, der Romantic Comedies im Stil von IT HAPPENED ONE NIGHT/ES GESCHAH IN EINER NACHT (»Ein witziger, spritziger Film, von dem man viel lernen kann«, 18.10.1935) oder der klassischen Abenteuerfilme wie MUTINY ON THE BOUNTY/MEUTEREI AUF DER BOUNTY (6.9.1936.) »Wie leicht die Amerikaner so etwas hinlegen«, notiert er über das professionelle amerikanische Entertainment: »Man kann das nur bewundern« (4.4. 1937).[45] Die Problematik der eigentlich »artfremden«, »verniggerten« Jazz-und Swing-Musik wird von Goebbels in diesem Zusammenhang nicht erwähnt, womit er sich ganz im Einklang eines Großteils der gesteuerten Presse befand, die ansonsten noch bis kurz nach Kriegsbeginn gegenüber dem US-Film sehr positiv eingestellt war.[46]

Die sozialreformerischen Filme der frühen New-Deal-Ära Roosevelts, die Kritik an der amerikanischen Gesellschaft formulierten und die Gegensätze zwischen rechtschaffener Mittelklasse und korrupten Neureichen während der Wirtschaftskrise hervorhoben, finden bei Goebbels schon aus politischen Gründen viel Beifall: »Ganz große amerikanische Klasse mit Cooper. Großartig gemacht, wunderbare Tendenz, vorzüglich gespielt. Ich bin begeistert«, heißt es am 27.5.1939 über Frank Capras MR. DEEDS GOES TO TOWN (MR. DEEDS GEHT IN DIE STADT). Vielleicht konnte Goebbels auch nicht immer den inneramerikanischen Hintergrund der Geschichten erfasssen. So lobt

---

44 Der Streifen wurde ins Reichsfilmarchiv übernommen. BA/B Filmarchiv Film-Nr. 11049. Vgl. auch Eintrag vom 13.12.1940 über DE LÉNIN À HITLER.

45 Vgl. auch Eintrag vom 17.5.1937.

46 Vgl. Hans Dieter Schäfer, *Das gespaltene Bewußtsein*. Über deutsche Kultur und Lebenswirklichkeit 1933-1945, Frankfurt/M. 1981, S. 165-171, bes. 169.

Goebbels-Vorbild GONE WITH THE WIND *(1939):*
»Das muß man öfter sehen«

er in OUR DAILY BREAD (UNSER TÄGLICH BROT) zwar die »gute Menschendarstellung«, doch ansonsten nennt er das Werk, das von der reaktionären US-Presse sogar als kommunistisch angegriffen wurde, lediglich »nett« (18.7.1936). Daß Filme die Zustände im eigenen Land überhaupt schonungslos kritisieren konnten, stand jenseits seiner Vorstellungskraft. Zu John Fords Steinbeck-Verfilmung THE GRAPES OF WRATH (FRÜCHTE DES ZORNS), die die Ausbeutung der Landbevölkerung zeigt und die er noch in den letzten Kriegsmonaten gesehen hat, bemerkt er, einen »anti-amerikanischeren Film könnten wir auch nicht drehen.« (22.11.1944)

Ganz oben in der Rangordnung des US-Kinos stand für Goebbels der Film über das klassische Südstaatendrama, GONE WITH THE WIND (VOM WINDE VERWEHT). Wiederholt ließ er ihn vor Besuchern und Filmleuten vorführen: »Das muß man öfter sehen. Wir wollen uns ein Beispiel daran nehmen.« (30.7.1940)[47] Gleiches galt für den Disney-

47 Vgl. auch Eintrag vom 3.11.1940 und Ministerkonferenz vom 21.11.1940: Willi A. Boelcke (Hrsg.), *Kriegspropaganda 1939-1941*. Geheime Konferenzen im Reichspropagandaministerium, Stuttgart 1966, S. 570.

Zeichentrickfilm SNOW WHITE/SCHNEEWITTCHEN (12.2.1940), nach dessen Vorbild er die deutschen Zeichentrickfilm-Produktionen förderte, und für die Kinderfilme mit Shirley Temple (27.5.1939). Sogar Hollywoods antinationalsozialistischen Produktionen kann er noch etwas abgewinnen – ja, er nutzt sie sogleich zur Selbstüberhöhung. So sei CONFESSIONS OF A NAZI SPY zwar eine »amerikanische Mache, nicht ungeschickt, ich selbst spiele darin eine Hauptrolle und nicht einmal eine besonders unangenehme«. Ansonsten aber hält er den Film »nicht für gefährlich«: »Er erweckt bei unseren Gegnern eher Angst als Wut und Haß.« (30.9.1939)[48] Eine andere Wirkung befürchtet Goebbels von Alfred Hitchcocks FOREIGN CORRESPONDENT (DER AUSLANDSKORRESPONDENT): »Er ist ein Machwerk erster Klasse, sozusagen als kriminalistischer Aufreißer aufgemacht, der sicherlich im breiten Publikum der Feindländer einen gewissen Eindruck machen wird.« (22.1. 1942)[49] Insgesamt kann man – trotz einiger propagandistischer Einschübe über die »verjudete und primitive US-Kultur« – eine Mischung aus Neid und Bewunderung herauslesen[50]:

> »Wir sehen am Abend zusammen den amerikanischen Farbfilm ›Swaney River‹ [...]. Die Lage ist heute so, daß die Amerikaner es verstehen, aus ihrem verhältnismäßig geringen Kulturvorrat durch modernisierte Darstellung etwas auch für die augenblickliche Zeit Brauchbares zu schaffen.[...] Die Amerikaner haben nur ein paar Negersongs, aber sie stellen sie so aktuell dar, daß sie damit große Teile der modernen Welt erobern, die sich natürlich auf eine solche Weise sehr angesprochen fühlen. Wir verfügen über viel umfangreichere Kulturgüter, aber wir besitzen nicht die Kunst und die Kraft, sie zu modernisieren.«(3.5.1942)

Goebbels versäumt es deshalb auch nicht, einen globalen Konkurrenzkampf mit dem amerikanischen Film zu beschwören und räumt gar ein, daß, sobald die von den Märkten des deutsch-besetzten Europa verdrängte US-Konkurrenz wiederkäme, »wir schwer mit ihr zu schaffen haben würden und unter Umständen sogar unterlägen.« (1.11.1942)

Auch für den sowjetischen Film der Stalin-Zeit hat Goebbels in ge-

---

48 Zu dem ersten offenen amerikanischen Anti-Nazi-Film CONFESSIONS OF A NAZI SPY und der großartigen Darstellung Goebbels' durch Martin Kosleck s. Bernard F. Dick, *The Star Spangled Screen. The American World War II Film*, Lexington 1985, S. 59f. Bei Manvell/Fraenkel, S. 220, wird kolportiert, Goebbels habe sich über die Darstellung seines Ministerzimmers als Hort bombastischen Nazi-Prunks geärgert.

49 Goebbels sah den Film erst eineinhalb Jahre nach dessen Uraufführung.

50 Vgl. Eintrag vom 14.2.1942 und vom 27.5.1941: »Hippler zeigt mir einen Film vom amerikanischen Kulturleben: schauderhaft! Das ist kein Land, das ist eine Zivilisationswüste. Und die wollen uns Kultur beibringen«.

wisser Weise Bewunderung empfunden. Spiegelbildlich zu seiner Haßliebe Rußland gegenüber und seiner Unterscheidung zwischen verachtenswertem jüdischem Einfluß und vorbildhaften nationalrussischen und sozialistischen Ideen[51] offenbart sich eine erhebliche Gespaltenheit. In Kontinuität zu seinen Erkenntnissen aus den zwanziger Jahren behandelt er russische Filmproduktionen – von wenigen Ausnahmen abgesehen (»Bolschewistischer Kunstunfug«, 7.6.1936) – unter politischen statt künstlerischen Gesichtspunkten, so auch Pudowkins WIR AUS KRONSTADT (1936), ein »bolschewistischer Propagandafilm [...] ganz ungekonnt, voll von Unwahrscheinlichkeiten, gekrampft und gewollt«. (20.2.1936)

Aufgrund der Frontstellung zum »Bolschewismus« mangelte es jedoch an Gelegenheiten, Einblick in die sowjetische Filmproduktion zu nehmen, da kaum ein Film nach Deutschland gelangte. Daran änderte sich auch nach Abschluß des Nichtangriffsvertrages zwischen Deutschland und der Sowjetunion – wegen des von Hitler untersagten Kulturaustausches – nur wenig.[52] Goebbels berichtet von einigen Wochenschauen und Dokumentarfilmen, die er aber offenbar sehr widersprüchlich beurteilte: »Ich erzähle ihm [Hitler] von meinen Eindrücken von russischen Filmen. Er teilt sie ganz. Auch er hat für Moskau nur Verachtung« (16.8.1940). Einige Zeilen weiter heißt es dagegen: »Ein Film von der roten Sportolympiade in Moskau. Der ist gut. Er zeigt ein lebendiges und lebensfrohes Russland. Das andere Gesicht des Bolschewismus. Große organisatorische Leistung. Der Bolschewismus wird uns immer ein Rätsel bleiben.« Nach dem Überfall auf die Sowjetunion ließ er sich dann regelmäßig sogenannte Beutefilme vorführen, in erster Linie historische Propagandastreifen über große Figuren der russischen Geschichte, die zum Teil von Stalin persönlich in Auftrag gegeben worden waren. Dabei ist Goebbels stets bemüht, die propagandistische Absicht aufzudecken. In Pudowkins SUWOROW erkennt er einen Versuch, »den Zusammenhang zwischen dem heutigen Russland und seiner alten heroischen Geschichte wieder herzustellen«, und er konstatiert: »Einzelne Passagen dieses Films sind kindlich naiv, so als wenn ein Zwölfjähriger sie gedreht hätte; andere Passagen wieder sind von einer außerordentlichen vitalen Kraft. In den Russen stecken eine ganze Reihe von Möglichkeiten.«

51 Vgl. Ullrich Höver, *Joseph Goebbels – ein nationaler Sozialist*, Bonn 1992, S. 203ff.
52 Vgl. auch Eintrag vom 5.8.1940.

(25.3.1942)[53] Dieses Motiv sieht er auch in dem 1937 enstandenen Historienfilm PETER DER GROSSE von Wladimir Petrow, der darauf ziele, »die russische Geschichte in den Dienst der bolschewistischen Staatsauffassung zu stellen«. (12.4.1942) Er räumt aber ein, dies sei »nicht ungeschickt« aufgezogen und werde »zum Teil mit starken künstlerischen Mitteln« erreicht.

Besonderen Respekt nötigten Goebbels die sowjetischen dokumentarischen Kriegspropagandafilme ab. Mit RÜCKZUG BEI KLIN, so heißt es am 24.3.1942, hätten die »Bolschewisten propagandistisch den Vogel abgeschossen«. Zum Teil erweckt der Minister allerdings den Eindruck, die russische Propaganda bewußt zu überhöhen, um sie für seine Zwecke auszunutzen. Das »Agitationsmachwerk erster Klasse« EIN TAG IN DER SOWJETUNION sei zwar »mit Leichtigkeit zu widerlegen«, werde aber in den »neutralen und feindlichen Staaten einige Wirkung erzielen«. Und zur Propagierung seines politischen Programms fügt er hinzu: »Im übrigen wird mir auch durch diesen Film wieder klar gemacht, daß wir uns bei dem Bolschewismus außerordentlich vorsehen müsssen. [...] Wenn wir nicht unsere ganze Kraft anstrengen, so könnte er uns eines Tages überfahren. Die Parole lautet also stärker denn je: Der totale Krieg ist das Gebot der Stunde.« (4.3.1943)[54]

Goebbels verfolgt hier nicht mehr die besonders für englische Kriegspropagandafilme verwendete Methode, Wochenschauen und Dokumentarfilme der Gegner als lächerlich und unwirksam darzustellen. Für so wirksam hielt er die sowjetischen Dokumentarfilme, daß er versuchte, selbst höchste NS-Repräsentanten davon fernzuhalten und sämtliche Streifen in das von ihm kontrollierte Reichsfilmarchiv zu schaffen. Zur Begründung schrieb er im März 1943 an den Chef der Reichskanzlei:

---

53 Vgl. zu dem Film: David Welch, *Propaganda and the German Cinema*, Oxford 1983, S. 250; Jerzy Toeplitz, Bd. 4, S. 34f.

54 Ähnlich propagandistische Bemerkungen verband Goebbels mit dem Dokumentarfilm LENINGRAD IM KAMPF (16.1.1943). Dazu hieß es auf der Ministerkonferenz vom 16. Januar 1943: »Er [Goebbels] ordnet an, daß die verantwortlichen Leiter der deutschen Propaganda diesen Film ansehen, weil er zeigt, welch ungeheurer Unterschied zwischen der deutschen und der russischen Kraftanstrengung besteht und wie gering die Mitwirkung der deutschen Zivilbevölkerung im Verhältnis zur russischen ist.« Ministerkonferenz vom 16.1.1943: Willi A. Boelcke (Hrsg.), »*Wollt ihr den totalen Krieg. Die geheimen Goebbels-Konferenzen 1939-1943*, Stuttgart 1967, S. 320f.

»Aus eigener Erfahrung weiß ich, daß insbesondere die sowjetischen Kriegsfilme außerordentlich propagandawirksam zusammengestellt sind und in ihrer brutalen Darstellungsweise starken Eindruck auf deutsche Zuschauer machen. [...] Ich selbst sehe mir diese Filme stets allein an und bediene mich dabei eines sorgfältig ausgesuchten Vorführers.«[55]

Die meist pathetischen und plakativen italienischen Propagandaproduktionen scheint Goebbels wegen ihrer politischen Wirksamkeit, nicht aber vom künstlerisch-ästhetischen Standpunkt aus akzeptiert zu haben. Diesen Schluß legen zumindest seine Kommentare zu MARIO (»gut und wirkungsvoll gemacht«, 24.3.1937), LUCIANO SERRA PILOTA (»gut gemachter nationaler Film aus dem Abessinienkrieg. Aber künstlerisch nicht gut«, 7.11.1939) und SCIPIONE L'AFRICANO nahe. Für Goebbels' Geschmack war die italienische Cinematographie noch zu sehr der Ästhetik der Vergangenheit verhaftet. In Italien wurde eine Bemerkung des Propagandaministers kolportiert, für einen Film wie LA CORONA DI FERRO (DIE EISERNE KRONE) des italienischen Star-Regisseurs Alessandro Blasetti wäre ein deutscher Spielleiter erschossen worden. Jerzy Toeplitz gibt als Erklärung dafür an, daß Goebbels im Gegensatz zum italienischen Publikum die pazifistische und ideelle Botschaft des Films erkannt habe.[56] Goebbels' Kommentar mag zwar von äußerster Geringschätzung zeugen, seine Kritik aber scheint nicht politisch motiviert: Der Film stelle »eine grandiose Schwarte filmischer Unmöglichkeiten dar, die überhaupt nicht diskutiert werden können«. Derartige »ästhetisierende« und »literarische[n] Filmexperimente« seien »bei uns nicht mehr möglich«, heißt es am 2.9.1941 über Blasettis Phantasiegeschichte aus dem Mittelalter. Um so empörter gibt er sich, als DIE EISERNE KRONE auf der Biennale in Venedig die »coppa Mussolini« für den besten Film erhält (15.9.1941). Ein objektives Urteil über italienische Filme ist im Krieg bei Goebbels fast nirgendwo mehr auszumachen. Zu stark ist sein Blickwinkel eingeengt durch Rivalitäts- und Konkurrenzdenken, Überheblichkeiten und Überlegenheitsrhetorik:[57] Die Produktion des Verbündeten stand als einzige in Europa noch im Wettbewerb mit deutschen Filmen.

Vollends zum Mittel antisemitischer Propaganda geraten die Passagen über jüdische Filme. Dabei dürfte es unerheblich sein, ob Goeb-

55 Goebbels war bestrebt, sämtliche, über alle möglichen Reichs- und Parteistellen verstreuten Kopien dieser sowjetischen Propagandafilme in seinen Gewahrsam zu bringen: BA/K R 43 II/389 Nr. 191 Schreiben Goebbels' an Lammers vom 26.3.1943.
56 Toeplitz, Bd.4, S. 261.
57 Vgl. etwa Eintrag vom 7.2.1942.

bels Filme jüdischer Regisseure und Schauspieler in Wirklichkeit auch zu schätzen wußte.[58] Nicht die Filme, sondern allein die jüdischen Protagonisten stehen im Vordergrund: »Wie sich der Jude Harry Bauer Beethoven vorstellt. Mit plumpen, dummdreisten Mitteln gemacht« 5.8.1937). Mehrmals wiederholt Goebbels penetrant die Feststellung, alle jüdischen Filme würden per se antisemitisch wirken (15.9.1936). JUDEL SPIELT FIEDEL schmäht er ebenso (13.2.1938) – das Anschauen hat er als körperliche Qual empfunden – wie jene dokumentarischen Aufnahmen, die im antisemitischen Hetzfilm DER EWIGE JUDE verwendet wurden:

> »Und dann Aufnahmen zum Ghettofilm. Noch niemals dagewesen. Schilderungen so grausam und brutal in den Einzelheiten, daß einem das Blut in den Adern gerinnt. Man schaudert zurück vor soviel Roheit. Dieses Judentum muß vernichtet werden.« (17.10.1939)[59]

Im Krieg wird die Trennung zwischen Filmkommentar und Propagierung des Massenmords vollends aufgehoben:

> »Abends schaue ich mir in einem kleineren Kreise den polnisch-jiddischen Film ›Der Dybuk‹ an. Dieser Film ist als jüdischer Propagandafilm gedacht. Er wirkt so antisemitisch, daß man nur staunen kann, wie wenig die Juden über sich selbst Bescheid wissen und wie wenig sie sich darüber klar sind, was auf einen nichtjüdischen Menschen abstoßend wirkt und was nicht. Beim Anschauen dieses Films wird einem wieder einmal klar, daß die jüdische Rasse die gefährlichste ist, die den Erdball bevölkert, und daß man ihr gegenüber keine Gnade und auch keine Nachgiebigkeit kennen darf. Dies Gelichter muß mit Stumpf und Stiel ausgerottet werden; ohne das ist es nicht möglich die Welt zu befrieden.« (18.2.1942)[60]

58 Heiber, Goebbels, S. 259.
59 Zu der Reaktion Goebbels' auf die im Warschauer Ghetto aufgenommenen Szenen s. Veit Harlan, *Im Schatten meiner Filme*, Gütersloh 1966, S. 122.
60 Zu dem 1937 unter der Regie von Michal Wazynski entstandenen Film s. Toeplitz, Bd. 3, S. 384f.

II. Kapitel

»Wir sind nun Herr des deutschen Films«: Der Griff nach der Filmindustrie

1. Goebbels und die Entstehung eines Staatskonzerns

Die wirtschaftliche Situation der Branche nach 1933

Die Weltwirtschaftskrise hatte auch die deutsche Filmindustrie am Ende der zwanziger Jahre in eine bedrohliche finanzielle Lage gebracht. Kapitalmangel und drastischer Besucherschwund ließen von ursprünglich zehn größeren Filmfirmen bis 1933 nur drei überleben: die Universum Film AG (Ufa), den Mischkonzern Tobis und die Terra.[1] Diese beherrschten zwar 1933 den Filmproduktions- und Verleihsektor, sahen sich aber mit hohen Defiziten konfrontiert. Nur mühsam konnten sie die Verluste im Produktionsbereich durch Gewinne des Kinotheater- und Verleihsektors ausgleichen.

Schon vor der Machtübernahme der Nationalsozialisten wurden innerhalb der Filmindustrie weitreichende wirtschaftliche und strukturelle Reformen diskutiert, die auf eine staatlich koordinierte und zentralisierte Leitung der Filmwirtschaft sowie staatliche Subventionen abzielten. Das neugeschaffene Propagandaministerium nahm diese Überlegungen auf, obwohl sie auf Widerstand von seiten antimonopolistisch und mittelständisch ausgerichteter NS-Fraktionen und Kinotheaterbesitzer trafen. Teile der Filmindustrie wiederum befürchteten planwirtschaftliche Tendenzen.

Als erster Schritt des angestrebten gemeinsamen Vorgehens von Staat und Filmindustrie wurde am 1. Juni 1933 die »Filmkreditbank GmbH« (FKB) gegründet, die der Filmwirtschaft zinsgünstig staatliche Kredite zur Verfügung stellte. Im Aufsichtsrat der FKB saßen Ver-

1 Vgl. Wolfgang Becker, *Film und Herrschaft*, Berlin 1973, S. 31.

treter verschiedener Großbanken, des Propagandaministeriums und der großen Filmkonzerne. Zwar sollte die privatwirtschaftliche Struktur der Filmkonzerne grundsätzlich nicht angetastet werden, doch wer die bis zu zwei Drittel der Herstellungskosten abdeckenden Kredite in Anspruch nehmen wollte, mußte sein Filmvorhaben von verschiedenen staatlichen Instanzen – zunächst der Reichsfilmkammer, ab 1934 dem Reichsfilmdramaturgen im Propagandaministerium – prüfen lassen. 1935 erhielten bereits 70 Prozent der Spielfilme auf diese Weise Fremdmittel. Obwohl ursprünglich als Unterstützung insbesondere der bedrängten kleineren und mittleren Filmproduzenten gedacht, profitierten von den Krediten schließlich überwiegend die Großkonzerne.[2]

Durch flankierende Maßnahmen, etwa die Importbeschränkung konkurrierender ausländischer Filme (»Kontingentgesetz«), die Senkung der Vergnügungssteuer, Abschreibungserleichterungen und ein steuerwirksames Prädikatsystem, konnte die kritische Lage der Konzerne bis 1935 zunächst stabilisiert werden. In der Spielzeit 1935/36 schraubten sie ihren Marktanteil bei Spielfilmen auf über 80 Prozent (87 von insgesamt 108 Filmen) herauf, beim Verleihgeschäft waren es nicht weniger als 70 Prozent.[3] Doch bereits 1936 fielen trotz gestiegener Zuschauerzahlen neue negative Faktoren ins Gewicht: Politisch motivierte Boykottmaßnahmen führten zu einem rapide sinkenden Auslandsabsatz, der Verlust der emigrierten oder mit Berufsverbot belegten Fachleute, der Techniker, Regisseure und Schauspieler, ließ sich nicht ohne weiteres ausgleichen, und die überhöhten Gagen für Spitzenstars belasteten die Filmbudgets. Zudem verlängerte die verschärfte Vorzensur die Drehzeiten, ließ die Produktionskosten steigen und verminderte somit die Rentabilität. Die durchschnittlichen Herstellungskosten für einen Spielfilm stiegen von 250.000 RM im Jahr 1933 auf 425.000 RM im Jahr 1936 und auf 537.000 RM 1937.[4] Diese Entwicklung bedrohte nun auch die großen, noch relativ finanzstarken Firmen wie Ufa und Tobis, deren Defizit 1936 über 12 Millionen Reichsmark erreichte.[5] Anfang 1937 standen bereits die Terra und die Münchner Bavaria vor dem Konkurs.[6]

2 Vgl. Manfred Behn, Gleichschritt in die »neue Zeit«. Filmpolitik zwischen SPIO und NS, in: Hans-Michael Bock/Michael Töteberg (Hrsg.), *Das Ufa-Buch*, Frankfurt/M. 1992, S. 341.
3 Stephen Lowry, *Pathos und Politik*, Tübingen 1991, S. 12.
4 Jürgen Spiker, *Film und Kapital*, Berlin 1975, S. 143.
5 Ebd., S. 158.
6 Ebd., S. 157.

Da trotz aller Förderungsmaßnahmen und Subventionen eine Sanierung der weiterhin privat geführten Konzerne kaum möglich erschien, wurde im Propagandaministerium eine Übernahme der für staatliche Propagandazwecke wichtigen Industrie in Staatsbesitz favorisiert. Von einer einheitlichen Kontrolle und von zentralen Weisungen versprach man sich eine erhebliche Kostenminderung: koordiniertes Produzieren, sinnvolle Ateliernutzung und abgestimmte Filmplanung sollten zumindest ein Ende des ruinösen Konkurrenzkampfes garantieren. Zur ökonomischen Zielsetzung einer im Zuge des Vierjahresplanes ohnehin strafferen Wirtschaftspolitik des Regimes kam das machtpolitische Kalkül des Propagandaministers, der seinen Einfluß auf Bereiche wie Führungspersonal, Organisation und Stoffplanung als nicht ausreichend ansah.

Zur Schlüsselfigur in allen filmwirtschaftlichen Transaktionen avancierte Goebbels' Vertrauter und späterer »Reichsbevollmächtigter für die deutsche Filmwirtschaft«, Bürgermeister Max Winkler, Chef der »Cautio-Treuhandgesellschaft mbH«. Der promovierte Jurist Winkler hatte als Reichstreuhänder seit 1920 im Dienste verschiedener Regierungen gestanden. Nach 1933 betrieb er mit der Cautio für den im nationalsozialistischen Presse- und Verlagswesen allmächtigen Max Amann durch verdeckte Aufkäufe und Liquidationen die »Gleichschaltung der Presse im ökonomischen Sinne«[7] und brachte zahlreiche Presseverlage im In- und Ausland unter die Kontrolle der NS-Regierung.[8] Schon 1936 war es ihm unter Ausnutzung einer verzweigten Unternehmensstruktur gelungen, die Filmgesellschaft Tobis über Umwegbeteiligungen und heimliche Aufkäufe einiger Tochterunternehmen (»Intertobis«) in mehrheitlich staatlichen Besitz zu überführen, was an der desolaten finanziellen Lage des Konzerns zunächst aber nichts änderte.[9]

Diese komplexe filmwirtschaftliche Entwicklung bis 1936 läßt sich anhand von Goebbels' – in diesem Zeitraum stark zersplitterten – Aufzeichnungen nur bedingt verfolgen. Immerhin wird erkennbar, daß er sich sogleich nach Amtsantritt mit Unterstützung seines Staatssekretärs Walther Funk stark in filmwirtschaftliche Fragen eingeschaltet hat. So heißt es am 7.5.1933: »Unterredung mit [Generaldi-

7 Michael Töteberg, Die graue Eminenz: Bürgermeister Max Winkler, in: Bock/Töteberg, S. 391.
8 Zur Person Winklers s. Becker, S. 55, Anm. 358.
9 Spiker, S. 152f.

rektor Ludwig] Klitsch Ufa. Wir einigen uns. Gründen eine neue Filmbank. Produktion beginnt sofort.«[10] Man erfährt auch, daß das »Problem eines neuen großen Filmkonzerns unter staatlicher Majorität« (12.6.1936) bereits im Sommer 1936 im Ministerium behandelt worden sein muß. Am 5.11.1936 erwähnt Goebbels den heimlichen Aufkauf der Tobis, der offenbar erneut von Funk vorangetrieben wurde. Wie bei der Politisierung des Films Ende 1936 (siehe nächstes Kapitel), ist auch hier der Zusammenhang mit der neuen, aggressiveren Phase des Vierjahresplanes offenkundig. Am 10.12.1936 befanden sich die Planungen für die mittelbare Verstaatlichung in einem konkreten Stadium: »Unsere Aufkaufpläne der ganzen deutschen Filmindustrie schreiten auch rüstig vorwärts. Bald gehört sie uns. Dann aber geht's an die Arbeit.« In den Akten taucht der damit zusammenhängende »Plan einer zentralen Organisation der gesamten deutschen Filmwirtschaft«[11] erstmals am 14. Dezember 1936 auf.[12] Winkler selber wird von Goebbels dagegen erstmals am 9.3.1937, unmittelbar vor der »Verreichlichung« der seit 1927 mehrheitlich im Besitz von Alfred Hugenbergs Scherl-Verlag befindlichen Ufa erwähnt.

Die Übernahme der Ufa: Ein Machtkampf?

Lückenlos sind die Tagebücher des Propagandaministers in den Wochen eines für die deutsche Filmgeschichte einschneidenden Ereignisses, dessen Hintergründe lange umstritten blieben: Die Verstaatlichung des größten deutschen Filmkonzerns, der traditionsreichen *Universum Film AG* (Ufa) im Frühjahr 1937.

Goebbels' kritische Einschätzung des Filmniveaus und seine Versuche, den für Stoffpolitik und Filmproduktion entscheidenden Mann – Ufa-Produktionschef Ernst Hugo Correll – abzusetzen[13], geben Ende 1936 eindeutige Hinweise: Der Minister war mit seinen bisherigen Handlungsmöglichkeiten überhaupt nicht zufrieden. In seinem Umkreis herrschte überwiegend die Ansicht, es wäre eben »die angestrebte wirtschaftliche, aber auch die politische Überwachung und damit verbundene organisatorische und personelle Veränderungen nicht

10 Goebbels schreibt meist »Klitsch« statt korrekterweise Klitzsch. Vgl. zur Filmbank-Gründung auch Eintrag vom 14./21. und 27.5.1933 sowie vom 8.6.1933.

11 Spiker, S. 168.

12 Schreiben des RMVP-Staatssekretärs Walther Funk an das Finanzministerium vom 14.12.1936, abgedr. bei: Gerd Albrecht, *Nationalsozialistische Filmpolitik*, Stuttgart 1969, S. 524.

13 Siehe S. 112.

Das Ufa-Gelände in Potsdam-Babelsberg

zu realisieren, wenn sich das Ufa-Kapital weiterhin im Besitz von Privatpersonen befand«.[14] Im Aufsichtsrat des Unternehmens saß »unverändert die von Hugenberg zusammengerufene, ehemals deutschnationale Kamarilla aus Bankdirektoren, Schwerindustriellen, Rittergutsbesitzern, Domänenpächtern und pensionierten Marineoffizieren«[15] – somit eine dem Propagandaminister ganz besonders verhaßte Mischung. Im Februar 1937 eskalierte zudem der Streit um die Einrichtung und Besetzung sogenannter künstlerischer Ausschüsse, auf die nach Goebbels' Vorstellung das Recht des Firmenvorstands zur autonomen Entscheidung über die Filmherstellung übergehen sollte. Die im Januar 1937 bereits sukzessive unter staatliche Kontrolle gebrachte und mit einem »künstlerischen Vorstand« versehene Tobis galt ihm dabei als Vorbild. Für sein Ziel jedoch, die künstlerische Entscheidung über die Herstellung eines Films von Rentabilätsgedanken zu trennen, fand er bei der Ufa-Firmenführung offensichtlich kein Verständnis, so daß seine Polemik gegen »künstlerischen Parlamenta-

14 Spiker, S. 158.
15 Klaus Kreimeier, *Die Ufa-Story*, München 1992, S. 304.

rismus« (14.1.1937), »Überorganisation« und »Mißstände« nicht abriß: »Verleih und Geschäft quatschen zuviel mit.« (4.1.1937)

Die wirtschaftliche Lage der Ufa stellte sich zu Anfang des Jahres 1937 als desolat dar. Trotz des enormen Stammkapitals von 45 Millionen RM, von dem sich ca. 51 Prozent im Besitz des Scherl-Verlags (Hugenberg-Gruppe) und ca. 27 Prozent in Händen eines Konsortiums unter Führung der Deutschen Bank befanden, verzeichnete die Ufa ein Defizit im Produktionsbereich von fast 10 Millionen RM, das auch von anderen Zweigen wie Verleih oder Filmtheaterbetrieben nicht mehr aufgefangen werden konnte.

Im Februar 1937 begannen – von Goebbels in seinen Aufzeichnungen minutiös begleitet – die Kaufverhandlungen zwischen Winkler und Klitzsch, der auch Vorstandsvorsitzender des Scherl-Verlags war. Parallel dazu mußte der Propagandaminister beim Finanzministerium die Freigabe von Millionenbeträgen für die Übernahme durchsetzen. Dabei gab sich Goebbels aber optimistisch: »Auch in der Aufkauffrage der Ufa kommen wir weiter. Dann haben wir einen Riesenfilmkonzern in unserem Besitz.« (22.1.1937) Noch während der Verhandlungen mit der Scherl-Spitze versuchte er, bei der Ufa sein Konzept künstlerischer Ausschüsse zu verwirklichen. Hugenbergs Widerstand dagegen kam ihm offenbar gerade recht, bot er ihm doch eine Möglichkeit Druck auszuüben, um die Verhandlungsposition Winklers zu stärken:

> »Hugenberg schreibt mir einen langen Brief in Sachen Ufa. Künstlerische Beiräte abgelehnt, wenigstens vorläufig. Er will sich selbst für diese Aufgabe zur Verfügung stellen. Das ist ja zum Kranklachen. Nun lasse ich die Ufa zappeln. [Der Leiter der Filmoberprüfstelle Ernst] Seeger soll sie durch die Zensur behandeln. Mal sehen wer den längeren Atem hat. Die Hugenberger sind schlechte Taktiker. Dieser Brief kostet sie mindestens 3 Millionen Mark.«(5.3.1937)

Wie bei allen größeren Vorhaben vergaß Goebbels auch an dieser Stelle nicht, Hitlers Unterstützung festzuhalten: »Ufa findet auch seine Billigung nicht. Er bringt Erinnerungen an Harzburg, wo auch die Deutschnationalen so illoyal waren. Sie haben sich in nichts geändert. Ich werde sie auch im Film kleinkriegen«, notiert er am 8.3.1937 und stilisiert die Auseinandersetzung damit zusätzlich zu einem politischen Kampf.

Am Tag darauf heißt es, offenbar vor dem Hintergrund von in Goebbels' Augen überhöhten finanziellen Forderungen und weiteren Bedingungen des Ufa-Managements:

Ufa-Generaldirektor Ludwig Klitzsch: Will den Kampf

»Winkler setzt mir den Status der Ufa auseinander. Klitsch und Hugenberg wollen uns regelrecht übervorteilen. Aber ich bin nun nicht mehr so dumm. Ich weise die Presse an, den Generalangriff gegen die Ufa anzusetzen. Gleich heute geht das los bei der Kritik des Filmes ›Menschen ohne Vaterland‹. Die Ufa wird sich wundern. Ich werde jetzt stur und eigensinnig meinen Weg gehen, bis die Ufa unser ist. Funk und Winkler gehen begeistert mit. Winkler ist auch ein richtiges Geschäftsgenie. Warm halten.«

Bereits am nächsten Tag freut er sich über die bestellten schlechten Filmbesprechungen[16] und Hitlers Zustimmung zu »meinem Vorgehen gegen die Ufa«. Womöglich haben Goebbels' Repressalien ihre Wirkung nicht ganz verfehlt, zumindest findet sich gleich unter Punkt 1 des Ufa-Vorstandsprotokolls vom 11. März die Bemerkung, der Vorstand habe »mit Entrüstung von der im 12 Uhr-Blatt (Verlag Ullstein)

16 Eintrag vom 10.3.1937: »Ufafilm ›Menschen ohne Vaterland‹ findet eine tolle Kritik. Das knallt nur so. Die Presse hat gut funktioniert. Klitsch und die Ufa sind schon ganz mürbe«.

veröffentlichten Kritik über den Film ›Menschen ohne Vaterland‹ Kenntnis genommen, und beschließt gegen die darin enthaltenen schweren Anwürfe die Einleitung eines Ehrengerichts-Verfahrens«.[17] Der *Völkische Beobachter* und das *Berliner Tageblatt* starteten ebenfalls massive Angriffe gegen die Ufa.[18] Auf Widerstand der Ufa-Mehrheitsaktionäre gegen die Bedingungen Winklers deutet auch die Notiz: »Klitsch ist verrückt geworden. Will den Kampf. Soll ihn haben. Ich scheue ihn nicht. Also los.« (12.3.1937) Es folgt eine wahre Frontberichterstattung Goebbels', in der die »Hugenberger« entweder »kapitulieren« müssen, »resigniert und mürbe« oder »mürbe geschossen« sind: »Verkauf nur noch eine Frage der Zeit. Mein Bombardement hat also gewirkt. Klitsch ganz zerschlagen.« (13.3.1937)

Am Tag nach dem entscheidenden Gespräch zwischen Goebbels und Reichsfinanzminister Schwerin von Krosigk[19] – 34 Millionen RM wurden schließlich für den Ufa-Kauf genehmigt – heißt es: »Unser Angebot ist nun genau präzisiert. Bis Freitag hat Hugenberg Bedenkzeit. Er wird wohl zugreifen. Dann kann ich arbeiten. Funk arbeitet mächtig mit.« (18.3.1937) Am 20. März konnte Goebbels dann den Sieg vermelden:

»Ufa endgültig gekauft. Hugenberg hat sich bis zum letzten Augenblick gesträubt. Aber es half doch nichts. Winkler hat sein Meisterstück geliefert. Ich danke ihm und Funk sehr. Alle Partner mürbe gemacht. Damit habe ich ein Instrument in der Hand, mit dem ich arbeiten kann.«

Der Kaufpreis für den Scherl-Anteil betrug 21,25 Millionen RM, was dem inzwischen nicht mehr realistischen Nominalwert der Aktien entsprach. Der Anteil der Deutschen Bank wurde nur zu einem Kurs von 67 Prozent übernommen. Durch den am 18. März erfolgten Aktientransfer von der Hugenberg-Gruppe an die im Reichsauftrag handelnde Cautio-Treuhand erlangte Winkler zunächst nur eine knappe Mehrheit an Stimmrechten, die er nach weiteren Aufkäufen von in Streubesitz befindlichen Anteilen bis März 1939 aber auf 99 Prozent ausbauen konnte.[20]

Welche neuen Erkenntnisse über die Hintergründe der Transaktion ergeben sich nun aus der Darstellung bei Goebbels? Am grundsätzlichen Interesse Hugenbergs, seinen Filmkonzern zu verkaufen, kann

17 BA/K R 109/1032 a Nr.79 Protokoll-Nr. 1218 vom 11.3.1937.
18 Töteberg, Treuer Diener, S. 202.
19 Vgl. Becker, S. 159.
20 Vgl. Spiker, S. 175.

kaum ein Zweifel bestehen. Der deutschnationale Politiker war sich der ökonomisch prekären Lage der Ufa bewußt. Angesichts von Druck und Drohungen der Nationalsozialisten gegen eine privat geführte Ufa konnte er sich kaum mehr große Profitchancen ausrechnen, ja der »langjährige Mehrheitsaktionär mußte eine Veräußerung seines Ufa-Paketes geradezu als opportun ansehen, weil er auf diese Weise einem sonst unausweichlichen Konflikt mit dem Propagandaministerium aus dem Wege ging und damit seine finanziellen Interessen an der begonnenen Wiederaufrüstung ohne Einbußen weiterverfolgen konnte.«[21] Der großzügige Kaufpreis, auf den auch keine Steuern anfielen, tat ein übriges. Hugenbergs Schadenersatzforderungen wegen angeblicher Zwangsenteignung wurden nach dem Krieg mit dem Hinweis auf dessen Steigbügelhalterfunktion bei der NS-Machtübernahme und die hohen Ehrungen für ihn und Klitzsch 1943 zum 25. Jahrestag der Konzerngründung vom Wiedergutmachungsausschuß zurückgewiesen. Klitzsch, der den Vorsitz der Geschäftsleitung der Ufa AG auch noch nach der Umstrukturierung im Februar 1942 beibehielt, erklärte im Juni 1949 zur Unterstützung der Ansprüche Hugenbergs über die Umstände Anfang 1937:

»Der Höhepunkt war die persönliche Forderung des Propagandaministers, den langjährigen Produktionschef der Ufa, Hugo Correll, der nicht Pg. war, zu entlassen. Desgl. den gesamten Aufsichtsrat. Beide Forderungen wurden abgelehnt. Der offene Kampf war damit da.[...] In dieser Situation begab ich mich zu Dr. Göbbels, um ihn zu stellen. Hierbei ergab sich in wenigen Minuten, dass die Vermutung zutraf. Dr. Göbbels wollte die Ufa in seinen Besitz bringen. Die unter schwerem Druck zustande gekommenen Verhandlungen führten denn auch schnell zu dem von Dr. Göbbels angestrebten Ziel. Der hierbei bewilligte Kaufpreis entsprach nicht dem inneren Wert des Unternehmens.«[22]

Doch selbst Goebbels' martialische Schilderung und extrem stilisierte »Kampf«-Rhetorik liefert bei genauerer Analyse keine Hinweise auf eine grundsätzliche Verkaufsverweigerung, sondern spiegelt die zähe Verhandlungsführung des Scherl-Verlages für optimale Bedingungen und einen möglichst hohen Kaufpreis wider.[23] Passagen wie »Hugenberg hat sich bis zum letzten Augenblick gesträubt« deuten mehr auf die harte Verhandlungstaktik des gewieften Wirtschaftsführers als auf einen erpresserischen Zwangsverkauf hin. Dieses Verhalten kam

---

21 Spiker, S. 174; Vgl. auch Manfred Behn, Diskrete Transaktionen. Bürgermeister Winkler und die Cautio, in: Bock/Töteberg, S. 390.

22 BA/K NL Hugenberg 98 Nr.97ff. Erklärung Klitzsch vom 17.6.1949.

23 Dafür spechen auch die Einträge: »Das hätte er [Klitzsch] billiger haben können.« oder »Dieser Brief kostet sie mindestens 3 Millionen Mark«.

Goebbels' Darstellungsinteresse entgegen: Je härter der Widerstand, um so größer der eigene Sieg. Natürlich will Goebbels die Ufa selbst in die Knie gezwungen haben. Dabei bestätigt er aber trotz aller übertriebenen Betonung des eigenen Anteils und seines Presse-»Bombardements« die Schlüsselrollen von Winkler und Funk. Dennoch ist für pauschale Wertungen kein Platz: Weder läßt sich reibungslose »Kooperationsbereitschaft« nachweisen, noch trifft die Feststellung zu, »Einwände gegen den Verkauf regten sich bei den leitenden Gremien des Konzerns offenbar nicht«.[24] Denn die Textstellen bei Goebbels, der einzigen zeitgenössischen Quelle über den Verhandlungsverlauf, schließen nicht völlig aus, daß Hugenberg und Klitzsch zeitweilig sogar bereit waren, den Verkauf platzen zu lassen. Für eine apologetische Hugenberg-Rehabilitierung bieten sie allerdings keinen Anlaß.[25]

Die Schilderung der übrigen Aufkaufmanöver verläuft weniger dramatisch. Entgegen der ursprünglichen Planung – die Terra »wollen wir nun zuerst aufkaufen. Und dann kommt die Ufa dran« (23.1. 1937) – erfolgte erst zur Jahresmitte, nach einer Umstrukturierung und unter Eingliederung defizitärer Teile des Tobis-Konzerns im Juni 1937, die Neugründung der Verleih- und Produktionsfirma Terra als Terra Filmkunst GmbH.[26]

In die Tobis, den zweitgrößten deutschen Filmkonzern (»Die Tobis werde ich sehr stark unter meine Fittiche nehmen«, 6.2.1937), regierte Goebbels schon vor dem erst 1939 abgeschlossenen Aufkauf durch die Cautio hinein. Die heruntergewirtschaftete bayerische Filmgesellschaft Bavaria ließ Winkler zunächst in Konkurs gehen. »Bavaria muß Pleite machen und wird dann von uns übernommen«, resümiert Goebbels die Pläne des Treuhänders am 17.4.1937. Winkler hatte nicht beabsichtigt, die Münchner Produktionsstätten wieder als eigenständige Gesellschaft einzurichten, mußte sich dann aber dem Druck des Münchner Gauleiters Adolf Wagner beugen, der sich auf den ausdrücklichen Wunsch Hitlers berufen konnte, die Kunststadt München müsse auch eine umfangreiche Filmproduktion erhalten. Nach einigen Interventionsversuchen bayerischer Staats- und Parteistellen (unter anderen des bayerischen Wirtschaftsministers Siebert, 30.7.1937), die Bavaria unter eigene Kontrolle zu bringen, wurde im

---

24 Kreimeier, S. 305, verzichtet unverständlicherweise bei seiner Schilderung der Übernahme auf die Goebbels-Aufzeichnungen.

25 Eine solche betreibt Ralf Georg Reuth, *Goebbels*, München 1991, S. 365.

26 Vgl. Becker, S. 163 und Eintrag vom 26.6.1937.

Februar 1938 die Neugründung als Bavaria Filmkunst GmbH vollzogen.[27]

Nach dem »Anschluß« Österreichs im März 1938 begann Winkler aus den bereits zuvor verdeckt aufgekauften österreichischen Ablegern des Tobis-Konzerns, unter anderem der Tobis Sascha AG mit ihrem umfangreichen Verleihgeschäft und finanziell gesunden Atelierbetrieben, eine eigenständige Filmproduktion in der »Ostmark« aufzubauen. Im Dezember erfolgte dazu die Gründung der Wienfilm GmbH, die etwa 15 Spielfilme pro Jahr herstellen sollte.[28] Die nun in mittelbarem Staatsbesitz befindlichen Firmen mußten bei Bedarf direkt mit Haushaltsmitteln beziehungsweise Staatskrediten unterstützt werden. Folglich vermeldet Goebbels am 26.6.1937 die Auflösung der als Stütze der angeschlagenen privaten Filmwirtschaft geschaffenen Filmkreditbank, die nun überflüssig geworden war. Vor der Öffentlichkeit hielt man die Verstaatlichungen bis 1941 weitgehend geheim.[29]

Die wirtschaftliche Situation der Filmindustrie verbesserte sich nach der Nationalisierung nur langsam – für Goebbels ein Anlaß zur Besorgnis (10.10.1937). Die Produktionskosten blieben hoch, weil die Umstrukturierungsmaßnahmen und Organisationsreformen zunächst auch viel Leerlauf und Reibungsverluste bewirkten. Insbesondere der Tobis gelang es anfangs nicht, von ihren Defiziten herunterzukommen. Winklers weitergehendes Ziel, das Goebbels schon während der Übernahmetransaktionen 1937 erwähnt (17.4.1937, 14.10.1937), bestand deshalb in der Bildung einer staatlichen Holdinggesellschaft und Interessengemeinschaft für die reichseigenen Filmfirmen. Durch einen noch engeren Zusammenschluß sollten verstärkte Rationalisierung, gemeinsame Finanzierung der teuren Film- und tontechnischen Forschung, Atelierkoordination, Absprachen bei Filmpersonal, speziell der Schauspielerbeschäftigung, Exportförderung und ein Verlustausgleich bei unterschiedlicher Ertragsentwicklung erleichtert werden.

Die noch bestehenden unabhängigen Produktionsfirmen führten zwar überwiegend Auftragsproduktionen für die großen Gesellschaften aus, dennoch erschienen sie Goebbels als unerwünschte Profiteure

27 Vgl. dazu Eintrag vom 14.1.1938.
28 Spiker, S. 185.
29 Vgl. Becker, S. 194.

des nach Kriegsbeginn einsetzenden Filmbooms und Konkurrenten der Staatsfirmen beim Engagement von Stars und Regisseuren. Ihre Existenz war mit seinem Anspruch auf eine umfassende Herstellungskontrolle nicht zu vereinbaren.[30] Mehrere Einträge schon in den dreißiger Jahren deuten auf Überlegungen Goebbels' und Winklers hin, diese Privatfirmen auszuschalten. Am 9.5.1941 verkündet Goebbels schließlich: »Wir beschließen, die Privatproduktionen nun ganz aufzukaufen. Sie sind kein Stimulans mehr, und außerdem scheffeln sie nur Geld aufgrund unserer Arbeiten und Erfolge. Bis zum 1. September müssen sie alle verschwunden sein.« Mit Hilfe einer Anordnung der Filmkammer vom 6. Juni 1941, die eine Neulizensierung aller bestehenden Filmfirmen vorsah, wurde den meisten der unabhängigen Betriebe die Grundlage entzogen, um sie – von der Cautio übernommen und zusammengefaßt – am 2. September 1941 unter dem Namen Berlin-Film GmbH als weitere staatsmittelbare Firma neuzugründen.[31]

Der nach Abschluß der Verstaatlichungen zum »Reichsbeauftragten für die deutsche Filmwirtschaft« ernannte Max Winkler sollte auch künftig für die Aufrechterhaltung kapitalistischer Produktionsformen in den Staatsbetrieben sorgen. Seine Machtfülle in ökonomischen und personellen Fragen war unübersehbar, seine Berichte dienten als Grundlage für die filmwirtschaftlichen Erörterungen in den Notizen des Propagandaministers. Erst 1942 wird Goebbels die an ökonomischer Rentabilität und Profit orientierte Politik Winklers und das Primat wirtschaftlicher Erwägungen auf dem Produktionssektor zeitweise mit Mißtrauen verfolgen.

Die weitere Konzentration bis 1942

Nach Kriegsbeginn dokumentieren zahlreiche Tagebuch-Äußerungen Goebbels' große Erleichterung, daß die Kinokonjunktur nicht, wie von einigen befürchtet, ganz zusammenbrach, sondern einen weiteren, starken Aufschwung erlebte (»Die Gelderfolge unserer Filme sind geradezu verblüffend. Wir machen richtige Kriegsgewinne«, 21.10. 1939). Goebbels nutzt dies beständig, um die teuren Verstaatlichungen zu rechtfertigen: »Die neuste Filmstatistik weist einen Reinver-

30 Vgl. Eintrag vom 26.4.1940: »Krach mit einer kleinen Filmfirma. Sie setzt sich einfach über unsere Anordnungen hinweg«.

31 Vgl. Marcus S. Phillips, *The German Film Industry and the Third Reich*, Diss. East Anglia, 1974, S. 270 und die Einträge vom 1.6., 31.7. und 8.8.1941.

dienst von 35 Millionen seit Beginn des Krieges aus. Und das wollte Crosigk nicht kaufen.« (22.3.1940)[32]

Etwa sieben Kinobesuchen pro Jahr und Einwohner in der Saison 1937/38 standen 1940 mehr als 13 gegenüber, die Besucherzahlen stiegen von knapp 400 Millionen auf 830 Millionen. Die dabei erzielten Gewinne blieben überwiegend in Deutschland: Der Anteil ausländischer Filme sank von 78 im Jahre 1937 (ca. 40 Prozent) auf nur noch 18 im ersten Kriegsjahr 1940 (ca. 17 Prozent).

Das Defizit der Tobis beispielsweise, 1937/38 noch 1,35 Millionen RM, konnte bis 1940/41 trotz hoher Rückstellungen in einen Gewinn von 5,4 Millionen RM umgewandelt werden.[33] Die Bruttoeinspielergebnisse der Filmindustrie betrugen von Kriegsausbruch bis Mitte 1940 etwa 70 Millionen RM. Ebenso erhöhte sich die Zahl der Abspielstätten durch Neubauten, Modernisierungen und Sitzplatzerhöhung der Lichtspieltheater, während die Annexionspolitik Hitlers weitere Absatzmärkte eröffnete: zunächst deutschsprachige wie Österreich und das Sudetengebiet, später andere europäische Länder, in denen nach der Besetzung die einheimische Filmproduktion beschränkt und die zuweilen übermächtige amerikanische Konkurrenz zugunsten des deutschen Filmexports ausgeschaltet wurde.

Zugleich zwang die Kriegswirtschaft jedoch zu erheblichen personellen und materiellen Einsparungen. Die ersten Vorstöße Winklers und Goebbels' für eine »großzügige Zentralisierung der wirtschaftlichen Kräfte des Films« (25.7.1939) und somit zur Bildung einer »Interessengemeinschaft Film« scheiterten 1939 noch am Einspruch des auf Steuereinnahmen und seine Kompetenzen in der Filmwirtschaft bedachten Finanzministeriums.[34] Winklers Organisationsprinzip einer unabhängig vom Reichshaushalt wirtschaftenden, alle bisherigen Filmproduktionen zusammenfassenden Dachgesellschaft und der Beendigung des vertikalen Aufbaus der Ufa (Produktion, Vertrieb, Filmtheater) entsprach auch der von Goebbels wiederholt proklamierten Trennung von Kunst (Filmproduktion) und Geschäft (Verleih, Export, Rentabilität). Häufig genug hatte er auch nach Kriegsbeginn noch geklagt, die deutsche Filmproduktion trage »doch noch sehr stark die Merkmale einer Industrie« (21.8.1941). Diese letzten

---

32 Richtig: Graf Schwerin von Krosigk.
33 Spiker, S. 199.
34 Becker, S. 180f.

Reste eines reinen »Saison- und Industriegeschäfts« müßten überwunden werden, damit sich der Film zu »wirklicher und reiner Kunst« entwickeln könne (25.9.1941).

Vereinzelt finden sich Andeutungen, daß wesentliche Probleme der Filmproduktion trotz der steigenden Gewinne ungelöst blieben: die viel zu hohen Herstellungskosten und die langen Herstellungszeiten, auch der verschwenderische Umgang mit Filmnegativmaterial. Zum Teil waren hierfür ja von Goebbels angeordnete aufwendige politische Filme beziehungsweise umfangreiche politische Korrekturen durch Änderungen und Nachaufnahmen verantwortlich. Für einen Film von etwa 2500 Meter Länge wurde 1941 etwa das 15fache des knappen Rohmaterials verdreht.[35] Die Jahresproduktion sank 1941 auf 67 Filme und war damit weit von den ursprünglich festgelegten 100 entfernt. Goebbels kommentiert einen offenbar besorgten »ausführlichen Vortrag« Winklers am 8.8.1941: »Wir produzieren zu wenige Filme und sind zu teuer geworden. Wir müssen also unter Aufrechterhaltung unserer guten Qualität billigere Kostenvoranschläge ausarbeiten lassen.« Doch erst nach mehrmaligen Interventionen Winklers[36] wurden anläßlich der Etablierung der Ufi (siehe unten) strukturelle Veränderungen auch bei den durch die Nachzensur der Filmabteilung verursachten kostenintensiven Eingriffen vorgenommen (Reichsfilmintendanz, Verordnungen vom 28. Februar 1942).

Goebbels erwähnt am 12.6.1941 das bisher einzige Dokument über die Vorarbeiten zur Ufi-Gründung (»Wir gründen demnächst die Holdinggesellschaft für den gesamten deutschen Film«), ein Memorandum Winklers vom Juni 1941 unter dem Titel »Gedanken über die Organisation einer Haltegesellschaft für das staatsmittelbare Filmschaffen«.[37] Sehr wahrscheinlich, darauf deutet auch das »demnächst« hin, war ein früherer Zeitpunkt als der Januar 1942 geplant.[38] Spätestens im November, und dies liefert zumindest eine Ergänzung zu bisherigen Untersuchungen, müssen die Pläne Winklers bereits kurz vor der Vollendung gestanden haben.[39]

---

35 Phillips, S. 246ff. Vgl. auch Eintrag vom 7.12.1940.

36 Eintrag vom 9.1.1942: »Winkler führt mir Klage über die Zunahme der Produktionskosten für einen normalen Film. Die ist auch geradezu enorm und es muß ihr nun energisch entgegengetreten werden«.

37 Spiker, S. 206.

38 Frühere, konkrete Hinweise finden sich nicht, doch die Bemerkungen vom Dezember 1940 deuten auf Winklers Wiederaufnahme seiner 1939 gescheiterten Bemühungen hin.

Erst zum Jahresende 1941 erreichte Winkler sein Ziel: Die Ufa wurde dreigeteilt. Eine mit Wirkung vom 10. Januar 1942 gegründete Ufa-Film GmbH (Ufi) – der Name mußte auf ausdrücklichen Wunsch Hitlers trotz anderer Vorstellungen von Winkler und Goebbels beibehalten werden[40] – bildete die Dachgesellschaft und große Staatsholding für den gesamten Filmbereich. Dazu gehörten die reinen Spielfilmproduktionen Ufa Filmkunst GmbH, Tobis Filmkunst GmbH, Terra Filmkunst GmbH, Bavaria Filmkunst GmbH, Berlin Film GmbH, Wien Film GmbH und die im November 1941 aus ehemals tschechischen Produktionsbetrieben hervorgegangene Prag Film AG. Daneben entstanden der um den Filmproduktionsbereich erleichterte Hauptkonzern Universum Film AG mit einer einheitlichen Filmtheatergesellschaft und einer neutralen, zentralen Verleih- und Vertriebsgesellschaft (DFV) sowie die Deutsche Wochenschau GmbH. Die alte Ufa AG verwaltete also alle Betriebe außerhalb der Filmproduktion, womit sich die Ufi in einen reinen Produktions- und einen Wirtschaftssektor aufteilte. Im Aufsichtsrat der Ufi saßen unter Vorsitz von Goebbels' Staatssekretär Leopold Gutterer Vertreter von NSDAP, Filmindustrie, Reichsfilmkammer sowie des Propaganda- und des Finanzministeriums. Die Weisungen an die Geschäftsführung kamen vom Reichsbeauftragten für Filmwirtschaft, der auch Schlüsselpositionen mit Vertrauten, Finanzexperten und Rechtsanwälten aus der Cautio Treuhand besetzte.

Die Etablierung dieses neugeschaffenen Riesen-Trusts wurde den Filmschaffenden von Goebbels in seiner letzten Filmrede vom 28. Februar 1942 verkündet, zusammen mit einem am selben Tag in Kraft tretenden »Leistungssteigerungserlaß«, dessen erste Durchführungsbestimmmungen drastische Rationalisierungen auf allen Ebenen der Produktion (Atelierkoordination, Mehrfachnutzung von Dekoratio-

39 Phillips, S.350, rätselt noch über den zeitlichen Verlauf der Vorbereitungen im 2. Halbjahr 1941. Vgl. auch Einträge vom 20.11.: »Wir sind im Begriff, die Filmkunstgesellschaften von den wirtschaftlichen Verflechtungen völlig zu lösen und die wirtschaftlichen Interessen des gesamten deutschen Films in einer großen Holding-Gesellschaft, der I.G. Film zusammenzufassen«, und vom 21.11.1941: »Ich bespreche noch einmal mit Hippler die Gründung der neuen Film I.G. Einzelheiten werde ich im Laufe der nächsten Woche in Angriff nehmen. Es handelt sich um ein grandioses Projekt, was noch reiflicher Überlegung bedarf«.

40 BA/K R 109/4792 Nr.19 vom 19.12.1941 Winkler an RFM. Goebbbels wollte ursprünglich den – auch im Tagebuch eingeführten – Namen »I.G. Film« verwenden. Vgl. auch Rede vom 28.2.1942, abgedr. bei: Albrecht, S. 493.

nen und Ausstattung, Reduzierung auf nur zwei Proben pro Einstellung und so weiter) vorsahen.[41]

Am Tag nach der Veröffentlichung der Neuorganisation vom 28.2.1942 findet sich im Tagebuch nur eine sehr grobe Zusammenfassung der Rede vor den Filmschaffenden. Aus Andeutungen geht jedoch hervor, daß Teile des Publikums von der Konzernbildung und den Rationalisierungsmaßnahmen nicht wenig überrascht und auch irritiert gewesen sind. Insbesondere die Vertreter der Filmproduktionen Bavaria und Wien sahen offenbar Reste ihrer – allein schon durch die Distanz bedingten – Unabhängigkeit von Berlin in Gefahr.

Als eine wichtige Voraussetzung für einen zentralen Dachkonzern sah Goebbels auch die »Neutralisierung« des riesigen Ufa-Filmtheaterparks mit weit über 100 Kinos an (13/16.7.1941). Diese sollten nicht mehr weitgehend exklusiv von einer Firma beliefert und somit gezwungen werden, deren Produktionen blind und en bloc zu beziehen. Des weiteren wurde für den Aufkauf in- und ausländischer Kinos eine neue Filmtheatergesellschaft vom Finanzministerium mit 120 Millionen RM ausgestattet.[42]

Stolz verkündet Goebbels am 22.1.1943 und am 3.6.1943, daß das im Februar 1942 als Gesamtleistung aller Ufi-Produktionen vorgegebene Jahresproduktionssoll von 110 Filmen voll erreicht werde. Was auf den ersten Blick angesichts von nur 57 zugelassenen deutschen Filmen 1942 als leicht widerlegbare Falschmeldung erscheint, ist letztlich aber nur eine geringfügige Übertreibung. Denn das erste Ufi-Produktionsjahr (Juni 1942 bis Mai 1943), wozu ja auch die zahlreichen schon produzierten, jedoch von der Zensur zurückgestellten Streifen zählten, verlief äußerst erfolgreich.[43] Noch 1944 fanden sich aus dem Produktionsjahr 1942/43 acht Filme ohne Zulassung. Der Erfolg verleitete Goebbels freilich zu völlig unrealistischen Plänen: »Ich setze das Soll für das folgende Produktionsjahr trotz der sehr ernsten kriegsbedingten Schwierigkeiten auf 120 Filme fest.« (22.1.1943)[44]

41 Rede vom 28.2.1942 abgdr. bei: Albrecht, S. 529f. Auf die organisatorische Binnenstruktur sowie Personal und Hierarchien der Filmproduktion wird im nächsten Abschnitt eingegangen.

42 Spiker, S. 209.

43 Kreimeier, S. 402; Spiker, S. 235. Zugelassene und produzierte Filme dürfen ebensowenig verwechselt werden wie die Zeiträume: Laut der dritten Durchführungsverordnung zum Leistungssteigerungserlaß vom 27.4.1942 lief ein Geschäfts- und Produktionsjahr jeweils vom 1. Juni bis zum 30. Mai. Die Aufführungen werden dagegen von Januar bis Dezember berechnet: Phillips, S. 370f.

Diese Zahl konnte nicht einmal annähernd erreicht werden, da die Produktion im zweiten Halbjahr 1943 stark einbrach.[45] Zu Recht stellt Goebbels zwar fest: »Die Filmkosten sind von 1½ Millionen auf etwas über eine Million gesenkt worden. Man sieht also, daß man durchaus das von mir gesteckte Kriegsziel des Films erreichen kann.« Verschwiegen wird aber, daß die gesunkenen Herstellungskosten pro Film von einem Anstieg der Fixkosten außerhalb der reinen Produktion mehr als aufgefressen wurden, so daß keine wirkliche Einsparung erfolgte und die hochgesteckten Rationalisierungsziele von 1942 nicht erfüllt werden konnten. Die zu geringen Produktionskapazitäten, Personal- und Fachkräftemangel durch »Auskämmaktionen« sowie die Rohfilmknappheit führten schließlich im Kalenderjahr 1944 zu einer Jahresproduktion(!) von nur noch etwa 60 Filmen. Damit war auch Goebbels' Absicht fehlgeschlagen, von der in Ufi-Besitz befindlichen französischen Continental Films in Paris deutschsprachige Filme produzieren zu lassen.[46] Die Produktionsvorgabe für 1945 betrug mangels ausreichender Kopien nur noch 46 Filme, weil, wie Goebbels am 11.11.1944 einräumt, »wir noch aus dem Programm dieses Jahres hundert Filme in Reserve liegen haben«. Ganz entgegen seiner Ankündigung wurde die Filmindustrie eben nicht mit den »kriegsbedingten Schwierigkeiten« des »Totalen Krieges« fertig.

Goebbels' Absicht, die Gewinne der Filmwirtschaft sollten »auch dem Film oder wenigstens dem Kulturleben unmittelbar wieder zugute kommen« (8.8.1941), ließ sich nicht umsetzen:[47] Trotz seiner Hochrufe auf Winklers Geschick, Teile der Überschüsse vor der ho-

---

44 Vgl. BA/K R 109III/10, Ufi-Firmen und Produktionschefsitzung vom 22.1.1943. Dort wird ebenfalls die Zahl 120 genannt.

45 Am 20.7.1943 ist so bei Goebbels auch nurmehr von hundert Filmen die Rede.

46 Vgl. Eintrag vom 20.7.1943: »Sind wir in den deutschen Ateliers und mit den deutschen Kräften nicht in der Lage, hundert Filme zu schaffen, so sollen dafür Ausweichproduktionsmöglichkeiten in Paris gesucht werden. Die Continental bleibt zwar unter der Führung von [Alfred] Greven, aber sie soll nun in der Hauptsache statt französischer Filme deutsche herstellen. Greven bekommt den Auftrag, etwa zehn bis fünfzehn deutsche Filme zu produzieren und die französische Produktion mit der linken Hand zu erledigen. [...] Greven wird sich zwar mit Händen und Füßen sträuben, aber trotzdem muß das geschehen.« Genau dies war aber nicht der Fall, denn die Continental produzierte bis zu ihrem Ende 1944 nur französische Filme: Georges Sturm, UFrAnce 1940-1944. Kollaboration und Filmproduktion in Frankreich, in: Bock/Töteberg, S. 408-415.

47 Zumal auch umfangreich für private Zwecke abgeschöpft wurde. Goebbels erhielt für seine Villen in Schwanenwerder und am Bogensee von Winkler Zuwendungen in Millionenhöhe: Reuth, S. 462. Hitler bekam aus der gleichen Quelle laut Eintrag vom 1.4.1941 5 Millionen RM für seinen »Kulturfonds«.

hen Kriegsbesteuerung zu bewahren,[48] konnten von den 1942/43 mit 155 Millionen RM und 1943/44 mit 175 Millionen RM angegebenen Gewinnen nach Steuern nur je 18 Millionen RM einbehalten werden.[49] Am 22.1.1943 räumt er dann auch ein: »Unsere finanziellen Gewinne sind enorm; aber sie wirken sich nicht richtig aus, weil wir ungeheuerliche steuerliche Belastungen zu tragen haben. Aber das ist nun einmal der Lauf der Welt in Kriegszeiten.«[50]

Ständig wiederholt Goebbels in diesem Zusammenhang seine Ansicht, die Filmindustrie müsse aus nationalpolitischen wie finanziellen Gründen »ausschließlich in Händen des Staates liegen« (12.6.1941):[51] »Die Filmwirtschaft blüht trotz des Krieges in unvorstellbarer Weise. Wie gut ist es gewesen, daß ich vor einigen Jahren den Film in den Besitz des Reiches überführte! Es wäre furchtbar, wenn die hohen Überschüsse, die jetzt in der Filmwirtschaft erzielt werden, der Privatwirtschaft zugute kämen« (22.1.1942). Für Winkler war eine Reprivatisierung nach Kriegsende dagegen nicht ausgeschlossen. Doch Goebbels bezeichnet Überlegungen, »daß der deutsche Film irgendwann doch wieder reprivatisiert werden könnte« kategorisch als »naive Vorstellung«: »Solange der Nationalsozialismus am Drücker ist und ich an meinem Platze sitze, wird davon natürlich niemals die Rede sein können« (21.5.1942).[52] Winklers Widerstand gegen die verstärkte Kommunalisierung von Filmtheatern hatte Goebbels zunächst gestützt, schwenkte aber rasch um, als Hitler sich unter dem Einfluß von Bormann und der Parteikanzlei dafür aussprach, »daß auch Gemeinden Kinos besitzen dürfen« (24.7.1943).[53]

---

48 Eintrag vom 1.4.1942: »Das Finanzministerium will uns neue Steuern aufknallen, so daß eine Kapitalbildung für Aufgaben nach dem Krieg kaum noch möglich erscheint. Aber Winkler hat als gewitzter Finanzmann, der von diesen Dingen viel mehr versteht als die Bürokratie im Finanzministerium, schon einen Ausweg gefunden, der außerordentlich geistreich und originell ist und auf dem er zweifellos zum Ziel kommen wird.« sowie vom 21.5.1942: »Er [Winkler] hat wiederum eine Reihe von besonders vorteilhaften Verträgen mit dem Finanzministerium geschlossen, die uns gestatten, die ganze Filmwirtschaft weiterhin auf einer soliden Basis zu halten.« Diese erwähnten Zugeständnisse (Steuernachlaß gegen Zinszahlung, erhöhte Abschreibung, Erlaß der Grunderwerbssteuer) des Finanzministeriums vom selben Tag werden im Protokoll der Aufsichtsratssitzung der Ufi bestätigt: BA/K R 55/774 Nr. 115 Protokoll vom 21.5.1942.

49 Kreimeier, S. 402.

50 Vgl. Spiker, S. 233ff und Eintrag vom 10.5.1943.

51 Vgl. dazu auch Eintrag vom 13.7.1941. Für Goebbels galt dieser Standpunkt auch in bezug auf die Filmtheater.

52 Damit widerlegt Goebbels die bei Becker, S. 228f. geäußerte Ansicht, der Minister habe eine Reprivatisierung erwogen.

2. Die Willkür regiert

Persönliche Präsenz auf allen Ebenen

Mit Beginn des Verstaatlichungsprozesses vom Herbst 1936 häufen sich in Goebbels' Aufzeichnungen auch die Belege für seine umfassenden Eingriffe in die Filmproduktion und die Geschäftspolitik der Filmgesellschaften. Wenn bislang ausschließlich der Vorstand der Konzerne entschieden hatte, beanspruchte jetzt der Propagandaminister die Entscheidungskompetenz.

Für die Zeit vor dem Frühjahr 1937 sind nur wenige direkte Interventionen überliefert.[54] Meist handelt es sich um Besprechungen mit dem Ufa-Generaldirektor Klitzsch, der sich von Anfang an die Verhandlungen seiner Firma mit den neuen Machthabern persönlich vorbehalten hatte,[55] so über Goebbels' Forderung nach Ablösung des Ufa-Produktionschefs Ernst H. Correll oder um Fragen der Filmproduktion. Die umfangreiche »Arisierung« der Filmindustrie und die Emigration zahlreicher Filmkünstler, Techniker und Regisseure 1933/35 waren beinahe schon abgeschlossen. Bereits einen Tag nach Goebbels' erster Filmrede im »Kaiserhof« am 28. März 1933 und den anschließenden Besprechungen zwischen Nationalsozialisten und Vertretern der Filmwirtschaft wurden im Ufa-Vorstand die Entlassung jüdischer Mitarbeiter behandelt und auch Kündigungen beschlossen[56] – was unter anderen Erik Charell, Otto Wallburg, Wilhelm Thiele und Ludwig Berger betraf. Peter Lorre, Conrad Veidt, Elisabeth Bergner oder Fritz Kortner waren bereits ins Exil gegangen. Manche Firmen bemühten sich, bei Goebbels Ausnahmegenehmigungen für einige besonders wichtige Künstler zu erlangen, wie dies auch im Falle des legendären Ufa-Produzenten Erich Pommer geschehen sein soll.[57] Goebbels notiert nur vereinzelte direkte Interventionen von Künstlern.[58]

---

53 Goebbels fährt fort: »Winkler hat sich mit Händen und Füßen dagegen gesträubt, aber ich kann ihm keine Unterstützung mehr leihen. Genauso wie Private Kinos besitzen dürfen, darf ja wohl auch die öffentliche Hand Eigentümerin von Kinos sein. Der Standpunkt Winklers ist in dieser Frage etwas zu eng.« Zu dieser Frage siehe auch Boguslaw Drewniak, *Der deutsche Film 1938-1945*, Düsseldorf 1987, S. 616f.

54 Vgl. zum Beispiel Eintrag vom 26.1.1937.

55 BA/K R 109 I/1029a Nr.279 Protokoll-Nr. 890 vom 3.2.1933: »Den Verkehr mit der Regierung behält sich Herr Klitzsch persönlich vor«.

56 Vgl. Michael Töteberg, Personen minderen Rechts – Die »Entjudung« der Ufa in: Bock/Töteberg, S. 344-347.

57 Kreimeier, S. 251.

58 Vgl. Eintrag vom 15.5.1936.

Bis zur Verstaatlichung gelang es auch noch der Reichsfilmkammer, Kompetenzen an sich zu ziehen und auf dem Verordnungswege filmwirtschaftliche Fragen zu regulieren. So sah sich Goebbels von ihrem wirtschaftsfreundlichen Präsidenten Oswald Lehnich einige Male übergangen.[59]

Am 23.3.1937, wenige Tage nach dem erfolgreichen Erwerb der Ufa-Mehrheitsbeteiligung durch die Cautio-Treuhand, lautete Goebbels' Ankündigung: »Ich schalte mich jetzt sehr stark in alle Produktions- und Besetzungsfragen ein. Allmählich werde ich die Sache schon meistern.«[60] Auf der Ufa-Vorstandssitzung des darauffolgenden Tages wurde dies umgesetzt und eine umfassende Liste über alle beim Ministerium melde- und genehmigungspflichtigen Angelegenheiten – von der Filmplanung bis zu Künstlerengagements – bekanntgegeben.[61]

Von dem »permanenten Druck, den der Minister und seine zuständigen Beamten auf die künstlerischen und geschäftlichen Entscheidungen des Konzerns ausübten«,[62] war sogleich einiges zu spüren. Die Wendungen in den Protokollen und Aktenvermerken der nächsten Jahre gleichen sich: »Höheren Orts werde gewünscht«, »wie von Reichsminister Dr. Goebbels gewünscht«, »auf (ausdrücklichen) Wunsch des Propaganda-Ministeriums«, »von seiten des Prop.-Min.«, »übermittelte Stellungnahme des Propaganda-Ministeriums«, »ist vom Propaganda-Min. angeregt worden«. Selbst scheinbar zweitrangige Tagesordnungspunkte wurden vorgegeben, etwa das von der Ufa angestrebte Engagement des Schauspielers und Regisseurs Willi Forst: »Herr [Reichsfilmdramaturg] v. Demandowsky hat, wie Herr Correll mitteilt, sich im Auftrage des Prop.-Min. mit einem Engagement von Forst durch die Ufa noch nicht einverstanden er-

59 Eintrag vom 8.9.1936: »Lenich hat nun doch die Verantwortung für die Gagenkonvention im Film. Dabei so blödsinnig wie nur möglich. Die machen nur in Wirtschaft, als wenn der Film gar nichts mit Kunst zu tuen hätte. Ich muß da aufpassen. Die möchten mich am liebsten wie einen Weihnachtsmann behandeln«.

60 Zu Goebbels' Eingriffen erklärte Winkler nach dem Krieg: »Er las jedes eingereichte Filmmanuskript, entschied über Annahme und Ablehnung, ordnete weitere Bearbeitung oder die Herstellung des Drehbuchs an oder änderte selbst Inhalt und Sinn der Filmidee. Die Drehbücher las Goebbels wieder selbst und formte sie nach seinem Willen, bestimmte den Regisseur und die wichtigsten Rollenbesetzungen, verhandelte mit diesen unmittelbar und griff auch während der Filmherstellung nach Belieben ein.« Institut für Zeitgeschichte (IfZ) Mc 31 Spruchgerichtsakte Hippler: Eidesstattliche Erklärung Max Winkler.

61 BA/K R109 I/1032a Nr. 64 Protokoll-Nr. 1221 vom 23.3.1937.

62 Kreimeier, S. 275.

klärt, da Forst zu dem Künstlerkreis der Tobis zu rechnen ist. Der Vorstand nimmt hiervon Kenntnis.«[63] Über Zarah Leanders Film RAUSCHENDE BALLNACHT wird vermerkt: »Herr Leichtenstern teilt mit, dass der Herr Minister entschieden hat, dass ab 15.8. dieser Film in Uraufführung eingesetzt werden kann.«[64] In den Konzernakten befinden sich mehrere Aufstellungen über »Allgemeine Anordnungen« des Dramaturgen oder des Filmabteilungsleiters, aus denen hervorgeht, welcher Darsteller oder Komponist »unerwünscht« war, wer protegiert wurde und somit »einzusetzen« war, daß Doppelrollen verboten waren und bei Drehbucheinreichung auch schon die Besetzungsvorschläge vorliegen mußten.[65]

Derartig detaillierte Einmischungen in sämtliche Bereiche ziehen sich auch durch die Aufzeichnungen von 1937 bis 1944. Goebbels entwirft komplette Besetzungen, stellt »Geheimlisten« fördernswerter Darsteller auf (9./10./23.6. 1937), erteilt Regisseuren Drehverbote (25.9.1937 für Richard Schneider-Edenkoben, 16.3.1940 für Hans H. Zerlett)[66], erläßt Richtlinien für Gagenerhöhungen (30.11.1937, 2.7.1938, 7.2. 1940) und für das »Engagement von Filmkomparsen« (5.11.1938), befreit Filmfachleute vom Kriegsdienst (5.11.1940) und heuert persönlich ausländische Schauspieler an (»Wir müssen auch unsere Typen erweitern, weil wir nach dem Kriege ja auch viel mehr Völker mit Filmen versorgen müssen«, 13.6.1941). Umgesetzt wurden solche im Tagebuch formulierten Absichten freilich nicht immer.[67]

Die ganze Bandbreite von Goebbels' extremem Interventionswahn läßt sich nur schlaglichtartig andeuten: Neben seinen Arbeiten an Treatments und Drehbüchern beförderte er mit Nachdruck jede technische Entwicklung – angefangen vom Farbfilm bis hin zum Zeichentrickfilm –, er ließ Kinos im Ausland kaufen, neue Studios in Wien, München und Linz bauen, er legte fest, welche Filme ins Ausland durften, er bestimmte Starttermine, Preise, Prädikate – eine Liste, die sich beliebig fortsetzen ließe.

---

63 BA/K R 109I/1033 a Nr. 214 Protokoll-Nr. 1284 vom 1.2.1938.

64 BA/K R 109I/1033 c Nr. 217 Protokoll-Nr. 1375 vom 30.6.1939.

65 Liste von Reichsmeister BA/K R 109 I/2139 Nr.1-2 o.D. und Liste Hippler Nr. 30. Vgl. weitere Beispiele bei Klaus-Jürgen Maiwald, *Filmzensur im NS-Staat*, Dortmund 1983, S.169, Anm. 400 bis 403.

66 Während Schneider-Edenkoben bis 1945 nur noch eine Regiearbeit übernahm (SYLVESTERNACHT AM ALEXANDERPLATZ, 1939), gehörte Zerlett entgegen Goebbels' Ankündigung weiterhin zu den meistbeschäftigten Regisseuren.

67 So drehten mit Arbeitsverbot belegte Regisseure weiter; angeworbene ausländische Schauspielerinnen haben nie in Deutschland gefilmt; und die Gagen stiegen weiter an.

In Besetzungsfragen gelang es Goebbels, die Kompetenzen der Produzenten und Regisseure weitgehend außer Kraft zu setzen (»Harlan zeigt mir Probeaufnahmen für seinen neuen Film. Ich entscheide mich für Dahlke und Liebeneiner«, 3.4.1937[68]). Während Goebbels der Ufa das Engagement des späteren Kassenmagnets Zarah Leander fast untersagt hätte[69], zwang er der Firma die offensichtlich völlig unfähige spanische Diva Imperio Argentina auf, weil Hitler befohlen hatte, daß die Schauspielerin »für den deutschen Film gewonnen werden soll«.[70] Die daraus resultierende Produktion ANDALUSISCHE NÄCHTE war ein grandioser Mißerfolg und blieb ihr einziger Film in Deutschland.[71] Im Krieg und nach der Etablierung der Reichsfilmintendanz erfolgten die Eingriffe nicht seltener, aber geregelter.[72] Die »Besetzungshoheit« übte Goebbels offenbar ohne Rücksicht auf die jeweiligen politischen Umstände und andere Belastungen aus. Nur wenige Tage nach dem 20. Juli 1944, der ja fast Hitlers und Goebbels' Ende bedeutet hätte, sind bereits wieder seine Darstellerdispositionen kleinster Nebenrollen überliefert.[73]

Die Verstaatlichung verschaffte dem Propagandaministerium auch Zugriff auf die ausländischen Vertretungen der Filmfirmen, in denen noch viele – zum Teil nach der Machtübernahme aus Deutschland versetzte, aber auch einheimische – jüdische Mitarbeiter tätig waren. Ihnen galt neben weiteren »Entjudungsaktionen« in der Reichskulturkammer im Frühjahr 1937 Goebbels' besonderes Augenmerk: »Wir müssen Tobis und Ufa im Ausland entjuden. [Staatssekretär] Funk ist da zu lax.« (9.5.1937)[74] Seine Absichten ließen sich jedoch

68 Betrifft den Film MEIN SOHN DER HERR MINISTER, in dem dann Paul Dahlke, aber nicht Wolfgang Liebeneiner mitspielte.

69 Vgl. Eintrag vom 15.1./21.3./6.10.1937 und BA/K R 109I/1031b Protokoll-Nr. 1192 vom 27.10.1936.

70 BA/K R 43 II/489 Nr 31 RMVP an Reichskanzlei vom 19.4.1937. Vgl. auch Eintrag vom 12.5.1937: »Mit Frau Imperio Argentina zum Führer. Wir unterhalten uns über Filmfragen. Er ist ganz entzückt von ihr«, vom 31.7., 20.8. (»Sie lernt nicht Deutsch«), 26.10.1937 (»Man darf diese Damen nicht zuviel hofieren. Sonst werden sie größenwahnsinnig«) und 6.11.1937 sowie BA/K R 109I/1032 b Nr.118 Protokoll-Nr. 1253 vom 24.8.1937: »Ministerium wünscht Engagement trotz Sprachmangel«.

71 Vgl. Drewniak, S. 130.

72 Vgl. dazu Eintrag vom 13.8.1942.

73 BA/K R 55/665 Nr.147 Ministeramt an Hinkel vom 26.7.1944.

74 Vgl. auch Eintrag vom 12.5.1937: »Gebe Funk und Winkler den Auftrag, die Auslandsvertretungen von Ufa und Tobis systematisch zu entjuden. Das wird uns auch bald gelingen.« Dies betraf die Filialen in den USA, Frankreich, Holland, der Tschechoslowakei, der Schweiz, Ungarn und Österreich. Vgl. den die Tobis-Sascha betreffenden Bestand BA/K 56 I/30 über »nichtarische Interessenvertreter im Ausland«.

nicht ohne weiteres verwirklichen. Die »Entjudung« der Auslandsvertretungen der Filmfirmen sei »wegen der internationalen Auswirkungen« eben »noch schwieriger« als diejenige« der Reichskulturkammer, vermerkte Goebbels am 9.6.1937. Daraufhin hat er offenbar versucht, den Auslandsvertrieb deutscher Filme nicht mehr über die Ableger der Firmen, sondern über die Auslandsorganisation der NSDAP laufen zu lassen, um so – wenn es schon nicht gelang, die dortigen jüdischen Angestellten hinauszudrängen – die Ufa und Tobis-Dependancen teilweise schließen zu können (11./30.9.1937). Noch im Dezember 1937 konstatiert er »Große Schwierigkeiten« bei der »Arisierung des deutschen Filmexports« (9.12.1937) und begründet die offensichtlich nicht im gewünschten Maße eingetretenen Erfolge damit, es handele sich schließlich um ein »sehr kompliziertes Gebiet« (9.2.1938).

Völlig unter strikter, persönlicher Kontrolle des Ministers stand auch die sogenannte Nachwuchsförderung, d.h. die Schauspieler- und Regieausbildung. Goebbels behielt sich vor, über jeden Ausbildungsvertrag und jede Erstregie zu entscheiden, und bis kurz vor Kriegsende prüfte er regelmäßig Proberollen.[75] Als Leiter der Ausbildungsstelle setzte er im Februar 1942 den Mitarbeiter der Filmdramaturgie Frank Maraun ein[76], korrigierte stets akribisch dessen monatliche Berichte und legte selbstherrlich Ausbildungsrichtlinien fest. Nach Goebbels' Entscheidungen über Probeaufnahmen wurde Maraun vom Ministeramt informiert:

»Der Minister entscheidet wie folgt: Stimme dünn, schon ziemlich alt für eine Anfängerin, Gesicht zu breit, zu dick in der Taille. Schauspielerische Möglichkeiten noch nicht abzusehen. Erhält einen Ausbildungsvertrag.«[77]

Bei derartigen Gelegenheiten hat Goebbels offensichtlich schon das Talent von Wolfgang Staudte erkannt (»Der Minister entscheidet wie folgt: Staudte kann einen abendfüllenden Film machen«)[78] oder auch das von Hildegard Knef: »Die ist nett. Jedoch muß die Nase operiert werden. Genehmigt für ein halbes Jahr. Dann neue Probeaufnahme herstellen und mit der jetzigen vorlegen.«[79] Diese »Nachwuchsfragen« sind oftmals Anlaß für schärfste Kritik Goebbels' am Schauspie-

75 Vgl. die Berichte Marauns an Goebbels über Nachwuchs, mit den handschriftlichen Korrekturen des Ministers in BA/K R 55/ 657 und 658.
76 Vgl. Becker, S. 268 Anm. 540.
77 BA/K R 55/ 657 Nr. 92 Ministeramt an Maraun von 16.7.1942.
78 BA/K R 55/ 657 Nr. 94 Ministeramt an Maraun von 16.7.1942.
79 BA/K R 55/658 Nr. 2 Bericht Maraun vom 7.1.1943.

Goebbels-Entdeckung Hildegard Knef 1941:
Muß an der Nase operiert werden

lereinsatz und an der Personalpolitik der Filmfirmen. Der Propagandaminister mußte erkennen, daß trotz energischer Vorstöße[80] – für ihn war die »Nachwuchsfrage eines der entscheidenden Probleme unserer gesamten Filmpolitik« (16.5.1942) – seine Maximen von den Pro-

80 Vgl. Eintrag vom 16.10.1941: »Die von mir gegebenen Richtlinien werden nun innerhalb der Produktionsfirmen mit aller Rücksichtslosigkeit durchgesetzt«.

duktionschefs wiederholt mißachtet wurden.[81] Im Juni 1943 notierte Maraun anläßlich eines Zornesausbruchs von Goebbels:

»Ebenfalls wandte sich der Minister scharf dagegen, dass ein Nachwuchs-Regisseur [...] eine Nachwuchs-Schauspielerin in die Hand bekommen solle. Die Erfahrung lehre ihn, dass er immer recht behalte [...] Er befehle jetzt nur noch und lasse sich auch in solchen grundsätzlichen Fragen auf keine Diskussionen mehr ein.«[82]

Die Reichsfilmdramaturgie: Kontrollanspruch ohne Systematik

Schon kurz nach der Gründung des Reichsministeriums für Volksaufklärung und Propaganda am 13. März 1933 wurde am 14. Juli 1933 die Reichsfilmkammer (RFK) ins Leben gerufen. Die RFK sollte unter Umsetzung ständestaatlicher NS-Ideologie eine Organisation für sämtliche Beschäftigte der Filmbranche sein – gleich ob Unternehmer oder Angestellte – und im Gegensatz zur Führungsfunktion des Ministeriums als Verwaltungsapparat dienen. Goebbels wollte mit der Gründung auch bezwecken, daß der Film- und Kulturbereich nicht dem Kampfbund für die deutsche Kultur seines Gegners Alfred Rosenberg einverleibt wurde.[83] Wer nicht in die Filmkammer beziehungsweise in die am 22. September 1933 – als Dachorganisation der Einzelkammern der Künste – gegründete Reichskulturkammer (RKK) aufgenommen wurde, erhielt keine Berufserlaubnis. Tausende von Künstlern emigrierten ins Ausland; Filmboykotte, Demonstrationen des »Volkszorns« vor allem gegen Filme jüdischer Regisseure und Schauspieler waren an der Tagesordnung.

Das neugeschaffene Propagandaministerium erhielt neben zahlreichen anderen Kompetenzen aus dem Geschäftsbereich des Reichsinnenministeriums auch die Filmabteilung (Lichtspielwesen). Die mit zunächst drei, später fünf Hauptreferaten personell schmale Abteilung durfte gemäß Goebbels' Zielsetzung keine Verwaltungs-, sondern sollte Planungs- und Führungsaufgaben wahrnehmen und eine institutionelle Verbindung zwischen dem Propagandaministerium und den einzelnen Filmkonzernen herstellen, um das deutsche Filmwesen »zentral zu dirigieren und es den politischen Absichten der Führung zu assimilieren«[84]. In einer von Goebbels' Referent Georg

---

81 Vgl. dazu die Einträge vom 13.5.1942, 26.2.1943, 12./23.5.1944.
82 BA/K R 55/658 Nr. 99 Aktennotiz Maraun vom 17.6.1943.
83 Joseph Wulf, *Film und Theater im Dritten Reich*, 1966, Ffm. S. 283; Phillips, S. 74ff.
84 Willi A. Boelcke (Hrsg.), *Kriegspropaganda 1939-1941. Geheime Konferenzen im Reichspropagandaministeriums*, Stuttgart 1966, S. 168.

Wilhelm Müller verfaßten offiziellen Broschüre über das Propagandaministerium hieß es, die Filmabteilung habe die Aufgabe, »das deutsche Filmschaffen in wirtschaftlicher, technischer und künstlerischer Hinsicht zu lenken, zu überwachen und auszurichten«.[85]

Die Zuständigkeit der Reichsfilmdramaturgie als eines der Hauptreferate der Filmabteilung lag im wesentlichen in der Vorzensur von Spielfilmvorschlägen.[86] Die Kompetenzen der aus dem dramaturgischen Büro der Reichsfilmkammer hervorgegangenen Reichsdramaturgie, die Spielfilmthemen und -inhalte zu bestimmen und zu kontrollieren, resultierten aus § 2 des Lichtspielgesetzes vom 19. Februar 1934.[87] Wegen der hohen Kosten, die bei einem Verbot oder der erzwungenen Umarbeitung eines Films enstanden, hatten zuvor sogar Teile der Filmwirtschaft eine ökonomische Risikominderung gefordert.[88] Die Filmfirmen mußten ihre Spielfilmvorschläge in Form eines Exposés beziehungsweise einer Kurzinhaltsangabe beim Büro des Filmdramaturgen einreichen, um die Genehmigung zur Herstellung eines Drehbuchs und schließlich die Dreherlaubnis zu erhalten. Aufgrund dieser Themen- und Titelmeldungen der Filmvorhaben konnte sich der Reichsfilmdramaturg die Drehbücher vorlegen lassen, sie ablehnen oder als »födernswert« einstufen.[89]

Im Oktober 1934 klagte die Ufa, die bisherige Tätigkeit des Dramaturgen hätte »Verzögerungen« und »Stillstand« eintreten lassen.[90] Bis November 1935 herrschte nach widersprüchlichen Anordnungen der Filmkammer bei den Filmfirmen zudem große Verwirrung, ob die Einreichung in jedem Fall oder freiwillig zu erfolgen habe. So bewirkte die Themenmeldung, daß die Filmgesellschaften – die ja nicht ein bereits drehreifes Manuskript einreichen mußten – das anfangs inkompetente und unterbesetzte Büro des Filmdramaturgen mit Unmengen von Filminhaltsangaben eindeckten, an deren Realisierung überhaupt nicht gedacht war. Man erhoffte sich, daß wenigstens ein Teil davon als »fördernswert« eingestuft würde, intendierte zum Teil

85 Georg Wilhelm Müller, *Das Reichsministerium für Volksaufklärung und Propaganda*, Berlin 1940, S. 23. Zur Filmabteilung s. auch Becker, S. 101f. und Phillips, S. 193f.

86 Becker, S. 101.

87 Reichslichtspielgesetz vom 19.2.1934, abgedr. bei: Maiwald, S. 95-99.

88 Becker, S. 78.

89 Kraft Wetzel/Peter A. Hagemann, *Zensur. Verbotene deutsche Filme 1933-1945*, Berlin 1978, S. 12.

90 BA/P 80 BA 2/19078, Klitzsch an von Stauss vom 31.10.1934.

aber auch, das als zu weitgehend empfundene System der Vorzensur zu sabotieren.[91] Erst durch einen abschließenden Erlaß vom 24. November 1935 fielen die Titel- und Inhaltsmeldungen weg.[92] Doch obwohl seine Tätigkeit nun als beratend definiert wurde, konnte sich der Reichsfilmdramaturg weiterhin jederzeit auf eigene Initiative in ein Filmprojekt einschalten oder Verbote aussprechen. Im Herbst 1939 verlangte die Filmabteilung schließlich auch von jedem Produktionschef eine persönliche Erklärung über die Ernsthaftigkeit des jeweiligen Filmvorhabens.

Goebbels' Notizen zufolge hat die Reichsfilmdramaturgie ihre Aufgaben im Bereich der Produktionskontrolle und vor allem der Vorzensur anfangs nicht effizient zu lösen vermocht. Nach Beschwerden seitens der Ufa über permanente, kostensteigernde Interventionen hatte er schon am 13.10.1935 erkannt: »Unsere unteren Stellen funktionieren nicht gut. Zu bürokratisch. Ich greife ein. Zuviele Verbote.« Gegen die umfassende Einmischung in die Produktion – bis hin zur ständigen Präsenz am Drehort – regte sich offensichtlich Widerstand in den Filmfirmen,[93] was Goebbels auch vor dem Reichskabinett als Grund für die erste Änderung des Lichtspielgesetzes nannte.[94] Wenige Tage vor der Abschaffung der Meldepflicht heißt es: »Wir engen den Film zuviel ein. Mehr Freiheit. Vor allem das Heer von Prüfern und Begutachtern heraus.« (21.11.1935)

Nach Beginn des Krieges gab es eine neuerliche Wende bei der Handhabung der Vorzensur. Am 23.11.1939 ließ Max Winkler den Produktionschefs einen von Goebbels wenige Tage zuvor unterzeichneten und mit den Erfordernissen des Krieges begründeten Erlaß zustellen, der erneut die obligatorische Vorzensur eines jeden Filmvorhabens durch die Einreichung eines etwa zwölfseitigen Treatments vorsah:

> »Von allen Spielfilmen ist rechtzeitig vor Inangriffnahme des Drehbuchs und der praktischen Vorbereitungsarbeiten ein Treatment meiner Filmabteilung zur grundsätzlichen Genehmigung einzureichen.[...] Das auf der Grundlage des genehmigten Treatments hergestellte Drehbuch ist spätestens vier Wochen vor Drehbeginn nochmals vorzulegen.«[95]

---

91 Phillips, S. 325.

92 Anordnung des Reichsfilmkammerpräsidenten vom 24.11.1935 in: *Völkischer Beobachter* vom 1.12.1935. Vgl. auch Maiwald, S. 150.

93 Vgl. Maiwald, S. 148ff.

94 Ebd., S. 144.

95 Erlaß vom 18.11.1939, abgedr. bei: Albrecht, S. 526. Vgl. auch Eintrag vom 14.11.1939: »[...] Manuskripte einen Monat vor Drehbeginn zur Prüfung einreichen. Also eine Art von Vorzensur. Das ist besser als Nachzensur« und Ministerkonferenz vom 3.11.1939: Boelcke, S. 219.

Die praktischen Folgen blieben in den ersten Monaten gering, da der Propagandaminister seit 1936 ohnehin bei wichtigen Vorhaben verstärkt Filmstoffe und Drehbücher geprüft hatte.[96] Die Mitarbeiter der Reichsfilmdramaturgie sollten nun bestimmten festgelegten Projekten und Filmgenres statt einzelnen Firmen zugeordnet werden.[97] Die Firmen dagegen fürchteten um die Kompetenz der Produktionschefs und betonten, es sei »unmöglich, von einer Stelle aus das gesamte Filmschaffen des Reiches zu steuern«, weshalb die »Institution des Reichsfilmdramaturgen« auch »nur hemmend auf die Produktion wirken« werde.[98] Goebbels bestätigt diese prognostizierten Schwierigkeiten: »Filmvorzensur klappt noch nicht. Die Firmen reichen so spät ein, daß eine Ablehnung immer einige Kosten mit sich bringt. Ich stelle das energisch ab.«(25.4.1940) Dennoch wurde im Vergleich zu 1934/35 die neue Regelung während des Krieges straffer und fachkundiger durchgeführt und mündete nach und nach in ein eingespieltes System von Rückversicherungen und vorauseilendem Gehorsam. Die Reichsfilmdramaturgen erscheinen bei Goebbels als blasse und eher überforderte Figuren. Die ersten Amtsinhaber erwiesen sich als eklatante Fehlbesetzungen, da sie – wie viele Mitarbeiter der Filmabteilung – statt die Filmproduktion zu überwachen, Ambitionen hatten, selber Regie zu führen – etwa bei Dokumentarfilmen der Partei.[99] Der Minister hatte dies anfangs nicht kategorisch genug verboten.[100] Am 18.5.1938 ist gar von einer möglichen Abschaffung der Reichsdramaturgie die Rede. An ihre Stelle sollte ein Pool aus den einzelnen dramaturgischen Abteilungen der Filmfirmen, eine »Zentraldramaturgie«, treten.[101] Nach Kriegsbeginn und intensivierter Kontrolle der Filmproduktion wollte Goebbels nicht zuletzt für die angestrebte Forcierung politischer Stoffe dann wieder eine »Erweiterung unserer Dramaturgie« vornehmen, da die Produktionschefs und Dramaturgen in den Filmfirmen »in ihrem kritischen Vermögen zu unsicher sind«

96 Vgl. Alfred Bauer, *Die diktatorische Bevormundung des deutschen Filmschaffens durch das Nazi-Regime*. Maschinenschriftl. Manuskript in: BA/K R 109 I/1726 S. 6. Bauer war bis 1945 Mitarbeiter der Reichsfilmintendanz.

97 Vgl. Eintrag vom 30.3.1940 und Phillips, S. 326, und Beispiele in BA/K R 109I/2139.

98 Aufsichtsratssitzung der Wien Film vom 3.11.1939, zit. nach Phillips, S. 324.

99 Vgl. dazu Eintrag vom 18.12.1936.

100 Maiwald, S. 153 und Eintrag vom 19.5.1936: »Nierentz erzählt mir dabei seine Pläne als Reichsfilmdramaturg. Er darf keine eigenen Filme machen. Muß Inspirationen geben. Überall dabei sein. Und immer drüber stehen«.

101 Vgl. dazu auch Einträge vom 17.9.1938 und 5.10.1938.

(26.3.1940): »Wir stellen nun für die Spielfilmproduktion 5 neue Dramaturgen ein. Die arbeiten dann unter meiner persönlichen Aufsicht.« (27.3.1940)[102]

Zwar ist die Tendenz, die eigene Verantwortung für mißlungene Filme abzuschieben, unübersehbar, doch deuten einige Einträge auf tatsächliche Mängel bei der Stoffauswahl und bei der Kommunikation zwischen den Dramaturgen und Goebbels hin.[103] Geschwächt wurde die Stellung der Dramaturgen auch dadurch, daß die mächtigen Produktionschefs sich oft unmittelbar an Goebbels wandten. So rügte Reichsdramaturg von Reichsmeister den Produktionschef der Bavaria, Schweikart, wegen dessen Intervention bei dem Projekt »Philine«: »Mussten Sie dem Herrn Reichsminister direkt schreiben?«[104]

Auf der Kriegstagung der Reichsfilmkammer im Februar 1941 formulierte Goebbels seine Idealvorstellung, durch die Reichsfilmdramaturgie ein Filmprojekt wie auf dem Reißbrett planen zu können:

> »Die Aufgabe der Filmdramaturgie besteht darin, auftauchende Fehlermöglichkeiten rechtzeitig schon zu verhindern, damit die Korrektur am Film nicht dann beginnt, wenn er fertig ist, sondern dann, wenn er angefangen wird, damit also von vornherein die große Zensuraufgabe nach Fertigstellung am Film auf ein Minimum beschränkt wird, damit aber die Mitarbeit am Film von seiten des Staates auf ein Maximum heraufgesetzt wird in dem Augenblick, in dem der Film im Begriff steht, im Atelier begonnen zu werden.«[105]

---

102 Vgl. auch Eintrag vom 17.5.1940: »4 neue Filmdramaturgen in ihre Arbeit eingewiesen. Ihnen die Aufgaben einer zweckentsprechenden dramaturgischen Sichtung und Prüfung dargelegt. Wir werden wohl bald auch viel bessere Filme erwarten können«.

103 Vgl. Eintrag vom 1.11.1940: »Unsere Dramaturgie arbeitet nicht sicher genug. Trifft zuviele Fehlentscheidungen. Muß eingegriffen werden.« und vom 10.12.1940: »Frage der Filmdramaturgie im Ministerium. Dort muß schärfer Aufsicht geführt werden. Die Herren haben zuwenig Kontakt zu mir. Einige der letzten Filme waren sehr schlecht. Aber wir müssen Filme herausbringen, da sonst allgemeine Verknappung eintritt«.

104 BA/K R 109 I/2139 Nr.115 Aktennotiz Schweikart vom 27.12.1940. Eine weitere anschauliche, als vertraulich deklarierte Notiz Schweikarts dokumentiert die informellen Verfahren bei der Stoffgenehmigung: »Gestern rief mich Herr von Reichsmeister in meiner Wohnung an und teilte mir mit, dass er sich nicht in der Lage sehe, das ihm eingereichte Drehbuch ›Alarmstufe‹ zu genehmigen. Er könne sich nach dem glatten konventionellen Buch keinen Film vorstellen, der würdig sei, von einer Staatsfirma gedreht zu werden.[...] Ich sagte Herrn v. R., dass wir ohnehin dabei wären, durch den Regisseur des Films (wahrscheinlich Lippl), eine Abänderung des Buches herbeizuführen. Er erbat eine nochmalige Vorlage mit, wie er sich ausdrückte, ›totalen‹ Abänderungen und wollte mir einen Zwischenbescheid geben.«: BA/K R 109/2139 Nr. 121 Aktennotiz Schweikart vom 19.12.1940.

105 Rede vom 15.2.1941, abgedr. bei: Albrecht, S. 475.

Abweichungen von diesem staatlichen Kontrollanspruch wurden zunächst nicht geduldet: Als im Mai 1941 bei den Filmfirmen eine Mitteilung Winklers kursierte, Goebbels habe jeder Firma die Herstellung von fünf Filmen pro Jahr ohne vorherige Genehmigung freigestellt, wurde dies nur wenige Tage später widerrufen.[106]

Mit der Etablierung der Reichsfilmintendanz im Februar 1942 wurde der Kontrollprozedur sogar noch ein weiterer Schritt vorangestellt: Von einer zwei- bis dreiseitigen Inhaltsangabe über ein Treatment bis zum Drehbuch samt Besetzungsvorschlägen mußte alles vom Intendanten oder dem »Chefdramaturgen beim Reichsfilmintendant« gebilligt werden.[107] Der Dramaturg hatte sich jedoch darauf zu beschränken, Vorschläge in Form von Ministervorlagen auszuarbeiten und besaß keinerlei Entscheidungsbefugnis über die Herstellung eines Stoffes.

Dieses schon im Februar 1941 formulierte Grundprinzip der Reichsfilmintendanz, nach der Herstellungsgenehmigung (Regie, Besetzung, Kosten etc.) und dem Drehbeginn nur noch ein »Minimum« an Einmischung zu praktizieren,[108] wurde allerdings in der Praxis – auch von Goebbels selbst – nicht immer eingehalten. Über einen möglichen Ausweg sinniert der Minister am 23.7.1943:

»Ich sehe mich genötigt, in der Frage der Filmführung einige Erleichterungen eintreten zu lassen. Der gegenwärtige Modus, nach dem Stoffe sowohl im Entwurf als auch im Drehbuch eingereicht werden müssen, wie auch, daß jede Besetzungsliste durch die Reichsfilmdramaturgie genehmigt werden muß, hat sich als nicht ganz brauchbar erwiesen. [Ufa-Film GmbH-Produktionschef Wolfgang] Liebeneiner hat mir darüber einen ausführlichen Brief geschrieben. Dem entnehme ich, daß durch die gegenwärtigen Spielregeln die Filmproduktion sehr stark in ihrer Initiative und in ihrer Arbeitsfreudigkeit eingeschränkt wird. Ich ordne deshalb an, daß Filmstoffe in Zukunft nur noch in einer kurzen Inhaltsangabe eingereicht werden müssen, daß sie dann allgemein genehmigt werden und es dem Produktionschef vorbehalten bleibt, das Drehbuch richtig auszugestalten und den Film zu besetzen. Nur bei einzelnen wichtigen Vorhaben will ich persönlich mich auch um das Drehbuch und die Besetzung selbst kümmern. Das wird aber nur in Ausnahmefällen so sein.«

Schon zuvor hatte Goebbels damit gedroht, die Reichsdramaturgie abzubauen, da sie zu schlechte Manuskripte habe durchgehen lassen (25.2.1943). Doch auch wenn diese Selbstbeschränkung ernst ge-

---

106 BA/K R109 I/2139a Nr. 62 Hippler an Schweikart vom 17.5.1941; BA/K R 109 I/2139a Nr. 30 Anordnungsliste Hippler o.D.: »Ausnahmslos jedes Produktionsvorhaben bei der Film-Dramaturgie vorlagepflichtig«.

107 Durchführungsbestimmungen zum Leistungssteigerungserlaß vom 28.2.1942, abgedr. bei: Albrecht, S. 529.

108 Winkler machte im Herbst 1941 die fortlaufenden Einmischungen der Filmabteilung für die hohen Herstellungskosten mitverantwortlich: Phillips, S. 327.

meint gewesen sein sollte[109] – eine Stärkung der Produktionschefs wurde von Goebbels tatsächlich energisch betrieben –, ließ sie weiterhin genug Raum für die eigenen beziehungsweise die Interventionen der Dramaturgie. Gegen Ende des Krieges nahm die Bedeutung des Reichsdramaturgen ohnehin ab. An den zahlreichen Filmstoff-Beurteilungen des letzten Dramaturgen, Kurt Frowein, hat sich Goebbels kaum noch orientiert.

Das Experiment der Kunstausschüsse

Gerade weil er mit der Dramaturgie nie zufrieden gewesen ist, unternahm Goebbels schon 1937 einen erwähnenswerten, da ziemlich einmaligen Versuch, die Stoffproblematik in den Griff zu kriegen und dem hehren Kunstprinzip zum Durchbruch zu verhelfen.

Sowohl verschiedene Tageseintragungen von Goebbels als auch die überlieferten Unterlagen aus den Leitungen der Produktionsabteilungen der Filmgesellschaften spiegeln zum Jahresende 1936 die verstärkten Forderungen des Propagandaministers nach mehr politisch-propagandistischen Filmen wider. Hauptzielscheibe des Ministers war dabei der seit 1928 amtierende Ufa-Produktionschef Ernst H. Correll. Correll vertrat einen von Goebbels ungeliebten Filmstil und leistete als anerkannte Autorität und Fachmann auch Widerstand gegen eine politische Neuorientierung der Filmpolitik. Der Dauerstreit Corrells mit dem ehrgeizigen Filmdramaturgen Willi Krause, der ihm das Scheitern seiner künstlerischen Ambitionen als Regisseur anlastete, führte im Herbst 1936 zu Intrigen Krauses und anderer Nationalsozialisten im Ministerium gegen den Ufa-Produktionschef.[110] Goebbels versuchte, die Gelegenheit zu nutzen und den »fachlich überlegenen und selbstbewußten Produktionschef«[111] loszuwerden, obwohl nach eigenem Eingeständnis kein kompetenter Nachfolger zur Verfügung stand (»Weg, weg! Aber wen an seine Stelle setzen? Große Frage«, 3.12.1936). Am 14. Dezember 1936 lehnte der Arbeitsausschuß des Ufa-Aufsichtsrats unter Leitung von Ludwig Klitzsch die »von massgebender Stelle« geforderte Entlassung Corrells ab.[112]

---

109 Vgl. dazu auch Einträge vom 29.7. und 14.8.1943.

110 Vgl. Michael Töteberg, Affären, Intrigen Politik. Personalakte Hugo Correll, in: Bock/Töteberg, S. 330f. unter Verwendung der wesentlichen Passagen aus den Aufzeichnungen.

111 Kreimeier, S. 301.

112 BA/K R 109I/2420 Protokoll der Sitzung des Arbeitsausschusses des Aufsichtsrats vom 14.12.1936.

Besuch in den Ufa-Ateliers in Neubabelsberg 1935: Willy Fritsch, Ernst Hugo Corell, Goebbels, C.W. Köhn, Hans Schweitzer (v.l.n.r.)

Nach dem Scheitern dieses Zugriffs auf die Produktionsführung des größten Filmkonzerns mußte Goebbels, der seinerseits die zunehmende Ungeduld Hitlers verspürte[113], nach weiteren Möglichkeiten der Einflußnahme bei der Auswahl der Filmstoffe suchen. Das Büro des Reichsfilmdramaturgen konnte dabei nur bedingt Hilfe leisten, da es zwar über Ablehnung und Förderung bestimmte, doch weder über das Personal noch über die Qualifikation verfügte, um kreativ bei der Stoffsuche tätig werden zu können. Nach wie vor entschied der Firmenvorstand allein über Auswahl, Umsetzung oder Zurücknahme von (genehmigten) Stoffen. Selbst wenn Goebbels politische Linien und Themen vorgab, sorgte jedoch innerhalb der Firmen niemand dafür, daß sie auch engagiert verwirklicht wurden. Als weitere Handlungsmotive kamen Goebbels' ideologisch inspirierte Prinzipien hinzu, nach denen Geschäftsleute nicht über Kunst entscheiden dürf-

113 Vgl. Eintrag vom 10.11.1936: »Viele Sorgen mit dem Film. Der Führer ist auch mit einigem höchst unzufrieden«.

ten und geschäftliche und künstlerische Fragen der Filmproduktion auch personell getrennt werden müßten.

Vor diesem Hintergrund sind die Versuche des Propagandaministers zum Jahresbeginn 1937 zu sehen, in die Vorstände von Ufa und Tobis einige Filmkünstler zu schleusen oder ihnen zumindest beratende Funktionen in der Leitung zu verschaffen.[114] Während sich die Ufa-Führung, die Goebbels' Verlangen nur als Mittel in der Auseinandersetzung um die Verstaatlichung ansah, widersetzte (»Künstlerische Beiräte abgelehnt«, 5.3.1937), traf der Propagandaminister bei der bereits unter maßgeblichem Staatseinfluß stehenden Tobis mit der Idee einer »Verstärkung des künstlerischen Einflusses« laut eigener Einschätzung auf »viel mehr Verständnis« (24.2.1937).

Auf dem im Februar 1937 in Berlin abgehaltenen internationalen Filmkongreß kritisierte Goebbels scharf das bisherige System der Stoffsuche durch »Wirtschaftler« und »Filmunternehmer« und verkündete erstmals öffentlich seine »Meinung, daß in die künstlerische Fragen des deutschen Films entscheidenden Gremien der Aufsichtsräte unserer großen Filmfirmen die Künstler hineingehören«.[115]

Von der Einsetzung künstlerischer Ausschüsse, die Teile der Kompetenzen sowohl des Reichsfilmdramaturgen als auch des Produktionschefs erhalten und über Themen, Drehbuchauswahl und Besetzung befinden sollten, erhoffte sich Goebbels in seinem Sinne bessere Filme. Die Mitglieder dieser sogenannten Kunstausschüsse – zumeist Schauspieler, Regisseure, Drehbuchautoren – wurden gleichzeitig zu Aufsichtsräten ihrer Firma bestellt. Die andere Hälfte des Aufsichtsrates bestand aus dem ebenfalls neu geschaffenen Wirtschaftsausschuß der jeweiligen Gesellschaft, der ausschließlich für geschäftliche Fragen zuständig sein sollte. Zwei Wochen nach der abschließenden Besprechung Goebbels' mit Funk und Winkler über die »Neuorganisation Film« (17.4.1937) wurde die Einsetzung der Kunstausschüsse bekanntgegeben.[116] Bei der Ufa repräsentierten der Regisseur Carl

114 Vgl. Einträge vom 6.2.1937 und vom 20.2.1937: »Lange Auseinandersetzung mit Klitsch und Corell: ich will in den Vorstand der Ufa ein paar Künstler hineinhaben. Klitsch sträubt sich mit Händen und Füßen. Aber es hilft ihm nichts. Er kann meinen logischen Argumenten nicht standhalten. Er will es sich nochmal überlegen.«

115 Rede vom 5.3.1937, abgedr. bei: Albrecht, S. 454.

116 Vgl. DNB-Meldung vom 1.5.1937, zit. bei: Phillips, S. 168. Zu den Kunstausschüssen s. auch ausführlich Friedrich P. Kahlenberg, Starke Herzen. Quellennotizen über die Produktion eines Ufa-Films im Jahre 1937 in: Wetzel/Hagemann, S. 119f.

Froelich sowie die Staatsschauspieler Matthias Wieman und Paul Hartmann die Künstler, in das Gremium der Tobis wurden unter anderen Emil Jannings und Veit Harlan berufen. Das neue System sah die Federführung einzelner Kunstausschußmitglieder bei bestimmten Filmen in Zusammenarbeit mit dem Regisseur und dem – dies zielte auf Correll – in seiner Entscheidungsfreiheit stark beschnittenen Produktionschef vor. Die Filmkünstler sollten sich demnach als Produzenten betätigen – ohne jedoch die wirtschaftlichen Konsequenzen verantworten zu müssen, weshalb die neue Institution von Winkler und dem Finanzministerium äußerst skeptisch aufgenommen wurde.

Bei der Ufa führte die unklare Kompetenzabgrenzung[117] unweigerlich zum Konflikt des Ausschusses mit dem Betriebschef Klitzsch.[118] Der Ausschußvorsitzende Froelich, der im Mai 1937 sogleich in das bereits laufende Produktionsprogramm eingreifen wollte, versuchte ausweislich der Vorstands- und Aufsichtsratsprotokolle, sich als übergeordneter Produktionschef zu etablieren, nachdem er trotz des »Machtwechsels« bei der Ufa seine Hoffnung hatte begraben müssen, Correll zu beerben.[119]

Die regelmäßigen Kommentare, mit denen Goebbels die Arbeit der Ausschüsse im Tagebuch begleitet, werfen ein Schlaglicht auf derartige Streitigkeiten und auf die mangelhafte Funktionsfähigkeit des neuen Systems überhaupt. Bereits am 2. und 3.6.1937 monierte Goebbels, der sich sogleich nach jeder Ausschußsitzung ein Protokoll darüber vorlegen ließ: »Die Kunstausschüsse tuen garnichts oder arbeiten zu langsam« oder: »Die Kunstausschüsse quatschen statt zu arbeiten.« Auch Hans Weidemann, zugleich stellvertretender Leiter der Filmabteilung, wollte sich als Mitglied des künstlerischen Ausschusses der Ufa offensichtlich nicht auf die Stoffauswahl beschränken, sondern »mischt sich in die Produktion ein. Macht Krach mit Klitsch. Ich pfeife ihn zurück« (23.6.1937). Nachdem Goebbels am 27.8.1937 noch zufrieden Harmonie und Fortschritte in der Ausschußarbeit bei Ufa und Tobis festgestellt hatte (»Corell geht auch mit«), muß ihm

---

117 Vgl. die Aufstellung der Kompetenzen des Ausschusses gegenüber dem Vorstand und dem Produktionschef: BA/K R 109I/2420 Ufa-Aufsichtsratsprotokoll vom 4.5.1937.

118 Vgl. Maiwald, S. 161f.

119 Vgl. dazu Eintrag vom 10.12.1936 und BA/K R 109I/1032b Nr. 114 Protokoll-Nr.1254 vom 27.8.1937: Entwurf eines Briefes von Klitzsch an Froelich. Goebbels schreibt den Regisseur meist inkorrekt »Fröhlich« oder »Frölich«.

schon bald darauf klargeworden sein, daß sein Versuch einer Neuausrichtung der Filmproduktion zu scheitern drohte. Wiederholt zitiert er Meldungen und Berichte von Sitzungen der Ausschüsse, die mit Ausnahme der Terra (23.10.1937) auf erhebliche Ineffektivität schließen lassen. Goebbels wirft den Künstlern vor, sich nur für eigene Interessen zu engagieren (»Jannings sorgt nur für gute Rollen für sich«, 14.10.1937).[120] Diejenigen, die in seinem Sinne Motoren der Ausschußarbeit und Köpfe innovativer Filmvorschläge hätten sein können, verspürten offensichtlich wenig Lust für mühsame, planvolle und kontinuierliche Stoffarbeit und blieben zudem unberechenbar (»Jannings kommt zu selten und ist zu eigenwillig«, 28.1.1938). Ähnlich hat Max Winkler im Februar 1939 das Scheitern der Kunstausschüsse begründet: Der »Wunsch, dafür einzelne Künstler namhaft zu machen, welche die Verantwortung für die Filme bei den Firmen tragen sollen, war mangels geeigneter Persönlichkeiten nicht zu erfüllen umsomehr, als einzelne der dafür in Aussicht genommenen Herren abgelehnt hatten«[121].

Die Eitelkeiten der primadonnenhaften Ausschußmitglieder waren allerdings nicht das größte Problem. Die Tätigkeit der Ausschüsse krankte vielmehr an zu unregelmäßigen Treffen, fehlender Abstimmung und Koordination (»Sie müssen aktiver arbeiten. Und mit mehr System«, 19.11.1937)[122], an zu vielen unfertigen Filmideen und Drehbüchern sowie am Kompetenzgerangel zwischen Regisseuren, Produktionsleitern, Produktionschefs und der Filmdramaturgie im Ministerium.[123] Darüber hinaus fiel das Experiment der Kunstausschüsse in die ohnehin schwierige Übergangszeit noch laufender Verstaatlichungen und organisatorischer Reformen der Firmenstrukturen:

»Lage bei der Tobis gefällt mir nicht. Dort ist niemand verantwortlich. Und eine Panne jagt die andere. Da muß eingegriffen werden. Alle berufen sich auf das Ministerium. Und ich weiß von nichts.[...] Die Kunstauschüsse haben auch noch nicht viel geleistet. Künstler sind zu sachlicher, vor allem organisatorischer Arbeit vollkommen ungeeignet.« (14.10. 1937)

---

120 Vgl. auch Eintrag vom 3.11.1937: »Ich verbiete den Begriff ›künstlerische Oberleitung‹, den sich die bekannten Schauspieler neuerdings aneignen wollen. Der Regisseur hat die Verantwortung und damit auch die Leitung«.

121 Beiratssitzung der Film-Finanz GmbH vom 3.2.1939, zit. nach Phillips, S. 172, Anm. 106.

122 Vgl. auch Einträge vom 20.11.1937 und 1.12.1937.

123 Vgl. Eintrag vom 8.10.1937: »Protokoll von einer Kunstausschußsitzung der Ufa durchstudiert. Da geht es hoch her. Kompetenzstreitigkeiten zwischen Klitsch und Prof. Frölich«.

Heute ist nicht mehr feststellbar, welche Filme genau auf die Arbeit der Ausschüsse zurückgehen, das eigentliche Ziel – bessere Filme – sah Goebbels nach einem halben Jahr Arbeit erst einmal verfehlt: »Unsere Filme sind letzthin sehr schlecht.« (6.11.1937)

Als leicht durchschaubares Wunschdenken erweist sich Goebbels' Feststellung, seine Ansprachen vor den Ausschüssen über »Fehler und Mängel« der Filmplanung könnten dort die Wende herbeiführen (»Kunstauschüsse funktionieren nun besser. Meine Rede hat Wunder gewirkt«, 10.12.1937).[124] Selbst klangvolle Namen wie Leni Riefenstahl und Heinz Rühmann, die er als weitere Mitglieder des Tobis-Ausschusses verpflichtete, brachten keine wirkliche Verbesserung. Sah es im Mai 1938 für Goebbels noch so aus, als hätten sich die Ausschüsse endlich durchgesetzt – er erwog offenbar sogar die Abschaffung der Reichsfilmdramaturgie (18.5.1938) – , vermeldete er im Dezember 1938 lapidar ihre Auflösung, verbunden mit einer weiteren folgenlosen Ankündigung: »Die Kunstausschüsse in den Filmfirmen löse ich auch bald auf und ersetze sie durch ausgesprochene künstlerische Leiter.« (11.12.1938) Dies muß gegen Ende des Jahres 1938 erfolgt sein, da Winkler im Februar 1939 feststellte, auf »die Einrichtung der Kunstausschüsse dürfte grundsätzlich verzichtet werden«.[125] Auf der Filmkammertagung 1941 äußerte sich Goebbels nicht direkt zu diesem mißlungenen Versuch, sondern relativierte seine Einrichtung aus dem Jahre 1937 als bewußte Übergangslösung und ersten Durchbruch künstlerischen Einflusses auf die Produktion.[126]

Das entgegen dem »Führerprinzip« betriebene Experiment der Kunstausschüsse blieb Episode in einer konzeptionslos wirkenden Spielfilmplanung. Für die Filmpolitik und die propagandistische Durchschlagskraft der Filme in den letzten Friedensjahren konnte die 1937/38 so chaotisch organisierte Programmplanung, wie sich noch zeigen wird, natürlich nicht folgenlos bleiben. Goebbels fehlten fähige Mitarbeiter und zuverlässige, parteitreue Künstlerpersönlichkeiten als Produktionschefs.[127] Hätte es sie gegeben, wären die Ausschüsse wohl nie ins Leben gerufen worden.

124 Vgl. auch Eintrag vom 11.1.1938: »Kunstausschuß-Protokoll der Ufa. Frölich und Corell verstehen sich jetzt«.

125 Beiratssitzung der Film-Finanz GmbH vom 3.2.1939.

126 Rede vom 15.2.1941, abgedr. bei: Albrecht, S. 475.

127 Vgl. auch Eintrag vom 28.1.1938: »Ich möchte an die Spitze jeder Filmfirma einen versierten Finanzfachmann stellen, der großes künstlerisches Verständnis hat. Aber ich finde diese Leute nicht«.

3. *Goebbels' »Reform-« und Personalpolitik: Große Ziele, wechselnde Helfer*

Die Filmfunktionäre der dreißiger Jahre

Noch stärker als mit der institutionellen und organisatorischen Entwicklung seiner Kontrollinstrumente im Filmbereich setzte sich Goebbels mit den Fähigkeiten der jeweiligen Amtsinhaber und Mitarbeiter auseinander. Dies galt für die Filmabteilung, die Reichsdramaturgie und die Filmkammer gleichermaßen.

Zumindest an der Spitze der Filmabteilung des Propagandaministeriums war in den ersten Jahren nach der Machtübernahme Kontinuität zu verzeichnen: Aus dem Innenministerium hatte Goebbels den seit 1924 als Leiter der Filmoberprüfstelle amtierenden, erfahrenen Verwaltungsjuristen Ministerialrat Ernst Seeger übernommen, der zwar kein Parteimitglied war, seine konservativ-nationale Gesinnung aber durch mehrere teils spektakuläre Zensur-Entscheidungen unter Beweis gestellt hatte.[128] Weniger in künstlerischen als in Fragen der Filmwirtschaft, der Organisation und Kontingentierung kompetent, stand er der Abteilung von April 1933 bis zu seinem plötzlichen Tod im August 1937 vor. Neben Seeger als administrativem Kopf der Filmabteilung wollte Goebbels als Stellvertreter junge, im Filmbereich zwar völlig unerfahrene, dafür aber unverbrauchte und »revolutionäre« Parteipropagandisten und Journalisten verschiedener Parteizeitungen heranziehen.[129] Einzig Arnold Raether, erster Stellvertreter Seegers, verfügte als früherer Leiter der Filmstelle der Reichspropagandaleitung und Mitarbeiter der Ufa-Geschäftsführung über Berufserfahrung im Filmbereich. Gemäß der auch in der Filmabteilung praktizierten Ämterhäufung hatte Raether gleichzeitig den Posten des Vizepräsidenten der Reichsfilmkammer und des Leiters des Hauptamtes Film der Reichspropagandaleitung (RPL) inne. Schon nach wenigen Monaten im Ministerium war Raether Zielscheibe von Goebbels' Kritik (6.7.1933). Im Oktober 1935 wurde er aus seinen Ämtern in der RFK und im Propagandaministerium entlassen – warum, das galt bisher als »weitgehend ungeklärt«.[130] »Raether hat Korruption gemacht.

---

128 Seeger erließ das Verbot der Remarque-Verfilmung IM WESTEN NICHTS NEUES wegen »Gefährdung des deutschen Ansehens«: BA/K R 43I/2500 Nr. 163 Begründung der Oberprüfstelle.

129 Vgl. Phillips, S. 189.

Ich beurlaube ihn gleich. Wird entlassen. Ordnung und Sauberkeit müssen sein«, liefert der Goebbels-Eintrag vom 13.10.1935 die Begründung. Den altgedienten Parteigenossen konnte er jedoch nicht einfach abservieren. Nach einem Intermezzo als Tobis-Vorstandsmitglied wechselte Raether in das Büro der Cautio-Treuhand GmbH des Reichsbeauftragten für die deutsche Filmwirtschaft, Max Winkler.[131]

An die Stelle Raethers als stellvertretender Chef der Filmabteilung und Vizepräsident der RFK rückte der Leiter der Hauptabteilung Film der Reichspropagandaleitung, Hans Weidemann.[132] Der auch als Maler ambitionierte Parteipropagandist übte darüber hinaus verschiedene Funktionen in Parteiinstitutionen und -organisisationen aus und widmete sich im Propagandaministerium vorwiegend der Wochenschaugestaltung sowie eigenen dokumentarischen Filmarbeiten. Goebbels scheint Weidemanns künstlerische Fähigkeiten mal kritisch, dann wieder wohlwollend beurteilt zu haben. Immerhin stellte er sich hinter ihn, als die Ufa Weidemanns Anteil an dem Propagandafilm VERRÄTER untersuchen ließ. Befragungen des Regisseurs Ritter und des Dramaturgen Riedel hatten peinlicherweise ergeben, daß der »künstlerische Oberleiter« Weidemann an der Herstellung des Films in Wahrheit kaum beteiligt gewesen war.[133] Doch für Goebbels galt VERRÄTER als alleinige Arbeit Weidemanns und obendrein »glänzend gemacht«(30.7.1936). Alles sei Teil seines Kampfes mit der Ufa: »Jetzt wird von der Ufa nach altem Rezept Weidemann angegriffen. Auch Funk hat sich beeinflussen lassen. Aber ich gebe nicht nach.« (16.10.1936)

Zunehmende Zweifel kamen Goebbels allerdings an Weidemanns Eignung für dessen eigentliche Arbeit in der Filmabteilung, auch mag

---

130 Becker, S.107 und S. 55: »Die Gründe hierfür lagen in der Übertragung neuer Aufgaben auf dem Gebiet des Films und nicht in einem erzwungenen Abgang in Ungnaden.« Die BDC-RKK-Personalunterlagen geben über den Sachverhalt keine Auskunft. Doch finden sich in den Akten der RPL noch 1941 Korruptionsvorwürfe gegen Raether: BA/K NS 18/362b Reichsmeister an Fischer vom 10.9.1941.

131 Vgl. Phillips, S. 195 und Eintrag vom 19.1.1936 (»Will ihn jetzt in Industrie unterbringen«) sowie vom 2./17.4.1937.

132 Nicht zu verwechseln mit dem Regisseur Alfred Weidenmann.

133 BA/K R 109 I/2828 Dramaturgische Abt. Ufa an Correll vom 3.10.1936; Ritter an Correll vom 1.10.1936. Klitzsch schrieb an Staatssekretär Funk: »Es wäre in höchstem Maße, auch für Herrn Weidemann verhängnisvoll, wenn er den Erfolg des Films ›Verräter‹ als Betätigungsnachweis für sich in Anspruch nehmen und hieraus Ambitionen ableiten sollte«, zit. aus Personalakte Correll nach Rainer Rother, Die Effekte der Unterhaltung, in: Wolfgang Jacobsen (Hrsg.), *Babelsberg*, Berlin 1992, S. 189.

3. Jahrestagung der Reichsfilmkammer 1937: RFK-Vizepräsident Hans Weidemann, RFK-Präsident Oswald Lehnich, Staatssekretär Walther Funk, Goebbels (v.l.n.r.)

er Weidemanns anhaltenden Streitereien mit Klitzsch und Correll – nach der Verstaatlichung der Ufa – überdrüssig geworden sein. Für Goebbels' Geschmack widmete sich Weidemann zu stark der »Entdeckung von Stars«. Im März 1937 legte Weidemann einen weitreichenden Organisationsplan für die Filmwirtschaft vor. Demzufolge sollte streng nach dem Führerprinzip eine vom Ministerium unabhängige Art Generalintendanz mit Entscheidungsgewalt in allen künstlerischen und wirtschaftlichen Fragen geschaffen werden.[134] Doch Goebbels' Referent Hanke leitete den Bericht nicht korrekt weiter, so daß der Minister daraus offenbar falsche Schlüsse zog: »Weidemann bietet sich als Chef der Ufa an. Das könnte ihm so passen.« (1.4.1937)[135] Und: »Weidemann ist jetzt auch zur Ordnung gerufen. Er wird sich in Acht nehmen.« (2.4.1937)

Als dann auch noch die Personalabteilung feststellte, daß Weidemann in der ersten Jahreshälfte 1937 von 145 Arbeitstagen nur an 64 überhaupt im Ministerium erschienen war[136], nahm Goebbels dies

134 Phillips, S. 167.
135 Womöglich wollte Hanke schon zu diesem Zeitpunkt seinen Protegé Ernst von Leichtenstern installieren, der dann im Januar 1938 ins Ministerium geholt wurde.
136 BDC-RKK Hans Weidemann: Danzmann (Pers.Abt.) an Goebbels vom 25.6.1937.

zum Anlaß, seinen Mitarbeiter zu feuern: »Weidemann kann auch nicht mehr im Ministerium gehalten werden. Er hat kein Sitzfleisch.« (26.6.1937) Offiziell wegen Arbeitsüberlastung und auf eigenen Wunsch schied Hans Weidemann im Juli 1937 aus der Leitung der Filmabteilung aus, behielt aber vorläufig die Zuständigkeit für Wochenschau und Dokumentarfilme bei.[137] In seiner späteren Funktion als Produktionsleiter der Ufa scheint Weidemann ebenfalls nicht reüssiert zu haben. Im Ufa-Protokoll vom Januar 1942 ist vermerkt, nach einer deutlichen Überziehung der Herstellungskosten des Propagandafilms ANSCHLAG AUF BAKU (Produktionsleitung: Weidemann) habe »Herr Dr. Goebbels angeordnet, dass Herr Weidemann von der Betätigung im deutschen Filmschaffen vorläufig ausgeschlossen bleibt.«[138]

Nach dem Tod Seegers im August 1937 blieb die Führung der Filmabteilung zunächst unbesetzt und wurde kommissarisch vom neuen Leiter der Filmoberprüfstelle, Wolfgang Fischer, verwaltet. Die Aufzeichnungen dieser Monate offenbaren eine gewisse Hilflosigkeit Goebbels', geeignetes Personal für eine Filmabteilung zu finden, in der sich Desorganisation und Chaos häuften. Fähige Bewerber aus der Partei ließen sich offenbar nicht rekrutieren. Mehrmals notiert Goebbels »endgültige« Besetzungen, die nur kurze Zeit später wieder verworfen werden.[139] Es handelte sich demnach nicht um eine absichtliche Vakanz[140], sondern um eine ungewöhnlich schwierige Personalfindung. Erst im Januar 1938 trat der neue Leiter Ernst von Leichtenstern sein Amt an.

Nicht viel besser erging es Goebbels mit den Reichsfilmdramaturgen. Der erste Filmdramaturg, der Stücke- und Liederautor Willi Krause, vormals Journalist beim Parteiblatt *Der Angriff*, kam im Februar 1934 ohne jede Filmerfahrung ins Ministerium[141], fand jedoch Geschmack am Filmen. Wie Hans Weidemann führte er – unter dem Pseudonym Peter Hagen – bald selbst Regie, so beim antikom-

---

137 Becker, S. 99f.

138 BA/K R109I/ 1034b Nr.2 Protokoll-Nr. 1480 vom 15.1.1942. Siehe auch Kap. 4, Seite 286 und Phillips, S. 198 (Befragung Hipplers). Danach sei Weidemann wegen einer Auseinandersetzung mit Goebbels über den Dokumentarfilm JAHRE DER ENTSCHEIDUNG im Mai 1939 zur Ufa gewechselt.

139 Einträge vom 10./22.10., 17.11. und 3./7.12.1937. Die erfolglose Suche wird auch dadurch dokumentiert, daß der Name Seegers nach dessen Tode noch mindestens vierzehnmal erwähnt ist.

140 Dies behauptet Becker, S. 100.

141 *Der Kinematograph* vom 3.2.1934.

munistischen Streifen FRIESENNOT (1935). Goebbels beurteilte die Regieleistungen Krauses zwar anfangs positiv (9./11.11.1935) – dieser habe durchaus »Fleiß, Talent und Phantasie« –, doch für die Kontrolltätigkeit des Ministeriums konnte die Filmarbeit eines weiteren Mitarbeiters nur abträglich sein, weshalb Goebbels ihn aufforderte, sich zwischen Dramaturgie und Regie zu entscheiden (13.10.1935).[142] Da Krause offenbar weiterhin aktiv im Filmgeschäft bleiben wollte, schied er zum 1. Juni 1936 aus seinem Amt aus.[143] Später drängte er sich mit Hinweis auf seine Verbindungen zum Ministerium der Ufa hemmungslos als »politischer Berater«, Autor und Regisseur auf.[144] Die Arbeiten Krauses stießen jedoch bei Goebbels zunehmend auf Ablehnung. Im März 1940 ist sogar von einem teilweisen Berufsverbot für Krause die Rede.[145]

Nachfolger Krauses als Filmdramaturg wurde zur Jahresmitte 1936 Hans-Jürgen Nierentz, ebenfalls Journalist beim *Angriff* und Verfasser zahlreicher Drehbücher und Hörspiele.[146] Der »junge Dichter der nationalsozialistischen Bewegung«[147] war ein weiterer Neuling in der Reihe der »nationalsozialistischen Kämpfer«, die aus dem Propagandaapparat der Partei zur Filmabteilung stießen. Nach nur einem knappen Jahr im Ministerium schob Goebbels ihn auf den Intendantenposten des Berliner Fernsehsenders »Paul Nipkow« ab. Ganz offensichtlich handelte es sich auch hier um einen weiteren personellen Fehlgriff des Ministers, da Goebbels Nierentz schon nach wenigen Monaten als »inaktiv« bezeichnet (9.12.1936) und am 13.4.1937 notiert: »Höchste Zeit, daß die Stelle eines Reichsfilmdramaturgen neu besetzt wird. Nierentz ist eine Niete.«

Dem häufigen Personalwechsel im Ministerium standen ebensoviele Neubesetzungen bei der Filmkammer gegenüber. Nach ihrer Konsti-

---

142 Vgl. die Film- und Exposébeurteilungen Krauses in BA/P 80 BA 2/19078.

143 Vgl. Wulf, S. 296.

144 In einem vertraulichen Schreiben an Klitzsch nennt Correll die möglichen nachteiligen Konsequenzen einer Zurückweisung Krauses für die Firma: BA/K R 109I/2828 Correll an Klitzsch vom 11.11.1936. Zunächst versuchte der Ufa-Vorstand, Krause durch den Erwerb von Rechten an seinen Hörspielen abzuspeisen: BA/K R 109I/1032a Nr. 140 Protokoll-Nr. 1209 vom 22.1.1937.

145 Eintragungen vom 4.2.1938: »Wie kann ein Mensch nur so versagen, auf den man soviel Hoffnung gesetzt hatte.« Nach oft wiederholten Ankündigungen (»Willi Krause soll keine Filme mehr machen«, 7.12.1937) gelang es Goebbels offenbar erst 1940, Krause vom Filmen abzuhalten (»Ich eliminiere Krause«, 3.3.1940).

146 Becker, S. 85.

147 Wulf, S. 296.

Filmball 1935 in Berlin: Goebbels, RFK-Präsident Dr. Fritz Scheuermann, Staatssekretär Walther Funk: Versager in der Filmkammer

tuierung im Juni 1933 wurde der Rechtsanwalt und Industrieberater Fritz Scheuermann zum ersten Präsidenten ernannt. Doch Scheuermann, der Goebbels beim Aufbau der Filmkreditbank behilflich gewesen war, verlor sein Amt bereits am 18. Oktober 1935 wieder – angeblich aufgrund von Denunziationen, die darauf lauteten, er sei Halbjude und habe sich mit antinationalsozialistischen Äußerungen hervorgetan.[148] Zunächst noch für seine Arbeit als Aufsichtsratsvorsitzender der Filmkreditbank gelobt (21./27.5.1933), kündigt Goebbels im Juli 1935 seine Entlassung an.[149] Dabei ist nicht mehr festzustellen, ob für Goebbels die »rassischen« Denunziationen ausschlaggebend waren oder zusätzlich erhobene Korruptionsvorwürfe eine Rolle spielten.[150]

---

148 Vgl. Becker, S. 55; Wulf, S. 324.

149 Eintrag vom 25.7.1935: »Raether und Erckmann Filmkammer. Klagen über Scheuermann. Der muß weg. Entschluß gefaßt« und Eintrag vom 29.7.1935: »Ich setze Scheuermann ab«.

150 Eintrag vom 19.10.1935: »Raether spielt ein falsches Spiel. Aber Scheuermann muß doch weg.« Laut Becker, S. 55, wurde er aus »allen Ämtern und Ehrenämtern innerhalb des Goebbelsschen Ressortbereichs entfernt«, später aber von allen Vorwürfen freigesprochen und rehabilitiert. Diese Entlassung schien sich aber zunächst nicht auf den Posten des Aufsichtsratsvorsitzenden der Filmkreditbank zu beziehen. Vgl. Eintrag vom 11.1.1936 und vom 23.1.1936: »Scheuermann muß weg. Ein Korruptionist«.

Fast dieselbe Entwicklung dokumentieren die Bemerkungen über Oswald Lehnich, den zweiten Präsidenten der Filmkammer (Amtsantritt am 18.10.1935). Dem »guten und festen Eindruck« und anfänglicher Zufriedenheit (»Lenich macht seine Sache gut«, 23.1.1936)[151] folgt bald ständige Kritik an der Amtsführung des überzeugten Nationalsozialisten und Wirtschaftsprofessors.[152] Goebbels lehnt seine Regelung der Schauspielergagen ab (8.9.1936) und kritisiert ihn als »Filmkapitalisten«.[153] Nur »unbeholfen« und »schlapp« sei Lehnich für die deutschen Filminteressen bei den Filmfestspielen in Venedig eingetreten. Im Oktober 1937 will er ihn ganz »abschieben« (2.10.1937). Ein Nachfolger war aber offensichtlich nicht in Sicht (19.10.1937), so daß Lehnich erst zum 30. Juni 1939 »auf eigenen Wunsch« entlassen wurde.[154]

Die Defizite in Personalpolitik und Mitarbeiterführung, die kreativen Ambitionen inkompetenter »Partei-Künstler« machen einige kritische Passagen ab dem Herbst 1936 verständlich, mit denen Goebbels die freilich selbstverschuldeten schweren Mängel beim Aufbau eines Filmplanungs- und Produktionskontrollsystems bestätigt:

> »Und dann sage ich den Filminstanzen, vor allem Lenich, Weidemann und Nierentz Bescheid. Sie arbeiten, als wären sie Privatleute, aber unter Inanspruchnahme des Amtes. Das geht nicht. Sie sollen führen und nicht Filme drehen. Herr Weidemann entdeckt Stars, anstatt zu arbeiten. Sie drosseln mit ewigen Verordnungen die [...]« [155](18.12.1936)

Die Theaterspielpläne, so Goebbels am 3.2.1937, seien »geradezu vorbildlich« ausgerichtet, nur »im Film klappt's noch nicht. Da setzen unsere Leute sich garnicht durch«. Äußerungen wie diese waren mehr als nur taktische Begründung für die angestrebte Machtübernahme bei den Filmfirmen, zumal der beklagte Zustand in den folgenden

---

151 Goebbels schreibt auch Lehnich kontinuierlich falsch, nämlich »Lenich«. Otto B. Roegele legte diese Schreibeigenheit Goebbels' fälschlich als fehlerhafte Transkribierung aus: *Rheinischer Merkur/Christ und Welt* vom 4.3.1988.

152 Zu antisemitischen Äußerungen Lehnichs s. Michele Sakkara, *Die große Zeit des deutschen Films*, Leoni 1980, S.10. Lehnich trat als einer der ersten deutschen Professoren der NSDAP und der SS als förderndes Mitglied bei: Wulf, S. 313.

153 Eintrag vom 4.12.1936: »Er quatscht immer nur von Wirtschaft. Von der Kunst des Films versteht er nichts«.

154 Becker, S. 108, spricht von »antinationalsozialistischen Beschuldigungen« gegenüber dem Filmkammerpräsidenten und »Zerwürfnissen« mit Goebbels.

155 Der Rest des Satzes fehlt auf der Microfilm-Vorlage Nr. 3/2 BA/P Nachlaß Goebbels. Vgl. auch Eintrag vom 16.12.1936: »Ich nehme Prof. Lenich in die Zange, gebe ihm strenge Richtlinien, beklage mich über die überhand nehmende Bürokratie, unsere Leute sollen führen, aber nicht selbst Filme drehen, jetzt aber an die Arbeit, sonst löse ich die Stellen auf«.

Monaten anhielt: »Auch Krause schreibt mir einen ganz wirren Brief. Die Jungens spinnen nur Theorien, ohne etwas Praktisches zu leisten. Ich muß mich nach anderen, zuverlässigeren Männern umschauen.« (1.4.1937) Erst die Besetzung der Filmdramaturgie mit Ewald von Demandowsky und Fritz Hipplers Aufstieg zum Abteilungsleiter Film beendeten für einige Jahre die Phase, in der es sprunghafte Personalentscheidungen, zweifelhaft fähige Mitarbeiter und einen nur halb funktionstüchtigen Kontrollapparat gab.

Die Filmabteilung des Propagandaministeriums unter Hippler 1939 bis 1943

Auch in der Kriegszeit stand für Goebbels die Person des Abteilungsleiters im Vordergrund. Dadurch erfährt man aus den Tagebüchern viel über die strukturelle Entwicklung, die Führungspraxis und die filmpolitischen Initiativen der Filmabteilung.

Goebbels' Aufzeichnungen von 1939 bis 1943 beleuchten auch den Werdegang einer der schillerndsten Figuren unter den Mitarbeitern des Propagandaministers: Doktor Fritz Hippler, später bekannt geworden als Regisseur des antisemitischen Hetzfilms DER EWIGE JUDE. 1909 geboren, trat Hippler bereits 1927 in die NSDAP ein und machte innerhalb des Parteiapparats eine schnelle Karriere, die ihn im August 1936 ins Propagandaministerium führte. Dort assistierte er zunächst Hans Weidemann bei der Wochenschauherstellung, bis er im Januar 1939 als dessen Nachfolger zum Leiter der Deutschen Wochenschauzentrale berufen wurde. Nach dem Wechsel Ernst von Leichtensterns zur Ufa ernannte Goebbels Hippler im August 1939 auch zum Chef der Filmabteilung, im Februar 1942 übernahm er zusätzlich den neugeschaffenen Posten des Reichsfilmintendanten. Hipplers ungewöhnlich lange, erst im Mai 1943 beendete Amtszeit verschaffte der Filmabteilung die dringend benötigte Kontinuität und war somit sicherlich eine Voraussetzung für den stark politisch akzentuierten und »erfolgreichsten« Abschnitt nationalsozialistischer Filmpolitik.

Offenbar wollte Goebbels Hippler zunächst lediglich – und auch dies nur vorläufig – zum Nachfolger des Reichsfilmdramaturgen Demandowsky machen, da er dem erst 29jährigen »noch kein ganz reifes Urteil« (9.6.1939) bescheinigen mochte. In den schwierigen Wochen vor und nach Kriegsausbruch erscheint Hippler dann bereits als unentbehrlicher Mitarbeiter, der nicht nur weiterhin die Wochen-

Filmabteilungsleiter Hippler: Zu naßforsch

schauherstellung leitete, sondern auch eigene Filmarbeiten betrieb: Im August entstand unter seiner Regie der 45minütige, aus Wochenschaumaterial zusammengesetzte Propagandafilm DER WESTWALL über die »Siegfriedlinie«, im Oktober 1939 begann er mit den Vorbereitungen für den pseudo-dokumentarischen (Hetz)Film DER EWIGE JUDE.

Goebbels portraitiert den promovierten Politologen Hippler als intelligent, aber auch arrogant, »zu jung und auch etwas zu pampig« und durchaus eigensinnig.[156] Ein Mann mit ausgeprägt künstlerischem Verständnis und theoretischen Fähigkeiten, allerdings auch Schwächen im praktisch-organisatorischen Bereich. Hipplers 1942 erschienene Schrift »Betrachtungen zum Filmschaffen« wird noch

156 Einträge vom 2.10.1940: »Hippler wird ermahnt etwas ruhiger und nicht ganz so naßforsch vorzugehen. Er kehrt zu stark den Autoritätsstandpunkt heraus«, 3.10.1940 (»Vor allem ist es notwendig, Hippler etwas zu ducken.«) und 28.4.1941: »Er ist ein pfiffiger Kopf, nur etwas überheblich.« Vgl. zu Hippler auch Boelcke, S. 83f.

heute als Leitfaden einer NS-Filmdramaturgie zitiert, obwohl er sich darin einer zum Teil aufgesetzten orthodoxen Filmrhetorik bedient, die mit seiner tatsächlichen Programmpolitik – ausweislich der überlieferten Quellen – nicht immer übereinstimmte.[157] Hippler perfektionierte auch das System engster Abstimmung zwischen den Firmen und dem Ministerium bei der Filmplanung, indem er gemeinsam mit den Produktionschefs in zahlreichen Besprechungen die einzelnen Filmexposés aussortierte.[158]

Zeitweilige »Desorganisation« der Filmabteilung führte Goebbels regelmäßig auf Krankheiten und Schwächephasen Hipplers zurück.[159] Im Februar 1942 wurde er zum Reichsfilmintendanten ernannt, blieb aber weiterhin Leiter der Filmabteilung im Ministerium. Sein Büro, zu der auch die Reichsfilmdramaturgie gehörte, verlegte er zum Sitz der Ufa-Film GmbH auf dem Gelände der Ufa-Ateliers in Potsdam-Babelsberg. Die Zuständigkeiten des »in der Filmführung außerordentlich bewährten Ministerialrats«[160] gingen aus dem Statut des Reichsfilmintendanten hervor:

»Im Rahmen der Geschäftsführung der Ufa-Film GmbH wird die Stelle eines Reichsfilmintendanten eingerichtet. Dem Reichsfilmintendanten obliegt die allgemeine Produktionsplanung, die Ausrichtung der künstlerischen und geistigen Gesamthaltung der Produktion und endlich die Überwachung des künstlerischen Personaleinsatzes sowie der Nachwuchserziehung.«[161]

Obwohl Goebbels weiterhin oftmals direkt mit den Firmenspitzen und führenden Filmemachern verhandelte, wurde Hippler vor allem in künstlerischen Fragen zum Quasi-Stellvertreter des Ministers gegenüber den Produktionschefs und blieb auch nach dem Auszug aus dem Ministerium für Goebbels unentbehrlich:

»Abends beschäftige ich mich mit der Wochenschau und dann muß ich mit Hippler eine ganze Reihe von neuen Filmfragen besprechen. [...] Hippler hat sich in der ›Ufa-Film G.m.b.H.‹ bereits richtig eingearbeitet und führt ein strenges Regiment.« (11.3.1942)

---

157 Fritz Hippler, *Betrachtungen zum Filmschaffen*, Berlin 1942; vgl. zu dieser Schrift Kreimeier, S. 311 und Leif Furhammer/Folke Isaksson, *Politics and film*, London 1971, S. 119f.

158 Vgl. Fritz Hippler, *Die Verstrickung*, Düsseldorf o.D. [1982], S. 220.

159 Vgl. Eintrag vom 9.10.1941. Hippler, Verstrickung, S. 253, spricht von anginösen Herzbeschwerden und einem Magengeschwür, die ihn während des Krieges gequält hätten. Laut Goebbels war Hippler schon im Februar 1940 drei Wochen schwer erkrankt und stand kurz vor der Ablösung: Eintrag vom 27.2.1940.

160 Rede vom 28.2.1942, abgedr. bei: Albrecht, S. 495.

161 Aus Punkt 2 des Leistungssteigerungserlasses vom 28.2.1942, abgedr. bei: Albrecht, S. 529.

Wiederholte Krankheiten und Differenzen mit Winkler scheinen 1942 Hipplers Stellung geschwächt zu haben.[162] Goebbels droht, ihm die »Organisation des Films im Ministerium« und die Filmabteilung überhaupt wegzunehmen. Hippler eigne sich eben »mehr für rein dramaturgische und geistige Fragen« (9.9.1942, ähnlich 15.9.). Goebbels' Ärger, Bedauern und Ratlosigkeit begleiten schließlich Hipplers Niedergang im ersten Halbjahr 1943. Von verschiedenen Seiten wurde dem Minister offenbar Negatives über Hippler zugetragen, womit er sogleich dessen Entlassung rechtfertigt. Offensichtlich hatte Max Winkler ein Interesse an der Absetzung Hipplers als Reichsfilmintendant.[163] Bereits 1942 war der rasante Aufstieg des SS-Obersturmbannführers Hippler zum Ministerialdirigenten auf Widerstand gestoßen.[164]

Die bisher unbekannten Hintergründe von Hipplers Abberufung im Juni 1943 werden durch Goebbels' Tagebuch-Einträge weitgehend aufgeklärt. Hippler selbst behauptet, er sei im März wegen zu freundschaflicher Kontakte zu tschechischen Filmleuten und wegen der Affäre um das Drehbuch des verfemten Schriftstellers Erich Kästner für den Prestigefilm MÜNCHHAUSEN aus dem Ministerium entlassen und an die Front geschickt worden. Goebbels dagegen spricht von Amtsunfähigkeit, »Pannen«, Alkoholismus und familiären Problemen. Schließlich wurde Hippler versetzt und war, nachdem einige andere Überlegungen Goebbels' scheiterten, bis mindestens November 1943 in der Propagandaabteilung des Ministeriums für den Bereich Wissenschaft zuständig.[165] Offiziell wurde Hipplers Ablösung zum 1. Juli

---

162 Vgl. Einträge vom 13.5.1941, 3.8.1942 und vom 15.9.1942: »Er hat wieder einige Fehler begangen, die aus der falschen Struktur seiner Abteilung entspringen. Auch versteht er es nicht sich die nötigen Verbindungen zu schaffen, um sich nach allen Seiten hin wirksam durchzusetzen. [...] Ich will noch einmal versuchen, im Guten mit ihm ins reine zu kommen. Wenn das nicht gelingt, so muss ich unter Umständen im Film eine Personalveränderung vornehmen«.

163 Eintrag vom 17.4.1943: »Winkler hält mir in diesem Zusammenhang Vortrag über eine ganze Reihe von Versagern, die sich Hippler hatte zu schulden kommen lassen«.

164 Vgl. Dokumente von Mai bis Oktober 1942: BA/ Dokz. ZM 1305 A.14.

165 Hippler, S. 253f. Dagegen Einträge vom 28.2.1943(Alkoholismus), 23.5.1943 (möglicher Leiter der Auslandsabteilung des Ministeriums), 4.4.1943 (möglicher Produktionschef der Terra), 7.3.1943 (Hippler im Sanatorium), 20.3.1943 (Suche nach einem Nachfolger), 17.4.1943, 23.5.1943 (Suche nach Ersatzpositionen), 12.5.1943 (»sich wieder einige Dinge zu Schulden kommen lassen, die ihm endgültig den Hals brechen«, Suspendierung, »Es täte ihm gut einmal zur Wehrmacht zu kommen, aber leider ist er nicht kriegsverwendungsfähig«), 12.6.1943 (Amtsantritt in neuer Abteilung), 31.10.1943 (arbeitet in neuer Position). An seinem späteren Frontdienst kann jedoch kein Zweifel bestehen, da dies auch der Presse mitgeteilt wurde: BA/K R 109II/26 Reichsfilmintendant an DNB vom 17.11.1944.

Nach der Uraufführung von DER GROSSE KÖNIG: *Goebbels, Abteilungsleiter Fritz Hippler und Veit Harlan. Im Hintergrund Otto Gebühr.*

im Rahmen eines größeren Personalrevirements mitgeteilt.[166] Als kommissarischen Leiter der Filmabteilung bestellte Goebbels den Juristen Peter Gast aus dem Büro von Staatssekretär Leopold Gutterer. Goebbels' persönlicher Referent Kurt Frowein arbeitete bereits seit März als Chefdramaturg und Nachfolger Carl-Dieter von Reichsmeisters. Frowein war bis 1940 Kriegsberichterstatter gewesen und hatte sich während des Westfeldzuges durch besonders wüste Darstellungen schwarzer französischer Soldaten als blutrünstige »Bestien« und »Buschneger« einen Namen gemacht.[167] Die Stelle des Filmintendanten blieb vakant, obwohl Goebbels zunächst offensichtlich die unerklärliche Idee hatte, den Dresdner Oberbürgermeister Hans Nieland mit diesem Amt zu betrauen[168], während Winkler – nach einer Übergangszeit – den gerade neu als Ufa-Produktionschef verpflichteten Regisseur Wolfgang Liebeneiner favorisierte (27.5.1943).

---

166 BA/P 50.01/26 Nr. 33 Kulturinformation Nr.10 vom 1.7.1943.

167 *Völkischer Beobachter* vom 7.6.1940. Eine gute Charakterisierung Froweins in: Hans C. Blumenberg, *Das Leben geht weiter. Der letzte Film des Dritten Reichs*, Berlin 1993, S. 33f. Carl-Dieter von Reichsmeister, vormals Schriftleiter bei der *Deutschen Allgemeinen Zeitung* und Referent beim Pressechef der Reichsregierung, war von 1939 bis 1943 Reichsfilmdramaturg.

168 Vgl. Einträge vom 16./20.3.1943 und 11.4.1943.

Hans Hinkel gegen Max Winkler

Das durch Hipplers Entlassung entstandene Vakuum in Filmabteilung und Reichsfilmintendanz wird von Goebbels nach der erfolglosen Suche nach einem überzeugenden Nachfolger zunächst nicht mehr direkt angesprochen. Zweifel an seiner Entscheidung über die »Beseitigung Hipplers«[169] läßt der Propagandaminister nicht aufkommen, sondern schiebt diesem noch am Jahresende 1943 die Verantwortung für das schlechte »gegenwärtige Filmniveau« zu: »Augenblicklich erledigen wir die letzte Erbschaft Hipplers. Er ist doch nicht ein so guter Filmintendant gewesen, wie ich anfangs angenommen hatte« (24.12.1943). Damit weist Goebbels allerdings gleichzeitig auf erhebliche Schwierigkeiten der Filmproduktion im Krieg hin. Schon am Ende der Ära Hippler verliefen Filmplanung und Zensur äußerst schleppend.[170] Von den Filmfirmen wurden weitgehend routinierte und politisch erwünschte, qualitativ jedoch sehr dürftige Unterhaltungsproduktionen hergestellt. Dieser Trend konnte sich eigentlich nur fortsetzen, denn nach dem Abgang Hipplers und des immerhin dreieinhalb Jahre amtierenden von Reichsmeister wurden wieder fachfremde und ahnungslose Mitarbeiter in die Abteilung geholt. Als problematisch erwies sich außer dem niedrigen »Filmniveau« und der abfallenden Produktionsleistung des weiteren die fortwährende Zerstörung von Filmtheatern durch Bombenangriffe, und auch die Disziplin unter den »Filmschaffenden« ließ zu wünschen übrig: Einige Filmprominente weigerten sich, wegen der Bombengefahr in Berlin zu filmen, andere betrieben Schwarzmarktgeschäfte.

Die Filmabteilung blieb unterdessen faktisch führungslos. Nachdem sich Peter Gast als »untauglich« (23.1.1944) erwiesen hatte, wurde Karl Fries, zuständig für Auslandsfragen, im Februar 1944 für wenige Wochen Abteilungsleiter und wurde dann von dem Hannoveraner Gaupropagandisten Kurt Parbel abgelöst, dem bereits sechsten »Leiter F« in fünf Jahren. Das unsystematische Vorgehen der Filmabteilung nach der Berufung Parbels führte zu Protesten des Ufi-Betriebs Deutscher Film-Vertrieb (DFV) bei Winkler.[171] Gleichzeitig vermeldete Chefdramaturg Frowein, in seiner Dramaturgie wäre

169 Eintrag vom 27.5.1943: »Die Beseitigung Hipplers hat sich bisher nur positiv ausgewirkt«.
170 Vgl. Eintrag vom 17.4.1943 über »Familienstoff«.
171 Vgl. Becker, S. 222.

mangels Ausstattung und ohne Besetzung des Reichsfilmintendanten bei der Manuskriptkontrolle nahezu ein Stillstand eingetreten.[172]

Da eine sorgfältige Prüfung im Vorfeld der Herstellung immer schwieriger wurde und Goebbels seit Mitte 1943 den Produktionschefs ja auch Zurückhaltung bei der Vorzensur versprochen hatte, gingen der Propagandaminister und Frowein wieder dazu über, in die laufende Produktion einzugreifen, und sie entfalteten als Reaktion auf Filme, »die jeder Beschreibung spotten« (20.2.1944), wieder stärkere Aktivitäten bei der Nachbearbeitung und der Anordnung von Nachaufnahmen. Zahlreiche Rückstellungen, Umänderungen und verzögerte Premieren waren die Folge.[173] Vor den Geschäftsführern der Ufi-Firmen erklärte Winkler im März 1944 mit unüberhörbar deutlicher Absicht, die ständigen Interventionen in den Herstellungsprozeß zurückzuweisen:

»Abgesehen von den erheblichen Einwirkungen des Luftkrieges, die sich immer fühlbarer bemerkbar machten, drohe durch die Art der Entwicklung und Behandlung der Stoffe und durch Eingriffe in die Tätigkeit der Produktion der Zustand wiederzukehren, wie er vor Erlass des Leistungssteigerungserlasses vom 28.2.42 bestanden habe. Die vom Herrn Minister gegebene grosszügige Zusage, dass nur eine Genehmigung der Stoffe noch erfolgen solle, die weitere Planung aber der Produktion regelmässig überlassen bleiben solle, wirke sich in der praktischen Handhabung keinesfalls so aus, wie es bei der Erteilung der Zusage gedacht gewesen sei. Er selbst als Reichsbeauftragter sehe die Verpflichtung, den Herrn Minister auf die grossen Gefahren hinzuweisen, in denen die Filmherstellung zur Zeit schwebe. Es sei dringend erforderlich, die Verantwortlichkeit für diese Entwicklung herauszustellen.«[174]

Einer solchen Tendenz – selbst wenn sie noch so vorsichtig geäußert wurde –, das staatliche Eingriffsrecht über die Kostenproblematik zu unterminieren, wollte Goebbels offenbar mit einer Stärkung der politischen gegenüber der wirtschaftlichen Seite im Filmsektor grundsätzlich entgegentreten. Wenige Tage nach den Ausführungen Winklers läßt der Minister in einer bemerkenswerten Passage unverkennbar Distanz und Mißtrauen zu seinem Reichsbeauftragten erkennen:

---

172 BA/K R 109I/1484 Frowein an Winkler vom 16.2.1944 und Pfennig an Kaelber vom 6.1.1944.

173 Anschaulich ist dies bei dem Film PHILHARMONIKER zu verfolgen: Zu dem Anfang 1943 begonnenen Vorhaben lassen sich zahlreiche Einträge über wiederholte Änderungen 1943/44 nachweisen, so daß die Uraufführung erst am 4.12.1944 erfolgen konnte.

174 BA/K R 109I/1483 Protokoll Geschäftsführersitzung vom 13.3.1944. Die »grosszügige Zusage« bezieht sich auf die weiter vorn dargestellten Bemerkungen Goebbels' zur Vorzensur.

»Besonders notwendig erscheint es mir, daß die Stelle des Reichsfilmintendanten wieder neu besetzt wird, damit ich damit gegen Winkler und seine Hintermänner ein Gegengewicht einsetze. Ich habe die Absicht, eventuell Hinkel vom Amt eines Generalsekretärs der Reichskulturkammer abzuberufen und ihm die Stellung eines Reichsfilmintendanten zu übertragen. In der Position eines Reichsfilmintendanten habe ich einen Mann von Energie und Durchschlagskraft nötig. Frowein ist zwar gut als Reichsfilmdramaturg, aber die technischen und organisatorischen Fragen beherrscht er doch zu wenig, und er ist noch zu jung dazu, als daß er sich hier durchsetzen könnte.«(22.3.1944)[175]

Goebbels' Hinweis auf »Hintermänner« ist ebenso überraschend wie interessant: Stand nicht Winkler selbst auf der obersten Stufe in der Hierarchie der Filmwirtschaft, und wer überhaupt konnte schließlich dem allmächtigen Minister etwas entgegensetzen? Gemeint sind wohl – da Klitzsch inzwischen weitgehend entmachtet war – das rein wirtschaftlich orientierte Management der Firmen beziehungsweise Winklers Vertraute – Anwälte, Bankiers und Verleihfachleute aus dem Ufi-Vorstand wie Friedrich Merten, Fritz Kaelber, Karl Julius Fritzsche und Heinz Zimmermann beziehungsweise aus dem Ufa-Aufsichtsrat die Direktoren verschiedener Großbanken: Johannes Kiehl (Deutsche Bank), Hans Pilder (Dresdner Bank) und Joseph Schilling (Commerzbank).

Wie angekündigt, ernannte Goebbels im April 1944 den SS-Gruppenführer und Generalsekretär der Reichskulturkammer (RKK), Hans Hinkel, zum Reichsfilmintendanten. Der machtbewußte und bei der »Entjudung« der RKK besonders radikale Hinkel[176] versuchte zunächst, das Amt als Geschäftsführer der RKK beizubehalten und verlangte darüber hinaus offenbar den Rang eines Staatssekretärs, um so von Leopold Gutterer unabhängig zu sein (31.3.1944). Schließlich gab er den RKK-Posten ebenso auf wie die ihm im Herbst 1941 übertragene Aufsicht über das Rundfunk-Unterhaltungsprogramm und begnügte sich mit der Vizepräsidentschaft der Reichsfilmkammer. Hinkel übernahm von Parbel die Leitung der Filmabteilung und verlegte sein Büro wieder in das Propagandaministerium, während das Personal der Filmintendanz in Babelsberg verblieb.[177]

---

175 Becker, S. 235 Anm 66.

176 Zu Hinkel s. Boelcke, S. 84f. und Bestände des BA/Dokz. ZM 1358 A.2.

177 Vgl. auch Eintrag vom 6.4.1944: »Mit Hinkel und Parbel bespreche ich das Statut des Reichsfilmintendanten. Hinkel soll mit großen Vollmachten ausgestattet werden und außer dem Amt des Reichsfilmintendanten auch die Leitung der Filmabteilung übernehmen. Parbel ist damit einverstanden, daß er sein Stellvertreter in der Leitung der Filmabteilung wird; außerdem wird er sein Stellvertreter als Reichsfilmintendant. Frowein soll Parbel gleichgestellt werden. Ich hoffe, daß Hinkel durch seine Energie und Umsicht sehr bald auf dem Filmsektor Ordnung schaffen wird«.

SS-Gruppenführer und Reichsfilmintendant
Hans Hinkel (1940)

Goebbels erwartete von Hinkel sowohl Härte bei der Durchsetzung von Rationalisierungsmaßnahmen als auch organisatorische und personelle Reformen zugunsten der politischen Filmführung im Ministerium. Die Filmabteilung und die Reichsfilmintendanz sollten mit neuen filmwirtschaftlichen und machtpolitischen Zielvorgaben reaktiviert werden.

Seinen zuletzt (17.3.1944) scharf kritisierten Staatssekretär Gutterer setzte Goebbels »mit einem Bombengehalt« (18.4.1944) als Vorsitzenden des Ufi-Vorstands ein (bisher Vorsitzender des Aufsichtsrats), offenkundig in der Absicht, ihn im Ministerium loszuwerden, wo der dynamischere Werner Naumann an seine Stelle trat. Schon nach kurzer Zeit beobachtet Goebbels, von Hinkel allerdings teilweise tendenziös informiert, das Versagen Gutterers in der neuen Position: Er werde »unter Umständen auch hier sein Fiasko erleiden.« (16.6.1944) Daß Hinkel Gutterer nun alle Kompetenzen wegnahm, begrüßte der Minister. Wer ein »Faulenzer- und Drohnenleben« führe, dürfe sich darüber nicht wundern (31.8.1944).[178]

Hinkels Machtanspruch mußte zwangsläufig mit der mangels Gegenspieler ungefährdeten, rein kommerziell orientierten Politik Winklers kollidieren. Der neue Reichsfilmintendant erließ Ende Juli 1944 – ohne den Reichsbeauftragten und auch ohne Gutterer zu informieren – eine Reihe einschneidender Rationalisierungsmaßnahmen »im Sinne der totaleren Kriegsauffassung« (unter anderem weitere Herabsetzung der Herstellungskosten und des Jahresproduktionssolls, Abbau des Gesamtpersonalbestands um bis zu 50 Prozent, Auflösung kleinerer Produktionssparten und der Presseabteilungen der Firmen).[179] Hinkel beabsichtigte, über die Sondervollmachten auch den normalen Geschäftsablauf der Filmwirtschaft zu steuern. Zu diesem Zweck wollte er dem bisher auf die Stoffpolitik beschränkten Produktionschef jeder Firma zubilligen, »alle Fragen, die mit der Filmproduktion und ihrer Zielsetzung im wesentlichen Zusammenhang stehen oder diese Produktion direkt beeinflussen, zu entscheiden«. Dieser sollte »seine Weisungen von dem Reichsfilmbeauftragten oder seinem für den entsprechenden Vorgang ausdrücklich Beauftragten«[180] direkt erhalten. Die Firmenchefs, die Hinkel als Verbündete Winklers ansah, sollten entmachtet und lediglich als »Betriebsführer« mit der »üblichen Vertretung seiner Firma in der Öffentlichkeit« fungieren. Letztlich intendierte Hinkel, wie er seinem engen Freund Hans H. Zerlett schrieb, »eine denkbar brutalste Vereinfachung des gesamten Produktions- und Organisationsvorgangs« vorzunehmen, »was bereits vor 10 Jahren erfolgen sollte«[181], d.h. die privatwirtschaftlich

178 Vgl. BDC-RKK Leopold Gutterer: Naumann an Winkler vom 5.7.1944 und Hinkel an Goebbels vom 30.8.1944. Vgl. auch Eintrag vom 31.8.1944. Gutterer wurde zum 1.11. 1944 von Goebbels nicht nur im Filmbereich, sondern offiziell von Hitler auch aus allen anderen Parteiämtern entlassen und zur Wehrmacht eingezogen: BDC-RKK Leopold Gutterer: Personalkarte.

179 BDC-RKK Max Winkler: Aufstellung Hinkels vom 29.7.1944 über Entscheidungen Goebbels' vom 28.7.1944.

180 BDC-RKK Max Winkler: Hinkel an Winkler vom 9.8.1944.

181 BDC-RKK Hans H. Zerlett: Hinkel an Zerlett vom 12.8.1944.

organisierte Filmindustrie aus der Ufi herauszulösen und unter die alleinige Verwaltungsaufsicht des Ministeriums zu stellen.

Damit sollten die komplizierten Weisungswege von Goebbels über Winkler an die Vorstände und Aufsichtsräte entfallen und in allen Bereichen eine unmittelbare Befehlstruktur eingerichtet werden. Als besondere Provokation mußte es Winkler auffassen, daß Hinkel eigenmächtig und ohne Einschaltung der Cautio und des Ufi-Vorstands – allerdings mit Billigung Goebbels' – den NS-Filmfunktionär Heinz Tackmann zum Ufa-Filmkunst Firmenchef berief. Nach mehrmaligen Beschwerden bei Goebbels über Machtstreben und Vorgehensweise Hinkels verlangte Winkler schließlich im September 1944 eine Grundsatzentscheidung des Ministers, ob die privatwirtschaftliche Führung der Filmindustrie durch die Cautio als alleiniger Gesellschafter der Ufi aufgegeben und statt dessen eine direkte politische Führung etabliert werden solle. Eindringlich warnte er vor einem Kurswechsel: »Eine Übernahme der wirtschaftlichen Führung in Ihr Ministerium würde den von Ihnen bisher getroffenen Anordnungen widersprechen«.[182] Genau vor diesem Schritt aber schreckte Goebbels zurück:

»Es waren Differenzen zwischen Winkler und Hinkel entstanden über die Führung der Filmwirtschaft. Ich will diese trotz des dahingehenden Bestrebens Hinkels Winkler nicht aus den Händen geben. Winkler ist ein solider Geschäftsmann, der mir dafür bürgt, daß die Filmwirtschaft nach kaufmännischen Gesichtspunkten durchgeführt wird, was man von Hinkel [...] nicht annehmen kann. Im übrigen aber hat Hinkel die Filmproduktion auf einen sehr hohen Stand gebracht.«(27.9.1944)

Daraufhin versuchten sich die beiden Kontrahenten mehrere Wochen lang über die künftige Kompetenzverteilung zu einigen. Als Ergebnis wurde in einem am 13. November 1944 bekanntgegebenen »Organisationsplan für die deutsche Filmwirtschaft« eine Trennung von »Filmpolitik« (Abteilung F im Ministerium), »Filmkunst« (Reichsfilmintendant) und »Filmwirtschaft« (Reichsbeauftragter)[183] vorgenommen, die im wesentlichen aber die Zuständigkeiten Winklers und somit die bereits im Februar 1942 getroffene Regelung bestätigte. Hinkel war zwar nun bei der Produktionsplanung nur noch Goebbels gegenüber verantwortlich und mußte bestimmte Weisungen nicht mehr,

---

182 BDC-RKK Max Winkler: Winkler an Goebbels vom 11.9.1944 und BA/K R 109 III/3 Winkler an Goebbels vom 13.9.1944. Vgl. auch Becker, S. 225.

183 »Organisationsplan für die deutsche Filmwirtschaft« vom 13.11.1944, abgedr. bei: Albrecht, S. 531-532.

wie noch Hippler, über die Cautio an die Firmen weitergeben, doch Winkler behielt die Personalpolitik und »kontrollierte und lenkte weiterhin die Geschäfte der Dachgesellschaft.[...] Sein Machtbereich hatte sich nicht verkleinert. Die privatrechtliche Unternehmensform blieb Fundament der reichsmittelbaren Filmwirtschaft: Damit war der Versuch Hinkels, die Führungsposition Winklers aufzuheben, gescheitert; er hatte sie lediglich für kurze Zeit ins Wanken bringen können.«[184] Allerdings wurde die Stellung der Produktionschefs – wie von Hinkel beabsichtigt – gestärkt. Der Organisationsplan sah bei Fragen außerhalb des Produktionssektors »ein Einvernehmen mit den Firmenchefs« vor, doch in einer Weisung vom 1. Oktober 1944 billigte ihnen Goebbels das »Primat der Führung« in den Betrieben zu.[185]

Neben den interessanten Einblicken in den Machtkampf um die Führung der Filmindustrie ist vor allem eines bemerkenswert: Goebbels schlägt sich auf die Seite Max Winklers und dessen »kaufmännischer Gesichtspunkte«. Dies markiert nämlich das Ende aller seit 1933 immer wieder rhetorisch vorgetragenen Absichten, die kapitalistische Struktur der Filmwirtschaft – und damit die Quelle beständiger Unzufriedenheit – im Grundsatz zu verändern, »Hintermänner« und »Filmkapitalisten« abzusetzen, »die Filmwirtschaft nach nationalsozialistischen Gesichtspunkten personell zu überholen« (21.4. 1944) und den gesamten Filmbereich ohne Rücksicht auf wirtschaftliche Erwägungen direkt vom Ministerium aus führen zu lassen. Die Erfolgsbilanz des Films mit immer noch 460 Millionen RM Umsatz im ersten Halbjahr 1944 sprach zu eindeutig für das bisherige System Winklers. Als Hinkel dann im März 1945 sogar noch zum Vorsitzenden des Ufi-Aufsichtsrats avancierte, lagen allerdings die meisten Kinos schon in Trümmern.

Personalpolitik als revolutionäres Element

Eine »weitsichtige Personalpolitik«, notiert Goebbels am 30.7.1937, »ist doch auf allen Gebieten das Wichtigste«. Und regelmäßig wiederholt er in den Jahren bis Kriegsende: »Die Personalpolitik ist das Herzstück jeder Arbeit. Von den Menschen und nicht von den Dingen gehen die Erfolge aus.« (16.10.1941). Gemäß der NS-Ideologie war der Minister extrem auf Personen und deren Verantwortung für be-

184 Becker, S. 226.
185 BDC-RKK Max Winkler: Weisung Goebbels' vom 1.10.1944.

stimmte Bereiche fixiert. Strukturelle Mängel wurden von Goebbels stark personalisiert, und als Problemlösung favorisierte er fast immer den Austausch der Funktionsträger. Die Fluktuation unter seinen Mitarbeitern und in seinem Einflußbereich war entsprechend hoch.

Im Rahmen seines über die Jahre dargestellten »Reformprogramms« auf dem Filmsektor kommt dem »Personalgebiet« die größte Bedeutung zu. Am 12.10.1941 stellt er fest:

»Der Film hat zwar bisher auf dem Stoffgebiet sich an unsere autoritäre Führung gehalten, auf dem Personalgebiet ist er aber noch in gewisser Weise freizügig geblieben. Das muß ein Ende finden. Ich kann den Film in dem von mir gewünschten Sinne nur reformieren, wenn er an Haupt und Gliedern gewandelt ist.«

Der Film, so heißt es schon am 21.8.1941, trage noch »sehr stark die Merkmale einer Industrie, und es wird noch einige Zeit dauern, bis ich ihm die letzten Eierschalen einer vergangenen Zeit abgestossen habe«.[186] Noch eindringlicher hört sich seine Abrechnung am 16.4. 1942 an:

»Ich habe am Abend noch eine sehr ernste Aussprache mit Hippler über die im Film betriebene Personalpolitik, die in vielen Teilen mein starkes Mißfallen erregt. Der Film trägt noch die Verfallszeichen der Systemzeit in ziemlichem Umfange an sich. Hier ist eigentlich am wenigsten auf dem kulturellen Sektor reformiert worden. Wir sind an den Film etwas zu zaghaft herangegangen und haben uns durch die ständig wiederholten Einwände der Filmkapitalisten von den notwendigen Eingriffen abhalten lassen. Das was wir im vergangenen Jahr versäumt haben, muß jetzt möglichst schnell nachgeholt werden. Die wichtigste Reform wird hier wie überall anderswo auf dem Personalgebiet notwendig sein, denn es sind die Menschen die die Dinge formen und nicht die Dinge die die Menschen formen.«[187]

Diese beständigen Attacken gegen die immer noch »bürgerliche« Filmindustrie sind das deutlichste Eingeständnis eigenen Scheiterns. Sicherlich versuchte er auch, mit einiger Rhetorik dem Eindruck von

186 Diese Schlagworte über den Film als Industriebetrieb und »Saisongeschäft« hat Goebbels auch regelmäßig in seinen Film-Ansprachen verwendet: Rede vom 5.3.1937, abgedr. bei: Albrecht, S. 455 und 15.2.1941, abgedr. bei: Albrecht, S. 473.

187 Vgl. auch Eintrag vom 16.4.1942: »Ich werde in den nächsten Tagen einen neuen Personalchef für das gesamte Filmgebiet einsetzen, der die Aufgabe hat, die Personalien im Film genau so solide und korrekt zu bearbeiten, wie das in jeder größeren Behörde oder jedem größerem Industriewerk der Fall ist. Es ist sehr bezeichnend, daß man auf einen solchen Gedanken im Bereich des Films noch nicht gekommen ist. Mit dieser Maßnahme hoffe ich einen weiteren Restbestand der Unsolidität der Systemzeit abzubauen.« Den Personalbeauftragten beim Reichsfilmintendant, Hilleke, setzte Goebbels erst zum Jahresende als Chef eines eigenen Amts für die Personalangelegenheiten aller in der Filmwirtschaft Tätigen ein. Vgl. dazu Eintrag vom 1.1.1943 und Hippler, Verstrickung, S. 231.

RFK-Kriegstagung, Februar 1941. (1. Reihe v.l.n.r.): Fritz Hippler, Carl Froelich, Goebbels, Leopold Gutterer, Berlins Stadtpräsident Ludwig Steg, Heinrich George, RFK-Vizepräsident Karl Melzer, Emil Jannings

Stillstand oder von Resignation vor dem Beharrungsvermögen des Filmmanagements entgegenzutreten.

Auf allen Ebenen kamen nach Goebbels' Eindruck die falschen Leute zum Zuge: in den Ateliers, in den Vorständen und insbesondere bei der Besetzungs- und Nachwuchspolitik (21.8. und 12.10.1941). Dieser geradezu industrielle Verbrauch und Verschleiß führe zu »Leerlauf« und koste »ungeheure Geldsummen«.

Das Personal war die konkrete Ebene, auf der Goebbels seine ideologischen Polemiken hinsichtlich der Widersprüche zwischen Geschäftsinteressen und künstlerischer Freiheit, zwischen Massenproduktion und Einzelkunstwerk, zwischen den »Merkmalen einer Industrie« inklusive mechanischer Besetzungspolitik und den Wünschen nach einer künstlerischen Auslese begründen konnte. Nicht weniges dabei hat er sich aus Reden und Artikeln des hochgeschätzten und auch theoretisch begabten Regisseurs Wolfgang Liebeneiner abgeschaut.[188]

Der Zugriff auf die »Entscheider« mußte für den Minister deshalb auf der höchsten Ebene der Produktion stattfinden.

188 Dietrich Kuhlbrodt, Der Kult des Unpolitischen. Produktionschef Wolfgang Liebeneiner, in: Bock/Töteberg, S. 449. Auch eine wechselseitige Befruchtung ist möglich, da Goebbels und Liebeneiner einige derartige Debatten führten.

Für die Filmproduktion im Nationalsozialismus war eine Gruppe von Filmschaffenden ganz entscheidend: die »künstlerischen Manager« und Geschäftsleute, die die unmittelbare finanzielle und künstlerische Gesamtverantwortung für die Filme trugen. Goebbels mußte hier eine besonders kompetente und ihm loyale Schar von Gefolgsleuten versammeln.

Sein bereits beschriebener Hang zur Kritik am eigenen Filmpersonal macht es auch an dieser Stelle möglich, einigen Schwächen der NS-Filmproduktionsmaschinerie auf die Spur zu kommen.

Sogleich nach den Verstaatlichungsaktionen 1937 überschlagen sich die von Euphorie und Machtrausch geprägten Kommentare Goebbels' über »reinfegen« und »aufräumen auf allen Leitungsebenen der Filmkonzerne (20.3.1937, 6./17.4.1937). Doch stieß er mit seiner Absicht, die »deutschnationalen Parteionkels« und »Hugenbergs« überall »abzuservieren«, auch an Grenzen. Lapidar vermeldet er die Bestellung des bisherigen Hugenberg-Stellvertreters Emil Georg von Stauss, eines einflußreichen Bankiers, zum Vorsitzenden des allerdings weitgehend veränderten Aufsichtsrats der Ufa (17.4.1937)[189], in dem neben dem auf Görings Wunsch hin (28.3.1937) berufenen Paul Hartmann nun auch Carl Froelich, Hans Weidemann und Karl Ritter saßen.

Viel wichtiger erschien Goebbels die Funktion des Produktionschefs, da dieser in Zusammenarbeit mit Dramaturgen und Drehbuchautoren die Programmauswahl vornahm, bevor sie den Reichsfilmdramaturgen erreichte. Die überlieferten Protokolle der Besprechungen des Bavaria-Produktionschefs Schweikart mit seiner dramaturgischen Abteilung belegen dies anschaulich.[190] Nur so ist auch die zäh betriebene Ablösung Corrells bei der Ufa zu verstehen – während Goebbels dem Ufa-Vorstandschef Klitzsch so viel Professionaliät attestierte, daß er offenbar zeitweise überlegt hat, ihn auch als Chef der Tobis einzusetzen (14.10.1937). Correll räumte schließlich im Februar 1939 seinen Posten, nachdem ihm die Ufa mit Billigung Winklers eine großzügige Abfindung in Form eines Vertrages über die Produktion von sechs Filmen zugesagt hatte. Goebbels, der geheime

189 Vgl. Kreimeier, S. 306.
190 Vgl. Unterlagen in BA/K R 109/2139.

Absprachen Max Winklers mit der Ufa vermutete, gelang es jedoch, die Abmachung aufheben zu lassen.[191]

Bei der Tobis Filmkunst mußte nach Goebbels' Willen der Produktionschef Fritz Mainz »weg«: »Er ist ein Banause und ein Prolet dazu. An seine Stelle muß ein Nazi.« (27.4.1937) Nach komplizierter Suche (8.5.1937, 10.6.1937) wurde Mainz dann nicht durch einen Parteimann, sondern durch den Regisseur Hans H. Zerlett ersetzt, einem Duzfreund Hans Hinkels. Zerlett hatte aber offensichtlich Mühe, sich als Künstler innerhalb der Firma durchzusetzen[192] und gab bereits Ende 1937 wieder auf. Seine Anforderungen an einen politisch einwandfreien Produktionschef schraubte Goebbels daraufhin herunter: »Wir müssen in der Tobis einen neuen Produktionschef einsetzen. Ich nehme nun doch einen Mann aus der Partei. Denn die hier zu lösenden Fragen sind im Wesentlichen organisatorischer Art.« (31.7.1938)

Im Februar 1939 verkündet der Minister eine große personelle »Neuordnung des deutschen Films« bei Tobis, Ufa, Terra, Bavaria und der Wien-Film, die er als endgültig bezeichnet: »Daran will ich nun nichts mehr ändern. Am Mittwoch werde ich es proklamieren.« (12.2.1939) Die tatsächliche Auswahl sah indes ganz anders aus. Reichsfilmdramaturg Ewald von Demandowsky übernahm die Tobis, der Terra-Produzent Alfred Greven, von Goebbels eigentlich für den Terra-Posten vorgesehen, sollte die Ufa-Produktion leiten. Der Minister hatte sich für die Ufa Emil Jannings gewünscht, der aber im letzten Moment absprang. Die Regisseure Hans Schweikart und Karl Hartl übernahmen die Bavaria beziehungsweise die neugegründete Wien-Film. Nur der neue Terra-Chef Peter Paul Brauer galt als eindeutiger Parteiaktivist.[193]

Wenige Monate später zeigte sich schon wieder ein völlig verändertes Bild: Greven hatte sich nur kurze Zeit bei der Ufa halten können und war – angeblich »wegen seiner Programmpolitik«[194], Goebbels

---

191 Eintrag vom 29.6.1937: »Winkler gebe ich Bescheid wegen seines erneuerten Vertrages mit Corell. Der ist um eine halbe Million die Treppe heraufgefallen. Aber da werde ich [tückisch]. Ich verlange sofortige Rückgängigmachung des Vertrages, und Winkler gibt klein bei. Ich werde diese deutschnationale Clique zerbrechen.« Vgl. dazu Töteberg, Affären, S. 331.

192 Eintrag vom 6.10.1937: »Zerlett kommt nicht gegen die Wirtschaftler in der Tobis durch«.

193 Vgl. Becker, S. 291.

194 Becker, S. 292.

spricht von »unhaltbaren Zuständen« (27.5.1939) – im Mai von Ministerialrat Ernst von Leichtenstern abgelöst worden, bis dato Leiter der Filmabteilung im Propagandaministerium.[195] Goebbels' negativer Beurteilung mehrerer Ufa-Filme in der ersten Jahreshälfte 1940 fiel dann aber auch der unerfahrene Parteimann Leichtenstern, ehemals Leiter der Kulturabteilung der RPL München und Ex-Marineoffizier, zum Opfer. Schon im Januar 1940 wollte ihn Goebbels loswerden (24.1.1940), besann sich jedoch, als kein Ersatz in Sicht war, offensichtlich anders: »Das Versagen Leichtensterns bei der Ufa ist doch nicht so katastrophal, wie ich befürchtet hatte.« (7.3.1940) Erst nachdem der Produktionschef ernste und für den Minister unangenehme Widerstände in der Firma provoziert hatte (»Ufa will nicht gehorchen«, 7.5.1940; »In der Ufa ist wieder Krach. Leichtenstern-Ritter«, 9.8.1940), griff Goebbels seine ursprüngliche Absicht wieder auf (13.8.1940).[196] Im Oktober wurde Otto Heinz Jahn mit der kommissarischen Leitung der Ufa-Produktion beauftragt.[197] Auch der Parteimann Brauer mußte die Terra-Führung im November 1940 an den ehemaligen Ufa-Dramaturgen Alf Teichs abgeben (14.11.1940). Hans Schweikart bat schon im Juni 1939 um die Rückkehr ins Regiefach, doch Goebbels verweigerte mangels Nachfolger seine Zustimmung (25.6.1939).[198] Obwohl der Minister im Jahr darauf selber Zweifel an Schweikarts Eignung formulierte (20.11.1940), kam es erst im Mai 1942 zur Ablösung des auch von Hitler sehr geschätzten Regisseurs durch dessen Stellvertreter Helmut Schreiber.[199]

Die wichtige Funktion der Produktionschefs läßt es angebracht er-

---

195 Zu Greven und der von ihm nach der Besetzung Frankreichs in Paris geleiteten Tarnfirma Continental Films finden sich in den Aufzeichnungen bis 1943 höchst aufschlußreiche Informationen (zum Beispiel 20.11.1941 und 21.5.1942). Vgl. dazu auch Roy Armes, Kino der Widersprüche. Französische Filmarbeit unter der Besatzung, in: Gerhard Hirschfeld/Patrik Marsh (Hrsg.), *Kollaboration in Frankreich*, Frankfurt 1991, S. 161-177.

196 Leichtenstern wechselte 1941 in die Kommunalpolitik, zunächst als Oberbürgermeister von Görlitz, ab März 1944 von Breslau: BDC-RKK Ernst von Leichtenstern: Personalkarte.

197 BA/K R 109I/ 1034b Nr. 136 Protokoll-Nr. 1430 vom 16.10.1940.

198 BA/K R 109I/ 2139b Schweikart an Winkler vom 20.7.1939.

199 Vgl. Eintrag vom 8.5.1942: »Die Bavaria macht gewiß unter Schreibers neuer Führung weitere Fortschritte. Schweikart war zu literarisch, um eine große Filmfirma verantwortlich zu leiten. Man muß ihm die Regie von Filmen anvertrauen und nicht mit Verwaltungsarbeit belasten«; 30.5.1942: »Der Führer ist durchaus damit einverstanden, daß Schweikart, den er als Dichter und Regisseur außerordentlich hochschätzt, als Produktionschef bei der Bavaria durch Schreiber abgelöst worden ist«.

scheinen, auf einige von ihnen, die vor allem während der Kriegsjahre im engsten Kontakt mit Goebbels standen, näher einzugehen. Leute wie Ewald von Demandowsky und Wolfgang Liebeneiner waren die eigentlichen Exekutoren der Filmpolitik – und zugleich der Grund, warum Goebbels' personelle Idealvorstellungen in der Filmindustrie sich nie erfüllten.

Neben Fritz Hippler taucht Ewald von Demandowsky[200], Redakteur beim *Völkischen Beobachter* bis 1937, danach bis 1939 Reichsfilmdramaturg, am häufigsten als wichtigster Mitarbeiter und Dauergast bei Goebbels' zahlreichen Besprechungen im engsten Kreis auf. Als erster Parteimann auf dem Posten eines Produktionschefs leitete er die Tobis Filmkunst von Februar 1939 bis 1945. Anfangs konnte von Demandowsky offenbar nicht halten, was sich der Minister von ihm an politischer Dynamik und Lenkbarkeit versprochen hatte. Vielmehr scheint er sich rasch der neuen Umgebung angepaßt zu haben: »Demandowski aufgefordert, mehr Kontakt mit uns zu halten und nicht zuviel in Literatur zu machen. Er rutscht mir zu sehr in den reinen Filmkram ab und verliert damit allmählich seine Wurzeln.« (13.10.1939) Demnach wollte der Produktionschef sogar auf den von Goebbels geförderten, superteuren antibritischen Propagandafilm OHM KRÜGER verzichten (5.3.1940). Solche »Schwächen« und andere »Mißerfolge« bei der Filmplanung veranlaßten Goebbels gar, im Juni 1940 Demandowsky mit der Einberufung zur Wehrmacht zu drohen. Ab Mitte 1940 entwickelte sich die Tobis jedoch zum Filmkonzern mit dem höchsten Anteil an politischen und »nationalen« Stoffen und Kriegsfilmen.

Diese Tatsache scheint von Demandowsky trotz Goebbels' Kritik an den »unseriösen« Zuständen bei der Tobis vor einer Abberufung geschützt zu haben: »Demandowsky ist kein solider und systematischer Arbeiter. Ich halte ihn nur noch, weil er bisher trotz allem doch die größten praktischen Erfolge erzielt hat. Die Hauptsache ist, daß gute Filme kommen, und das ist bei ihm zweifellos der Fall« (3.4.1942).[201]

---

200 Bei Goebbels meist »Demandowski«.

201 Im Frühjahr 1942 rangierte die Tobis in der Soll-Erfüllung allerdings noch auf einem schlechten Mittelplatz: BA/K R 109II/6 Protokoll der Produktions- und Firmenchefsitzung vom 26.5.1942. BA/K R 55/774 Nr. 174 Anlage 4 zum Protokoll der Aufsichtsratssitzung Ufi 9.2.1943: »Die Tobis liegt mit 108 Prozent [des zu erfüllenden Solls] weitaus an der Spitze. Auf die von ihr gezeigten Filme entfallen 4 von den 5 wirtschaftlich besten [...]«.

Letztlich schien Goebbels mehr daran gelegen zu sein, zumindest einen halbwegs erfolgreichen politischen Vertrauensmann in den Firmen präsentieren zu können. Zur fünfjährigen, offenbar mit einer »größere[n] Geldsumme als Anerkennung« vergoltenen Tobis-Tätigkeit Demandowskys bemerkt Goebbels: »Er ist unter unseren Produktionschefs der eigentliche Nazi« (28.2.1944), eine Feststellung, die er kurz darauf bei der Vorführung des »das Thema des Luftkrieges« aufgreifenden Films DIE DEGENHARDTS bestätigt findet: »Demandowsky ist der einzige Produktionschef, der auch an politische Stoffe herangeht und sie meistens meistert.« (5.3.1944) Zu dem erbitterten, bis hin zu gegenseitigen Denunziationen geführten Streit zwischen von Demandowsky und dem Tobis-Firmenchef Karl Julius Fritzsche im Herbst 1944 schweigt Goebbels.[202]

Demandowsky mag nicht immer der engste Filmvertraute von Goebbels gewesen sein, doch letztlich war es die langlebigste Verbindung. Demandowskys zeitweilige Lebensgefährtin Hildegard Knef sprach sogar von Verehrung und einer »Schüler-Lehrer-Beziehung« des Produktionschefs zu Goebbels.[203]

Nach Alfred Greven und Ernst von Leichtenstern versagte in Goebbels' Augen auch der dritte Ufa-Produktionschef nach Corrells Absetzung: Otto Heinz Jahn. Erst seit Anfang 1942 nicht mehr nur kommissarisch im Amt, habe er die Ufa in ein »mittelmäßiges bürgerliches Unternehmen« verwandelt, klagt Goebbels am 13.5.1942 über die schleppende Produktion in den Ufa-Ateliers.[204] Doch nicht nur die auf völlig unrealistischen Sollzahlen basierenden regelmäßigen Leistungsberichte der Firmen, auch die Qualität einiger Ufa-Filme dieser Monate müssen Goebbels zu der Einsicht bewegt haben, »unbedingt so schnell wie möglich bei der Ufa eine Personalveränderung in der Produktionsleitung« vorzunehmen: »Die Ufa ist auf dem besten Wege, ihren Weltnamen zu verlieren.« (1.6.1942) Schon einige Tage zuvor hatte Hippler den Verantwortlichen gedroht, die schlechten Zahlen würden »in den Protokollen festgelegt und Reichsminister Dr. Goebbels vorgelegt werden, der zweifelsohne bei den mehrfach an letzter

---

202 BDC-RKK Ewald von Demandowsky: Fritzsche an von Demandowsky vom 28.6.1944; von Demandowsky an Fritzsche vom 29.6.1944; Fritzsche an Winkler vom 29.6.1944. Vgl. dazu auch Phillips, S. 370.

203 Hildegard Knef, *Der geschenkte Gaul*, München 1982, S.66.

204 Vgl. dazu BA/K R109I/9 Protokoll der Produktions- und Firmenchefsitzung vom 12.5.1942. Ebenso vom 12.6.1942: Danach hatte die Ufa nach 4 Monaten erst 18 Prozent des ihr im Februar 1942 aufgetragenen Jahresproduktionssolls erfüllt.

Stelle rangierenden Produktionsfirmen sehr schnell erhebliche personelle Änderungen durchführen werde«.[205]

Obwohl Goebbels die Notwendigkeit von Umbesetzungen sah[206], blieben Jahn und auch die übrigen Produktionschefs weiter auf ihren Posten. Erst am 28.2.1943 heißt es wieder: »Die letzten Filmproduktionen waren nicht besonders gut; ich muß auch hier wieder nach dem Rechten sehen. Personelle Veränderungen im weiten Bereich des Films werden unumgänglich notwendig sein.« Doch fügt er hinzu: »Aber wen einsetzen, wenn man niemanden hat!« Um einen allzu negativen Eindruck von »seinem« Film zu vermeiden, läßt er anläßlich der 25-Jahr-Feier der Ufa – trotz des offenkundigen Widerspruchs zu seiner Kritik – den »Führer« sprechen: »Die Arbeit der Ufa findet den vollen Beifall des Führers. Er hat nur Rühmendes über unsere Filmarbeit gehört.« (9.3.1943)

Größere Umbesetzungen fanden dann nach reiflicher Überlegung und einer Vielzahl von genannten und wieder verworfenen Namen im Frühjahr 1943 statt. Zunächst wurde im März Ludwig Klitzsch, immer noch Generaldirektor der alle alten Konzernteile außer der Filmproduktion umfassenden Ufa AG, durch Fritz Kaelber ersetzt und zum Vorsitzenden des nur einmal jährlich tagenden Aufsichtsrats der Firma bestellt. Über seine Abschiebung schrieb Klitzsch an Hugenberg, daß die zweijährigen Bemühungen Winklers »mich auszuschalten«, zwar erfolgreich gewesen wären, doch hätte er »bei der Neugestaltung das Gefühl, daß man zunächst die Absicht hat, mir durch freundschaftliche Behandlung die neue Situation zu erleichtern«.[207]

Folgenreicher fiel die Veränderung bei den Produktionschefs aus. Trotz seiner angeblich so schlechten Leistung bei der Ufa nennt Goebbels Jahn als mögliche Wahl für die Terra oder die Prag-Film. Zum Produktionschef der Ufa wurde im April 1943 schließlich Wolfgang Liebeneiner, zum Geschäftsführer der Filmkaufmann Heinrich Jonen ernannt, dessen Arbeit als Produktionschef der Berlin-Film Goebbbels wiederholt als »äußerst erfreulich« gelobt hatte (8.12.1942, 19.1.1943). Mit Liebeneiner, dem profilierten Regisseur bekannter Propagandafilme wie ICH KLAGE AN und DIE ENTLASSUNG, trat wiederum ein – wenn auch mit vielen staatlichen Funktionen verse-

205 BA/K R109II/6 Protokoll der Produktions- und Firmenchefsitzung vom 26.5.1942.
206 Eintrag vom 21.5.1942: »Augenblicklich machen uns die Produktionschefs sehr viele Sorgen. Einige von ihnen sind ihrem Amt durchaus nicht gewachsen«.
207 BA/K NL Hugenberg: Klitzsch an Hugenberg vom 4.11.1943.

hener[208] – Künstler in eine für die Filmproduktion entscheidende Position. Doch die Rekrutierung der Künstler und Regisseure sollte noch weitergehen: Laut Eintrag vom 27.5.1943 planten Goebbels und Winkler, Liebeneiner als Reichsfilmintendanten einzusetzen und seinem Regie-Kollegen Veit Harlan die Produktionsleitung der Ufa anzubieten (27.5.1943). Zur selben Zeit war Heinz Rühmann als Produktionschef der Terra im Gespräch[209], ab März 1944 leitete der Komödienregisseur Emmerich W. Emo die Produktion der Prag-Film[210], für die Goebbels zunächst Zarah Leanders bevorzugten Spielleiter Rolf Hansen ausersehen hatte (20.7.1943). Zusammen mit den bereits amtierenden Produktionschefs Karl Hartl (Wien-Film) und Alf Teichs (Terra-Filmkunst), die ebenfalls von der Regie kamen, ergibt sich ein beachtlicher Rückgriff auf Regisseure zur Besetzung der wichtigsten Positionen in der Filmprogrammpolitik. »Politische« Kandidaten aus Parteiapparat oder Ministerium standen zwar kurzzeitig zur Diskussion (Hippler und Frowein für den Terra-Posten), doch nach dem Scheitern von Leichtenstern bei der Ufa kam keiner mehr zum Zuge. Den gefundenen Konstellationen muß Goebbels endlich einiges Vertrauen entgegengebracht haben, formuliert er doch am 29.7.1943:[211]

»Mit Frowein spreche ich die Frage einer freizügigeren Behandlung der Filmproduktion durch. Ich kann mich jetzt nicht mehr soviel um Einzelheiten in der Filmproduktion kümmern. Den Produktionschefs müssen deshalb größere Verantwortlichkeiten, aber auch größere Vollmachten anvertraut werden. Die Reichsfilmdramaturgie soll sich in der Hauptsache nur um die staatspolitisch wichtigen Filmvorhaben kümmern.«

Obwohl dieser auch in weiteren Bemerkungen[212] bekräftigte Vorsatz

---

208 Zum Beispiel als Präsidiumsmitglied der Reichstheaterkammer; Leiter der RFK-Fachschaft Film; Mitglied im »Ehrenrat für den deutschen Film«.
209 BDC-RKK Herbert Maisch: Ministervorlage vom 13.1.1943.
210 Vgl. Eintrag vom 8.2.1944 und vom 18.3.1944 und Spiker, S. 292. Emo trat seinen Posten im März 1944 an.
211 Um ganz sicher zu gehen, stellte das Propagandaministerium im September 1943 eine Anfrage an die Gestapo über die politische Zuverlässigkeit der Firmen- und Produktionschefs, die allerdings erst im April 1944 beantwortet wurde. Über keinen der Produktionschefs und Direktoren konnte dabei »politisch nachteilig« berichtet werden, viele waren sogar – wenn auch spät eingetretene – Parteimitglieder: BA/K R55/174 Nr. 163-167 und 172-175 RSHA an RMVP vom 23.4.1944.
212 Vgl. Eintrag vom 25.8.1943: »Ich spreche vor den Produktionschefs der deutschen Filmfirmen. Ich lege ihnen meine neuen Maßnahmen auf Lockerung unserer Filmführung dar. Darüber hinaus aber mache ich einige Ausführungen zur politischen und militärischen Lage und mache die Produktionschefs für die politische Haltung der Filmschaffenden verantwortlich«.

Schauspieler und Regisseur Wolfgang Liebeneiner (1938): »Jung, fanatisch, strebsam«

nur teilweise Wirkung zeigte und von Goebbels willkürlich befolgt wurde, entwickelten sich die Produktionschefs zu einem exklusiven Kreis mit separaten Arbeitssitzungen, hohen Gehältern, Privilegien und regelmäßigen Besprechungen beim Minister, auf denen dieser seine »Richtlinien« bekanntgab.[213]

Von dem mit Ehrentiteln wie »Staatsschauspieler« und »Professor« bedachten Liebeneiner, für Goebbels die richtige Mischung aus »jung, modern, strebsam und fanatisch« (11.6.1937), wurde nun der Abschied von der Massenproduktion und ein Durchbruch zu stärker künstlerischen Filmen erwartet. »Liebeneiner und Jonen haben also die Aufgabe, dem Ufa-Namen gerechtwerdend, wieder Filmwerke großen Formats herauszubringen. Die Firma ist durch die Entwicklung der letzten zwei Jahre in argen Mißkredit geraten« (17.4.1943).

213 Vgl. Eintrag vom 8.2.1944 und vom 2.6.1944: »Ich spreche mittags vor den Produktionschefs des deutschen Films. Ich gebe die neusten Personalveränderungen mit Kommentar bekannt, stelle den Produktionschefs gute und schlechte Filme vor Augen und behandele eine Reihe von kritischen und auch delikaten Fragen der gegenwärtigen Filmproduktionslage. Ich glaube, daß ich mit diesem Referat einigen Eindruck gemacht habe.« Goebbels beschränkte sich allerdings nicht auf Reden vor diesem Kreis, er vermerkt auch ausdrücklich Ansprachen vor den niedriger angesiedelten Regisseuren und Produktionsleitern (14.7.1943).

Goebbels widmete der »Reformarbeit an der Ufa« viel Zeit und Energie. Schon bald kann er von »hervorragenden Plänen, die alle auf Systematisierung unserer Filmarbeit hinauslaufen« (6.5.1943) und neuen Ideen Liebeneiners zur Heranziehung unverbrauchter Regisseure berichten: »Man kann in Zukunft viel von ihm erwarten.« (17.5.1943) Die weiterhin nur durchschnittlichen Filme schiebt Goebbels noch dem Vorgänger Jahn zu.[214]

Um so schmerzlicher müssen für den Propagandaminister die ersten Anzeichen gewesen sein, nach denen auch Liebeneiner kein Konzept gegen die gesichtslose Ufa-Massenunterhaltung hatte. Nach einer längeren Unterredung mit dem Produktionschef klingen deutlich kritische Töne an:

»Aber Liebeneiner muß sich auch stärker in die von ihm projektierten Filme einschalten. So schlechte Filme unter seiner, wenn auch nur formalen Produktionsführung diskreditieren nicht nur den Ruf der Ufa, sondern auch seinen eigenen. Ich gebe Liebeneiner absolute Vollmachten, sich gegen die renitenten Regisseure durchzusetzen; hoffentlich tut er das auch. Er läßt sich zuviel auf allgemeine Redereien ein und hat deshalb in der Ufa schon den Spitznamen: ›Versprich mir nichts‹ bekommen.« (3.2.1944)[215]

Zur Jahresmitte häuften sich die Berichte aus der Ufa und anderen Firmen, die keine Besserung von Qualität und Anzahl der Filme erwarten ließen und Goebbels zur »Sorge« veranlaßten. Auch Liebeneiner habe »in keiner Weise die Erwartungen erfüllt« (10.4.1944). Doch Goebbels fehlte es offensichtlich am Willen, der kritischen Lage mit anderen als den üblichen Lösungen zu begegnen: »Ich werde jetzt eine ganze Reihe von Personalveränderungen vornehmen müssen, um wenigstens die allzu dilettantischen Produktionen unserer Filmfirmen für die Zukunft zu verhindern.« (19.5.1944) Schließlich wurde der Firmenchef Jonen, nicht aber der auch von Hitler geschätzte[216] Liebeneiner abgelöst, obwohl in der Ufi-Geschäftsführung der Vorsitzende Kaelber und Tobis-Direktor Fritzsche Liebeneiner für die stockende Ufa-Produktion verantwortlich machten.[217] Hinkel dagegen hat offensichtlich die Schwäche Liebeneiners auszunutzen versucht –

214 Eintrag vom 1.2.1944: »Ein Bericht Froweins über die Arbeit Liebeneiners bei der Ufa zeigt mir doch, daß Liebeneiner bisher mehr geleistet hat, als ich bisher annahm. Seine Stoffvorhaben sind erst in der Produktion und können noch nicht vorgeführt werden. Die Filme, die die Ufa jetzt vorführt, stammen noch aus der Aera Jahn und können nicht zu Lasten Liebeneiners gebucht werden.«

215 VERSPRICH MIR NICHTS, heißt ein Film Liebeneiners von 1937.

216 Vgl. Eintrag vom 27.5.1943: »Der Führer äußert sich über Liebeneiner außerordentlich positiv« und Eintrag vom 10.5.1943.

ihm würde in »Fragen der Regie und Besetzung ›unter die Arme gegriffen‹«–, indem er Goebbels den treuen Parteifunktionär Heinz Tackmann als Nachfolger Jonens vorschlug: Dieser wäre »die hervorragende Ergänzung von Liebeneiner und der erste nationalsozialistische Firmen-Chef im gesamten Filmbereich«.[218]

Am 10. November 1936 hatte Hitler seinen Propagandaminister auf einige schlechte Filme der letzten Zeit angesprochen und Goebbels war um Rechtfertigung bemüht: »Es fehlen die Leute, die n.s. Künstler. Aber allmählich müssen sie sich doch bemerkbar machen.« Doch die von Goebbels verzweifelt gesuchten künstlerischen Partei-Manager existierten nicht.

Goebbels' Verhältnis zu den Wirtschafts- und Verwaltungsfachleuten des Films ist immer zwiespältig geblieben. Zwar bestätigen die Aufzeichnungen weitgehend die »beispiellose Loyalität des Spitzenmanagements«[219], und der häufige Personalwechsel ist gewiß »in keinem Fall mit prinzipieller Gegnerschaft zum NS-Regime«[220] zu erklären, doch latente Widerstände werden durchaus erkennbar. Ein Rest von Mißtrauen und Antagonismus zwischen Goebbels und den Konzernleitungen bleibt selbst dann bestehen, wenn man alle inhaltsleere Rhetorik beiseite läßt. Daß die personelle Fluktuation und die Personalquerelen ausschließlich der Norm eines privatkapitalistischen Produktionssystems entsprachen, erscheint zweifelhaft. Vielmehr vermittelt der Einblick in die Personalplanungen und -nöte des Ministers streckenweise ein Bild aus Verlegenheitslösungen, Stückwerk und Ratlosigkeit. Selbst seine auf bessere Organisation zielende Absicht, »ein paar zuverlässige Leute aus meinem engeren Arbeitskreis in den Film zu delegieren, damit sie hier Ordnung schaffen« (16.7.1942), mißlang.

Letztlich fehlten dem Propagandaminister die Alternativen zu den »Versagern« aus der Partei, zu den kapitalistischen Fachleuten und unzuverlässigen Künstlern. In der Ufi-Geschäftsführung bestand

---

217 Die Frage der Absetzung Jonens wurde von Frowein und Hinkel offensichtlich als Mittel der Auseinandersetzung gegen Winkler und die Ufi-Geschäftsführung gemacht, die Jonen als stellvertretenden Produktionschef ersetzen, als Firmenchef aber halten wollten: BA/K R 109I/1483 Protokolle der Ufi-Vorstandssitzungen vom 31.5.1944 und 12.6.1944.

218 BA/K R 55/662 Nr.7 Hinkel an Goebbels vom 31.8.1944.

219 Spiker, S. 217.

220 Ebd., S. 228.

Hugenberg und Klitzsch werden von Goebbels zum 25. Ufa-Jubiläum am 4. März 1943 mit hohen Auszeichnungen bedacht

1944 mit dem Direktor der Ufa AG, Fritz Kaelber, Tobis-Firmenchef Karl Julius Fritzsche, dem Verleihexperten Heinz Zimmermann und dem Ex-Bankier und Winkler-Vertrauten Friedrich Merten ein »deutliches Übergewicht der Wirtschaftsfachleute«.[221] Von Goebbels wurde dies – ebenso wie die streng privatwirtschaftliche Lenkung durch Winklers Cautio – bestenfalls toleriert. Doch die Effizienz des Systems lag zu klar auf der Hand. So verweigerte der Minister dem einzigen konkreten Reformversuch des SS-Gruppenführers Hinkel die Unterstützung.

Neben den kritischen Bemerkungen hinsichtlich des Verhältnises zu den deutschnationalen »Filmkapitalisten« und alten Eliten sind bei Goebbels jedoch auch andere Zeichen unübersehbar: Nach außen durch die Verleihung hoher Auszeichnungen und öffentliches Lob für Klitzsch und Hugenberg, in den Notizen durch einige verstreute Hinweise. »Dankbarkeit und Anerkennung« für die »großzügige Umge-

221 Ebd., S. 229.

staltung des deutschen Filmwesens« bekundet Goebbels am 17.9.1941 gar gegenüber Klitzsch. Und anläßlich des 25jährigen Gründungsjubiläums der Ufa finden sich neben Bemerkungen über die vergangene »jüdisch amerikanische Überfremdung des deutschen Films« einige betont positive Worte über die mit antisemitischen Parolen gespickte »lange, aber interessante Rede« des ehemaligen Ufa-Managers. Als dann Alfred Hugenberg mit dem Adlerschild geehrt und auch sonst »ausnehmend freundlich und zuvorkommend« behandelt wurde (5.3.1943), ist die Versöhnung mit dem ehemaligen Harzburger-Front-Verbündeten und Gegner im Ufa-Kampf perfekt: »Der Führer freut sich sehr darüber, daß Hugenberg so gerührt war« (9.3.1943).

»Die unpolitische Zeit ist nun auch für den Film vorbei«: 1933 bis 1939 – der zähe Weg zum neuen Film

1. Die Übergangsfilme 1933/34

Der Beginn nationalsozialistischer Filmpolitik ist in den bisher bekanntgewordenen Goebbels-Aufzeichnungen von 1933/34 nur in Ansätzen dokumentiert. Allerdings ist kaum anzunehmen, daß sich in den Lücken größere programmatische Entwürfe verbergen. Denn der Neuanfang im deutschen Film verlief nach der Machtübernahme am 30. Januar eher schleppend. Rundfunk und Presse hatten bei der angestrebten »Gleichschaltung« von Staat und Massenmedien Priorität. Außerdem mußten erst einmal wirksame Kontrollinstrumente geschaffen werden, bevor es um Inhalte ging. Jede Innovation auf kreativ-künstlerischem und technischem Gebiet wurde zudem durch die beträchtlichen Störungen des Produktionsablaufs infolge von Entlassungen und dem Exodus wichtiger Schauspieler, Regisseure, Drehbuchautoren, Techniker und Produzenten erschwert.

Spielfilm ist ein langsames Medium. Befohlene Produktionsideologie und neue Ästhetik der deutschen Filmproduktion ließen sich nicht über Nacht implantieren, zumal den Nationalsozialisten ein vor der Machtübernahme entwickeltes Filmkonzept fehlte. In anderen kulturellen Bereichen stritten verschiedene in der Kunstpolitik ambitionierte NS-Führer heftig miteinander, etwa über Fragen expressionistischer, naturalistischer oder »dekadenter« Kunst.[1] Beim Film herrschte bis auf die Auseindersetzungen um die parteiverherrlichenden Filme eher Ratlosigkeit.

Aus den drei Filmreden des neuen Propagandaministers 1933/34 lassen sich keine klaren Richtlinien einer künftigen Produktionsideo-

1 Vgl. Peter Reichel, *Der schöne Schein des Dritten Reiches*, München 1991, S. 84ff.

logie entnehmen. Am 28. März 1933 sprach Goebbels im »Kaiserhof« zu den Filmschaffenden – eine Rede unter vielen in wenigen Wochen. Auch Schriftsteller, Verleger, Rundfunkleute und Pressevertreter wollten konkrete Aussagen hören. Zunächst sollte vor allem der Bruch mit der Vergangenheit vollzogen werden:

»Wir denken gar nicht daran, auch nur im entferntesten zu dulden, daß jene Ideen, die im neuen Deutschland mit Stumpf und Stil ausgerottet werden, irgendwie getarnt oder offen im Film wieder ihren Einzug halten. Damit ist allerdings ein Einschnitt in die Filmproduktion vollzogen.« [2]

Anhand der als vorbildlich gepriesenen Filme – ANNA KARENINA, DER REBELL, DIE NIBELUNGEN und PANZERKREUZER POTEMKIN – zeigte Goebbels vier wesentliche Leitlinien auf: Tendenz und Kunst müssen sich, wie bei PANZERKREUZER POTEMKIN, vereinen: »Dies beweist, daß Tendenz sehr wohl in einem Kunstwerk enthalten sein kann, und auch die schlechteste Tendenz ist zu propagieren, wenn es eben mit den Mitteln eines hervorragenden Kunstwerks geschieht.«[3] Auch Bühnenstücke könnten »ergreifend« wirken, wenn sie mit den richtigen filmischen Mitteln umgesetzt würden; dazu müsse der Film als eigene Kunstrichtung anerkannt werden. Selbst Stoffe aus fernster Vergangenheit, so Goebbels, könnten modern sein und sogar »Kämpfer der nationalsozialistischen Bewegung« erschüttern (DIE NIBELUNGEN). Doch nicht allein die Gesinnung mache einen guten Film, sondern handwerkliche Fähigkeiten und Qualität (DER REBELL).

Goebbels machte »seichte und gestaltlose« Filme verantwortlich für die Krise des Films, empfahl »völkische Konturen« und »volkstümliche Stoffe«. Wenn das Publikum diese nicht wolle, so müsse eben die »Regeneration des Publikumsgeschmacks« angepackt werden. Allerdings sei dieser »Publikumsgeschmack nicht so, wie er sich im Inneren eines jüdischen Regisseurs abspielt. Man kann kein Bild vom deutschen Volk im luftleeren Raum gewinnen.«[4] Zwar solle man nicht »von früh bis spät in Gesinnung machen«, andererseits müsse aber auch »blödester Gesellschaftskitsch«[5] verschwinden, was wiederum nicht bedeuten sollte, daß nun »unsere SA-Männer durch den Film

2 Rede vom 28.3.1933, abgedr. bei: Gerd Albrecht, *Nationalsozialistische Filmpolitik*, Stuttgart 1969 (Albrecht I), S. 440.

3 Ebd., S. 439.

4 Ebd., S. 441. Dieser Satz widerlegt Jerzy Toeplitz, *Geschichte des Films*, Bd.3, Berlin 1982, S. 252, in Goebbels' Rede vom März 1933 sei »kein einziger deutlich antisemitischer Akzent« zu finden gewesen.

5 Albrecht I, S. 445.

oder über die Bühne marschieren. Sie sollen über die Straße marschieren.«[6] Mit Blick auf die allzu beflissene Herstellung von Parteifilmen kritisierte Goebbels, »›Mangels besseren Könnens‹ glaubt man, sich der nationalsozialistischen Symbole bedienen zu müssen, um damit seine gute Gesinnung unter Beweis stellen zu können«[7] und erteilte dem »Nachäffen äußerer Symbole« und Versuchen, »das Parteiprogramm zu dialogisieren«, eine Absage.

Wenig konstruktiv war auch die Warnung des Ministers, sich zu sehr am Ausland zu orientieren: der deutsche Film dürfe »keine blinde und geistlose Nachäffung irgendwelcher ausländischen Filme«[8] betreiben. Ein knappes Jahr darauf, am 9. Februar 1934, sprach Goebbels bereits von Erfolgen und reklamierte das »Vertrauen der Künstlerwelt«. In der Stoffplanung beließ er es erneut bei einer rein negativen Abgrenzung: »[...] wir wollen auch nicht, daß der Nationalsozialismus durch die Auswahl des Stoffes zur Darstellung kommt, sondern durch die Gestaltung des Stoffes«.[9]

Das Kinoprogramm 1933/34, zu weiten Teilen aus »naiven, unpolitischen Schwänken und Melodramen«[10] bestehend, zeigt eine fast uneingeschränkte Kontinuität zu den letzten Jahren der Weimarer Republik.[11] Es dominierte das »Milieu der Operette und der großen Gesellschaft, der sorglosen Künstler und reisenden Müßiggänger«,[12] – alles künstlerisch relativ unergiebige Filme, die es nach Goebbels' Willen nicht mehr geben durfte. An der Spitze der Erfolgsfilme standen die Verwechslungskomödie VIKTOR UND VIKTORIA, der Jan-Kiepura-Film EIN LIED FÜR DICH und MASKERADE von Willi Forst.[13] Die Zahl der politisch akzentuierten Filme dieser Zeit liegt zwar bei genauerer Analyse höher als gemeinhin unterstellt wird, jedoch nicht als Ergebnis einer neuen Filmpolitik, sondern dank des willfährigen Opportunismus und der deutschnationalen Kontinuität bei Teilen der Filmin-

---

6 Ebd., S. 442.
7 Ebd., S. 443.
8 Albrecht I, S. 446.
9 *Licht-Bild-Bühne* Nr. 35 vom 10.2.1934. Auch in einer als »bedeutsame Rede« dargestellten Ansprache vor der NSBO-Gruppe in den Babelsberg-Studios am 26.4.1933 blieb Goebbels unkonkret: Joseph Wulf, *Theater und Film im Dritten Reich*, Frankfurt/M. 1966, S. 292.
10 Toeplitz, Bd.3, S. 254.
11 Martin Loiperdinger (Hrsg.), *Märtyrerlegenden im NS-Film*, Opladen 1991, S. 29.
12 Klaus Kreimeier, *Die Ufa-Story*, München 1992, S. 254f.
13 Nach Ausweis der Berliner Erstaufführungstheater: Arthur M. Rabenalt, *Joseph Goebbels und der »Großdeutsche« Film*, München 1985, S. 40f.

dustrie. Dies gilt für den pathetischen U-Boot-Film MORGENROT, der schon vor dem Januar 1933 fertiggestellt wurde,[14] ebenso wie für GRENZFEUER, FLÜCHTLINGE (mit Hans Albers)[15] oder den englandfreundlichen Streifen EIN MANN WILL NACH DEUTSCHLAND und nicht zuletzt für DU SOLLST NICHT BEGEHREN (BLUT UND SCHOLLE), eine völkische Mischung aus Problemfilm und Bauerndrama.[16] Viele dieser Produktionen wurden von der NS-Presse zwar gefeiert, waren aber noch nicht vom Propagandaministerium angeregt oder beeinflußt. Die Herstellung übernahmen kleinere private Produktionsfirmen, sogenannte »Konjunkturritter«, die auf ein steigendes Bedürfnis nach nationalsozialistischen Themen im Film setzten.[17] Doch einige der teilweise recht ungekonnten Schnellschüsse wie etwa DU SOLLST NICHT BEGEHREN (BLUT UND SCHOLLE) führten zu Konflikten nicht nur zwischen Reichsnährstand und Ufa, sondern auch innerhalb der NSDAP.[18] Das Hauptaugenmerk nationalsozialistischer Inszenierungskunst galt zunächst den unzähligen Ritualen, Feiern, Aufmärschen und Totenkulten. Nur einige Dokumentarfilme wurden bereits 1933/34 unter Parteiaufsicht beziehungsweise -einfluß hergestellt.[19]

---

14 Vgl. Rainer Rother (Hrsg.), Ufa-Magazin Nr. 10 zur Ausstellung *Die Ufa 1917-1945. Das deutsche Bildimperium*, Berlin 1992, S. 1.

15 Toeplitz, Bd. 3, S. 255f. FLÜCHTLINGE erhielt in der Kategorie Film am 1.4.1934 den Staatspreis.

16 Weiter sind aus den Anfangsjahren dazu zu zählen: UM DAS MENSCHENRECHT, ein »antibolschewistischer« Film von 1934; DAS ALTE RECHT, eine etwas schlichte Begründung des Erbhofgesetzes; DER SCHIMMELREITER (1934), STOSSTRUPP 1917 (1934) und DIE REITER VON DEUTSCH-OSTAFRIKA, ein englandfreundlicher Film von 1934. Als der Vorsitzende der Deutschen Bank und Hugenbergs Stellvertreter im Aufsichtsratsvorsitz der Ufa, Emil Georg von Stauss, im Mai 1934 gegenüber Ufa-Generaldirektor Klitzsch äußerte, zuwenige der Ufa-Filme würden der »Weltanschauung des neuen Staates« Rechnung tragen, schickte die Ufa an von Stauss zur Rechtfertigung eine umfangreiche Liste mit 10 in der Produktionsperiode 1933/34 hergestellten Filmen, die sie selbst als nationalsozialistisch bezeichnete und rechnete so einen Anteil von 59% an Filmen »mit staatspolitischer Auffassung« aus – so den Preußenfilm DES JUNGEN DESSAUERS GROSSE LIEBE wegen der »französischen Hofcliquen« und der Volksverbundenheit des Fürsten als »Landesvater und Führer«. Bei näherer Betrachtung wird zwar die sehr weite Auslegung deutlich, doch ist es ein interessantes Dokument über den Opportunismus des Filmkonzerns: BA/P 80 BA 2/19078 Ufa-Vorstandsmitglieder Meydam und Lehmann an von Stauss vom 14.5.1934.

17 Vgl. David Welch, *Propaganda and the German Cinema*, Oxford 1983, S. 258; allerdings handelte es sich eben nicht bereits um Staatsauftragsfilme.

18 Eine anschauliche Chronologie und Zusammenfassung dieser Auseinandersetzungen durch die Ufa findet sich in dem Bestand BA/P 80 BA 2/19080.

19 Vgl. Hans Barkhausen, Die NSDAP als Filmproduzentin, in: Günther Moltmann/ Karl Friedrich Reimers, *Zeitgeschichte in Bild- und Tondokumenten*, Göttingen 1970, S. 145-176; Kreimeier, S. 255.

Der Produktionskonzern Ufa reagierte bereits vor der Rede Goebbels' im März 1933 auf die neuen Machtverhältnisse: In das Herstellungsprogramm 1933/34 fanden zusätzliche »nationale« Stoffe Eingang, wobei die Ufa mit Themen wie »Antibolschewismus«, Führerprinzip und Kolonialgedanke spätere Forderungen Goebbels' vorwegnahm.[20]

Insgesamt aber prägte eher Attentismus die Übergangszeit, die »einerseits von anachronistischen, andererseits von antizipatorischen Filmen« gekennzeichnet war.[21] Grundströmungen wurden aufgenommen, doch einer zu deutlichen Politisierung stand die Angst der Industrie entgegen, bei einem wider Erwarten raschen Zusammenbruch der NS- Herrschaft große Verluste zu erleiden.

Schon die Aufzeichnungen vor Januar 1933 zeigen, daß Goebbels seit 1928 durch aktive Mitarbeit an Parteipropagandafilmen und Wahlkampffilmen über praktische Filmerfahrung verfügte.[22] Im Herbst 1930 – Goebbels amtierte für die Partei als Reichspropagandaleiter – wurde unter seiner Leitung die erste Parteifilmstelle im »Gau Berlin« eingerichtet,[23] wo bereits einige amateurhafte Kurzfilme wie MIT DER BERLINER SA NACH NÜRNBERG entstanden waren. Unzureichende »technische Mittel« (5.4.1929) bremsten den Filmpropagandisten noch, aber der Anspruch bestand: »Hätten wir Geld. Ich würde einen n.s. Film schreiben, der sich gewaschen hat« (16.2.1930).[24] Dies gipfelt in einer Notiz nach der Vorführung von Luis Trenkers DER REBELL, Prototyp einer ganzen Reihe von »Befreiungsfilmen«[25]: »Phantastische Szenen. Da sieht man, was aus dem Film gemacht werden kann und was wir erst daraus machen werden« (19.1.1933).[26] Von »innerparteilich konträren Vorstellungen«[27] über Filmpropaganda als Mittel der Agitation oder Vermittlung völkischer Kulturvorstellungen und Volksbildung ist nicht die Rede.

---

20 BA/K R 109 I/1029a Nr. 232ff. Ufa-Vorstandsprotokoll Nr. 900 vom 10.3.1933. Dieses Programm wollte man sich bereits vom Ministerium absegnen lassen: BA/K R 109 I/1029a Nr. 218 Protokoll-Nr. 905 vom 29.3.1933.

21 Karsten Witte, *Lachende Erben – Toller Tag*, Berlin 1995, S. 50.

22 Vgl. Eintrag vom 5.10.1932 zu dem Wahlpropagandafilm HITLER ÜBER DEUTSCHLAND (1932).

23 Vgl. Barkhausen, S. 148. Thomas Hanna-Daoud, *Die NSDAP und der Film vor der Machtergreifung*, Köln 1996.

24 Im Oktober 1931 wurde Goebbels das gesamte Parteifilmwesen unterstellt: Wolfgang Becker, *Film und Herrschaft*, Berlin 1973, S. 25.

25 Françis Courtade/Pierre Cadars, *Geschichte des Films im Dritten Reich*, München 1975, S. 111.

26 Siehe auch Goebbels' Abänderung in der »Kaiserhof«-Schrift unter dem 18.1.1933.

27 Wolfgang Paul, *Bewegte Bilder – Die NS-Propaganda vor 1933*, Bonn 1990, S. 188.

Vorbildfilm DER REBELL *(1933) von Luis Trenker: Phantastische Szenen*

Zunächst bringt Goebbels im Tagebuch überwiegend Abgrenzungen und Negativbeispiele, die kaum mehr Aufschluß geben als seine öffentlichen Ausführungen. So überrascht es wenig, daß ihm offensichtlich die typischen Unterhaltungsproduktionen, Musik- und Künstlerfilme dieser Zeit, wie EIN LIED GEHT UM DIE WELT (»peinlich«, 10.5.1933), mißfielen. Schlecht beurteilt er auch den Seemannskrimi STERN VON VALENCIA (»Mist«, 6.7.1933) – wohl wegen des leicht frivolen, später auch als »schmierig« bezeichneten Milieus. Ein »furchtbarer Mist« (14.7.1933) war für Goebbels auch der sehr erfolgreiche, mit Jazz-Einlagen durchsetzte Hans-Albers-Film HEUT KOMMT'S DRAUF AN, inszeniert von Kurt Gerron. Für ebenso »furchtbar« hielt Goebbels Erich Engels' Kriminalfilm DER FALL ROBERTS.

Den präfaschistischen Streifen MORGENROT lobt Goebbels als »zum Teil sehr gut«, schränkt jedoch ein: »Heimatszenen zu viel Gartenlaube. So spricht das Volk nicht« (5.2.1933).[28] Ablehnung erfährt das

28 Dieses Urteil bestätigt Goebbels noch einmal am 7.1.1940, als der Film – etwas abgeändert – nach Kriegsbeginn wieder eingesetzt wurde: »Es wird zuviel patriotisiert.« Die in der Filmliteratur später immer wieder als Beweis für die Todesverklärung im NS-Film hervorgehobene Dialogzeile: »Leben verstehen wir Deutschen vielleicht nicht, aber sterben, das können wir fabelhaft«, hebt Goebbels ausdrücklich hervor. Vgl. Erwin Leiser, *»Deutschland erwache«. Propaganda im Film des Dritten Reiches*, Hamburg 1968, S. 25.

SA-Mann Brand (1933) von Franz Seitz:
Nicht so schlecht wie befürchtet

erste Produkt aus einer Filmreihe über die Preußischen Befreiungskriege gegen Napoleon, Schwarzer Jäger Johanna (»schlecht gemacht«, 24.9.1934). Einzig Willi Forsts Maskerade erachtet Goebbels als guten Unterhaltungsfilm (22.8.1934). Dies bot wenig Perspektive, denn sowohl dem intellektuellen Regisseur als auch der für die Übergangszeit typischen Handlung – ein Wiener Gesellschaftsskandal um die Jahrhundertwende – fehlte es an Vorbildcharakter.

Aus solchen Kommentaren ergeben sich noch keine Hinweise, welchen Leitvorstellungen künftig der Unterhaltungs- und der nationale Film folgen sollten. Auch Goebbels' Notizen über die vielbeschriebenen Parteifilme HITLERJUNGE QUEX, SA-MANN BRAND und HANS WESTMAR helfen nicht viel weiter. Als »typische Beispiele für konjunkturellen Kitsch«[29] sind diese Filme mehr Ausdruck der Willfährigkeit von Ufa (HITLERJUNGE QUEX) und Bavaria (SA-MANN BRAND) als die Folge Goebbelsscher Anordnungen oder Anstöße.

Der erste Film aus dieser Reihe, SA-MANN BRAND, startete mit großer Galapremiere und in Anwesenheit Hitlers am 14. Juni 1933. Goebbels hatte den Film offensichtlich erst einen Tag zuvor gesehen. Zunächst fand er ihn »nicht so schlecht, wie ich fürchtete. Manche Partien fast unausstehlich. Sonst aber gut. Vor allem in den Typen. Kann so laufen« (14.6.1933). Wahrscheinlich hatte er ein gänzlich untaugliches Resultat bei diesem ersten Versuch erwartet, die »Bewegung« im Spielfilm zu thematisieren.[30] Nach der Premiere allerdings heißt es: »Abends S.A. Mann Brand im Ufa-Palast. Große Festvorstellung. Auch Hitler da. Es wird im Film zuviel geredet. Mächtig schneiden. Einiges ganz gut« (15.6.1933). Womöglich unter dem Eindruck einer flauen Aufnahme durch das Uraufführungspublikum – oder gar durch Hitler selbst – revidierte Goebbels seine Einschätzung. Verwirrung auch bei der NS-Presse: *Der Angriff* brachte zwei Tage später einen scharfen Verriß – ganz im Gegensatz zur positiven Kritik im *Völkischen Beobachter*.[31] Selbst wenn noch Schnitte nach der Uraufführung angebracht wurden: den Mißerfolg beim Publikum und die Differenzen innerhalb der NSDAP über die richtige filmische Zeichnung der Parteiorganisation verhinderten sie nicht.[32]

HITLERJUNGE QUEX gilt der Filmgeschichtsschreibung wegen seiner unaufdringlichen und glaubwürdigen Darstellung eines Arbeiterjungen, der zur HJ findet, als der geschickteste unter den Parteifilmen. Im Stil der realistischen KP-Filme der zwanziger und frühen dreißiger Jahre auch »in formaler und technischer Hinsicht sehr gut gemacht«,[33] wurde er in den folgenden Jahren wiederholt in Sondervor-

29 Toeplitz, Bd. 3, S. 255.
30 Loiperdinger, Märtyrerlegenden, S. 33.
31 *Der Angriff* vom 16.6.1933; Welch, German Cinema, S. 52.
32 Rabenalt, S. 40f., berichtet von nur 14 Spieltagen in Berliner Uraufführungstheatern.
33 Toeplitz, Bd. 3, S. 255.

führungen auf dem Land, in kinolosen Orten und in Jugendvorstellungen gezielt verbreitet.[34] Nach erfolgreicher Uraufführung am 19. September 1933 reklamierte Goebbels seine Beteiligung am Zustandekommen der Ufa-Produktion,[35] was nach einer Notiz vom 6.7.1933 über eine Unterredung mit dem Ufa-Produktionschef Correll noch während der Dreharbeiten aber nur in geringem Ausmaß der Fall gewesen sein kann. In erster Linie war das Projekt eine Initiative des größten deutschen Filmkonzerns, um mit SA-MANN BRAND des Konkurrenten Bavaria gleichzuziehen.[36]

Am 6.7. erwähnt Goebbels auch erstmals den von der eigens dafür gegründeten »Volksdeutschen Filmgesellschaft« produzierten Spielfilm über die Parteilegende Horst Wessel. Nach der schlechten Erfahrung und den parteiinternen Auseinandersetzungen bei SA-MANN BRAND war offiziell nun nur von einer »parteiamtlichen Beratung« die Rede. Goebbels ließ HORST WESSEL noch vor der für den 9. Oktober 1933 geplanten Uraufführung zurückziehen und erst nach einigen Umarbeitungen[37] unter dem neuen Titel HANS WESTMAR, EINER VON VIELEN starten.[38] Goebbels begründete dies mit künstlerischen Unzulänglichkeiten – die wahren Motive lagen jedoch im Antagonismus der Parteiorganisationen untereinander und in den neuen Zielen der NSDAP-Führung: Statt die in der Bevölkerung zum Teil immer noch als Schlägertruppe angesehene SA herauszustellen, setzte man zunehmend auf Integration, um die »Distanz der ›noch abseits stehenden‹ Bürger und Arbeiter« nicht noch zu verstärken.[39]

Goebbels brandmarkte folglich die als gescheitert angesehenen Formationsfilme als das Werk unkünstlerischer Profiteure. Sowohl bei der Eröffnung der Reichskulturkammertagung am 19. November 1933 als auch am 9. Februar 1934 gab der Minister den Produzenten, aber auch den Parteigliederungen, die die Filmgesellschaften mit unqualifizierten Stoffangeboten überhäuften, unmißverständlich zu verstehen, daß solche Filme nicht mehr erwünscht seien. Von eigener

34 Zur Produktionsgeschichte s. Friedrich P. Kahlenberg, »Hitlerjunge Quex« in: Bundesarchiv/ Kulturamt der Stadt Koblenz (Hrsg.), Katalog zur Filmreihe im Rahmen der Austellung »Jugend im NS-Staat«, Koblenz 1978.

35 Vgl. *Der Angriff* vom 25.9.1933.

36 Loiperdinger, Märtyrerlegenden, S. 39.

37 Vgl. Dorothea Hollstein, *Antisemitische Filmpropaganda*, München 1971, S. 36.

38 Begründung des Verbots durch Goebbels in *Der Kinematograph* vom 11.10.1933; *Der Angriff* vom 10.10.1933.

39 Loiperdinger, Märtyrerlegenden, S. 35.

Mitverantwortlichkeit hatte er sich schon bei der Begründung des HORST-WESSEL-Verbots freigesprochen: »Die nationalsozialistische Regierung hat nie verlangt, daß SA-Filme gedreht werden.«[40]

So erwies sich der vorauseilende Gehorsam der Filmproduzenten auf organisatorischem Gebiet und bei der rassenideologischen Säuberung unter den »Filmschaffenden« als äußerst hilfreich, inhaltlich aber führte dies zu teilweise unerwünschten Ergebnissen. Weder die traditionellen deutschnationalen Produktionen von 1933/34 noch die umstrittenen und zahlenmäßig bedeutungslosen Parteifilme waren Vorbilder für die künftige Produktion.

In den Tagebuch-Fragmenten ab Mai 1933 präsentiert sich Goebbels vor allem bei der Neuorganisation des Filmwesens als aktiv und zupackend. Bei der Stoffsuche scheint der Propagandaminister zunächst nach der Methode vorgegangen zu sein, mit ihm als kooperationswillig, künstlerisch glaubwürdig und kompetent erscheinenden Filmemachern bestimmte Projekte zu planen, so zum Beispiel mit Luis Trenker (20.5.1933) und Leni Riefenstahl (17.5.1933). Dabei heißt es etwa: »Nachm. Leni Riefenstahl: Sie erzählt von ihren Plänen. Ich mache ihr den Vorschlag eines Hitlerfilms. Sie ist begeistert davon« (17.5.1933). Dieses und zahlreiche weitere von Goebbels vermerkte Treffen (12./20.6.1933) widersprechen späteren Darstellungen der legendären Regie-Ikone des Dritten Reichs. Leni Riefenstahl begleitete Goebbels auch bei zahlreichen gesellschaftlichen Anlässen und bei einem Besuch der Dreharbeiten zu BLUT UND SCHOLLE in den Babelsberger Ufa-Studios.[41] Am 14.6. heißt es schließlich: »Die Riefenstahl hat mit Hitler gesprochen. Sie fängt nun mit ihrem Film an.« Für die Planungen zu dem ersten Reichsparteitagsfilm SIEG DES GLAUBENS liegt dieser Zeitpunkt wohl zu früh. Riefenstahl hat auch immer behauptet, Goebbels sei in dieses Projekt überhaupt nicht eingeschaltet gewesen, der Auftrag vielmehr Ende August 1933 von Hitler direkt gekommen, ja Goebbels habe alles getan, sie zu behindern. Wahrscheinlich existierte die grundsätzliche Absicht zu einem Dokumentarfilmprojekt, worauf auch die Bezeichnung »Hitler-Film« schließen läßt. Unklar ist, ob ein Vorhaben, das Goebbels wiederholt »unseren Großfilm« nennt, mit dem Riefenstahl-Projekt identisch ist (15.6.1933).[42] Wenn alle Lücken des Goebbels-Tagebuchs geschlossen sind,

---

40 *Der Kinematograph* vom 11.10.1933.
41 Vgl. Hartmut Bitomski, *Die Ufa*, TV-Sendung, ARD, 10.9.1992, 23 Uhr.

wird man auch ersehen können, wie groß der tatsächliche Einfluß des Ministers auf die »einzigartige Erscheinung in der Filmkunst«[43] war: den zweiten Parteitagsfilm TRIUMPH DES WILLENS.

Gleiches gilt für März 1933 und das fast schon sagenumwobene Angebot Goebbels' an den Regisseur Fritz Lang, eine Art Leitung oder Intendanz des deutschen Films zu übernehmen.[44] Fritz Lang behauptete in verschiedenen abgewandelten Versionen, der Propagandaminister habe ihm wenige Tage nach der Rede im »Kaiserhof« vom 28. März einen entsprechenden Vorschlag gemacht, woraufhin er jedoch noch am selben Tag Deutschland für immer verlassen habe.[45] Daß Goebbels mit Lang, wie vorher schon mit Riefenstahl oder Trenker, eine Unterredung hatte, erscheint durchaus plausibel. Womöglich machte er dem Meisterregisseur auch ebensolche Angebote zur Zusammenarbeit und zur Herststellung mehrerer Filme. Aber ganz unabhängig von der Person Langs taucht eine Idee zur Einrichtung einer Filmintendanz und die Übertragung von wirklichen Vollmachten an einen Produzenten oder Regisseur zu diesem Zeitpunkt nirgendwo auf. Zwar schätzte Goebbels die Filme Fritz Langs, präsentierte DIE NIBELUNGEN als Leitbild für die deutsche Filmproduktion und hatte schon im Anschluß an den Kinobesuch von M verkündet: »Lang wird einmal unser Regisseur« (21.5.1931). Dennoch ist kaum anzunehmen, daß Goebbels dem der NS-Gefolgschaft nicht vermittelbaren »Halbjuden« Lang, dessen Film DAS TESTAMENT DES DR. MABUSE offiziell am 29. März 1933 verboten wurde,[46] tatsächlich eine herausragende Position zugedacht hatte.

---

42 Vgl. Leni Riefenstahl, *Memoiren 1902-1945*, Frankfurt./M, 1990, S. 202ff. Zweifellos lassen aber die Eintragungen Goebbels' die Darstellungen Riefenstahls als äußerst unglaubwürdig erscheinen. Erstmals mit den Goebbels-Zitaten konfrontiert wird Leni Riefenstahl in der Film-Dokumentation von Ray Müller, LENI RIEFENSTAHL – DIE MACHT DER BILDER.

43 Toeplitz, Bd. 3, S. 270.

44 Vgl. Kreimeier, S. 251.

45 Vgl. Fred Gehler/Ullrich Kasten, *Fritz Lang. Die Stimme von Metropolis,* Berlin 1990, S. 156f. und Patrick McGilligan, *Fritz Lang. The nature of the Beast*, New York 1997, S. 174-181. Langs Reisepaß mit Sichtvermerken vom Juni und Juli 1933 samt Devisenumtauschstempel ist in der Stiftung Deutsche Kinemathek überliefert, d.h. Lang hat auch noch Monate nach der Unterredung mit Goebbels Deutschland besucht. McGilligan wie *Der Spiegel* ziehen die Tagebücher auch als Quelle dafür heran, daß es sich bei der Darstellung Langs um eine Legende handelt. Für den entsprechenden Zeitraum liegt bis heute jedoch nur die »Kaiserhof«-Version vor. Daß dort das Angebot an Lang fehlt, beweist gar nichts.

46 Die Entscheidung dazu muß aber schon früher gefallen sein: Kraft Wetzel/Peter A. Hagemann, *Zensur – Verbotene deutsche Filme 1933-1945*, Berlin 1978, S. 161f.

2. *Themensuche 1935/36: Neue Stoffe für das neue Reich*

Unscharfe Vorgaben

Die Übergangszeit endete 1935 mit der Etablierung und Fortschreibung des Reichslichtspielgesetzes. Nun war auch das Büro des Reichsfilmdramaturgen halbwegs funktionsfähig. Das unberechenbare Zensursystem und der Mangel an positiven Vorgaben von seiten des Propagandaministeriums hatten eine stromlinienförmige Filmproduktion zu Beginn des Jahres 1935 geradezu heraufbeschworen. Die schwere ökonomische Krise, in der sich die Filmwirtschaft befand, zwang die Produzenten zur »Behauptung ihrer Amortisationsbasis« und zu einer »verstärkten Produktion populärer Genres wie Komödien oder Musicals«.[47] Kontinuität zur Weimarer Zeit wurde durch unauffällige und künstlerisch unergiebige Unterhaltungsfilmsujets (Künstler-, Konsum-, Glücks- und Aufstiegsträume von Angestellten)[48] ebenso gewahrt wie durch die filmische Überhöhung von Ordnung, Tapferkeit, Militär, Autorität und Gehorsam – augenfälliges Beispiel ist die nahtlose Fortsetzung der 1922 begonnenen Fridericus-Rex-Filmreihe. Gewagte Innovationen sowohl beim politischen als auch beim Unterhaltungsfilm erhöhten nur das Risiko von Verboten oder teuren Schnitt- und Nachaufnahmeauflagen. Nach dem Krieg wurden nur vier von 34 Filmen der Ufa-Produktion der Jahre 1935/36 von der US-Militärbehörde als nationalsozialistische Propaganda verboten.[49] Die zahlreichen politischen Filme kleinerer Hersteller und Privatproduktionen, die sich mit propagandistischen Themen Chancen ausrechneten,[50] dürfen durch einen einseitigen Blick auf Ufa, Bavaria, Tobis etc. nicht übersehen werden, wenngleich ihre Verbreitung mangels entsprechender Verleihmöglichkeiten begrenzt blieb. Viele dieser nicht vorab geprüften Produktionen gerieten zudem politisch-ideologisch oftmals wirr und unbrauchbar.

---

47 Karsten Witte, Die Filmkomödie im Dritten Reich, in: Horst Denkler/Karl Prümm, *Die deutsche Literatur im Dritten Reich*, Stuttgart 1976, S. 348.

48 Kreimeier, S. 278ff.

49 Kreimeier, S. 279. Die Intention zu aufwendigen politischen Filmen war durchaus vorhanden: BA/K 109 I/1030a Nr. 179 Protokoll-Nr. 1059 vom 12.2.1935.

50 Darunter fallen unter anderem DER ROTE REITER, MEIN LEBEN FÜR MARIA ISABEL, HUNDERT TAGE (deutsch-italienische Gemeinschaftsproduktion) LOCKSPITZEL ASEW, SOLDATEN-KAMERADEN und 1934 DAS ALTE RECHT, STOSSTRUPP 1917 oder GRENZFEUER.

Für 1935/36 ergeben sich bei Goebbels Hinweise auf eine steigende Zahl von Filmen mit Vorbildcharakter, die allerdings auch noch nicht vom Propagandaministerium beeinflußt wurden. Darunter fielen etwa im Bereich des unterhaltenden wie des nicht-politischen ernsten Films die österreichische Erich-Engel-Produktion ... NUR EIN KOMÖDIANT (17.8. 1935), die den Freiheitsgedanken in einem autoritären Kleinstaat des 18. Jahrhunderts propagiert ebenso wie die Ibsen-Verfilmung STÜTZEN DER GESELLSCHAFT (6.12.1935), ein typisches Melodram gegen bürgerliche Doppelmoral und heuchlerische Konventionen. An der Spitze stand für Goebbels jedoch der 1936 mit dem nationalen Filmpreis ausgezeichnete Carl Froelich-Film TRAUMULUS mit Emil Jannings: »Ein ganz großer Wurf. Das Vorkriegsdeutschland glänzend karikiert. Wunderbar![...] Ich schaue mit ihm [Hitler] dann noch mal Traumulus an. Er ist hingerissen. Jannings ganz groß« (11.1.1936). Doppelbödige, spießbürgerliche Moral, geistige Enge und verkrustete Strukturen, der Gegensatz zwischen Jugend und Alter, die »drückende Atmosphäre einer abgelegenen Kleinstadt« mit ihrem »provinziellen Milieu und der Stammtischmentalität seiner Honoratioren«[51] – all dies gehörte zu den Lieblingsthemen von Hitler und Goebbels, die beide hier die Verhältnisse ihrer Kindheit und Jugendzeit wiedererkennen mußten. Solche Sujets eigneten sich ideal dafür, die alte Epoche der neuen kontrastierend gegenüberzustellen. Ähnlich lautete der Tenor in den offiziellen Kommentaren zu TRAUMULUS:[52] Die miefige Vorkriegszeit weicht dem »frischen Wind« des klassenaufhebenden Nationalsozialismus. An diesen Schemata orientierten sich zahlreiche Filme der folgenden Jahre, die Goebbels fast ausnahmslos gefielen.[53]

Unter den Komödien sah Goebbels offensichtlich den Ufa-Film INKOGNITO des NS-Regisseurs Schneider-Edenkoben, eine der zahlreichen durchschnittlichen Verwechslungsgeschichten auf gepflegtem Unterhaltungsniveau,[54] als Musterbeispiel an: »›Inkognito‹, ein entzückender deutscher Lustspielfilm, bei dem es viel zu lachen gibt« (6.7.1936). Gleiches galt für die schon erwähnte Komödie GLÜCKSKINDER (»Glänzender Dialog. Hingeschmissen. Das hat Curt Götz ge-

51 Courtade/Cadars, S. 255.
52 Den Film behandeln Courtade/Cadars, S. 256.
53 So auch Heinz Hilperts LADY WINDERMERES FÄCHER, nach Oscar Wilde (28.10.1935) oder Hans H. Zerletts MORAL, nach Ludwig Thoma (21.8.1936).
54 Kreimeier, S. 278.

schrieben. Aber mit Bravour. Auch sehr gut gespielt. Ein wahrer Genuß«, 17.9.1936), in dem Goebbels die Brillanz des bekannten Drehbuchautors Curt Goetz erkannte, und für die Junggesellenkomödie MÄNNER VOR DER EHE, »ein sehr lustiges und amüsantes Komödienspiel« (26.8.1936). Heinz Rühmanns WENN WIR ALLE ENGEL WÄREN sollte zeigen, daß es auch im Nationalsozialismus noch kleine Normverletzungen geben durfte – für Goebbels »das beste Lustspiel seit langem. Zum Tränen lachen. Rühmann übertrifft sich selbst. Ich bin begeistert« (14.10.1936).

Sobald es jedoch nicht mehr nur um die »erotischen Wünsche des Mannes«[55] ging und konventionelle Bahnen und Geschlechterrollen verlassen wurden, reagierte Goebbels scharf ablehnend: Reinhold Schünzels DAS MÄDCHEN IRENE, »der schwierige Kampf einer Frau mittleren Alters um sexuelle Verwirklichung«, ist folglich für ihn eine »ganz schlechte, überforcierte, ekelhafte Sache« (17.10.1936).[56] Die bekämpfte seichte und kitschige Ware repräsentierten in Goebbels' Augen etwa EIN LIED KLAGT AN (»furchtbarer Schmarrn«, 6.9.1936)[57], der Karnevalsfilm 3 TOLLE TAGE (»geistlos«, 26.8.1936), die österreichische Produktion SCHATTEN DER VERGANGENHEIT (»kitschig«, 17.6.1936), der Sängerfilm PAUL UND PAULINE (»Quatsch«, 16.3. 1936) und die Operettenadaption WEIßES RÖSSL (»blöder Kitsch«, »unerträglich«, 6.12.1935). Für geistreich und witzig dagegen hielt Goebbels derbe, ganz und gar unkeusche Späße über potenzsteigernde Wunderquellen: »[Hans] Deppes ›Tal des Lebens‹ pikant und prickelnd. Muß Führer auch sehen« (29.11.1935).

Der gediegen-traditionelle, gepflegte, nicht übermäßig anspruchsvolle, aber professionelle Ufa-Unterhaltungsfilm konnte also nicht gemeint sein, wenn Goebbels gegen »blödesten Gesellschaftskitsch« anging und die Produzenten aufforderte, mit der Vergangenheit zu brechen. Dazu gefielen ihm zu viele Produkte dieses Genres. Die Idealproduktionen auf dem Unterhaltungssektor existierten demnach bereits, wenn auch in nicht ausreichender Zahl. Also ging es darum, Produktionen wie DAS MÄDCHEN IRENE zu verhindern, seichte Filme zurückzudrängen und vor allem dem traditionellen Unterhaltungsfilm möglichst viele »Gegenwartsfilme« hinzuzufügen.

---

55 Kreimeier, S. 278.

56 Zu Goebbels' Tagebuch-Äußerungen über Schünzel s. auch Jörg Schöning, *Reinhold Schünzel – Schauspieler und Regisseur*, München 1989, S. 60.

57 Der Titel wurde zunächst 1934 verboten.

Doch nur ausschnittartig geben die Tagesaufzeichnungen Goebbels' Beteiligung an der Produktionsplanung von 1935 bis 1936 wieder. Erneut finden sich Besprechungen mit Filmdarstellern über verschiedene – vorwiegend nichtpolitische – Projekte,[58] deren konkrete Folgen allerdings nicht ersichtlich werden. Oft nur beiläufig und pauschal vermerkt er »meine Unterstützung« (zum Beispiel für PYGMALION, 31.8.1935). Indirekt sind Fehlschläge politischer Ambitionen wie DAS MÄDCHEN JOHANNA über Johanna von Orléans zu erkennen. Zunächst noch »Mein großer Erfolg«, heißt es kurz darauf: »Zu laut, zu gewollt. Leider nicht ganz nach meinem Wunsch« (19.4.1936). Überraschend ausufernd beschreibt Goebbels die Förderung von VIKTORIA und PAN, beides Verfilmungen von Novellen seines Lieblingsschriftstellers Knut Hamsun.[59] Weit weniger Aufmerksamkeit findet er für politische Projekte. Einzig bei FRIESENNOT, dem ersten deutlich antisowjetischen Film unter der Regie von Reichsfilmdramaturg Willi Krause, ist eine Überarbeitung (9.11.1935) mit erfolgreichem Abschluß erkennbar: »Friesennot, nun endgültig geschnitten. Unbeschreiblich spannend. Ein Meisterstück von Krause« (13.11.1936).[60] Die Luis-Trenker-Produktion DER KAISER VON KALIFORNIEN konnte Goebbels offensichtlich noch leicht am Schneidetisch korrigieren (17.6.1936),[61] zu FRIDERICUS ist nur ein Atelierbesuch vermerkt. Bis auf FRIESENNOT und den Spionagefilm VERRÄTER (»Zuerst etwas langatmig, aber dann ein hinreissendes Furioso«, 30.7.1936 siehe unten), einen Auftragsfilm des Ministeriums, mangelt es an detaillierten Überlegungen zur politischen Ausrichtung einzelner Filme.

Politische Dynamik und der »Antibolschewismus« 1936

Auf dem Internationalen Filmkongreß in Berlin 1935 forderte Goebbels, der Film müsse verstärkt dem »Geist der Zeit angeglichen werden«,[62] vermied es aber erneut, seine Stoffvorstellungen offenzulegen. Die politische Stoßrichtung der Filmproduktion 1935/36 erscheint

58 So mit dem Startenor Jan Kiepura ([27].2.1936), Jenny Jugo, Luis Trenker (27.5.1936), Luise Ullrich (8.8.1936).

59 Vgl. Einträge vom 27.9/3.10./17.10.1935; 13.8./21.8./2.9./4.9./5.9.1936.

60 Vgl. auch Eintrag vom 15.11.1936: »Führer hat ›Friesennot‹ und ›Mazurka‹ gesehen. Ist begeistert davon. Große Freude für mich, da ich wieder einmal Pate war.« Den Film beschreibt Welch, German Cinema, S. 242-246.

61 Vgl. gegenteilige Darstellung bei Luis Trenker, *Alles gut gegangen*, München 1965, S. 344ff.

62 Rede vom 1.5.1935 in: *Film-Kurier* vom 2.5.1935.

bisweilen nebulös und wenig präzise, schwankte zwischen antibritisch (DAS MÄDCHEN JOHANNA, VERRÄTER) oder probritisch und antifranzösisch (DER HÖHERE BEFEHL).[63] Zudem wurden zahlreiche deutsch-französische und deutsch-polnische Gemeinschaftsproduktionen hergestellt, die eine Tendenz gegen das Land des jeweiligen Co-Produzenten ausschlossen.[64] Ein direkter Einfluß der deutsch-englischen Verständigung im Rahmen des Flottenabkommens vom Juni 1935 auf die Filmpolitik[65] läßt sich nicht nachweisen, jedoch fehlten antibritische Filme weitgehend, oder die Engländer kamen höchstens in der Variante »Feinde wider Willen«[66] zum Vorschein.[67]

Bei Goebbels ist keine Linie zu erkennen, sämtliche national-patriotischen Filme herkömmlicher Machart zu verdammen. Manche dieser Produktionen fanden Zustimmung:

»›Henker, Soldaten und Frauen‹, ein spannender und hinreißender Film mit Albers. ›Auf höheren Befehl‹, ein nationaler und hinreißender Film aus der napoleon. Zeit mit Diehl, der Dagover und Finkenzeller. Alles beste Klasse. Man kann schon einen Aufstieg im deutschen Film feststellen.« (11.12.1935) [68]

Durchweg zufrieden klingen auch die Kommentare zu STANDSCHÜTZE BRUGGLER – wobei ihm die Problematik der anti-italienischen Tendenz nicht entging[69] – und RITT IN DIE FREIHEIT: »Gut gemacht. Anständig in Handlung, Regie, Gesinnung und Darstellung. Ich bin froh,

---

63 Vgl. Kreimeier, S. 324.

64 Die Einflußmöglichkeiten des Propagandaministeriums auf die Gemeinschaftsproduktionen sind umstritten: Albrecht I, S. 98, stellt diesen Einfluß als minimal beziehungsweise schwer einschätzbar dar und nimmt deshalb derartige Gemeinschaftsproduktionen nicht in seine Filmaufstellung mit auf, während Kahlenberg am Beispiel ANDALUSISCHE NÄCHTE die Gestaltungsmöglichkeiten der deutschen Seite aufzeigt: Friedrich P. Kahlenberg, Spielfilm als historische Quelle? Das Beispiel »Andalusische Nächte«, in: Heinz Boberach (Hrsg.), *Aus der Arbeit des Bundesarchivs*, Boppard 1978, S. 518ff.

65 Vgl. Boguslaw Drewniak, *Der deutsche Film 1938-1945*, Düsseldorf 1987, S. 330f.

66 Leiser, S. 89.

67 Welch, German Cinema, S. 259.

68 DER HÖHERE BEFEHL, ein Film aus der Reihe der »Rebell-aus-Patriotismus-Filme«, spielt während der preußischen Befreiungskriege. Courtade/Cadars, S. 113, stellen eine zwiespältige Qualität fest, die Unterhaltungsszenen seien eine Mischung aus »Dorfkomödie« und Lubitsch-Stil. HENKER, FRAUEN UND SOLDATEN, eine national-patriotische, antifranzösische und antisowjetische Produktion ohne wesentliche neue Eigenschaften spielt im und nach dem Ersten Weltkrieg vor dem häufig verwendeten Hintergrund des untergehenden Zarenreichs, mit Hans Albers in der Rolle eines Freikorpsoffiziers.

69 Eintrag vom 18.8.1936: »[...] ein guter Kriegsfilm aus Tirol, sehr männlich und heroisch, mit guten Typen und aufrechter Gesinnung. Die Italiener werden nicht sehr erfreut sein, aber allzuviel darf man ihnen auch nicht entgegenkommen«.

daß ich ihn unterstützt habe« (19.10.1936). Abstriche machte er bei der ersten Fassung (»endlich, lang erwartet«) von FRIDERICUS: »Mit ganz großen, hinreissenden Höhepunkten, aber auch Schwächen. Gebühr hervorragend. Der große König, der einzige König!« (4.11.1936). Dagegen mißlangen nach Goebbels' Einschätzung gerade die aktuellen politischen Projekte wie STÄRKER ALS PARAGRAPHEN, »ein deutsches Machwerk mit n.s. Einschlag. Fürchterlicher Schmarren« (23.8.1936).

Der Nürnberger NSDAP-Parteitag im September 1936, der ganz im Zeichen des »Antibolschewismus« stand, wies auch der Filmpropaganda neue Wege. Es bot sich die Möglichkeit, über die bisherigen nationalen Filme hinaus genuin nationalsozialistische Ideologie auf die Leinwand zu bringen. Zwar ist bei Goebbels schon vorher von einem »neuen antibolschewistischen Filmplan« (19.1.1936) die Rede. Doch nach dem im November 1935 uraufgeführten Film FRIESENNOT, dem bis dahin einzigen antikommunistischen Projekt, stockte die Planung 1935/36. Allein WEISSE SKLAVEN, im Herbst 1936 unter der Regie von Karl Anton abgedreht, thematisiert die Grausamkeiten der »Bolschewiki« während der russischen Revolution in Sewastopol. Ein von Hitler gegen den Film im Oktober 1936 verhängtes Verbot konnte Goebbels (»Realistisch aus dem Bolschewismus. Hart an der Grenze. Am Schluß Bruch«, 14.10.1936) nach Herstellung einer stark korrigierten Neufassung rückgängig machen.[70] Beim Publikum angeblich ein großer Erfolg,[71] war dies noch nicht die nationalsozialistische Abrechnung mit dem Bolschewismus, die Hitler und Goebbels vorschwebte.

Im Zuge der Umarbeitung von WEISSE SKLAVEN im Oktober und November 1936 widmete Goebbels der Filmplanung nun mehr Energie. Am 22.10.1936 schreibt er, auch sein »Führer« wolle »Film und Presse mehr nationalsozialistisch«, woraufhin Goebbels gleich gelobt, »dann steuere ich jetzt auf den antibolschewistischen Film los«. Noch deutlicher wird die neue Stoßrichtung am 27.10.1936:

> »Rede zu den Produzenten und Regisseuren der Filme: mehr zeitgemäße Stoffe. Die unpolitische Zeit ist nun auch für den Film vorbei. Jetzt muß die Zeit angepackt werden. Da liegt auch unsere eigentliche Chance. [...] Ich bekräftige das noch in privaten Unterredungen mit Krause, Nierentz, Köhn und Weidemann.«

---

70 Eintrag vom 9.12.1936: »Jetzt ganz brauchbar. [...] Richtige Tendenz.« Siehe auch Kap. 5, Seite 334. Die Umarbeitung betraf offensichtlich in erster Linie den Schluß, der – leicht erkennbar – neu gedreht wurde und äußerst aktuell klingende antikommunistische Parolen enthielt.

71 Courtade/Cadars, S. 174.

»Antibolschewistischer« Film WEISSE SKLAVEN *(1936): Hart an der Grenze*

Die politischen Neuorientierungen im »Wendejahr« 1936 hatten also auch den Film erfaßt. Die Intentionen Hitlers und Goebbels' sind sicherlich vor dem Hintergrund des im September verkündeten Vierjahresplans zu sehen. Dieser läutete eine aggressive Phase nationalsozialistischer Kriegsvorbereitung ein,[72] hinzu kamen die Einführung der zweijährigen Dienstpflicht im August (»Der Führer hat wieder in seiner Einsamkeit einen großen Entschluß gefasst«, 25.8.1936) und eine verstärkte antikommunistische Propaganda (siehe unten). Gleichzeitig begann Goebbels – dies zeigt auch das Verbot der Kunst-

72 Vgl. auch Eintrag vom 15.11.1936: »Nach Tisch spreche ich mich mit dem Führer allein gründlich aus. Er ist sehr zufrieden mit der Situation. Die Aufrüstung geht weiter. Wir stecken märchenhafte Summen hinein. 1938 sind wir ganz fertig. Die Auseinandersetzung mit Bolschewismus kommt.[...] Vorherrschaft in Europa ist uns so gut wie sicher. Nur keine Chance vorübergehen lassen. Führer zu allem entschlossen«.

und Filmkritik im November 1936 – nach mehrjährigem Kulturkampf seinen Widerstand gegen die radikal-völkischen Kulturvorstellungen Rosenbergs aufzugeben und »vollzog nun jene ideologische Radikalisierung, die Rosenberg immer verlangt hatte«.[73] Es stellte sich nun die Frage, wie die neuen Absichten umgesetzt werden sollten. Jedenfalls verstärkte die Unzufriedenheit Hitlers, der sich mit Goebbels' Hinweisen auf fehlende kreative Potentiale schwerlich zufrieden geben konnte,[74] zweifellos den Druck auf den Propagandaminister. Dieser brütete nun viel über »Große neue Filmpläne« (13.11.1936) und die »Frage des neuen politischen Films« (14.11.1936).[75]

Nach dem Anti-Komintern-Pakt vom 25. November 1936 und der dem Parteitag folgenden Propaganda hätten nun konkrete »antibolschewistische« Filmpläne folgen müssen. Schon kurz bevor Goebbels seine neue Dynamik entwickelte, befanden sich, gemäß »dem Konzept der Ufa, regelmäßig Stoffe mit antirevolutionärer beziehungsweise antikommunistischer Tendenz in das Produktionsprogramm aufzunehmen«,[76] im Herbst 1936 zwei entsprechende Filmprojekte in Vorbereitung: STARKE HERZEN und der Abenteuerfilm MENSCHEN OHNE VATERLAND aus der Reihe der Freikorps-Filme.[77] WEISSE SKLAVEN war bereits abgedreht. Auf der Produktionsseite wurden Goebbels' Forderungen nach politischen und antikommunistischen Stoffen zwar erörtert. Ufa-Produktionschef Correll wies im Firmenvorstand am 9. Dezember 1936 auf Goebbels' Drängen hin, »dass Filme hergestellt werden sollen, in welchen die Auseinandersetzung zwischen weiß und rot gezeigt wird«.[78] Doch er bezog sich damit nicht auf unmittelbar erteilte Weisungen, sondern auf Goebbels' Rede vom 27. November 1936 zur Eröffnung der 4. Jahrestagung der Reichskulturkammer.[79] Überraschenderweise wurden dann aber bis 1939

---

73 Reichel, S. 98.

74 Vgl. Eintrag vom 10.11.1936.

75 Ebenso: »Mit Regisseur Ritter seine neuen Filmpläne durchgesprochen. Die Ufa scheint sich bessern zu wollen. Wenigstens brauchbare Projekte« (5.11.1936); »Wir werden uns da von jetzt ab stärker einschalten. Vor allem die Partei. Weidemann soll zuerst mal Stoffe suchen« (14.11.1936).

76 Friedrich P. Kahlenberg, »Starke Herzen«. Quellennotizen über die Produktion eines Ufa-Films im Jahre 1937, in: Wetzel/Hagemann, S. 113.

77 STARKE HERZEN wird erstmals im Ufa-Vorstand am 2. September 1936 erwähnt: BA/K R 109I/1031 b Nr. 112 Protokoll-Nr. 1180 vom 2.9.1936. MENSCHEN OHNE VATERLAND befand sich im Oktober bereits in den Babelsberger Ufa-Ateliers: Jörg Schöning, Filmografie der Ufa, in: Wolfgang Jacobsen, *Babelsberg*, Berlin 1992, S. 349.

78 BA/K R 109 I/1032a Nr. 206 Protokoll-Nr. 1202 vom 9.12.1936.

79 Rede in *Völkischer Beobachter* (Berliner Ausgabe) vom 28.11.1936.

keine antisowjetischen Filme, außer den bereits *vor* dem »Lossteuern« in Richtung »Antibolschewismus« projektierten MENSCHEN OHNE VATERLAND und STARKE HERZEN, in Angriff genommen.[80]

Warum blieben die Ankündigungen des Propagandaministers ohne Folgen? Schließlich wurden auch Forderungen verschiedener NSDAP-Gliederungen nach politischen Filmen laut, denen Goebbels mit gezielten Presseberichten über »antibolschewistische« Filmpläne für die Spielzeit 1937/38 – keiner davon wurde später realisiert[81] – entgegenzukommen versuchte.[82]

Ganz offensichtlich zielten Hitler und Goebbels auf eine viel radikalere filmische Abrechnung mit dem Kommunismus, als sie die deutschen Filmfirmen 1936 liefern konnten. WEISSE SKLAVEN entging nur durch nachträgliche Schnitte Hitlers Verbot, STARKE HERZEN wurde die Zulassung völlig verweigert[83], und MENSCHEN OHNE VATERLAND, der Goebbels besonders unwirksam erschien (8.2.1937), wurde auf Anweisung des Propagandaministeriums im März 1937 von der Presse scharf angegriffen, um während der Verstaatlichungsverhandlungen die Ufa-Führung unter Druck zu setzen.[84] Goebbels' Kommentare über STARKE HERZEN, die von »Soll antibolschewistisch sein« über »Ganz bürgerlich und simpel, ohne Konturen und Gegensätze« (24.6.1937) bis zu »Zu bürgerlich. Wie der Stahlhelm den Bolschewismus sieht. Typisch für die Ufa« (22.9.1937) reichen, sind symptomatisch für Goebbels' und Hitlers Ablehnung einer zu laschen und zu wenig nationalsozialistischen, von »bürgerlichen Geschäftsleuten« konzipierten antikommunistischen Filmproduktion. Die Helden dieser Filme – Barone, Rittmeister und andere Aristokraten – waren zwar für die durchaus national eingestellte Ufa-Spitze Identifikationsfiguren, nicht aber für Hitler und Goebbels.

Tatsache ist, daß die 1936 begonnene »antibolschewistische« Filmproduktion schon im Ansatz steckenblieb. Die neue Dynamik bei den Filmplänen wurde von den neuen Zielen der NS-Außen- und Propa-

---

80 STARKE HERZEN resultiert nicht, wie Kreimeier, S. 328, meint, aus den »Antibolschewismus«-Forderungen Goebbels' vom November 1936.

81 Mit Ausnahme des verbotenen STARKE HERZEN, hier unter dem Titel BELA KUNIN. Welch, German Cinema, S. 247, zieht die Schlußfolgerung, Goebbels habe bewußt auf eine Auswertung des »Antibolschewismus« im Spielfilm verzichtet. Er übersieht dabei aber das gescheiterte Vorhaben STARKE HERZEN.

82 Welch, German Cinema, S. 247.

83 Siehe Kap. 5, Seite 323f.

84 Vgl. die Diskussion der schlechten Kritik von MENSCHEN OHNE VATERLAND im Ufa-Vorstand: BA/K R 109 1032a Nr. 79 Protokoll-Nr. 1218 vom 11.3.1937.

gandapolitik (Unterzeichnung des Anti-Komintern-Pakts und Spanischer Bürgerkrieg) und der »Vier-Jahre-kriegsfähig-Strategie« beeinflußt. Sie in wirkungsvolle antikommunistische Filmpropaganda umzusetzen, blieb dagegen bloße Absicht.

3. Wachsende Konturen 1937

Erste Erfolge

Das Jahr 1937 war stark von Auseinandersetzungen um Produktionsführung und Stoffauswahl zwischen den Filmkonzernen und dem Propagandaministerium geprägt. Manche Filmverisse Goebbels' galten deshalb weniger dem einzelnen Film, sondern sollten seine ständigen Angriffe auf bestimmte Konzerne und Hersteller rechtfertigen.[85] Nicht zuletzt weil er den »halbjüdischen« Regisseur Reinhold Schünzel loswerden wollte, sind im Tagebuch wahre Haßtiraden gegen dessen Film LAND DER LIEBE zu lesen.[86] Dennoch: Gerade durch die (kritischen) Beurteilungen und die (erwogenen) Konsequenzen wird der Minister immer konkreter in seinen inhaltlichen Vorgaben an die Filmproduzenten.

Inwieweit sich die neue politische Dynamik von Ende 1936 nur auf »antibolschewistische« Filme bezog und welche der immerhin sechs übrigen Filme mit nationalpolitischer Tendenz (FRIDERICUS, RITT IN DIE FREIHEIT, TOGGER, DER ETAPPENHASE, DER HERRSCHER und CONDOTTIERI), die im ersten Vierteljahr 1937 erschienen, womöglich darauf zurückgingen, ist schwer feststellbar. Im einzelnen jedoch fiel die Bilanz nach Goebbels' Einschätzung wenig beeindruckend aus. Besonders schlecht schnitten dabei FRIDERICUS (»Auch nicht ideal, aber kann so gehen. Der Film insgesamt ist verkorkst. Daran kann man nichts mehr ändern«, 23.1.1937) und die mit soldatischen Tönen versehene Militärkomödie DER ETAPPENHASE ab: »Eine langgezogene, ausgewalzte Kriegskomödie, fast nur Dialoge, meistens schlechte, kein Geist, kein Witz, kein Elan. Unerfreulich« (24.2.1937). Die größte Enttäuschung jedoch muß für Goebbels Luis Trenkers CONDOTTIERI gewesen sein, den er zunächst zwiespältig (12.3.1937), dann nach der Ablehnung durch Hitler negativ aufnahm: »Kein hero-

85 Vgl. die Fälle LAND DER LIEBE und MENSCHEN OHNE VATERLAND.
86 Siehe Kap. 5, Seite 318f.

Luis Trenker in CONDOTTIERI*: Viel zu katholisch*

ischer, ein Film der katholischen Aktion« (18.3.1937). Dem »Führer« hätten vor allem die »katholisierenden Tendenzen« (31.3.1937) mißfallen, notiert Goebbels und folgert: »Trenker ist zu katholisch. Er vermasselt uns die ganze Tour« (1.4.1937). Besser beurteilt wird dagegen der bereits im Oktober 1936 von Goebbels zensierte aktionsgeladene Film RITT IN DIE FREIHEIT. Zu TOGGER, einem in dieser Form einmaligen agit-propagandistischen Presse-Film voller NS-Parolen, antisemitischer Anspielungen und SA-Paraden, äußert sich Goebbels wegen einiger Mängel bei Regie (»etwas starr«) und Darstellern (»leicht gehemmt«) zwiespältig: »Hätte besser sein können, aber auch so ganz wirksam« (12.2.1937).[87]

Erst mit Veit Harlans Film DER HERRSCHER konnte Goebbels einen uneingeschränkten Erfolg verbuchen. Wie er selbst bestätigt, handelt

87 Vgl. Courtade/Cadars, S. 135f., die den Film zwar nicht als Erfolg, doch »politisch wichtig als auch filmisch interessant« beurteilen.

es sich bei dieser sehr freien Adaption eines Theaterstücks von Gerhart Hauptmann um die erste gelungene nationalsozialistische Produktion: »›Der Herrscher‹: eine wunderbare Leistung. Modern und nationalsozialistisch. So wie ich mir die Filme wünsche. Glänzend in Besetzung und Regie« (12.3.1937). Vor allem die »Milieuschilderung« hebt Goebbels am 15.3. besonders hervor und unterstreicht damit sein Faible für antibürgerliche Rhetorik. Die Presse pries den mit höchsten Prädikaten und dem nationalen Filmpreis 1937 bedachten HERRSCHER als »politisches Kunstwerk ersten Ranges«.[88] Emil Jannings agiert darin als verantwortungsvoller Betriebsführer eines mächtigen Stahlwerks, das er am Ende nicht seiner raffgierigen Familie, sondern dem Staat vermacht. Die unfähigen Direktoren des Betriebs sollen das Führerprinzip im Wirtschaftsleben rechtfertigen. Obwohl voller nationalsozialistischer Terminologie über »Volksgemeinschaft«, »Gefolgschaft« und »Autarkie«, wird der Film von dem Familiendrama und den ständigen keifend lauten Auseinandersetzungen um die Beziehung des Direktors zu einer jungen Frau dominiert, ist somit weniger unverhüllt propagandistisch als etwa TOGGER.[89] Die Wirkung von Jannings' Fabrikdirektor Klausen als Substitut für Hitler leidet etwas an dessen dick aufgetragenen Privatproblemen.[90] Die von der Filmgeschichtsschreibung lange hervorgehobene Bedeutung von DER HERRSCHER als qualitative Ausnahmeerscheinung und Durchbruch für den NS-Spielfilm wird in letzter Zeit etwas abgeschwächt.[91]

Daß die im Film propagierte »sozialistische« Wirtschaftspolitik einen öffentlich ausgetragenen Streit über die Verstaatlichungsproblematik auslöste,[92] mußte Goebbels nicht stören. Die Volksgemeinschafts-Rhetorik traf offenbar genau die stimmungspolitischen und propagandistischen Erfordernisse dieser Monate (16.1.1937).[93] Entsprechend stilisiert Goebbels am 21.2. eine Rede Hitlers vor Automobilarbeitern als »Stark sozialistisch«: »So habe ich den Führer seit

88 Siehe zu der Preisentscheidung den Eintrag vom 10.4.1937.

89 Vgl. Courtade/Cadars, S. 136.

90 BA Film/K Film-Nr. 10274.

91 Vgl. Karsten Witte, Film im Nationalsozialismus, in: Wolfgang Jacobsen u. a. (Hrsg.), *Geschichte des deutschen Films*, Stuttgart 1993, S. 134f.

92 Vgl. *Deutschland-Berichte der Sozialdemokratischen Partei Deutschlands* (SOPADE) 1934-1940, 4. Jg. 1937, Reprint Salzhausen/Frankfurt/M. 1980, S. 912f. und Eintrag vom 10.4.1937: »Führer nimmt Proteste der Wirtschaft gegen diesen Film nur von der humoristischen Seite«.

93 »Die Stimmung im Lande, vor allem bei der Arbeiterschaft gerät etwas ins Wanken. Wir müssen wieder eingreifen«.

langem nicht mehr gehört.«[94] Ob DER HERRSCHER im Hinblick auf diese im Januar 1937 ausgemachte Stimmung gestaltet worden ist, bleibt dennoch zweifelhaft. Zwar behauptet Harlan, die NS-Wirtschaftsparolen seien von Goebbels' Staatssekretär Funk am Drehort hineinkorrigiert worden,[95] doch im Gegensatz zu allen übrigen großen politischen Stoffen von und mit Emil Jannings ist eine Beteiligung Goebbels' an der Herstellung von DER HERRSCHER nicht erkennbar. Es fehlen die dafür typischen zahlreichen Einträge über Jannings' Stoffvorschläge und den Verlauf der Filmproduktion.[96]

Im gleichen Jahr des Erfolges von DER HERRSCHER scheiterte ein anderer Versuch, mit dokumentarischen Mitteln neue politische Filmsujets zu erschließen. Am 30.9.1936 gibt sich Goebbels stark beeindruckt von den Kämpfen im Spanischen Bürgerkrieg, insbesondere von der am 28. September beendeten legendären Belagerung des von Falangisten gehaltenen Alcazar von Toledo durch republikanische Kräfte: »Ein modernes Heldenepos! Das sind die Stoffe unserer Zeit. Und der Film dichtet Phantasieprodukte, die es im Leben nicht gibt« (30.9.1936). Kurz darauf forderte Goebbels die Ufa auf, einen Film über die Alcazar-Belagerung herzustellen, stieß jedoch dort auf Widerstand. Der zur Wahrung von Parteianliegen in die Ufa abgestellte C. W. Köhn berichtete, daß »die Ufa Bedenken dahin geäußert hat, ob es opportun erscheint, ein Filmepos angesichts der noch rauchenden Trümmer herzustellen.«[97] Das Projekt kam schließlich nicht zustande. Einen im Herbst 1936 aus offenbar spanischem Dokumentarmaterial kompilierten Film über »Spanien und seine Revolution« (4.12.1936), den Goebbels von Weidemann noch »präziser und durchschlagender« umgestalten lassen wollte, wies Hitler persönlich zurück.[98] Nach

94 Es ist fraglich, ob diese Rede wirklich so »sozialistisch« war. Mit Blick auf den Aufbau der deutschen Automobilindustrie hatte Hitler unter anderem erklärt: »Und es darf keinen Zweifel geben: entweder die sogenannte freie Wirtschaft ist fähig, diese Probleme zu lösen oder sie ist nicht fähig, als freie Wirtschaft weiterzubestehen! [...] Arbeitnehmer und Arbeitgeber sind beide Kontrahenten des deutschen Wirtschaftsprozesses, und keiner ist berechtigt, durch eigene Interessenwahrnehmung den Interessen des Volksganzen Schaden zuzufügen.«: Rede Hitlers zur Eröffnung der Internationalen Automobil- und Motorradausstellung am 20.2.1937, abgedr. in: Max Domarus (Hrsg.), *Hitler. Reden und Proklamationen*, Bd. 1, Würzburg 1962, S. 680.

95 Veit Harlan, *Im Schatten meiner Filme*, Gütersloh 1966, S. 38.

96 Vgl. im selben Zeitraum Einträge über einen »Film vom deutschen Leid« (30.1.1937).

97 BA/K R 56 VI/7 Nr. 90 Köhn an Seeger vom 30.10.1936.

98 Siehe Kap. 5, Seite 334.

Premiere von DER HERRSCHER*: Marianne Hoppe, Goebbels und Emil Jannings werden von Regisseur Veit Harlan im Auge behalten.*

den Parteifilmen und den antikommunistischen Projekten kam nun auch der dritte innovative Ansatz, der Spanische Bürgerkrieg als Sujet für die Filmpropaganda, nicht zum Tragen.

Im Frühjahr 1937 entstand in der Ufa neben STARKE HERZEN auch PATRIOTEN, ein weiteres nationalpolitisches Vorhaben unter der Regie von Karl Ritter. Diese Produktion zog Goebbels' besondere Aufmerksamkeit auf sich. Bereits im Vorfeld hatte er der Ufa detaillierteste Wünsche zur Drehbuchgestaltung übermittelt, so sollte der Protagonist ein Fliegerleutnant sein. Goebbels sorgte auch dafür, daß zum Filmpartner seiner Geliebten Lida Baarova, die für die weibliche Hauptrolle vorgesehen war, der Schauspieler Mathias Wieman bestimmt wurde – und nicht Baarovas tatsächlicher Lebensgefährte und Heldendarsteller Gustav Fröhlich.[99] Der Stoff müsse weiter »nationalistisch umgebogen« werden, um »Ganz scharf und klar« zu werden, erkennt er am 13.1.1937. Erst mehrere Drehbuchüberarbeitungen, Probeaufnahmen und weitere Korrekturen (17./20.1., 14.2.) führten schließlich zum gewünschten Ergebnis: »Ganz klar und nationalistisch in der Tendenz« (21.4.1937). Nicht ganz klar wird hingegen, ob Goebbels den Film wegen der Mitwirkung seiner Geliebten oder aus einem besonderen politischen Interesse so scharf überwachte.

Kurz vor und nach dem endgültigen Erwerb der Ufa-Mehrheit durch die reichseigene Cautio-Treuhand häufen sich die Passagen, in denen Goebbels seine rigide Kontrolle der Produktionsprogramme vermerkt. In der ersten Märzwoche 1937, in der auch der Internationale Filmkongreß in Berlin tagte, findet sich keine Tageseintragung ohne Kommentar zur Filmpolitik. Dabei überwiegt überraschenderweise eine positive Einschätzung der meisten Filmvorhaben, obwohl als Rechtfertigung für den bevorstehenden Kauf eher die Betonung notwendiger Korrekturen zu erwarten gewesen wäre. Am 20.2. nennt Goebbels die Ufa-Pläne »gut durchdacht«, ähnliches galt für die Tobis (6.3.1937). Erst nach der Transaktion heißt es, »die Programme der Ufa und der Tobis bedürfen noch eingehender Bearbeitung« (24.3.1937). Die Ufa-Spitze unternahm jedoch den Versuch, ihren bereits aufgestellten Produktionsplan gegen den wohl weniger politisch-inhaltlichen als vielmehr aktionistisch motivierten neuen Druck durchzusetzen: Man verständigte sich im Vorstand darauf, daß »an diesem Programm, wie es dem Minister vorgelegt worden ist, nichts geändert werden soll«, da »andernfalls Verzögerungen eintreten, welche bei dem sehr komplizierten Vertriebssystem erhebliche geldliche Verluste mit sich bringen«[100]. Zu den Einwendungen schweigt Goeb-

99 BA/K R 109 I/1032a Nr. 157 Protokoll-Nr. 1206 vom 12.1.1937. Bei Goebbels heißt es meist inkorrekt »Wiemann« statt Wieman.
100 BA/K R 109 I/1032a Nr. 61 Protokoll-Nr. 1222 vom 31.3.1937.

bels, so daß trotz seiner Ankündigung vom 24.3. offensichtlich keine weitreichenden Änderungen vorgenommen wurden. Druck kam weiterhin von Parteistellen, die sich von der publizistischen Kampagne gegen die »bürgerlichen« Produktionen der Ufa während der Übernahmeverhandlungen ermutigt fühlten. So erreichten Goebbels auch wieder verstärkt Eingaben für die Herstellung von Parteifilmen: »[SA-Stabschef Viktor] Lutze will auch S.A. Filme machen. Das aber werde ich inhibieren. Sonst pfuscht wieder jeder in meinen Kram hinein« (3.3.1937).

Auch programmatisch scheint sich Goebbels im Frühjahr 1937 hohe Ziele gesetzt zu haben. Seine Rede auf dem Filmkongreß kündigte er mit den Worten an, sie werde »ein ganz neues Programm entwickeln. Da gehts dann auch aufwärts« (2.3.1937). Doch seine Ausführungen blieben ebenso vage wie bei früheren Gelegenheiten. Eine Notiz nach einer Unterredung mit Hitler über Filmpolitik (»Wir unterhalten uns lange über Filmprobleme. Wir müssen dort mehr das Leben einfangen. Keine blassen Theorien. Leben! Leben!«, 8.2.1937) spiegelt bereits die Essenz der Filmrede wider. Goebbels sparte nicht mit Selbstlob und behauptete gar, während der letzten zwölf Monate sein »scharf umrissenes Jahresprogramm« voll durchgesetzt und dem Film ein »neues Gesicht« gegeben zu haben.[101] Ansonsten wies er gleich mehrmals darauf hin, daß es Aufgabe der Kunst sei, »das Leben einzufangen, daß die Kunst gewissermaßen überhöhtes Leben darstellt«[102] und »ein Stoff aus dem Leben genommen sein muß«[103]. Damit nahm er die traditionelle, schon in der Weimarer Republik und von der NS-Presse unablässig strapazierte Kritik am »weltfremden« Film auf.

Goebbels deutete die Möglichkeit an, geschichtliche Stoffe zu verfilmen, wobei der Künstler im Umgang mit den Fakten relativ frei sei, schließlich sei er kein Historiker.[104] Den Nationalsozialismus könne man jedoch noch nicht als Geschichte ansehen. Als einem »historischen Phänomen« müsse man der NS-Bewegung gegenüber »vorläufig noch eine gewisse Reserve« an den Tag legen: »Denn der Nationalsozialismus ist noch so neu und so jung, daß wir zu ihm nicht den nötigen Abstand besitzen, der eine Darstellung zur Reife bringt. Wir

101 Rede abgedr. bei: Albrecht I, S. 459.
102 Ebd., S. 450.
103 Ebd., S. 457.
104 Ebd., S. 450.

müssen erst zu diesem geschichtlichen Abstand kommen.«[105] Propaganda und Tendenz wollte Goebbels nicht plakativ dargestellt wissen. Ziel sei eben nicht eine Kunst,

> »die ihren nationalsozialistischen Charakter lediglich durch Zurschaustellung nationalsozialistischer Embleme und Symbole beweist, sondern eine Kunst, die ihre Haltung durch nationalsozialistischen Charakter und durch Aufraffen nationalsozialistischer Probleme zum Ausdruck bringt.«

Nur wenn Propaganda »durch Handlung, durch Ablauf, durch Vorgänge, durch Kontrastierung von Menschen in Erscheinung tritt, wird sie in jeder Hinsicht wirksam«,[106] betonte Goebbels. Und umgekehrt: »In dem Augenblick, da eine Propaganda bewußt wird, ist sie unwirksam.« Goebbels verstieg sich zu der Gleichsetzung, wenn man deutsche Filme sehen wolle, »so will man nationalsozialistische Filme sehen«[107], und forderte geschicktere Drehbücher, mit Dialogen, die »hart, männlich und wirklichkeitsnah« seien, erdacht von »Psychologen«, »Menschen, die nicht nur Künstler sind, sondern auch Menschenkenner, die vorausberechnen können, wie dieser oder jener Konflikt bei der breiten Masse des Publikums sich auswirken wird.«[108]

Bis zum Jahresende 1937 arbeitete Goebbels an verschiedenen Stoffen unterschiedlichster politischer Richtung, die insgesamt eher als Stückwerk, denn als Folge einer klaren Zielsetzung erscheinen. Eine antifranzösische und antikommunistische Version der französischen Komödie von André Birabeau, MEIN SOHN DER HERR MINISTER – »eine geistvolle Verhöhnung des Parlamentarismus« und daher »politisch sehr reizvoll« (16.1.1937) – beschreibt er als »im ganzen gelungen«, wenn auch »eine Idee nicht leicht genug. Zu absichtsvoll« (18.6.1937).[109] Nach der NS-kritischen päpstlichen Enzyklika »Mit brennender Sorge« vom März 1937 und den ihr folgenden Repressalien gegen den Klerus lag eine Ausweitung der antikirchlichen Propagandalinie auf den Film nahe. Doch ein im Juni drehfertiges Filmmanuskript über Lola Montez (»scharf antiklerikal. Bravo!«, 20.6.1937) wurde beständig überarbeitet (18./23.11.1937), aber womöglich auch deshalb nicht realisiert, weil sich die für die Hauptrolle vorgesehene, aus Spanien angeworbene Schauspielerin Imperio Argentina als

---

105 Ebd., S. 455.
106 Ebd., S. 456.
107 Ebd., S. 456.
108 Ebd., S. 458. Eine bestechende Analyse der Rede auch bei Witte, Lachende Erben, S. 122f.
109 UA: 6.7.1937. Vgl. auch Courtade/Cadars , S. 175f.

katastrophaler Fehlgriff erwies. Zum Jahresende schaltete dann die NS-Propaganda wieder zurück, und ein antikirchlicher Film erschien womöglich nicht mehr opportun.[110]

Gefallen fand Goebbels insbesondere an Kolonialthemen, einem weiteren Propagandaschwerpunkt 1937/38. Doch der Weltkriegsfilm über die Orientfront, AUFRUHR IN DAMASKUS,[111] konnte erst im Februar 1939 in den Kinos eingesetzt werden. Der Plan eines Propagandaportraits des Kolonialpolitikers Carl Peters, für Goebbels »außerordentlich aktuell«, weil sich daraus »natürlich alles machen« ließe (20.10.1937), starb alsbald durch wieder neue Richtlinien: »Der Führer ruft abends noch an: Er will die Pressepolemik über die Kolonialfrage etwas abstoppen. Sonst verflacht die Sache etwas. Er hat ganz recht« (5.11.1937).[112] Bevor eine filmische Umsetzung erfolgen konnte, hatte die allgemeine Propagandarichtlinie gewechselt. Erst 1940 wurde der Stoff unter antibritischen Vorzeichen wieder aufgenommen.

Die propagandistischen Streifen,[113] an deren Herstellung Goebbels offensichtlich nicht beteiligt war, erhielten überwiegend schlechte Noten: So ALARM IN PEKING (20.6.1937, 26.6.1937), SIGNAL IN DER NACHT (25.9.1937), der Kraft-durch-Freude-Film PETERMANN IST DAGEGEN (17.11.1937) und die »Mut und Opferbereitschaft im Sinne des Ganzen«[114] propagierende Ibsen-Verfilmung EIN VOLKSFEIND (8.10.1937). Einzig DIE WARSCHAUER ZITADELLE kommentiert Goebbels überschwenglich (10.8.1937).[115]

---

110 Eintrag vom 22.12.1937 über eine Unterredung mit Hitler: »In der Kirchenfrage will er im Augenblick Ruhe. [...] Er wartet auf den Augenblick, um die Pfaffenprozesse wieder anzudrehen«. Die »lärmende Agitation« (Hockerts) wurde zurückgefahren, da sie ebenso wie die »Pfaffenprozesse« nicht die erwünschte Wirkung im christlichen Milieu erzielt hatte. Hans Günther Hockerts, Die Goebbels-Tagebücher 1932-1941. Eine neue Hauptquelle zur Erforschung der nationalsozialistischen Kirchenpolitik, in: Dieter Albrecht u. a. (Hrsg.), *Politik und Konfession. Festschrift für Konrad Repgen*, Berlin 1983, S. 379.

111 Eintrag vom 10.6.1937: »Gut gemacht. Aus der Zeit des Lawrence-Aufstandes. Ein grandioser Hintergrund«.

112 Vgl. auch Eintrag vom 6.11.1937: »Kolonialfrage in Presse und Propaganda vorläufig etwas abgestoppt.[...] Sonst denkt am Ende das Volk, es ist soweit. Das ist aber keineswegs der Fall. Wir dürfen unser Propagandapulver nicht zu früh verschießen«.

113 Rätselhaft bleiben in diesem Zusammenhang die Einträge zu DER KATZENSTEG, einem nationalen Film aus der Zeit des preußischen Widerstands gegen die napoleonischen Truppen 1806. Trotz ungewöhnlich euphorischer Kommentierung am 12.11.1937 heißt es dazu zwei Wochen später: »Demandowski arbeitet ›Katzensteg‹ um. Aber viel ist daran kaum zu machen« (24.11.1937).

114 Courtade/Cadars, S. 138.

115 BA Film/K Film Nr. 10616.

Unter der Regie von Karl Ritter, dem glühendsten nationalsozialistischen Bekenner unter den Filmschaffenden, entstanden 1937 die ersten sogenannten soldatischen Kriegserziehungsfilme. Selbst ehemaliger Frontoffizier, bevorzugte Ritter die radikal-patriotische Darstellung des Weltkriegsmilieus und die Gleichsetzung der Weimarer Republik mit einer »verjudeten« parlamentarischen Herrschaft der »Novemberverbrecher«, die den »verratenen« Offizieren keine Heimat mehr bietet. Auf Ritters Initiative sind viele Filme zurückzuführen, die später als Vorzeigeproduktionen der nationalsozialistischen Filmpropaganda galten. Seine Eigenschaft als Meister des »offenen Rassismus« und »Kasino-Humors«[116] wurde ab 1937 um so wichtiger, als vergleichbare »politische« Filmemacher fehlten.[117] Luis Trenker, in den Hitler und Goebbels so große Hoffnungen gesetzt hatten, enttäuschte 1937 mit dem »katholischen« CONDOTTIERI und fiel bis zum Jahresende noch mehr in Ungnade.[118] Veit Harlan widmete sich nach DER HERRSCHER und MEIN SOHN DER HERR MINISTER bis Ende 1939 Melodramen und Komödien, Emil Jannings verärgerte Goebbels durch die Verfilmung von DER ZERBROCHENE KRUG und verfolgte weitgehend eigene Projekte. Hans Weidemann versagte in Goebbels' Augen bei der Herstellung propagandistischer Dokumentarfilme (14.8.1937, 23.11.1937).

In Ritters bereits erwähntem Film PATRIOTEN hatte noch statt Propagandathemen eine Liebesgeschichte im Vordergrund gestanden. Den Erfolg bei der Uraufführung im September 1937 hebt Goebbels wegen Lida Baarova mehrmals hervor (zum Beispiel 24.11.1937). Im gleichen Jahr folgten noch UNTERNEHMEN MICHAEL und URLAUB AUF EHRENWORT. Auf Betreiben Ritters wurde URLAUB AUF EHRENWORT von der Ufa anstelle des angekündigten »antibolschewistischen« Stoffes STAATSFEIND NR. 1 in das Produktionsprogramm 1937/38 aufgenommen.[119] Goebbels, offensichtlich nicht der Initiator der soldatisch geprägten Filme, war wohl von der Idee angetan, blieb aber skeptisch gegenüber der Ausführung im Drehbuch (13./14.5.1937) und kon-

---

116 Rainer Rother, Die Effekte der Unterhaltung, in: Jacobsen, S. 195.

117 Zum künstlerischen und politischen Werdegang Ritters s. Rainer Rother, Hier erhielt der Gedanke eine feste Form – Karl Ritters Regie-Karriere, in: Hans-Michael Bock/ Michael Töteberg, *Das Ufa-Buch*, Frankfurt/M. 1992, S. 422-427; ders., Effekte, S. 191-195 und Kreimeier, S. 327.

118 Vgl. Eintrag vom 19.12.1937.

119 BA/K 109 I/1032b Nr. 246 Protokoll-Nr. 1232 vom 25.5.1937.

trollierte laufend den weiteren Herstellungsprozeß (2./6.8.1937). Nach einem halben Jahr Drehzeit lag zum Jahresende die Endfassung vor, deren Stilisierung pflichtbewußter Soldaten im verluderten, roten Berlin genau Goebbels' Absicht einer Brandmarkung der Revolution von 1918 und der Geburtsstunde der Weimarer Republik entsprach: »Großartig von Ritter gemacht. Treffende Milieuschilderung. Berlin 1918. Kritische Themen sehr delikat behandelt. Wird sicher ein großer Erfolg werden. Ritter ist einer der wenigen, die politische Filme machen können« (1.12.1937).[120]

Auf Vorbehalte Goebbels' stieß dagegen das ab Mai in den Babelsberger Studios gedrehte Projekt UNTERNEHMEN MICHAEL:

»Ritters neuen Film ›Unternehmen Michael‹ angeschaut. Gut in der Idee, nicht so gut in der Regie. Zu viel Atelier. Und die Offiziere diskutieren zu viel. Wiemann als Frontheld zu schlacksig. Das gefällt mir nicht daran. [...] Ich muß noch einiges an dem Film ändern lassen. Vor allem in der Dialogführung.« (23.7.1937)

Die angekündigten, verschärfenden Änderungen trugen womöglich dazu bei, daß die übertriebene Todessehnsucht der Soldaten nach der Uraufführung im September sogar das Kriegsministerium zu Einwänden gegen den Film veranlaßte.[121]

Somit erhielten die Filme Ritters zwar durch systematische Präsentation von Feindbildern und die Verherrlichung von Todesverachtung, Treuepflicht und blindem Kadavergehorsam an Front und Heimat eine wichtige Funktion für die Filmpropaganda. Doch die übersteigerte Propaganda und die Brutalität der Darstellung wecken Zweifel, ob die von der NS-Presse bejubelten »Ritter-Filme« tatsächlich Überzeugungsarbeit im Hinblick auf Kriegserziehung leisten konnten oder nicht eher nur der Bestätigung von vorhandenen Einstellungen ohnehin nationalsozialistisch orientierter Bevölkerungsteile dienten.

Ungeliebte Unterhaltungsfilme

Das Defizit an politischen Filmen war nur eine von Goebbels' Begründungen für die Verstaatlichung der Filmindustrie. Als mindestens gleichrangig betrachtete er die notwendige Beseitigung der »seichten Kintopp«-Unterhaltung. Die Qualität der deutschen Filmunterhaltung wurde 1937 von vielen Seiten kritisiert. Über die Ausgangslage

120 Vgl. Courtade/Cadars, S.125ff.; Leiser, S. 34.
121 Kreimeier, S. 324f.

und die Attraktivität des Unterhaltungsfilms schrieb etwas überspitzt ein Berichterstatter der Exil-SPD im Juni 1937:

»Über die neudeutschen Unterhaltungsfilme, Filmpossen und Filmoperetten ist nicht viel zu sagen. Diese Produktion steht zwar in den meisten Ländern auf bescheidenem Niveau, aber im Dritten Reich darf sie als besonders langweilig und humorlos gelten. Wo diese Filme versuchen, lustig oder amüsant zu sein, wirken sie meist verkrampft, gemacht oder läppisch.[...] In neueren Film-Operetten erkennt man die zunehmende technische Routine des Regisseur-Ersatzes und Nachwuchses; man sucht sich durch Hollywood-Nachahmungen zu helfen. Aber dazu fehlen die Mittel, die Kräfte, die Eleganz der Hollywooder Produktionen.« [122]

Am Rande des Internationalen Filmkongresses in Berlin im März 1937 fehlte es nicht an Klagen der Filmindustrie über mangelnde Stoffe und schlechte Manuskripte. Weder waren die abgewanderten oder entfernten Kräfte ersetzt, noch fand eine systematische Nachwuchsförderung statt. Nur einer kleinen Zahl kompetenter und erfahrener Regisseure wurde von den Firmen zugetraut, ein Filmprojekt erfolgreich umzusetzen. Die Zugkraft mancher Stars ließ nach (Jan Kiepura, Lilian Harvey), noch bevor andere große Namen ihre Wirkung entfalten konnten (Marika Rökk, Zarah Leander).

Jeder Machtzuwachs in der Filmproduktion bedeutete für Goebbels unweigerlich auch mehr Verantwortung bei der Entwicklung der Filmprogramme. Diese war er im Erfolgsfalle gerne bereit zu übernehmen. Mißerfolge werden stets den Filmfirmen allein angelastet. Nur selten gestand er ein, daß es keine Erfolgsgarantie für die von ihm besonders geförderten und kontrollierten Filme gab, auch nicht für sein 1936 gehätscheltes Lieblingsprojekt PAN, das erst im August 1937 uraufgeführt wurde: »Ein schlechter Film. Episch breit ausgewalzt. Es wird nicht geredet, aber auch nicht gehandelt. Ob Hamsun sich überhaupt verfilmen läßt?« (23.4.1937). Gleiches galt für die von ihm geförderte Produktion REVOLUTIONSHOCHZEIT (Planung 3.4., 16.4.1937, negatives Urteil 14.6.1937). Allein wegen der gewonnenen Befehlsgewalt über die Filmproduktion befand sich Goebbels im Frühjahr 1937 in einem Zustand höchster Euphorie und Aufbruchstimmung. (23./26./31.3.1937). Die neuen Eingriffsmöglichkeiten mußte er zunächst einmal bei Organisations-, Wirtschafts-, Finanzierungs- und Personalfragen durchsetzen. Die richtige Stoffplanung gestaltete sich oftmals (»bis in die Nacht Filmmanuskripte gelesen«, 6.5.1937) zeitraubend und unsystematisch.

---

122 SOPADE, 4. Jg., 1937, S. 913f.

Emil Jannings in DER ZERBROCHENE KRUG:
Peinliche Analogien

Jetzt genügte es nicht mehr, mit Hilfe einiger hochkarätiger Filmemacher ministerielle Ideen und Projekte zu verwirklichen. Von mehreren Filmstoffen, die Goebbels am 6.5.1937 mit Emil Jannings besprach, wurden zwei gar nicht erst in Angriff genommen und einer von ihm selbst später verrissen.[123] DER ZERBROCHENE KRUG schließlich wurde – folgt man Berichten aus der Nachkriegszeit[124] – wegen des vom Publikum gezogenen Vergleichs zwischen dem Propagandamini-

123 Hierbei handelt es sich um den Film DER MAULKORB (UA: 10.2.1938): Eintrag vom 30.1.1938.

124 Roger Manvell/Heinrich Fraenkel, *Goebbels*, Köln 1960. S. 206: Danach habe Jannings mit dem Film dem bei der Uraufführung überraschten und vom Publikum verhöhnten Goebbels »eins auswischen wollen«. Goebbels kannte den Film allerdings schon vor der Premiere, konnte also von den angeblich parodierenden Szenen nicht mehr überrascht sein. Zu dem Film s. Hans-Gerd Happel, *Der historische Spielfilm im Nationalsozialismus*, Frankfurt 1984, S. 28.

ster und dem lügnerischen und klumpfüßigen Dorfrichter Adam für Goebbels schon bei der Premiere zu einer Peinlichkeit, die er mit durchsichtigen Retuschen im Tagebuch zu überspielen versuchte.[125]

Spätestens im Sommer 1937 muß Goebbels erkannt haben, daß sich in der Unterhaltungsfilmproduktion nichts Grundlegendes verändert hatte. Trotz einiger gelobter Produktionen wie VERSPRICH MIR NICHTS von Wolfgang Liebeneiner (21.7.1937) oder DER MANN, DER SHERLOCK HOLMES WAR mit Hans Albers (3.7.1937), sah Goebbels in Filmen wie Gustaf Gründgens' CAPRIOLEN (14.7.1937), den Musiklustspielen AUSTERNLILLI und KARUSSELL sowie HUSAREN HERAUS (alle 15.7.1937) die verhaßte Tradition der selten intelligenten, öfter kitschigen Ufa-Unterhaltung. Für weiteren Ärger sorgte die Weigerung des größten deutschen Filmkonzerns, die von Goebbels »entdeckte«, für »Carmen«- und »Lola-Montez«-Rollen (13.5.1937) ausersehene spanische Diva Imperio Argentina zu engagieren (31.7.1937). All dies führt erneut zu einer Kumulation von Aktionsrhetorik: »Auch der Führer hat es nun satt. Ich hole neue Kräfte heran. Junge Talente an die Front. Die alten Reaktionäre wegschaffen. Frische Luft und ein menschlicheres Milieu. Keine falsche Kulissenromantik« (3.8.1937). Von Hitler angespornt (»Über die schlechten Filme gibt der Führer ein sehr scharfes Urteil ab«) und zusätzlich legitimiert, will Goebbels, »nun da ich den Film in der Hand habe«, noch stärker »für Ordnung sorgen«(3.8.1937).[126]

In einer Notiz über eine lange Besprechung mit den »3 Produktionschefs der Filmfirmen und künstlerische[n] Vorstände« äußert Goebbels dann seinen Protest »gegen die niveau- und witzlosen Kitschfilme der letzten Zeit« und kündigt tiefgreifende Konsequenzen an, da andernfalls sein »Prestige« unter den schlechten Filmen leide (12.8.1937). Nötig seien endlich »Filme, die in Deutschland spielen«.

Bis zum Jahresende 1937 steigerte sich Goebbels' negative Einschätzung der Unterhaltungsproduktion weiter. Viele Polemiken (wie

---

125 Vgl. Einträge vom 11./20.10.1937 (»ausgesprochen flau aufgenommen«) und 5.11.1937 (Jannings wegen Goebbels' Reaktion »deprimiert«). Ausdrücklich verwundert registriert Goebbels die Wertschätzung Hitlers für den Film (21.10.1937).

126 In einem Eintrag vom 15.7.1937 kündigt Goebbels die Entlassung von Regisseuren dreier schlechter Filme an. Tatsächlich drehten die Regisseure von DIE AUSTERNLILLI (E.W. Emo), KARUSSELL (Alwin Elling) und DER UNWIDERSTEHLICHE (Geza von Bolvary) danach nicht mehr für die Staatskonzerne, sondern nur noch für kleine Privatfirmen. Erst 1943 arbeitete zum Beispiel von Bolvary wieder für eine der großen Gesellschaften: Angaben aus Alfred Bauer, *Deutscher Spielfilm-Almanach*, München 1976.

gegen den Abenteuerfilm HEIMWEH von Jürgen von Alten oder gegen eine weitere Operettenadaption unter dem Titel DIE LANDSTREICHER, 24.8.1937), unterstreichen Goebbels' Frustration, so daß er mit einigen Einzelaktionen gegen bestimmte Filmsujets vorgehen wollte. So müsse man den polnischen Filmtenor Jan Kiepura, Star vieler Musikfilme und Hauptdarsteller des Sänger-Films ZAUBER DER BOHÈME langsam »abbauen«, heißt es am 2.10.1937. Schärfster Ablehnung verfiel auch der teure Zweiteiler DER TIGER VON ESCHNAPUR/DAS INDISCHE GRABMAL, einer der größten Publikumserfolge der dreißiger Jahre und das »Hauptwerk des deutschen Abenteuer-Großfilms exotischer Prägung«:[127] »Eine furchtbare Schwarte von Eichberg. Hat wahnsinniges Geld gekostet und ist ein scheußlicher Dreck« (11.11.1937).[128]

Zum »Versagen der Filmproduktion« (25.11.1937) und der künstlerischen Mängel kamen zum Jahresende 1937 verstärkt auch objektive wirtschaftliche Probleme: »Die finanzielle Lage des Films ist sehr schlecht. Wir müssen unbedingt etwas tun« (24.11.1937). Die Attacken gegen das Management der Firmen hatten ebensowenig gefruchtet wie die Usurpation von immer mehr Macht. Trotz einiger herausragender Einzelerfolge beim politischen Film und bei der Entdeckung von zwei der wichtigsten Stützen des NS-Films der kommenden Jahre im melodramatischen wie im propagandistischen Bereich, Veit Harlan und Zarah Leander,[129] waren die im Frühjahr angekündigten Verbesserungen ausgeblieben.

4. Kriegsvorbereitung

Propaganda und Politik 1938/39

Mit der in der Hoßbach-Niederschrift festgehaltenen Ansprache vor führenden Militärs am 5. November 1937 bekräftigte Hitler seine Absicht zum »Losschlagen« auch unter Inkaufnahme einer Frontstellung zu den Westmächten. Eine Voraussetzung für die neue aggressive Phase deutscher Politik war, daß innerhalb weniger Monate ge-

127 Christa Bandmann/Joe Hembus, *Klassiker des deutschen Tonfilms*, München 1980, S. 108.

128 Weitere überaus kritische und pessimistische Bemerkungen zur Qualität der Unterhaltungsproduktion finden sich am 21./27.10., 5./17.11. und 29.11.1937.

129 Von Harlans Regiekunst war Goebbels offensichtlich von Anfang an begeistert (19.1.1937 über KREUTZERSONATE, 31.12.1937 über JUGEND).

mäßigte Vertreter der »alten Eliten«, darunter Wirtschaftsminister Schacht, der Oberbefehlshaber des Heeres Fritsch und Außenminister Neurath durch bedingungslos loyale Nationalsozialisten wie Funk, Keitel und Ribbentrop ersetzt worden waren. In Reden auf dem Nürnberger NSDAP-Parteitag im September 1937 sowie im Reichstag am 20. Februar 1938 verschärfte Hitler seine Drohgebärden. Im März 1938 – die Hochrüstungspolitik lief schon Gefahr, zu einer Überhitzung der deutschen Wirtschaft zu führen – besetzten deutsche Truppen in einem noch unblutigen »Blumenfeldzug« Österreich.

Wenn man die Filmpolitik in den Vorkriegsjahren 1938/39 unter dem Aspekt der »psychologischen Mobilmachung« betrachtet, muß man sorgfältig unterscheiden zwischen den jeweiligen Propagandazielen der NS-Führung, den (verbalen) Intentionen Goebbels', den Direktiven an die Filmproduktion und den tatsächlich gezeigten Filmprogrammen. Häufig wird in der Geschichtsschreibung auf die »komplizierte und widersprüchliche Doppelaufgabe«[130] der NS-Propaganda in der Vorkriegszeit hingewiesen, die einerseits Friedensbeteuerungen verkaufen, andererseits geistige Militarisierung und Steigerung des Wehrwillens fördern mußte.

Obwohl diese psychologische Mobilmachung geschickt abgestuft und ohne radikalen Schwenk vollzogen wurde, gelang es dem Regime nicht, eine Kriegsbegeisterung im Ausmaß von 1914 zu wecken.[131]

Fraglich ist nun, ob das »Bild einer institutionell vielseitig abgesicherten und kontinuierlich betriebenen Indoktrination der deutschen Bevölkerung mit soldatischen und heroischen Idealen«[132] für alle Bereiche der Propaganda gleichermaßen und insbesondere für die Spielfilmpropaganda zutrifft.

Aus den Goebbels-Aufzeichnungen läßt sich selbstverständlich nicht entnehmen, ob das Kinoprogramm 1938/39 hinreichend geeignet war, die psychologischen Voraussetzungen für den Krieg zu schaffen. Sie können aber Hinweise geben, in welchem Maße überhaupt die Absicht zu einer forcierten Filmpropaganda bestand.

---

130 Wilhelm Deist u. a., *Ursachen und Voraussetzungen des Zweiten Weltkrieges*, Frankfurt/M. 1989, S. 150.

131 Ebd., S. 168; Ian Kershaw, How effective was Nazi propaganda, in: David Welch (Hrsg.), *Nazi Propaganda. The power and the limitations*, London 1983, S. 200f; ders., *Der Hitler Mythos. Volksmeinung und Propaganda im Dritten Reich*, Stuttgart 1980, S. 120ff.

132 Deist, S. 150.

Von einer planmäßig-»kriegsvorbereitenden« Filmpolitik sprechen etwa Jerzy Toeplitz und Rainer Rother.[133] Was »kriegsvorbereitend« dabei genau bedeutet, wird allerdings nirgends erklärt. Nicht nur zwischen Fertigungsintention und entsprechender Rezeption durch das Publikum besteht ein großer Unterschied. Sicherlich trifft der Versuch einer schlüssigen Normierung, welchen Propagandaanteil als »kriegsvorbereitend« zu bezeichnende Spielfilme denn aufweisen müssen, auf große methodische Schwierigkeiten. Sind dazu offenkundige Feindbilder notwendig, etwa verschlagene französische Minister, englische Spione oder gar der Heroismus und die Todesverklärung der radikal-militaristischen Filme Karl Ritters? Genügen »unsichtbare« Tendenzen in der Feinzeichnung durch beständige Darstellung allgemeiner national-patriotischer Tugenden und Wertvorstellungen? Oder ist gar das Beschwören der Gemeinschaft und der Aufbauleistung des Nationalsozialismus ausreichend? Da wir über die »zeitgenössischen Wirkungsmechanismen« (Friedrich P. Kahlenberg) beim Publikum mangels für die Vorkriegszeit überlieferter Zuschauerreaktionen wenig wissen, spricht viel dafür, die Kriterien möglichst weit zu fassen. Schließlich ist auch die Zahl und die Aufmachung der als »kriegsvorbereitend« identifizierten Spielfilme im Rahmen des gesamten Filmangebots 1938/39 zu berücksichtigen.

Zunächst muß man sich noch einmal die Hauptlinien der NS-Propaganda im Verlauf der Jahre 1938/39 vergegenwärtigen:[134] Zur Begleitung der »Aufrüstung ohnegleichen« (Hitler in seiner Reichstagsrede vom 20. Februar 1938) setzte schon vor dem Einmarsch der

---

133 Toeplitz, Bd. 4, S. 214. Demnach wurde die deutsche Kinematographie »systematisch« auf den Krieg vorbereitet. Auch nach Rother, Effekte, S. 200, sei die Filmindustrie »schon lange auf den ›Ernstfall‹ vorbereitet gewesen«.

134 Die folgenden Bemerkungen stützen sich neben Deist, S. 150-169, auf Wolfram Wette, Zur psychologischen Mobilmachung der deutschen Bevölkerung 1933-1939, in: Wolfgang Michalka (Hrsg.): *Der Zweite Weltkrieg*, München 1989, S. 205-223; Jutta Sywottek, *Mobilmachung für den totalen Krieg. Die propagandistische Vorbereitung der deutschen Bevölkerung auf den Zweiten Weltkrieg*, Opladen 1976; Simone Walther, Faschistische Pressepropaganda bei der Entfesselung des Zweiten Weltkriegs im September 1939, in: *Bulletin Arbeitskreis Zweiter Weltkrieg* H.1/2, 1987, S. 60-80; Hellmuth Auerbach, Volksstimmung und veröffentlichte Meinung in Deutschland zwischen März und November 1938, in: Franz Knipping/Klaus Jürgen Müller (Hrsg.), *Machtbewußtsein in Deutschland am Vorabend des Zweiten Weltkrieges*, Paderborn 1984, S. 273-293. Helmut Michels, *Ideologie und Propaganda. Die Rolle von Joseph Goebbels in der nationalsozialistischen Außenpolitik bis 1939*, Frankfurt/M. 1992, S. 382-394, schildert anschaulich und detailliert die Presseanweisungen des Ministeriums.

Wehrmacht in Österreich eine Beschwörung der deutschen militärischen Stärke mit abwechselnden Drohungen und Friedensbeteuerungen ein. Im Zuge der Vorbereitung einer »Lösung der tschechischen Frage« (»Fall Grün«), insbesondere nach der Prager Teilmobilmachung Ende Mai 1938 und der Weisung Hitlers zur »Zerschlagung« der Tschechoslowakei (30.5.1938), wurde die dortige sudetendeutsche Minderheit und deren »Heimholung« Hauptaugenmerk von Presse und Rundfunk. Einen Höhepunkt erreichte diese Propagandakampagne im August während der Vermittlungsbemühungen des britischen Sonderbeauftragten Runciman in Prag. Auch im September – Hitler hatte den Angriffstermin auf den 25. September 1938 festgesetzt – verging kein Tag ohne die Darstellung angeblicher tschechischer »Greueltaten«. Nach dem »Münchner Abkommen« vom 30. September 1938, das eine Abtretung der Sudetengebiete an Deutschland vorsah und dem Hitler nur wegen einer akut gewordenen Kriegsfurcht in der deutschen Bevölkerung sowie sichtbarer militärischer Gegenmaßnahmen der Westmächte zustimmte, trat vorübergehend ein Wandel in der Propaganda ein: Zwar erklärte Hitler in einer Geheimrede vom 10. November 1938 das Ende der bisherigen »Friedenspropaganda« und sogenannten »grandiosen Selbstverharmlosung« und forderte, die Bevölkerung nun psychologisch auf militärische Stärke und Kampf einzustimmen.[135] (Bereits drei Wochen vorher hatte er der Wehrmacht Weisung zur »Zerschlagung der Rest-Tschechei« erteilt). Doch dies bedeutete keineswegs den Beginn schriller Kriegshetze, vielmehr »wurde die öffentliche Propaganda nach dem Debakel der Sudetenkrise jetzt auf Vertrauen, Sicherheit, nationale Solidarität und allgemeine Zuversicht abgestellt«.[136] Vor allem durch eine allgegenwärtige »Intensivierung der Wehrmachtpropaganda sollte das Selbstvertrauen des deutschen Volkes zu seiner eigenen Kraft, d.h. zu seinen militärischen Machtmitteln gestärkt werden«.[137] Außenpolitisch wurde die antienglische Polemik verschärft

135 Vgl. Wilhelm Treue, Rede Hitlers (10.11.1938) vor der deutschen Presse, in: *Vierteljahreshefte für Zeitgeschichte*, 6. Jg., 1958, S.175ff. und Wolfram Wette, Mobilmachung, S. 216f. Hitler betrachtete die Sudetenkrise bereits als Beginn und Teil dieser Umstellung. Er wies dabei auf die schon seit Monaten umgestellte Propaganda hin, womit er Presse, Rundfunk und Wochenschau, nicht jedoch den Film meinen konnte, da im Sommer 1938 kaum ein Propagandafilm in den deutschen Kinos lief.

136 Bernd-Jürgen Wendt, *Großdeutschland. Außenpolitik und Kriegsvorbereitung des Hitler-Regimes*, München 1987, S. 155.

137 Wette, Mobilmachung, S. 217.

(Reichstagsrede Hitlers am 30. Januar 1939) und auch der amerikanische Präsident Roosevelt zunehmend Zielscheibe der gesteuerten deutschen Presse.

Erst im Frühjahr 1939 (»Besetzung der Resttschechei« im März), nach der Festlegung Polens als dem nächsten Angriffsziel (»Fall Weiß« auf Oberbefehlshaber-Besprechung vom 23.5.1939) und trotz des Risikos einer Auseinandersetzung mit England und Frankreich, wurde die Propaganda »direkt auf Kriegsvorbereitung zugeschnitten«:[138] Nach Warnungen vor einer Einkreisung Deutschlands (Aufsätze Goebbels' im *Völkischen Beobachter* vom Mai/Juni 1939) unter der Regie britischer »Plutokraten« wurde die »Lebensraum«-Gewinnung als Kriegsziel formuliert. Im Mai wurde die nach dem Schema der Sudetenkrise betriebene Hetzkampagne gegen angebliche polnische »Greueltaten« und Kriegstreiberei und für die Loslösung Danzigs sukzessive ausgeweitet. Anfang August erließ das Propagandaministerium die Richtlinie, Meldungen über polnischen »Terror« und Übergriffe auf »Volksdeutsche« möglichst auf der Titelseite herauszustellen.

Goebbels' Filmplanung 1938

Mit sehr harten Worten hatte Goebbels die Lage der Filmproduktion noch am Jahresende 1937 bedacht. Doch schon zu Anfang des darauffolgenden Jahres neigte er offenbar wieder einer positiveren Einschätzung zu (11.1.1938, 4.2.1938). Der große Erfolg des sorgfältig geplanten Karl-Ritter-Films URLAUB AUF EHRENWORT sowohl bei Hitler (1.1.1938) als auch bei der Uraufführung (20.1.1938) kam ihm dabei gerade recht. Viel Lob spendet er auch dem tendenziösen Abenteuerfilm MIT VERSIEGELTER ORDER (10.1.1938), und Veit Harlans Melodram JUGEND (31.12.1937, 2.1.1938) wird geradezu emphatisch begrüßt.

Bereits wenige in seinen Augen gelungene Filme und kurzfristig angestiegene Kassenzahlen verleiteten Goebbels zu einer schnellen Neubewertung: »Unsere Filmwirtschaft fängt an, wieder flott zu werden. Ein paar große Schlager haben uns herausgerissen. Großartige Pläne stehen nun vor der Verwirklichung. Diese Arbeit mache ich mit großer Freude« (4.2.1938).[139]

---

138 Ebd., S. 218.
139 Vgl. auch Einträge vom 27./28.1.1938.

In manchen NS-Parteikreisen teilte man diesen Optimismus nicht. Einige Organe der Parteipresse kritisierten das Fehlen unmißverständlich nationalsozialistischer Produktionen und Themen.[140] So schrieb die HJ-Zeitschrift *Wille und Macht* im Februar 1938 in einem überraschend aufmüpfigen Artikel:

»Denn man könnte dem heutigen Filmschaffen keinen verfehlteren Vorwurf machen als den, daß es ein Übermaß von Tendenzfilmen auf den arglosen Kinobesucher ausschüttet. Man muß schon lange suchen, ehe man im Programm des Filmtheaters einmal einen mit klar hervortretender politischer Absicht gedrehten Film findet. Selbst der mißtrauischste Kinobesucher kann nicht behaupten, daß der deutsche Spielfilm ihn gegen seinen Willen politisch-weltanschaulich zu beeinflussen suchte. Abgesehen von einem Teil der Wochenschau ist das Kino im politisch gewordenen Deutschland eine unpolitische Oase. Und auch wer ganz klug sein will und meint, daß es zwar an Tendenzfilmen fehle, daß aber die Tendenz in den Einzelheiten der Zeichnung des Films enthalten sei, kann für solche Argumentation kaum Beispiele anführen. Je mehr man ins Kino geht, umso deutlicher wird nämlich das Gefühl, daß die dort gezeichnete Welt in der Mehrzahl der Fälle mit unserer nationalsozialistischen Gegenwart nichts zu tun hat. Gewiß haben wir gute Filme gesehen, und in technischer Hinsicht sind wesentliche Fortschritte gemacht worden. Aber unser neues Lebensgefühl ist in die allerwenigsten Filme eingedrungen.« [141]

Obwohl Goebbels gegen die Zeitschrift sogleich allerlei Sanktionen verhängte und den Schriftleiter, eine »dumme Rotznase« (20.2.1938), schaßte, zeigen seine aufgeregt klingenden Notizen, wie sehr die Kritik saß. Im gleichen Tenor vermißte auch die Reichsfilmkammerzeitschrift *Der deutsche Film* eine »stärkere Beziehung zum wirklichen Leben, wie sie Reichsminister Dr. Goebbels immer wieder gefordert hat«.[142]

Goebbels' Rechtfertigungsversuche klangen von Jahr zu Jahr anders. Im April 1938 erklärte der Minister, eine größere Zahl politisch eindeutigerer Filme sei wegen organisatorischer Probleme und Schwierigkeiten bei der Kontrolle der Filmindustrie ausgeblieben.[143] Dabei erscheinen die Vorwürfe bei näherer Betrachtung fast ungerecht: Gerade im ersten Halbjahr 1938 liefen zahlreiche Filme von Privatproduktionen, die Goebbels' wiederholtem, wenig originärem Ruf nach »echtem Leben« und »zeitnahen Problemen« gefolgt waren. Eine ganze Reihe von »Zeitfilmen«, die fast alle bereits im »Dritten Reich«, zumindest aber nach 1918 spielten, waren Teil des Kinoprogramms. Nicht zuletzt weil ihre Verbreitung damals nicht sehr groß

140 Goebbels selbst erwähnt etwa die *Essener Nationalzeitung* vom 10.11.1937. Auch die SS-Zeitung *Das schwarze Korps* kritisierte ständig die Filmprogramme.

141 Abgedr. bei: Albrecht I, S. 504.

142 *Der deutsche Film* H.1/ 1938. Vgl. auch Welch, German Cinema , S. 43.

143 Toeplitz, Bd. 3, S. 278.

war, werden sie heute kaum mehr beachtet.[144] Diese überwiegend bescheiden ausgestatteten Produktionen thematisierten primär soziale und gesellschaftliche Anliegen des Nationalsozialismus – wenn auch politisch oft reichlich diffus. Mangels äußerer Feindbilder oder militärischer Tugenden zählen sie sicher nicht zur ersten Kategorie »kriegserziehender« Filme. Doch indem die kaiserliche und republikanische Vergangenheit verächtlich gemacht wurde, ließen sich Fortschritt und wirtschaftlich-soziale Erfolge des NS-Staates propagieren.

Beispiele dafür sind die ab September 1938 in den Kinos ausgewerteten und von Goebbels hochgelobten Filme DU UND ICH (»großartig und ergreifend«, 1.11.1938) und AM SEIDENEN FADEN, beide aus dem Industriemilieu.[145] Die bewährte Form nationalsozialistischer Gesellschaftskritik am verkrusteten Bürgertum der Jahre bis 1914 in HEIMAT (mit Zarah Leander und Heinrich George) reißt Goebbels zu Begeisterungsstürmen hin: »Milieu der Vorkriegszeit genial getroffen[...] Einer falschen und verlogenen Ehrenmoral wird hier die Maske heruntergerissen«, 22.5.1938. Ebenso »anständig in der Haltung und hervorragend im Milieu«(19.5.1938) empfand er das politisch noch widersprüchliche patriotische Melodram DREIKLANG.

Der in solchen Streifen indirekt nahegebrachte Stolz auf die »modernen« und »besseren« Verhältnisse unter dem Nationalsozialismus mag – neben anderen gängigen Konnotationen – in gewisser Weise der Stärkung der Verteidigungsbereitschaft gedient haben. Allerdings mit völlig ungewissem Effekt: Denn nach allen Überlieferungen grassierte in der deutschen Bevölkerung im Sommer und Herbst 1938 eine erhebliche Kriegsfurcht.

Außerdem sind diese Filme keineswegs Resultate der nach dem Münchner Abkommen eingeschlagenen Linie der »Vertrauenspropaganda«,[146] sie entsprachen vielmehr einzig den von Goebbels seit 1937 erhobenen Forderungen nach Darstellung von »menschlichen Konflikten« und »echtem Leben«.

---

144 Darunter DIE KLEINE UND DIE GROSSE LIEBE (UA: 29.4.1938), WIE EINST IM MAI (UA: 11.2.1938), HEIRATSSCHWINDLER (UA: 15.2.1938), ZWISCHEN DEN ELTERN (UA: 15.2.1938).

145 Dieses positive Urteil über DU UND ICH kam erst nach langwierigen Umarbeitungen zustande (vgl. etwa Kommentar vom 17.9.1938).

146 Vgl. zu dieser Tendenz Goebbels' Rede vor Arbeitern am 28.10.1938 in: *Völkischer Beobachter* (Berliner Ausgabe) vom 29.10.1938 sowie Rede vom 19.11.1938, abgedr. in: Helmut Heiber (Hrsg.), *Goebbels-Reden 1932-1939*, Düsseldorf 1971, S. 327, als geschickte Verbindung von sozialen Themen, Wehrmachts- und Zuversichtspropaganda.

Zugleich brachte diese soziale »lebensnahe« Thematik im Film auch Risiken mit sich, die zumindest Hitler erkannte: »Der Führer hat den Wunsch ausgedrückt, im Film weniger Berufsprobleme und mehr menschliche Probleme zu sehen. Das ist ganz richtig so. Ich treffe dementsprechend Kurs«, notiert Goebbels' am 21.6.1938 und deutet damit die Absicht zur inhaltlichen Korrektur der »Alltags- und Zeitfilme« an. Das zielte auf Filme, in denen neben arbeitsüberlasteten Männern und vernachlässigten Frauen auch Arbeitslosigkeit und ein insgesamt recht tristes Angestelltendasein vorkamen. Die NS-Presse hatte solche Thematisierungen schon bei EINMAL WERD ICH DIR GEFALLEN kritisiert.[147] Auch DER NACKTE SPATZ aus dem Straßenbahnermilieu (Goebbels am 5.4.1938: »ein direkter Skandal«) behandelt die von Hitler angesprochenen »Berufsprobleme«, die auf der Leinwand angesichts der Überforderung von Arbeitern und Angestellten bei der rasanten Aufrüstung durch Leistungs- und Akkordarbeit sowie Arbeitszeitausweitung wohl unerwünscht waren. Im Dezember 1938 verbot Hitler persönlich den zu realistischen Angestelltenfilm DAS LEBEN KANN SO SCHÖN SEIN über einen von Wohnungsnot und schlechter Bezahlung bedrängten Versicherungsvertreter. Doch dieser Titel und noch einige weitere (FRAU SYVELIN, KLEINER MANN GANZ GROSS), insbesondere der später noch wichtige Arbeiterfilm MANN FÜR MANN, zeigen, daß die zu Fehlinterpretationen geeigneten Sujets nicht verschwanden. Jedenfalls deutet sich hier bereits an, daß der zeitnahe politisch-soziale Film in einer hochbelasteten Bevölkerung eher kontraproduktiv wirkte.

Bezieht man die »Alltagsfilme« trotz solcher Widersprüchlichkeiten in das politische Filmangebot 1938 mit ein, so gab es mehr als nur zehn ostentativ politische Streifen.[148] Doch nur sieben von insgesamt 106 Filmen dieses Jahres sind eindeutig der militärisch-»kriegsvorbereitenden« Kategorie zuzurechnen (gegenüber neun von 114 im Jahr 1937).[149] Dabei fällt auf, daß jeweils drei im Januar und drei im Dezember anliefen – lange vor und nach der Sudetenkrise vom September 1938, wenn sich auch vereinzelte Vorführungen über die Sommermonate erstreckten. Diese sieben »Kriegserziehungsfilme« erfüllten offenbar Goebbels' Erwartungen; vier beurteilt er positiv (ZIEL IN

---

147 Karlheinz Wendtland, *Geliebter Kintopp*. Jahrgang 1937 und 1938, Berlin o.D., S. 154.

148 Welch, German Cinema, S. 43, dessen Zählweise aber ähnlich problematisch erscheint wie Albrechts.

DEN WOLKEN, MIT VERSIEGELTER ORDER, DER KATZENSTEG, URLAUB AUF EHRENWORT)[150] und nur einen zwiespältig: eine frühe Fassung von POUR LE MÉRITE, der gehässigsten und aggressivsten Abrechnung mit der Weimarer Republik (1.11.1938).

Wenn Goebbels damit zufrieden war, sah er womöglich wenig Notwendigkeit für eine weitergehende propagandistische Verschärfung. Sogar den Anfang November 1938 gestarteten, stark aktionsbetonten Film KAUTSCHUK (UA: 2.11.1938), eine »Hymne auf den britischen Kolonialimperialismus«,[151] beurteilt Goebbels ausdrücklich als »Großartig politisch und künstlerisch« (1.11.1938). Wenige Tage nach Kriegsbeginn wurde KAUTSCHUK zusammen mit anderen Streifen zurückgezogen, weil »er die geschichtliche Tat eines Engländers verherrlicht«.[152] KAUTSCHUK mit »dem offiziellen Freund-Feind-Schema widersprechende[n] Positionen«[153] – weder ausdrücklich gewollt probritisch noch mißbilligter Ausrutscher – symbolisiert auch die außenpolitische Orientierungslosigkeit Hitlers gegenüber Großbritannien.

Die beiden 1938 angelaufenen Olympiadefilme von Leni Riefenstahl sind schwerlich in die normale Filmplanung einzuordnen. Ihre beispiellose öffentliche Präsentation gipfelte in der Uraufführung zu Hitlers Geburtstag am 20. April 1938. Der Diktator hatte auch persönlich dafür gesorgt (22.12.1937), daß die beiden Teile FEST DER VÖLKER und FEST DER SCHÖNHEIT zur gleichen Zeit herauskamen. Goebbels war natürlich von Photographie und Montage des dokumentarischen Ausnahmewerks begeistert (24./26.11.1938). Das »Sportspektakel als eine Art ziviler Parteitag«[154] stellte für das Regime, dessen Vertreter darin auch zahlreich auftraten, ebenso wie die Olympiade selbst, einen Prestigegewinn dar. Es blieb 1938 zwar eine herausragende ästhetische

---

149 1937: Neun Filme dieser »militärischen« Kategorie (kriegerische Auseinandersetzungen, militärische Terminologie und Protagonisten): WEISSE SKLAVEN, RITT IN DIE FREIHEIT, FRIDERICUS, MENSCHEN OHNE VATERLAND, ALARM IN PEKING, DIE WARSCHAUER ZITADELLE, UNTERNEHMEN MICHAEL, PATRIOTEN, SIGNAL IN DER NACHT; 1938: Sieben Filme: KATZENSTEG, KAMERADEN AUF SEE, URLAUB AUF EHRENWORT, MIT VERSIEGELTER ORDER, ZIEL IN DEN WOLKEN, DREIZEHN MANN UND EINE KANONE, POUR LE MÉRITE (vier davon erschienen in den der politisch-militärischen Krise am fernsten gelegenen Monaten Januar und Dezember). 1939 (Januar bis August): Vier Filme: AUFRUHR IN DAMASKUS, DREI UNTEROFFIZIERE, GRENZFEUER, FLUCHT INS DUNKEL, darunter nur einer von Juni bis September.

150 Zwei Titel sind bei Goebbels bisher nicht überliefert.

151 Kreimeier, S. 332.

152 BA/K R 109 I/1033c Nr. 140, Protokoll-Nr. 1385 vom 13.9.1939.

153 Kreimeier, S. 332.

154 Witte, Film im Nationalsozialismus, S. 131.

Einzelleistung, aber die faschistische Präsentation von arischem Kampfgeist wird ihre Wirkung auf das Publikum nicht verfehlt haben.

Sicherlich schwankte Goebbels hinsichtlich der Filmproduktion, und man kann seine wechselnden Einschätzungen kaum als maßgebend für Veränderungen der Filmpolitik ansehen. Das hieße, man würde seinen Einfluß überbewerten. Nur: Wer außer Goebbels hätte entscheidende Anstöße für eine massive, auf Krieg einstimmende Filmpropaganda geben können? Die Filmfirmen und Produktionschefs reichten zwar von sich aus nationalpolitische Filmstoffe ein, aber wie sollten sie wissen, ob sie damit hinsichtlich zeitlicher Planung, speziell erwünschter Thematik und präzisen Feindbildern kongruent zur wechselhaften Politik lagen? Zumal gerade in dieser entscheidenden Phase laufend hinderliche Personalrochaden in Ministerium und Filmfirmen stattfanden. Filmdramaturg Ewald von Demandowsky wechselte Anfang 1939 vom Ministerium auf den Posten des Produktionschefs der Tobis. Sein sehr junger Nachfolger Fritz Hippler amtierte zunächst nur übergangsweise. Ernst von Leichtenstern dagegen, Filmabteilungsleiter und ab Frühjahr 1939 kommissarischer Produktionschef der Ufa, war ein Dilettant ohne jede eigene Initiative, weshalb ihn Goebbels alsbald von dem Ufa-Posten wieder entfernte. Die großen Filmemacher wie Emil Jannings oder Veit Harlan versuchten meist nur ihre eigenen künstlerischen Ideen zu lancieren. Von ihnen waren konkrete politische Themen, die sich nach den Bedürfnissen des Regimes richteten, nicht zu erwarten.

Weitere Zweifel sind erlaubt, ob Goebbels überhaupt die Absicht zu einer »kriegsvorbereitenden« Filmpolitik hatte. Seine Unsicherheit über die außenpolitische Lage könnte seine Aktivitäten gebremst haben.[155] Goebbels war im Sommer 1938 vom – soweit ihm erkennbaren – Kriegskurs Hitlers nicht vollends überzeugt und offensichtlich in viele Entscheidungsprozesse nicht genau eingeweiht.[156] Nur die grundsätzlichen außenpolitischen und militärischen Absichten Hitlers treten zu Beginn des zweiten Halbjahres 1938 klar zutage (3./17.6., 1./17.7., 21.8.1938): »Der Führer geht stark gegen die Tschechei los. Da müssen wir immer aufs Neue hetzen und putschen. Keine Ruhe geben. Einmal platzt dann doch der Kragen« (3.6.1938). Die oft nur

155 Martin Broszat (Hrsg.), Der Zweite Weltkrieg: Ein Krieg der »alten« Eliten, der Nationalsozialisten oder der Krieg Hitlers?, in: ders./Klaus Schwabe, *Die deutschen Eliten und der Weg in den Zweiten Weltkrieg*, S. 25-71 bes. S. 48-61.

156 Vgl. Einträge vom 3./12./18./24.8.1938.

Olympiade-Film FEST DER SCHÖNHEIT *von Leni Riefenstahl: Gewinn für das Regime*

stimmungsmäßig wahrzunehmende Skepsis Goebbels' resultiert wohl in erster Linie aus seiner Einschätzung der Volksstimmung in puncto Kriegsbereitschaft. Auch in Regierungskreisen kursierten Gerüchte, der Propagandaministers sei eher kriegsunwillig.[157] Daß Goebbels zur gleichen Zeit technische Vorbereitungen für den geplanten Angriff treffen und durch seinen Referatsleiter Alfred Ingemar Berndt eine systematische Pressekampagne inszenieren ließ, somit eine »kriegsmäßige Arbeit« im Propagandaministerium betrieb (13./21.8.1938), ist kein Widerspruch. Die Kampagne in den aktuellen Medien war im Gegensatz zur langfristigen Filmpropaganda ohne Aufwand jederzeit einstellbar. Einige Einträge zur taktischen Zurückhaltung in der Hetzpropaganda wegen möglicher Panik und Kriegsangst[158] entsprechen

157 Vgl. Friedrich Freiherr von Gaertringen (Hrsg.), *Die Hassell-Tagebücher*, Berlin 1988, S. 54 (17.9.1938); Leonidas E. Hill (Hrsg.), *Die Weizsäcker-Papiere 1933-1950*, Frankfurt/M. 1974, S. 145 und 171, sowie Michels, S. 392.

158 »Im Lande verbreitet sich die Meinung, daß der Krieg unvermeidlich sei. Ich werde dem etwas entgegenwirken. Denn sonst gibt es auf die Dauer Panikstimmung« (16.7.1938); »Unser Feldzug gegen Prag ermüdet das Publikum ein wenig. Man kann nicht monatelang eine Krise offenhalten. Also etwas mehr Zurückhaltung und das Pulver nicht zu früh verschießen. Im Übrigen wächst im Lande die Kriegspanik. Man glaubt, daß der Krieg unvermeidlich geworden sei. Wohl ist keinem dabei. Dieser Fatalismus ist das Gefährlichste von allem« (17.7.1938).

nicht dem Bild eines überlegen kalkulierenden Ministers, sondern vermitteln Unsicherheit. Improvisation und Unklarheit prägten die Politik. Künftige Konstellationen und Gegner standen noch nicht fest. Und in genau dieser Situation hätte Goebbels klare und energische Richtlinien an die Filmfirmen geben und eine »kriegsvorbereitende« Filmproduktion einleiten müssen. Nur so wären die Kinoprogramme rechtzeitig zum Jahresanfang 1939 noch mit politischen Produktionen aufzufüllen gewesen. Doch schon seine widersprüchliche Einstellung gegenüber Großbritannien, die durch Orientierungssuche bei Hitler und Skepsis gegenüber dem klar antienglischen Kurs Ribbentrops[159] dokumentiert wird, lähmte offenbar die politische Initiative: 1937/38 gab Goebbels kein einziges antibritisches Projekt in Auftrag.[160] Bisher läßt sich auch keine Stelle nachweisen, an der der sonst so ungeduldige Hitler seinen Propagandaminister erkennbar zu einer Verschärfung der Filmpolitik gedrängt hätte.

Was man bei Goebbels als »kriegsvorbereitend« interpretieren kann, fällt eher halbherzig aus. Der bewährte Karl Ritter, dessen radikal-patriotische »Kriegserziehungsfilme« das Gebot der Stunde gewesen wären, wurde zunächst überhaupt nicht herangezogen. Entgegen der Vorstellung Goebbels', der sogar »Ritter vor seinem neuen heiteren Film Capriccio gewarnt« haben will, weil dieser »nur große politische und nationale Filme machen« solle (14.1.1938), widmete sich der Regisseur von URLAUB AUF EHRENWORT und UNTERNEHMEN MICHAEL bis auf die Vorbereitung von POUR LE MÉRITE dem heiteren Genre: Im August 1938 erschien das »Nonsense-Musical«(Karsten Witte) CAPRICCIO, im April 1939 DIE HOCHZEITSREISE, ein Liebesroman aus dem 19. Jahrhundert. Goebbels verdammt beide Streifen entsprechend als »furchtbarer Dreck« (über CAPRICCIO am 1.5.1938) beziehungsweise »furchtbare Schwarte, literarischer Unfug, kaum noch zu ertragen« (23.3.1939 über DIE HOCHZEITSREISE).[161]

159 Vgl. auch bereits Eintrag vom 24.11.1937: »Lange Aussprache mit Ribbentrop [...] Das Bild, das er von der Außenpolitik entwirft, ist sehr mangelhaft und unklar. Er hat einen starken Haß gegen England und sieht in ihm unseren Erzfeind. Ich halte das nicht für ganz richtig«.

160 Die Zarah-Leander-Filme LA HABANERA und ZU NEUEN UFERN (beide 1937) enthielten allerdings eine deutliche, gegen Großbritanniens Kolonialimperialismus, schmierige Südamerikaner, aber auch den Kolonialismus allgemein gerichtete Tendenz: Kreimeier, S. 352.

161 Gleiches galt für Hitler: BA/K NS 10/44 Nr. 11 Adjutantur an Leichtenstern vom 20.9.1938 über CAPRICCIO.

Eine filmische »Kriegsvorbereitung« ohne Ritter? Wo Goebbels doch festgestellt hatte: »Ritter ist einer der wenigen, die politische Filme machen können« (1.12.1937). Als Ritter dann in den letzten drei Monaten vor Kriegsausbruch schließlich wieder an »nationalen« Stoffen arbeitete, hatte sich bei Goebbels ein Meinungswandel vollzogen. Nun tauchen nicht unerhebliche Zweifel an der Wirksamkeit von Ritters eindimensionaler plakativer Propaganda auf. Diese zogen zwar erst im Krieg ein regelrechtes Regieverbot für ihn nach sich, doch schon am 30.7.1939 heißt es: »Ich halte Ritter für wahnsinnig überschätzt. Er hat eine sehr hemmungslose Art, mit nationalen Stoffen umzugehen.«

Gleichzeitig fehlte es an Konsequenz, wenn schon nicht in großem Umfang, so doch in einzelnen Projekten zur Wehrerziehung geeignete »psychologische Feinzeichnungen« unterzubringen. So plante Goebbels von Juli bis September 1938 einen großdimensionierten Film von Emil Jannings, DER WEITE WEG, nach einem Drehbuch von Hans Fallada. Erwartungsvoll charakterisiert er das Projekt als der »erste große politische Film« (10.7.1938), eine Aussage, die nebenbei vorangegangene Streifen entwertet. Doch Schwierigkeiten bei der Darstellung der Zeit nach 1914 verzögerten das Vorhaben. Goebbels kritisiert den Entwurf von Jannings und Fallada als »zu pessimistisch« (13.7.1938) und »demoralisierend« (13.7.1938): »Denn der Film soll ja nicht nur die Laster, sondern auch die Tugenden des Krieges darstellen« (13.7.1938). Trotz offenbar starkem persönlichen Engagement des Ministers, der das Drehbuch abwechselnd verbot und dann wieder selber redigierte, war man laut Aufzeichnungen auch Ende September (28.9.1938) noch nicht zu einem fertigen Skript gekommen. Ein ebenfalls langgepflegtes Kolonialfilmprojekt von Luis Trenker unter dem Titel »Leuchtendes Land« mißfiel Goebbels ebenso wie der Entwurf eines Propagandafilms für das Winterhilfswerk (31.5.1938). Der Minister scheint keine Eile gehabt zu haben, verbot oder gab Neubearbeitungen in Auftrag.

Nicht einmal Goebbels' private Situation im Herbst 1938 ließ viel Raum für wohlüberlegte filmpropagandistische Entwürfe. Er befand sich nämlich in der bis dahin schwersten persönlichen und politischen Krise seiner Amtszeit. Zunächst galt Goebbels' Aufmerksamkeit noch den Folgen der Reichspogromnacht, insbesondere dem weiteren Vorgehen bei der antisemitischen Propaganda. Durch die Baarova-Affäre eskalierte dann seine Ehekrise; seine Ehefrau Magda intervenierte bei

Goebbels-Geliebte Lida Baarova: Minister in der Krise

Hitler, um die Geliebte ihres Mannes loszuwerden. Ein Rücktritt des Propagandaministers lag im Bereich des Möglichen. Die Folgen bei Goebbels sind gesundheitliche Probleme, Larmoyanz, Klagen und Bekundungen von Unlust statt langfristigem filmpolitischen Kalkül. Die Filmprüfung unterblieb weitgehend: »Teile von Filmen gesehen, aber ohne Ruhe«(28.9.1938). Wenn er nach dem Anschauen eines unbefriedigenden Films ankündigt, sich wieder »mehr um die Sache bekümmern« zu wollen, sind keine Konsequenzen zu erkennen. Filmfragen, so heißt es am 9.12.1938, »interessieren mich im Augenblick nicht allzusehr«. Eine gehörige Portion stilisiertes Lamento und Selbstmitleid kann über tatsächliche Inaktivität nicht hinwegtäuschen. Goebbels ließ die Zügel schleifen: »Ein paar Filme angeschaut. Aber ohne richtiges Interesse. Ich mag einfach nicht mehr« (30.12. 1938). Nicht ein einziger wichtiger filmpolitischer Gedanke findet sich bis zum Jahresende. Im November/Dezember wurden gleich zwei Filme ohne Goebbels' Zutun verboten (PREUSSISCHE LIEBESGESCHICHTE und DAS LEBEN KANN SO SCHÖN SEIN). Zerknirscht räumt er auch die organisierten Proteste gegen den Baarova-Film DER SPIELER ein, dessen Premiere »so halbwegs glimpflich verlaufen« sei (29.10.1938) und der wenige Tage darauf verboten werden mußte. Sogar seine Tagesaufzeichnungen unterbrach er für die Dauer von zwei Wochen – zum ersten und einzigen Mal. Kurz zuvor muß er noch eine Kritik Hitlers an den Wochenschauen vermelden (17.12.1938).

Filmpropagandistische Defizite im Jahr des Kriegsbeginns?

Im Frühjahr 1939 – so der Filmhistoriker Jerzy Toeplitz in seiner Bilanz über die nationalsozialistische Filmpolitik sechs Jahre nach dem Machtantritt – habe Goebbels auf der Reichsfilmkammertagung die »Liste von Fehlschlägen« kaum mehr mit dem erneuten Hinweis auf organisatorische Probleme kaschieren können.[162] Tatsächlich boten die Ausführungen des Ministers über seine »außerordentliche Anstrengung«, nun »auch den Film in den Dienst des Volkes zu stellen«,[163] keine konkrete Orientierung. Wenige Wochen zuvor hatte der scheidende Reichsfilmdramaturg Ewald von Demandowsky im *Völkischen Beobachter* leise Selbstkritik anklingen lassen, zugleich aber erneut »aktuelle und zeitnahe Probleme« angemahnt.[164] Sein eigentlich richtiger Hinweis, auch »Lustspiel und Komödie können weltanschaulich sein«, mußte zu diesem Zeitpunkt als Ausflucht wirken. Daß das Fehlen »politischer Filmkunstwerke« nicht noch stärker thematisiert wurde, lag an den zahmen »Kunstbetrachtungen«, die 1936 an die Stelle der traditionellen Filmkritik getreten waren und die schlechte Rezensionen in der Tagespresse verhinderten. Sogar die Redakteure des Parteiblatts *Völkischer Beobachter* mühten sich – kurioserweise tun das auch heutige Analysen –, in Durchschnittskomödien politische Botschaften zu entdecken. Selbst Filme wie Willi Forsts zweideutige, oft auch als regimekritisch interpretierte Komödie BEL AMI wurden dann positiv besprochen.[165] Kritik an fehlender Ten-

162 Toeplitz, Band 3, S. 277.
163 *Völkischer Beobachter* (Berliner Ausgabe) vom 11.3.1939.
164 *Völkischer Beobachter* (Berliner Ausgabe) vom 2.2.1939.

denz und Weltanschauung zugunsten der Darstellung eines privaten »individualistischen« Glücksstrebens der Filmprotagonisten kam dagegen weiterhin von der Reichsfilmkammerzeitschrift *Der Deutsche Film*.

Zu Jahresanfang 1939 registriert Goebbels dann auch die Folgen seiner wegen Ehekrise und Angst vor Amtsverlust fortdauernden Inaktivität auf dem Filmgebiet: »Es stagniert etwas im Film. Ich muß wieder mal etwas Druck dahinter setzen. Aber das kommt alles noch« (22.1.1939). Ein in diesen Tagen womöglich aus reinem Aktivismus geborenes »Pressefilm«-Projekt (3.1.1939), das Goebbels als großartige Idee preist (»Abends spät noch entwerfe ich eine neue Idee zu einem Pressefilm. Die siebte Großmacht. Ich glaube, das wird ein Ding!«, 3.1.1939), taucht im Verlauf des Jahres immer wieder auf, ist jedoch nie über das Planungsstadium hinausgekommen.[166]

Allein die »lebensnahen« Zeitfilme entwickelten sich zu einem omnipräsenten Bestandteil des Kinoprogramms. DREI WUNDERSCHÖNE TAGE, ein biederer Film aus dem Freizeitmilieu, strotzt vor bewegenden menschlichen Schicksalen und Kraft-durch-Freude-Propaganda.[167] Einen weiteren Schwerpunkt der auf soziale Themen ausgerichteten Propaganda behandelt MANN FÜR MANN. Hier geht es um Arbeiterschicksale rund um den Autobahnbau. Arbeitersolidarität ist dabei allerdings nur Teil des Zusammenhaltens der Gemeinschaft. Der einzelne Arbeiter, so lautet die Botschaft, kommt einzig durch Fleiß und Leistung vorwärts und strebt letztlich nur nach mehr Lohn und privatem, bürgerlichem Glück.[168] Obwohl Goebbels eine erste Fassung als »politisch gut und künstlerisch ein Wurf« bezeichnet (9.2.1939), wurden für den Film mehrmals Nachaufnahmen propagandistischer Art angeordnet.[169] Im Mai verlangte das Propagandaministerium, als Ursache der Katastrophenszenen am Ende des Films dürfe nicht menschliches Versagen gezeigt werden, vielmehr bedürfe es eines »Erdstoßes als Begründung des Caisson-Unglücks«.[170]

Vom Rundfunk als einem volksbildenden und sinnstiftenden Me-

---

165 Filmkritik im *Völkischen Beobachter* (Berliner Ausgabe) vom 23.2.1939.

166 Der bisher bekannte letzte Eintrag darüber findet sich am 6.11.1939.

167 Drewniak, S. 269.

168 BA Film/K Film Nr. 10408.

169 BA/K R 109 I/1033b Nr. 33 Protokoll Nr. 1355 vom 14.2.1939: Demnach wünschte das Propagandaministerium mehr Aufnahmen von den Autobahnen, was offenbar besonders die Schlußszenen betraf.

170 BA/K R 109 I/1033c Nr. 81 Protokoll-Nr. 1368 vom 23.5.1939.

dium der Lebenshilfe handelt DIE STIMME AUS DEM ÄTHER, ein schon im Oktober 1936 von Goebbels initiierter, mit zahlreichen NS-Symbolen (ein Goebbels-Bild ziert das Büro des Rundfunkdirektors[171]) durchsetzter »Zeitfilm«. Bei dem Problemfilm FRÄULEIN (»sehr gut in der Tendenz«, [26].5.1939) lag die »Lebensnähe« in der Zuweisung von Geschlechterrollen. Doch die Aktualität hatte auch Grenzen. Bei dem Gerichtskrimi IM NAMEN DES VOLKES nach einem Justizfall aus dem Jahre 1938 moniert Goebbels den »amtlichen Charakter« (24.1. 1939) und nimmt ihn nach einer kurzfristigen Umänderung zum Anlaß grundsätzlicher Einlassungen: »Demandowski gegenüber Kritik an seinen Filmen geübt. Wir müssen bei Themen, die erziehen sollen, alles Lehrhafte vermeiden. Etwas zuviel zerstört da die ganze Wirkung« (25.1.1939).

Hinweise, daß Goebbels den außenpolitischen Kurs Hitlers zum Anlaß für Veränderungen in der Filmpolitik genommen hätte, fehlen auch für 1939 weitgehend. Eine Koordination mit den Weisungen des Diktators vom April über den 1. September als frühestmöglichen Beginn des Krieges ist nicht ersichtlich. Eher entsteht der Eindruck eines saturierten, die Erwartungen dämpfenden Propagandaministers. Am 23.3.1939 notiert Goebbels: »Der Führer entwickelt seine künftige Außenpolitik. Er will nun etwas Ruhe eintreten lassen, um wieder Vertrauen zu erwerben. Und dann kommt die Kolonialfrage aufs Tapet. Immer eins nach dem andern.« Vielleicht legt Goebbels hier seine Gedanken nicht vollends offen oder wurde von Hitler wiederum nicht richtig ins Bild gesetzt. Die »überschäumende Freude« der Bevölkerung nach der Abtretung des Memelgebiets durch Litauen veranlaßt Goebbels jedenfalls zu der Warnung: »[nun bestehe die Gefahr], daß die Spießer glauben, das ginge nun ewig so weiter. Es machen sich vielfach ganz phantastische Vorstellungen von den nächsten Plänen der deutschen Außenpolitik breit. Dagegen werde ich auch einmal polemisieren.« Andererseits hält er auch Hitlers Absicht zur »Lösung der Frage Danzig« fest: »Er will es bei Polen mit etwas Druck versuchen und hofft, daß es darauf reagiert« (25.3.1939).

Ob in einer am gleichen Tag stattgefundenen »Lange[n] Debatte« mit Hitler »über die Filmproduktion an sich, die noch sehr reformbedürftig ist«, inhaltliche Defizite festgestellt und eine stärkere Orientierung an den Parolen der Tagespropaganda besprochen wurden, ist

171 BA Film/K Film Nr. 144131.

fraglich. Statt Goebbels dringende Aufgaben zuzuweisen, genehmigte der Diktator ausdrücklich eine mehrwöchige Reise des Propagandaministers nach Ungarn, Griechenland und die Türkei.[172] Zwar findet sich tags darauf, sicherlich auch als Reaktion auf das Treffen mit Hitler, eine interessante Passage über ein Gespräch mit dem Filmabteilungsleiter Leichtenstern: »Mit Leichtenstern noch mal die Situation und Aufgaben des Films durchgesprochen. Wir wollen mehr heutige Stoffe drehen. Uns der Probleme der Gegenwart bemächtigen. Das setzt rasche Initiative voraus« (26.3.1939). Doch die Produktionspläne der Filmfirmen für den Herbst, die angesichts der langen Planungszeiten die letzte Chance boten, auf das Kinoprogramm der kommenden Monate Einfluß zu nehmen, hatte Goebbels gerade erst in mehreren Besprechungen mit den Produktionschefs von Ufa, Terra und Tobis endgültig gebilligt (22./23.3.1939). In einer weiteren »Unterredung mit den 3 Produktionschefs unserer Filmfirmen« (20.3. 1939) ging es demnach eher um Nachwuchsfragen und Schauspielerbetreuung.

Störend bei der Filmplanung wirkte auch die seit Wochen schwelende Führungskrise bei der Ufa. Wegen der Überlieferungslücken im Mai 1939 ist der genaue Hintergrund von Goebbels' Auseinandersetzung mit dem Ufa-Produktionschef Alfred Greven, die schließlich zu dessen Absetzung führte, nicht zu erfahren. Sollten tatsächlich Meinungsverschiedenheiten über die Stoffplanung ausschlaggebend gewesen sein,[173] so gibt es jedoch keine Anzeichen dafür, daß Goebbels der Ufa propagandistische Filmpläne aufzwingen wollte. Ebenso fehlt der Hintergrund zu Grevens Feststellung vom 9. Mai 1939 über das Produktionsprogramm der Firma 1939/40, »dass noch einige Änderungen vorbehalten bleiben im Hinblick auf die von dem Herrn Minister kürzlich den Produktionschefs gegebenen neuen Richtlinien.«[174] Diese »neuen Richtlinien« müssen nicht politischer Art gewesen sein. Denn am 26.6. erwähnt Goebbels eine weitere Ansprache vor den Produktionschefs (»Ich erläutere nochmals mein Programm. Gegen Spinnerei und Intellektualismus. Für handfeste Stoffe. Hoffentlich klappt es nun«). Demnach ging es um die Kontinuität der »Echtes Leben«-Direktiven von März und Mai.

---

172 Die Abwesenheit von Berlin dauerte vom 27.3. bis zum 16.4.1939.
173 Jürgen Spiker, *Film und Kapital*, Berlin 1974, S. 292.
174 BA/K R 109 I/1033c Nr 295 Protokoll-Nr. 1366 vom 9.5.1939.

Betrachtet man die nur für die Ufa vorliegenden Situationsberichte über das Produktionsprogramm 1939/40 vom 9. Mai 1939 beziehungsweise vom 8. Juni 1939, so fallen fünf deutlich politische Vorhaben auf:[175] DAS SCHARLACHROTE KORPS, SPRUNG ÜBER DEN SCHATTEN (ATTACKE), BAYER 205, LEGION CONDOR, OFFIZIERSEHE.[176] KADETTEN unter der Regie von Karl Ritter sowie MARIA ILONA, DAS LIED DER WÜSTE und ALARM AUF STATION III befanden sich im Mai/Juni bereits im Atelier. Von diesen fünf politischen Filmplänen der Ufa wurde kein einziger tatsächlich realisiert beziehungsweise zu Ende geführt. In der Sitzung vom 8. Juni 1939 hieß es zum Beispiel zu OFFIZIERSEHE:

» [...] wird die Frage besprochen, ob dieser Film hergestellt werden kann. Der zugrundeliegende Stoff, die Ehe des Leutnant Colin, behandelt die Liebe eines deutschen Offiziers zu einer Französin. Der Vorstand hält es für zweckmäßig, daß entsprechend dem Vorschlag des Herrn Min.rat Leichtenstern von der Verfilmung dieses Stoffes abgesehen wird, da die Auswertung des Films in hohem Maße von der dann herrschenden politischen Lage abhängig ist.«[177]

Dieser Hinweis Leichtensterns auf die ungewisse Entwicklung der politischen Lage verdeutlicht die Planungsunsicherheit der Filmproduktion. SPRUNG ÜBER DEN SCHATTEN (ATTACKE) verzögerte sich, »da Herr Staatssekretär Hanke den Stoff anders sieht.«[178] Spätestens nach Kriegsbeginn wurde der Filmplan ganz eingestellt. BAYER 205 wurde in den folgenden Wochen aufgegeben und erst 1942 unter dem Titel GERMANIN realisiert, LEGION CONDOR (siehe unten) wegen seiner antisowjetischen Tendenz nach dem Nichtangriffspakt vom 22. August 1939 nicht mehr weitergeführt.

Angeblich weil die Handlung in Kanada spielen sollte,[179] verzichtete die Ufa im Herbst nach nur geringen Vorbereitungen auch auf DAS SCHARLACHROTE KORPS.[180] MARIA ILONA, einem »Pflicht vor privater

175 Eine Veränderung der Pläne zwischen Mai und Juni aufgrund der neuen Weisung von Goebbels ist nicht ersichtlich, weil weder im Mai noch im Juni alle der etwa 35 Filmpläne aufgelistet sind.

176 BA/K R 109 I/1033c Nr. 295 Protokoll-Nr. 1366 vom 9.5.1939 und Nr. 257f. Protokoll-Nr. 1370 vom 8.6.1939.

177 BA/K R 109 I/1033c Nr. 257 Protokoll-Nr. 1370 vom 8.6.1939.

178 Ebd.

179 BA/K R 55/1319 Nr. 29ff. Winkler an Goebbels vom 27.10.1939.

180 In einer am 27. Juni als Anlage zum Protokoll beigefügten Auflistung von offensichtlich sämtlichen Vorhaben fehlen bereits OFFIZIERSEHE und ATTACKE; als zusätzliche politische Projekte lassen sich DER STAMMBAUM DES DR. PISTORIUS und KENNWORT MACHALIN identifizieren, wovon letzterer ebenfalls nicht hergestellt wurde: BA/K R 109I/1033c Anlage 1 zum Protokoll-Nr. 1374 vom 27.6.1939.

Liebe«-Drama, das im Ungarnaufstand gegen die Habsburgermonarchie 1848 angesiedelt ist, wurde nach Beendigung der Dreharbeiten im Juli/August 1939 die Zulassung verweigert – angeblich wegen der Spannungen vor Kriegsausbruch.[181] ALARM AUF STATION III und das aufwendige, vorsichtig antienglische Zarah-Leander-Melodram DAS LIED DER WÜSTE erschienen erst nach Kriegsausbruch im November 1939. Ohne Erfolg blieb der Versuch des Regisseurs Carl Froelich, im Juni den schon länger kursierenden, per se antienglischen Stoff MARIA, KÖNIGIN VON SCHOTTLAND zur sofortigen Verfilmung zu lancieren. Die Arbeiten daran wurden erst 1940 aufgenommen.[182] Auch das Ende Juli vorgestellte Tobis-Programm 1939/40 mit 46 Filmplänen – neun davon waren bereits fertig, zwölf weitere befanden sich im Atelier – enthielt keine auffälligen propagandistischen Konturen.[183] Darüber hinaus ist für 1939 ebenso wie für 1938 die Vermutung berechtigt, daß Goebbels zumindest bis zum Frühsommer noch auf einen Ausgleich mit Polen hoffte[184] und deshalb zwar die kurzfristige und jederzeit einstellbare Presse- und Rundfunkpropaganda auf den Krieg ausrichtete, nicht aber die langfristig angelegte Filmpolitik.

Als erneuter Ablenkungsfaktor für den Propagandaminister erwiesen sich die Folgeerscheinungen der Goebbelsschen Ehekrise im Juni/Juli 1939. Daß das Verhältnis seines Staatssekretärs Karl Hanke mit Magda Goebbels durchgesickert war, wurde für den Propagandaminister zu einer weiteren peinlichen Angelegenheit. Noch ausgedehnter als sonst im Juli üblich gestaltete Goebbels seinen Sommerurlaub: Besuche bei Festspielen in Wien, Bayreuth und Venedig hielten ihn wochenlang von Berlin fern. In laufende Projekte und Filmprüfungen konnte er sich nur wenig einschalten. Mit Ausnahme des »Pressefilms«, dessen Treatment auch im August 1939 noch weit von Goebbels' Vorstellungen entfernt gewesen sein muß (»Sonderbar wie wenig Instinkt unsere Leute für moderne Stoffe haben«, kommentiert er den neuen Entwurf am 1.8.1939), ist kaum eine genauere Prüfung und Einzelplanung erkennbar.[185] Auch publizistisch blieb Goebbels im Juli/August merkwürdig still.[186] Beispielhaft für diese Passivität ist sein

181 Drewniak, S. 415. Siehe auch den eher negativen Kommentar Goebbels' im Eintrag vom 30.7.1939.

182 »Plan 21« in Protokoll-Nr. 1370 vom 8.6.1939 Nr. 258; »Nr. 19« in der Anlage zur Sitzung vom 27.6.1939.

183 *Völkischer Beobachter* (Berliner Ausgabe) vom 28.7.1939.

184 Michels, S. 407 und 410, unter Verwendung zahlreicher Passagen der Tagesaufzeichnungen.

Kommentar zu der Diplomatenkomödie KITTY UND DIE WELTKONFERENZ von Helmut Käutner, eine leicht politisch akzentuierte Verfilmung eines 1938 in Berlin gelaufenen Bühnenstücks über eine internationale Konferenz. Am Tage des deutsch-sowjetischen Nichtangriffspaktes lobt Goebbels: »Ein sehr netter und amüsanter Film mit der sehr talentierten Hannelore Schroth« (23.8.1939). Fast hat es den Anschein, als ob ihm die Problematik dieses »zeitnahen« und »aktuellen« Films und das symphatische Wirken britischer und französischer Politiker entging. Statt ihn aus Vorsicht zurückzuhalten, wurde der Film noch am 25. August in Stuttgart uraufgeführt. Ein Verbot erfolgte erst um den 17. Oktober 1939, zwei Wochen nach der Berliner Premiere. Angeblich hatte Außenminister Ribbentrop die Darstellung der englischen Minister mißfallen.[187] Der *Völkische Beobachter* schrieb mit deutlich kritischem Unterton, Käutner hätte »eine politische Satire auf die Beine bringen können: Aber er leistete Verzicht und hielt sich lieber an die Unverfänglichkeit mädchenhafter Anmut.«[188] Ein dickes Ausrufungszeichen und der breit unterstrichene Filmtitel auf einer von Max Winkler kurz darauf erstellten Film-Liste »Verluste durch Kriegseinwirkung« – die Kosten sollte das Finanzministerium tragen – verdeutlichen, daß Goebbels auch später noch die entgangene Kino-Auswertung nicht recht einsah.[189]

Ähnlich wie das Filmangebot 1938 scheint auch das Kinoprogramm des Jahres 1939 bei Goebbels nicht das Gefühl eines propagandistischen Defizits bewirkt zu haben. Unzufriedenheit fällt daher als Motiv neuer Anstrengungen aus. Von Januar bis Ende August liefen vier politische Filme der »militärischen« Kategorie an: AUFRUHR IN DAMASKUS, DREI UNTEROFFIZIERE, GRENZFEUER und FLUCHT INS DUNKEL. Ein Sonderfall ist DER GOUVERNEUR, dessen Hauptperson Willy Birgel zwar von der Kinowerbung als »Soldat, der nur seine Pflicht kennt« vorgestellt wurde, doch sein Kampf richtete sich gegen

---

185 Vgl. etwa Eintrag vom 18.8.1939: »Mit Gründgens seinen neuen Film ›Zwei Welten‹ durchgesprochen. Wenn er geschickt gemacht [wird], kann er sehr interessant werden.« Vom Resultat gibt sich Goebbels, der zu diesem Zeitpunkt dringend politische Filme benötigte, enttäuscht: »Ein heutiger Film von der Erntehilfe – wenigstens soll er das sein. Aber er ist daneben gegangen. Zu intellektuell und fast nur Gehirnarbeit« (27.12.1939).

186 Michels, S. 403.

187 Courtade/Cadars, S. 224. Eine vorbildliche Analyse des Films liefert Witte, Filmkomödie, S. 356f.

188 *Völkischer Beobachter* (Berliner Ausgabe) vom 6.10.1939.

189 BA/K R 55/1319 Nr. 29ff. Winkler an Goebbels vom 27.10.1939 (hier Nr. 32).

die »Korruption des Parlamentarismus«. Aus dem Programm von 1938 waren noch ZIEL IN DEN WOLKEN, DREIZEHN MANN UND EINE KANONE und POUR LE MÉRITE in den Kinos präsent. Hinzu kam der Dokumentarfilm IM KAMPF GEGEN DEN WELTFEIND – DEUTSCHE FREIWILLIGE IN SPANIEN. Von Goebbels sind nicht zu jedem Film Einschätzungen überliefert, bisher fehlt der Titel DREIZEHN MANN UND EINE KANONE und ein Kommentar zu dem Liebe-gegen-Pflicht-Auftragsfilm DREI UNTEROFFIZIERE[190] – doch fällt sein Urteil insgesamt positiv aus. Bei AUFRUHR IN DAMASKUS seien »Milieu, Tendenz und Haltung« einfach großartig, schwärmt Goebbels am 14.2.1939, nur noch übertroffen von DER GOUVERNEUR, ebenfalls »Hinreißend in Haltung und Tendenz und manchmal zu Tränen erschütternd« (16.4.1939). GRENZFEUER, »ein ganz netter und spannender Film« (27.5.1939) und FLUCHT INS DUNKEL (»Gut geworden in Regie, Spiel und Tendenz«, 2.7.1939) treffen Goebbels' Geschmack. Ritters Spanien-Dokumentarfilm sei »Anfangs etwas langatmig, dann aber sehr gut«, findet Goebbels am 14.6.1939.

Etwas kritischer sah, laut den Aufzeichnungen seiner Adjutantur, Hitler die Politproduktionen von 1939. Ihm gefiel GRENZFEUER (»Gut gespielt«)[191] nur wegen der Darstellung Attila Hörbigers, auch in DREI UNTEROFFIZIERE seien nur »Typen und Aufnahmen gut«, aber die »Handlung nicht spannend genug«.[192] Über DER GOUVERNEUR dagegen heißt es knapp: »Nicht besonders«,[193] während IM KAMPF GEGEN DEN WELTFEIND – DEUTSCHE FREIWILLIGE IN SPANIEN ein »gut« verliehen bekam.[194] Verglichen etwa mit dem »sehr gut« für STIMME AUS DEM ÄTHER[195] klingen die Urteile des Diktators – alle Filme sah er übrigens erst nach deren Uraufführung, was etwaige Eingriffe erschwerte

190 Dieser erfolgte wahrscheinlich im März beziehungsweise Anfang April, da der Ufa-Vorstand ihn am 21.3.1939 abnahm. Kreimeier, S. 336, relativiert die kriegsvorbereitende Bedeutung: Der eher zwiespältige Film habe »subversiven Protest« gegen das Militär enthalten.

191 BA/K NS 10/48 Nr. 11 SS-Obersturmbannführer Bahls an Leichtenstern vom 13.6.1939.

192 BA/K NS 10/48 Nr. 14 Bahls an RMVP vom 24.4.1939.

193 BA/K NS 10/48 Nr. 15 Bahls an RMVP vom 24.4.1939. Interessant erscheint die unterschiedliche Bewertung der beiden Propagandisten von DER GOUVERNEUR. Hitler, der Direktheiten indirekten Anspielungen vorzog und den Feind immer benannt haben wollte, lehnte den Film wohl auch dehalb ab, weil er in einem imaginären, anarchischen, parlamentarischen System statt gleich in der Weimarer Republik spielte.

194 BA/K NS 10/48 Nr. 11 Bahls an Leichtenstern vom 13.6.1939.

195 Ebd.

Willy Fritsch als Mann am Herd in FRAU AM STEUER *(1939): Vom Führer abgelehnt*

– nicht gerade überschwenglich. Daß es aber auch noch weit negativer ging, beweist eine Notiz über FRAU AM STEUER: Die Komödie über einen arbeitslosen Hausmann fand Hitler in einer Zeit, die alle Mannbarkeit forderte, »sehr schlecht«, ja »widerwärtig«.[196] Später, im Dezember, machte Hitler wegen der übers Jahr ungenügenden Tendenzfilme seinem Propagandaminister schwere Vorwürfe.

Die »kriegsvorbereitende« Filmpolitik fand also nicht auf der Ebene der Filminhalte statt. Was bisher für Mißverständnisse sorgte, ist die Überinterpretation der regen technischen Vorbereitung der Filmindustrie auf den »Ausnahmezustand«. Bereits einige Monate vor Kriegsausbruch ergriff etwa die Ufa für ihren riesigen Studiokomplex in Potsdam-Babelsberg Maßnahmen zum Luftschutz und zur Betriebssicherung im Falle von Einberufungen. Erste derartige Planungen datieren gar aus der Zeit der Sudetenkrise. Goebbels notiert am 30.8.1939 über eine »Besprechung mit Winkler, Hippler und Demandowski über die augenblickliche Lage des Films«: »Der ganze Betrieb stockt. Wir

196 BA/K NS 10/48 Nr. 14 Bahls an RMVP vom 24.4.1939.

müssen eine Reihe von Reklamationen durchführen, da sonst alles kaputtgeht.« Erst zu diesem Zeitpunkt wurde die Ufa von dem unmittelbar bevorstehenden Kriegsausbruch informiert.[197] Schon vor der Besprechung hatte die Firma dringend gebeten, für die »kriegsmäßige Fortführung des deutschen Filmschaffens« Maßnahmen »unverzüglich« zu ergreifen.[198] Darunter fielen der Schutz vor Einberufungen (von Goebbels »Reklamationen« genannt), die Kraftstoff- und Materialsicherung, der bevorzugte Transport von Filmsendungen etc.

Diese seit langem laufenden, vorsorglichen Vorbereitungen dürfen nicht mit der Fertigungsintention der Filme verwechselt werden: Die Herstellung eines Schmugglerfilms wie ALARM AUF STATION III kann kaum als Beweis herhalten, daß man in Babelsberg, weil der Film »langfristig vorher geplant gewesen sein muß«,[199] »nicht unvorbereitet gewesen« sei. Wenn in der Filmgeschichtsschreibung (Rother, Kreimeier, Toeplitz) von der »systematischen Vorbereitung« einer »bestens informiert[en]« Filmindustrie die Rede ist, so setzt man irrtümlich die technisch-organisatorischen Vorbereitungen auf den »Ernstfall« mit den Plänen für propagandistische Filme gleich.

Die Frage nach den politischen und mobilisierenden Defiziten bei Filmplanung und Filmangebot stellt sich auch und gerade für den Bereich des antikommunistischen Films. Nach dem deutsch-sowjetischen Nichtangriffsvertrag vom 23. August 1939 wurden nicht nur die bis 1939 produzierten antisowjetischen Filme verboten[200], sondern auch laufende antibolschewistische Filmprojekte beendet.[201] Hätte also im

---

197 Kreimeier, S. 356, nennt – sich widersprechend – als spätesten Zeitpunkt den 29.8.1939, das Datum des Schreibens von Klitzsch.

198 BA/K R 109 I/1033c Nr. 156 Klitzsch an Winkler vom 29.8.1939 Anlage 2 zum Protokoll Nr. 1383.

199 Rother, Effekte, S. 200. Goebbels nennt am 29.10.1939 ALARM AUF STATION III nur einen »ganz netten Unterhaltungsfilm«.

200 Kreimeier, S. 357. Daß das Verbot nicht in allen Teilen des Reiches befolgt wurde, zeigt der SD-Bericht vom 23.10.1939: Heinz Boberach (Hrsg.), *Meldungen aus dem Reich 1938-1945. Die geheimen Lageberichte des Sicherheitsdienstes der SS*, Herrsching 1984, S. 384, wo es über einen gegen die Rote Armee gerichteten Spionagefilm heißt: »Angesichts des politischen Verhältnisses zu Rußland sei die Aufführung dieses Films von vielen Volksgenossen nicht verstanden worden. – Ähnlich wird aus Reichenberg mitgeteilt, daß es die Bevölkerung nicht verstehe, wenn im dortigen Bezirk weiterhin antibolschewistische Filme wie ›Henker, Frauen und Soldaten‹ oder ›Flüchtlinge‹ zur Vorstellung kommen.« Zu den Titeln der verbotenen Filme s. die Liste Winklers, Nr. 36/37.

201 Drewniak, S. 348, stellt diese zwangsläufige Maßnahme als Koordination zwischen Außenpolitik und Filmproduktion dar.

Falle eines von vielen erwarteten Krieges gegen den seit Jahren bekämpften ideologischen »Weltfeind« Sowjetunion ein daraufhin kalkuliertes »militärisches« Filmprogramm bereitgestanden? Fest steht, daß die Produzenten von der Neuorientierung völlig überrascht wurden. Schließlich war die Planung und Aufführung »antibolschewistischer« Filme auch dann weitergelaufen, als am 5. Mai die Presse angewiesen wurde, »ab sofort die Polemik gegen die Sowjetunion und den Bolschewismus« einzustellen.[202] Noch im Juli wurde mit viel Aufwand der dokumentarische Propagandastreifen IM KAMPF GEGEN DEN WELTFEIND gestartet.

Der Stop der »antibolschewistischen« Filmproduktion betraf zunächst den Karl-Ritter-Film KADETTEN über die Invasion russischer Truppen im Berlin des Jahres 1760 und – vom gleichen Regisseur – LEGION CONDOR, ein Heldenlied auf das Eingreifen der deutschen Luftwaffe im Spanischen Bürgerkrieg. KADETTEN lag im August zur Zensur bereit, LEGION CONDOR befand sich dagegen gerade erst im Atelier. Noch am Tage des Nichtangriffsvertrages wurde im Ufa-Vorstand über die beiden Ritter-Filme diskutiert[203] und beschlossen, KADETTEN sofort zurückzuziehen beziehungsweise die geplante Uraufführung auf dem NSDAP-Parteitag am 5. September 1939 abzusagen. Zu LEGION CONDOR hieß es noch äußerst vorsichtig:

»Herr Prof. Ritter soll auf die Zensurschwierigkeiten aufmerksam gemacht werden, die bei dem genannten Filmvorhaben in Verfolg der neugeschaffenen weltpolitischen Lage dadurch eintreten könnten, dass darin russische Personen in unsympathischem Licht erscheinen. Hierbei soll darauf hingewiesen werden, daß die bei ›Kadetten‹ aufgetretenen Zensurschwierigkeiten möglicherweise auch mit der veränderten weltpolitischen Situation zusammenhängen. Herr Prof. Ritter soll veranlaßt werden, das Drehbuch zu dem Film ›Legion Condor‹ Herrn Minister Dr. Goebbels zur persönlichen Entscheidung darüber vorzulegen, ob das Filmvorhaben aufgrund des vorliegenden Drehbuchs zu Ende geführt werden soll.«

Mit Bedauern stellt Goebbels daraufhin am 9.9.1939 fest: »Ritters Legion Condor, 2 Akte. Sehr gut geworden. Leider aber wegen der stark antibolschewistischen Tendenz augenblicklich nicht zu gebrauchen. Ich lasse alles einmal zurückstellen.«[204] KADETTEN hatte er schon am 30.7.1939 als »im Ganzen mißlungen« und »Zu künstlich« bezeichnet.

---

202 Vgl. Jürgen Hagemann, *Die Presselenkung im Dritten Reich*, Bonn 1970, S. 160f.
203 BA/K R 109 I/1033c Nr. 164 Protokoll-Nr. 1382 vom 23.8.1939.
204 Die Gründe lagen demnach nicht, wie bei Bauer, S. 470, angegeben, im Kriegsbeginn und Materialaufwand.

In der erwähnten, von Goebbels in den letzten Oktobertagen des Jahres 1939 korrigierten Aufstellung Max Winklers finden sich alle »Filmverluste« der großen Firmen »infolge der politischen Spannung vor dem Kriege und infolge des Krieges selbst«.[205] Neben LEGION CONDOR und KADETTEN, die mit insgesamt 1,5 Mill. RM Verlust zu Buche schlugen, sind noch zwei weitere Titel aufgeführt, die angeblich »wegen antibolschewistischer Tendenz« abgebrochen wurden. Goebbels dazu: »Unsere Filmverluste infolge der politischen Umstellung sind enorm. An die 10 Millionen. Vor allem wegen des Ausfalls der antibolschewistischen Filme. Hier muß das Finanzministerium eingreifen, da höhere Gewalt vorliegt« (29.10.1939). Bei genauerer Untersuchung zeigt sich jedoch, daß hier – was Winkler mit zahlreichen anderen Titeln ebenfalls versuchte – uralte »Ladenhüter«, d.h. bereits lang existierende Drehbücher als aktuelle Verluste ausgegeben wurden, um diese vom Finanzministerium erstattet zu bekommen. So wiesen STAATSFEIND NR. 1 und der Wien-Film SUMMA CUM LAUDE nur 6000 beziehungsweise 13 515 RM Vorkosten auf. Demnach existierte offenbar bestenfalls ein Skriptentwurf. Schon 1936/37 wurden diese Projekte in der Presse als kommende »antibolschewistische« Filmereignisse angekündigt. Nichts spricht dafür, daß im Sommer 1939 an eine Realisierung gedacht war. Darüber hinaus enthält Winklers Liste weitere Titel eingestellter politischer Filmvorhaben, deren genaue politische Tendenz nicht ersichtlich ist: RADETZKYMARSCH (»aufgegeben, da nicht zeitgemäß (Film spielt 1914/18)«), REITERATTACKE, den Tobis-Film DER LETZTE APPELL (angeblich aus technischen Gründen) und den Terra-Film DER KOMMANDANT (angeblich wegen undurchführbarer Außenaufnahmen). Ebenfalls abgebrochen werden mußte Hans Weidemanns Vorhaben KAMERADSCHAFT. Dazu heißt es im Ufa-Protokoll, »dass die Arbeiten an dem unter der Produktionsleitung von Herrn Weidemann stehenden Film ›Kameradschaft‹ (früherer Arbeitstitel: ›Helden des Alltags‹) infolge der veränderten Umstände abgebrochen werden mußten. Nach den derzeitigen politischen Verhältnissen ist nämlich der Inhalt des Films als überholt anzusehen«.[206]

Diese Filmpläne sind jedenfalls weder ein großangelegtes »antibolschewistisches« Filmprogramm noch lassen sie auf besondere Anstrengungen in Erwartung eines Krieges schließen. Sie sind bestenfalls

205 BA/K R 55/1319 Nr. 29ff. Winkler an Goebbels vom 27.10.1939.
206 BA/K R 109 I/1033c Nr. 145 Protokoll-Nr. 1384 vom 6.9.1939.

Teil der regulären politisch-propagandistischen Filmplanung. Die Kosten sind überwiegend zu hoch angesetzt, weil Winkler und Goebbels hofften, auf diese Weise um so mehr erstattet zu bekommen. Bei DER KOMMANDANT und REITERATTACKE sind die Vorkosten dagegen sehr niedrig, deuten also auf ein sehr frühes Produktionsstadium, wenn nicht gar fingierte Planung hin.

Demnach wäre auch bei einem unter anderen Konstellationen erfolgten Kriegsbeginn, nämlich gegen die Sowjetunion, die Filmproduktion nur geringfügig besser vorbereitet gewesen. Man hätte sich vorwiegend auf ältere politische Produktionen stützen müssen und sie als Reprisen bei Kriegsausbruch eingesetzt.

5. Filmangebot und Filmwirkung im Jahr des Kriegsbeginns

»Einen ›Kriegserziehungsfilm‹ konnte die Ufa im Jahr des Kriegsausbruchs auf ihrem ideologischen Konto nicht vorweisen«,[207] lautet die Bestandsaufnahme in Klaus Kreimeiers Monographie über Deutschlands größten Filmkonzern. Den 19 Unterhaltungsfilmen stünden nur drei eindeutig politische Produktionen gegenüber: DREI UNTEROFFIZIERE, ein »verunglücktes Loblied auf militärische Pflichterfüllung«, der widersprüchliche Arbeiterfilm MANN FÜR MANN und DER STAMMBAUM DES DR. PISTORIUS, ein Volksgemeinschaftsfilm mit besonders geringer Resonanz.

Doch was sagen solche Zahlen und Filmanalysen aus, wenn nicht berücksichtigt wird, wie die politisch-propagandistischen und unterhaltenden Filme 1939 in den Kinos vor Ort konkret präsentiert wurden? Schließlich könnte ja die psychologische Kriegsvorbereitung wenigstens mit Hilfe von Wiederholungen, verlängerten Abspielzeiten oder aufwendigen Werbefeldzügen für die wenigen politischen Filme betrieben worden sein.

Darüber kann eine systematische Untersuchung der Kinoprogramme der Reichshauptstadt Berlin ab Januar 1939, so wie sie in der zweimal wöchentlich erscheinenden Kinoschau des *Völkischen Beobachters* angezeigt wurden, einigen Aufschluß geben. Unterteilt ist diese Kinoschau in die Programme der 17 Uraufführungstheater der Ufa in

207 Kreimeier, S. 364.

Berlin (Ufa-Palast am Zoo, Gloria, Capitol und so weiter) und die der weiteren über 130 Filmtheater in allen Stadtbezirken. Als wesentliche Einschränkung gilt: Berlin war gewiß nicht repräsentativ für das übrige Reichsgebiet, weder für andere große Städte noch für mittlere oder kleinere Städte oder gar für die Provinz mit nur maximal einem Filmtheater pro Ort. Schon die Struktur des großstädtisch-anspruchsvollen, über viele Amüsier-Alternativen verfügenden Publikums ist nicht übertragbar. Die folgenden Beobachtungen erheben deshalb auch keinen Anspruch auf Allgemeingültigkeit. Die Reichshauptstadt war jedoch zumindest Trendsetter: Verbote, Reprisen-Aktionen, Filmabsetzungen, Rückzug unerwünschter Filme, Erfolge und Mißerfolge, der Wechsel von Propaganda- zu Unterhaltungsfilmen und umgekehrt – all dies wirkte sich hier am schnellsten aus. Sofortige Zuliefermöglichkeiten großer Kopienzahlen, unverzügliche Umsetzung höchster Anweisungen waren durch die kurzen Wege zwischen Behörden und Kinobetreibern gewährleistet.

Die Mehrzahl aller Filmpremieren fand in Berliner Uraufführungstheatern statt; nur wenige Erstaufführungen blieben für andere größere Städte reserviert. Das Verleihsystem sah vor, Filme möglichst schnell und massiv auszuwerten, um nachdrängenden Titeln Platz zu machen. Viele Produktionen liefen so nur relativ kurz in den einzelnen Kinos und wurden nur bei außergewöhnlichem Erfolg verlängert. Das System der Uraufführungstheater hatte zur Folge, daß ein aufwendiger, prestigeträchtiger »Großfilm« in den ersten Wochen nach dem Start oft nur mit einer oder wenigen Kopien in ausgewählten Erstaufführungstheatern zu sehen war. Erst danach kam er mit einer maximalen Kopienzahl in die regulären Kinos und konnte die Masse des Publikums erreichen. Dieses System galt zumindest für einige Großstädte. Im übrigen Reichsgebiet wurde ein politisch wichtiger Film dagegen oftmals sogleich in einer größtmöglichen Anzahl von Kinos gestartet.

Das eigentliche Uraufführungsdatum muß also nichts darüber aussagen, wann die Massenauswertung erfolgte. Gerade die erfolgreichsten Unterhaltungs- und Propagandafilme blieben sehr lange in wenigen Kinos – nicht selten nur im Ufa-Palast am Zoo –, wo sie sich zwar großer Aufmerksamkeit durch die Presse erfreuten, jedoch nur eine verhältnismäßig geringe Zahl von Zuschauern erreichen konnten.[208]

---

208 Bei den wichtigsten Propagandaproduktionen erfolgte ein Flächenstart nach wenigen Wochen. So lief DER GROSSE KÖNIG nach seiner Uraufführung in Berlin und Potsdam am 3.2.1942 innerhalb von vier Wochen in allen größeren Städten an.

Bei einem Großstart dagegen wurden zeitweise bis zu 50 Prozent der gesamten Filmtheater von einem einzelnen und bis zu zwei Drittel von drei bis vier Filmen besetzt, wenn auch meist nur für maximal eine Woche bis zehn Tage. Theoretisch bot diese Methode eine gute Grundlage für die filmische Kriegsvorbereitung.

Schon seit 1933 wurde von der NSDAP auf lokaler Ebene der Besuch bestimmter Filme durch Abordnung ganzer Parteigliederungen ins Kino gezielt gefördert.[209] In der kinolosen Provinz versuchte die NSDAP mit ihren sogenannten Gaufilmstellen durch mobile »Tonfilmwagen« die Bevölkerung bevorzugt mit Propagandafilmen zu versorgen. Im Jahr des Kriegsbeginns – und auch später noch – hatte immerhin ein Drittel der Bevölkerung keinen Zugang zu stationären Filmvorführungen. Diese Unternehmungen der NSDAP sind für die Vorkriegszeit allerdings schwer in Zahlen zu fassen, da fast nur Selbstdarstellungen der Partei vorliegen. Angeblich wurden schon 1937 über 1,5 Millionen Zuschauer »betreut«.[210] Die Veranstaltungen liefen so ab, daß die oftmals bäuerlichen Zuschauer nach der Wochenschau einen kurzen Kultur- oder Dokumentarfilm und anschließend einen propagandistischen Spielfilm zu sehen bekamen. 1939 dürften derartige Aktivitäten durch Sonderveranstaltungen und Vorführungen für die Parteijugend verstärkt worden sein.[211] Curt Belling, der Organisator der mobilen Parteifilmarbeit, betonte im April 1939 in seinem Aufsatz »Tonfilmwagen durchfahren die Lande« die »parteipropagandistische Mission« der Filmvorführungen mit politischem Beifilm und gleichzeitigem Rednereinsatz.[212]

---

209 Michael Maaß, Aspekte von Kultur und Freizeit in Nürnberg, in: *Archiv für Sozialgeschichte*, 33. Jg., 1993, S. 334f., weist dies konkret für TRIUMPH DES WILLENS und andere Filme in Nürnberg nach.

210 Vgl. *Jahrbuch der Reichsfilmkammer 1939*, Rede Hugo Fischers über *Film als Propagandawaffe der Partei*, S. 66-75. Von bereits 300 Filmwagen 1936 spricht Curt Belling im *Filmkurier* Nr. 52 vom 31.12.1936. Vgl. auch Curt Belling, *Der Film in Staat und Partei*, Berlin 1936, S. 118 und *Völkischer Beobachter* (Berliner Ausgabe) vom 11.3.1939, wo von bereits 600 Tonfilmwagen die Rede ist, sowie Barkhausen, S. 147, 163. 1941 dürften etwa zwei Drittel der Bevölkerung Zugang zu ortsfesten Kinos gehabt haben: Spiker, S. 196. Vgl. auch den SD-Jahresbericht 1938: Boberach, S.116: »Die Gaufilmstellen konnten in reger Tätigkeit weiteste Kreise der deutschen Bevölkerung mit guten (meist älteren) Filmen versorgen.« Der reichsweite Vertrieb *dokumentarischer* Propagandafilme durch die Landesbildstellen wurde bis 1943 stetig verbessert: Hilmar Hoffmann, *Und die Fahne führt uns in die Ewigkeit.* Propaganda im NS-Film, Frankfurt/M. 1988, S. 111.

211 Toeplitz, Bd. 3, S. 265.

212 *Völkischer Beobachter* (Berliner Ausgabe) vom 9./10.4.1939.

Dabei wurde die Gesamtinszenierung dieser »ritualisierten Präsentationweise« auch in städtischen Kinos immer perfekter und die »spezielle Rezeptionssituation für die Verstärkung der propagandistischen Botschaft genutzt«.[213]

Ob dieser NSDAP-Filmbeitrag letztlich im Sinne von »Kriegsvorbereitung« gewirkt hat und zumindest auf dem Lande durch einseitige Vorführung älterer politischer Filme das Fehlen aktueller Produktionen ausgleichen konnte, bleibt fraglich. Der hohe Anteil rassenideologischer »Dokumentarfilme« spricht für eine andere Zielrichtung.

Schließlich dürfte die mobilen Filmvorstellungen[214] (beschränkt auf die Landbevölkerung[215] mit ihrer sekundären Bedeutung für die Propaganda) – im Gegensatz zu den verstärkten Anstrengungen nach Kriegsbeginn – nicht ausgereicht haben. Die »filmische Erziehung« der Jugend wurde zwar im Rahmen von sonntäglichen Jugendfilmstunden und »HJ-Filmfeierstunden« sehr systematisch betrieben,[216] doch auch hier bleibt schwer abschätzbar, wie entscheidend die Meinungsbildung dieser Zielgruppe für den Erfolg der psychologischen Kriegsvorbereitung war.

Zurück zur Untersuchung des Filmangebots der Berliner Kinos. Der in der vorletzten Dezember-Woche 1938 gestartete Propagandafilm POUR LE MÉRITE auf lief am 1. Januar noch im Ufa-Palast am Zoo, war

213 Andrea Naica-Loebell, Das totale Kino. Die Arbeit der Gaufilmstellen der NSDAP und die Jugendfilmstunde, konkretisiert am Beispiel München-Oberbayern, in: Michael Schaudig (Hg.): *Positionen deutscher Filmgeschichte*, München 1996, S.188.

214 Vgl. Ministerkonferenz vom 8.1.1940: Willi A. Boelcke (Hrsg.), *Kriegspropaganda 1939-1941*. Geheime Konferenzen im Reichspropagandaministerium, Stuttgart 1966, (Boelcke I), S. 259.

215 Aus den SD-Berichten geht zwar regelmäßig hervor, wie stark die Landbevölkerung durch die Filmvorführungen zu beeindrucken und zu beeinflussen war (vgl. SD-Bericht vom 8.11.1939: Boberach, S. 432f.); offensichtlich viel nachhaltiger als durch Rundfunk oder Presse. Doch als Gradmesser für öffentliche Stimmung und Haltung blieb die von den Kriegsauswirkungen (Bombenangriffe und Lebensmittelkürzungen) betroffene städtische Bevölkerung wichtiger. Im weiteren Verlauf des Krieges stieg die Zahl der Landbevölkerung zwar durch Evakuierungen aus den Ballungsgebieten stark an (um 15 Millionen im März 1944), die Filmversorgung erwies sich zu diesem Zeitpunkt allerdings als technisch kaum mehr durchführbar: Spiker, S. 238.

216 Vgl. Hoffmann, S. 102ff. Auch Passagen in den Protokollen der Ministerkonferenz dokumentieren den Stellenwert der »filmischen Erziehung« von Jugendlichen durch die »Filmfeierstunden«, so wurden unter anderem geeignete Filme und Schnitte »jugendgefährdender« Szenen festgelegt: Ministerkonferenz vom 29.11.1939: Boelcke I, S. 230.

aber bereits Ende des Monats nur noch vereinzelt zu sehen. Als weitere politische Produktionen liefen KAUTSCHUK und DU UND ICH nur in geringer Verbreitung, es dominierte die Komödie NAPOLEON IST AN ALLEM SCHULD. Im Februar blieb IM NAMEN DES VOLKES der einzige offen politische Film, während Hans Albers' SERGEANT BERRY die Mehrzahl der Kinos belegte. Im März wechselten sich DREIZEHN MANN UND EINE KANONE, ZIEL IN DEN WOLKEN und AUFRUHR IN DAMASKUS als am weitesten verbreitete politische Filme ab, allerdings weit überholt von Zarah Leanders BLAUFUCHS.

Zur Invasion der »Rest-Tschechei« am 14./15. März 1939 weist das Kinoprogramm des *Völkischen Beobachters* einen Großeinsatz des Harlan-Melodrams DAS UNSTERBLICHE HERZ aus; unter den kurzfristig eingesetzten Wiederaufführungen befinden sich ein offensichtlich kontraproduktiver propagandistischer Dokumentarfilm über den Ersten Weltkrieg, TROMMELFEUER AN DER WESTFRONT,[217] sowie MUSKETIER MAIER III und der US-Kriegsfilm SEEKADETTEN. In der Woche nach dem Einmarsch (17.-20. März 1939) ist eine auffallende Häufung von DREIZEHN MANN UND EINE KANONE zu beobachten, der nun als der »gewaltige Kriegs- und Kriminalfilm« angekündigt wird (sieben statt zwei Kinos in der Vorwoche). Insbesondere kleine Kinos in den Bezirken versuchten, an einer vermeintlich patriotischen Stimmung zu partizipieren. Doch schon in den letzten beiden Märzwochen verschwand DREIZEHN MANN UND EINE KANONE nahezu völlig, und die Mehrheit der Kinos spielte das Melodram DER SCHRITT VOM WEGE. In den 17 großen Ufa-Kinos lief nur ein einziger Politfilm: AUFRUHR IN DAMASKUS. Im April begannen, wenn auch in viel kleinerem Umfang als oftmals behauptet, die Reprisen militärischer Filme zur »›Wehrertüchtigung‹ der ›Volksgenossen‹«.[218] Die Uraufführung von DREI UNTEROFFIZIERE im Ufa-Palast am Zoo wurde von militärischen Dokumentarfilmen wie MINEN IN SPERRLÜCKE X begleitet; der Film blieb dort mangels Zuschauerresonanz nur elf Tage, während DER GOUVERNEUR nach seiner Uraufführung am 25. April bis zum 14. Juni

217 Über diesen Streifen, der auch nach Kriegsausbruch noch im Rahmen von Wiederaufführungen eingesetzt wurde, heißt es im SD-Bericht, er sei deshalb auf Ablehnung gestoßen, »weil er einerseits nur Schrecknis, Tod und Verderben des Krieges ohne eine tiefere Sinngebung behandle und Licht und Schatten völlig gleichmäßig, ja fast zugunsten der Feindseite, verteile. Die deutschen Soldaten würden darin als alte, bärtige, ausgemergelte und erschöpfte Gestalten auftreten«: Bericht vom 14.2.1940: Boberach, S. 760.

218 Drewniak, S. 645, gibt jedoch keine Orte an.

die Erstaufführungstheater belegte. Die weiterhin präsenten »Tendenzfilme« von 1938 (ZIEL IN DEN WOLKEN und AUFRUHR IN DAMASKUS) steigerten zusammen mit der ab dem 28. April in annähernd jedem dritten Kino verbreiteten »Sonderwochenschau zum 50. Führergeburtstag« zeitweise den Propagandaanteil, blieben aber weit hinter den Unterhaltungsfilmen zurück. So sind bereits im Mai, als die »Polenhetze« im *Völkischen Beobachter* verschärft wurde, DREI UNTEROFFIZIERE, ZIEL IN DEN WOLKEN und AUFRUHR IN DAMASKUS nur noch vereinzelt zu sehen. Fast den ganzen Monat über lief in den 17 Uraufführungstheatern als Propagandatitel nur DER GOUVERNEUR, erst in der letzten Mai-Woche kam DIE STIMME AUS DEM ÄTHER hinzu. Ein Vergleich mit dem Kinoprogramm in Wien zeigt, daß dort ZIEL IN DEN WOLKEN, DREI UNTEROFFIZIERE, AUFRUHR IN DAMASKUS im selben Zeitraum immerhin 15 von 65 Kinos (*Völkischer Beobachter* vom 15.5.1939) belegten und somit Berlin übertrafen, wo Filme wie PRINZESSIN SISSI, DIE HOCHZEITSREISE, HOTEL SACHER und LIEBE STRENG VERBOTEN die Leinwände völlig beherrschten und Dokumentarfilme wie UNSERE ARTILLERIE kaum Verbreitung fanden.

Nicht viel anders stellte sich die Situation im Juni dar: ZIEL IN DEN WOLKEN und AUFRUHR IN DAMASKUS wurden als die einzigen eindeutig »kriegsfördernden« Filme erst zur Monatsmitte durch die Dokumentarstreifen HELDEN IN SPANIEN und DEUTSCHE FREIWILLIGE IN SPANIEN teils im Beiprogramm, teils als Hauptfilm verstärkt. DER GOUVERNEUR, erlebte für knapp zwei Wochen einen Masseneinsatz.

Der Juli schließlich enthielt einige ebenso deutliche wie kurze Propagandaeinsätze. DER GOUVERNEUR, GRENZFEUER und der Karl-Ritter-Film IM KAMPF GEGEN DEN WELTFEIND besetzten zeitweise über 50 Prozent der Kinos, allein IM KAMPF GEGEN DEN WELTFEIND kam für einige Tage auf 51 Kinos, darunter acht Uraufführungstheater. Bereits gegen Ende des Monats sank die Verbreitung dieses Dokumentarfilms jedoch rapide fast auf null ab, zugunsten von Unterhaltungs- und Kriminalfilmen (FRAU AM STEUER, STEPUTAT & CO., MORGEN WERDE ICH VERHAFTET).

In der ersten Augusthälfte vertraten DER POLIZEIFUNK MELDET, ROBERT UND BERTRAM und MANN FÜR MANN, sämtlich nicht aus der »militärischen« Kategorie, das politische Repertoire. Gemäß behördlicher Anordnung vom 10. August 1939[219] lief auch der Dokumentar-

219 Toeplitz, Bd.3, S. 281.

film Der Westwall häufig als Beifilm, jedoch offensichtlich nicht wie angestrebt in allen Kinos.

Im Zeitabschnitt vom 29. bis 31. August 1939 wurden bezeichnenderweise in nur 14 von insgesamt über 130 Kinos politische Filmprogramme gezeigt, darunter an erster Stelle Mann für Mann, Grenzfeuer und Der Gouverneur. Den Rest der Lichtspieltheater dagegen beherrschten Filme wie Die Geliebte, Fräulein, Hallo Janine und Frau ohne Vergangenheit. In den 17 Ufa-Uraufführungstheatern liefen ausschließlich Unterhaltungsfilme und Melodramen: Siebenmal Die Geliebte, zweimal Heimatland sowie Es war eine rauschende Ballnacht und Junggesellen. Aufschlußreich ist auch die Veränderung in den ersten zehn Tagen des Krieges im September: Reprisen wurden nicht angesetzt, außer Mann für Mann lief in den 17 Premierenkinos kein als politisch erkennbarer Film. Nur vereinzelt waren Robert und Bertram und Der Polizeifunk meldet vertreten. Am weitesten verbreitet war in den ersten Tagen nach Kriegsbeginn nur Mann für Mann. Den ganzen September über gab es keine Veränderung. Im Gegenteil: der Propagandaanteil sank erstmals unter fünf Prozent.[220] Allein die Ankündigungen der ersten Kriegswochenschauen von der Ostfront waren allgegenwärtig.

Nach dieser Aufstellung spricht eigentlich nichts dafür, daß die Filmprogramme des Jahres 1939 tatsächlich geeignet waren, »die psychologischen Voraussetzungen für die deutsche Aggressionsstrategie zu schaffen«.[221] Eine geringe Zahl von der politischen Wirkung her fragwürdiger Filme hätte neben wenigen und extrem kurzlebig eingesetzten Dokumentarstreifen die (abgesehen von der Wochenschau) gesamte filmische »Kriegsvorbereitung« bestreiten müssen. Großeinsätze über mehrere Wochen erlebten ausschließlich die vom Publikum bevorzugten Unterhaltungsfilme; Propagandafilmen war dies nur wenige Tage vergönnt. Die Gesetze des Marktes konnten nicht künstlich außer Kraft gesetzt werden. Bei einer überlangen Verweildauer der immer gleichen und eher unspektakulären Politfilme drohte Schaden für den Kinobesuch insgesamt. Auch konnten die Behörden zwar Beifilme verordnen, aber den rentabilitätsorientierten und ohnehin widerspenstigen mittelständischen Kinobesitzern Spielfilmreprisen aufzuzwingen, gestaltete sich weit schwieriger. Der offiziell von Hitler in

220 Vgl. auch Maaß, S. 338, mit der gleichen Beobachtung für Nürnberg.
221 Kreimeier, S. 323.

Auftrag gegebene dokumentarische Propagandafilm IM KAMPF GEGEN DEN WELTFEIND hatte trotz Massenstart keinen Erfolg beim Publikum und wurde nach dem Nichtangriffspakt Ende August vollkommen aus dem Verkehr gezogen.[222] Somit war die konzentrierte Propagandaaktion im Juni (Start der Wochenschau über die Rückkehr der »Legion Condor« und zwei Filme zum Spanischen Bürgerkrieg) bereits der Höhepunkt der »Kriegsvorbereitung« des Sommers 1939.

Ein rundum schlüssiges Bild über die Wirkung des Filmprogramms 1939 könnte wohl nur eine zusätzliche Analyse der Publikumsrezeption liefern. Wie das Publikum reagierte, ist aber nur für die Kriegszeit dokumentiert.

Bei den Zuschauerzahlen sieht es nur wenig besser aus. Das Indoktrinationspotential eines Films, der sich an der Kinokasse als krasser Fehlschlag erweist, ist sicherlich gering. Doch auch von einem finanziellen Erfolg läßt sich nicht ohne weiteres auf tatsächliche Wirkung respektive konkrete Handlungsfolgen bei den Menschen schließen, wie 1941 besonders das Beispiel des nach Zahlen erfolgreichen Films ICH KLAGE AN auf sehr komplexe Weise verdeutlicht.[223] Im übrigen kann für die Frage der Zuschauerzahl nur die Summe der verkauften Kinokarten und somit der Umsatz eines Films maßgebend sein – und auch dies nur eingeschränkt, da für wichtige politische Filme ermäßigte Preise galten – und nicht, wie dies häufig fälschlicherweise geschieht, das wirtschaftliche Ergebnis, also der Gewinn. Überteuerte Propagandafilme wie OHM KRÜGER brachten wegen der erheblichen Herstellungskosten so gut wie keinen Gewinn; nur der beträchtliche Umsatz spiegelt den Besucherandrang wider.

Die Zuschauerdaten bis 1939 sind höchst unzureichend. 1938 etwa scheinen die Ergebnisse von Monat zu Monat sehr stark geschwankt zu haben. Als Begründung vermerkt eine Aufstellung der Filmindustrie das »für den Filmtheaterbesuch ungünstige Wetter« im Juli/August, »die politische Unruhe« im September/Oktober (Tschechoslowakei), »die Judenvorgänge« im November und einen« Mangel an guten Filmen« im Dezember.[224] Im Sommer 1939 verstärkte eine außergewöhnliche Hitzewelle, die ihren Höhepunkt in der Zeit vom 18. August bis zum 9. September 1939 hatte, den durch internationale

222 Drewniak, S. 348f.

223 Siehe Seite Kap. 4, Seite 245ff.

224 Protokoll der Filmfinanz GmbH vom 3.2.1939, zit. nach Marcus S. Phillips, *The German Film Industry and the Third Reich*, Diss. East Anglia 1974, S. 161.

Spannungen, Mobilmachung und Kriegsausbruch ausgelösten Abwärtstrend beim Kinobesuch.[225] Für die als »kriegsvorbereitend« in Frage kommenden Filme sind »nur die Herstellungskosten und die vorausgeschätzten Einspielergebnisse auf dem deutschen Inlandsmarkt bekannt«.[226] Diese Schätzungen weisen für UNTERNEHMEN MICHAEL, PATRIOTEN, URLAUB AUF EHRENWORT und POUR LE MÉRITE gute Zahlen aus.[227] In der Tagespresse und in Filmzeitschriften wie *Der Film* oder *Film-Kurier* veröffentlichte Zahlen über Zuschauer, Filmkopien und regionale Einzelergebnisse sind nicht immer zuverlässig, da sie auch der Werbung dienten und die Neugier anstacheln sollten.[228]

Zur eindeutig ungenügenden Zahl der »Kriegserziehungsfilme« kommen die ungünstigen Wirkungsvoraussetzungen also noch hinzu. Selbst im Kontext ergänzender Propagandabemühungen des Jahres 1939 scheinen diese Filme – ästhetisch und psychologisch den im Krieg gedrehten Produktionen weit unterlegen – Weniges zur Kriegsbereitschaft beigetragen zu haben.[229]

6. *Kriegsbeginn ohne Folgen?*

Nach dem Überfall auf Polen und den dadurch ausgelösten Krieg schrieb der Propagandaminister nun täglich immer mehr in sein Tagebuch und versuchte, seine Rolle neu zu definieren. Sorgfältig gestaltete er sein Bild als dem nach Hitler entscheidenden Mann an der Spitze einer kriegführenden Nation. Immerhin: Versäumnisse bei der propagandistischen Vorbereitung in den vorangegangenen Monaten, selbst wenn sie von Goebbels bestritten wurden, traten jetzt unweigerlich zutage. Was konnte der Minister tun, um die vertane Zeit aufzuholen? Neben den nun vordringlichen Bemühungen, den Propaganda-Apparat und die aktuellen Medien auf die neuen Anforderungen einzustellen, blieb das Terrain für eine grundsätzliche Neuorientierung der Spielfilmpropaganda noch unübersichtlich.

---

225 Ebd., S. 243.

226 Albrecht I, S. 218 (Tabelle S. 417).

227 Phillips, S. 161, behauptet, der Kinobesuch in Berlin sei im Januar 1939 allein wegen POUR LE MÉRITE um zwölf Prozent gestiegen. Ein Blick in die Kinoprogramme dieses Monats zeigt jedoch die auffällig geringe Verbreitung des Films.

228 Dies zeigt Karl Ludwig Rost, *Sterilisation und Euthanasie im Film des »Dritten Reichs«*, Diss. med. Berlin 1986, S. 305, anhand von ICH KLAGE AN.

229 Vgl. auch Kreimeier, S. 327ff.

Am 28. August 1939, dem ursprünglich vorgesehenen Angriffstermin, ließ Goebbels den Produktionschefs durch Max Winkler mitteilen, er wünsche »für den Ernstfall eine Abänderung der Filmprogramme«. Noch vage hieß es: »Diese Abänderung der Programme soll in erster Linie in einer Bevorzugung geeignet erscheinender und nicht übermäßig kostspieliger Stoffe und erst letzten Endes in einer ziffermäßigen Herabsetzung des Filmangebots bestehen.« Die Ufa folgerte daraus für ihre Filmprojekte, daß nur fünf der insgesamt 91 Filmvorhaben, einschließlich der seit dem 1. Juli 1939 erschienenen Filme, »stofflich für die Kriegszeit ungeeignet« seien (darunter FREMDE ROSEN, DER FERNE RUF, JAGD OHNE GNADE, DIE SCHARLACHROTE BRIGADE) und daß noch 26 »nach Thema und Ausmaß geeignete Spielfilme« für die Saison 1939/40 sowie weitere 60 für die Spielzeit 1940/41 herzustellen seien.[230]

Drei Wochen nach Kriegsbeginn bemühte sich Goebbels erstmals um die inhaltliche Neuausrichtung der Filme. Das Ufa-Protokoll vom 20. September 1939 vermerkt bezüglich des Produktionsprogramms 1939/40 »die Wünsche des Reichsministers Dr. Goebbels«: »Der Minister wünscht anti-englische Stoffe und nach Möglichkeit einen friderizianischen Stoff. Ausgesprochene Operettenfilme sollen nicht hergestellt werden. [...] Ferner hat er mit einem ihm übermittelten Rothschild-Stoff sein Einverständnis erklärt.«[231] Hinsichtlich der bereits in der Auswertung befindlichen Filme beschloß man, »daß es mit Rücksicht auf die derzeitigen politischen Verhältnisse oftmals notwendig ist, bei schon herausgebrachten Filmen einige Änderungen vorzunehmen, insbesondere einige Stellen herauszuschneiden, die unter den heutigen Verhältnissen nicht mehr tragbar sind.«[232] Daraus resultierten etwa Verbote »englandfreundlicher« (siehe Beispiel KAUTSCHUK) und »antibolschewistischer« Produktionen.

In mehreren Besprechungen, etwa mit dem Tobis-Produktionschef von Demandowsky, suchte Goebbels in den folgenden Wochen seine Wünsche zu konkretisieren: »Ich schlage ihm einen Bismarck-Film mit Jannings vor. Aber nicht Bismarcks Rücktritt, sondern Bismarck zu Ausbruch des Krieges 1866. Das zeigt am besten die einsame Größe dieses Genies und ist deshalb auch heute am aktuellsten.« (22.9.1939). Damit bestätigt sich auch Goebbels' Urheberschaft des

230 BA/K R 109 I/1033c Nr. 149 Protokoll-Nr. 1383 vom 28.8.1939.
231 BA/K R 109 I/1033c Nr. 133 Protokoll-Nr. 1386 vom 20.9.1939.
232 Ebd., Nr. 136.

1940 unter der Regie von Wolfgang Liebeneiner realisierten Tobis-Films BISMARCK.[233]

In dem wenig originellen Rückgriff auf deutsche Führerfiguren und antienglische Stoffe als thematische Schwerpunkte der künftigen Produktion scheint Goebbels in der von Improvisation geprägten Zeit seit Kriegsausbruch das geringste Risiko gesehen zu haben. Weitere ansatzweise programmatische Erklärungen klingen dagegen eher unbestimmt (»Nachmittags Produktionschefs der fünf Filmfirmen empfangen. Ihnen kurz den neuen Kurs des deutschen Films erläutert. Mehr zeit- und volksnahe Stoffe. Ich hoffe, jetzt klappt es«, 1.10. 1939) und zeugen von einer Kontinuität der »lebensnahen« Linie, die mit MUTTERLIEBE einen weiteren erfolgreichen Höhepunkt erreichte. Insofern kann von einem grundsätzlich »neuen Kurs« nicht die Rede sein. Mit der Hoffnung, »jetzt klappt es«, stellt Goebbels der bisherigen Filmproduktion allerdings ein schlechtes Zeugnis aus. Daß Goebbels vorläufig nicht alle filmischen Kräfte mobilisierte, zeigt – ähnlich wie 1938 – die Filmplanung für Karl Ritter. Statt dem ausgewiesenen Propagandaregisseur nun erst recht seine bevorzugten Themen zuzuweisen, notiert Goebbels: »Er will ein Münchner Volksstück in Szene setzen. Das ist vielleicht ganz gut« (6.10.1939).

Neben der Entwicklung neuer Filmstoffe begann Goebbels, zunehmend differenzierter über das Verhältnis von unterhaltenden und plakativ politischen Filmen nachzudenken. Einerseits wollte er angesichts des Zwangs zu wirtschaftlicherem Produzieren und Einsparungen die Gelegenheit nutzen, die Jahresproduktion von Filmen herabzusetzen, um so die Massenware im Unterhaltungsbereich zu beschränken: »Damit verliert der Film hoffentlich seine tolle Hast und kann mehr künstlerisch arbeiten« (20.10.1939). Andererseits mußte dem Ablenkungsbedürfnis der Zuschauer Rechnung getragen werden. Die sogleich wirksam gewordenen Verdrängungsmechanismen – die auch der amerikanische Berlin-Korrespondent Shirer beobachtete[234] – führten zu wachsender Amüsiersucht und vollen Lichtspielhäusern. Von den daraus resultierenden »Gelderfolgen« an der Kino-

---

233 Die Hauptrolle übernahm dann allerdings statt Emil Jannings, der den Reichskanzler schon 1936/37 auf der Bühne verkörpert hatte, der »Staatsschauspieler« und Theaterleiter Paul Hartmann. Der Film zeigt Bismarck auch nicht nur beim Ausbruch des Krieges 1866, sondern umfaßt die Jahre 1862 bis 1871.

234 William S. Shirer, *Berliner Tagebuch. Aufzeichnungen 1934-41*, hrsg. von Jürgen Schebera, Leipzig 1991, S. 198f. (10./11.9.1939).

kasse, die die verstaatlichte Filmindustrie dringend gebrauchen konnte, gibt sich Goebbels angenehm überrascht (20.10.1939).

Vor diesem Hintergrund sind einige auffallend positive Urteile über mittelmäßige Unterhaltungsfilme in den ersten Kriegsmonaten[235] zu sehen. Natürlich portraitiert sich Goebbels dabei auch als Volksfreund und gütiger Staatslenker, der dem schwer arbeitenden und unterhaltungshungrigen Volk großzügig die verdiente Ablenkung verschafft: »Ein sehr netter Volksfilm, der sicherlich, vor allem in dieser schweren Zeit, gerade wegen seiner Unbeschwertheit seinen Weg machen wird«, heißt es am 22.12.1939 über SOMMER, SONNE, ERIKA.[236] Auch RHEINISCHE BRAUTFAHRT sei »ein guter Volksfilm« und »für heute großartig geeignet«, denn: »Wir haben gute Unterhaltungskost nötig. Das Volk verlangt danach.« Gleichzeitig stellte Goebbels klar, daß er weiterhin künstlerische Prinzipien einfordern werde und persönlich mit den Unterhaltungssujets nichts anfangen konnte (»all diese Stoffe liegen einem heute so fern, so fern«, 23.9.1939). Grundsätzlich hatte Goebbels seine ideologische Ablehnung gegen triviale Unterhaltungsmassenware nicht aufgegeben, er begann aber, zwischen unumgänglichen Notwendigkeiten und dem eigentlichen künstlerischen Ziel zu unterscheiden. Damit deutete sich ein Zwiespalt an, der sich in den kommenden Jahren bis Kriegsende noch verstärkte.

Von dem ohnehin dürftigen Angebot an politischen Filmen im Herbst 1939 überzeugten Goebbels weder die schon erwähnten ansatzweise »militärischen« Filme ALARM AUF STATION III (29.10.1939) und DAS LIED DER WÜSTE (12.10.1939) noch GEWEHR ÜBER (»Ein schlechter Wehrmacht-Propagandafilm. Nahe bei einem Verbot«, 16.11.1939).[237] Der Volksgemeinschaftsfilm DER STAMMBAUM DES DR. PISTORIUS sei zwar ein »moderner Film mit guter Tendenz«, notiert Goebbels am 12.10.1939, leider aber »nicht ganz so bindend und überzeugend wie ich gehofft hatte. Es fehlt Handlung und Witz« – eine im übrigen für den NS-Gesinnungsfilm allgemein zutreffende Bemerkung.

Angesichts solch schwacher Produktionen kamen mit ROBERT KOCH und MUTTERLIEBE neuartige Abwandlungen des sublimen poli-

---

235 Vgl. Einträge vom 1./23.10., 10.11, 12./14./15./22.12.1939.

236 Vgl. auch Eintrag vom 31.10.1939 über die Kinderfreudigkeit propagierende Komödie Heinz Rühmanns, HURRA, ICH BIN PAPA: »Kein besonders guter Rühmann-Film. Aber für den Krieg schon zu gebrauchen«.

237 Über D III 88, einen eindeutig militärischen Luftwaffenfilm, findet sich in dem Eintrag vom 6.11.1939 nur indirekt ein positives Urteil.

tischen Films gerade zur rechten Zeit heraus. ROBERT KOCH, ausgezeichnet mit höchsten Prädikaten und dem großen Preis der Filmfestspiele in Venedig, verherrlicht den (von Emil Jannings dargestellten) Mediziner und »Bekämpfer des Todes«. Hier finden sich einige NS-typische Topoi weiter perfektioniert: das miefig-konservative Bürgermilieu der alten Reaktionäre, der alle Widerstände überwindende Glaube eines Mannes an seine Mission, martialische Terminologie, antiklerikale Anspielungen und die systematische Denunziation des politischen Systems der Weimarer Republik.[238] Mit Goebbels' Worten: »Triumph für Deutschland«.[239] Wie auch der Sicherheitsdienst bestätigte, erhielt der ohnehin außergewöhnliche Publikumserfolg durch die NSDAP-Parteifilmarbeit eine riesige Verbreitung[240] und wurde so zu einem »positiven Erlebnis fast des ganzen Volkes«.[241]

Allerdings irren die französischen Filmhistoriker Courtade und Cadars, wenn sie ROBERT KOCH als »kriegsvorbereitend« einschätzen. Nur bei den Filmfestspielen Venedig ist der Film drei Wochen vor Kriegsbeginn uraufgeführt worden. In Deutschland startete er Ende September 1939 und fand seine große Verbreitung in Berlin erst im November.

Gustav Ucickys MUTTERLIEBE, ein »ergreifendes Kunstwerk, eine noble und edle Haltung, gut gespielt und in keiner Weise übertrieben« (19.10.1939), eignete sich als erster Beitrag der »Frau-und-Mutter«-Filme ideal, um die »Volksgenossinnen« im beginnenden Krieg auf ihre Rolle als dienende, wartende Ehefrauen und Mütter hinzuweisen und Selbstaufopferung zugunsten von Mann und Kindern als höchstes Gut darzustellen. Für den Film wurde eine enorme Propagandakampagne betrieben. In einem Wochenschaubericht über die Berliner Uraufführung zeigte sich Goebbels inmitten verdienter Mütter.[242]

---

238 Vgl. Ulrike Reim, Der »Robert-Koch«-Film (1939) von Hans Steinhoff. Kunst oder Propaganda?, in: Udo Benzenhöfer/Wolfgang U. Eckart, *Medizin im Spielfilm des Nationalsozialismus*, Tecklenburg 1990, S. 22-33.

239 Eintrag vom 9.8.1939, weiterer Eintrag vom 29.7.1939 (»fabelhaftes Kunstwerk«, »tolles Kulturgemälde«). Der *Völkische Beobachter* (Berliner Ausgabe) meldete am 16.11.1939 bereits 5,8 Mill. Zuschauer für ROBERT KOCH in 45 Tagen und 180 Kinos im Reich.

240 SD-Bericht vom 11.10.1939: Boberach, S. 342; SD-Bericht vom 4.12.1939: Boberach, S. 527.

241 SD-Bericht vom 4.12.1939: Boberach, S. 527.

242 U[fa] T[on] W[oche] 487/1940/Z: 4.1.1940. Vgl. auch Ministerkonferenz vom 29.12.1939: Boelcke I, S. 254, und den zwiespältigen, wenn auch parteiorientierten und damit einseitigen SD-Bericht vom 14.2.1940: Boberach, S. 759f.

Beide Filme waren eine wirkungsvolle »Kriegsbegleitung« – die übrigen von September bis Dezember 1939 herausgebrachten »Alltagsfilme« fielen dahinter weit zurück. Doch noch fehlten die klassischen Themen der Kriegspropaganda: Stärkung von Kampfbereitschaft und Kriegsbegeisterung, Vertrauen in die eigene militärische Überlegenheit, klare äußere Feindbilder. Diesem Zweck diente – neben der Wochenschau – der Dokumentarfilm, »augenblicklich für uns ein sehr wertvolles Propagandamittel« (19.11.1939). Im Dezember arbeitete er fast täglich am Kompilationsfilm FELDZUG IN POLEN.

Für den Spielfilmsektor entsteht durch Goebbels' Bemerkungen fast der Eindruck, als genügten ihm im Winter 1939 die Erfolge von MUTTERLIEBE und ROBERT KOCH, einiger gelobter Unterhaltungsfilme (10./11.12.1939), Melodramen und Abenteuerstreifen sowie die bereits geplanten Stoffe. Am 11.12.1939 heißt es: »Man kann allgemein feststellen, daß unsere Filme viel besser geworden sind.«

Zu seiner Überraschung teilte offenbar Hitler diese Zufriedenheit nicht, so daß Goebbels in einer Notiz vom 12.12.1939 feststellen muß: »Der Führer übt sehr scharfe Kritik am Film, vor allem an der Wochenschau. Ich halte das nicht für ganz berechtigt. Er tut das vor all den Offizieren und Adjutanten. Aber er hat das Recht dazu, er ist ein Genie.« Gemeinhin zog es Goebbels vor, derartige Vorfälle zu übergehen, vor allem, wenn sie coram publico stattfanden. Typisch ist allerdings die Verlagerung ins Metaphysische durch den Hinweis auf die quasi göttlich-unantastbare höhere Kompetenz Hitlers. Der Führer ist im Recht, auch wenn er nicht recht hat. Genüßlich hielt auch Goebbels' alter Widersacher Alfred Rosenberg den Vorgang fest:

»Während des Essens war auch Goebbels da. Das, was der Führer vor 3 Tagen am Tisch ohne ihn sagte, wiederholte er mit denkbarer Schärfe in seiner Gegenwart: Die Wochenschau sei geistlos und ohne tieferes Interesse zusammengestellt. Ungeheures geht in D.[eutschland] an Volksmobilisierung zu, aber der Film nehme keine Notiz davon. Er schnitte ja seine Meter zurecht, ohne durch dauernde interessante Leitung der Nation etwas zu geben was sie wolle [...] festgestellt, daß wir eine n.[ational] s.[ozialistische] Revolution gehabt hätten. Nichts sei von ihrer Thematik zu spüren. Dr. G.[oebbels]: Aber wir haben doch gute (Ritter-) nationale Filme. Führer: Ja, einige allgemein-patriotische aber keine n.-s. Viele Dinge seien kritisiert worden, an den jüdischen Bolschewiken hätte sich unser Film nicht herangetraut. Im neuen ›Robert u.[nd] Bertram‹ sei der Deutsche schlecht gemacht. Die Klagen seien allgemein, sie hätten recht, darüber sei nicht zu reden. So ging es etwa 20 Minuten, von G.[oebbels] verstummte jede Verteidigung. Er hat diese Mittagsstunde – in meiner Gegenwart dazu – verflucht wie selten eine Stunde.«[243]

---

243 Hans Günter Seraphim (Hrsg.), *Das politische Tagebuch Alfred Rosenbergs 1934/35 und 1939/40*, Göttingen 1956, S. 91 (11.12.1939), Einfügungen v. Autor.

Für Goebbels war das Ganze sogar etwas bedrohlich. Seine Vollmachten in der anlaufenden Kriegspropaganda standen auf dem Spiel. Bereits im September hatte er die Kompetenz für die Auslandspropaganda an Außenminister Ribbentrop verloren, was für ihn einen besonders schweren Rückschlag bedeutete.

Dabei bleibt unklar, inwieweit die Kritik Hitlers am Filmangebot inhaltlich ernstzunehmen ist.[244] Hitler hatte ständig pauschale Forderungen nach einem mehr gesinnungsmäßig nationalsozialistischen Film erhoben. Dagegen hat er sehr wahrscheinlich seit Kriegsbeginn keinen Spielfilm mehr gesehen; seine Rüge könnte also durch Zuträger und Einflüsterer ausgelöst worden sein. Rosenberg erwähnt ja ausdrücklich die Mittagsrunden, bei denen sich Hitler gerne monologisierend und breit zu einer Vielzahl von Themen ausließ. Hitler kritisierte die »allgemeinpatriotischen« Filme Karl Ritters, obwohl er doch viele dieser Produktionen von 1937/38 mochte. Zweifellos aber störte sich Hitler drei Monate nach Kriegsbeginn an der Tatsache, daß ein Beitrag des Spielfilms zur Rechtfertigung des Angriffs und zur Mobilisierung von Kriegsbereitschaft vor und nach dem 1. September nicht sichtbar wurde.

Sicherlich waren Goebbels' Vollmachten auf dem Filmgebiet zu unumstritten, als daß sie durch derartige Vorhaltungen hätten gefährdet werden können. Seine Position innerhalb des Regimes gründete sich aber wesentlich auf sein Verhältnis zu Hitler. Schon wegen der Durchsetzbarkeit seiner verschiedenen Anliegen mußte er auf dem Filmgebiet propagandistische Erfolge vorweisen. Schärfere politische Konturen erschienen demnach unumgänglich.

Als der Kurswechsel zu einem höheren Anteil politischer Filme und »Kriegserziehungsfilme« eingeleitet war, räumte Goebbels mehr oder weniger deutlich ein, daß Hitler im Herbst und Winter 1939 zu Recht die fehlende filmische Akzentuierung von Wehrwillen und Patriotismus bemängelt hatte. Das von Goebbels herausgegebene Wochenblatt *Das Reich* sprach im Juli 1940 von der »farblosen Scheinwelt des Films« zu Kriegsbeginn und geißelte die »fast gespenstische Lebensferne aus den Septembertagen 1939, als der Film erschütternd abseits von den Herzensbewegungen der Tage stand.«[245] Der Propagan-

---

244 Nur die Abrechnung mit der Wochenschau hatte sich schon in mehreren Eintragungen Goebbels' über Schnittauflagen Hitlers angekündigt.

245 *Das Reich* Nr. 8 vom 14.7.1940 ; vgl. auch Hollstein, S. 64.

daminister selbst machte in seiner Rede zur Jahrestagung der Reichsfilmkammer im Februar 1941 ähnliche Ausführungen, schränkte dabei allerdings ein: »Nur dadurch, daß der Film der Zeit nicht gerecht wurde, empfand man ihn im September, Oktober und November des Jahres 1939 als anachronistisch.«[246]

Für die kommenden Feldzüge und militärischen Entwicklungen bedeutete die Kritik Hitlers auf jeden Fall die Notwendigkeit einer vorausschauenderen Planung und sofortigen Kursbestimmung in der Filmpolitik. Eine schärfere Gangart war für Goebbels ohnehin angesagt:

»Pressekonferenz: Wir müssen unsere Propaganda mehr auf Kampf einstellen. Sonst nimmt das Volk den Krieg zu leicht. [...] Im übrigen werde ich nach Weihnachten die ganze deutsche Propaganda mehr nach der schärferen Seite hin ausrichten.« (21.12. 1939)[247]

Goebbels zog in den darauffolgenden Wochen Konsequenzen. Im Anschluß an einen Besuch bei Hitler am 29.12.1939 notiert er über »eine Reihe von Anweisungen bzgl. neuer Filme: »Auch da muß jetzt mit größerem Druck gearbeitet werden.« Dabei war Goebbels klar, daß Hitler die eindeutig sichtbare Tendenz bevorzugte und sich nicht mit eingebauten Zwischentönen in Unterhaltungsfilmen oder »militärischen« Revuefilmen wie WIR TANZEN UM DIE WELT zufriedengeben würde. Gefragt war der offen politische Film.

246 Rede vom 15.2.1941, abgedr. bei: Albrecht I, S. 470.

247 Vgl. dazu SD-Bericht vom 22.12.1939: Boberach, S. 595: »Die Anteilnahme der Bevölkerung an dem politischen und militärischen Geschehen ist infolge der Vorbereitung zum Weihnachtsfest allgemein zurückgegangen«.

IV. Kapitel

»Der Krieg liefert uns die Themen«: Filmpolitik von 1940 bis 1945

1. *In der Zeit der Blitzkriege*

Neue Richtlinien

Zur Jahreswende 1939/40 sichteten die dramaturgischen Abteilungen der Filmfirmen bereits zahlreiche militärische und »zeitnahe« Stoffe, die dann als Exposé das Propagandaministerium erreichten. Goebbels scheint in den ersten Monaten 1940 mit dem Beginn von Kampfhandlungen auch im Westen gerechnet zu haben, wobei erneut unklar ist, wie genau er in Hitlers Pläne eingeweiht war (15./16.1.1940). In die neuen Produktionsprogramme, die ihm die Firmen zu Jahresanfang einreichten, hatte der Krieg schon voll und ganz Einzug gehalten. Goebbels konstatiert im Januar 1940 grundsätzlich »eine ganze Reihe bester nationalpolitischer Stoffe« (19.1.1940), wenn auch die Auswahl der Ufa »nicht besonders hervorragend« (24.1.1940) und das Programm der Wien Film »zu wenig zeitnah und aktuell« sei (31.1. 1940). Doch die Zeit drängte, und mit den Dreharbeiten mußte möglichst bald begonnen werden. Der von Goebbels neu eingesetzte Ufa-Produktionschef Leichtenstern berichtete dem Firmenvorstand einige Tage darauf, »dass er das neue Produktionsprogramm dem Herrn Reichsminister vorgetragen hätte, und dass von 55 Stoffen nur 4 abgelehnt worden seien«.[1]

Viele Klassiker des NS-Propagandafilms, die zum Teil erst Ende 1941 und später in die Kinos kamen, wurden in den ersten Monaten des Jahres 1940 konzipiert. Goebbels erwähnt am 4.2.1940 bereits die Idee zu dem antipolnischen Hetzfilm HEIMKEHR (Uraufführung: Oktober 1941). Weitere Pläne folgen: am 13.2.1940 Karl Ritters

1 BA/K R 109 I/1033c Nr. 39 Protokoll-Nr. 1402 vom 1.2.1940.

Kriegsfilm ÜBER ALLES IN DER WELT (UA: März 1941), am 6.3.1940 der »Volksfilm« WUNSCHKONZERT (UA: Dezember 1940), und am 17.3.1940 die Karl-Lueger-Biographie WIEN 1910 (UA: August 1943). Am 27.3. erwähnt Goebbels das Projekt BISMARCK (UA: Dezember 1940), am 5.4. wird der Fridericus-Film DER GROSSE KÖNIG (UA: März 1942) an den Regisseur Veit Harlan vergeben. Auch viele andere nicht notierte Vorhaben datieren aus dieser Zeit.

Doch längst nicht alle Stoffe entsprachen den Anforderungen. Zwar war der Propagandaminister endlich hocherfreut, daß zahlreiche Autoren und Schriftsteller seiner Aufforderung nachgekommen waren und Vorlagen für politische Filme erarbeitet hatten: »[Der Präsident der Reichsschrifttumskammer Hans] Johst bringt mir Filmentwürfe deutscher Dichter. Fast alle anti-englisch« (28.2.1940). »Kaum etwas Brauchbares darunter«, heißt es allerdings ernüchtert zwei Wochen später: »Ich lehne fast alles ab« (13.3.1940).

Die Ausweitung des Krieges Anfang April durch den Überfall auf Norwegen und Dänemark und die Aussicht auf die unmittelbar bevorstehende Westoffensive nahm Goebbels zum Anlaß, bisher vermiedene Maßnahmen im Filmbereich anzupacken. So reagierte er ungewöhnlich schnell auf vereinzelte kritische Publikumsstimmen an »seichten« Filmen und Ehelustspielen wie EIN MANN MUSS SO SEIN und EINE NACHT IM MAI: »Ich stelle die reinen Problem-, vor allem Ehefilme ab. Mehr männliche und heroische Filme«[2] (23.4.1940). Der SD meldete sogar, einige Zuschauer würden in den Filmen aus der Welt der »oberen Zehntausend« gar »ehewidriges Verhalten« beschönigt sehen.[3] Daß Goebbels diese Ansicht völlig teilte, ist unwahrscheinlich, zudem waren stimmungsbelastende »menschliche Konflikte« aus dem lebensechten Alltag im Frühjahr 1940 ohnehin kaum mehr präsent. Einen Nachzügler dieses Repertoires, MÄDCHEN IM VORZIMMER, über die Berufswelt eines Verlages, nennt Goebbels »Eine harmlose Sache« (22.4.1940). Die NS-Innovation »lebensnaher Film«, von Goebbels

2 Vgl. auch Ministerkonferenz vom 22.4.1940: Willi A. Boelcke (Hrsg.), *Kriegspropaganda 1939-1941*. Geheime Konferenzen im Reichspropagandaministerium, Stuttgart 1966, (Boelcke I), S. 326: »Herr Hippler soll dafür sorgen, daß im Film mit dem Unfug des Zeigens von Eheproblemen und Ehekonflikten Schluß gemacht wird«.

3 SD-Bericht vom 19.4.1940: Heinz Boberach (Hrsg.), *Meldungen aus dem Reich 1938-1945. Die geheimen Lageberichte des Sicherheitsdienstes der SS*, Herrsching 1984, S. 1024f. Ansonsten ist der Bericht durchweg positiv. Die Kritik an DAS LIED DER WÜSTE und WIR TANZEN UM DIE WELT kam offenbar nur von der Landbevölkerung.

auch ganz deutlich »Problemfilm« genannt , erwies sich nun im Krieg erst recht als kontraproduktiv.

Nachdrücklicher denn je forderte Goebbels politische Filme: »Neue Stoffe besprochen. Weniger seichte Stoffe. So geht das nicht weiter« (25.4.1940). Er beschränkte sich dabei nicht auf rhetorische Formeln, wie auch der folgende Vermerk über eine Tobis-Aufsichtsratssitzung vom 23. April 1940 beweist:

»Minister wünscht politische Filme (Bismarck, Ohm Krüger, Friedrich Schiller), selbst auf die Gefahr hin, daß Verlust entsteht. Programm 50:50 politische und Unterhaltungsfilme. Reserve an Drehbüchern ist genügend vorhanden.«[4]

Zwar galt diese Vorgabe offenbar nur der Tobis, für die Goebbels' Verlangen wegen der hohen Herstellungskosten und unsicheren Kassenwirkung von Propagandafilmen einen bisher beispiellosen Einschnitt und eine außergewöhnliche finanzielle Belastung bedeutete.[5] Aber auch andere Konzerne sollten herangezogen werden: Der Ufa wurden vom Ministerium unter anderem »zwei Kriegsstoffe« für 1940/41 aufgedrückt,[6] wobei durchaus zweifelhaft ist, ob der Ufa-Vorstand dieser Empfehlung gefolgt ist. Die »Kriegsstoffe« der Firma 1940/41 (ÜBER ALLES IN DER WELT, U-BOOTE WESTWÄRTS) waren zu diesem Zeitpunkt schon projektiert beziehungsweise befanden sich im Mai bereits im Atelier.[7]

Die Produktionsfirmen mauerten zunächst nicht wenig. Der Produktionschef der Bavaria, Helmut Schreiber, gab sich von Goebbels' Forderung ausdrücklich überrascht, ihm sei »von der plötzlichen Anweisung des Ministers, wonach heitere Stoffe überhaupt ausgeschaltet werden sollen, nichts bekannt.« Außerdem habe man bereits »eine ganze Menge nationale und politische Stoffe in Vorbereitung« und könne das Ansinnen aus technischen Gründen nicht erfüllen: Die »bereits früher getroffene Ateliereinteilung und insbesondere der Mangel an Besetzungsmöglichkeiten« stünden dem entgegen. Zur Rechtfertigung der »heiteren« Filme meinte Schreiber, davon würden »viele

4 Handschriftliche Notizen eines Sitzungsteilnehmers vom 23.4.1940, abgedr. bei: Gerd Albrecht, *Nationalsozialistische Filmpolitik*, Stuttgart 1969, S. 143.
5 Das Verhältnis 50:50 wurde tatsächlich erreicht. Der Jahresbericht der Tobis vom 30.6.1940 für das Produktionsjahr 1940/41 zeigt acht offen politische und acht Filme anderer Kategorien: BA/K R 109 I/4809 Nr. 168 Geschäftsbericht der Tobis-Filmkunst vom 30.6.1942.
6 BA/K R 109 I/1034a Nr. 252 Protokoll-Nr. 1411 vom 8.5.1940.
7 Womöglich resultierte aus der Forderung nur das Projekt STUKAS.

Stoffe dann fertig sein, wenn Friedensschluss ist und sicher dann als sehr erwünscht gelten.«[8]

Interessant ist somit, daß Goebbels weit über das 1940/41 aufgeführte Propagandafilm-Programm hinausgehen wollte. Der latente Widerstand mancher Produktionsfirmen gegen einen zu großen Anteil politischer Filme zu Lasten der Unterhaltungsware, aus Angst vor Profiteinbußen, mußte den Minister beunruhigen. Schließlich fehlte es das ganze erste Halbjahr 1940 hindurch in den Lichtspielhäusern an politischen Filmen. Die Spielfilmproduktion mache ihm »große Sorgen«, vermerkt Goebbels am 5.6.1940: »Unsere Produktionschefs arbeiten so, als wenn sie in einem Wolkenkuckucksheim lebten. Fernab vom Leben und vom Kriege.«[9]

Aber der Krieg hatte »die Themenwelt des Films aktiviert«, wie es Ufa-Produktionschef Leichtenstern in der Filmkammerzeitschrift *Der deutsche Film* ausdrückte.[10] Zwar seien manche Stoffe nun nicht mehr erwünscht und verfilmbar, etwa solche, die im Ausland spielen, doch der Krieg liefere dafür Ersatz. An anderer Stelle hieß es in der Zeitschrift, die »neue Welt der Lebensbejahung und der Lebenswirklichkeit« beruhe »nicht mehr auf Liebe und Eifersucht, sondern auf den tragenden Ideen der Zeit: Kampf, Kameradschaft, Technik und Führertum«.

Das Bemühen um eine deutlich gesteigerte Zahl von Politfilmen hielt auch nach Ende der Westoffensive und dem Waffenstillstand mit Frankreich am 22. Juni 1940 an. Weiterhin galt die Richtlinie, man müsse »lebensnahe Stoffe verfilmen, die echte Menschen darstellen« (7.2.1941),[11] allerdings mit immer subtileren Mitteln. Viele Filmvorschläge seien viel »zu unpsychologisch« (7.2.1941).

Als lebensnah galt nun, wie bei WUNSCHKONZERT und AUF WIEDERSEHEN, FRANZISKA, private Schicksale mit dem Kriegsgeschehen zu verknüpfen: Auf der Leinwand häuften sich Abschiedsszenen und Bilder wartender Ehefrauen. Gleichzeitig sollte den auseinandergerissenen Kriegsehen der höhere Sinn von Trennungsschmerz und Sorge nahegebracht werden. Es sei »sehr ratsam«, so Goebbels auf der Reichsfilmkammertagung im Februar 1941 über die psychologischen Fein-

8 BA/K R 109 I/2139a Nr. 181 Notiz Schreiber vom 13.6.1940.

9 Vgl. auch Eintrag vom 4.6.1940: »Unsere Herren Produktionschefs arbeiten alle zu sehr in den luftleeren Raum hinein«.

10 *Der deutsche Film*, H. 1, Juli 1940.

11 SD-Bericht vom 3.4.1941: Boberach, S. 2176f.

zeichnungen, »diese pädagogische Aufgabe zu verschleiern, sie nicht sichtbar zutage treten zu lassen, nach dem Grundsatz zu handeln, daß wir die Absicht nicht merken sollen, damit man nicht verstimmt wird. Das ist also die eigentliche große Kunst, zu erziehen, ohne mit dem Anspruch des Erziehers aufzutreten, dass sie zwar eine Erziehungsaufgabe vollführt, ohne dass das Objekt der Erziehung überhaupt merkt, dass es erzogen wird, wie ja das überhaupt auch die eigentliche Aufgabe der Propaganda ist.«[12]

Goebbels wußte dank der Stimmungsberichte des Sicherheitsdienstes und der Reichspropagandaämter nur zu gut, wie genau das Publikum selbst in Durchschnittsfilmen Portraitierung und Handlungen der Filmprotagonisten verfolgte, soziale Botschaften und Leitmuster registrierte und zu dick aufgetragene Beeinflussungsversuche durchschaute.[13] Äußerst präzise verfolgte er die Eignung bestimmter Sujets: »Ich will nicht mehr so viel Konflikte um das uneheliche Kind im Film sehen. Das eheliche Kind muß doch wenigstens das Normale bleiben« (18.4.1941). Nicht immer wird ganz ersichtlich, ob Goebbels aus eigener Initiative oder als Reaktion auf Stimmungs- und Publikumsberichte handelte. Denn in diesem Fall hatte er seit Wochen keinen Film mit derartiger Problematik mehr gesehen. Womöglich ist der Anlaß in dem von ihm schon am 13.1.1941 zensierten Terra-Film UNSER KLEINER JUNGE (UA: 13. Februar 1941) zu sehen; seine Kritik: »sehr schlecht und vollkommen lebensunwahr. Ein Rückfall in alte Zeiten«. Hier verdeutlicht die Geschichte einer Arbeiterin und ihres unehelichen Kindes erneut den Zielkonflikt zwischen erwünschter Alltagsdarstellung und Vermeidung moralischer Konflikte im Film. Wahrscheinlich lagen Goebbels auch weitere, gänzlich unerwünschte Pläne mit ähnlicher Thematik vor. Die Filmfirmen wurden im April 1941 vom Filmdramaturgen von Reichsmeister aufgefordert, »das Problem uneheliche Kinder vorläufig im Film nicht zu berühren«.[14]

---

12 Rede vom 15.2.1941, abgedr. bei: Albrecht, S. 468.

13 Vgl. SD-Berichte vom 19.4.1940: Boberach, S. 1024, über DIE REISE NACH TILSIT (»Besonders von Frauen sei die klare Herausstellung des Ehrbegriffs und das tiefe menschliche Verhalten der Elske als Mutter als wertvoll empfunden«) und vom 22.7.1940: Boberach, S. 1404 über AUS ERSTER EHE (»Man habe besonders begrüßt, daß in diesem Film wirklich wertvolle Menschen mit ihrer Lebensauffassung gezeigt werden. Er sei ›aus dem Leben gegriffen‹«) sowie vom 27.1.1941: Boberach, S. 1944, über FEINDE.

14 BA/K R 109 I/2139a Nr. 1 Allgemeine Anordnungen von Reichsmeister vom 5.4.1941.

Auch während der Höhepunkte nationaler Emphase im Frühjahr 1940 – und auch ein Jahr darauf – verlor Goebbels das Alltagsflucht- und Unterhaltungsbedürfnis des Publikums nicht aus den Augen, denn er wußte: »Am meisten gefragt sind augenblicklich heitere Stoffe.«[15] Bereits auf der Arbeitstagung des Präsidiums der Reichsfilmkammer im April 1940 verteidigte er die Notwendigkeit unterhaltender Filme auch in Kriegszeiten gegen Angriffe aus Teilen der NSDAP.[16] Aber erst nach zahlreichen politischen Filmerfolgen und kurz vor der Propagandalawine im Frühjahr 1941 konnte Goebbels, im Bewußtsein, daß »so viele einwandfreie große Nationalfilme«[17] bereits gelaufen waren, auf der Reichskriegstagung der Filmkammer ebenso überzeugend wie geschickt für die Filmunterhaltung werben: »Auch Unterhaltung kann zuweilen die Aufgabe haben, ein Volk für seinen Lebenskampf auszustatten, ihm die in dem dramatischen Geschehen des Tages notwendige Erbauung, Unterhaltung und Entspannung zu geben«.[18] Allerdings stellte er klar: »Der Film ist damit kein bloßes Unterhaltungsmittel, er ist ein Erziehungsmittel« und müsse eine »staatsmoralische Tendenz« besitzen.[19] Die Hauptprinzipien des eskapistischen Unterhaltungsfilms – »Entspannung, Erbauung, Unterhaltung« – gewannen besonders nach dem zweiten Kriegswinter an Bedeutung.

Die propagandistische Offensive verzögert sich

Bis die Anfang 1940 begonnenen Propagandaproduktionen zu sehen waren, dauerte es Monate. Goebbels wollte aber das Filmangebot sofort verbessern. Als Voraussetzung dafür sollten Abspielmöglichkeiten und Reichweite von Film und Wochenschau vergrößert werden. Zunächst gelang es dem Propagandaminister allerdings nur mit Mühe und unter Berufung auf Hitler, Forderungen nach vorübergehender Schließung von Theatern und Kinos wegen Kohlenmangel entgegenzutreten (11.1. 1940).[20] Wiederholt mahnte er auch die NSDAP-Gaufilmstellen, weitere mobile Filmvorführungsapparate, die sogenannten Tonfilmwagen, zur »kulturellen Betreuung« ländlicher Gebiete

---

15 Eintrag vom 17.2.1940.

16 Vgl. Dorothea Hollstein, *Antisemitische Filmpropaganda*, München 1971, S. 64, über Goebbels' Rede vom 10.4.1940. Vgl. auch Eintrag vom 5.12.1940.

17 Rede vom 15.2.1941, abgedr. bei: Albrecht, S. 470.

18 Ebd., S. 468.

19 Ebd.

20 Vgl. Ministerkonferenz vom 10.1.1940: Boelcke I, S. 263.

(24.1.1940) bereitzustellen. Weitere 400 Stück sollten auf Kosten der Filmfirmen angeschafft werden, weil Goebbels die bisherigen Anstrengungen nicht ausreichten.[21]

Die Möglichkeit, auf ältere nationale Filme zurückzugreifen, wurde durch eine Anordnung der Filmkammer vom Februar 1940, wonach »Filme, die als Thema den Weltkrieg behandeln, nicht mehr herausgebracht werden dürfen«, stark eingeschränkt.[22] Schließlich hatte Deutschland den letzten Krieg gegen die gleichen Gegner verloren. Betroffen davon waren die militaristischen Produktionen von Karl Ritter wie URLAUB AUF EHRENWORT, UNTERNEHMEN MICHAEL und POUR LE MÉRITE ebenso wie der U-Boot-Film MORGENROT von 1933. Letzterer war von der Ufa sogleich im November 1939 mit einigem Erfolg wiederaufgeführt worden.[23] Goebbels dagegen hielt den Streifen in dieser Form offenbar für nicht übermäßig wirksam: »Morgenrot, ein UBootfilm von damals. Es wird zu viel patriotisiert. Aber er kann noch repariert werden« (7.1.1940).

Mit Beginn der Offensive im Westen durch den Überfall auf Belgien und Holland am 10. Mai 1940 rückten die Kriegswochenschauen in den Mittelpunkt des Publikumsinteresses. Das brachte neue Probleme. Nun erschien die Diskrepanz zwischen reißerischer Wochenschau und darauffolgendem Unterhaltungs-Hauptprogramm – vom 31. Mai bis 11. Juni 1940 lief kein einziger Propagandafilm in den Berliner Kinos – Goebbels offenbar inakzeptabel: »Ich lasse die seichten Filme aus dem Verkehr ziehen und sie durch gute Reprisen ersetzen. Das Literatengewäsch kann unser Volk heute weniger denn je ertragen«, heißt es am 2.6.1940 und bereits zwei Tage später: »Lustspielfilme werden allmählich zurückgezogen. Sie schlagen sich zu stark mit der Wochenschau« (4.6.1940).[24] Tatsächlich kam in Berlin statt der von Goebbels als »zu läppisch« (11.6.1940) bezeichneten ursprünglich angesetzten Premieren in der zweiten Juniwoche »endlich einmal eine Reihe anständiger nationaler Filme heraus«, darunter TOGGER, MORGENROT, MANN FÜR MANN, DER HERRSCHER und DER

21 Dies läßt auch die Selbstdarstellungen etwa vom Organisator der Gaufilmvorführungen, Hugo Fischer, in einem anderen Licht erscheinen, insbesondere den Herbst und Winter 1939 betreffend. Ministerkonferenz 8.1.1940: Boelcke I, S. 259.

22 BA/K R 109 I/1033c Nr. 20 Protokoll-Nr. 1406 vom 28.2.1940.

23 SD-Bericht vom 4.12.1939: Boberach, S. 527. Im Frühjahr erwirkte die Ufa eine Aufhebung des Verbots.

24 Vgl. Ministerkonferenz vom 2.6.1940: Boelcke I, S. 375; Peter Bucher, Goebbels und die deutsche Wochenschau, in: *Militärgeschichtliche Mitteilungen*, 40. Bd., 1986, S. 54.

Höhere Befehl. Diese Reprisen hielten sich den ganzen Juni über im Programm, ihr Anteil am Gesamtangebot blieb allerdings relativ gering. Neuere Produktionen fehlten völlig: Vom 2. bis 16. Juli 1940 fand nicht eine einzige Uraufführung statt.

Die nationalen Wiederaufführungen schienen zu der von Goebbels beschriebenen »großartigen Stimmung« (22.5.1940) nach dem Beginn der Westoffensive zu passen: »Bei uns im Lande steht alles großartig. Das Volk ist von einem absoluten und uneingeschränkten Vertrauen auf den Sieg erfüllt« (21.5.1940). Auch gänzlich unverdächtige Beobachter, wie der amerikanische Berlin-Korrespondent William S. Shirer, teilten diesen Eindruck.[25]

Weitaus schneller als neue Kinofilme konnten die ersten, zum Teil aus Wochenschauen kompilierten, kriegsverherrlichenden Dokumentarfilme wie Feldzug in Polen und Feuertaufe eingesetzt werden. Allerdings mit unterschiedlichem Erfolg. Die »stimmungsmäßige Auswirkung« von Fritz Hipplers 40-minütigem Schlachtbericht Feldzug in Polen, der viele Besucher anzog, wurde nach einem ersten differenzierteren Bericht[26] auch vom Sicherheitsdienst, »gerade im Hinblick auf etwaige Verschärfungen der Kriegslage«, als »außerordentlich günstig« bezeichnet.[27] Feuertaufe dagegen läßt eher darauf schließen, daß die martialischen Dokumentar-Kriegsfilme und die Bilder totaler Zerstörung wenig zur Kriegsbegeisterung beitrugen. Sogar der fanatische SD registrierte neben Zustimmung »eine bedrückte verängstigte Stimmung über den Schrecken des Krieges«, die insbesondere die weiblichen Zuschauer bei dieser brutal-realistischen Darstel-

25 Vgl. auch Eintrag vom 22.5.1940: »Unser Volk ist von einer großartigen Stimmung erfüllt.« Zwar ist zweifelhaft, ob zu Beginn der Westoffensive die Stimmung in der Bevölkerung tatsächlich schon so positiv im Sinne des Regimes war, wie nach dem Sieg über Frankreich. William L. Shirer, *Berliner Tagebuch*. Aufzeichnungen 1934-41, hrsg. von Jürgen Schebera, Leipzig 1991, S. 329 (19.5.1940): »Ich hatte geglaubt, die nächtlichen Bombardements auf Westdeutschland, von deren tödlichem Effekt die BBC seit Beginn der Westoffensive tönt, hätten die Moral der Bevölkerung beeinträchtigt. Doch wir sahen während unserer Fahrt durch das Ruhrgebiet den ganzen Nachmittag lang die Menschen – besonders Frauen – auf den Brücken über den Hauptstraßen stehen und den Truppen zujubeln, die in Richtung Belgien und Frankreich durchfuhren«.

26 SD-Bericht vom 14.2.1940: Boberach, S. 759.

27 SD-Bericht vom 6.3.1940: Boberach, S. 846. Vgl. dazu auch Eintrag vom 10.3.1940.

28 SD-Bericht vom 14.5.1940: Boberach, S.1131. Eine ähnliche Reaktion bemerkte Shirer, S. 313 (8.5.1940); vgl. auch Hilmar Hoffmann, *»Und die Fahne führt uns in die Ewigkeit.« Propaganda im NS-Film*, Frankfurt/M. 1988, S. 171f.; David Welch, *Propaganda and the German Cinema*, Oxford 1983, S. 204ff.

lungsweise befallen habe.[28] Genau diesen Eindruck bestätigt auch Goebbels' Kommentar nach der Uraufführung von FEUERTAUFE: »Der Film wirkt grandios, aber in seiner übersteigerten Realistik etwas zermürbend. Dementsprechend war auch am Schluß die Stimmung« (6.4.1940). Dazu dürfte auch die von den Machern als Stilmittel eingesetzte, bewußt übertriebene Geräuschkulisse aus ständig heulenden Motoren, krachenden MG-Salven und unablässig schmetternden Soldatenliedern beigetragen haben.

Der dritte Film aus dieser dokumentarischen Trilogie, SIEG IM WESTEN von Svend Noldan, vermochte Goebbels ebenfalls nicht zufriedenzustellen. Sein Urteil, der Film habe »noch eine Reihe von Mängeln«, aber das Material sei so stark, »daß er am Ende doch überzeugt« (1.2.1941), klingt dabei noch milde. Auf der Ministerkonferenz sagte Goebbels, daß SIEG IM WESTEN »erhebliche Mängel aufweise, die auch durch eine starke propagandistische Auswertung nicht verschleiert werden könnten« und wies auf »die geschichtlichen und psychologischen Inkorrektheiten bei der Gestaltung des Filmwerks« hin.[29]

Als das »Veröffentlichungsverbot für Unterhaltungsfilme« Ende Juni 1940 wieder aufgehoben wurde[30] – laut Sicherheitsdienst hatte die Bevölkerung die Absetzung »seichter« Filme begrüßt[31] –, fehlte es noch immer an propagandistischen Spielfilmen neueren Datums. Es ist bemerkenswert: Der »Westfeldzug« wurde außer durch Reprisen durch keinen »Wehrerziehungsfilm« unterstützt.[32]

Während Hippler dies mit der technischen Umstellung der Filmproduktion nach Kriegsbeginn erklärte,[33] formulierte Goebbels später auf der Filmkammertagung im Februar 1941 vage, daß »der Durchstoss zum nationalen Großfilm« bereits »im September/Oktober 1939 gewagt wurde«. Doch indirekt gestand auch er das Defizit vom Frühjahr 1940 ein:

»Ich habe deshalb im Jahre 1940 keine Tagung der Reichsfilmkammer einberufen lassen, weil ich der Überzeugung war, daß zwar neue Filme kämen, sie aber noch nicht da waren, und die Gefahr entstehen könnte, ich würde nur ein Programm entwickeln, ohne für dieses Programm nun faktische Belege anführen zu können.« [34]

---

29 Ministerkonferenz vom 1.2.1941: Boelcke I, S. 610.

30 Ministerkonferenz vom 27.6.1940: Boelcke I, S.409. Vgl. auch Eintrag vom 28.6.1940: »Ich lockere Musik und Unterhaltung für Funk und Film auf«.

31 SD-Bericht vom 22.7.1940: Boberach, S. 1405.

32 Zur einzigen Ausnahme (DER FUCHS VON GLENAVRON) siehe unten S. 252.

33 Hollstein, S. 64.

34 Rede vom 15.2.1941, abgedr. bei: Albrecht, S. 470.

Selbst die Ufa brachte außer DIE ROTHSCHILDS und WUNSCHKONZERT 1940 keinen einzigen erkennbar politischen Film heraus, statt dessen jedoch gleich zwölf Unterhaltungsfilme »ohne jede ›nationalpolitische‹ Thematik«.[35] Goebbels mußte folglich erneut SD-Meldungen entgegennehmen, die von der Ablehnung solcher »Gesellschaftsfilme« aus dem »Generaldirektorenmilieu« berichteten.[36]

Einige »Alltagsfilme« wie MÄDCHEN IM VORZIMMER, Luis Trenkers FEUERTEUFEL (»ein patriotischer Schmarren«, 16.2.1940) oder das prorussische Melodram DER POSTMEISTER konnten die politische Bilanz bis Frühherbst 1940 nicht schönen. Weder FEINDE, ein antipolnischer Film zur Rechtfertigung des Kriegsbeginns (»nicht ganz gemeistert«, 14.7.1940) noch der HJ-Film KOPF HOCH JOHANNES (12.8. 1940)[37] markierten für Goebbels den Durchbruch. Am allerwenigsten jedoch DAS HERZ DER KÖNIGIN mit Zarah Leander: »Sollte antienglisch und antikirchlich werden und ist beides pro geworden« (21.8.1940). In der Bevölkerung, so der Sicherheitsdienst noch im Oktober, würden »immer wieder Wünsche nach einer Anpassung auch der Spielfilmprogramme an die gegenwärtigen Geschehnisse geäußert.«[38] Vor allem »der zeitnahe politisch-satirische Film (zum Beispiel jüdische Kriegshetzer, britische Lügenlords u.s.w.) und der Film mit zeitnahen Themen weltanschaulicher und sozialer Art (Problem der Kriegsgefangenen, Landflucht, Wirken der Heimatfront im Kriege u.s.w.)« würden vermißt. Bereits aus Presse-Vorankündigungen bekannte politische Filme würden »schon jetzt mit größter Spannung erwartet«.[39]

Goebbels mußte dies zur Kenntnis nehmen, sein Blick war aber schon auf die kommenden Premieren gerichtet: »Welche Filme wir doch jetzt herausbringen. Einer schöner als der andere« (4.10.1940).[40] Dies rechnete er sich als persönliches Verdienst an: »Meine Reinigungskur hat Wunder gewirkt« (4.10.1940). Das Selbstlob hält den ganzen Spätherbst über an (auch am 15.11.1940), getrübt nur durch bittere Eingeständnisse über die Unterhaltungsproduktion: »Einige der letzten Filme waren schlecht. Aber wir müssen Filme herausbrin-

35 Klaus Kreimeier, *Die Ufa-Story*, München 1992, S. 364.

36 SD-Bericht vom 22.7.1940: Boberach, S. 1404f.

37 Die zwiespältige Aufnahme des Films nach seiner Uraufführung im November 1940 gab Goebbels recht: SD-Bericht vom 27.1.1941: Boberach, S. 1944.

38 SD-Bericht vom 10.10.1940: Boberach, S. 1655.

39 Ebd., S. 1656.

40 Zu diesem Urteil gelangte er nach Prüfung von DAS FRÄULEIN VON BARNHELM und EIN LEBEN LANG.

gen, da sonst allgemeine Verknappung eintritt« (10.12.1940). So konnte Goebbels auch Ende Oktober 1940 anordnen, die Reprisen aus den kleineren Lichtspielhäusern in Berlin herauszunehmen, da sie nur neue Uraufführungen blockierten. Die lang ersehnte Propagandaoffensive im Kino begann, abgesehen von drei antisemitischen Filmen, ausweislich der Spielpläne allerdings erst im Dezember 1940 mit Großfilmen wie BISMARCK und WUNSCHKONZERT.

Von Juli 1940 bis zum Beginn des Krieges gegen die Sowjetunion im Juni 1941 kommentiert Goebbels nicht weniger als 21 explizit politische Filme. Er selbst nimmt allerdings der beeindruckenden Zahl durch einige kritische Töne etwas von ihrer Wirkung. Großen Anklang beim Propagandaminister fanden TRENCK, DER PANDUR, DAS FRÄULEIN VON BARNHELM, WUNSCHKONZERT, ACHTUNG, FEIND HÖRT MIT, ALCAZAR (eine italienische Produktion), BISMARCK, FRIEDRICH SCHILLER, KAMPFGESCHWADER LÜTZOW und OHM KRÜGER. Grundsätzlich zustimmend, aber doch mit erkennbarer leichter Skepsis klassifiziert er: FEINDE, ÜBER ALLES IN DER WELT, STUKAS, MEIN LEBEN FÜR IRLAND, ... REITET FÜR DEUTSCHLAND und U-BOOTE WESTWÄRTS. Mehr oder weniger deutliche Ablehnung erfahren: KOPF HOCH JOHANNES, DAS HERZ DER KÖNIGIN, BLUTSBRÜDERSCHAFT, JUNGENS, SPÄHTRUPP HALLGARTEN und CARL PETERS.[41] Diese Produktionen beherrschten vom Jahresende 1940 bis zum Sommer 1941 die deutschen Kinos.

Zum ersten Mal seit Beginn des Krieges wurden die militärischen Operationen ab April 1941 von einer gigantischen propagandistischen Filmkampagne in den Kinos begleitet. Goebbels drängte insbesondere darauf, den antibritischen Burenfilm OHM KRÜGER noch vor Ostern 1941 in der gesamten Provinz anlaufen zu lassen, um so eine weitestmögliche Verbreitung zu erreichen.[42] Auch in Berlin bot sich ein eindeutiges Bild: Vom 9. bis 12. Mai 1941 etwa liefen allein in 76 von 168 Berliner Kinos zwei Filme, OHM KRÜGER und der grobschlächtige Kriegsfilm ÜBER ALLES IN DER WELT. Die 17 Uraufführungstheater spielten siebenmal OHM KRÜGER, sowie je einmal JUNGENS, U-BOOTE WESTWÄRTS und den »Entbehrungsfilm« AUF WIEDERSEHEN FRANZISKA.

---

41 Für die übrigen politischen Produktionen lassen sich bisher keine Kommentare nachweisen.
42 Ministerkonferenz vom 4.4.1941: Boelcke I, S. 656f.

Der Unterschied zur Situation am 1. September 1939 konnte nicht größer sein: Am 22. Juni 1941, dem Tag des Einmarsches deutscher Truppen in die Sowjetunion, spielten 111 Berliner Kinos CARL PETERS, SPÄHTRUPP HALLGARTEN, AUF WIEDERSEHEN FRANZISKA und U-BOOTE WESTWÄRTS. Dabei folgte ein Großeinsatz auf den anderen. Der kurz vor dem Einmarsch zusätzlich eingeplante Massenstart des von Goebbels als sehr wirkungsvoll eingeschätzten italienischen Kriegsfilms ALCAZAR über eine faschistische Festungsbesatzung im Spanischen Bürgerkrieg wurde nur durch die italienische Verweigerung einiger Kürzungen verhindert. Aber auch so konnte Goebbels in jenen Monaten von April bis Juni 1941 zufrieden sein. Endlich war gelungen, was im September 1939 und Mai 1940 nicht der Fall war: Die Spielfilme entsprachen dem militärischen Geschehen.

2. Die Schwerpunkte des politischen Films 1940/41

Antisemitische Filmpropaganda und die Legenden der Regisseure

Wenn man heute die antisemitische Filmproduktion im »Dritten Reich« behandelt, stellt sich natürlich die Frage, was es dazu noch Neues geben kann. Kaum ein Gebiet der NS-Filmpropaganda dürfte bisher besser erforscht worden sein. Und doch können die Tagebücher von Goebbels Details liefern zu Fragen, die bisher offengeblieben sind. So ist bis heute noch nicht genau bekannt, wann und auf welche Weise die antisemitischen Filme initiiert wurden. Gingen sie auf Goebbels persönlich zurück oder gab gar Hitler die entscheidenden Weisungen?

Laut der Urteilsschrift aus dem Prozeß gegen den JUD-SÜSS-Regisseur Veit Harlan von 1950 hat Goebbels die drei Filmfirmen beauftragt, je einen antisemitischen Spielfilm herzustellen,[43] angeblich sogar auf Drängen Hitlers.[44] Andere Untersuchungen sehen den Ursprung in Hitlers Reichstagsrede vom 30. Januar 1939, in der dieser als Reaktion auf amerikanische »Anti-Nazi-Filme« die Produktion antisemi-

---

43 Text des Gerichtsurteils, abgedr. in: *Filmpress* vom 22.7.1950.

44 Vgl. Peter Bucher, Die Bedeutung des Films als historische Quelle: »Der ewige Jude«(1940), in: Heinz Duchhardt/Manfred Schlenke (Hrsg.), *Festschrift für Eberhard Kessel*, München 1982, S. 302 und 319. Danach habe Goebbels »seit Oktober/November 1938 an einem großen antisemitischen Filmprogramm« gearbeitet.

tischer Filme angedroht hatte.[45] Oder wurden sie »zwar erst 1940 uraufgeführt, zur Zeit seiner Rede aber schon vorbereitet«?[46] Daß die filmische Hetze nicht schon früher begann, sei demnach auf Goebbels' Skepsis gegenüber »Parteithemen«, mangelnde Drehbücher sowie Hitlers außenpolitische Vorsicht zurückzuführen.[47]

Goebbels' Tagebuch ist leider für entscheidende Zeiträume noch nicht vollständig. Letzte Hinweise könnten sich in den Lücken September, Oktober oder November 1938 beziehungsweise im Februar,[48] März oder Mai 1939 finden. Im Zusammenhang mit der verschärften antisemitischen Hetze im Sommer 1938[49] oder mit den Novemberpogromen ist vom Film als geeignetem Propagandamittel bisher nicht die Rede. Selbst dann nicht, als Goebbels am 17./18.11.1938 im Anschluß an eine Unterredung mit Hitler über die Judenpolitik davon spricht, einen »großen antisemitischen Feldzug« in Presse und Rundfunk zu beginnen. Ob Hitler auf antisemitische Filme drängte, dafür gibt es keinen Hinweis. Der plausible Satz ›Führer wünscht antisemitische Filme‹ ist (noch) nicht überliefert.

Goebbels und Hitler taten sich offenbar mit der Form antijüdischer Filmpropaganda schwer. Goebbels zumindest lehnte in den dreißiger Jahren plumpe antijüdische Parteifilmpamphlete ab. So urteilte er über einen kurzen dokumentarischen Film, der im November 1937 in München im Rahmen der Ausstellung DER EWIGE JUDE gezeigt wurde und der jüdische Filmschauspieler der Weimarer Zeit denunzierte: »Schlechter Propagandafilm über Juden im Film. Gegen mein Verbot gemacht. Werde ihn nicht zulassen. Zu aufdringlich« (5.11.1937). Dennoch wurde der Film in Parteiveranstaltungen 1938 und 1939 vorgeführt.[50] Den schwedischen Film PETERSON UND BENDEL, immerhin mit dem Prädikat »staatspolitisch wertvoll« versehen und mangels deutscher Produktionen von 1935 bis 1938 als »antisemitischer

45 Vgl. Boguslaw Drewniak, *Der deutsche Film 1938-1945*, Düsseldorf 1987, S. 307f.

46 Hollstein, S. 62.

47 Ebd., S. 39.

48 Laut Harlan-Urteilstext soll sich Goebbels im Februar 1939 bei Terra-Produktionschef Brauer nach dem Stand von JUD SÜSS erkundigt haben. Dies widerspricht dem späteren ersten Eintrag zum Manuskript des Films vom 9.11.1939 (siehe unten).

49 Vgl. Ralf Georg Reuth, *Goebbels*, München 1991, S. 383ff.; Helmut Michels, *Ideologie und Propaganda. Die Rolle von Joseph Goebbels in der nationalsozialistischen Außenpolitik bis 1939*, Frankfurt/M. 1992, S. 339. Vgl. auch Einträge vom 23./24.6.1938.

50 Andrea Naica-Lobell, Das totale Kino, in: Michael Schaudig (Hrsg.), *Positionen deutscher Filmgeschichte*, München 1996, S. 187.

Lückenbüßer« eingesetzt, erwähnt Goebbels nur indirekt.[51] Die Vagabundenposse antijüdischen Zuschnitts ROBERT UND BERTRAM (UA: 7. Juli 1939) scheinen weder Goebbels noch Hitler gemocht zu haben.[52]

In Goebbels' Tagebuch werden folgende antisemitische Streifen behandelt: LEINEN AUS IRLAND, DER EWIGE JUDE, JUD SÜSS und DIE ROTHSCHILDS. Die knappe Notiz über den noch 1939 gezeigten LEINEN AUS IRLAND am 16.9.1939 (»Antisemitischer Film ›Leinen aus Irland‹ geprüft. Sehr gut geworden.«) könnte darauf hindeuten, daß Goebbels nicht persönlich in die Planung und Herstellung dieses antisemitischen Werks eingeschaltet war. Angeblich wurde die Produktion der vom Propagandaministerium anfangs nur lose gelenkten Wien-Film bereits wenige Monate nach dem »Anschluß« Österreichs 1938 vorbereitet.[53]

Ein auf den ersten Blick einleuchtender Zusammenhang zwischen der schon erwähnten Kritik Hitlers an Goebbels' Filmpolitik im Dezember 1939 – Hitler hatte laut Rosenberg ausdrücklich bemängelt, der deutsche Film habe sich nicht an den »jüdischen Bolschewiken herangetraut« – und dem Beginn der antisemitischen Filmproduktion erweist sich rasch als nicht haltbar. Für alle drei antisemitischen Filme des Jahres 1940 sind frühere Planungsdaten überliefert.

Zunächst übermittelte die Ufa dem Propagandaminister – ob auf dessen Verlangen, wird nicht ersichtlich – im September 1939 einen Filmvorschlag für einen »Rothschild-Film« für das Produktionsjahr 1939/40. Ausweislich des Vorstandsprotokolls stimmte Goebbels diesem Vorhaben zu.[54] Im Oktober 1939 folgen die ersten Einträge über die Planung des berüchtigten »dokumentarischen« Hetzfilms DER

---

51 Goebbels berichtet von einer »Judendemonstration gegen einen antisemitischen Film« (15.7.1935). Nach Zeitungsberichten gab es auf dem Kurfürstendamm allerdings keine »Demonstration«, sondern nur Pfiffe gegen PETERSON UND BENDEL; womöglich fanden aber antisemitische Ausschreitungen statt: *Neue Zürcher Zeitung* vom 16.7.1935. Vgl. auch Michels, S. 337.

52 BDC-RKK Hans H. Zerlett: Hans Hinkel an H.H. Zerlett vom 16.11.1939: Hinkel schrieb an den Regisseur des Films, Zerlett, daß Goebbels »nicht das Geringste gegen Dich persönlich hätte«, jedoch »einige Deiner letzten Filme wie ›Robert und Bertram‹ und ›Es leuchten die Sterne‹ hätten nicht gefallen [...]«. Hans Günter Seraphim (Hrsg.), *Das politische Tagebuch Alfred Rosenbergs 1934/35 und 1939/40*, Göttingen 1956, S. 110f. (11.12.1939). Demnach habe Hitler gesagt: »Im neuen ›Robert u. Bertram‹ sei der Deutsche schlechtgemacht«.

53 Hollstein, S. 53.

54 BA/K R 109 I/1033c Nr. 133 Protokoll-Nr. 1386 vom 20.9.1939: »Ferner hat er mit einem ihm übermittelten Rothschild-Stoff sein Einverständnis erklärt«.

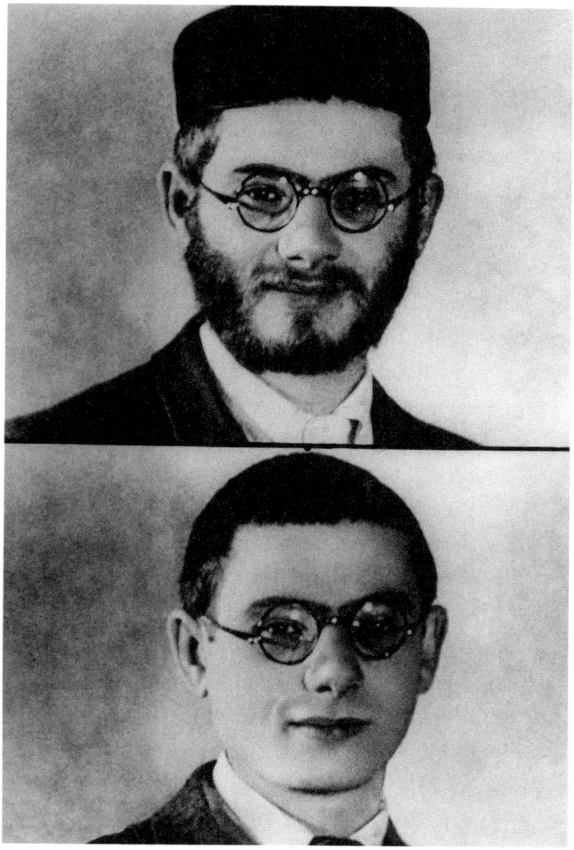

Der ewige Jude (1940) von Fritz Hippler: »Dieses Judentum muß vernichtet werden«

EWIGE JUDE: »Mit Hippler einen Ghettofilm besprochen, den ich nun in Polen drehen lasse. Das muß die [...] antisemitische Propaganda werden, die man sich denken kann« (5.10.1939). Ähnlich am Tag darauf:

»Mit Hippler und Taubert einen Ghettofilm besprochen. Das Material dazu wird jetzt in Polen gedreht werden. Das soll ein Propagandafilm erster Klasse werden. Ich gebe dazu den Grundriß an. In 3 bis 4 Wochen muß er fertig sein.«

Durch diesen Eintrag kann, wie schon lange vermutet, der Regisseur Fritz Hippler als dreister Lügner entlarvt werden. Denn Hippler hatte bisher immer erklärt, er habe im Warschauer Ghetto nur Material für »Archivzwecke« aufnehmen sollen, die später dann Goebbels zu der

Idee eines antisemitischen Films angeregt hätten. Noch 1991 schrieb Hippler in Unkenntnis dieser bisher unveröffentlichten Tagebuch-Passage vom 5.10.1939 über seine Reise zu »Archivzwecken«: »Von der Herstellung eines Films war noch keine Rede; diesen Auftrag notierte er [Goebbels] nicht einmal in sein Tagebuch; die Idee zu einem Film scheint ihm wohl erst gekommen zu sein, als er die ersten Filmmuster sah.«[55]

Goebbels liefert auch gleich die Begründung für den Film: »Das Judenproblem wird am schwierigsten zu lösen sein. Denn Juden sind ja keine Menschen mehr. Mit kaltem Intellekt ausgestattete Raubtiere, die man unschädlich machen muß« (7.10.1939). Nach Hipplers Rückkehr aus Polen am 16. Oktober berichtet Goebbels nicht nur sogleich Hitler von »meinen Vorarbeiten zum Judenfilm, die ihn sehr interessieren«, sondern ließ sich das Filmmaterial auch unverzüglich vorführen:

»Und dann Aufnahmen zum Ghettofilm. Noch niemals dagewesen. Schilderungen so grausam und brutal in den Einzelheiten, daß einem das Blut in den Adern gerinnt. Man schaudert zurück vor soviel Roheit. Dieses Judentum muß vernichtet werden.« (17.10.1939)

Von da ab mischte sich Hitler nun ständig in die Gestaltung des Films ein und verlangte laufend Änderungen[56] – was er so detailliert bei keinem Film je zuvor getan hatte. Selbst auf dem Höhepunkt der militärischen Operationen im Westen im Mai/Juni 1940 fand er noch Zeit für Korrekturen. Dadurch verzögerte sich die Fertigstellung bis zum Sommer 1940. Erst am 3.9.1940 kann Goebbels feststellen: »Hippler hat hier seine Sache gut gemacht.« Alle zeitlichen Planungen Goebbels' – am 6.10.1939 (»In 3 bis 4 Wochen muß er fertig sein«) und am 28.11.1939 (»Jetzt stimmt er«) – lassen darauf schließen, daß der Propagandaminister den Film viel früher, womöglich noch 1939, herausbringen wollte. Auch im Januar 1940 hielt Goebbels den Streifen bereits für aufführbar: »Judenfilm in endgültiger Fassung. Ich

55 Fritz Hippler, Der ewige Jude, in: *Deutsche Annalen*, 1991, S. 210f. Vgl. auch Fritz Hippler, *Die Verstrickung*, Düsseldorf [1982], S. 187 und Yizak Ahren/Stig Hornshöj-Möller/Christoph B. Melchers, *Wie Goebbels hetzte*, Aachen 1990, S. 15ff. Bucher und Hornshöj/Melchers haben anhand weiterer Tagebuchzitate von Goebbels – die Passage vom 5.10. war ihnen allerdings nicht bekannt – die Produktionsgeschichte anschaulich nachgezeichnet.

56 Vgl. Bucher, Der ewige Jude, S. 304ff. Zweifellos fällt es schwer, die Gestaltung bestimmter Szenen des Films auf direkte Interventionen Hitlers zurückzuführen, auch wenn dieser Versuch bereits in Ansätzen unternommen wurde: Peter Cohen, *Architektur des Untergangs*, Bayerischer Rundfunk, 30.1.1993, 21 Uhr 20.

glaube, nun haben wir ihn hingekriegt. Jedenfalls ist er jetzt so weit wie möglich ausgeschöpft« (9.1.1940).[57]

Der späte Zeitpunkt der Uraufführung am 28. November 1940 ist demnach nicht bewußt gewählt worden, sondern kam aufgrund von Hitlers Interventionen zustande. »›Der ewige Jude‹ nun endlich fertig. Jetzt kann er getrost heraus. Wir haben auch lange genug daran gearbeitet« (11.10.1940). Die Reihenfolge der Uraufführungen der antisemitischen Produktionen im Sommer und Herbst 1940 erscheint also nicht als das Ergebnis kalkulierter Planungen.[58] Nur durch die Verzögerung kollidierte DER EWIGE JUDE mit DIE ROTHSCHILDS und JUD SÜSS, was neben den brutalen Szenen – nur in einer Fassung für das Nachmittagsprogramm waren sie abgemildert – sicherlich zu seinem Mißerfolg beitrug.[59] Davon liest man bei Goebbels allerdings kein Wort, obwohl er keinen anderen Titel bis 1941 häufiger erwähnt und intensiver bearbeitet hatte.[60]

Auch im Falle von JUD SÜSS widerlegen Goebbels' Notizen die Rechtfertigungen des Regisseurs. Das ist nicht besonders überraschend, da ohnehin niemand der Version Veit Harlans geglaubt hat, der Film sei ihm aufgezwungen worden, ja er wäre bei Nichterfüllung dieses Auftrages erschossen worden.[61] Am 9.11.1939 lobt Goebbels »das Manuskript zu dem Film ›Jud Süß‹« als: »Ausgezeichnet geworden.« »Der erste wirklich antisemitische Film.«[62] Und wenige Tage später heißt es: »Mit Harlan und Möller den Jud-Süßfilm besprochen. Har-

---

57 Dieses Zitat kann sich auch auf Goebbels' Abnahme der entschärften Jugend- und Nachmittagsfassung beziehen. Frühestens war der Film allerdings in der ersten Septemberwoche 1940 fertig.

58 Nach Bucher, Der ewige Jude, S. 305, wollte Goebbels den Erfolg von JUD SÜSS nicht durch eine Übersättigung des Publikums durch den brutalen Film DER EWIGE JUDE gefährden. Bucher übersieht allerdings, daß laut dem Eintrag vom 11.10.1940 DER EWIGE JUDE erst nach der Uraufführung von JUD SÜSS am 24. September fertig war. Ebenso irrt Jerzy Toeplitz, *Geschichte des Films*, Bd.4, Berlin 1983, S. 218, der fälschlicherweise den Mißerfolg von DER EWIGE JUDE damit erklärt, der Film sei »zu früh«, weil zwei Monate vor JUD SÜSS, erschienen. Vgl. auch Siegfried Zielinski, *Veit Harlan*, Frankfurt 1981, S. 26.

59 SD-Bericht vom 20.1.1941: Boberach, S. 1917f. Nach etwa einer halben Woche wurde der Film bereits aus den ersten Kinos zurückgezogen.

60 Für den Tag der Uraufführung fehlen die Notizen bisher.

61 Veit Harlan, *Im Schatten meiner Filme*, Gütersloh 1966, S. 100. Vgl. auch die Darstellung bei Leni Riefenstahl, *Memoiren*, Frankfurt/M.-Berlin 1987, S. 358f.

62 Hieraus geht weiter hervor, daß Goebbels das Drehbuch von Eberhard Wolfgang Möller offenbar erst im Spätherbst vorliegen hatte, während im Prozeß gegen Harlan 1950 von Sommer – also vor dem Krieg – die Rede war: Urteil vom 15.7.1950.

lan, der die Regie führen soll, hat da eine Menge neuer Ideen. Er überarbeitet das Drehbuch nochmal.«[63] Differenzen zwischen Goebbels und Harlan gab es offensichtlich keine, außer daß Harlan offenbar ein weit höheres Budget ansetzte als Goebbels (15.2.1940). Daß Goebbels solche nicht verschwiegen hätte, zeigen spätere Ausführungen über Harlans Renitenz bei DER GROSSE KÖNIG.

Die Stationen des Projekts verfolgte Goebbels mit großem Eifer und prüfte laufend Probeaufnahmen und Muster.[64] Schon am 30.12.1939 heißt es: »Der Jud-Süßfilm geht voran.« Und über die Endfassung jubelt er: »Ein ganz großer, genialer Wurf. Ein antisemitischer Film, wie wir ihn uns nur wünschen können« (18.8.1940). Jetzt schweigt er sich nicht mehr über die Publikumsreaktionen aus . Denn sowohl das Kassenergebnis[65] als auch die gemeldeten Zuschauerreaktionen scheinen seine Erwartungen übertroffen zu haben. Natürlich stellt Goebbels dabei das Politische in den Vordergrund, obwohl inzwischen die Filmgeschichtsschreibung den Erfolg des Werks darin sieht, daß es als »erotische, melodramatische Unterhaltung rezipiert wurde«.[66] Schließlich lautet das Resümee des Ministers:

»[...] Berichte über die Aufnahme des Jud Süß im Ausland. Ganz großartig. In Ungarn hat er Straßendemonstrationen hervorgerufen. Dieser Film ist in der Tat ein neues Programm. Beweis, daß auch Filme ganz nach unserer Anschauung wirken und zünden können.« (8.3.1941)[67]

63 Eintrag vom 5.12.1939. Hollstein, S. 80, zufolge habe Harlan erst im Januar 1940 überraschend die Regie übertragen bekommen.

64 So am 5./18.1.1940, 15.2.1940, 26.4.1940, 18./19.8.1940, 6./7./10.9.1940.

65 Nach fünf Monaten hatte der Film ein Einspielergebnis von 5,3 Mill. RM: Hollstein, S. 229.

66 Friedrich Knilli in: tip-magazin 19/1997, S. 74. SD-Bericht vom 28.11.1940: Boberach, S. 1811f: Selten sei das Urteil über einen Film »so einheitlich« gewesen wie über JUD SÜSS. Auch Stephen Lowry, *Pathos und Politik*, Tübingen 1991, S. 29, verweist auf die »effektive Mischung von antisemitischer Propaganda mit Elementen des konventionellen Unterhaltungsfilms«. Siehe auch Wittes Analyse des Films in: Jacobsen u. a. (Hrsg.), *Geschichte des deutschen Films*, Stuttgart 1993, S. 152ff.

67 Den Bericht, in dem allerdings nur von Tumulten in Budapester Filmtheatern, nicht von Straßendemonstrationen, die Rede ist, leitete Goebbels an Hitler weiter: BA/K R 43 II/1389 Nr. 158f. Min.amt RMVP an Lammers vom 31.3.1941. Vgl. auch Rede vom 28.2.1942, abgedr. bei: Albrecht, S. 499: »[...] auch der Schauspieler würde, wenn er bei jeder Szene daran denken müsste, wieviele Menschen das später sehen werden, wahrscheinlich benommen werden.[...] Das hat zum Beispiel Herr [Ferdinand] Marian, als er den Jud Süß spielte, auch nicht gewußt, daß infolge dieses Films in holländischen Städten große Demonstrationen und Judenpogrome stattfinden würden, daß man nachher ein halbes Dutzend Juden aufhängen müßte, weil sie Attentate auf Deutsche verübten«. Möglicherweise verlegte Goebbels aus bündnispolitischen Erwägungen oder wegen der ungarischen Judenpolitik den Ort der Pogrome von Ungarn nach Holland.

Die antijüdische Produktion DIE ROTHSCHILDS von Erich Waschneck wird später noch einmal unter anderem Aspekt behandelt. Nur soviel: Hier war Goebbels offenbar zunächst von Drehbuch (13.3.1940) und ersten Mustern (26.4.1940) sehr angetan, läßt später aber Skepsis über die Wirkung des Films erkennen.[68] Differenzen u.a. mit dem »Führer«-Stellvertreter Rudolf Heß führten dazu, daß der Film nach der Uraufführung am 17. Juli 1940 bereits im September mit einem zunächst dreimonatigen Aufführungsverbot belegt wurde, obwohl bis dahin immerhin ein Einspielergebnis von 1,3 Mill. RM erzielt worden war.[69]

Propagierung der »Euthanasie«

Das Thema »Euthanasie« und die Tötung »lebensunwerten Lebens« wie sie in dem nach JUD SÜSS wohl bekanntesten NS-Film ICH KLAGE AN propagiert werden, haben ein ähnlich großes filmhistorisches Interesse hervorgerufen. Zahlreiche Untersuchungen liegen vor,[70] keine konnte bisher die Aufzeichnungen von Goebbels nutzen. Der äußert sich zu ICH KLAGE AN knapp, aber aufschlußreich: Nur fünf Bemerkungen sind bisher überliefert.[71] Der Film handelt von einer Arztfrau, die unheilbar an multipler Sklerose erkrankt ist und zunächst einen befreundeten Mediziner, dann ihren Mann bittet, sie durch eine tödliche Dosis zu »erlösen«. Der anschließende Mordprozeß dient als Forum, alle Argumente für die »Tötung auf Verlangen« vorzubringen und geschickt plazierte künstliche Einwände zu entkräften.[72]

Das Projekt entstand unter der Federführung der »Kanzlei des Führers«, deren Leiter, Philipp Bouhler, »einer der Hauptverantwortlichen für den Massenmord« durch »Euthanasie« und einer der wenigen persönlichen Freunde Goebbels' innerhalb der NS-Spitze war.[73]

---

68 Vgl. Einträge vom 7./17./19./23.7., 10.8., 1.9. und 10.9.1940. Vgl. auch Fritz Hippler, *Betrachtungen zum Filmschaffen*, Berlin 1943, S. 100. Hippler nennt indirekt die Figuren- und Charakterzeichnung bei DIE ROTHSCHILDS als Negativbeispiel.

69 BA/K R 109 I/1034b Nr. 155 Protokoll-Nr. 1427 vom 25.9.1940. Hier scheint ein Rückzug zugunsten von JUD SÜSS eher zuzutreffen; vgl. Hollstein, S. 75. Erst im Juli 1941 wurde er wieder freigegeben und lief ab August auch wieder in einigen Berliner Kinos: BA/K R 109 I/1034b Nr. 140 Protokoll-Nr. 1461 vom 2.7.1941.

70 Vgl. Karl Ludwig Rost, *Sterilisation und Euthanasie im Film des »Dritten Reichs«*, Diss. med. Berlin 1986; Karl Heinz Roth, *Filmpropaganda für die Vernichtung der Geisteskranken und Behinderten im »Dritten Reich«*, Diss. med. Hamburg 1986.

71 Davon zwei nebensächliche: Goebbels berichtet, wie schlecht der Film bei den Filmfestspielen Venedig angekommen sei (15.9.1941) und von einem Streit darüber mit Carlotta Bonomi, Frau des italienischen Botschafters in Berlin (6.12. 1941).

72 BA Film/B Film-Nr.12560. Ernst Klee, *»Euthanasie« im NS-Staat*, Frankfurt/M. 1983, S. 242f.

Mathias Wieman und Heidemarie Hatheyer im »Euthanasie«-Film
ICH KLAGE AN: »80 000 sind weg, 60 000 müssen noch weg«

Die Planungen für den Film liefen seit Juni 1940. Zur gleichen Zeit erwähnt Goebbels erstmals »Liquidationsverfahren an Irren«[74], spätestens im September wurde zur Bearbeitung des Drehbuchs die Produktionsfirma Tobis und insbesondere der Regisseur Wolfgang Liebeneiner eingeschaltet.[75] Das Propagandaministerium scheint zunächst nicht in dem Maße beteiligt gewesen zu sein wie etwa bei dem vergleichbaren Vorhaben JUD SÜSS. Erst am 14.2.1941 findet sich folgende Notiz: »Mit Liebeneiner einen neuen Filmstoff über Euthanasie besprochen. Ein sehr schwieriges und heikles, aber auch ein sehr drin-

73 Hans-Walter Schmuhl, Philipp Bouhler – Vorreiter des Massenmords, in: Ronald Smelser unter andere(Hrsg.) *Die braune Elite II*, Darmstadt 1993, S. 46.

74 Vgl. Eintrag vom 1.5.1940: »Bouhler berichtet über das Liquidationsverfahren an Irren, das so notwendig ist und jetzt durchgeführt wird. Noch geheim. Es bereitet große Schwierigkeiten«.

75 Rost, S. 168: Wolfgang Liebeneiner arbeitete wohl mindestens schon seit September 1940 an dem Drehbuch.

gendes Thema. Ich gebe Liebeneiner einige Richtlinien.« Noch 1983 behauptete Liebeneiner übrigens, mit Goebbels habe er kein Wort über ICH KLAGE AN gewechselt, und der Propagandaminister habe sich nicht um den Film gekümmert.[76] Daß Goebbels sich zu diesem Zeitpunkt mit dem Projekt befaßte, mag mit einer kurz zuvor erfolgten Unterredung über die Massenmorde zusammenhängen: »Mit Bouhler Frage der stillschweigenden Liquidierung von Geisteskranken besprochen. 80 000 sind weg, 60 000 müssen noch weg. Das ist eine harte, aber auch notwendige Arbeit. Und sie muß jetzt getan werden« (31.1.1941). Dennoch scheint es »sehr fraglich, ob dieser Einfluß von Goebbels wesentlich über die übliche Endkontrolle und die Frage der Prädikatisierung und seines Einsatzes hinausging«.[77] Denn Goebbels' Notiz vom 21.6.1941, die auch die Verantwortung Hipplers und des Tobis-Produktionschefs von Demandowsky hervorhebt, betraf offenbar die Ministerkopie beziehungsweise die erste Fassung des Films:

»Neuer Liebeneiner-Film Ich klage an. Für die Euthanasie. Ein richtiger Diskussionsfilm. Großartig gemacht und ganz nationalsozialistisch. Er wird heißeste Debatten entfachen. Und das ist sein Zweck. Hippler und Demandowsky sind sehr stolz auf ihre Leistung.« (21.6.1941)

Goebbels' Ziele sind klar: Moralische Tabus und der Widerstand der christlichen Kirchen sollten durch unverfänglich angestoßene »Diskussionen« beim Zuschauer abgebaut werden. ICH KLAGE AN diente als eine Art Reaktionstest, um dem Regime die Möglichkeit zu eröffnen, »die ablehnende Haltung vieler Menschen gegenüber der Euthanasie aufzuweichen, ohne sich selbst exponieren zu müssen.«[78] Doch der Film mußte umgearbeitet werden. Nach dem Einmarsch in die Sowjetunion und der vielzitierten, die Vernichtungen scharf verurteilenden Predigt des Münsteraner Bischofs Clemens August Graf von Galen am 3.9.1941[79] wurde er durch weitgehende Entschärfungen auf »suggestive Andeutungen zurückgestuft«.[80] Sowohl die enorme Reso-

---

76 Ebd., S. 299 Anm. 964: Brief Liebeneiner an Rost vom 13.2.1983.

77 Ebd., S. 168.

78 Ebd., S. 153.

79 Schon vorher waren durch Gerüchte und einen Hirtenbrief der beiden Kirchen vom 6.7.1941 die Vernichtungen in weiten Teilen des Reiches bekanntgeworden. Am 28. September 1941 rechtfertigte von Galen allerdings den Rußlandfeldzug als einen Kampf gegen die »jüdisch-bolschewistische Machthaberschaft von Moskau«: Stefan Rahner u. a., *»Treu deutsch sind wir – wir sind auch treu katholisch«*. Kardinal zu Galen und das Dritte Reich, Münster 1987, S. 43.

80 Roth, S. 126.

nanz der Predigt in der Bevölkerung als auch der erstmals stockende Vormarsch im Osten ließen Goebbels offenbar die beabsichtigte Euthanasie-Propaganda als nicht mehr zweckmäßig erscheinen:

»Ich muß dem Führer die Frage vorlegen, ob er im Augenblick in der Öffentlichkeit eine Debatte über das Euthanasie-Problem wünscht. Wir können diese Debatte evtl. an den neuen Liebeneiner-Film ›Ich klage an‹ anschließen. Ich bin selbst wenigstens für den gegenwärtigen Zeitpunkt dagegen. Mit einer solchen Debatte würde man nur die Gemüter aufs neue erhitzen. Das ist in einer kritischen Periode des Krieges außerordentlich unzweckmäßig.« (15.8.1941)

Nachdem er erneut mit Hitler gesprochen hatte, ist nurmehr vage von dessen Zustimmung die Rede, »alle Themen im Inneren« zurückzustellen, die »vom Ziel des Sieges ablenken könnten«. Somit waren die »heißen Diskussionen«, die Goebbels noch im Juni begrüßt hatte, nun angesichts der Kriegslage und der Proteste der Kirche nicht mehr erwünscht. Folglich erhielt die Presse Anweisung, sie dürfe ICH KLAGE AN weiterhin nicht besprechen und »auf keinen Fall das Problem der Euthanasie dazu anschneiden«.[81] Hitler ordnete am 24. August 1941 eine taktische Reduzierung der »Euthanasie« an. Die Mordaktionen waren damit nicht beendet.[82]

Doch soweit, auf den Start des Films ganz zu verzichten, ging der Rückzug der NS-Propaganda nicht. Die vorsichtige, indirekte Form, vor allem die alle Interpretationen offenlassende Schlußszene[83], erschien Goebbels wohl als ungefährlich. Gerade weil ICH KLAGE AN »durch Streichung offensichtlicher Bezüge, eine Verschiebung des Hauptproblems zur Tötung auf Verlangen hin sowie die Vorgabe juristisch korrekter Behandlung der Euthanasie scheinbar nicht mehr viel mit den Geisteskrankenmorden gemein hat, konnte er wenige Wochen nach dem Aufruhr um die Galen-Predigt überhaupt gezeigt werden«[84] Zur Publikumswirkung des von etwa 18 Mill. Besuchern gesehenen Films fehlt ein Kommentar Goebbels', obwohl er sich über

81 BA/K Zsg 102/63 vom 21.8.1941.
82 Klee, S. 339f.
83 Ian Kershaw, *How effective was Nazi Propaganda*, in: David Welch (Hrsg.), *Nazi Propaganda – the Power and the Limitations*, London 1983, S. 194, bezeichnet den Film als Fehlschlag. Vgl. auch Welch, German Cinema, S. 130ff. Roth, S. 136f., kommt zu dem Schluß, hierdurch »verlor zwar der Widerstand gegen die ›Euthanasie‹ zweifellos an Breite, jedoch scheint es, daß die Kerngruppen des Aufbegehrens nicht entscheidend geschwächt wurden. [...] Eine offene Bejahung der ablaufenden Vernichtungspraxis vermochte ICH KLAGE AN aber auf keinen Fall zu erreichen [...]«.
84 Rost, S. 204.

die Reaktionen der Zuschauer genau informieren ließ.[85] »Der Film hat die Volksgenossen besser überzeugt, als es viele Reden gekonnt hätten«, heißt es in einem durchaus differenzierten Bericht der Gauleitung Hannover an die Parteikanzlei vom Januar 1942.[86] Eine wesentliche Aufweichung des christlich motivierten Widerstands gegen die Vernichtung dürfte der Film jedoch nicht erreicht haben.[87]

Daß für Goebbels das Thema Filmpropaganda für die Ermordung von Geisteskranken weiterhin aktuell blieb, zeigt seine bisher unbekannte Beteiligung an »wissenschaftlichen Dokumentarfilmen« im Jahr 1942.[88] Zunächst jedoch mußte der Propagandaminister der fragilen Volksstimmung Rechnung tragen, und so leitet er am 22.8.1941 verschleiernd den Rückzug ein: »Ob es überhaupt richtig gewesen ist, die Frage der Euthanasie in so großem Umfang, wie das in den letzten Monaten geschehen ist, aufzurollen, mag dahingestellt bleiben. Jedenfalls können wir alle froh sein, wenn die daran angeknüpfte Aktion zu Ende ist. Notwendig war sie. [...] Trotzdem aber vertrete ich den Standpunkt, daß man nach Möglichkeit den offenen Konflikt vermeiden soll. Wir haben jetzt auch nicht genügend Zeit und Nerven, um ihn bis zur letzten Konsequenz durchzusetzen.«

Filme gegen Großbritannien

Im September 1939 hatte Goebbels gefordert, antienglische Stoffe herzustellen. Damit leitete er die wesentliche Stoßrichtung der Filmpropaganda der folgenden Jahre ein, denn die Zahl der Produktionen mit offener oder versteckter antibritischer Tendenz lag weit höher als etwa die der antisemitischen oder »antibolschewistischen« Streifen. Noch bevor Goebbels die bereits erwähnten untauglichen antienglischen »Filmentwürfe deutscher Dichter« (28.2.1940) entgegennehmen konnte, erreichte ihn die Idee des Schauspielers Emil Jannings zu einem Film über die in der NS-Zeit als Thema sehr beliebten »Befreiungskriege« der südafrikanischen Buren gegen die englische Kolonialmacht um die Jahrhundertwende: »Jannings entwickelt mir neue Filmstoffe. Einen sehr guten ›Ohm Krüger‹ über den Burenkrieg«

---

85 Vgl. umfangreiche Sammlungen und Korrespondenzen in BA/K NS 18/348.
86 BA/K NS 18/348 Gauleitung Hannover an Parteikanzlei vom 10.1.1942.
87 Die SD-Meldung über die Reaktionen auf ICH KLAGE AN ist die längste zu einem einzelnen Film überhaupt: SD-Bericht vom 15.1.1942: Boberach, S. 3175ff.; Roth, S.137; Rost, S. 207.
88 Siehe Kap. 6, S. 360.

(29.11.1939). Die Produktionsgeschichte dieses berühmten antienglischen Films ist in den Tagesaufzeichnungen anschaulich zu verfolgen. Und auch an dieser Stelle wird ein Repräsentant des NS-Films durch Goebbels bloßgestellt: Jannings erklärte nach dem Krieg eidesstattlich seine »ablehnende Haltung gegen alle tendenziösen und politischen Filme, insbesondere des Films ›Ohm Krüger‹, den ich mich weigerte zu spielen und alles tat, um sein Zustandekommen zu sabotieren«.[89] Goebbels indes lobt wiederholt, wie aktiv und voller Einsatz Jannings für das Projekt doch sei und schreibt nach einer »Unterredung mit Jannings«: »Er arbeitet wie besessen an seinem Burenfilm. Ich sehe Muster davon. Danach wird es ein ganz großer Wurf werden« (17.12.1940).[90] Als der Film fertig ist, heißt es: »Jannings übertrifft sich selbst. Ein Anti-Englandfilm, wie man ihn sich wünschen kann« (2.4.1941).

Die Brutalität der Darstellung in OHM KRÜGER, die auch dem versierten Propagandaregisseur Hans Steinhoff zu verdanken ist, war wohlkalkuliert; traut man allerdings den Beobachtungen des Sicherheitsdienstes, lag Goebbels mit seiner Einschätzung, der Film müsse grausam sein, »wenn er im Volke wirken soll« (5.4.1941), nur bedingt richtig.[91] Zwar hieß es dort, als »besonders eindrucksvoller Höhepunkt werden überall die Massenszenen mit der Erschießung der Burenfrauen bezeichnet. Der Film sei hier in seiner realistischen Darstellung bis an die Grenze des Erträglichen gegangen«,[92] doch es wurden offenbar auch »einzelne Szenen als teilweise ›zu dick aufgetragen‹ oder ›zu abstoßend‹ bezeichnet, so zum Beispiel die Verteilung von Gewehren und Gebetbüchern durch englische Missionare. Es besteht die Gefahr, daß durch solche propagandistischen Übertreibungen die Glaubwürdigkeit der historischen Filmhandlungen abgeschwächt werde.«[93]

An dem außergewöhnlichen Erfolg und propagandistischen Nutzen von OHM KRÜGER (»Die Kriegsstimmung gegen England werde wesentlich gesteigert und vertieft«) kann jedoch kaum ein Zweifel bestehen.[94] Schon nach wenigen Wochen Laufzeit verbuchte er dank er-

89 Erklärung vom 11.8.1947 in Faks. abgedr. bei: Hippler, Verstrickung, S. 297.
90 Vgl. auch Einträge 10.2.1940 und 5.3.1941.
91 Vgl. Eintrag vom 5.4.1941: »Geteilte Meinung zu Ohm Krüger. Manche finden ihn zu grausam. Aber das muß er sein, wenn er im Volke wirken soll. Und das ist sein Zweck«.
92 SD-Bericht vom 12.5.1941: Boberach, S. 2295.
93 Ebd.
94 Vgl. dazu Welch, German Cinema, S. 277f.

Emil Jannings als Ohm Krüger *(1941):*
Wie ein Besessener

heblichen Werbeaufwands und großer Verbreitung nach Publikumszahl und Umsatz Spitzenergebnisse und spielte bis Ende Mai 1941 ca. 6 Mill. RM ein – mehr als jeder andere vergleichbare propagandistische Film in wesentlich längerer Zeit.[95] Wegen der enormen Herstellungskosten und der teuren Werbekampagne brachte er allerdings der Produktionsfirma Tobis keinen Gewinn ein. Negativ wirkte sich auch die mehr als eineinhalbjährige Zeitspanne von der Planung bis zur Uraufführung aus: Ohm Krüger, neben Der grosse König (1942), Kolberg (1945) und Die Entlassung (1942) der von Goebbels am

95 BA/K R 55/1320 Nr. 115ff: Ergebnisse vom 1.7.1940 bis 31.5.1941 mit Vergleichstiteln. Vgl. auch Eintrag vom 22.5.1941.

ausführlichsten kontrollierte Spielfilm,[96] wurde für die antibritische Propaganda eigentlich schon viel früher benötigt.

Im ganzen ersten Halbjahr 1940 kam nur eine einzige aktuelle antibritische Produktion in die Kinos: DER FUCHS VON GLENAVRON, unter der Regie von Goebbels' Schwager Max (»Axel«) W. Kimmich, glorifizierte den irischen Unabhängigkeitskampf gegen die britische Besatzung. Nach mehrmaligen Umarbeitungen betont Goebbels am 17.4.1940 den beim Spielfilm nicht allzu häufigen tagespropagandistischen Nutzen: »›Fuchs von Glenavron‹, ein Film von den irischen Freiheitskämpfen von Axel Kimmich. Jetzt ist er großartig und sehr gut für unsere Propaganda zu gebrauchen.«

Nach der Niederlage Frankreichs und dem Waffenstillstand von Compiègne vom 22. Juni 1940 steigerte Goebbels seine antikapitalistisch verbrämte Hetze gegen die »Plutokratenherrschaft« in England. Nun müsse man »die Propagandamaschine gegen England wieder richtig anlaufen« lassen,[97] schon um die deutschen Landungsabsichten auf der britischen Insel wirkungsvoll zu orchestrieren. Die Stimmungslage der Bevölkerung gehe »eindeutig dahin, England restlos niederzuschlagen« (25.6.1940).

Goebbels tritt im Kampf gegen England besonders entschlossen auf, ja fügt gelegentlich auch Hinweise auf einen zaudernden Hitler ein, der trotz der enttäuschenden Reaktion der britischen Regierung auf sein »großzügiges Angebot« für einen Friedensschluß vom 19. Juli »noch nicht so recht heran« wolle.[98] Goebbels dagegen gibt sich ungeduldig und entschieden: »Ich stelle die innere Propaganda wieder mehr auf Krieg ein. Sonst versackt die Stimmung allmählich. Unsere großen Erfolgsmeldungen gegen Englands Flotte werden nun auch wieder groß mit Fanfare herausgebracht« (30.7.1940). Dennoch trifft es nicht zu, daß die Spielfilmpropaganda erst dann »gröber« wurde, wie Erwin Leiser meint, als »die Hoffnung Hitlers auf einen Separatfrieden mit England unerfüllt« blieb,[99] denn vor dem Juli existierte gar keine derartige Filmpropaganda, die man mit einer späteren »gröbe-

---

96 Auch im handschriftlichen Tagebuch bis 1941 ist, mit Ausnahme von DER EWIGE JUDE, kein Film häufiger erwähnt.

97 24.6.1940. Vgl. Ministerkonferenz vom 23.6.1940: Boelcke I, S. 401f.

98 26.7.1940. Vgl. auch Ulrich Höver, *Joseph Goebbels – ein nationaler Sozialist*, Bonn 1992, S. 438ff., der die Tagesaufzeichnungszitate aus diesen Wochen – etwas zu Goebbels-gläubig – ausführlich untersucht hat.

99 Erwin Leiser, *Deutschland erwache. Propaganda im Film des Dritten Reiches*, Hamburg 1968, S. 90, wird auch von Drewniak, S. 330, noch wiederholt und verstärkt.

ren« vergleichen könnte. Außerdem befanden sich im Juli die meisten der antibritischen Produktionen bereits im Atelier, so OHM KRÜGER, ÜBER ALLES IN DER WELT, U-BOOTE WESTWÄRTS.

Nach DER FUCHS VON GLENAVRON drehte Max W. Kimmich noch einen weiteren »Rebellenfilm« über den irischen Freiheitskampf: MEIN LEBEN FÜR IRLAND. Doch mittlerweile war Goebbels skeptischer geworden. Nicht nur, daß die, wie Rosenberg es formulierte, »dick aufgetragene pro-irische Fasson«[100] in Parteikreisen nicht immer auf Begeisterung stieß, auch die Berichte des Sicherheitsdienstes sprachen wiederholt von unerwünschten Nebenwirkungen der »Rebellenfilme« in den besetzten Gebieten, so in Polen, der Tschechoslowakei und einigen Grenzregionen. Filme wie Luis Trenkers FEUERTEUFEL und MARIA ILONA seien geeignet, dort den Widerstand gegen das deutsche Besatzungsregime anzustacheln: »Man weist immer wieder darauf hin, daß die Handlungen dieser Filme von den Polen und Tschechen sofort auf ihren Freiheitskampf gegen Deutschland umgedeutet werden können«, heißt es bereits in einem Bericht vom Mai 1940.[101] Die Parallelen zwischen den angeprangerten Methoden der britischen Besatzungsherrschaft und dem brutalen deutschen Vorgehen lagen auf der Hand. So nahm Goebbels MEIN LEBEN FÜR IRLAND, den er darüber hinaus auch nicht besonders zu schätzen schien, zum Anlaß, das Sujet für beendet zu erklären: »Und dann haben wir jetzt auch solche Irenfilme genug. Das Thema ist nicht ganz schlüssig« (10.12.1940).[102]

Kriegs- und Heimatfrontfilme

Im Kinoprogramm der Blitzkriegszeit 1940/41, so meint man heute feststellen zu können, dominierten Kriegs- oder »Kriegserziehungsfilme«, die sämtlich die deutsche Wehrmacht vom Heer über die Luftwaffe bis zur U-Bootflotte verherrlichten. Da nahezu alle diese Produktionen (ÜBER ALLES IN DER WELT, U-BOOTE WESTWÄRTS, STUKAS, SPÄHTRUPP HALLGARTEN, KAMPFGESCHWADER LÜTZOW und SECHS

---

100 Tagebuch Alfred Rosenberg (9.5.1940): Seraphim, S. 115. Rosenberg sah demnach auch DAS LIED DER WÜSTE als pro-englisch an.

101 SD-Bericht vom 20.5.1940: Boberach, S. 1155. Vgl. auch Ministerkonferenz vom 22.4.1940: Boelcke I, S. 327. Ein Mißerfolg wurde auch aus Lothringen gemeldet: SD-Bericht vom 18.11.1940: Boberach, S. 1779. MARIA ILONA wurde in der Ostmark »ungarnfreundliche Tendenz« vorgeworfen: Ministerkonferenz vom 1.2.40: Boelcke I, S. 278 und SD-Bericht vom 29.1.1940: Boberach, S. 702.

102 Vgl. auch den nach Umarbeitung etwas positiveren Kommentar vom 2.2.1941 (UA: 17.2.1941).

Der Fuchs von Glenavron (1940): Zweischneidige Botschaft der »Irenfilme«

Tage Heimaturlaub) etwa zur selben Zeit geplant beziehungsweise begonnen wurden,[103] fielen ihre Uraufführungen sämtlich in die Zeit von Ende Februar bis Ende Juni 1941. Kaum ein Kinobesucher konnte dieser totalen Kriegsfilm-Offensive ausweichen. In der pausenlosen Hymne auf soldatische Tugenden, auf Bomber, Panzer und Kriegsschiffe sollte sich die Überlegenheit der Wehrmacht und ein unaufhaltsamer Siegeszug der deutschen Kriegsmaschinerie manifestieren.[104]

Aus Proporzgründen stand bei den Kriegsfilmen jeweils eine Waffengattung im Vordergrund: die Piloten der Luftwaffe beim Frankreichfeldzug in Stukas, die Infanterie beim deutschen Überfall auf Norwegen in Spähtrupp Hallgarten; nur Über alles in der Welt, in dem französische Soldaten vorwiegend Nordafrikaner sind,[105] bietet ein Panorama von allen Fronten und Streitkräften.

---

103 Bis auf Stukas (Eintrag vom 18.9.1940).

104 Zu den wesentlichen Merkmalen des Genres s. Françis Courtade/Pierre Cadars, *Geschichte des Films im Dritten Reich*, München 1975, S. 198-205.

105 Vgl. auch das Filmstoryboard in BA/P 90 RI g Nachlaß Karl Ritter.

Der Zivilist Goebbels, der die indirekte Propaganda bevorzugte, hielt die übersteigerte Brachialtendenz der Kriegsfilme zwar für notwendig, in ihrer filmischen Ausführung aber nicht für optimal.[106] Zwar beurteilt er gerade den schwächsten Film dieser Reihe, KAMPFGESCHWADER LÜTZOW, besonders überschwenglich als »sehr gut gemacht, klar, realistisch, mit wunderbaren Einstellungen und Aufnahmen. Ein echter Volks- und Kriegsfilm« (1.3.1941);[107] und STUKAS findet – obwohl als »typische Ritterproduktion« letztlich »zu laut« – wegen der »wunderbaren Luftaufnahmen« Anklang (2.6.1941). Doch Goebbels' Bedenken zeigen sich bei Karl Ritters ÜBER ALLES IN DER WELT, der kurz vor dem Höhepunkt der Kriegseuphorie im April/Mai 1940 bereits fertig konzipiert war. Die erste Fassung des filmischen Kriegsgeschreis scheint Goebbels viel zu aufdringlich gewesen zu sein: »Reichlich naiv und primitiv, aber wohl ein Publikumsreißer. Ritter sagt nationale Dinge mit einer Ungehemmtheit, daß ein anderer erröten würde« (10.10.1940). Es handele sich um ein »Patriotisches Ragout, das noch zu ändern ist«, läßt Goebbels unter dem 3.1.1941 verlauten. Noch Monate später kritisierte der Propagandaminister das fehlende Handlungskonzept des Episodenfilms: Ritter müsse aufpassen, seine nächsten Filme nicht auch so »reportagehaft zerflattern zu lassen« (28.8.1941), »daß am Ende kein Spiel- sondern ein Dokumentarfilm daraus wird.«

Bei U-BOOTE WESTWÄRTS läßt sich Goebbels erst nach Verbesserungen der »Heldenschwarte« ohne »rechten Schwung und mit wenig Atmosphäre« (11.3.1941) von den gelungenen Seeaufnahmen und einer erfolgreichen Premiere halbwegs überzeugen. Die Verantwortung dafür weist er von sich: »Eine Sache der Kriegsmarine« (10.5.1941). Dabei ärgerte es Goebbels gleichzeitig, daß er bei all diesen Kriegsfilmen nur eingeschränkte Gestaltungsmöglichkeiten besaß. Die Produktion von SPÄHTRUPP HALLGARTEN etwa übernahm nicht eine vom Propagandaministerium kontrollierte Staatsfirma, sondern eine private Gesellschaft unter Aufsicht des Oberkommandos des Heeres (OKH). Folglich fällt Goebbels' Urteil besonders abschätzig aus: »Ziemlich mißlungen« (8.3.1941). Nicht viel besser erging es den Nachzüglern der Kriegsfilmreihe im Herbst 1941, so dem Frontur-

---

106 Auch Bucher, Goebbels, S. 55, bestätigt die eher negative Einschätzung der in Anlehnung an die Wochenschau konzipierten militärischen »Wirklichkeitsfilme« durch den Propagandaminister.

107 Vgl. auch Einträge vom 14./18.2.1941.

lauberfilm SECHS TAGE HEIMATURLAUB: »Ein sogenannter Propagandafilm einer privaten Produktionsfirma ›Sechs Tage Heimaturlaub‹ erweist sich als ein Antipropagandafilm. Hier ist der Nationalsozialismus so dick aufgetragen, daß er direkt peinlich wirkt« (8.9.1941).

Zusätzlich wurde erstmals seit 1933 auch wieder der Versuch unternommen, eine Parteiorganisation in den Vordergrund der Filmhandlung zu stellen. In den HJ-Streifen KOPF HOCH JOHANNES und JUNGENS finden die »meistens zuerst widerspenstigen und asozialen«[108] Jugendlichen durch Lagerleben und straffe Erziehung ihren Weg in die Gemeinschaft. Sicher, die Jugend sollte zunehmend kriegstauglich gemacht werden, doch Goebbels bleibt die Begründung schuldig, warum er überhaupt wieder Parteifilme zuließ. Höchstens als Zugeständnis an Parteistellen scheinen sie opportun, denn obwohl KOPF HOCH JOHANNES für ihn ein »Machwerk, das wir kaum aufführen können« (29.1.1941) war, erfolgte die Premiere am 11. März 1941. Ebenso »keine Meisterleistung«: der ähnlich gestrickte Jugendfilm JUNGENS (2.3.1941).

Zur Publikumsresonanz der »Blitzkriegsfilme« liegen nur ungenügende Daten vor. Die von den Filmfirmen erstellte »Schätzung des wirtschaftlichen Ergebnisses für die ab 1. Juli 1940 bis 31. Mai 1941 erschienenen Filme«[109] zeigt für KOPF HOCH JOHANNES sehr schlechte Zahlen, für KAMPFGESCHWADER LÜTZOW und ÜBER ALLES IN DER WELT gute Ergebnisse. ÜBER ALLES IN DER WELT spielte trotz großer Aufmachung von März bis Ende Mai aber weniger ein als der erst im April gestartete Willy-Birgel-Film ... REITET FÜR DEUTSCHLAND. Letztlich liefen wohl alle diese Filme einigermaßen erfolgreich,[110] wobei KAMPFGESCHWADER LÜTZOW und U-BOOTE WESTWÄRTS (gemessen am Umsatz im Verhältnis zur Laufzeit) besser abschnitten als ÜBER ALLES IN DER WELT, der demnach nicht – wie von Goebbels erwartet – ein unbedingter »Publikumsreißer« war.

Bei aller Skepsis gegenüber den Militärfilmen waren sie für Goebbels doch ein von Teilen des Publikums und der Partei erwarteter Bei-

108 Toeplitz, Bd. 4, S. 231.

109 BA/K R 55/1320 Nr. 113ff.

110 Ausweislich der von Gerd Albrecht erstellten Tabellen, die zwischen Sollergebnis und tatsächlichem Ergebnis differenzieren: Albrecht, S. 410. Die Vorausschätzungen sind allerdings oft nicht unproblematisch: Kassenschlager und extrem wirkungsvolle Filme wie DIE GROSSE LIEBE bleiben demnach gar hinter den Erwartungen zurück; sie berücksichtigen auch nicht die unterschiedlichen Kopienzahlen.

trag der Filmpropaganda. Vieles spricht dafür, daß Goebbels davon sogar mehr bieten wollte und weitere Stoffe suchte, die das »Soldatentum heroisieren« (25.7.1940). Erneut blieb er aber hinter den eigenen respektive den Absichten der an solchen Vorhaben interessierten Militärs zurück. Die meisten Pläne verblieben im Skript-Stadium: darunter ein »Schlieffenfilm« mit Rudolf Forster (10.9.1940), ein Generalstabsfilm von Emil Jannings (12.5.1941) und ein Projekt über die Besetzung Norwegens, von Goebbels stets »Narvikfilm« genannt (25.7., 18.9.1940), der offensichtlich noch am längsten verfolgt wurde (1.9.1941).[111] Ein »Scharnhorst«-Projekt (15.4.1941)[112] stoppte Goebbels schon im Mai 1941 (4.5.1941). Stecken blieb auch ein nach den Luftwaffenfilmen wohl aus Proporzgründen geplanter »neuer Kriegsfilm des Heeres« unter dem Titel DER WEG NACH ABBÉVILLE (8.3.1941).

3. Die Wende vom Herbst 1941

Die Entwicklung weiterer »soldatischer« Filmstoffe entsprach der militärischen Situation im Frühjahr 1941. Nach mehrmaligem Aufschub überschritten in der Nacht zum 22. Juni 1941 deutsche und verbündete Truppen auf einer Länge von über 2000 km die russische Grenze. Goebbels' Tagebuch bestätigt dabei die auch durch andere Quellen belegte Einschätzung der NS-Führung, die Wehrmacht werde einen schnellen Sieg über die sowjetischen Divisionen erringen: »Der Führer schätzt die Aktion auf etwa 4 Monate, ich schätze auf weniger. Der Bolschewismus wird wie ein Kartenhaus zusammenbrechen. Wir stehen vor einem Siegeszug ohnegleichen« (16.6.1941).

Bereits im Spätsommer wich Goebbels' Zuversicht immer hektischer schwankenden Prognosen. Im Tagesrhythmus wechseln optimistische und pessimistische Einschätzungen der Kriegs- und Stimmungslage. Goebbels' Prophezeiungen über den Verlauf des Feldzuges (»Schon gewonnen«, 19.7.1941, ähnlich 24.7.) erweisen sich als Fehlkalkulationen; er wirkt zunehmend unsicher und nervös. Während der den deutschen Vormarsch unerwartet verzögernden Schlacht von Smolensk Ende Juli 1941[113] klingen die Passagen Goebbels'

111 Vgl. Drewniak, S. 394.
112 Vgl. die Ankündigung dieser Filme in *Film-Welt* Nr. 37/1941.

äußerst skeptisch, ja zum Teil gar dramatisch (24./29./30.7.): Nun heißt es bereits, man müsse um die »nackte Existenz« kämpfen (25.7.). Goebbels richtet sich dabei ganz nach der stündlich wechselnden Nachrichtenlage und vermag keine grundsätzliche Betrachtung mehr vorzunehmen. Sind Meldungen von einigen Frontabschnitten positiv, so sieht auch der Propagandaminister die Lage insgesamt wieder in hellem Licht. Mitte August 1941 hofft er dann, »den Ostfeldzug wenigstens bis zum Einbruch des Winters, der vermutlich um Mitte Oktober einsetzen wird, zu einem für unsere Bedürfnisse und für die weiteren militärischen Operationen befriedigenden Ergebnis zu bringen« (19.8.1941).

Kurz darauf beginnt er die »zu optimistischen« Erklärungen des OKW zu kritisieren und erwägt verschiedene vorsorgliche Maßnahmen zur Aufrechterhaltung der Moral (8.8.), etwa im Bereich der Truppenbetreuung (5.9.). Die vorschnelle Siegesmeldung von Reichspressechef Otto Dietrich am 9. Oktober 1941 ging Goebbels, obwohl sich Hitler in seiner Rede zur Eröffnung des Winterhilfswerks am 3. Oktober ähnlich geäußert hatte,[114] »zu weit«, weil sie zu einem »psychologischen Rückschlag« führen könnte.[115] Doch bei günstigem Wetter »bin ich der Meinung, dass wir den Krieg gegen die Sowjetunion gewonnen haben und dass eine ernste Bedrohung aus dem Osten nicht mehr in Frage kommt«. Im Zweifel ist er nur, »ob wir unsere gesamte Propaganda auf diese so weitgehende Tendenz absolut einstellen sollten« (10.10.).

Den ganzen Herbst über ist Goebbels stark auf die Stimmungslage der Bevölkerung fixiert, kann aber auch dort nur ein ständiges Auf und Ab vermelden. Mal sei die Bevölkerung »zu optimistisch« (12.10), es werde »der Endsieg zum großen Teil schon vorwegge-

---

113 Zu deren Bedeutung und ernüchternder Wirkung auf die deutsche Führung und das Verhalten des japanischen Verbündeten s. Andreas Hillgruber, *Die Zerstörung Europas*, Frankfurt/M.-Berlin 1988, S. 296-312.

114 Vgl. Helmut Heiber, *Joseph Goebbels*, München 1965, S. 274. Zu Hitlers Siegeszuversicht s. auch Martin Vogt, Selbstbespiegelung in Erwartung des Sieges, in: Wolfgang Michalka (Hrsg.), *Der zweite Weltkrieg*, München 1989, S. 641-656. Hitler hatte im Berliner Sportpalast am 3. Oktober 1941 erklärt, Rußland werde sich »nie mehr erheben«.

115 Die Meldung wurde über die Reichspressekonferenz verbreitet, und auch in der folgenden Wochenschau findet sich dieses vermeintliche »Ende des Ostfeldzugs«: Willi A. Boelcke (Hrsg.): *«Wollt ihr den totalen Krieg«. Die geheimen Goebbels-Konferenzen 1939-1943*, Stuttgart 1967. (Boelcke II), S. 189; Deutsche Wochenschau Nr. 579//1941/Z: 16.10.1941.

nommen«, dann wieder herrsche »Angst vor dem kommenden Winter«(4.11.).[116] Darauf folgt wieder ein Aufschwung, der zum Ende des Monats wiederum von Unsicherheit abgelöst wird. Erst Anfang Dezember seien endgültig »depressive Erscheinungen in der Öffentlichkeit« zu beobachten.[117] Die Offensive der deutschen Truppen war definitiv gescheitert. Zwiespältig stellt Goebbels dazu fest: »Die Bolschewisten sind noch brutaler als wir« (7.12.1941).

Mit seinem Artikel »Wann oder Wie« in der Wochenzeitung *Das Reich* versuchte der Propagandaminister, die verfrühten Siegesmeldungen zurechtzurücken. Am 21. Dezember verlas er im Rundfunk seinen bemerkenswert dramatischen »Aufruf zur Sammlung von Wintersachen für die Frontsoldaten«[118], der bewußt »als Schocktherapie wirken sollte«.[119] Vorsorglich spricht sich Goebbels im Tagebuch von jeder Verantwortung für die Fehlentwicklungen frei. Schuld sei Dietrichs »optimistische Propaganda, das heißt die Propaganda, die sich gegen meinen Willen darauf einstellte, daß der Feldzug im Osten schon entschieden sei«, die natürlich eine »verheerende Wirkung« gehabt habe (22.12.1941).

In diesem militärischen, psychologischen und politischen Kontext mußte Goebbels im Herbst 1941 auch über die künftige Filmplanung befinden. Erneut galt es, zwischen den aktuellen, von der Nachrichten- und Informationspolitik abhängigen Medien Presse, Rundfunk und Kriegswochenschau und der langfristigen Spielfilmplanung zu unterscheiden. Waren angesichts des Kriegsverlaufs und der nervösen Volksstimmung martialische Militärfilme wie ÜBER ALLES IN DER WELT noch angebracht?

Goebbels setzt Prioritäten gemäß der politisch-militärischen Entwicklung in der zweiten Jahreshälfte 1941. Zunächst ist in den ersten Wochen nach dem Überfall, während des schnellen Vormarsches, noch eine nahtlose Fortsetzung des Propagandakurses im Film zu erkennen. Von »neuen politischen Filmstoffen« (13.7.1941) ist im Juli und August die Rede: »Ich bespreche mit den dafür zuständigen Fach-

---

116 Vgl. zur »frühen, recht nüchternen Lagebeurteilung« Goebbels': Reuth, S. 492. SD-Bericht vom 3.11.1941: Boberach, S. 2938.

117 Goebbels referiert damit im wesentlichen die SD-Meldungen dieser Zeit, beziehungsweise die Tätigkeitsberichte der Reichspropagandaämter und die Berichte der Regierungspräsidenten.

118 Rede »Der Dank der Heimat an die Front«, abgedr. in: Joseph Goebbels, *Das eherne Herz*, München 1943, S. 131-137.

119 Heiber, Joseph Goebbels, S. 268.

leuten eine Reihe von großen nationalen Filmstoffen, die demnächst ins Atelier gehen sollen« (27.7.1941). Entsprechend dem »großen Propagandafeldzug gegen den Bolschewismus« (6.7.1941)[120] gab Goebbels die im August 1939 unterbrochene Produktion und Vorführung »antibolschewistischer« Filme wieder frei.[121] Wie im Frühjahr 1940 während der Offensive gegen Frankreich schimpft Goebbels erneut gegen Seichtfilme, die gegenüber den Kampfwochenschauen zu sehr abfallen (5.8.1941), weil sie den »Unterschied zwischen Schein und Wirklichkeit« überdeutlich werden ließen.

Dann signalisieren einige Filmkommentare bereits Besorgnis und Umdenken. Den Ufa-Film ANNELIE will er überarbeiten lassen, »da er einige Szenen enthält, die zu sehr pessimistisch gedreht sind. Solche Filme können wir für den kommenden Herbst und Winter nicht gebrauchen«(21.7.1941). Der Musikfilm LEICHTE MUSE ist Goebbels, aus einem einfachen Grund, »als Unterhaltung für den kommenden Winter außerordentlich willkommen«:

»Wir müssen in diesem vor uns liegenden Winter bestrebt sein, alles daran zu setzen, das Volk bei guter Laune zu erhalten. Es darf im bevorstehenden Winter keine pessimistische, graue oder verzweifelte Stimmung um sich greifen. Da sind Rundfunk und Film unsere besten Hilfsmittel.« (6.9.1941)

Gleiches erwartet er sich von DAS ANDERE ICH, einem »sehr lustigen, zeitgemäßen Film, den wir zweifellos für den kommenden Winter außerordentlich gut gebrauchen können« (11.9.1941). Bei den übrigen Massenmedien wollte Goebbels bereits Konsequenzen ziehen: Für die rasante, aber zu eintönig auf Sieg und Kampfszenen abgestellte Kriegswochenschau wurde eine vorsichtige »Auflockerung« verordnet (25.8. 1941),[122] im Rundfunkbereich sollte ein großangelegtes Unterhaltungsprogramm eingeführt werden.[123] Von Widerständen gegen den neuen Kurs im Musikprogramm des Rundfunks lasse er sich »nicht beirren«: »Entscheidend ist jetzt, was das Volk will. Gute

---

120 Mit dem Aufsatz »Der Schleier fällt« vom 6.7.1941 im *Völkischen Beobachter* (Berliner Ausgabe) wies Goebbels der antisowjetischen Propaganda der folgenden Monate die Richtung.

121 Vgl. Eintrag vom 15.7.1941; Welch, German Cinema, S. 249 und Eintrag vom 18.8.1941: »Er [Karl Ritter] trägt mir ein neues Thema unter dem Titel ›GPU‹ vor, eine starke antibolschewistische Handlung, mit der ich sehr einverstanden bin«.

122 Siehe Kap. 6, Seite 380f. und Bucher, Goebbels, S. 57.

123 Damit hatte Goebbels allerdings offenbar einige Mühe: »Viel Arbeit macht mir die fortlaufende Umstellung unseres Rundfunkprogrammes auf Unterhaltungscharakter« (20.9.1941). Weitere Passagen zur Umstellung des Rundfunkprogrammes im Herbst 1941 finden sich am 9./15.10.1941 und 14.11.1941.

Laune hilft auch mit, den Krieg zu gewinnen«, verkündet er am 17.11.1941. Goebbels kam nun die Tatsache zu Hilfe, daß an Unterhaltungsfilmen nie Mangel herrschte. Er schwingt sich zum Vorkämpfer der guten Laune auf und verteidigt sogar Heinz Rühmanns Späße auf Kosten der NSDAP in DER GASMANN, die anderen zu weit gingen:

»Wir haben eine Reihe von Gauleitern, die gänzlich humorlos sind. Sie glauben, die Stimmung leide unter harmlosen Späßen, die sich eventuell auch einmal an den Institutionen der Partei und des Staates reiben könnten. Das ist natürlich nicht der Fall.« (28.9.1941)

Im Oktober 1941 war der im Frühjahr begonnene Masseneinsatz politischer Filme zunächst beendet und in den Kinoprogrammen dominierte wieder die Unterhaltungsware. Im November stieg der Propagandaanteil zeitweise nochmal bis fast auf 50 Prozent an. Alle vorführbereiten Propagandafilme liefen planmäßig an, so auch der infame antipolnische Hetzfilm HEIMKEHR,[124] für Goebbels eine »erzieherische Erinnerung für das ganze deutsche Volk.«[125] Einen »so großartigen politischen und künstlerischen Erfolg« vorweisen zu können, mache ihn froh und glücklich (24.10.1941). Die rassistische Hetze und Rechtfertigung des Überfalls auf Polen entsprach der offiziellen Siegeszuversicht und Propagandalinie, während die polnischen »Untermenschen« den von der Wochenschau gezeigten gefangenen »asiatischen« Soldaten der Roten Armee glichen.

Goebbels' Umdenken zugunsten der Filmunterhaltung beschränkte sich nicht völlig auf programmatische Erklärungen. So kündigt er an, daß im neuen Herbst-Produktionsprogramm »eine ganze Reihe heiterer und unterhaltender Stoffe enthalten« sein soll (25.9.1941), mahnt aber zugleich zur Vorsicht bei der Umorientierung. Eine konsequente und schlüssige Strategie hatte er in dieser Phase nicht parat; zu groß war die Unsicherheit, wie es 1942 weitergehen würde: »Es ist jetzt außerordentlich schwer, die richtigen Spielfilme stoffmäßig zu placieren. Die Lage ist augenblicklich so starken Veränderungen unterworfen, daß man kaum weiß, was man eigentlich herausbringen soll, ob politische, ob militärische, ob Musik- oder reine Unterhaltungsfilme« (30.12.1941). Einige aufwendig projektierte politische Filmvorhaben wurden tatsächlich nicht weitergeführt. Dafür hebt Goebbels neben

124 UA: 10.10.1941.
125 Eintrag vom 20.8.1941.

Unterhaltungsfilmen jetzt erzieherische Melodramen wie ANNELIE hervor, »ein typischer Film für Frauen und in dieser Zeit sehr gut zu gebrauchen. Auf dem von ihm eingeschlagenen Weg müssen wir fortschreiten« (22.11.1941).

Öffentlich kam Goebbels auf den eingeleiteten Abschied vom Blitzkrieg-typischen politischen Film noch nicht zu sprechen. Seine Ansprache auf einem Filmkongreß der HJ am 12. Oktober 1941, mit Rücksicht auf das Parteipublikum stark propagandistisch formuliert, brachte gegenüber der letzten Rede vom Februar 1941 nichts Neues. Auf die Unterhaltungsfunktion des Films ging der Minister diesmal kaum ein und beließ es bei Hinweisen, der Film sei »einer der wertvollsten Faktoren zur Verschönerung der wenigen Stunden, die dem einzelnen Deutschen heute neben seiner Arbeit für die Wiederauffrischung seiner seelischen Kräfte übrigbleiben«.[126] Ziel des Films sei die Kunst, Propaganda nur das Nebenprodukt, sagte Goebbels in seiner meisterhaften Verschleierung:

»Wir wollen mit unseren Filmen keine Propaganda betreiben, wir wollen mit ihnen Kunst schaffen, und zwar Kunst, die ihrem höchsten Sinne nach volkserzieherisch wirkt. Wenn diese Kunst dadurch, daß sie an Güte kaum noch zu übertreffen ist, gleichzeitig auch propagandistisch, das heißt werbend für uns und unsere Auffassungen wirkt, so liegt das zwar nicht in unseren ausgesprochenen Absichten, kann aber zweifellos als erwünschte Zugabe zu unseren künstlerischen Erfolgen gebucht werden.«[127]

Besonders erwähnenswert schien Goebbels in dieser Rede nur der Titel KOMÖDIANTEN zu sein. Mit seiner Bemerkung, der deutsche Film sei »eben im Begriff stehend, die letzten Abarten einer vergangenen unkünstlerischen Entwicklung von sich abzuwerfen«, ließ er immerhin anklingen, daß er die Neuausrichtung der Filmpolitik als noch immer nicht abgeschlossen ansah.[128]

---

126 Rede vom 15.2.1941, abgedr. bei: Albrecht, S. 480.
127 Ebd., S. 482.
128 Ebd., S. 483.

4. *Zwischen Evasion und Kommerz: Melodram und Unterhaltungsfilm im Krieg*

Die neuen Vorbilder

Die große Krise an der Ostfront, der offiziell als »Frontbegradigung« verharmloste Rückzug und die schlechte Stimmung der Bevölkerung verschärften die Lage zum Jahreswechsel 1941/42 weiter: »Der Krieg gegen die Sowjetunion ist ein Krieg in die Ungewißheit hinein«, so Goebbels am 6.1.1942, ja im Volk rege sich sogar erstmals leise Kritik am »Führer« selbst (16.1.1942).

Da sich die äußeren Bedingungen also eher zum Schlechteren verändert hatten, und ein Ende des Krieges nicht abzusehen war, mußten nun die im Herbst 1941 schon angedeuteten Maßnahmen in der Filmpolitik eher noch beschleunigt und das Konzept der Zerstreuungsunterhaltung in wirkungsvolle Filme umgesetzt werden.

Bereits in den ersten Wochen 1942 war Goebbels stark auf sein Vorhaben konzentriert, den Unterhaltungsanteil für Kino, Theater und Rundfunk deutlich zu erhöhen. Der Anteil von Filmen »leichteren und unterhaltenden Charakters, auf die das Volk in dieser schweren Kriegszeit mit Recht Anspruch hat«, sollte gesteigert werden (13.2.1942).[129] Wenn nötig auch gegen alle tiefsitzenden Widerstände von »Ideologen, die glauben, daß der U-Boot-Mann, wenn er verdreckt und verölt aus dem Maschinenraum kommt, am liebsten zum Mythos des 20. Jahrhunderts greift«, so ein Seitenhieb auf seinen Intimfeind Alfred Rosenberg. »Nationalsozialistische Fanatiker«, vor allem solche, »die es am liebsten sähen, wenn überhaupt jede Regung der Freude und des Friedens ausgeschaltet würde«, gebe es genug.[130]

Die Filmfirmen müssen spätestens im Januar 1942 von Goebbels' Richtlinien in Kenntnis gesetzt worden sein, was auch aus einem Bericht des Bavaria-Produktionschefs von Anfang Februar 1942 hervorgeht: »Entsprechend den neuesten ministeriellen Anweisungen wird also neben politisch bedeutsamen Filmen [...] der künstlerische und volkstümliche Unterhaltungsfilm in erster Linie gepflegt werden.«[131] Ferner seien einzelnen propagandistischen Vorhaben »in letzter Minute die Genehmigung von seiten des Herrn Ministers entzo-

129 Vgl. auch Eintrag vom 9.1.1942 über Theater.
130 Einträge vom 27.2.1942 und 2.5.1942.
131 BA/K R 55/1321 Nr. 64 vom 6.2.1942.

gen« worden.[132] Am 27.2.1942 meint Goebbels bereits, erste Erfolge feststellen zu können: »Die Tobis fängt jetzt allmählich an, die von mir aufgestellten Tendenzen zu verfolgen und Unterhaltungsfilme für die breiten Massen zu schaffen. Die sind im Augenblick am allernotwendigsten. Die gute Laune ist ein Kriegsartikel.«

In dem »Leistungssteigerungserlaß für das deutsche Filmschaffen« vom 28. Februar 1942, der produktionstechnische Reformen, Rationalisierungsmaßnahmen sowie neue Weisungs- und Organisationsstrukturen beinhaltete, wurde der neue Kurs zur offiziellen Leitlinie.[133] In seiner letzten Filmrede vom selben Tag erläuterte Goebbels die neuen Maßnahmen sehr detailliert, nicht ohne zuvor die Leistung der deutschen Filmproduktion im Krieg[134] mit ihrer einen Milliarde Besucher pro Jahr herauszustellen. Erstmals brachte Goebbels die großeuropäische Dimension und die Versorgung des europäischen Marktes mit deutschen Filmen ins Spiel und machte mit Hilfe geschickter Verweise auf die Leistungen der Vergangenheit unmißverständlich klar, daß die Zeit der großen teuren Propagandafilme vorbei war,

> »daß auf meine Initiative hin eine Reihe von Filmen gedreht worden sind, die im wesentlichen als Repräsentationsfilme gedacht waren, als nationalpolitische Filme; Filme, die drei, vier, fünf und nahezu sechs Millionen gekostet haben und die zu einem bestimmten Zweck gedreht wurden, wobei ich den hohen Ansatz von Mitteln gar nicht scheute, weil ich glaubte, daß der damit zu erreichende nationalpolitische Zweck den Ansatz von Mitteln rechtfertigen würde.«[135]

Für einen Film wie OHM KRÜGER, der »sowohl innerpolitisch als außenpolitisch von einer ungeheuren Bedeutung gewesen ist«, könne man »ruhig einmal sechs Millionen Mark auf den Tisch des Hauses legen«. Dies sei die »Visitenkarte, die wir abzugeben haben«, fügte der Propagandaminister hinzu. Nun seien aber billigere Filme nötig, da »wir jetzt im Kriege mit großen amerikanischen Monumentalfilmen überhaupt nicht konkurrieren können«.[136] Goebbels betonte, die billigsten seien auch oftmals die erfolgreichsten Filme gewesen. Sehr sorgfältig in der Argumentation, versuchte er, auch dem Partei-

---

132 Ebd., Nr. 59. Von den »politisch bedeutsamen Filmen« wurde keiner realisiert.

133 »Es [das Produktionsprogramm] ist so zu gestalten, daß einige Filme politischen, militärischen oder sonst besonders wertvollen Inhalts hergestellt werden, daß jedoch während des Krieges das Programm sonst überwiegend aus Filmen unterhaltenden Inhalts besteht«: »Leistungssteigerungserlaß« vom 28.2.1942, abgedr. bei: Albrecht, S. 529ff.

134 Rede vom 28.2.1942, abgedr. bei: Albrecht, S. 486.

135 Ebd., S. 489.

136 Ebd., S. 490f.

publikum die Abkehr von politischen Monumentalfilmen als unvermeidlich darzustellen:

»Ich will nicht den Großfilm an sich beseitigen. Ich möchte nur den Standpunkt vertreten, daß nicht jede Firma gezwungen ist, einen Großfilm nach dem anderen und eine Heldenschwarte nach der anderen zu produzieren. Das ist nicht erwünscht. Die Großfilme national-politischen Charakters, die produziert werden sollen, die werde ich schon selbst anregen. [...] Es ist aber notwendig neben diesen 20% Großfilmen 80% gute, qualitätssichere Unterhaltungsfilme zu schaffen. Auch das ist nationalpolitisch wertvoll.«[137]

Hinter erneutem Werben für Sinn und Zweck der Filmunterhaltung[138] versteckte Goebbels seine einschneidende Absicht, die Phase der radikal-propagandistischen Filme zu beenden. Zu diesem Zeitpunkt dürfte bereits klar gewesen sein, daß selbst die 20 Prozent politischen Filme – so schwer auch die Grenze zu ziehen sein mag – eine viel zu hohe und in Wirklichkeit wohl auch gar nicht angestrebte Zahl war.

Die »Großfilme« waren einfach zu teuer geworden. Diese in seiner Rede vorgetragene Erkenntnis hatte Goebbels schon einige Wochen zuvor gewonnen, als Max Winkler ihm »die Zunahme der Produktionskosten für einen normalen Film« vorrechnete: »Staatspolitisch wichtige Filme werden heute in so großen Mengen produziert und sie kosten soviel an Menschen und Material, daß sie kaum erschwinglich sind. Was uns fehlt, ist der gute, preiswerte Unterhaltungsfilm. Ich werde mich gezwungen sehen, für ihn eine Lanze zu brechen.« (9.1.1942)

Für die letzten drei Jahre der NS-Herrschaft weist Jerzy Toeplitz auf den Rückgang des Anteils der »ausgesprochen politischen« Filme hin: Von ca. 30 Prozent im Jahr 1941 sank er 1942 auf 25 Prozent (16 Filme) – wovon der Großteil bereits vor der Wende 1941 projektiert wurde –, 1943 auf sieben Prozent (6 Filme) und 1944 auf sechs Prozent (4 Filme). 1945 erschien nur noch eine einzige politische Produktion. Wenn man dabei auch einige Titel anfechten und andere hinzufügen möchte, so bleibt die Aussage über das jeweilige Verhältnis doch zutreffend.[139]

Den Wandel zum billigen, mal stärker politischen, mal eskapistischen, aber immer »qualitätssicheren« Unterhaltungsfilm vollzieht Goebbels auch in seinen Film-Kommentaren, die neue Vorbildfilme

---

137 Ebd., S. 495.

138 Ebd., S. 495f.: »Ich bin nun der Meinung, wenn 10, 14 und 20 Stunden am Tag gearbeitet worden ist, dann besteht das Bedürfnis nach Entspannung«; »Ich brauche also im Film nicht so sehr belehrend aufzutreten, sondern in Zeiten, die von so starken Spannungen erfüllt sind, muß ich in der Kunst für Entspannung sorgen«.

139 Toeplitz, Bd. 4, S. 234.

und Favoriten erkennen lassen. Als mustergültig galt ihm offenbar der »ausgezeichnete« und preiswerte Heimatfrontfilm ZWEI IN EINER GROSSEN STADT, »ein Beweis dafür, daß man auch mit billigerem Geld Kunst produzieren kann« (13.1.1942). In der geschickten, heiter-verlogenen Mischung aus Fronturlaubsfilm und Verwechslungskomödie sorgen sich die Frauen daheim um ihre Männer an der Front, die dann als Heimaturlauber frisch und optimistisch berichten, wie sie »Tommies herunterholen«.[140] Nebenbei erfreute den Berliner Gauleiter, daß dieser Studio- und Nachwuchsfilm eine Ansammlung von Berlin-Werbeszenen enthielt (25.1.1942). Schließlich hatte er unter dem Motto »Berlin statt Paris oder New York« gerade erst Filme gefordert, »die in Berlin spielen, ohne eine direkte Beziehung zu Berlin zu haben«, um »die Stadt mit ihren Menschen und baulichen Schönheiten zu zeigen. Das ist eine Propaganda, deren Triebkraft und Ursprung man nicht erkennt und die gerade deshalb umso wirkungsvoller sein wird« (28.10.1941).

Nach ähnlichem Strickmuster verfährt das Zarah-Leander-Revuemelodram DIE GROSSE LIEBE, ein in jüngster Zeit mehrfach analysierter Film der NS-Zeit.[141] Die Handlung des unter der Regie von Rolf Hansen im Juni 1942 uraufgeführten »melodramatischen Beitrags zur psychologischen Kriegsführung« (Karsten Witte) spielt in der Zeit von März bis Juli 1941 und endet mit dem deutschen Vormarsch in der Sowjetunion. Legendäre NS-Schlager wie »Davon geht die Welt nicht unter« oder »Es wird einmal ein Wunder geschehen« runden eine der perfektesten dramaturgischen Leistungen der Kriegsjahre ab. Auch Goebbels lobt, der Film versuche, »eine private Handlung in das große Kriegsgeschehen einzubauen, und zwar mit einem ziemlichen Geschick«, und er werde auch ohne »Anspruch auf hohe künstlerische Wertung zweifellos ein sehr starker Publikumsreißer werden«

---

140 Goebbels lobte diesen beim Publikum sehr erfolgreichen Film, allerdings ohne den Titel zu nennen, auch in seiner Filmrede vom 28.2.1942; abgedr. bei: Albrecht I, S. 492. Der Film, vorgestellt als »heiter-besinnliche Filmkomödie« ist noch immer auf Video erhältlich: Euro-Video Nr. 112146.

141 Martin Loiperdinger/Klaus Schönekäs, Die große Liebe – Propaganda im Unterhaltungsfilm, in: Rainer Rother (Hrsg.), *Bilder schreiben Geschichte: Der Historiker im Kino*, Berlin 1991, S.143-153; Jens Thiele/Fred Ritzel, Politische Botschaft und Unterhaltung – die Realität im NS-Film: Die große Liebe, in: Werner Faulstich/Helmut Korte (Hrsg.), *Fischer Filmgeschichte*, Bd. 2, S. 310-321; Rainer Rother (Hrsg.): *Ufa-Magazin Nr. 18 zur Ausstellung: Die Ufa 1917-1945 – Das deutsche Bildimperium*, Berlin 1992. Der Film SCHICKSALE ZWISCHEN BOMBENNÄCHTEN UND FEINDEINSATZ ist – offenbar ungekürzt – noch immer auf Video erhältlich (Toppic Nr. 93203).

(14.5.1942). So ist die Szene, in der Zarah Leander – stellvertretend für viele Volksgenossen – ihre Vorurteile gegen die »unangenehmen« Mitinsassen im Luftschutzkeller überwindet und dort gar eine idyllische Volksgemeinschaft schätzen lernt, sicher eine der subtilsten der NS-Filmgeschichte. Durch die beständige Visualisierung von Abschied, Verzicht, Entbehrung und Treue sollten zudem angesichts der vielen getrennten Kriegsehen die Männer an der Front beruhigt und die Frauen gleichzeitig an ihre Treuepflicht erinnert werden. Für beide wird die Aufforderung propagiert, »auch längerfristig auf ein geregeltes Privatleben zu verzichten«.[142] Nicht mehr so sehr der Kampf- und Opferwille für das Vaterland stand im Vordergrund, vielmehr sollte nun gekämpft werden, »in der Hoffnung, daß der Einsatz für den Krieg den vom Krieg versperrten Weg zum privaten Dasein freimacht.«[143] Bis 1944 erreichte DIE GROSSE LIEBE in Deutschland etwa 28 Millionen Zuschauer.[144] Allein im Ufa-Palast am Zoo wurden in den ersten Wochen fast 400 000 Besucher gezählt.

Neben mehr »erzieherischen« Ausnahmeerscheinungen, wie dem schon im Herbst 1941 begonnenen DIE GROSSE LIEBE, dominierte das leichte Repertoire der Musikkomödien, Kostümlustspiele, Operetten im höfischen, Künstler- oder Fabrikantenmilieu. Geradezu auffallend positiv äußert sich Goebbels wenige Tage vor der Uraufführung über die Johann-Strauß-Operettenverfilmung DIE NACHT IN VENEDIG,[145] die er schon am 27.2.1942 als willkommene Unterhaltung für die »breiten Massen« begrüßt hatte: »Dieser Film ist mustergültige Unterhaltung. Solche Produktionen können wir in der augenblicklichen Lage außerordentlich gut gebrauchen« (31.3.1942). Die opulent ausgestattete Wien-Film-Produktion WIENER BLUT aus der »harmlosen Walzer-Traumwelt«,[146] ebenfalls nach einer Operette von Johann Strauß und mit Stars wie Willy Fritsch, Theo Lingen und Hans Moser besetzt, läßt ihn gar »vor Neid erblassen« und führt zu Klagen, daß es solche Filme »mit Schmiß und Grazie« nicht auch zur Propagierung

---

142 Loiperdinger/Schönekäs, S. 144.

143 Ebd., S. 153.

144 BA/P 50.01/729 Nr.2-16 Einspielliste Stand 13.11.1944.

145 Vgl. zur angeblich unterschwellig wirksamen ideologischen Botschaft (»Ungeordnete Herrschaftsverhältnisse«), »die Arbeitsmoral der Frauen im Kriegsdienst 1942 zu heben«: Karsten Witte, Die Filmkomödie im Dritten Reich, in: Horst Denkler/Karl Prümm (Hrsg.), *Die deutsche Literatur im Dritten Reich*, Stuttgart 1976, S. 360.

146 Herbert Holba, *Reclams deutsches Filmlexikon*, Stuttgart 1984, S. 99.

der Reichshauptstadt Berlin gebe (3.4.1942). KLEINE RESIDENZ schließlich, aus dem Kleinstaaten-, Theater- und Hofmilieu verkörpert für ihn eine »Musterleistung des von mir seit längerer Zeit geforderten und geförderten guten Unterhaltungsfilms für den Krieg« (2.5.1942).[147]

Ausdrücklich begrüßt Goebbels Ehekomödien, die heute als formale und ästhetische Zäsur und als Durchbruch zum gehobenen »Gesellschaftsfilm« angesehen werden: zum Beispiel MEINE FRAU THERESA, weil der »in Anlage und Durchführung meinen augenblicklich an die deutsche Filmproduktion gestellten Wünschen und Forderungen« so ganz entspricht: »Er ist billig, unterhaltsam, geistreich und von einer glänzenden Regie« (16.9.1942). Was 1939 und 1940 nur undeutlich zu erkennen ist, wird nun in dieser Phase bei Goebbels zum System: Unterhaltungsfilme sind grundsätzlich notwendig, sie sind auch Kunst, wenn sie bestimmten Richtlinien und Kriterien entsprechen; »schmissig gemacht, mit viel Geist, nicht allzu teuer, [...] im In- wie im Ausland leicht verständlich«(9.10.1942) – auf diesen Nenner bringt Goebbels sein Ideal (in diesem Fall Helmut Käutners Komödie WIR MACHEN MUSIK). Bekömmlich und zeitlos durften und sollten die Gesellschafts- und Ehekomödien dabei sein, Hauptsache sie waren »leichteren Charakters und geschmackvolleren Formats« (14.9.1942 über EIN ZUG FÄHRT AB).

Aus Goebbels' Kommentaren wird ersichtlich, daß er auch bei der kostümierten Historie die politische Note gerne sah. Mit Zufriedenheit wird registriert, daß in DIE HEIMLICHE GRÄFIN aus der k.u.k.-Zeit neben guter Unterhaltung zur Verächtlichmachung der österreichischen Monarchie auch »das habsburgerische Wien nach allen Regeln der Kunst hochgenommen und verkohlt wird« (13.8. 1942).

Sofern »dramatische Konflikte« »ergreifend« durch großartige Schauspieler dargestellt wurden und nicht zu düster angelegt waren, hielt Goebbels sie ebenfalls als Mittel der Zerstreuung für hochwillkommen, etwa DER GROSSE SCHATTEN mit Heinrich George und Heidemarie Hatheyer und einer »spannenden und hinreißenden Hand-

---

147 Für Christa Bandmann/Joe Hembus, *Klassiker des deutschen Tonfilms,* München 1980, S. 220, ist KLEINE RESIDENZ eine Komödie voller Zweideutigkeiten und eine »Persiflage des im Nazi-Film beliebten Liebe-Konflikts mitsamt hehrer Verzicht-Ideologie.« Gleich die erste Szene sei eine Parodie von DER GROSSE KÖNIG (UA: März 1942) und Goebbels' »Wollt ihr den totalen Krieg?« (Februar 1943). Beides ereignete sich allerdings erst nach der Herstellung des Films durch Regisseur Hans H. Zerlett.

lung« (13.8.1942). Für die ernsten Filme stellte Goebbels die »Erziehung« neben das Unterhaltungsbedürfnis. So geht der bewußt tragische Ausgang des berühmten Veit Harlan-Melodrams DIE GOLDENE STADT auf Goebbels zurück. Kristina Söderbaum als blonde Gutsbesitzertochter, die sich mit einem Tschechen eingelassen hatte, mußte auf Weisung des Propagandaministers am Schluß des Films Selbstmord begehen. »Es muß deshalb darauf gedrungen werden, daß der Konflikt ganz ausgespielt wird, auch wenn es kein happy-end gibt«, verbrämt Goebbels seine ideologisch motivierte Anordnung als eine rein künstlerisch-dramaturgische (15.5.1942).[148] Und natürlich gibt sich Goebbels recht: »Mit dem von mir gewünschten Schluß wirkt der Film bewegend. Er wird als Meisterwerk der deutschen Filmkunst und Filmregie gewertet werden müssen« (24.7.1942).

Zwei Filmgenres, die bei den Filmfirmen wegen ihrer Publikumswirksamkeit und weil sie sich meist problemlos beim Propagandaministerium durchsetzen ließen, sehr beliebt waren, sind für die Neuorientierung des Films 1942 noch von besonderem Interesse: der sogenannte Bauernfilm und der biographische Film. Der große Erfolg von DAS UNSTERBLICHE HERZ (über Peter Henlein) und ROBERT KOCH, BEKÄMPFER DES TODES hatte weitere Filme über »große deutsche Männer« und Führerfiguren aus Kunst, Wissenschaft, Politik und Militär inspiriert. Alle diese »charismatischen Künstler-Führer«[149] verkörperten Genie, Eigensinn, Unbeirrbarkeit und kompromißlosen Glauben an die eigene Mission. Die »mediale Nutzung und Ausgestaltung des ›Führer‹-Mythos«[150] verzichtete offiziell auf Parallelen zu Hitler, um das Publikum zu – viel wirksameren – eigenen Erkenntnissen zu animieren.

Bis zum Frühjahr 1942 waren zahlreiche biographische Filme in den Kinos gelaufen beziehungsweise befanden sich in Planung: FRIEDRICH SCHILLER, FRIEDEMANN BACH, DER GROSSE KÖNIG, BISMARCK, DIE ENTLASSUNG, OHM KRÜGER, CARL PETERS, WEN DIE GÖTTER LIEBEN (über Mozart), ANDREAS SCHLÜTER, DIESEL, GEHEIMAKTE WB I (über den U-Boot Erfinder Wilhelm Bauer), REMBRANDT und PARACELSUS. Einige dieser Titel sind hier nur mit Abstrichen hinzuzurechnen; die Bismarck-Filme (BISMARCK, DIE ENTLASSUNG) und die Fridericus-Reihe nahmen ebenso wie OHM KRÜGER eine Sonderstellung ein. Die

148 Zu dem Film siehe Lowry, S. 57ff.
149 Peter Reichel, *Der schöne Schein des Dritten Reiches*, München/Wien 1991, S. 189.
150 Ebd., S. 195.

»Hochblüte von Filmen über schöpferische Menschen«[151] aus Musik, Malerei, Architektur und der Wissenschaft führte zu einem eng umrissenen eigenen Genre – welches übrigens neben den Alltagsfilmen der dreißiger Jahre die auffälligste NS-Innovation war. Im Gegensatz zu früheren politischen Filmen malte man die Vergangenheit nicht in düsteren Farben, sondern griff glorreiche Kapitel deutscher Geschichte heraus und verkürzte »widersprüchlich-komplexe Ereignisse und Entwicklungen auf das erfolgreiche Wirken überragender Persönlichkeiten der deutschen Kultur, Wissenschaft, Staats- und Kriegsführungskunst«.[152]

Goebbels befürchtete allerdings in Anbetracht der steigenden Zahl dieser Filme schon Mitte 1941, das Sujet könnte überstrapaziert werden: »Auf dem Gebiet des Films sorge ich dafür, daß die Produktion nicht allzuviele biographische Filme in Anspruch nimmt. Schließlich müssen wir das Leben und nicht nur einige große Männer abkonterfeien« (22.7.1941). Doch entgegen seiner Ankündigung ging die Produktion unvermindert weiter.[153] Allein 1942 erschienen acht derartige Produktionen. Erst im August 1942 – Auslöser war der eher technisch-realistische als heroisierende Film über den Maschinenbau-Pionier Rudolf Diesel – bemerkt Goebbels erneut, die Filmproduzenten verwechselten »Kunst mit Belehrung« und hätten die biographischen Filme zu langatmig und wortreich gestaltet. Darum müsse man »jetzt allmählich unsere Persönlichkeitsfilme liquidieren, und wieder zu Sachthemen kommen. Der Persönlichkeitsfilm war zu Beginn des Krieges ein Notbehelf, um die deutsche Filmproduktion überhaupt einmal auf den richtigen Weg zu führen. Nachdem der richtige Weg nun einmal beschritten ist, können wir auch wieder den Sachfilm mehr in den Mittelpunkt stellen.« (16.8.1942)

Kurz zuvor hatten ihm allerdings noch die pathetischen Filme ANDREAS SCHLÜTER (2.8.1942) und GEHEIMAKTE WB 1 gefallen. Dennoch scheint seine Feststellung diesmal Konsequenzen gehabt zu haben, da

151 Courtade/Cadars, S. 96.
152 Reichel, S. 195.
153 Kurz zuvor hatte er allerdings noch einen »Rembrandt-Film« gebilligt (11.7.1941, 26.6.1941). Allein das Ufa-Vorhaben THERESE MODRELL wurde unmittelbar am 24.7.1941 verboten: BA/K R 109I/2139 Nr.89 Aktennotiz Schweikart v. 24.7.1941. Ad absurdum geführt wird durch diese Entwicklung die Darstellung bei Toeplitz, Bd.4, S. 32: »Kam vor 1939 fast in jedem Propagandafilm ein Führer vor, so wurde in den Jahren 1940 bis 1942 der Akzent mehr in Richtung auf eine einträchtig und harmonisch zusammenarbeitende Gruppe gelegt«.

für fast sämtliche biographischen Filmstoffe 1942/1943 die Drehgenehmigung zurückgezogen wurde. So wurde etwa der Ufa mitgeteilt: »Da es sich um einen Film um Edvard Grieg handelt, wurde der Stoff als biographischer Stoff aufgrund der prinzipiellen Weisung des Reichsfilmintendanten zurückgestellt.«[154] Ähnlich erging es Filmvorschlägen über Richard Wagner (Tobis), Clara Schumann (Ufa), Theodor Körner (Tobis) und Otto Lilienthal (Berlin-Film).[155] Von den von der Bavaria im Februar 1942 vorgelegten Produktionsplänen, die für den ernsten Sektor bis zu 50 Prozent biographische Filme vorsahen,[156] wurden 1943 nur noch PARACELSUS (28.2.1943)[157] und WIEN 1910 (über den Bürgermeister Karl Lueger) realisiert. In dem Verzicht auf die biographischen Filme manifestierte sich auch die deutliche Abkehr von politischen Stoffen.

Die Bandbreite des sogenannten Bauernfilms, der bei großen Teilen des Publikums äußerst beliebt war, reichte von süddeutschen Mundart- und »Fensterln«-Komödien voller plumper Späße und rauflustiger Burschen in Sepplhosen (etwa HOCHZEITSNACHT, 1941) bis zu teilweise schwerblütigen Bauernmelodramen, für die DIE GEIERWALLY wohl bis heute eines der künstlerisch interessantesten Beispiele ist. Auch von den Berichterstattern des Sicherheitsdienstes wurde wiederholt der Wunsch nach »realistischen« Bauernfilmen lanciert. Sofern sie unterhaltenden Charakters waren, scheint Goebbels seit Herbst 1941 künstlerische Defizite in Kauf genommen zu haben. Über den Joe-Stöckl-Film DER VERKAUFTE GROSSVATER heißt es am 23.2.1942: »Er ist nicht überwältigend in der künstlerischen Wirkung, aber immerhin ein Film, der dem Volk gefallen wird.« Andernfalls kalkulierte der Minister eventuell problematische Auswirkungen auf die Stimmungslage:

> »Ich habe den Eindruck, daß wir in letzter Zeit zu viele Bauernfilme produzieren. Die Absicht dabei ist zwar sehr gut, aber der Effekt wird doch nicht in einem richtigen Verhältnis zum Aufwand stehen. Jedenfalls darf es nicht so sein, daß wir im kommenden Herbst, in dem das Volk nach Heiterkeit und Entspannung verlangt, nur schwere und ernste Bauernfilme zur Premiere bringen können.« (15.5.1942)

---

154 BA/K R 109 II/10 Produktionsvorschlag der Ufa o.D. [1942/43].

155 Der Clara Schumann-Stoff wurde abgewandelt und 1944 unter dem Titel TRÄUMEREI aufgeführt.

156 BA/K R 55/1321 Nr. 63f. Produktionsbericht vom 6.2.1942.

157 WIEN 1910 war fast fertiggestellt. Auch die Genehmigung für PARACELSUS war schon im Juli 1941 erteilt worden: Albrecht, S. 78.

Tatsächlich kam es im ersten Halbjahr 1942 zu einer Häufung von Bauernfilm-Premieren. Auf DER STROM aus dem norddeutschen Deichbauernmilieu, den Goebbels bereits am 22.12.1941 als »Meisterwerk«, aber »etwas düster und melancholisch« bezeichnet hatte, folgten ANUSCHKA, für Goebbels ein schlechter Unterhaltungsfilm (21.3.1941), DIE ERBIN VOM ROSENHOF, VIOLANTA und HOCHZEIT AUF DEM BÄRENHOF. Die kurzfristig dichte Abfolge zum Teil konfliktreicher Bauerndramen löste beim Minister Sorge vor zu vielen stimmungsabträglichen Filmen aus. Kurz darauf wurden Projektvorschläge für Filme aus dem ländlichen Milieu vom Reichsfilmintendanten teilweise mit der Begründung zurückgewiesen, daß »zur Zeit Stoffe mit erdgebundenen Themen nicht erwünscht« seien. Lange scheint sich diese Anweisung Goebbels' aber nicht gehalten zu haben. Denn auch wenn im Herbst 1942 tatsächlich keine derartigen Uraufführungen mehr stattfanden, war das Genre im darauffolgenden Jahr mit erneut »schweren und ernsten« Dramen wieder stark präsent. Trotz viel schlechterer Kriegslage und den Stimmungseinbrüchen nach Stalingrad wurden sie von Goebbels nun unter rein künstlerischen Gesichtspunkten positiv beurteilt.[158]

Goebbels und die mondäne Filmwelt

Die Dominanz des Unterhaltungskinos war erwünscht. Aber sie brachte auch Probleme mit sich, je mehr sich die Kriegslage verdüsterte. Die leichte, eskapistische und völlig realitätsferne Kinounterhaltung war in Teilen der NSDAP von jeher verpönt. Nach dem dramatischen »Heldenkampf von Stalingrad« wurden solche kritische Stimmen wieder lauter. Auch Goebbels scheint sich der zunehmenden Widersprüche bewußt gewesen zu sein:

> »Im Bereich des Kulturlebens wird eine lebhafte Kritik an einer Reihe von Unterhaltungsfilmen geübt, die nicht mehr so richtig in die Landschaft passen wollen. Aber wie soll man sich bei Unterhaltungsfilmen, die vor einem Jahr gedreht worden sind, auf eine Zeit 12 Monate später einstellen. Das Problem des Unterhaltungsfilms wird immer kritischer. Ich glaube nicht, daß es irgendwie überhaupt einmal zu aller Zufriedenheit gelöst werden kann.« (26.2.1943) [159]

»Goebbels' Zerrissenheit« gegenüber dem mondänen Ablenkungsfilm, wie Klaus Kreimeier zutreffend bemerkt, »war symptomatisch

158 Vgl. Eintrag vom 15.3.1943 über das Bauerndrama DER FLACHSACKER.
159 Vgl. auch Eintrag vom 31.1.1943 über ähnliche Problematik im Rundfunk.

für ein zentrales Dilemma des Regimes«.[160] Einerseits predigte die NS-Propaganda Opferwillen und Kampfbereitschaft im dramatischen Schicksalskampf um Leben oder Untergang des ganzen Volkes. Andererseits wurden die mondänen Gesellschaftsfilme mit ihrer Darstellung eines sorgenfreien Lebens dringend zur Zerstreuung einer Bevölkerung gebraucht, die in Resignation zu versinken drohte. Nichts kann dieses Dilemma besser verdeutlichen als die Berliner Kinoprogramme vor und nach der Kapitulation der 6. Armee bei Stalingrad. Weder in den Wochen vor, noch nach dem 2. Februar 1943 ist auch nur das geringste Bemühen erkennbar, die »Schicksalsstunde« und das Beschwören des Durchhaltewillens durch nationale Filme zu unterstreichen.

Im Februar 1943 konnten die Zuschauer der Reichshauptstadt ausschließlich zwischen Liebeskomödien, Schwänken und Kriminalgeschichten wählen. So liefen zum Beispiel vom 2. bis 12. Februar 1943 LIEBESKOMÖDIE, GELIEBTE WELT, LIEBE KANN LÜGEN, DR. CRIPPEN AN BORD und HAB MICH LIEB. Am 12. Februar 1943 fand sich von über 100 Kinos gerade mal ein Kino, das DER GROSSE KÖNIG spielte. Am 18. Februar 1943, dem Tag des berühmten Goebbels-Aufrufs zum »Totalen Krieg«, sah die Situation nicht anders aus: ZWEI GLÜCKLICHE MENSCHEN, HAB MICH LIEB und DIE GROSSE NUMMER bestritten hauptsächlich das Programm der Lichtspieltheater. Auf Reprisen nationaler Filme wurde auch in den folgenden Wochen verzichtet, was angesichts der angestrebten Massenmobilisierung nach Goebbels' Rede besonders verwundert. Zwar entsteht der Eindruck, daß ernstere Melodramen die allzu platten Lustspiele und Komödien zum Teil ablösten, (ältere) Propagandafilme wie FEINDE, DER GOUVERNEUR und GEWEHR ÜBER blieben jedoch nur auf etwa ein halbes Dutzend Abspielplätze beschränkt. Dieses Ungleichgewicht ist bemerkenswert, selbst wenn die Nachfrage nach ausgedienten Propagandastreifen wahrscheinlich nicht groß gewesen wäre.

Trotz der immer irritierenderen Kluft zwischen Filmwelt und realer Welt, die schon 1942 zu bewußt lancierten und oft nur auf ein Parteipublikum zurückgehenden Meldungen insbesondere der Reichspropagandaämter über die angebliche Ablehnung von Unterhaltungsfilmen geführt hatte,[161] ließ Goebbels keinen Zweifel an dem eingeschlagenen Unterhaltungskurs aufkommen: »Das Volk will jetzt entweder Unter-

---

160 Kreimeier, S. 400

161 Siehe dazu die zahlreichen Beschwerden in BA/K NS 18/ 357.

haltungsfilme oder Filme mit großen, wenn auch tragischen oder dramatischen menschlichen Stoffen«, verkündet er programmatisch am 23.3.1943. Geradezu demonstrativ erscheinen Goebbels' Kommentare in den ersten Monaten 1943. DER KLEINE GRENZVERKEHR sei »in seinem unterhaltenden Charakter für die Gegenwart ausgezeichnet geeignet«, heißt es am 16.2.1943. Selbst das billige ländliche Lustspiel DAS FERIENKIND entspreche, so Goebbels am 14.3.1943, »der gegenwärtigen Geschmacksrichtung und den augenblicklich für unsere Filmproduktion aufgestellten Forderungen«. Ähnlich kommentiert er die harmlosen Liebeskomödien GELIEBTER SCHATZ (15.4.1943) und DIE GATTIN (»witzig und amüsant«, 21.5.1943). Selbst Frivolität und Ehebruch im Film sind Goebbels willkommen: »Er ist sehr lustig geworden und stellt für die gegenwärtige Zeit das Richtige dar. Mit solchen Filmen können wir dem Publikum auch in der schwersten Zeit eine gewisse Entspannung geben«, bemerkt der Propagandaminister am 22.2.1943 anläßlich einer Prüfung der von Parteistellen heftig attackierten Ehekomödie ICH VERTRAUE DIR MEINE FRAU AN.

Völlig widersprüchlich dazu präsentierte sich Goebbels gleichzeitig als moralischer Saubermann. Ganz konnte er offenbar die Einwände gegen allzu lockere Sitten im Film nicht unberücksichtigt lassen. So wollte er in der Suche nach »sauberen« Sujets den Kritikern Rechnung tragen, wie ein eher kurioser Eintrag zeigt:

> »Ich hatte seit längerem dagegen protestiert, daß in deutschen Spielfilmen so viele Ehekrisen und Ehescheidungen Gegenstand der Handlung sind. Die Produktionschefs wollten meinen Argumenten kein Gehör schenken. Ich habe deshalb eine Statistik aufstellen lassen über das Verhältnis der Ehescheidungen in Berlin und im Reich. Daraus ergibt sich, daß in Berlin sechsmal soviel Ehen geschieden werden als im Reichsdurchschnitt; ein Beweis dafür, das ich mit meinen Einwendungen recht gehabt habe.« (29.6.1943)

Schon im November 1942 hatte die Parteikanzlei scharfe Kritik an der befürchteten schädlichen Auswirkung geübt, die die »sogenannten Gesellschaftsfilme« hätten, in denen »der Städter faulenzend nur in guten Kleidern, guten Wohnungen, bestem Essen und Trinken und mit dem einen Lebensziel gezeigt wird, seine Liebesgeschichten zu erledigen.«[162]

Es liefen auch Bemühungen, insbesondere das Arzt- und Künstlermilieu im Film zurückzudrängen. Im Juli 1942 erging an die Produktionschefs die Weisung, »dass Arzt-Stoffe vorerst nicht mehr eingereicht werden sollen. Desgleichen solle vorläufig von Stoffen Abstand

162 BA/K NS 18/357 Vorlage Tießler an Parteikanzlei 7.11.1942.

Heinz Rühmann in Ich vertraue Dir meine Frau an *(1943): Entspannung in schweren Zeiten*

genommen werden, die im Maler-Milieu spielen.«[163] Schon diese Aufforderung blieb mehr oder weniger folgenlos. Goebbels beschwert sich am 15.1.1943 über Du gehörst zu mir: »Meine Warnungen gegen Arztfilme erweisen sich hier wieder einmal als berechtigt. Der Film ist denkbar schlecht, vor allem das Milieu ist für diese Zeit gänzlich unerträglich und wirkt sehr penetrant.« Kurz darauf richtete Hippler einen erneuten Appell an die Filmfirmen, es gehe »nicht an, jeden zweiten Film im Künstler-, Arzt-, Zirkus- oder Generaldirektorenmilieu spielen zu lassen. Es gebe sehr viele andere dankbare Themenkreise, die der Film bisher noch nicht erschlossen habe. Es sei nur an das Rundfunk-, Presse- und Familienmilieu erinnert.« Hippler machte die Produktionschefs dafür verantwortlich, »die Autoren und Dramaturgen darauf auszurichten, nunmehr auch neue Milieus und andere Berufskategorien im Film zu gestalten.«[164] Doch welchen

163 BA/K R 109 I/9 Vermerk der Berlin Film vom 10.7.1942 über Produktionschefsitzung vom 3.7.1942.

164 BA/K R 109 I/9 Vermerk Berlin Film vom 1.2.1943 über letzte Firmen- und Produktionschefsitzung.

Schluß mußten die Produzenten daraus ziehen, daß Goebbels gleichzeitig (13.1.1943) den im großbürgerlichen Fabrikantenmilieu spielenden Emil-Jannings-Film ALTES HERZ WIRD WIEDER JUNG als »Meisterleistung« bezeichnete.[165] Zumal darin trotz einiger moderner Einschübe (Hitler-Gruß, saubere Mädchen vom Arbeitsdienst) auch noch das stets abgelehnte Uneheliche-Kind-Thema wieder auftauchte.

Der »Künstler- oder Arztberuf wird so dick aufgetragen zur Darstellung gebracht, daß diese Darstellungsweise dem Publikum allmählich über wird«, erklärt Goebbels,[166] um kurz darauf eine völlig entgegengesetzte Film-Bewertung vorzubringen, daß nämlich »eine im Münchner Künstlermilieu spielende Handlung [...] unter der Regie von Erich Engel außerordentlich gut gelungen« sei (11.7.1943).[167] Dieser Widerspruch gilt auch für positive Kommentare über Hans Schweikarts Künstlerfilm ICH BRAUCHE DICH (19.4.1944) oder weitere Arzt- und Künstlerfilme von 1944. Goebbels wirkt hier halbherzig, denn weniger als die Tendenz oder das Milieu war für ihn nach der Devise »Form vor Inhalt« der Eindruck von der Gesamtwirkung entscheidend.

Zweifellos wurden Versuche unternommen, statt der Arzt- und Künstlerfilme »Volks- und Familienstoffe« herzustellen. In zahlreichen Besprechungen wies das Propagandaministerium regelmäßig die Produktionschefs auf diese Themen hin.[168] Doch genau darin, einen »von mir schon lange geforderten Familienstoff auszuarbeiten« (17.4.1943), taten sich die Autoren der Filmfirmen schwer. Dies selbst dann, wenn Goebbels detaillierte Vorgaben machte und den »Familienfilm« – das heißt nicht »zu problematisch« und konfliktreich – in ein »gehobenes bürgerliches« und »sauberes Menschen- und Landschaftsmilieu« einbetten wollte.[169]

---

165 Eintrag vom 13.1.1943: »Es handelt sich zwar um einen komödienhaft aufgezogenen Unterhaltungsfilm, aber doch mit modernen Tendenzen.«

166 Aus Eintrag vom 28.5.1943: »Es geht nicht an, daß unsere Filme dauernd nur im Künstler- oder Arztmilieu spielen«.

167 Es handelt sich um den Film MAN REDE MIR NICHT VON LIEBE.

168 BA/K R 109 I/1076 Sitzung vom 28.8.1942; BA/K R 109 I/9 Vermerk Berlin-Film vom 1.2.1943 über letzte Firmen- und Produktionschefsitzung.

169 Eintrag vom 7.7.1943. Alle weiteren Einträge zum dem Projekt (unter anderem 16./17.7.1943), mit dem Goebbels Emil Jannings beauftragte, deuten auf ein Scheitern hin: »Unter anderem besprechen wir das Projekt eines neuen Familienfilms, das ich schon mit Jannings durchgesprochen hatte. Er hat leider bei der Ausarbeitung eines entsprechenden Filmmanuskripts völlig versagt« (28.3.1944). Gleiches galt auch für einen »Volkslied-Stoff« (3.5.1942), es sei denn, man sieht im Hans-Albers-Film GROSSE FREIHEIT NR.7, wie dies Courtade/Cadars, S. 224, andeuten, ein Ergebnis der Forderungen des Propagandaministeriums.

Bei der Erklärung der unüberbrückbaren Gespaltenheit des NS-Films zwischen Schein und Wirklichkeit dürfen auch die großeuropäischen Expansionsbestrebungen der deutschen Filmindustrie nicht übersehen werden. Der ab 1942 zu beobachtende »große formale und strukturelle Wandel im Unterhaltungsfilm des Krieges« hin zu »Schick und geschmackvolle[r] Eleganz nach letztem Schrei, Hypermodernität im exquisiten Stil amerikanischer Penthäuser oder französischer Millionärswohnungen des 16. Arrondissements«[170] sei nur vor diesem Hintergrund zu erklären, meint der Regisseur Arthur M. Rabenalt. Rabenalt bezeichnet dabei seinen eigenen Film MEINE FRAU THERESA als »triumphalen Durchbruch« des Genres; für Goebbels hatte er zumindest Vorbildcharakter (16.9.1942). Der großbürgerliche Euro-Unterhaltungsfilm im zeitlosen Ambiente, von Rabenalt auch »Schöner-Wohnen«-Milieu genannt, habe die besten Exportchancen gehabt, nach einem Sieg Deutschlands auf dem europäischen und dem Weltmarkt der Konkurrenz standzuhalten.[171] Hatte nicht Goebbels schon WIR MACHEN MUSIK gelobt, weil er »im In- wie im Ausland leicht verständlich« sei (9.10.1942)?

Bereits im März 1942 hatte Hippler gegenüber den Filmfirmen erklärt, man müsse im deutschen Film weitgehend auf den Hitler-Gruß verzichten, um die Marktchancen der deutschen Filme in Europa nicht zu gefährden.[172] Auch in den folgenden Jahren taucht dieses Kriterium immer wieder auf – gerade angesichts schrumpfender Amortisationsmöglichkeiten deutscher Filme im Reich infolge der zerstörten Kinos. Die Entscheidungsträger in der deutschen Filmwirtschaft resümierten im Februar 1943: »Wie bereits ausgeführt, wird unseren Bemühungen jedoch nur dann ein Erfolg beschieden sein, wenn wir exportgeeignete Filme bringen, also Filme, die vorwiegend auf heitere Unterhaltung abgestellt sind, auf packende Handlung, Musik und Ausstattung.«[173] Schließlich wies Max Winkler in einer Besprechung mit den Produktionschefs am 14. Januar 1944 darauf hin, man müsse schon bei der Stoffauswahl die »Durchsetzung des Films auch im Ausland« berücksichtigen, wo politische Filme aber nicht gefragt seien,

---

170 Arthur M. Rabenalt, *Joseph Goebbels und der »Großdeutsche« Film*, München 1985, S. 200f.

171 Ähnlich argumentiert Phillips, S. 369.

172 BA/K NS 18/282 Leiter F an Tießler vom 27.3.1942.

173 BA/K R 55/774 Nr. 185 Anlageprotokoll Aufsichtsratssitzung Ufa-Film GmbH vom 9.2.1943 Nr. 185.

wie auch die regelmäßig erstellten Listen der Auslandserfolge deutscher Filme bestätigten.[174]

Daß einige Filme für den Auslandsmarkt produziert wurden, hob auch Goebbels, der zugleich willkommene Auslandspropaganda witterte, ausdrücklich hervor: »Die Wien-Film führt einen neuen Film vor: ›Der weiße Traum‹, der vor allem für Exportzwecke gedreht worden ist. Er ist sehr pompös in der Ausstattung und wird sicherlich im Ausland Aufsehen erregen, vor allem in Anbetracht dessen, daß wir am Anfang des 5. Kriegsjahres noch in der Lage sind, solche Filme herauszubringen« (29.8.1943).[175] Auch bei ZIRKUS RENZ erwartet Goebbels »für uns sicherlich einen großen Auslandserfolg« (3.9.1943). Den »Weltmarkt nach dem Kriege« hatte Goebbels immer fest im Blick. Seitenweise ergeht er sich in Visionen von einer Hegemonie des deutschen Films in Europa und in der ganzen Welt, in der als Konkurrenten nur noch die Amerikaner übrigbleiben: »Ich habe den Ehrgeiz, den deutschen Film zu einer beherrschenden kulturellen Weltmacht auszubauen« (16.12.1941).

Der Unterhaltungskurs war grundsätzlich ohne Alternative, offenbarte allerdings zunehmend unerwünschte ästhetische Erscheinungen, über die Goebbels nicht hinweggehen konnte. Psychologie und und Kommerz sprachen für die leichten Unterhaltungsstoffe. Aber Goebbels mußte mit dem Widerspruch leben, daß er eigentlich mit ganz anderen künstlerischen Ansprüchen angetreten war. Immer stärker wurde seine Befürchtung, daß die Unterhaltungsstrategie wieder ganz zurück zu den substanzlosen, stets bekämpften Komödien früherer Jahre führen würde. So ist auch zu erklären, daß der Filmminister einen großen Teil der von ihm selbst verantworteten Produktion in den letzten drei Kriegsjahren äußerst gering schätzte.

Goebbels beobachtete eine Gattung des »unkünstlerischen«, tendenzlosen Films ohne Exportwert. DER SENIORCHEF etwa habe »keine

---

174 BA/K R 109 II/15. Auch der vom Propagandaministerium herausgegebene *Deutsche Kulturdienst* und die interne *Kulturinformation* berichteten über Auslandspremieren und die Aufnahme der Filme: BA/P 50.01/26 Nr.34ff; BA/P 50.01/640; BA/P 50.01/729 Nr. 13f.

175 DER WEISSE TRAUM (UA: 10.9.1943) war nicht nur im Ausland außergewöhnlich erfolgreich, sondern auch in Deutschland die finanziell erfolgreichste Schwarz-Weiß-Produktion der NS-Zeit mit einem Einspiel von über 10 Millionen RM. In der Rekordzeit von nur einem Jahr sahen ihn bis September 1944 etwa 24 Millionen Besucher: BA/P 50.01/729 Nr. 2-16, Einspielliste Stand 13.11.1944. ZIRKUS RENZ rangiert auf der Liste vom November 1944 auf Rang 8.

Revuefilm Der weisse Traum *(1943): Für Exportzwecke gedreht*

klare Handlungsführung, vor allem in keiner Weise ein Ziel und eine Tendenz. Solche Filme dürften eigentlich in unserer Zeit nicht mehr gemacht werden« (19.8.1942). Dabei spricht er sich in geradezu paradoxer Weise von der Verantwortung für die Filmproduktion frei und fällt in die alte Rolle des Zuschauers zurück. Ein typisches Verhalten von lange amtierenden Regierungen mit schlechter Bilanz zeigt sich also auch bei Goebbels: Mißstände anprangern, rhetorisch Kurswechsel fordern, Verantwortlichkeiten bei anderen suchen, um von eigenem Versagen abzulenken. Dabei ging es in erster Linie um die von Goebbels selbst über die Jahre hochgehaltenen fadenscheinigen künstlerischen Ansprüche, vor denen er sich rechtfertigen mußte.

Diese Methode scheint Goebbels als Ausweg zu wählen, sich von einer in ihrer Gesamtheit zweifelsohne künstlerisch anspruchslosen Filmproduktion zu distanzieren. Der Revue- und Eifersuchtsfilm Liebespremiere sei »sehr schlecht«, ärgert sich Goebbels (1.4.1943), ebenso die Theo-Lingen-Komödie Johann (18.4.1943). Der im Opern- und Konzertmilieu spielende Film Musik in Salzburg (24.12.1943) verleitet ihn zu der Feststellung: »Ich muß mich stärkstens beklagen über das gegenwärtige Filmniveau, das unter aller Kritik ist« (24.12.1943). Der Musikerfilm JUNGE HERZEN, so Goebbels am 5.12.1943, sei eine »nur dilettantische Arbeit«. Dagegen wird der harmlose »Alltagsfilm«-Nachzügler EIN SCHÖNER TAG als »schöne[r] Volksfilm aus dem Kriege« bezeichnet: »Hier werden wenigstens einmal aktuelle Themen in einer sehr ansprechenden Form behandelt« (13.11.1943).

Diese Entwicklung zurück in die Rhetorik der Anfangsjahre geht 1944 weiter, mit häßlichen Urteilen Goebbels' etwa über den Marika-Rökk-Revuefilm DIE FRAU MEINER TRÄUME, der ihm »ordinär und zu plump« erscheint (16.1.1944). Man müsse jetzt alles tun, »um wenigstens die allzu dilettantischen Produktionen unserer Filmfirmen für die Zukunft zu verhindern«, fordert Goebbels am 19.5.1944.[176]

Die positiven Kommentare zu DIE ZAUBERGEIGE (»ein junges Künstlerleben von der sympathischen Seite«, 26.12.1943) und den Arztfilm DER GEBIETERISCHE RUF, (»ein Kunstwerk ersten Ranges«, 11.5.1944) zeigen vor allem Goebbels' Wankelmut, was die grundsätzliche Beurteilung der Handlungsmilieus angeht.

Sicherlich resultiert Goebbels' Unzufriedenheit mit fast der Hälfte der gesamten Filmproduktion auch aus seiner gescheiterten Personalpolitik und steckengebliebenen Reformbemühungen. Er hatte das Beharrungsvermögen, die Bequemlichkeit und Einfallslosigkeit, kurzum die ganze Eigendynamik in der ewigen Wiederholung erfolgreicher Muster auch bei den Filmstoffen unterschätzt. Allerdings beschränkte sich Goebbels nicht darauf, zu drohen, sondern machte 1944 in vielen Fällen ernst: Noch nie zuvor wurden so viele Filme aus Gründen schlechter Qualität verboten und fielen der »Geschmackszensur« zum Opfer. Verbote als Warnsignal: Damit war wieder der Stand von 1935 erreicht, als Goebbels, frisch angetreten, noch gegen ein Übermaß »seichter« Filme angegangen war.

Seine Analysen sind dabei ebenso überzeugend wie widersprüchlich. Wenn er den Antimodernismus in dem Handwerker-Drama AUFRUHR DER HERZEN (26.4.1944) kritisiert, wenn er die »Flucht der Filmproduktion in die Vorweltkriegszeit« mit ihren »bürgerlichen Konflikten« und »Plüschidealen«[177] verdammt, dann mutet dies schon abstrus an:

---

176 Vgl. auch Eintrag vom 21.5.1944: »Unsere Filmproduktion schwankt in ihrer Leistung hin und her. Außerordentlich dilettantische Arbeiten werden von wahren Meisterwerken abgelöst«.

177 8.12.1944 über AM ABEND NACH DER OPER.

»Im Film gehe ich nun radikal gegen die Tendenzen vor, vor den harten Konflikten der Gegenwart in die Biedermeierzeit zu flüchten. Ich habe in letzter Zeit eine ganze Reihe von Filmen vorgeführt bekommen, die im ausgesprochenen Plüschmilieu handelten und in denen Probleme angesprochen wurden, die für uns moderne Menschen überhaupt nichts mehr bedeuten. Die Ibsen-Atmosphäre wirkt für Menschen von heute uninteressant, wenn nicht gar abstoßend ...«.[178]

Goebbels störte zusätzlich, daß sich einige Melodramen wieder dem zurückgedrängten »verfilmten Theater« näherten. Die immer katastrophalere Kriegslage beschleunigt den Wandel: Noch Ende 1943 hatte ihm die Ibsen-Verfilmung NORA gefallen.

Der Widerspruch wird aber noch deutlicher, wenn Goebbels eine weitere Säule seiner Filmpolitik in Frage stellt: Die trotz des Krieges wegen des erhöhten Exportbedarfs mit aller Kraft aufrechterhaltenen Jahresproduktionszahlen:

»Wir haben in der letzten Zeit soviele schlechte Filme vorgeführt bekommen, dass mir etwas Angst dabei wird. Das ist wohl in der Hauptsache darauf zurückzuführen, dass wir in den vergangenen zwei Jahren größeren Wert auf die Zahl als auf die Qualität der Filme gelegt haben. Das muß jetzt schleunigst geändert werden.«(7.5.1944)

Leuchtende Ausnahmen von der Fließbandproduktion waren für Goebbels stets die Filme Veit Harlans. 1943/44 galt das allerdings für die parallel gedrehten Farbmelodramen IMMENSEE und OPFERGANG, beide mit Harlans Ehefrau Kristina Söderbaum in der Hauptrolle, nur noch bedingt. Die völlig verfremdete Theodor-Storm-Novelle IMMENSEE begrüßt er in Erwartung eines großen Publikumerfolges noch als »lyrisches Liebesepos, außerordentlich gemütvoll gestaltet«, fügt allerdings hinzu: »Leider schiebt Harlan auch in diesem Film wieder seine Frau allzustark in den Vordergrund. Aber ich werde hier noch einmal mit der Schere Ordnung schaffen lassen« (12.6.1943).[179]

Die Bedeutung des Films für die Durchhalte-Ziele des Regimes ist nicht zu unterschätzen. Kristina Söderbaum jedenfalls will Mengen von Feldpostbriefen bekommen haben, in denen die Frontsoldaten

---

178 Eintrag vom 12.12.1944. Ähnlich resümierte Filmdramaturg Frowein die Einstellung seines Ministers anläßlich des Verbots eines Filmvorhabens KAMMERMUSIK durch Goebbels: »Der Herr Minister lehnte den Stoff ab, da er in ihm vor allen Dingen einen jener Pläne sah, vor denen er immer wieder eindringlich gewarnt hatte: Einen Künstlerfilm, der zudem in einer Vergangenheit spielt, die für uns gefühlsmäßig und tatsächlich abgetan ist.« Es werde nur »die Scheinwirklichkeit einer Welt heraufbeschworen, an deren verflossene Existenz sich selbst die ältere Generation von heute nur mühsam erinnert.«: BDC-RKK Hans H. Zerlett: Frowein an Hinkel 17.8.1944.

179 Harlan hat immer behauptet, Goebbels habe nichts mehr geändert: Kristina Söderbaum, *Nichts bleibt wie es ist*, München 1992, S. 174ff.

ihre Darstellung eines über den Tod hinaus treuen, blonden deutschen Mädels als Treueversicherung der in der Heimat wartenden Frauen aufgefaßt hätten.

An OPFERGANG störten Goebbels offensichtlich – trotz doch erwünschter Todesverklärung und Treuepathos' – die dick aufgetragenen Gefühls- und Schmerzszenen, die mit »mysteriösen Chören« durchsetzte Filmmusik und auch: der »Dialog ist etwas zu sentimental und äußerlich aufgebaut. Ich muß Harlan gelegentlich einmal ins Gebet nehmen. Er bewegt sich augenblicklich auf einer Linie, die nicht besonders viel Erfolg verspricht« (24.7.1943).

5. Propagandafilme 1942 bis 1945

Eingeschränkte Themen und letzte Erfolge

Wo Unterhaltung und indirekte Propaganda (in Form subkutaner Botschaften) das Feld beherrschten, blieb nicht mehr viel Raum für den offen propagandistischen Film. Das psychologische, militärische und politische Umfeld wurde ab 1942 für den offiziell auf höchstens 20 Prozent Produktionsanteil begrenzten Film mit eindeutig politischem Hintergrund jedenfalls immer schwieriger.

Der drastische Rückgang politischer Kolossalfilme zugunsten profitabler »volksberuhigender« Unterhaltungsfilme und politisch verfeinerter Stoffe lag in erster Linie an den fehlenden Mitteln für die publikumswirksame Ausstattung. Goebbels gab sich darüber wenig betrübt. Nach dem letzten Großprojekt vor KOLBERG, Emil Jannings' DIE ENTLASSUNG, meinte er: »Wir können die Monumentalfilme rein materialmäßig im Augenblick nicht mehr unterbringen, weil sie zuviel Rohstoffe und Arbeitskräfte verschlingen. Ich halte das nicht einmal für ein Unglück; denn wenn wir gezwungen sind, billigere Filme zu produzieren, so können wir umso mehr das Schwergewicht unserer Arbeit auf die geistige und psychologische Durchdringung des Stoffes legen« (2.7.1942). Doch genau diese richtigen Stoffe waren das Problem. Als Goebbels das wichtige Genre des biographischen Films einschränken wollte, fiel auch die Themensuche schwerer.

Bei aktuellen und »zeitnahen« Inhalten bestand zunehmend die Gefahr, von einer Veränderung der politisch-militärischen Lage überrascht zu werden. Militärische Produktionen im Stil von STUKAS oder ÜBER ALLES IN DER WELT mußten angesichts des stockenden Vormarsches beziehungsweise des Teilrückzuges an der Ostfront zwangsläufig an Wirkung einbüßen; ähnlich wie ja schon seit Anfang 1942 die Wochenschauen. Der Kriegsfilm DER 5. JUNI über das Schicksal einer Infanterieeinheit bei der Westoffensive von 1940 (Goebbels: »penetrante Belehrung«, 15.8.1942) wurde ebenso wie Karl Ritters BESATZUNG DORA nie öffentlich aufgeführt. Letzterer, ein im Frühjahr 1942 geplanter Flieger- und Heimaturlaubsfilm (Drehbeginn im August), enthielt zu viele Szenen von der russischen und nordafrikanischen Front, wo sich die deutschen Truppen im Herbst 1942 bereits teilweise auf dem Rückzug befanden. Goebbels scheint erkannt zu haben, daß die Thematik einer zukünftigen Ostkolonisation nach dem Krieg und das »Gerede über einen Bauernhof in Russland«[180] nicht mehr zeitgemäß waren.[181] An der grundsätzlichen Abkehr von militärischen Filmen änderten auch die zeitweilig wieder besseren Kriegsaussichten, so während der Euphorie im Mai/Juni 1942, nichts mehr.

In den Produktionsübersichten der Filmfirmen von 1943, etwa bei dem Ufa-Vorhaben CHARKOW, dessen Genehmigung durch den Reichsfilmintendanten noch vom 23. Mai 1942 datiert, findet sich immer häufiger der Zusatz: »Die Bearbeitung dieses Stoffes wurde aufgrund der militärischen Lage vorläufig zurückgestellt«.[182] Komplikationen ergaben sich auch aus der, mit zunehmend prekärer Kriegslage offenbar wachsenden Neigung des Oberkommandos der Wehrmacht (OKW), bei Kriegsfilmvorhaben zu intervenieren. Zahlreiche Projekte scheiterten an den Bedingungen und Einsprüchen des Militärs. Carl Froelichs Vorhaben POTSDAM über eine Offiziersliebe aus der Zeit vor und nach 1933 – vorgesehen waren sogar Ausschnitte aus Hitler-Reden – erwähnt Goebbels bereits 1941 (»Ich erfinde gleich eine Story, die das Gerippe des Films abgeben soll«, 23.9.1941). Eine offizielle Stoffgenehmigung ist für den 20. Juli 1942 überliefert.[183] Die Planungen zogen sich über zwei Jahre hin, bis Goebbels schließlich

180 Leiser, S. 63, beschreibt ausführlich die Szene, in der vom »Siedeln im Osten« die Rede ist. Vgl. auch Leisers Dokumentarfilm DEUTSCHLAND, ERWACHE! von 1968.

181 Vgl. auch Kraft Wetzel/Peter A. Hagemann, *Zensur – Verbotene deutsche Filme 1933-1945*, Berlin 1978, S. 61f. und Eintrag vom 29.3.1943: »Er behandelt das Schicksal der Besatzung eines Fernaufklärers, und zwar sind der Ton und die Handlung des Films sehr ansprechend. Allerdings eignete sich der Film besser für das zweite als für das vierte Kriegsjahr. Ich bin deshalb etwas skeptisch in der Beurteilung der Erfolgsmöglichkeiten der neuen Ritter-Produktion«.

182 BA/K 109 II/10 Produktionsvorschlag der Ufa o.D.

183 BA/K R 109 II/10 Produktionsvorschlag der Ufa o.D. [1943]. Darin dieses Datum der ersten Genehmigung.

festhält, das Projekt sei »von einigen OKW-Stellen angefeindet worden«: »Das OKW vertritt hier einen zu starren und dogmatischen Standpunkt« (18.9.1943). Noch 1945 monierte ein Gremium aus zivilen und militärischen Begutachtern an dem Film REGIMENTSMUSIK (der nie aufgeführt wurde) die »militärischen Szenen«, die als »besonders unzuträglich für das moderne an Kriegswochenschauen geschulte Auge empfunden wurden«.[184]

Nicht besser erging es anderen politischen Sujets. Zur Unterstützung der umstrittenen Einführung der Arbeitspflicht für Frauen sollte die Ufa unter der Produktionsleitung von Karl Ritter und nach einem Drehbuch von Luise Rinser einen Spielfilm »über den weiblichen Arbeitsdienst« mit dem Titel »Schule der Mädchen« herstellen. Doch nachdem der Reichsarbeitsdienst (RAD) »das Drehbuch in wesentlichen Teilen beanstandet« hatte, wurde das Projekt eingestellt[185] – trotz Goebbels' ausdrücklicher Unterstützung, wenn auch mit Einschränkungen: »Die bisherigen Filme über Parteiorganisationen sind alle mißlungen. Das liegt in der Hauptsache daran, daß sie schlecht besetzt waren und unter einer mittelmäßigen Regie standen. Ich genehmige das Filmvorhaben nur unter der Bedingung, daß einer unserer ersten Regisseure die Leitung hat« (29.4.1942). Andere propagandistische Filme wurden innerhalb der Partei kritisiert und verzögert. So mußte Goebbels den Streifen WIEN 1910 über den Wiener Bürgermeister Karl Lueger gegen Angriffe aus der Wiener Gauleitung verteidigen. Dort sah man den österreichischen Nazi-Vorläufer und »Führer des deutschen Volkes«, Georg von Schönerer, einen Rivalen Luegers, im Film nicht genügend gewürdigt.[186] Gleichzeitig wußte Goebbels, daß Hitler seit seiner Jugendzeit ein besonderer Bewunderer des Wiener Bürgermeisters war.[187]

Begrenzungen erfuhren aber auch die subtileren politischen Stoffe. Vorschläge für einen von Goebbels mehrfach angemahnten »Sanitätsstoff« und »Lazarettfilm«[188] wurden zunächst mehrmals zur erneuten Überarbeitung zurückgewiesen und 1944 schließlich endgültig

---

184 BA/K R 109 II/15 Frowein an Goebbels vom 8.1.1945.

185 BA/K R II/10 Produktionsvorschlag der Ufa o.D. [1943].

186 Vgl. Hollstein, S. 165f. WIEN 1910 wurde schon seit 1940 geplant und war 1942 bereits fertiggestellt. Vgl. auch Eintrag vom 8.8.1941 und 15.3.1942 und 14.6.1942: »Das Verhältnis zwischen Lueger und Schönerer ist außerordentlich glücklich und vor allem auch historisch richtig dargestellt worden«.

187 Vgl. Brigitte Hamann, *Hitlers Wien*, München 1996, S. 393ff.

188 BA/K R 109 I/2139 Notiz Schweikart vom 27.8.1941.

abgelehnt. Weder die vorgesehene Handlung im Polenfeldzug noch »das Lazarett als Schauplatz privater Liebessorgen« erschienen opportun »in einer Zeit, in der Tausende von Deutschen ihre nächsten Angehörigen verwundet in Lazaretten wissen«.[189] In dem Fall AM VORABEND, der ein Familienschicksal vor Ausbruch des Krieges schildert, können sich Apologeten des unpolitischen NS-Films bestätigt sehen,[190] denn Goebbels selbst entschärfte politische Bezüge:

»Der Film ist außerordentlich delikat und von einer ausgesprochen dichterischen Atmosphäre. Leider hat Menzel die sich im Film abspielenden Vorgänge mit dem Ausbruch des Krieges in Verbindung gebracht, was für den Film nur abträglich wirkt. Ich werde versuchen, die Beziehung aus dem Film herauszuschneiden. Es wird dann ein besonders schöner und poetischer Film übrigbleiben« (6.7.1943).

Tatsächlich ließ der Propagandaminister Bezüge zum September 1939, die er offenbar in dieser Kriegsphase für unpassend und darüber hinaus künstlerisch für abträglich hielt, weitgehend kürzen, so daß ihm sein Filmdramaturg Kurt Frowein im August 1944 den »auf zeitlos und privat umgeänderten Menzel-Film ›Am Vorabend‹« unter dem neuen Titel EIN BLICK ZURÜCK präsentieren konnte.[191] Die Uraufführung verzögerte sich dadurch bis Dezember 1944.

In Herbert Selpins berühmtem antienglischen Film TITANIC verhinderten neben dem riskanten allegorischen Potential wohl die – angesichts des 1943 immer heftigeren Bombenkrieges zu drastischen – Katastrophenszenen an Bord des sinkenden Riesenschiffs die Aufführung in Deutschland. Derartige Bilder beanstandete Goebbels auch in anderen Filmen und Vorhaben stets penibel: Harry Piels PANIK, in dem wilde Tiere nach einem Luftangriff aus dem Zoo ausbrechen, wurde ganz verboten, ein von Goebbels seit Anfang 1942 gewünschtes Filmvorhaben (11.2.1942) über die Kameradschaft von Bergleuten (DER INNERE RUF) so lange verzögert, bis es schließlich nach mehrmaligen Umarbeitungen unter dem Titel DIE SCHENKE ZUR EWIGEN LIEBE bis Kriegsende unvollendet blieb.[192] Der Grund: Goebbels hatte bei diesem »Berufsfilm mit ethischer bejahender Tendenz« (Frowein) »zunächst gewisse Bedenken, einen Film, der teilweise in einem ›Katastrophen-Milieu‹ spielt, zu genehmigen«.[193]

---

189 BA/K R 109 II/14 Filmbewertung Froweins [1944].
190 Vgl. Karlheinz Wendtland, *Geliebter Kintopp. Sämtliche deutsche Spielfilme*, Jahrgang 1943 bis 1945, S. 130.
191 BA/P 50.01/955 Frowein an Goebbels vom 31.8.1944.
192 Alfred Bauer, *Deutscher Film-Almanach*, München 1976, S. 653.

Überraschen mag, daß trotz wiederholter Forderungen von seiten der Reichspropagandaleitung und der Parteikanzlei[194] im Zuge der nach Stalingrad und insbesondere nach den Leichenfunden von Katyn wieder verstärkten »antibolschewistischen« Propagandakampagne 1943 kein einschlägiges Spielfilmprojekt in Auftrag gegeben wurde. Goebbels begründet diesen Verzicht nicht direkt. Die letzten beiden antikommunistischen Filme, Karl Ritters Großprojekt GPU und Hans Weidemanns ANSCHLAG AUF BAKU (der innerhalb von zwei Jahren mehrmals geändert werden mußte), starteten im August 1942.[195] ANSCHLAG AUF BAKU hatte Goebbels schon im Dezember 1941 als »sehr unerfreulich« und den Regisseur als »Wirrkopf« bezeichnet. Ähnlich qualifiziert Goebbels das besonders üble Propagandawerk GPU, in dem sowjetische Geheimdienstkommissare sämtlich asiatische Folterknechte sind und eine mehr rassische denn ideologische Bedrohung suggerieren,[196] als »dilettantisches Machwerk«. Ritter sei ein Versager: »Politische und militärische Themen werden von ihm rein äußerlich behandelt und erzielen in dieser realistischen Zeit keinen richtigen Erfolg mehr«(3.7.1942). GPU erhielt auch kein Prädikat, was für einen politischen Film geradezu einer offenen Zurückweisung gleichkam.

Goebbels ergriff die Gelegenheit, Ritter abzuschieben: außer bei dem verbotenen Streifen BESATZUNG DORA (und dem reinen Unterhaltungsfilm SOMMERNACHT) wurde dem privat ständig verschuldeten Regisseur bis Kriegsende keine Spielleitung mehr übertragen, so daß er sich auf die Tätigkeit des Produktionsleiters beschränken mußte.[197]

Den mißlungenen Propagandaproduktionen wollte Goebbels wohl keine weiteren hinzufügen. Einige Hinweise sprechen dafür, daß die antikommunistische »Untermenschen«-Propaganda, die zwangsläufig im Vordergrund eines solchen Spielfilms gestanden hätte, ohnehin

---

193 BA/K R 55/664 Nr.194 Ministeramt an Frowein vom 5.8.1944 und weitere Schriftwechsel.

194 Vgl. etwa BA/K NS 18/362b »Filmplanung der Partei für 1943« vom 4.2.1943. Darin ist von einem »abendfüllenden Volksfilm (Antibolschewistischer Spielfilm)« die Rede.

195 Vgl. Rainer Rother, Grauen, Panik, Untergang. Karl Ritters Propagandafilm »GPU«, in: Hans-Michael Bock/ Michael Töteberg, *Das Ufa-Buch*, Frankfurt/M. 1992, S. 430-433. Toeplitz, Bd.4, S. 222, bezeichnet GPU als einen der schwächsten Propagandafilme im Krieg überhaupt.

196 Hollstein, S. 156; BA Film/B Film-Nr. 05287.

197 BA/K R 109 I/2786 Notiz Bacmeister vom 17.12.1943. Vgl. auch Eintrag vom 23.3.1943: »Der Regisseur Professor Ritter trägt mir einen neuen Filmstoff vor, der keine besondere Bedeutung besitzt«.

Regisseur Karl Ritter: Unzeitgemäße Propaganda

durch den Wandel des Russenbilds in der Bevölkerung infolge Hunderttausender russischer Fremdarbeiter in Deutschland unterminiert worden war.[198]

Insgesamt wird der Großteil der Propagandaproduktion bis 1944 von Goebbels verworfen: darunter Arthur M. Rabenalts FRONTTHEATER[199] über die Truppenbetreuung während der Frühjahrsoffensiven 1941, der bereits 1941 begonnene antibritische Kolonialfilm GERMANIN,[200] den Goebbels zum Anlaß nimmt, den Regisseur (seinen Schwager Max W. »Axel« Kimmich) »auf unpolitische Themen abzulenken« (27.4.1943), und der im Mittelalter spielende PARACELSUS (»gekün-

198 Vgl. Hollstein, S. 160 und SD-Berichte vom 17.8.1942: Boberach, S. 4084ff. und 15.4.1943: Boberach, S. 5128-5136. Darin heißt es, die Bevölkerung sei zwar »im Sinne der Führungsmittel nach wie vor von der Notwendigkeit des Krieges gegen das Sowjetregime überzeugt«, zunehmend würde aber »der Standpunkt eingenommen, daß die Menschen aus der Sowjet-Union besser, jedenfalls nicht so schlimm seien, wie man es gemeint hatte, und es ergeben sich daraus [...] auch gewisse Widersprüche zu dem bisher von der deutschen Propaganda dargebotenen Bild. [...] Wo die antibolschewistische Propaganda mit den alten und bekannten Argumenten weiterarbeite, finde sie nicht mehr das Interesse und den Glauben, wie dies vor Beginn und noch in der ersten Zeit des deutsch-sowjetischen Krieges der Fall war«.

199 BA Film/B Film-Nr.08679. Eintrag vom 14.8.1942. Beim Publikum war der Film allerdings durchaus erfolgreich und spielte mit etwa 6 Millionen RM ebensoviel ein wie der massiv propagierte DER GROSSE KÖNIG: BA/P 50.01/729 Bacmeister an Goebbels vom 6.12.1944.

200 Der Film wird heute noch auf Video vertrieben: Euro-Video Nr. 12144.

stelt« und »zu barock«, 28.2.1943). Den letzten biographischen Film, DER UNENDLICHE WEG über den württembergischen Politiker Friedrich List, bezeichnet Goebbels als »langweilig und offiziell« (23.3. 1943) sowie als »ein patriotisches Machwerk« (24.6.1943). Auch die Rückkehr ins kostümierte preußische Milieu aus Pflichtbewußtsein und Gehorsam in DIE AFFÄRE ROEDERN konnte Goebbels nicht überzeugen. Der Film sei »in der Tendenz ganz gut gemeint, leider aber in der künstlerischen Durchführung sehr schlecht geraten« (7.5.1944). Einzig der Spionage- und Gestapo-Propagandafilm DIE GOLDENE SPINNE, »der sich dadurch auszeichnet, daß er Spannung und Lehrhaftigkeit zu einer glücklichen Synthese bringt« (11.11. 1943), und der Tobis-Film DIE DEGENHARDTS werden aus dem politischen Filmprogramm von 1943 bis 1945 positiv kommentiert.[201]

Die Lübecker Familiengeschichte DIE DEGENHARDTS stellt für das Jahr 1944 eine interessante Novität dar: »Zum ersten Mal wird hier auch das Thema des Luftkrieges einbezogen, und zwar in einer sehr taktvollen und psychologisch klugen Weise. Demandowsky ist der einzige Produktionschef, der auch an politische Stoffe herangeht und sie meistens meistert«, freut sich Goebbels am 5.3.1944. Der alliierte Bombenangriff auf Lübeck wird dabei geschickt als Zerstörungswerk an jahrhundertealtem deutschem Kulturgut dargestellt. Mit pathetischer Stimme erläutert Heinrich George, was vorher anstelle der Trümmer stand. Damit hatte Goebbels seinen Widerstand gegen die Vorführung von Zerstörungsbildern aufgegeben. Noch im Oktober 1942 verbot er, daß »das alte schöne Lübeck dem heutigen zerstörten Lübeck gegenübergestellt wird«, da die Filmbilder für das Publikum zu erschütternd seien (11.10.1942). Allerdings fand das Propagandaministerium während des gesamtes Krieges nie eine schlüssige Strategie gegenüber Nachrichten und Bildern von Zerstörungen.

DIE DEGENHARDTS vermeidet Fehler, die Goebbels bei anderen zu groben politischen Filmen ausmachte. Sein Vorbild – und das des DEGENHARDTS-Films – war die preisgekrönte amerikanische Produktion MRS. MINIVER (1942)[202]:

201 Bis auf die im nächsten Abschnitt vorgestellten »Großfilme«.

202 Vgl. Bernard F. Dick, *The Star-Spangeld screen. The American World War II Film*, Lexington 1985, S. 182f; Leiser, S. 21, bezeichnet MRS. MINIVER fälschlich als englischen Film, stellt aber zu Recht fest, daß im Nationalsozialismus ein ähnlich geschickter Alltagsfilm undenkbar gewesen sei. Zur propagandistischen Vorbildfunktion von MRS. MINIVER s. auch Hans C. Blumenberg, *Das Leben geht weiter*, Berlin 1993, S. 118ff.

Goebbels-Vorbild MRS. MINIVER *(1942):*
Musterbeispiel unaufdringlicher Tendenz

»Er schildert ein Familienschicksal dieses Krieges mit einer unerhört raffinierten und wirkungsvollen propagandistischen Tendenz. Hier ist all das in Vollendung zu sehen, was ich seit Monaten, ja seit Jahren von der deutschen Filmproduktion verlange und fordere. Die Amerikaner verstehen es meisterhaft, aus nebensächlichen Ereignissen künstlerische Vorgänge zu machen. Es wird hier ein englisches Familienschicksal beschrieben, das nur sympathisch wirken kann. Gegen die Deutschen fällt kein böses Wort; trotzdem ist die antideutsche Tendenz als vollendet anzusprechen. Ich werde diesen Film den deutschen Produktionschefs vorführen, um ihnen zu zeigen, wie es gemacht werden muß« (8.7.1943).

Womöglich kannte Goebbels die öffentliche Einschätzung Winston Churchills, ein Film wie MRS. MINIVER sei mehr wert als sechs Divisionen.

Die Degenhardts war zwar nicht Teil einer »Serie von Durchhaltefilmen«,[203] doch weil die brisante Thematik so gut gelöst worden war, könnte der Film wiederum ein Auslöser für das Projekt Das Leben geht weiter gewesen sein, dem wichtigsten Vorhaben des letzten Kriegsjahres nach Kolberg: »Ich möchte, daß er eine Berliner Bombennacht in einem Haus im Hansaviertel schildert. Das ganze Haus in seinen einzelnen Stockwerken und Familien soll mitspielen« (30.3.1944). Erneut sollten die Zerstörungen bewußt thematisiert und dafür sogar in großem Umfang Aufnahmen von bombengeschädigten Städten gemacht werden. Im September 1944 wurde der direkt vom Propagandaministerium in Auftrag gegebene Film unter der Regie von Wolfgang Liebeneiner als »Teil der geistigen Kriegsführung« (Hinkel) auf über 2,2 Mill. RM kalkuliert.[204] Goebbels verfolgte die Realisierung seiner Idee mit besonderem Interesse (»Ich glaube, daß man daraus einen wirkungsvollen Film über die Bombennächte in Berlin machen kann«, 13.7.1944).[205] Ein von Liebeneiner nach Goebbels' Wünschen umgestaltetes Drehbuch lag jedoch erst im Oktober 1944 vor, so daß der Film bei Kriegsende erst zu zwei Dritteln abgedreht war.[206]

Eine erneute Ausnahme von seiner auch nach 1942 gültigen Linie, keine Parteithemen zu verfilmen, machte Goebbels im Sommer 1943 für einen weiteren Film über die Hitler-Jugend. Zunächst war mit Blick auf die mißlungenen Streifen von 1940-42 (Jakko, Jungens, Kopf hoch Johannes, Hände hoch) noch von »starken Bedenken gegen einen nicht sorgsam vorbereiteten Jugendspielfilm« die Rede: »Wir haben bisher schon vier mißlungene Jugendfilme zu verzeichnen; ich bin der Meinung, daß es damit genug ist« (29.6.1943). Obwohl Goebbels' ursprüngliche Maßgaben, »weniger Absicht« und weniger NS-Organisiationen, nur zum Teil erfüllt wurden,[207] gibt er

203 Toeplitz, Bd.4, S. 240, korrigiert diese unzutreffende Behauptung bereits eine Seite darauf und stellt fest, ein solches Genre sei nicht mehr zum Tragen gekommen.

204 BA/K R 109/48 Mitteilung Hinkels vom 6.9.1944.

205 Vgl. BDC-RKK Hilde Krahl: Notiz Ministeramt vom 5.6.1944: »Der Herr Minister nimmt an diesem Stoff ganz besonderes Interesse und möchte über die Planung in einem Stadium unterrichtet werden, das ihm erlaubt, seine Änderungswünsche durchzusetzen ohne schwierige Lagen hervorzurufen oder Verstimmungen zu wecken«.

206 Vgl. Filmüberwachungsberichte in R 109I/1729a Nr.205 1944/45, Blumenberg und ders., »Hier spricht der deutsche Mensch«. »Das Leben geht weiter«- Der letzte Durchhaltefilm der Ufa 1944/45, in: *Der Spiegel* Nr. 48 vom 23.11.1992, S.156-169 und Nr. 49 vom 30.11.1992, S. 161-182 sowie Bestand der F.W. Murnau-Stiftung, Wiesbaden. Blumenberg, dem die Passage vom 30.3.1944 entging, behauptet, Goebbels habe das Drehbuch selbst geschrieben.

sich über den Einsatz der HJ für die Rüstungswirtschaft in JUNGE ADLER von Alfred Weidenmann erfreut (9.5.1944). Was die Erfolgschancen des am 24. Mai gestarteten Streifens anbelangt, stellt er sich allerdings bewußt naiv: »Erstaunlich ist, wie ich am Rande bemerken will, daß der neue HJ-Film ›Junge Adler‹ im Publikum einen Mißerfolg darstellt. Das ist wohl darauf zurückzuführen, daß das Publikum im Augenblick keine politischen Filme sehen will. Es geht ins Kino nicht um sich erziehen oder belehren, sondern um sich unterhalten und zerstreuen zu lassen« (10.6.1944). Keine neue Erkenntnis, aber eine weitere Rechtfertigung für den Verzicht auf politische Filme.

Im Mai 1944 wurde mit dem radikalen SS-Gruppenführer Hans Hinkel ein Neuling auf dem Filmgebiet mit der Aufgabe des Reichsfilmintendanten betraut. Die Motive lagen gewiß in erster Linie auf organisatorischem und filmwirtschaftlichem Gebiet. Dennoch bedeutete Hinkels Berufung – zu einem Zeitpunkt, zu dem sich Goebbels' Unzufriedenheit mit der Filmproduktion auf einem Höhepunkt befand – auch einen programmatischen Einschnitt,[208] zumal auch der dogmatische Filmdramaturg Kurt Frowein versuchte, Filmstoffe nach nationalsozialistischen Kategorien auszusuchen.[209]

Goebbels beabsichtigte zur Jahresmitte offenkundig ernsthafte qualitative und thematische Änderungen bei der Produktion. Zu viele Filme seien »überhaupt nicht aufführbar«, was trotz Filmmangels zu einer »Reserve, die sehr unerfreulich ist«, geführt habe, klagt er am 1.6.1944 über die zurückgestellten Produktionen. Doch dem allgemeinen Willen, neue Akzente zu setzen, fehlte die konsequente Ausführung im Detail. Immerhin betont Goebbels ausdrücklich,[210] daß auf dem politischen Sektor neue Anstrengungen unternommen werden müßten. Als er einen Bericht erhält, »daß die Amerikaner jetzt noch stärker als früher politische Filme auf den Markt bringen«, und zwar »Hetz- und Verleumdungsfilme gegen Deutschland«, die zudem, »da sie sehr gut gemacht seien, ihre Wirkung nicht verfehlten«, müsse man jetzt, »jedenfalls in größerem Umfang als bisher, poli-

207 Einträge vom 29.6.1943 und 5.8.1943.
209 Vgl. auch Toeplitz, Bd. 4, S. 242.
209 Die Korrespondenz zwischen Frowein und der Parteikanzlei etwa über Helmut Käutners ROMANZE IN MOLL in BA/K NS 18/357 Frowein an Tiessler 17.1.1944 und seine »Filmbeurteilungen« zum Beispiel BA/K R 55/664 134f. unterstreichen dies. Trotz der Zuständigkeit für Begutachtung von Filmmanuskripten blieb sein Einfluß wegen der starken Stellung der Produktionschefs gering.
210 Vgl. auch Einträge vom 2. und 26.6.1944.

tische Filme, wenn auch nicht ausgesprochene Hetzfilme, drehen« (24.10.1944). Konkrete Planungen sind auf solche Äußerungen, die im übrigen eine Abkehr von der auch 1944 immer wieder bekräftigten Vertriebspolitik gewesen wären, nicht zurückzuführen. Wie ernst einige Filmvorhaben gemeint waren, die sich für das Produktionsjahr 1945 unter Titeln wie »Flakstelle 77« oder »Vorpostenboot 04« in den Akten des Propagandaministeriums finden, ist nicht mehr zu ermitteln.[211] Offensichtlich aber taten sich die Drehbuchautoren selbst mit den zaghaftesten antiamerikanischen Tendenzen äußerst schwer. So beschied Frowein im Januar 1945 den Filmvorschlag des Autors, Regisseurs und engen Hinkel-Freundes Hans H. Zerlett abschlägig, weil die »Seitenhiebe auf die USA« nicht die »ätzende Wirkung« erzielen würden, die »heute notwendig wäre«.[212]

Da eine stärkere politische Akzentuierung der Filmproduktion – wenn sie denn überhaupt beabsichtigt war – Monate gebraucht hätte, wurde zur Begleitung der immer fanatischeren Durchhalte- und »Endsieg«-Parolen und der im Oktober 1944 beginnenden Aufstellung des Volkssturms erneut eine Reprisenaktion mit »nationalen« Filmen gestartet. Folglich instruierte das Reichspropagandaamt Berlin die Presse: »Dem Ernst und der Bedeutung unserer Zeit entsprechend werden in den Filmtheatern [...] Reprisenfilme soldatischen und nationalen Inhalts eingesetzt«. Es gelte, »diese Aktion durch geeignete Artikel zu unterstützen«.[213] Hinkel beauftragte den Deutschen Filmverleih (DFV), diese Filme »kurzfristig einzusetzen« und legte Goebbels eine entsprechende Titelliste vor.[214] Eine Woche darauf konnte er den Minister bereits auf die zahlreichen politischen Filme in der Kinoschau des *Völkischen Beobachters* hinweisen. Zur Resonanz des Publikums meinte der Filmintendant, die Vorstellungen seien »im Vergleich zu den in letzter Zeit uraufgeführten Filmen durchweg recht gut besucht«, wobei ANNELIE, DER FUCHS VON GLENAVRON und DER KATZENSTEG die höchsten Besucherzahlen aufwiesen.[215] Die Filmfirmen machten eine andere Rechnung auf. Der Ufa-Vorstand stellte fest, »daß der angeordnete Wiedereinsatz staatspolitisch wertvoller

---

211 Vgl. Filmplanungen in BA/K R 109 II/2.
212 BDC-RKK Hans H. Zerlett: Frowein an Hinkel vom 22.1.1945.
213 BA/K Zsg 115/15 Nr. 72 Kulturpolitische Information Nr. 39/1944 vom 27.10.1944.
214 BA/K R 55/663 Nr. 149 Hinkel an Goebbels vom 15.11.1944.
215 BA/K R 55/663 Nr. 152-155 Hinkel an Goebbels vom 24.11.1944. Goebbels ließ DER KATZENSTEG – wie schon 1940 – sofort sperren.

Filme teilweise zu einem erheblichen Rückgang der Besucherzahl in den Filmtheatern geführt« habe.[216]

Den Niedergang des politischen Films kompensiert der Propagandaminister im Verlauf des Jahres 1944 ausführlich durch ein für ihn erfreulicheres Thema: den trotz des verschärften Bombenkriegs ungebrochen starken Kinobesuch. In der Regel um den 20. jeden Monats erhielt Goebbels eine Aufstellung über den Filmtheaterbesuch des Vormonats; seine Kommentare gleichen Triumphmeldungen. Am 23.3. heißt es: »Die Filmeinspielergebnisse sind in diesem Monat weiter gestiegen, trotz des Luftkrieges. Der Film ist einfach nicht totzukriegen.« Trotz des Ausfalls vieler Theater, so Goebbels am 25.4., seien »große Kassenerfolge« zu verzeichnen. Die Bevölkerung suche nach »unterhaltenden und erbauenden Filmen«, gerade in den von Bombenangriffen am härtesten betroffenen Gebieten: »Nachdem Berlin nicht mehr so schwer angegriffen wird, atmet das Publikum sichtlich auf und wendet sich wieder den schöneren Seiten des Lebens zu.« Unter dem 7.5. gibt er sich erfreut, daß die Berliner Theater »wieder 90- und hundertprozentig besucht« seien; ebenso am 23.5.: »Die neue Zahlenstatistik des Films weist gute Ergebnisse auch für den vergangenen Monat auf. Trotz der schwersten Belastungen nimmt der Filmbesuch eher zu als ab.«

Ähnlich die Verlautbarungen im Herbst über die »letzte Filmstatistik«: »Trotz der enormen Belastung des deutschen Volkes insbesondere durch den Luftkrieg hat der Filmbesuch selbst in den fast vollständig durch den Luftterror zerstörten Städten nicht nachgelassen« (24.10.1944). Im Dezember räumt er zwar ein, daß in einigen Gebieten der »Filmbesuch in den letzten Wochen stark nachgelassen« habe, dafür sei in anderen Gauen ein noch stärkerer Besuch zu verzeichnen gewesen, so daß »das Sinken der Kassenziffern nicht allzustark ins Gewicht fällt« und insgesamt »trotz des Bombenterrors und der kritischen Kriegslage der Besuch der Filmtheater weiter im Ansteigen« sei (21.12.1944).

Diese Meldungen bestätigten Goebbels in seinem Glauben an die Wirkungsmöglichkeiten des Films. Anders wäre der Aufwand für Filme wie KOLBERG kaum zu rechtfertigen gewesen. Goebbels übernahm die im Tagebuch genannten Zahlen weitgehend korrekt aus den ihm vorliegenden Statistiken. Nach dem Höhepunkt Mitte 1943 wa-

216 BA/K R 109 I/1716a Nr. 33 Protokoll-Nr. 1577 vom 16.11.1944; Kreimeier, S. 419.

ren die absoluten Besucherzahlen im zweiten Halbjahr zunächst erstmals seit Kriegsbeginn wieder gesunken,[217] stiegen zum Jahresbeginn 1944 jedoch noch einmal stark an und gingen dann ab etwa August 1944 bis Kriegsende kontinuierlich zurück.[218] Im Jahresvergleich wurden 1943 mit 1,11 Mrd. verkauften Eintrittskarten nur unwesentlich mehr Besucher gezählt als 1944 mit 1,10 Mrd.[219] Auch war die Zahl der Kinobesuche pro Jahr und Kopf mit 14 konstant geblieben. Problematischer sind Goebbels' freudige Hinweise auf die Kinoauslastung als Erfolg per se – diese mußte sich zwangsläufig infolge der Zerstörungen erhöhen. Bereits Ende Dezember 1943 konnte in 751 Kinos nicht mehr gespielt werden, bis zum 31. Oktober 1944 stieg die Zahl unbenutzbarer Lichtspielhäuser auf 1279.[220] Zwar wurden auf Betreiben von Winkler die Gewinne der Filmproduktion eingesetzt, um in einer sogenannten Umwandlungsaktion Theater und Sprechbühnen in Kinos umzubauen; dies traf jedoch auf den Widerstand der Gemeinden, die zum einen die Verfügung über ihre Theater nicht verlieren wollten, zum anderen Einfluß auf die Gestaltung der Filmprogramme verlangten.[221] Die beeindruckenden Besucherzahlen sagen zudem nichts über die inzwischen veränderte Publikumsstruktur aus. Durch mangelnde Freizeit und ständig wachsende Wochenarbeitszeit, konnten – so vermeldete auch der SD – wichtige Zielgruppen wie etwa Rüstungsarbeiter durch Filme kaum mehr erreicht werden.[222]

Das von Jahr zu Jahr schrumpfende Angebot an neuen Filmen und im Gegenzug die verstärkte Aufführung älterer, bereits bekannter und daher weniger zugkräftiger Titel stellte ein weiteres Problem dar. Der Anteil nicht-aktueller Produktionen am Filmangebot betrug bereits 1942 etwa 25 Prozent, stieg im folgenden Jahr auf 35 Prozent und erreichte im November 1944 mehr als 40 Prozent.[223] Die ›Altware‹ hatte natürlich nur noch wenig Indoktrinationspotential, und so waren die hohen Besucherzahlen also vorwiegend ein finanzieller Erfolg, und nur soweit es um die erwünschte allgemeine Zerstreuung der Bevölkerung ging, auch ein politischer.

---

217 BA/K R 55/663 Nr. 127 Leiter F an Goebbels vom 26.4.1944 und Nr. 265 Leiter F an Goebbels vom 20.11.1944.
218 Vgl. Drewniak, S. 626.
219 Vgl. Tabellen bei Welch, German Cinema, S. 35.
220 Phillips, S. 244; Kreimeier, S. 418 für die Ufa.
221 BA/K R 55/663 Nr. 256 Leiter F an Goebbels vom 19.9.1944.
222 Kreimeier, S. 416.
223 Vgl. Phillips, S. 248.

Damit die wenigen neuen »staatspolitisch wertvollen« Filme nicht in der Flut der Wiederaufführungen untergingen, versuchte Goebbels, die Festlegung der Kopienzahl neu zu organisieren. So lief der von ihm als wirkungsvoll eingeschätzte Film DIE DEGENHARDTS im Juli 1944 mit 150 Kopien im Reichsgebiet an, eine objektiv unzureichende, im Vergleich zu anderen Filmstarts aber sogar relativ hohe Zahl. Als auch die Filmabteilung monierte, durch die vom zentralen Filmverleih DFV autonom vorgenommene Bestimmung der Kopienzahl würden »die von der staatlichen Filmführung gewünschten guten Filme mit einer gesunden Tendenz [...] mehr in den Hintergrund gedrängt«,[224] formuliert Goebbels Kritik an dem Zustand, daß »ohne Befragung der Dienststellen des Ministeriums für jeden Film je nach Geschmack der jeweilig Prüfenden die nötige Kopienzahl festgelegt« werde (2.4. 1944). Damit begründet er zugleich, daß es mangelnde Erfolge von wichtigen (politischen) Filmen sowie falsche Voraussagen gegeben hat: »Infolgedessen konnten eine ganze Reihe von Filmen, denen ich größere Erfolge gewünscht hätte, diese Erfolge gar nicht erzielen, weil sie nicht über die nötige Kopienzahl verfügten. Das wird jetzt umgeändert insofern, als schon bei der Prädikatisierung des Films auch von mir zum Ausdruck gebracht werden soll, mit welcher Kopienzahl und in welchen Theatern er anlaufen soll.«

Drei Filme im Tagebuch: DER GROSSE KÖNIG (1942), DIE ENTLASSUNG (1942), KOLBERG (1945)

Die drei aufwendigsten politischen Filme der NS-Zeit, DER GROSSE KÖNIG, DIE ENTLASSUNG und KOLBERG waren auch für Goebbels die wichtigsten Filme seiner Karriere. Seitenweise und mit zum Teil unglaublicher Akribie schildert er ihre Entstehung von der Idee bis zur Premiere. Selten wird Produktionsgeschichte so anschaulich, wird so offenbar, wie Goebbels von ganz oben, trotz extremer Überlastung im Krieg, steuerte, kontrollierte, plante und Drehbücher bis ins Detail ausrichtete. Nirgendwo sonst inszeniert sich Goebbels selbst so stark als Produzent und oberster künstlerischer Leiter. In keinem anderen Fall überschätzte er derart das Medium Spielfilm und verkalkulierte sich mit den Produktionszeiten. Die Enstehungsgeschichte der Monumentalfilme verdeutlicht zudem noch einmal die Phasen der Filmpoli-

224 BA/K R 55/663 Nr. 126 Leiter F an Goebbels vom 31.3.1944.

tik in der Kriegszeit: Während DIE ENTLASSUNG und DER GROSSE KÖNIG auf dem Höhepunkt der militärischen Erfolge im Frühjahr 1940 beziehungsweise 1941 begonnen wurden, ist KOLBERG ein Produkt des nach Stalingrad verordneten Durchhaltewillens.[225]

Als der Propagandaminister kurz nach Kriegsbeginn im September 1939 von den Filmfirmen einen »Fridericus-Stoff« forderte, wollte er damit zwar an die bewährte Friedrich II.-Filmreihe anknüpfen, gleichzeitig aber auch einen Bruch zur bisherigen Darstellung des Preußenkönigs vollziehen. Darüber entstanden offenbar Differenzen mit dem schon im April 1940 (5.4.1940) – noch vor Drehbeginn von JUD SÜSS – vorgesehenen Regisseur Veit Harlan: »Harlan will nun einen neuen Friderikus-Stoff machen. Ich will aber jetzt den Friedrich nach Kunersdorf, nicht den Gartenlaube-Friedrich von Gebühr« (26.4.1940).[226] Goebbels und Hitler hatten beide die Schriften Friedrichs des Großen mehrmals gelesen und zitierten sie sich gegenseitig in kritischen Momenten des Krieges. Goebbels, der auch in seinen Reden nicht mit Analogien zum Preußenkönig sparte, wollte endlich einen Friedrich-Film ganz nach seinem Bild und seinen Vorstellungen. Goebbels scheint auch einen stärker militärisch-propagandistischen Film mit der schweren Niederlage des preußischen Heeres bei Kunersdorf 1759 als Ausgangspunkt der Handlung bevorzugt zu haben. Um so wirkungsvoller ließ sich so das »Mirakel des Hauses Brandenburg« und das Ende des Siebenjährigen Krieges 1762 durch die Siege bei Schweidnitz und Freiberg inszenieren. Nur aus der damaligen Lage auf dem Höhepunkt militärischer Erfolge heraus ist wohl zu erklären, daß das Projekt trotz der kritischen Punkte der geschichtlichen Vorlage – russische Truppen in Berlin, Zweifrontenkrieg – überhaupt in Angriff genommen wurde. Nach einigen Änderungen heißt es über das Harlan-Drehbuch am 22.8.1940: »Bis auf kleine Einzelheiten großartig. Das wird ein Film.«

Die Idee zu DIE ENTLASSUNG datiert von Juni 1941. Nach dem großen Publikumserfolg von Wolfgang Liebeneiners BISMARCK Ende 1940 lag

---

225 Vgl. Klaus Kanzog, *»Staatspolitisch besonders wertvoll«*. Ein Handbuch zu 30 deutschen Spielfilmen der Jahre 1934 bis 1945, München 1994. Auch Kanzog hat einige Passagen der Goebbels-Tagebücher für die Produktionsdaten der Filme verwendet. Im Falle von KOLBERG wurde er leider von Elke Fröhlich und dem IfZ falsch informiert und konnte daher wichtige Tagebuchstellen nicht einsehen.

226 »Gartenlaube-Friedrich« könnte auf eine Charakterisierung Kracauers noch aus den zwanziger Jahren zurückgehen.

eine Fortführung der Figur auf der Hand, zumal der Film mit dem Sieg über Frankreich und der Reichsgründung 1871 ausklang und Spielraum für eine Fortsetzung ließ. Wie schon im Falle von OHM KRÜGER trat der Schauspieler Emil Jannings als Lieferant des politischen Stoffes auf: »Jannings trägt mir seinen neuen Filmstoff vor; ›die Entscheidung‹, Bismarck von 1885 bis zu seiner Entlassung. Eine gute Sache, die ich sehr unterstützen werde« (15.6.1941). Jannings, der auch die Hauptrolle übernehmen wollte, griff dabei auf eine Idee aus den dreißiger Jahren zurück, also noch lange vor dem ersten Bismarck-Film. Gegenüber dem bei der Fortsetzung ausgebooteten Darsteller der Titelrolle in BISMARCK, Paul Hartmann, erklärte Tobis-Produktionschef von Demandowsky, es handele sich bei dem neuen Projekt um ein durch Jannings' Bismarck-Verkörperung auf der Bühne des Staatstheaters angeregtes Drehbuch von vor dem Kriegsbeginn; Goebbels habe damals wegen der Person von Kaiser Wilhelm II. Bedenken gegen eine Verfilmung gehabt und diese erst nach dem Tode des ehemaligen Monarchen zurückgestellt.[227] Diese Version wird durch einen Eintrag Goebbels' vom 11.4.1936 bestätigt.[228]

Zwischen Jannings und Goebbels sind offenbar im weiteren Verlauf der Drehbuchkonzeption 1941 Meinungsverschiedenheiten entstanden. Der Schauspieler wollte demnach aus dem Stoff gleich einen zweiteiligen Bismarck-Film machen. Zunächst stellt Goebbels noch erfreut fest, daß »die Vorarbeiten dazu schon sehr weit gediehen sind und daß Jannings sich mit wahrer Begeisterung in die ganze Vorarbeitung gekniet hat, so daß man wahrscheinlich wieder mit einem ganz großen filmischen Kunstwerk zu rechnen haben wird« (3.8. 1941). Doch wandte er sich entschieden gegen zwei Filme, ja schlug gar vor, nur drei Tage aus dem Leben des Reichskanzlers zu verfilmen (21.9.1941), da Jannings' »Riesenschwarte« dem »von mir gegebenen Auftrag« widerspreche.[229] Wenige Tage später ging es dann bereits um die Details des Manuskripts, nun »auf einen Film zusammengestrichen«: »Schwierig ist noch die Frage, ob man Wilhelm II. persönlich darin auftreten lassen soll« (21.11.1941).

---

227 BDC-RKK Paul Hartmann: Demandowsky an Hartmann vom 5.9.1941.

228 »Mit Jannings sein Bismarck-Projekt besprochen. Der Kaiser darf darin nicht auftreten. Er sieht es jetzt allmählich auch ein«.

229 Eintrag vom 14.11.1941: »Schon ein zweiter Bismarck-Film wird schwer durchsetzbar sein, bei einem dritten würde das Publikum fragen, ob Bismarck die einzige Figur der deutschen Geschichte war«.

In den letzten beiden Novemberwochen arbeitete Goebbels ausführlich die letzte Drehbuchfassung durch und legte am 30. November in einer Besprechung mit Jannings und dem Regisseur Liebeneiner die politischen Details fest. Das betraf vor allem »zwei delikate Fragen«: »das Verhältnis Bismarcks zur Sozialfrage und das Verhältnis Bismarcks zum Rußland-Problem«. Für beide fand Goebbels Lösungen. Er ließ Bismarck im Gegensatz zu dem Entwurf von Jannings etwas sozialistischer auftreten: Der ehemalige Reichskanzler dürfe nicht wie Hugenberg sprechen oder »arbeiterfeindlich« erscheinen. Bismarcks prorussische Vertragspolitik korrigierte er, weil die geschichtliche Wahrheit nun einmal leider »augenblicklich absolut nicht in die politische Landschaft« passe: »Denn der Film darf nicht etwa ein Gegenbeweis gegen den jetzigen Krieg gegen die Sowjetunion darstellen«(1.12.1941).

Die Glorifizierung des Widerstands der pommerschen Hafenstadt Kolberg gegen die napoleonischen Truppen 1806/07 kursierte als Filmidee schon vor 1943 in den dramaturgischen Abteilungen der Produktionsgesellschaften. Irgendwann in den Wochen nach der Niederlage bei Stalingrad, spätestens aber Ende April, muß Goebbels sich entschlossen haben, das zur Propagierung von Widerstands- und Durchhalteparolen geradezu prädestinierte Projekt in Auftrag zu geben. Über die ersten Pläne heißt es am 7.5.1943:

»In diesem Film soll Harlan ein Beispiel des Mannesmuts und der Widerstandskraft einer Bürgerschaft auch unter verzweifelten Verhältnissen geben. Dieser Film wird vor allen in den Luftkriegsgebieten eine große Lehre darstellen. Er soll ganz auf historische Tatsachen aufgebaut werden. Harlan, der sich zuerst gegen den Film gesträubt hatte, weil er den Beethoven-Film machen wollte, ist jetzt ganz Feuer und Flamme. Er hat in acht Tagen ein glänzendes Exposé zusammengebracht und will Ende Juli schon ins Atelier gehen. Die Premiere des Films verspricht er mir für Weihnachten. Dann werden wir ihn wahrscheinlich gut gebrauchen können.«

Der offizielle Auftrag Goebbels' an Veit Harlan vom 1. Juni 1943[230] war also nicht der eigentliche Beginn des monumentalen Vorhabens. Am 25.5.1943 berichtet Goebbels, sein Staatssekretär Naumann habe die Bereitstellung »militärischer Kontingente« – angesichts der ge-

230 »Hiermit beauftrage ich Sie, einen Großfilm ›Kolberg‹ herzustellen. Aufgabe dieses Films soll es sein, am Beispiel der Stadt, die dem Film den Titel gibt, zu zeigen, daß ein in Heimat und Front geeintes Volk jeden Gegner überwindet. Ich ermächtige Sie, alle Dienststellen von Wehrmacht, Staat und Partei, soweit erforderlich, um ihre Hilfe und Unterstützung zu bitten und sich dabei darauf zu berufen, daß der hiermit von mir angeordnete Film im Dienste unserer geistigen Kriegsführung steht.«: abgedr. bei Leiser, S. 110f.

planten Massenszenen eine unabdingbare Voraussetzung – für die Dreharbeiten erreicht, und wiederholt seine zeitliche Kalkulation: »Ich verspreche mir von diesem Harlan-Film außerordentlich viel. Er passt genau in die politisch-militärische Landschaft hinein, die wir wahrscheinlich zu der Zeit zu verzeichnen haben werden, wenn der Film erscheint.«

Zusätzlich motivierend dürften die Meldungen von »einer allgemeinen schweren Depression« in der Bevölkerung gewirkt haben: »Irgend etwas muß geschehen, um dem wachsenden Stimmungs- und Haltungseinbruch Einhalt zu gebieten« (28.5.1943).[231] Doch von Harlans Drehbuch gibt sich Goebbels enttäuscht:

»Leider hat Harlan, wie das so oft bei ihm der Fall ist, aus einem Nettelbeck-Film einen Söderbaum-Film gemacht. Nicht Nettelbeck, sondern das Mädchen Maria steht im Mittelpunkt der ganzen Handlung, und die Söderbaum, seine Frau, ist selbstverständlich für diese Rolle ausersehen. Es wird auch hier viel Mühe machen, Harlan von seinen anfänglichen Manuskriptvorschlägen abzubringen. Trotzdem wird das geschehen müssen. Denn ich verspreche mir von dem Kolberg-Film, für den so große Mittel investiert werden, für unsere innere Haltung sehr viel. Er muß der »Große König«-Film des Winters 1943/44 werden. Wer weiß, in welcher Situation wir dann stehen werden. Dann müssen wir Filme zur Verfügung haben, die die Härte des Widerstands pflegen und preisen.«(5.6.1943)

Goebbels wollte vor allem die Nettelbeck-Figur herausgestellt wissen, den Führer der Kolberger Bürgerwehr, mit dem er sich angeblich identifizierte. Denn Nettelbeck betrieb die Mobilisierung des »kämpfenden Volkes« gegenüber den zögerlichen Militärs unter dem Stadtkommandanten Gneisenau. Überraschen mag hier, daß der mächtige Goebbels den erfolgreichsten Regisseur des Dritten Reiches überzeugen muß und ihn nicht einfach anweisen kann. Harlan dagegen spricht immer nur von Zwang und Befehlen. In den folgenden Wochen lassen sich zahlreiche Passagen zur Konzeption des Films nachweisen. Goebbels kritisiert die fehlende Dimension des Harlanschen Drehbuchs: »Es muß nationalistischer gestaltet werden; er hat es zu patriotisch angelegt« (14.6.1943). Der Film drohe im übrigen wie der ›Fridericus-Film‹ »zu lang« zu werden. Während ihm am 14.7.1943 das »neu geschriebene Manuskript« nun »besser als der erste Entwurf« erscheint, heißt es zwei Tage später wieder: »Harlan kniet sich zu sehr in die Schreckensszenen hinein und vernachlässigt dagegen die intimeren Wirkungen. Er muß von seinen Monumentalplänen etwas

231 Zur dramatischen Stimmungsentwicklung im Frühjahr/Sommer 1943 s. Manfred Wirl, *Die öffentliche Meinung unter dem NS-Regime*, Diss. phil. Mainz 1990, S. 160ff.

herunter und den Film etwas mehr im Stil von ›Mrs. Miniver‹ gestalten.«[232] Das erscheint unlogisch, da der amerikanische Film seine propagandistische Wirkung fast ausschließlich aus beiläufigen und unaufdringlichen Szenen bezog, was dem Grundkonzept von KOLBERG widersprach. Am interessantesten indes ist hier die zeitliche Planung Goebbels', die – falls sie überhaupt ernstgemeint war – angesichts der Größenordnung des Projekts schon zur Jahresmitte 1943 als völlig unrealistisch hätte erkannt werden müssen. Bis dahin hatten – noch dazu bei günstigerer Kriegslage – ähnlich dimensionierte Filme wie OHM KRÜGER oder DER GROSSE KÖNIG von der Planung bis zur Uraufführung mindestens eineinhalb Jahre in Anspruch genommen.

Nach etwa zehnmonatigen Dreh- und Schnittarbeiten zu DER GROSSE KÖNIG ist Goebbels' erster Kommentar zu Harlans Friedrich-Film auffallend negativ: »Vollkommen mißlungen. Ohne jede Dämonie. Das Gegenteil von dem, was ich gewollt und erwartet hatte. Ein Friedrich der Große aus der Ackerstraße. Ich bin sehr enttäuscht« (1.6. 1941). Harlan hatte dem Darsteller der Titelrolle, Otto Gebühr, einen gewöhnlichen Berliner Dialekt verpaßt, für Goebbels äußerst »penetrant und geschmacklos«, weil es eben der »Dämonie des großen Königs« widerspreche (6.8.1941).[233] Wäre diese Fassung nicht in Goebbels' Augen politisch unzulänglich gewesen, der Film hätte seine Premiere wohl noch im Herbst 1941 erlebt. So aber erwies sich Harlan offenbar gegenüber den Änderungsforderungen des Ministers zunächst als »unbelehrbar«, was diesen zu der Drohung veranlaßte, »einen ganz neuen Regisseur« (6.6.1941) für die Fertigstellung zu suchen. Bei einer weiteren Konfrontation hält Goebbels Harlan dessen letzten Film und einzigen totalen Mißerfolg und »Versager« (Goebbels am 23.3.1940), PEDRO SOLL HÄNGEN, noch einmal vor und resümiert: »Leider will er nicht zugeben und sieht wohl auch nicht ein, daß sein Film ›Der große König‹ einen Mißerfolg darstellt. Ich weiß deshalb auch nicht, ob er die Fähigkeit besitzt, ihn grundlegend umzugestalten« (23.7.1941). Die ersten Änderungen genügten Goebbels offenbar nicht (6.8.1941). Da auch das Rußlandbild nach dem Angriff auf die Sowjetunion verändert

---

232 Vgl. Eintrag vom 8.7.1943 und Seite 257. Die Passage endet: »Es wird schwer sein ihm das klarzumachen; aber trotzdem bleibt nichts anderes übrig, als das Drehbuch noch einmal zu überarbeiten.« Danach muß offenbleiben, ob Goebbels tatsächlich persönlich mehrmals das Drehbuch umschrieb: Kreimeier, S. 411.

233 Deshalb wohl auch der Hinweis auf eine Straße im Berliner Arbeiterviertel Wedding.

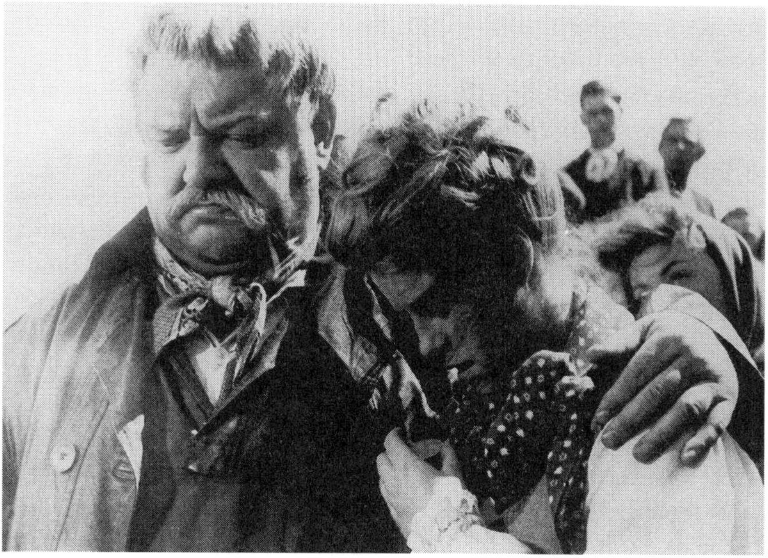

Heinrich George als Nettelbeck, Kristina Söderbaum als Maria in KOLBERG: *»Aus einem Nettelbeck-Film einen Söderbaum-Film gemacht«*

werden mußte,[234] dauerten die umfangreicheren Nachaufnahmen bis zum Jahresanfang 1942. Die 1940/41 noch unverfängliche historische Wahrheit – zu Friedrichs Sieg über die Österreicher trugen russische Hilfstruppen bei –, bedurfte nun einiger Korrekturen.

Nach dem gescheiterten Vormarsch auf Moskau war die politische Stimmungslage eine völlig andere. Der nach Goebbels' Wünschen umgearbeitete Film entsprach auf einmal – wohlgemerkt nicht, weil er von Anfang an exakt »auf die Gemütslage des Publikums kalkuliert« war[235] – mit seinem demonstrativen »Verständnis für das unter dem Krieg leidende, am Krieg verzweifelnde Volk«[236] genau den propagandistischen Erfordernissen. Geschickt werden durch die Figur der von Kristina Söderbaum gespielten Müllerstochter Vorbehalte und Kritik in der Bevölkerung gegen den Krieg artikuliert – sie verdammt dabei auch den König, das Substitut Hitlers – und mit Hinweis auf die höhere Einsicht und das Pflichtbewußtsein Friedrichs widerlegt. Goebbels konnte sich bestätigt fühlen, denn seine »von Anfang an gehegten Wünsche und Erwartungen« (2.3.1943) an das Projekt

234 Kanzog, S. 306.
235 Bandmann/Hembus, S. 143.
236 Ebd.

erwiesen sich als geradezu prophetisch – ohne daß er diese Veränderung hätte voraussehen können.

Fortan findet sich bei Goebbels kein Wort wirklicher Kritik mehr; der Film wird zum Vehikel des »Totalen Krieges« und ist Gegenstand einpeitschender Rhetorik sowie penetranter Lobesphrasen. Jetzt, wo der Film darstelle, »was ich mir davon gewünscht hatte«, so Goebbels am 25.1.1942, werde von ihm »eine Welle der Erhebung durch das ganze Volk gehen«: »Er zeigt den König in seiner Größe und Einsamkeit und bietet überraschende Parallelen zur Gegenwart.« Mit seiner Absicht, ihn zum Jahrestag der Machtergreifung am 30. Januar in »möglichst vielen« Kinos zu bringen, verkalkulierte sich Goebbels allerdings, da »in verschiedenen Kleinigkeiten« noch Änderungsbedarf bestand: »Vor allem der österreichische Komplex ist etwas zu kritisch und zu aggressiv ausgefallen. Wir können uns das augenblicklich nicht leisten, denn der Film soll ja nicht nur für die Preußen, sondern für ganz Deutschland richtungs- und beispielgebend sein« (28.1. 1942). Die wesentlichen Ziele des Films seien aber erreicht worden: »Mit diesem Film können wir auch Politik machen. Er ist ein gutes Hilfsmittel im Kampf um die Seele unseres Volkes und in dem Prozeß einer dauerhaften Verhärtung der deutschen Widerstandskraft, derer wir bedürfen« (19.2.1942). Zudem diente Goebbels die Harlan-Produktion als Instrument bei seinen Reibereien mit der Wehrmachtsführung, die sich bei Hitler über die Darstellung der preußischen Generäle beklagt hatte.[237]

Als Goebbels auf der Ministerkonferenz »so viele verblüffende Parallelen zur Gegenwart«[238] und somit auch zu Hitler feststellte, ließ er die Presse darauf hinweisen, daß »die im Film dargestellten historischen Vorgänge auch wirklich historisch sind und die Aussprüche des großen Königs aus seinem eigenen Mund stammen« (3.3.1942). Ferner sollten »alle Vergleiche Friedrichs mit dem Führer« unterbleiben; das Publikum sollte sie selbst erkennen.[239]

---

237 Siehe Kap. 5, Seite 337.

238 Ministerkonferenz vom 2.3.1943: Boelcke II, S. 220.

239 Diese »Parallelität zur Gegenwart« nahm er dann aber in seine – in Teilen mit den Tagebuchpassagen fast wortgleichen – Rede am 19.4.1942 zu Hitlers Geburtstag auf, in der er ausführlich auf den Film und auf Friedrich den Großen einging: Helmut Heiber (Hrsg.), *Goebbels-Reden 1939-1945*, Düsseldorf 1972, S. 112ff. Friedrich den Großen als Symbol und den »friderizianischen Geist« verwendete Goebbels in seiner Propaganda bis Kriegsende. Beim Tod des amerikanischen Präsidenten Roosevelt im April 1945 sollen Goebbels und Hitler angeblich an ein zweites »Mirakel des Hauses Brandenburg« geglaubt haben: Heiber, Joseph Goebbels, S. 328f; Reuth, S. 592f.

Wie es einem Erziehungs- und Propagandamittel entspricht, ist der Film natürlich nicht »wirklich historisch«.[240] Im Vorspann wurde eigens auf den Planungsbeginn im Frühjahr 1940 hingewiesen, damit die so frappierenden Analogien vom Publikum nicht als zu plump empfunden würden.[241] Unsicher zeigt sich Goebbels allein über die Wirkung der Anfangsszenen, die ungewöhnlich drastische Bilder von Tod, Zerstörung, Leiden und Mutlosigkeit nach der Niederlage bei Kunersdorf enthalten: Der Presse wurde mitgeteilt, die »pessimistische Note, die zu Beginn des Films vielfach die Texte beherrscht«, sei »keinesfalls mit der Haltung des deutschen Volkes im jetzigen Kriege zu identifizieren«.[242]

Nach der großen Galapremiere vor Kriegsversehrten, Rüstungsarbeitern und Ritterkreuzträgern im Ufa-Palast am Zoo am 3. März überschlagen sich die Passagen über den »Sensationserfolg« des Films, der auch das höchste Prädikat »Film der Nation« erhielt: »Er wirkt genau so, wie ich das vorausgesehen habe. Er wird zweifellos eine große Erziehungsarbeit am deutschen Volke ausüben, zumal in der gegenwärtigen Lage« (4.3.1942). Mit Blick auf seine Bemühungen um eine »Totalisierung« des Krieges fügt Goebbels hinzu: »Der Film kommt gerade zurecht, um eine härtere Art der Kriegsführung auch auf diese Weise zu begründen.« Und als ob es überhaupt keine präzisen Presse-Direktiven gegeben hätte, stellt er scheinheilig erfreut fest: »Die Presse schreibt in den wärmsten Tönen über ihn« (5.3.1942). Dank einer gewaltigen Werbekampagne kann Goebbels einen »Sturm auf die Kassen« vermelden und es sich gleichzeitig leisten, taktisch differenziert aufzutreten: »Ich hatte im geheimen gefürchtet, daß dieser Film zu schwer, zu ernst und zu konsequent wäre, um wirklich populär zu werden. Das scheint aber nicht der Fall zu sein« (8.3.1942). Für seinen nach JUD SÜSS und OHM KRÜGER größten filmpolitischen Erfolg fehlten Goebbels zur angestrebten »Erziehungswirkung« von DER GROSSE KÖNIG (»der Film ist nicht zu hart«) nur noch die entsprechenden Zuschauerzahlen. Folglich präsentiert er detaillierte Angaben: Nach 3 1/2 Wochen habe der Film allein in Berlin bereits 120 000 Zuschauer erreicht und damit »alle bisherigen Filmerfolge weit in den Schatten« gestellt (31.3.1942). Am 22.4. kalkuliert er mit

240 Ebd., S. 114 Anm. 4. Die historischen Unstimmigkeiten führten auch zu Protesten österreichischer NS-Gliederungen, vgl. Schriftwechsel in BA/K NS 18/342.
241 Vgl. Courtade/Cadars, S. 75f.
242 Presseanweisung vom 2.3.1942, abgedr. bei: Boelke II, S. 220.

Gustav Fröhlich, Otto Gebühr und Otto Wernicke in DER GROSSE KÖNIG *(1942): Erziehungswirkung für das ganze deutsche Volk*

5,5 Millionen RM Einspiel ausreichend, um eine »gewonnene Seelenschlacht« (1.6. 1942) und eine »Verstärkung der inneren Widerstandsfront« (14.4. 1942) auszumachen. Mit dem Ende 1944 angegebenen Gesamtergebnis von 6 Millionen RM – für einen politischen Film eine vergleichsweise gute Summe – rangiert der Film insgesamt jedoch als Schlußlicht auf Platz 21 einer Liste der erfolgreichsten Produktionen seit 1941.[243] Dazu dürfte allerdings eine beträchtliche Anzahl von nichtkommerziellen Wehrmachts- und Parteivorführungen gekommen sein.

Nur andeutungsweise gesteht Goebbels auch die Vorbehalte ein, auf die der Film in Österreich stieß und die wohl auf die preußische Thematik allgemein und die trotz Entschärfung verbliebenen Anti-Habsburg-Szenen zurückzuführen sind. Er hatte selber dazu beigetragen, indem er Harlans frei erfundenen Giftmordanschlag Maria The-

243 BA/P 50.01/729 Liste vom 13.11.1944 Nr. 2-3.

resias auf Friedrich im Film beließ und damit Proteste aus den österreichischen Gauen heraufbeschwor. Diese mangelnde Resonanz verdreht indes der Berliner Gauleiter gleichzeitig dahingehend, Hitlers alten Haß gegenüber der Stadt Wien zu schüren, denn Goebbels lag ständig im Clinch mit der Wiener Parteiführung: »Es ist übrigens bezeichnend – was ich auch dem Führer berichte –, daß der Film ›Der große König‹ in allen Städten des Reiches einen enormen Erfolg aufzuweisen hat, mit einer Ausnahme: Wien« (30.5.1942). Goebbels verschweigt, daß DER GROSSE KÖNIG nicht nur in der Donau-Metropole, sondern in nahezu allen Städten Österreichs nur mäßig lief. Fast sämtliche vergleichbaren Streifen (politische wie JUD SÜSS oder unterhaltende wie OPERETTE) schnitten im Verhältnis Spieltage zu Besucherzahlen besser ab. Die Zuschauerzahlen, die in Wien tatsächlich besonders schwach waren, wurden in Innsbruck, Klagenfurt oder Salzburg nur leicht übertroffen. Auch in Hitlers Lieblingsstadt Linz kam der DER GROSSE KÖNIG auf weniger Zuschauer, als etwa JUD SÜSS und OHM KRÜGER 1940/41 bei allgemein geringerer Kinokonjunktur erreicht hatten.[244] Insgesamt waren dies schlechte Voraussetzungen für das von Goebbels am 28.1. formulierte Ziel, der Film dürfe nicht als österreichfeindlich aufgenommen werden, sondern müsse »für ganz Deutschland richtungs- und beispielgebend sein«. Die einhellige Ablehnung der Harlan-Produktion bei der Uraufführung auf der Biennale von Venedig erklärt Goebbels mit der »venezianischen Plutokratie« im Publikum (31.8.1942).[245] Die deutsch-italienische Filmachse sicherte dem Preußenfilm trotzdem die Coppa Mussolini für den besten ausländischen Film.

Der Sicherheitsdienst beschrieb die Wirkung des Veit-Harlan-Films auffallend zwiespältig und bestätigte keinesfalls Goebbels' Elogen. Die Hälfte des Berichts besteht aus der Wiedergabe kritischer Punkte und Einschränkungen. Zwar wird grundsätzlich die »außerordentliche und nachhaltige Wirkung« nicht bestritten, sogar von einer »begeisterten Zustimmung« in allen Bevölkerungsschichten ist die Rede. So habe »das neue Friedrich-Bild gerade auf die breiten Volksmassen einen ungeheuer anziehenden und fesselnden Eindruck gemacht«, womit der Propagandaminister seine Absicht, das Bild Friedrichs nicht »zu

---

244 BA/P 50.01 729 Nr.9 Aufstellung vom 3.6.1942 Vgl. auch SD-Bericht vom 28.5.1942: Boberach, S. 3759 zur Aufnahme des Films in Österreich.

245 In den Anweisungen für die Presse war dagegen von einem großen Erfolg des Films in Venedig die Rede: BA/K Zsg. 102/63 vom 4.9.1942.

vulgarisieren«, ihn aber »von seinem hohen Podest« herunterzuholen (6.8.1941), erreicht hätte. Andererseits empfanden große Teile des Publikums einige Flucht- und Zerstörungsszenen offenbar als zu drastisch, weshalb insbesondere weibliche Zuschauer ihn als »zu starke Nervenbelastung« abgelehnt hätten. In Österreich fand demnach ohnehin die »Herausstreichung des Preußentums« und »jede partikularistische Betrachtungsweise« keinen Widerhall. Während die Analogien zu Hitler offensichtlich funktionierten, seien, so die Spitzel des Sicherheitsdienstes, die »Parallelen zwischen der Lage Preußens von damals und der Deutschlands von heute ›allzu grob‹ gezeichnet« und »plump aufgetragen« – trotz aller Verdienste, die »Ausdauer und den Siegeswillen des Volkes zu stählen«.[246]

Im Gegensatz zu DER GROSSE KÖNIG fehlten dem Bismarck-Film DIE ENTLASSUNG nützliche Bezüge zu aktuellen propagandistischen Zielen. Die Handlung wiederholte oft benutzte Versatzstücke: der gleich zu Beginn zelebrierte Totenkult, verschlagene jüdische Parlamentarier, eine intrigante kaiserliche Entourage und Bürokratie, die Glorifizierung Bismarcks als überlegener Staatslenker. Am Sinn dieser durch den unfreiwilligen Abgang Bismarcks eher resignativ wirkenden »recht überflüssigen Neuauflage einer nicht mehr zeitgemäßen Propaganda«[247] scheint auch Goebbels angesichts der ersten Muster gezweifelt zu haben. Schon über die Szenen des von Werner Hinz dargestellten Wilhelm II. bemerkt Goebbels: »Die Szenen sind sehr diskret und geschmackvoll gemacht und keineswegs karikierend; aber trotzdem bin ich im Zweifel, ob es richtig ist, jetzt einen solchen Film der Öffentlichkeit vorzuführen. Allerdings sind die Streifen, die mir gezeigt werden, noch zu kurz, als dass ich mir ein endgültiges Urteil bilden könnte« (3.2.1942). Noch kritischer schätzt Goebbels am 15.3. die Lage ein: Es seien »größere Schwierigkeiten zu erwarten«, und sein Staatssekretär Naumann beurteile nach nochmaliger Prüfung des Manuskripts »den Fortgang der Dreharbeiten sehr skeptisch«. Der fertige Film und die überlegene Qualität der Machart überzeugten Goebbels dann offenbar doch. Ausgesprochen euphorisch im Ton, verschweigt er jedoch nicht noch bestehende Bedenken: »Selten hat die deutsche Filmkunst einen solchen Wurf getan wie hier. Die

246 Alle Zitate aus SD-Bericht vom 28.5.1942: Boberach , S. 3759f.
247 Hollstein, S. 165.

Zeit der früheren Regierung Wilhelms II. wird hier mit einer mitleidlosen Kritik betrachtet und in ihren Auswirkungen in einer genialischen filmischen Schau zusammengefasst. Trotzdem weiß ich nicht, ob dieser Film im Augenblick aufgeführt werden kann.« Der Film könne »vielleicht gewisse Kreise etwas vor den Kopf stoßen. Ich muß ihn noch einer Reihe von Menschenkategorien vorführen, um abzuschmecken, wie er auf sie wirkt« (28.6.1942).

Als Kritik an dem Film von seiten der Parteikanzlei und anderer Widersacher wie Alfred Rosenberg laut wurde, schob Goebbels alle nicht ausgeräumten Vorbehalte beiseite. Jetzt ist nur noch von einer »Glanzleistung erster Klasse« die Rede. Goebbels ließ – wie angekündigt – eine Vorführung vor ausgewählten Staats- und Parteirepräsentanten organisieren. In einer anschließend unter den Teilnehmern durchgeführten Umfrage finden sich negative Stimmen über das Auftreten des Kaisers und die Darstellung von Deutschlands Rolle bei der Vorgeschichte des Ersten Weltkriegs ebenso wie Lob für die guten Schauspieler.[248] Im Resümee der Befragung durch die Parteikanzlei wurde die letztlich überwiegende Skepsis in die Worte gefaßt, dem Film fehle »der positive Ausblick«.[249] Goebbels hingegen ignorierte die Vorbehalte. Statt dessen führt er eine ihm genehme Reaktion der Gauleiter an, die angeblich alle Bedenken zurückgewiesen und sich »in massiver Form« für die »sofortige Herausgabe« des Films ausgesprochen hätten (7.8.1942). Doch trotz Goebbels' fragwürdiger Behauptung, Hitler habe über den Film »nur Gutes gehört«, hatte wohl auch der erneut als Schlichtungsinstanz angerufene Diktator anfangs Bedenken: »Ob er zur Zeit aufgeführt werden kann, möchte er noch nicht endgültig entscheiden. Er ordnet deshalb an, daß ich den Film zuerst einmal in irgendeiner Stadt probeweise herauskommen lasse und die Reaktion des Publikums abwarte, um ihm dann erneut darüber Vortrag zu halten« (21.8.1942).[250] Daraufhin beschreibt Goebbels die in Stettin am 15. September veranstaltete Testvorführung als »riesenhaften Erfolg« (16.9.1942): »Ich gebe diese Stimmen dem Führer weiter. Ich hoffe, dass der Führer sich jetzt damit einverstanden erklären wird, dass der Film zur Freigabe kommt.« Erst am 24. Sep-

---

248 BA/K NS/18 283 fünfseitige Aufstellung vom 27.7.1942 mit Ergebnissen der Umfrage.
249 BA/K NS/18 283 Zusammenfassung durch Tießler vom 5.8.1942.
250 Vgl. Ministerkonferenz vom 21.8.1942: Boelcke II, S. 273; BA/K Zsg 109/37 12.9.1942 und Zsg 102/63 28.8.1942. Vgl. auch Albrecht, S. 71.

Erwartungen enttäuscht: Emil Jannings als Bismarck und Werner Hinz als Wilhelm II. in DIE ENTLASSUNG *(1942)*

tember gab Hitler sein Einverständnis, so daß DIE ENTLASSUNG am 6. Oktober trotz erneuter Proteste Rosenbergs im Berliner Ufa-Palast am Zoo starten konnte.[251]

Die überlange, umständliche und äußerst komplizierte Presseanweisung[252] mit ihren vielen Hinweisen und Einschränkungen verdeutlicht die Problematik der historisch unschlüssigen und nicht NS-gemäßen Geschichtsdarstellung in DIE ENTLASSUNG. Nach anfänglich großem Andrang im Oktober – Goebbels hoffte schon, damit DIE GROSSE LIEBE übertreffen zu können – ließ das Interesse der Besucher rasch nach. Insgesamt dürfte der nach dem Krieg als SCHICKSALSWENDE wiederaufgeführte Film auf ein Einspielergebnis von ca. 5 Millionen RM gekommen sein.[253] Durch die Reichspropagandaämter

---

251 BA/K NS 18/283 Rosenberg an Bormann 25.9.1942. Rosenberg wiederholte die Kritik an der Darstellung der »Unglückspolitik Kaiser Wilhelms« und erklärte den Film als »aussenpolitisch nicht tragbar, sogar ausgesprochen schädlich und innerpolitisch in keiner Weise notwendig«.

252 Auszugsweise abgedr. bei: Boelcke II, S. 274.

253 In der Einspielergebnisliste von November 1944 taucht er nicht auf.

wurde Goebbels über die insgesamt eher verhaltenen Publikumsreaktionen informiert. Obwohl durchaus ehrlich in der Einschätzung, hat er für den offensichtlichen Mißerfolg eine Ausflucht parat:

»Ich bekomme Nachrichten aus verschiedenen Städten, daß der Film ›Die Entlassung‹ doch in gewissen Volkskreisen nicht den Erfolg erringt, den man sich eigentlich erwartet hatte. Er ist ein typischer Männerfilm und wird, weil er keine richtigen Frauenkonflikte darstellt, von der Frauenwelt im allgemeinen abgelehnt. Auch muß man doch schon ein gewisses Maß an politischer und geschichtlicher Vorbildung mitbringen, um die hier angeschnittenen Fragen überhaupt zu verstehen. Trotzdem aber steht der Film auch in seinem Erfolg weit über allen normalen Unterhaltungsfilmen. Aber wenn man den letzten Maßstab anlegt, dann scheint er die Erwartungen nicht ganz zu erfüllen, die man zuerst an ihn geknüpft hatte.« (13.12.1942)

Laut der Produktionsübersicht des Reichsfilmintendanten begannen die Dreharbeiten zu KOLBERG Ende Oktober 1943 und sollten am 13. Mai 1944 abgeschlossen sein.[254] Die ursprüngliche Planung Goebbels', KOLBERG im »Winter 1943/44« einsetzen zu können, ließ sich aufgrund des riesigen Aufwands, den Harlan mit 187 000 Soldaten-Statisten, 6000 Pferden und 10 000 Uniformen beziffert, ebensowenig verwirklichen wie seine Anweisung vom 4. Juli 1943, das Projekt dürfe nicht mehr als 4 Millionen RM kosten.[255] Schon die Vorarbeiten und die Requirierung des benötigten Materials bereiteten der Ufa große Schwierigkeiten.

Mindestens alle zwei Monate kontrollierte der Propagandaminister den Fortgang der Dreharbeiten anhand erster »Muster von dem in Arbeit befindlichen Harlanschen Farbfilm ›Kolberg‹. Diese Muster sind ganz hervorragend gelungen. Wenn der Film so wird, wie diese Muster es andeuten, dann verspreche ich mir einen großartigen, imponierenden Wurf der deutschen Filmproduktion« (6.2.1944). Doch die zeitlichen Fehlkalkulationen setzten sich fort:

»Professor Harlan, dem ich eine Ehrengabe zukommen lasse, berichtet mir über seine Arbeit am Film ›Kolberg‹. Er glaubt, in etwa zwei bis drei Monaten fertig zu sein. Nach dem, was ich bisher an Mustern gesehen habe, wird er ein Film erster Klasse. Harlan gehört zu unseren hervorragendsten Filmregisseuren, denen man eine große Aufgabe vertrauensvoll in die Hand legen kann.« (21.4.1944)

Auch im Juni konnte der zunehmend ungeduldige Goebbels nur wieder »neue Proben« begutachten und hoffen, »daß Harlan damit ein

254 BA/K R 55/655 Produktionsübersicht RFI vom 14.1.1944.
255 BA/K R 55/774 Nr.167 Protokoll Besprechung beim RFM vom 10.7.1943.

Meisterwerk der deutschen Filmkunst vorlegen wird« (12.6.1944). Nach Beendigung der Dreharbeiten Ende November zeigt sich Goebbels keineswegs, wie später behauptet wurde, »sehr unzufrieden mit dem Resultat«.[256] Im Gegenteil: »Er ist ein wahres Meisterwerk der Regiekunst. Harlan hat ihn auch politisch so geschickt placiert, daß man fast auf den Verdacht kommen könnte, er wäre erst vor drei Wochen in Arbeit gegeben worden [...]«. Änderungsbedarf sieht Goebbels nur noch in geringem Ausmaß, vor allem dort, wo »Harlan in verschiedenen Aussagen in seinen alten Fehler mystischer Chorgesänge und übertriebener Darstellungen verfällt« (1.12.1944). Goebbels läßt, was als besondere Auszeichnung des Großprojekts gelten kann, sogar Hitler sprechen: »Ich berichte ihm von dem neuen ›Kolberg‹-Film, schildere ihm einige Szenen daraus, die den Führer fast bis zu Tränen erschüttern. Er ersucht mich darum, den Film so schnell wie möglich herauszubringen, und bezeichnet ihn nach meinen Darstellungen als eine gewonnene Schlacht in der politischen Kriegsführung« (3.12.1944). Danach gab es einige Probevorführungen im Ministerium, unter anderem vor 150 NS-Führungsoffizieren sowie Offizieren des Berliner Wachregiments (9.12.1944),[257] bis Goebbels am 12.12. 1944 erneut von notwendigen Schnitten berichtet, »die sich sehr leicht durchführen lassen«. Harlan hatte aber offenbar zunächst andere Vorstellungen, den Film zu ändern: »Anstatt den Film zu verbessern, hat Harlan ihn eher verschlechtert«, stellt Goebbels am 23.12.1944 fest. Jetzt wiederum erforderliche »starke Schnitte« verzögerten die Fertigstellung weiter. Dabei handelte es sich nicht um zusätzliche Geschichtsklitterungen (im Film wird Kolberg gerettet, in Wirklichkeit eroberten es die Franzosen) oder die Einfügung weiterer Sportpalast-Durchhalteparolen aus dem Munde Nettelbecks. Neben der Entfernung von allzu realistischen »Zerstörungs- und Verzweiflungszenen«, die dazu führen würden, »daß große Teile des Publikums sich weigern werden, in der gegenwärtigen Situation sich den Film überhaupt anzuschauen« (Goebbels am 23.12.), ging es dem Minister um die »monströsen Schlachten und Stadtszenen«[258],

---

256 Rainer Rother (Hrsg.): *Ufa-Magazin Nr. 20 zur Ausstellung Die Ufa 1917-1945 – Das deutsche Bilderimperium*, Berlin 1992, S. 3.

257 Vgl. auch BA/K R 109I/957 mit Unterlagen über die Vorführung vor 150 NS-Führungsoffizieren am 6.12.1944.

258 Goebbels' Änderungswünsche und die Bereitschaft Harlans, sie zu erfüllen, gehen aus BA/K R55/664 Nr. 6ff Hinkel an Goebbels vom 6.12.1944 hervor; Vgl. auch Rother, Ufa Magazin Nr. 20, S. 3.

Kolberg (1945): Monströse Schlachtenszenen

um den »mystischen Chor« Harlans im Prolog, das »Schlußgebet« und die sphärenhafte Musik, die ihm schon bei Immensee und Opfergang mißfallen hatte. Die letzte Schnittbesprechung fand demnach am 22. Dezember 1944 statt. Die Differenzen mit Harlan waren geringer als dieser angibt,[259] denn auch Hinkel vermerkte, daß Harlan »mit allen von dem Herrn Minister gewünschten Änderungen einverstanden« gewesen sei.[260]

Am 5. Januar 1945 lag die Endfassung vor – zu spät für die noch im Oktober von Frowein geäußerte Absicht, der Film »müßte an einem Tag mit einer Vielzahl von Kopien in den wesentlichen Städten des Reiches anlaufen, damit möglichst schnell die von uns erwünschte Breitenwirkung erzielt wird«.[261]

Was sich Goebbels wirklich noch von dem Film erwartete – darüber sagen die Passagen wenig aus. Waren er und Hitler wirklich von der Obsession erfüllt, wie Harlan es formulierte, »daß ein solcher Film ihnen mehr nutzen konnte als etwa eine gewonnene Schlacht in Russ-

259 Harlan, S. 192ff. Eine Zusammenfassung der Änderungsvorschläge auch bei Kanzog, S. 361 Anm. 182.
260 BA/K R55/664 Nr.6. Hinkel an Goebbels vom 6.12.1944.
261 BA/K R 109 II/13 Frowein an Naumann vom 18.10.1944.

land«? Die Auslieferung der Kopien in alle größeren Städte, bevorzugt aber in die bedrohten Ostgebiete (Breslau, Danzig), verlief äußerst schleppend. Bemerkungen wie die über eine »gewonnene Seelenschlacht« lassen in der fanatisierten Atmosphäre des nahenden Endes durchaus Selbsttäuschung und Realitätsblindheit erkennen. Zumindest deuten sie darauf hin, daß Goebbels nicht bereit war, das propagandistische Desaster des im Berliner Tauentzien-Palastes (der Ufa-Palast am Zoo war bereits zerstört) und in der eingeschlossenen Atlantikfestung La Rochelle zum 13. Jahrestag der Machtergreifung am 30. Januar 1945 uraufgeführten Films einzugestehen. So mutet es fast wie eine gespenstische Verwechslung von Film und Wirklichkeit an, wenn Goebbels am 19.3.1945 bemerkt:

»Kolberg haben wir nunmehr räumen müssen. Die Stadt, die sich mit einem so ausserordentlichen Heroismus verteidigt hat, konnte nicht mehr länger gehalten werden. Ich will dafür sorgen, dass die Räumung nicht im OKW-Bericht verzeichnet wird. Wir können das angesichts der starken psychologischen Folgen für den Kolberg-Film augenblicklich nicht gebrauchen.«

V. Kapitel

»Führer meint, besser nicht aufführen«: Goebbels und die Filmzensur

1. *Filmzensur seit 1933*

Im »Dritten Reich« trat der Staat mit Hilfe eines durchorganisierten Herstellungssystems und willfährigen Personals praktisch selbst als Filmproduzent auf. Filme wurden vom Propagandaministerium initiiert bzw. genehmigt und bis zur Endfertigung im Schneideraum überwacht. Filmverbote waren unter solchen Vorzeichen eher ein »Betriebsunfall«, ja eine »Folge tatsächlich unvorhersehbarer, d.h. völlig unkalkulierbarer Umstände« und absoluter Willkür.[1] Es entsteht »ein Bild nicht faßbarer Zensurkriterien«[2], weshalb die Hintergründe von Filmverboten oft mysteriös bleiben. Als unmittelbare Quelle aus dem Propagandaministerium, wo über die Mehrzahl der Filmschnitte und Verbote entschieden wurde, ohne alles in den Akten niederzulegen, können Goebbels' Aufzeichnungen zur Aufklärung einiges beitragen.

Nach der Verstaatlichung der Filmindustrie und insbesondere nach Etablierung der Ufi 1942 unterlag die Filmzensur einem fundamentalen Wandel. Die Vorzensur, also die Projektplanung und Drehbuchkontrolle, wurde zu einem Teil des Herstellungsprozesses. Auch die Nachzensur (Schnitte, Nachaufnahmen und sonstige Veränderungen am bereits abgedrehten Film) gehörte weitgehend zur Produktion. Wo liegt unter solchen Umständen noch die eigentliche Zensur? Goebbels selbst begründete diese intensive »Mitarbeit von seiten des Staates« so, daß »von vornherein die große Zensuraufgabe nach Fertigstellung am Film auf ein Minimum beschränkt wird«.[3] Nur soweit es um die

1 Klaus-Jürgen Maiwald, *Filmzensur im NS-Staat*, Dortmund 1983, S. 194.
2 Ebd.
3 Rede vom 28.2.1942 abgedr. bei: Gerd Albrecht, *Nationalsozialistische Filmpolitik*, Stuttgart 1969 (Albrecht I), S. 475.

grundsätzliche Entscheidung über die Zulassung ging, wurde Zensur ausgeübt. Wo Goebbels die Herstellung eines Filmprojekts in allen seinen Phasen kontrollierte, war auch die Arbeit am Schneidetisch bis zur kopierfertigen Fassung nicht eigentlich eine Zensur. Goebbels waltet nicht als Zensor, sondern als politisch und künstlerisch gestaltende letzte Instanz, als allmächtiger Produzent mit dem selbstverständlichen Recht, den »final cut« zu bestimmen.

Nur wo eine Beteiligung des Ministers am Herstellungsprozeß nicht erkennbar ist, wie bei den meisten Filmen unterhaltenden Charakters, tritt er als Zensor auf, der versucht, seine politischen, Geschmacks- und Moralvorstellungen durchzusetzen. Im übrigen geht es bei dem ganzen Komplex Zensur nicht nur um Filmumarbeitungen oder spektakuläre Verbotsfälle. So sehr Goebbels auch Selbstbeweihräucherung betrieb, gerade der Zensurbereich macht deutlich, daß der Propagandaminister im komplexen Machtgefüge des Dritten Reichs selbst im angestammten Territorium unliebsamen Zwängen ausgesetzt war.

Die institutionalisierte Filmzensur in den ersten Jahren nach 1933 weist eine erhebliche personelle und normative Kontinuität auf. Die Zensurgesetzgebung blieb nach der Machtergreifung über ein Jahr lang unverändert: Zahlreiche Filme aus der Weimarer Republik wurden nun aufgrund der gleichen Rechtsnormen, nach denen sie zugelassen wurden, von den Behörden verboten.[4] Die Zensurbeamten, darunter Heinrich Zimmermann, Leiter der Filmprüfstelle seit Dezember 1929 (bis zu seiner Versetzung 1939 in die Filmabteilung des Propagandaministeriums) und Arnold Bacmeister (1939 bis 1945, auch zuständig für Zensurangelegenheiten im Propagandaministerium), verhielten sich auch dem neuen Regime gegenüber loyal. Als Leiter der Filmoberprüfstelle amtierte weiterhin Ministerialrat Ernst Seeger. Der zuverlässige Verwaltungsfachmann war schon im Reichsministerium des Innern für das Filmwesen zuständig und stand seit April 1933 auch an der Spitze der Filmabteilung im Propagandaministerium. Seeger, in dessen Verantwortung etwa das bekannte Verbot der Remarque-Romanverfilmung Im Westen nichts Neues fiel, garantierte das reibungslose Funktionieren des Zensurapparats und entwarf in wesentlichen Teilen das neue Reichslichtspielgesetz vom

4 Ebd., S. 79.

16. Februar 1934[5], das die Grundlage für die Vor- und Nachzensur schuf. Darin wurden die in §7 aufgeführten bisherigen Verbotsgründe[6] erweitert (»Gefährdung der öffentlichen Ordnung und Sicherheit« und »Verletzung des nationalsozialistischen, sittlichen und künstlerischen Empfindens«), einige alte dagegen gestrichen – u.a. auch die »Weltanschauungstendenz«, die durch die Aufführung der ersten nationalsozialistischen Filme 1933 wie HITLERJUNGE QUEX ohnehin faktisch unwirksam geworden war. Die völlig willkürliche Vorschrift »Verletzung des nationalsozialistischen Empfindens« zielte in erster Linie gegen »rassisch« unliebsame Filme (Mitwirkung von jüdischen Darstellern, Regisseuren, Komponisten usw.), das »künstlerische« Kriterium richtete sich gegen sogenannten Kintopp und »seichte Kitschfilme«. Zusätzlich zu den Verbotsgründen wurden Schnittauflagen (§9) und Vorführbedingungen (§10) verschärft und die Kontingentierung ausländischer Filme erstmals als Bestandteil des Zensurgesetzes eingefügt. Als ein »vorläufiger Arierparagraph« in der Filmzensurgesetzgebung[7] verlangte die Definition »deutscher« Film nun »rassereine« Mitwirkende.

Neben den zahlreichen Verboten älterer Filme kam es 1934 zur spektakulären Absetzung zweier neuerer Produktionen. Nicht »weil sie gegen staatspolitische Interessen oder weil sie der nationalsozialistischen Weltanschauung zuwiderlaufen, sondern weil sie unkünstlerische, seichte und geschmacklose Machwerke darstellen«,[8] ließ Goebbels Ende November 1934 die Komödien EIN KIND, EIN HUND, EIN VAGABUND (Arthur M. Rabenalt) und DIE LIEBE SIEGT (Georg Zoch) verbieten. Obwohl bereits 1934 das amtliche Zensurverfahren nur noch Fassade war, verschaffte sich Goebbels mit der Änderung des Reichslichtspielgesetzes vom 28. Juni 1935 in §23a rechtsförmlich einen alleinigen und totalen Anspruch bei der Filmzulassung:

> »Unabhängig von dem Verfahren vor der Filmprüfstelle und der Filmoberprüfstelle kann der Reichsminister für Volksaufklärung und Propaganda [...] das Verbot eines Films aussprechen, wenn er es aus dringenden Gründen des öffentlichen Wohls für erforderlich hält.«[9]

---

5 Gesetzestext abgedr. bei: Gerd Albrecht, *Nationalsozialistische Filmpolitik*, Stuttgart 1969 (Albrecht I), S. 515-523. Das Gesetz trat am 1.3.1934 in Kraft.

6 Gefährdung lebenswichtiger Interessen des Staates; Verletzung religiösen Empfindens; Verletzung deutschen Ansehens; Gefährdung der Beziehungen Deutschlands zu auswärtigen Staaten.

7 Maiwald, S. 133.

8 *Der Kinematograph* vom 30.11.1934. Beide Filme wurden später wieder zugelassen.

9 Zweites Gesetz zur Änderung des Lichtspielgesetzes vom 28.6.1935, abgedr. bei: Albrecht I, S. 523.

Nach diesem »Ermächtigungsgesetz der Filmzensur«,[10] das eigentlich nur die formale Absegnung eines bereits praktizierten Zustandes bedeutete, konnte der Propagandaminister Filme nun auch in dem rein theoretischen Fall verbieten, daß sie im Widerspruchsverfahren von der Filmoberprüfstelle zugelassen wurden. Kurz darauf folgte ein generelles Verbot aller vor dem 30. Januar 1933 zugelassenen Filme.[11] Die Begründungen für die Zensurentscheidungen der Filmprüfstelle von 1933 bis 1945 sind nicht überliefert.

2. Der Minister als Zensor

Goebbels' Selbstverständnis als zweithöchster Filmbegutachter der Nation beginnt sich erst ab 1935 vom unbeteiligt wirkenden Zuschauer, vom passiven Konsumenten mit scharfem, aber folgenlosem Urteil zum verantwortlichen Zensor zu wandeln. Schließlich fehlten lange Zeit die Voraussetzungen für eine praktikable Nachzensur: Von 41 aus den Aufzeichnungen des Jahres 1935 überlieferten Filmtiteln sah Goebbels 29 kurz vor oder sogar erst nach ihrer Uraufführung.[12] Veränderungen an den Endfassungen, die etwa zwei Wochen bei Schnitten beziehungsweise einen Monat bei Nachaufnahmen gedauert hätten, nahm Goebbels somit nicht vor. Ihm blieb für den Fall einer grundsätzlichen Ablehnung nur die Möglichkeit eines Verbots mit anschließender Überarbeitung und gegebenenfalls späterer Wiederzulassung, wie dies 1934 bei den Filmen von Zoch und Rabenalt praktiziert worden war. Doch solche kostspieligen Maßnahmen mußten die wirtschaftlich schwer angeschlagenen Filmfirmen, die Goebbels ja sanieren wollte, nur noch weiter schwächen.

Der Propagandaminister sah demnach die Mehrzahl der Filme 1935 und 1936 (hier liegt das Verhältnis bei 38 von 64 Filmen, die ihm wenige Tage vor beziehungsweise nach der ersten öffentlichen Aufführung vorgeführt wurden) zu spät, um eine wirksame Nachzensur

---

10 Maiwald, S. 157.

11 Maiwald , S. 158. Zur Wiederzulassung von vor 1933 hergestellten Filmen s. Presseanweisung vom 14.1.1937: BA/K Zsg 102/62.

12 Angesichts des fehlenden Materials ist dies kein endgültiger, aber doch ein repäsentativer Wert. Die Vorführung von Filmen noch im Rohschnitt (z.B. 24.10.1935) blieb die Ausnahme: Vgl. auch Eintrag über Luis Trenkers DER KAISER VON KALIFORNIEN: »Den Schluß müssen wir noch etwas ändern« (17.6.1936).

praktizieren zu können.[13] Das System der Filmkontrolle war eben längst noch nicht so eingespielt, daß die Filmfirmen die Kopien sämtlicher Filme rechtzeitig einreichten, und Goebbels schaltete sich in die Prüfungsprozedur auch erst später ein als in den folgenen Jahren.

Ab Mitte Dezember 1936 heißt es bei Goebbels immer »Abends Filmprüfung:« oder »Filme geprüft:«. Nun liegen mehrere Wochen zwischen täglicher Filmprüfung und der Uraufführung. Häufige Schnittanordnungen und Umänderungen waren die Folge; ab dem Sommer 1937 – Ufa und Tobis befanden sich bereits in Reichsbesitz – sah Goebbels kaum mehr einen Film erst nach dem Premierendatum.[14] Die Abnahme und Prüfung fertiger Spielfilme verlief aber auch weiterhin nicht regelmäßig und im Gegensatz zur Wochenschaukontrolle nach keinem festen Schema. Mit Sicherheit hat Goebbels nicht jeden in- oder ausländischen Film persönlich zensiert, auch wenn er dies zeitweise versucht haben mag: »Man muß jetzt alle Filme selbst prüfen, weil so viel darauf ankommt, ob sie auch psychologisch richtig sind« (4.2.1940). Auch entgegengesetzte Ankündigungen in den späteren Kriegsjahren, sich von der – vermeintlich sekundären – Filmzensur zurückziehen zu wollen,[15] hielten nicht lange vor. Ganz offensichtlich hatte Goebbels innerhalb des Ministeriums zeitweise auch Schwierigkeiten, die häufigen Verbote seiner unteren Instanzen auf allen Gebieten in den Griff zu bekommen,[16] zumindest sind Fälle erkennbar, in denen er Filmverbote von Mitarbeitern zurücknimmt.[17]

Die genaue Zahl der von Goebbels persönlich zensierten Filme zu bestimmen, ist unmöglich, da er im Tagebuch nicht jeden geprüften Film erwähnt. Von 1937 bis 1942/43 dürfte er ungefähr zwei Drittel,

---

13 Ab 1937 ist nicht mehr das Premierendatum, sondern der Abstand von dem Filmkommentar zum Tag der offiziellen Zensur maßgebend für die Wahrscheinlichkeit von Umarbeitungen.

14 Die Abstände zwischen Vorführung vor Goebbels und offiziellem Zensurdatum schwanken im folgenden stark – sie reichen von wenigen Tagen bis zu mehreren Monaten –, ohne daß es dafür erkennbare Regeln oder Prioritäten gibt. Grundsätzlich gilt, daß politische Filme früher geprüft wurden als »harmlose« Unterhaltungsfilme und daß ein bestimmter Vorführturnus der einzelnen Produktionsfirmen existierte. Daraus weitreichende Schlüsse zu ziehen, wie es Albrecht I, S. 74ff. tut, ist bedenklich.

15 Vgl. Eintrag vom 2.2.1943.

16 Eintrag vom 12.11.1938: »Verbote dürfen von jetzt ab im Bereich des ganzen Ministeriums nur noch von mir persönlich ausgesprochen werden. Sonst wird zuviel Blödsinn gemacht«.

17 Eintrag vom 17.12.1937: »›Pension Nottebohm‹, ein Kriminalfilm der verboten werden sollte. Ich weiß nicht, aus welchen Gründen. Ich gebe ihn frei«.

danach weniger als die Hälfte der Spielfilmproduktion selbst zensiert haben. Nur einen Bruchteil ließ er sich nach der Umarbeitung ein- oder mehrmals erneut vorführen. Aus den früh publizierten Goebbels-Tagbüchern (von 1942/43) hat man geschlossen, die negativ bewerteten Filme hätten eine spätere Uraufführung erlebt als die positiv kommentierten. Sieht man sich den gesamten Bestand an, ist dieser Eindruck falsch. Außerdem liegt eine Erklärung für diese nur in Einzelfällen zutreffende Beobachtung auf der Hand: Dort wo die Kritik zu Umarbeitungen führte, mußten sich die Premieren zwangsläufig verzögern.[18]

Für die übergroße Mehrzahl der von Goebbels genannten Filme existieren weder Schnittmaterial und -listen noch sonstige Unterlagen, die Rückschlüsse auf nachträgliche Veränderungen zulassen.[19] Somit ist unklar, ob von Goebbels angekündigte Umarbeitungen auch durchgeführt wurden.

Besonders interessant sind seine Verbotsdrohungen und Verrisse, denn auch »scheußliche«, »widerwärtige«, »vollkommen mißlungene« oder »Mistfilme« blieben meist unbehelligt von der Zensur.[20] Andernfalls hätte auch die Hälfte der Jahresproduktion umgearbeitet werden müssen. Die Verstaatlichung der wichtigsten Filmfirmen verschaffte Goebbels natürlich noch mehr Möglichkeiten, »mit der Schere für Ordnung zu sorgen«. Blieb Goebbels' Beschimpfung von Reinhold Schünzels DAS MÄDCHEN IRENE (»eine ganz schlechte, überforcierte, ekelhafte Sache«, 17.10.1936) 1936 noch ohne Konsequenzen, ließ er im Jahr darauf dessen LAND DER LIEBE (»Eine typische

18 Auch weitere Schlußfolgerungen bei Albrecht I, S. 74ff., etwa Goebbels erwähne Umarbeitungen nicht und habe folglich kein großes Interesse an Spielfilmen gehabt, sind falsch. Für Filme, die negativ kommentiert werden oder über deren Wirkung Goebbels sich nicht sicher war, wurde in einigen Fällen eine Testuraufführung in einer mittelgroßen Stadt arrangiert, über die dann nur die lokale Presse berichten durfte. Siehe dazu die Fälle DIE ENTLASSUNG Kap. 4, S. 307 und MUTTER: Nach einer vernichtenden Kritik Goebbels' (10.7.1941) wurde der Film am 25.7.1941 erstmals in Göttingen aufgeführt.

19 Nur in den Unterlagen der Filmfirmen finden sich einige Hinweise auf Änderungswünsche des Propagandaministeriums, auf deren Grundlage mühsame Rekonstruktionen möglich sind.

20 Vgl. Einträge vom 6.12.1936 (IM WEISSEN RÖSSL, UA: 6.12.1936) oder 14.12.1936 (DER LUSTIGE WITWENBALL, UA: 21.12.1936). Vgl. auch die Einträge vom 6.9.1936 und 15.3.1937 über die Gesangsfilme EIN LIED KLAGT AN und SÄNGER IHRER HOHEIT und vom 18.11.1940 über HERZ GEHT VOR ANKER und Eintrag vom 12.8.1941 (KRACH IM VORDERHAUS, Zensur: 18.8.1941, UA: 19.8.1941) sowie vom 29.1.1941 (»Ein Machwerk, das wir kaum aufführen können«) über KOPF HOCH, JOHANNES (Z: 5.2.1941, UA: 11.3.1941).

Leny Marenbach in FRAU NACH MASS *(1940): Zu obszön*

Judenmache. Ganz unausstehlich. Der darf so nicht heraus«, 28.4.1937) vollkommen umschneiden.[21]

Es kam aber auch vor, daß Goebbels Filme mochte und dennoch aus politischen oder »sittlich-moralischen« Gründen eingriff. Dabei galt Goebbels innerhalb des NS-Spektrums keineswegs als Anhänger einer prüden Sittenmoral. Auch öffentlich machte er gegen »moralinsaure Spießer« Front.[22] Mit Hitler war er sich einig: »Im Kunstleben stur gegen politische Witze, aber umso großzügiger in erotischer Hinsicht« (30.1.1939). Dennoch schlüpfte er in die Rolle des obersten

21 Vgl. Einträge vom 28.-30.4. und 6./7.5.1937. Zu Film und Regisseur s. Jörg Schöning, *Reinhold Schünzel – Schauspieler und Regisseur*, München 1989, S. 60f. Ein anschauliches Beispiel für Kritik und Umarbeitungsankündigungen bieten auch die Einträge vom 18./19.3.1937 über CONDOTTIERI unter der Regie von Luis Trenker.

22 Vgl. Gabriele Lange, *Das Kino als moralische Anstalt*, Frankfurt/M. 1994 S. 120ff.

Moralhüters. So bezeichnet er die ihm vorgelegte Fassung von FRAU NACH MASS als »etwas zu obszön« und kündigt an: »Ich lasse die anrüchigen Stellen herausschneiden« (11.2.1940).[23]

Politische und rassenideologische Zensurkriterien führt er auch bei der Kontingentierung von ausländischen Produktionen an. Howard Hawks'/Jack Conways Hollywood-Revolutionsfilm VIVA VILLA! (»gut gemacht«) erachtet er ein Jahr nach dem Machtantritt als »für uns nicht aufführbar, da noch zu gefährlich« (18.4.1934). Die Aufführung eines US-Tanzfilms mit Sonja Henie will er der Hauptdarstellerin abschlagen: »In ihrem Film wirken eine ganze Reihe Juden mit« (9.9.1937).[24] Den am Vorabend des Ersten Weltkriegs spielenden deutschen Spionagefilm HOTEL SACHER bezeichnet er als »großartig gemacht« und hält dennoch weitreichende Änderungen für notwendig: »Aber politisch noch nicht ganz hieb- und stichfest. Ich lasse ihn nochmal schneiden und einige Szenen neu drehen« (27.1.1939).[25]

Zwei weitere Beispiele betreffen bemerkenswerterweise Filme, die später als »regimekritisch« interpretiert wurden: TANZ AUF DEM VULKAN unter der Regie von Hans Steinhoff und Willi Forsts BEL AMI:

> »Ein frecher Film, vielleicht ein bißchen zu frech, aber ganz großartig gemacht. Die Tendenz ist zeitweilig etwas frivol, am Schluß dann besser. Vielleicht einige Schnitte noch und dann herausgeben.« (5.2.1939)

Forst schildert vor dem Hintergrund der Pariser Belle Époque den gesellschaftlichen Aufstieg eines skrupellosen ehemaligen Offiziers mit Hilfe korrupter Politiker und bestechlicher Journalisten.[26] Goebbels gingen offenbar die erotisch freizügigen (eine »Unzahl schöner Frauen«) ebenso wie die als aktuelle politische Anspielungen interpretierbaren Szenen zu weit. Schließlich konnte ihm auch der schürzenjägerische Minister im Film angesichts seines eigenen Images nicht gefallen. Allein das erwartete – und auch eingetroffene – »Riesengeschäft« scheint weitere Maßnahmen verhindert zu haben.[27]

---

23 Vgl. Eintrag vom 30.1.1939 über Unterredung mit Hitler.

24 Vgl. Eintrag vom 11.9.1937: »Ich lasse noch die letzten Reste von Filmen aus der Vergangenheit, in denen noch Juden zu sehen sind, in Bausch und Bogen verbieten«.

25 Sujet und Handlung (komplexe politische Situation, Protagonisten verschiedenster Nationalitäten) boten viele Möglichkeiten, Feindbilder und NS-Geschichtsauffassung zu verwischen.

26 Vgl. Françis Courtade/Pierre Cadars, *Geschichte des Films im Dritten Reich*, München 1975, S. 252; Christa Bandmann/Joe Hembus, *Klassiker des deutschen Tonfilms*, München 1980, S. 126.

27 Das Zensurdatum (7.2.1939) spricht gegen Schnitte.

»Regimekritischer« Film BEL AMI *mit Willi Forst und Olga Tschechowa (1939): Vielleicht ein bißchen zu frech*

TANZ AUF DEM VULKAN wurde wegen einiger von Gustaf Gründgens vorgetragenen Liedertexte, die zu Rebellion und Befreiung von Unterdrückung und Diktatur zur Zeit der französischen Revolution von 1830 aufrufen, später als »regimekritisch« eingestuft.[28] Goebbels moniert: »Ein typischer Gründgens. Gehirnarbeit wird etwas viel getan. Muß noch sehr geschnitten werden« (18.11.1938). Trotz »Gehirnarbeit«, für Goebbels das Gegenteil der leichten Kost und Ausdruck anspruchsvoller, zweideutiger und unkonventioneller Dialogtexte und feinsinnigen »intellektuellen« Humors: Zwölf Tage danach fand die Uraufführung statt.

---

28 Vgl. Bandmann/Hembus, S. 118. Albrecht I, S. 268, vertritt dagegen die Einschätzung, das damalige Publikum habe die Untertöne nicht bemerkt. Die Drehbuchautoren Steinhoff (führte u.a. bei HITLERJUNGE QUEX Regie), Hans Rehberg und Willi Krause (Reichsfilmdramaturg bis 1936, hier unter seinem Pseudonym »Peter Hagen«) waren alle überzeugte Nationalsozialisten und hatten wohl eher eine satirisch verpackte antifranzösische Tendenz intendiert.

3. Neue Hinweise zu ungeklärten Verboten

Mindestens 28 Produktionen aus der NS-Zeit blieben »Filme ohne Premiere«[29]. Einige Filmverbote sind bis heute nicht ganz geklärt.In der Mehrzahl handelte es sich allerdings nicht um spektakuläre, schlagartige Verbote. Die betreffenden Filme wurden vielmehr immer wieder vom Propagandaministerium mit zum Teil unerfüllbaren Änderungswünschen zurückgewiesen oder über Monate »zurückgestellt« und nicht zur Zensur zugelassen, was einer stillschweigenden Liquidierung gleichkam. Wieviel Aufklärung und echte Information ist nun von Goebbels zu diesem populären Komplex der NS-Filmgeschichte zu erwarten?

Einen verspäteten Hinweis erhält man zu Fritz Langs berühmtem Kriminalfilm DAS TESTAMENT DES DR. MABUSE. Dieser letzte Film des Regisseurs in Deutschland wurde am 29. März 1933, einen Tag nach Goebbels' erster Filmrede, verboten. Angeblich kamen die Filmprüfstelle und führende Nazis in letzter Minute vor dem angekündigten Start zu dem Schluß, daß der Film über terroristische Aktivitäten einer Verbrecherbande und die Vision von einer »Herrschaft des Verbrechens« zu viele unerwünschte Anspielungen auf die Machtergreifung enthalten könnte. Nach anderer Sichtweise enthält der Film bei genauer Analyse keine Bezüge zum Vorgehen der Nazis, womit sich nicht erweist, daß die Darstellung des Verbrechertums, ja die Gefahr seiner Verherrlichung ebenso wie der Stil des Films das Verbot bewirkt hätten.[30] Wieder andere Quellen sprechen davon, nur der Schluß der Films habe Goebbels mißfallen, da der Verbrecher nicht bestraft wird, sondern sich in den Wahnsinn flüchtet.[31] Dabei konnten die aktuellen Bezüge des Films nicht deutlicher und das politische Umfeld nicht ungünstiger sein: in jenen Tagen begann der gewaltsame Boykott jüdischer Geschäfte mitsamt SA-Terror in Deutschland.

Die Minister-Notizen aus diesen Tagen stehen noch aus. Doch Goebbels sagte in einer Rede am 4. März 1938 vor der Reichsfilmkammer, er habe »vor einigen Tagen einen Film gesehen, der am Ende des Jahres 1932 gedreht und am Anfang des Jahres 1933 fertiggestellt

---

29 Kraft Wetzel/Peter A. Hagemann, *Zensur – Verbotene deutsche Filme 1933-1945*, Berlin 1978, S. 49-145

30 Wetzel, S. 15-20.

31 Überblick bei Patrick Mc Gilligan, *The Nature of the Beast,* New York 1997, S. 174ff.

wurde. Dieser Film wurde damals aus politischen Gründen verboten«. Goebbels nannte keinen Titel, doch der Schluß auf DAS TESTAMENT DES DR. MABUSE lag nahe. Und tatsächlich hatte Goebbels nur zwei Tage zuvor den Film »nochmal« gesehen: »Wirkt aber heute ganz veraltet. Kaum noch zu genießen« (3.3.1938). Zu den damaligen Verbotsgründen äußert er sich nicht direkt. Sicherlich wird ihm mißfallen haben, daß alle Großverbrecher bei Lang (Dr. Baum, Dr. Mabuse) ebenso wie er einen Doktortitel führten. Doch der Realitätsbezug ist bei Goebbels eindeutig. In der damaligen politischen Situation brisant und nicht aufführbar, ist der Film heute harmlos: das spricht nicht für eine grundsätzliche Ablehnung und ein an formalen Kriterien orientiertes, sondern für ein sehr aktuell motiviertes Verbot.

Ein bis heute »rätselhaftes« Filmverbot traf 1935 den halbdokumentarischen Reichsbahn-Film DAS STAHLTIER. Goebbels sah diesen Film erst zwei Monate nach dem offiziellen Verbot, dessen Gründe in den »experimentellen, avantgardistischen Stilmitteln«[32], in Rivalitäten innerhalb der Reichsbahndirektion sowie der »Schädigung des deutschen Ansehens« wegen zu großer Würdigung englischer und französischer Eisenbahnpioniere[33] vermutet werden. Sein ablehnendes Urteil (9.10. 1935) wird auch von der Regisseurin Leni Riefenstahl bestätigt, die bei der Vorführung anwesend war und sich um die Freigabe des Films bemüht haben will.[34] Ihrer Darstellung zufolge habe der Propagandaminister den Film als »zu modern und zu abstrakt« bezeichnet und die Entscheidung über die Nichtzulassung zur alleinigen Angelegenheit der Reichsbahn erklärt.[35]

Im Fall STARKE HERZEN, dessen Produktionsgeschichte anhand aller noch verfügbaren Quellen vorbildlich untersucht wurde,[36] liefert Goebbels die entscheidenden Hinweise. Das Projekt war eine Folge seiner ab 1935/36 verstärkten Forderungen nach »antibolschewistischen« Spielfilmen. Trotz unübersehbarer Skepsis am Filmentwurf (»Filmexposé der Ufa ›Starke Herzen‹ durchstudiert. Keine große Leistung. Bürgerlich und halb«, 9.2.1937) stimmte Goebbels einer Realisierung zu, da bereits am 16. Februar 1937 Kalkulationsplan und

32 Wetzel/Hagemann, S. 20.
33 Ebd., S. 22: Aussage des Regisseurs Willy Zielke.
34 Dahingehend könnte man auch Goebbels' Bemerkung »Lange Debatte« verstehen.
35 Leni Riefenstahl, *Memoiren*, Frankfurt/M.-Berlin 1987, S. 242f.
36 Friedrich P. Kahlenberg, *Starke Herzen. Quellennotizen über die Produktion eines Ufa-Films im Jahre 1937*, in: Wetzel/Hagemann, S. 110-125.

Besetzungsliste aufgestellt wurden.[37] Nach Beendigung der Dreharbeiten Mitte Juni 1937 wurde der Film überraschend »auf Weisung des Propagandaministeriums von der Zensur zurückgewiesen«, und bisher »versagen die Quellen bei dem Versuch, die eigentlichen Gründe der Ablehnung kennenzulernen.«[38] Goebbels schreibt dazu:

»Ufa-Film ›Starke Herzen‹. Soll antibolschewistisch sein. Hat dieselben Fehler wie ›Weiße Sklaven‹. Ganz bürgerlich und simpel, ohne Konturen und Gegensätze. Ein schauderhaftes Gemisch. Beauftrage Demandowsky mit der vollständigen Umarbeitung. Das wird viel Geld und Zeit kosten.« (24.6.1937)

Ihm scheint die unscharfe Abrechnung mit dem Kommunismus – und nicht das Bild des Militärs[39] – mißfallen zu haben. Nach der Umarbeitung soll der Film im Oktober 1937 nochmal im Ministerium vorgeführt worden sein.[40] Goebbels vermerkt dagegen bereits am 22. 9. 1937 über »›Starke Herzen‹ nochmal nach der Umarbeitung«: »Aber noch nicht gut. Zu bürgerlich. Wie der Stahlhelm den Bolschewismus sieht. Typisch für die Ufa.« Aufgrund der fortdauernden Ablehnung des Propagandaministers mußte die Ufa den Film am 7. Dezember wiederum von der Zensur zurückziehen[41] und schließlich 1938 als Totalverlust abschreiben. Die Vermutung liegt nahe, daß Goebbels die Ufa durch die Verweigerung der Zulassung für ihre ungenügende Propaganda bestrafen und zu radikalerer Propaganda antreiben wollte. Im übrigen konnte er sich die Aufführung eines vom nationalsozialistischen Standpunkt nicht schlüssigen Films über den Propaganda-Schwerpunkt »Antibolschewismus« nicht leisten. Aus ähnlichen Gründen hatte Hitler ja bereits die ebenfalls antisowjetischen Produktionen WEISSE SKLAVEN und HELDEN IN SPANIEN abgelehnt. STARKE HERZEN wurde trotz Mangels an antirussischen Filmen nicht einmal nach dem Überfall auf die Sowjetunion, sondern erst in der Bundesrepublik des Jahres 1952 aufgeführt.

Carl Junghans' realistisches Bauerndrama ALTES HERZ GEHT AUF DIE REISE soll Hitler wegen Verstoßes gegen das NS-Bauernbild zwischen Ende Oktober und Mitte Dezember 1938 persönlich verboten haben: Nachdem der Propagandaminister den Film am 6.2.1939 als »langweilig und unverständlich« bezeichnet hatte, beschloß der Ufa-Ver-

37 Ebd., S. 115.
38 Ebd., S. 117.
39 Dieses vermutet Kahlenberg, S. 118, in einer Überinterpretation als Verbotsgrund.
40 Ebd., S. 118.
41 Ebd.

leih, den Streifen nicht herauszubringen, da »eine Änderung des Films nach den Wünschen des Prop.-Min. nicht möglich ist«[42].

DER 5. JUNI, eine Ufa-Produktion von Fritz Kirchhoff über das Schicksal einer Infanterieeinheit beim Angriff auf Frankreich, wurde nach ihrer Fertigstellung im Mai 1942 einige Monate zurückgehalten und dann ganz verboten[43] – angeblich wegen der veränderten Kriegslage Ende 1942,[44] der politischen Verbindung Deutschlands mit Vichy-Frankreich[45] und der Darstellung des Militärs[46]. Goebbels empfand den Film, »der als Spielfilm auftritt, aber mehr Kulturfilm ist«, als »langweilig und stupide« und als »Aufhäufung von Belehrungsstoff« (15.8.1942). Einen direkten Zusammenhang zur Kriegslage im August 1942 stellte Goebbels nicht her. Doch weder Machart noch militärischer Inhalt des Kriegsfilms entsprachen den Richtlinien der Filmpolitik von 1942. Zudem mißbilligte der Propagandaminister jegliche Aktivitäten der Wehrmacht im Filmbereich. Da sich das OKW in diesem Falle stark in die Herstellung eingemischt und teure Nachaufnahmen durchgesetzt hatte, ist dieses Verbot womöglich auch als Teil von Goebbels' Dauerstreit mit der Wehrmachtführung zu sehen.

Ganz klar ein Opfer der Kriegslage ist dagegen der schon beschriebene Karl-Ritter-Film BESATZUNG DORA. Goebbels hatte gegen den Propagandastreifen, den er als »sehr ansprechend« bezeichnet, nichts einzuwenden, er eigne sich aber »besser für das zweite als für das vierte Kriegsjahr. Ich bin deshalb etwas skeptisch in der Beurteilung der Erfolgsmöglichkeiten der neuen Ritter-Produktion« (29.3.1943). Zuviele Komplexe des Films mit Szenen von inzwischen unhaltbaren Fronten hätten entfernt werden müssen, weshalb im November 1943 ein endgültiges Verbot erging. Immerhin ist Karl Ritters Behauptung widerlegt, Goebbels habe der Film nicht gefallen.[47]

Die Verwechslungskomödie DIE HEIMLICHEN BRÄUTE bezeichnet

---

42 Wetzel/Hagemann , S. 30 und 58. BA/K R 109 I/1033b Nr. 19 Protokoll-Nr. 1358 vom 4.3.1939.

43 Verbotsdatum aus Alfred Bauer, *Deutscher Spielfilm-Almanach*, München 1976, S. 558.

44 Ebd.; Wetzel/Hagemann, S. 70; BDC-RKK Fritz Kirchhoff: Magistrat Berlin, Abt. Volksbildung an Prüfungsausschuß für Kulturschaffende vom 8.4.1946.

45 Boguslaw Drewniak, *Der deutsche Film 1938-1945*, Düsseldorf 1987, S. 395.

46 Wetzel/Hagemann, S. 55ff., stützen sich auf Passagen aus Fritz Hipplers Schrift *Betrachtungen über das Filmschaffen* von 1943.

47 Kraft Wetzel /Peter A. Hagemann, *Zensur – Verbotene deutsche Filme 1933-1945*, Berlin 1978, S. 61-63.

Goebbels am 19.5.1944 als »unter aller Kritik« und kündigt einschneidende Maßnahmen an, um solche »allzu dilettantischen Produktionen unserer Filmfirmen für die Zukunft zu verhindern«. Im August 1944 taucht der Titel erstmals in der Rubrik zurückgestellter Produktionen auf, am 5. Dezember 1944 wurde die Ufa-Film GmbH schließlich von dem bis heute undurchsichtigen Verbot informiert.[48] Dies könnte die »einschneidende Maßnahme« gewesen ein, falls Goebbels als Warnung an die ohnehin wegen einiger mißratener Streifen schlecht angeschriebene Firma Berlin-Film sowie an die übrigen Produzenten ein Exempel statuieren wollte, um die große Zahl »dilettantischer« Filme zu dezimieren.

Angeblich ließen sich Goebbels und sein Filmintendant Hippler von der Erkenntnis leiten, pessimistische und »düstere« Filme würden ein Volk apathisch und resignativ stimmen und folglich gerade in Kriegszeiten schwächen.[49] Tatsächlich sind einige Filmkommentare Goebbels' über die französische Vorkriegsproduktion des poetischen Realismus so zu verstehen, und auch bei der Beurteilung von deutschen Dramen wie dem Deichbauernfilm DER STROM mögen solche Überlegungen im Spiel gewesen sein.

Allerdings sind einige anspruchsvolle Filme wie NORA oder Käutners von Goebbels bewunderte ROMANZE IN MOLL ähnlich interpretierbar, ohne daß solche Verdachtsmomente fallen. Am deutlichsten wird der Minister noch bei dem 1943 entstandenen Terra-Film ZWISCHEN NACHT UND MORGEN:

> »Der Film ist scheußlich und spielt zu drei Vierteln in Krankenhäusern und Operationssälen. Ich habe die Produktionschefs so oft gewarnt, solche Milieus zu bevorzugen. Hier beweist sich wieder einmal, wie recht ich mit dieser Warnung hatte und habe.« (2.11.1943)

Daß trotz Umarbeitungen[50] bis 1945 keine Uraufführung erfolgte, könnte weniger auf die Mißachtung von Goebbels' Richtlinien, als auf die Sorge vor einer stimmungsmäßig abträglichen Wirkung des problematischen Inhalts zurückzuführen sein.

Wenn mit Rücksicht auf die Volksstimmung »schwere«, »niederziehende« und »deprimierende« Filme verhindert werden sollten, dürfte das auch die Wien-Film-Produktion AM ENDE DER WELT ge-

48 Wetzel/Hagemann, S. 75.
49 Wetzel/Hagemann, S. 40f.
50 BA/K R 109II/10 Ufa an RFI 20.9.1944.

troffen haben. Schon vor dem vermuteten Zeitpunkt der erstmaligen Zurückweisung durch das Propagandaministerium[51] kritisiert Goebbels im Oktober und November 1943 die Wien-Film und deren auch für das schwerblütige Holzfällerdrama (»wurmstichiges Milieu«) verantwortliches Team Gustav Ucicky (Regie) und Gerhard Menzel (Drehbuch): »Sie haben im Verlauf des letzten Jahres nicht einen einzigen Film von Rang gemacht, sondern nur eine Reihe außerordentlich zweifelhafter Filmvorhaben durchgeführt, die mehr in das Gebiet der Seelenanalyse als der Kunst hineingehören« (21.11.1943). Auch Nachaufnahmen konnten die Zensoren nicht erweichen. Goebbels' Hinweis auf die »Seelenanalyse« könnte auf die Schilderung einer problembeladenen Beziehung zwischen einem älteren Mann und einer jungen Frau, die für das Durchschnittspublikum womöglich irritierend war, abzielen. Bedenken gegen solche zwischenmenschlichen Konflikte, die sich außerhalb des üblichen »Liebe und Treue«-Schemas bewegten, lagen dem Propagandaminister sicher nicht fern. Noch wichtiger vielleicht war der von der NS-Propaganda bekämpfte, im Film vordergründig inszenierte Stadt-Land-Gegensatz, der schon zuvor für reichlich Vorurteile und Kritik beim Filmpublikum gesorgt hatte.[52] Allerdings trug der Minister selber zu den simplen Kontrasten von AM ENDE DER WELT bei, indem er verlangte, die Negativfigur eines städtischen Bankiers müsse ein Jude sein.[53]

Zu den bekanntesten Filmverboten der NS-Zeit gehört die Verfilmung von John Knittels Roman VIA MALA unter der Regie Josef von Bakys. Zur Jahreswende 1941/42 hatte Goebbels den im Mai 1941 erstmals genehmigten Stoff noch als »zu düster« abgelehnt,[54] im Februar 1942 aber offenbar der Herstellung doch zugestimmt.[55] Der Drehbeginn erfolgte nach erneuten Bedenken Goebbels' erst im Juli 1943; am 8. April 1944 wurde im Propagandaministerium die Endfassung vorgeführt. Zwei Tage später vermerkt Goebbels, der Film sei »trotz meiner Warnungen ausgesprochen düster und pessimistisch ausgefallen. Ich glaube nicht, daß wir ihn so, wie er jetzt ist, dem Pu-

51 Wetzel/Hagemann, S. 59f. zufolge im Dezember 1943.

52 Vgl. BA/K NS 18/355 Tießler an Waldmann vom 17.6.1943 und NS 18/357 Ministervorlage vom 22.10.1942. Darin werden negative Auswirkungen der mondänen Großstadtfilme auf dem Land und die Ablehnung einer realistischen Schilderung des Stadtlebens durch das städtische Publikum konstatiert.

53 Vgl. Klaus Kreimeier, *Die Ufa-Story*, München 1992, S. 407.

54 Wetzel/Hagemann, S. 143f.

55 BA/K R 109 II/10 Produktionsvorschlag der Ufa.

blikum in der heutigen Zeit vorführen können.« Goebbels wollte den Film retten, aber auch die umfangreichen Nachaufnahmen änderten an seiner kritischen Einschätzung nichts mehr.[56]

Daß Stimmungsabträglichkeit allein als Verbotsgrund nicht ausreichte, zeigt die Ufa-Produktion TRÄUMEREI, die Goebbels am 15.4.1944 dem Ufa-Produktionschef Wolfgang Liebeneiner zusammen mit VIA MALA als »zu düster und pessimistisch« vorhielt, die aber zwei Wochen später in die Kinos kam. Bei VIA MALA bleibt dagegen völlig unklar, warum das Projekt trotz sich beständig verschlechternder Stimmungslage überhaupt in Angriff genommen wurde.

Rabenalts REGIMENTSMUSIK schließlich erlebte im Dritten Reich keine Premiere mehr, weil er genau in das Goebbels 1944 besonders mißliebige Schema antiquiert-bürgerlicher Konflikte paßte: »Er spielt im wilhelminischen Deutschland und ist in seiner ganzen Problemstellung für die heutige Zeit so fremd und abstoßend, daß ich ihn kaum werde aufführen lassen können« (19.11.944). Als Beitrag zur militärischen und nationalen Widerstandskraft war er wegen einiger verstaubt wirkender militärischer Szenen auch nicht zu gebrauchen.[57]

4. *Goebbels' angefochtene Zensurhoheit*

Hitler als oberste Instanz

Der Filmgeschmack Hitlers wird in den meisten Filmdarstellungen nur kurz angerissen. Vieles ist dabei allerdings ungenau bis unzutreffend. Wie Goebbels war er ein regelmäßiger und begeisterter Kinogänger. Als es nach der Machtergreifung darum ging, die Filmschaffenden davon zu überzeugen, das neue Regime sei ihnen »im Herzen zugetan«, sprach Goebbels davon, er habe »an vielen Abenden der vergangenen Zeit nach den entnervenden Kämpfen des Tages mit dem Reichskanzler im Lichtspielhaus gesessen und Entspannung gefunden«.[58] Schon im Berlin und München der »Kampfzeit« gehörten das

56 Der Propagandaminister entwarf die Änderungen z.T. persönlich: BDC-RKK Wolfgang Liebeneiner: Liebeneiner an Hinkel vom 19.7.1944.

57 Zu den am häufigsten genannten Verbotsfällen GROSSE FREIHEIT NR.7 und TITANIC finden sich bei Goebbels keine Anhaltspunkte. Lediglich zum antienglischen TITANIC-Film gibt es eine Passage: Demnach dürfte der »angeklebte« Schluß mit der Gerichtsverhandlung direkt auf Goebbels zurückgehen (17.12.1942). Vgl. dazu Courtade/Cadars, S. 265.

58 Rede vom 28.3.1933 abgedr. bei Albrecht I, S. 442.

Berliner Capitol, der Gloria- oder Ufa-Palast am Zoo oder die Münchner Luitpold-Lichtspiele zu seinen bevorzugten Theatern, wobei ihm von DIE NIBELUNGEN bis zu DER REBELL kaum ein wichtiger Streifen entging. Trenkers Film der »nationalen Erhebung« Südtirols traf im Januar 1933 Hitlers Stimmung ziemlich genau. Die Reichskanzlerschaft vor Augen, sah er sich – laut Goebbels »ganz Feuer und Fett« – den Tiroler Freiheitskampf gleich zweimal hintereinander an (19.1. 1933). Nach der Machtübernahme war Hitler bei seinem Filmkonsum nicht mehr auf öffentliche Lichtspieltheater angewiesen. Selbst die zahlreichen Galapremieren im Ufa-Palast mied er weitgehend (Ausnahmen machte er bei Staatsbesuchen, für die Riefenstahl-Filme und für Parteifilme wie HITLERJUNGE QUEX oder SA-MANN BRAND).

Nach dem Abendessen, oft aber auch noch nach Rückkehr vom Konzert oder aus der Oper (31.3.1934), befahl Hitler den Aufbau von Leinwand und Projektor, da ihm vor dem Umzug in die neue Reichskanzlei kein eigener Vorführsaal zur Verfügung stand. Als gerngesehener Gast erschien der »Führer« auch bei Filmabenden im Hause Goebbels' oder in der Kameradschaft der deutschen Künstler (KddK).

Joachim C. Fest schreibt über den Filmgeschmack des Diktators in seiner Hitler-Biographie: »Hitler liebte vor allem Gesellschaftskomödien mit plattem Witz und sentimentalem Ausgang. Heinz Rühmanns ›Quax der Bruchpilot‹ oder dessen ›Feuerzangenbowle‹, Weiß Ferdls Dienstmannkomödie ›Die beiden Seehunde‹, Willi Forsts Unterhaltungsrevuen, aber auch zahlreiche ausländische Produktionen, die teilweise in den öffentlichen Filmtheatern nicht gezeigt werden durften, gehörten zum Vorzugsrepertoire und wurden bis zu zehnmal und häufiger vorgeführt.«[59] Derartige Einschätzungen beruhen weniger auf tatsächlichen Überlieferungen als auf oberflächlicher Erinnerungsliteratur aus dem Dunstkreis des Führerhauptquartiers. So hat Hitler etwa die beiden Rühmann-Filme sehr wahrscheinlich nie gesehen, und das Wiener Milieu der Filme des eigenwilligen österreichischen Regisseurs Willi Forst war ihm verhaßt.[60]

Vor allem in der Zeit von 1935 bis 1939 sind Hitler zahlreiche deutsche und ausländische Filme vorgeführt worden. In den Akten seiner Adjutantur finden sich die mittlerweile dutzendfach zitierten Bemerkungen und Reaktionen Hitlers, die von »ausgezeichnet«, sehr gut«

59 Joachim C. Fest, *Hitler*, Frankfurt a.M. 1973, S. 721.
60 Eintrag vom 12.11.1936.

»gut«, »gut gespielt« über »mässig« bis »sehr schlecht«, »widerwärtig«, »abstoßend« und gar »Mist in höchster Potenz« reichen.

Hitler mochte sehr wohl schwerblütige Melodramen wie VERWEHTE SPUREN (»großartig gefallen«, 26.7.1938) von Veit Harlan, nicht nur in Form der NS-typischen antibourgeoisen Vorweltkriegsfilme wie Carl Froelichs TRAUMULUS von 1936 (»Er ist hingerissen«, 11.1. 1936).

Neben den schauspielerischen Leistungen achtete Hitler sehr auf »echte Milieuschilderungen«, ebenso wurde mehrmals ausdrücklich eine »schlechte Regie« vermerkt.[61] Oberstes Gebot aber war eine spannende Handlung – sonst ermüdete Hitler schnell und ließ die Vorführung abbrechen. Folglich sah er gerne Kriminalfilme. DER HUND VON BASKERVILLE, ein deutsches Sherlock Holmes-Abenteuer, und der Gerichtsfilm DER FALL DERUGA mit Willy Birgel zählten zu den Lieblingsfilmen des Diktators.

Auch Dialogfilme, verfilmte klassische Dramen und Novellen wie Storms DER SCHIMMELREITER oder Heinrich von Kleists DER ZERBROCHENE KRUG befanden sich im Filmarchiv auf dem Berghof neben den obligatorischen Propagandaproduktionen. Froelich, Harlan, Liebeneiner und natürlich Ritter zählten erwartungsgemäß zu den Lieblingsregisseuren des Diktators.

Oft aber suchte Hitler einfach nur Ablenkung und Zerstreuung mit Hilfe von Unterhaltungsfilmen, so auch auf dem Höhepunkt der Sudetenkrise: »Zur Zerstreuung einen netten, lustigen, alten Film gesehen. Der Führer mag jetzt keine ernsten Filme sehen. Das ist verständlich.« (18.9.1938). Goebbels ließ es sich laut allen Überlieferungen nicht anmerken, wenn er Hitlers Filmvorlieben nicht teilte, auch im Tagebuch finden sich nur marginale Differenzen: »Auch Führer ist begeistert von dem Fröhlich-Film ›Wenn wir alle Engel wären‹. In einigen anderen Fällen habe ich ein anderes Urteil. Aber das sind Geschmackssachen« (21.10.1939).

Hitler interessierte sich auch für ausländische Filme, zumeist aus Frankreich und den USA. Komödien wie SMITH WITH zählten zu den Favoriten, Western und Lubitsch-Komödien rangierten wenig überraschend ebenso am Schluß[62] wie Charles Chaplins oder Buster Keatons Komik. Dafür amüsierten ihn »eine Menge netter Einfälle und

61 BA NS 10/44 Nr.3: ANDALUSISCHE NÄCHTE, NS 10/45 Nr.2: TANZ AUF DEM VULKAN
62 BA NS 10/44 Nr.138

geistreicher Witze«[63] in Hal Roachs BLOCKHEADS/DIE KLOTZKÖPFE (1938) mit Laurel und Hardy. Vor allem Walt-Disney-Zeichentrickproduktionen hatten es Hitler angetan. Bereits 1937 befanden sich zahlreiche frühe Micky-Mouse-Abenteuer namens »Käsepiraten« und »Das große Hunderennen« im Berghofarchiv. Zu Weihnachten schenkte ihm Goebbels weitere 18 Titel.[64] Das Zeichentrickmärchen SNOW WHITE AND THE SEVEN DWARFS (SCHNEEWITTCHEN UND DIE SIEBEN ZWERGE) mußte über Umwege aus den USA herbeigeschafft werden.[65]

Ob Hitler die fremdsprachigen Produktionen tatsächlich stets im französischen, englischen und italienischen Orginal sah und trotz fehlender Sprachkenntnisse auch verstand,[66] darf bezweifelt werden. Die Filmgesellschaften fügten nicht nur ausführliche Inhaltsangaben bei, sondern lieferten zum Teil auch schon synchronisierte oder mit einkopierten Zwischentiteln versehene Fassungen. Über einen gemütlichen Abend zu dritt mit Jenny Jugo etwa notiert Goebbels: »Der Führer so richtig aufgeräumt. Wir sehen nochmal den Marinefilm, der dem Führer sehr gut gefällt und einen französischen, von dem wir nichts verstehen« (11.1.1937).

Ein einziges Mal ist bei Goebbels sogar die Rede davon, daß Hitler ein Drehbuch gelesen und einen Regievorschlag gemacht habe, und zwar bezeichnenderweise zu einer Zeit, als der Diktator keine Filme mehr sah. An einem Lola-Montez-Projekt, das Goebbels schon »abgeblasen« hatte, stieß sich der Diktator: »Der Führer hat das Manuskript gelesen und für ganz unzulänglich befunden. Vor allem hat ihm die Besetzung von Hörbiger nicht gefallen [...] Der Führer möchte zwar, daß ein Film über Ludwig I. gedreht wird; aber dann sollte Ludwig I. nicht als Trottel oder lediglich als Frauenfreund geschildert werden« (30.5.1942).[67]

Diese Intervention blieb ebenso folgenlos wie einige weitere »Wünsche« des »Führers«, etwa ausländische Filme in Deutschland nicht mehr zu synchronisieren (Goebbels: »praktisch nicht durchführbar«), Fritz Langs NIBELUNGEN nachzuvertonen oder besser ganz neu zu

---

63 BA NS 10/45 Nr. 2.

64 Eintrag vom 22.12.1937; BA NS 10/48 Nr.50. Vgl. auch Carsten Laqua, *Wie Micky unter die Nazis fiel*, Hamburg 1992, S. 84ff.

65 BA NS 10/44 Nr.152.

66 Vgl. Henry Picker, *Hitlers Tischgespräche*, Stuttgart 1963, S. 121.

67 *Vgl. Henry Picker, Hitlers Tischgespräche im Führerhauptquartier 1941-42*. Frankfurt/M. 1989. Mitschrift v. 29.5.1942, S. 337. Offenbar dient hier ein und dieselbe Äußerung Hitlers als Grundlage beider Aufzeichnungen.

drehen,[68] ein Rauchverbot in allen Spielfilmen durchzusetzen oder eine Verfilmung der 500jährigen deutschen Kaisergeschichte zu beginnen.[69] Trotz seines großen indirekten Einflusses auf die Filmpolitik erscheint Hitler nicht unbedingt als versierter Cineast; er verstand sich auf das Medium weit weniger als Goebbels.

Unbestritten folgenreich aber waren die Einmischungen Hitlers in den Zensurbereich. So mächtig sich Goebbels als Herr über die Filmzensur präsentierte, und gerade im Tagebuch tut er dies ausgiebig, stand auch hier einer über allen: Adolf Hitler. Der »Führer« befand sich selbstverständlich außerhalb aller Zensurnormen.[70] Als sich nach dem Machtantritt der Nationalsozialisten Störungen von Kinovorstellungen durch die Parteibasis häuften, bremste man die nationalsozialistischen Randalierer mit dem Hinweis auf Hitlers Autorität als oberstem Filmprüfer: »Kundgebungen gegen zugelassene Filme haben auch in den Fällen stattgefunden, in denen der Führer und Reichskanzler persönlich und ausdrücklich entschieden hatte, daß von einem Verbot der öffentlichen Vorführung aus besonderen Gründen Abstand genommen werde«, hieß es in einer öffentlichen Proklamation.[71] Wollte Hitler einen Film partout verbieten, war das für Goebbels maßgebend. Gerade Hitlers Interventionen im Bereich der Filmzensur machen aber auch deutlich, wie diffus die Entscheidungsprozesse oftmals verliefen.

Häufig verlangte der Diktator unmittelbare Konsequenzen für die nach der Privatvorführung schärfstens abgelehnten oder gar abgebrochenen Filme.[72] Meistens verliefen diese Proteste ergebnislos, weil laut Adjutantenberichten auch der Diktator – ähnlich wie bis 1935 Goebbels – noch 1939 Filme meist erst nach ihrer Uraufführung sah. Als Hitler nach Kriegsbeginn selber keine Spielfilme mehr sah,[73] versuch-

---

68 »Der Führer hat die Absicht, einen neuen »Nibelungen«-Tonfilm drehen zu lassen. Der soll ganz monumental werden. Lehrstoff für Schulen. Ein Standardwerk. Womöglich schon in Farbe. Er hat neuerdings den alten Stummfilm gesehen und ist davon tief beeindruckt worden.«(31.12.1936). Ähnlich 12.9.1940 und 22.11.1940.

69 Vgl. Jochmann, S. 265.

70 Zu Hitlers Rolle als Filmzensor s. auch Maiwald, S. 632ff.

71 Maiwald, S. 157.

72 Wetzel/Hagemann , S. 50f., zitieren das Beispiel des amerikanischen Films TIP-OFF-GIRLS, der angeblich nach Hitlers Ablehnung nicht für Deutschland zugelassen worden sei. Doch dem Vorführdatum bei Hitler (19. Juni 1938) widerspricht der angegebene Tag des Verbots (16. Juni 1938).

73 Vgl. Henry Picker, *Hitlers Tischgespräche im Führerhauptquartier*, Frankfurt/M. 1989, S. 45. Goebbels bestätigt am 23.9.1943, daß Hitler »während des Krieges nicht einen einzigen Spielfilm gesehen hat«, und nochmal am 25.1.1944.

ten verschiedene Personen aus seiner Berghof- und Führerhauptquartier-Entourage in seinem Namen die Filmzensur zu beeinflussen.[74] Besonders aktiv dabei waren Martin Bormann und Eva Braun. Die von Goebbels im Tagebuch lange totgeschwiegene Hitler-Geliebte, die auch dem Propagandaminister ihre eigenhändig gedrehte, inzwischen berühmt gewordene private Farbfilmkollektion mit dem tänzelnden Diktator vorführte (14.3.1944), hatte ein prononciertes Urteil.

Die Auswahl der Filme, die Hitler auf dem Berghof oder im Kinosaal der Reichskanzlei konsumierte, entzog sich dabei weitgehend Goebbels' Kontrolle. Zwar stellte das Propagandaministerium regelmäßig Listen mit vorführbereiten Filmen zusammen, aus denen Hitler auswählen konnte, doch forderte die Adjutantur auch bestimmte Filme gezielt an. In seltenen Fällen schickten manche Filmproduktionsgesellschaften und Verleihfirmen unter Umgehung der Zensurbehörden sogar direkt Kopien »zur gefälligen Begutachtung« an die Reichskanzlei oder auf den Berghof.[75] Im Falle des Arztfilms DIE EWIGE MASKE sollen das Propagandaministerium und die amtliche Prüfstelle ausgespielt worden sein, indem der Film nach seinem Verbot Hitler vorgeführt und von diesem freigegeben wurde.[76]

Den Alltags- und Problemfilm DAS LEBEN KANN SO SCHÖN SEIN sowie ALTES HERZ GEHT AUF DIE REISE soll Hitler im Dezember 1938 – während Goebbels seine Schwächephase durchmachte – angeblich vor der Premiere gesehen und wegen der darin enthaltenen unge-

74 Vgl. Heinrich Hoffmann, *Hitler was my friend*, London 1955, S. 191 und Eintrag vom 12.6.1943: »Der Film ›Germanin‹ hat im Führerhauptquartier nur wenig Beifall gefunden. Die von mir dazu erteilte Kritik wird auch im Führerhauptquartier gebilligt« sowie vom 24.6.1943: »Einigen Ärger bereiten mir eine Reihe von Filmprädikaten, die dem Führer auf dem Obersalzberg madig gemacht worden sind«. Die Berghof-Entourage versuchte offenbar auch schon in den Jahren zuvor, Hitlers Filmgeschmack zu beeinflussen, wie ein Eintrag vom 18.3.1937 verdeutlicht: »Führer ruft noch spät an. Er hat ›Condottieri‹ gesehen und ist davon genauso enttäuscht wie ich. Habe ich also wieder mal gegen [Hitlers Kanzleileiter Philipp] Bouhler und [Hitlers Hausphotographen Heinrich] Hoffmann recht behalten«.

75 Vgl. verschiedene Schreiben in BA/K NS 10/ 44-48.

76 Bericht des Mitarbeiters der Zensurbehörde, Arnold Bacmeister, zit. bei Maiwald, S. 190. Bei Goebbels heißt es *nach* dem Verbot von DIE EWIGE MASKE: »Ein Arztfilm ›Weiße Maske‹ mit Wiemann kann nicht aufgeführt werden, da zu niederdrückend« (9.10.1935). Der Presse wurde untersagt, in den Besprechungen von DIE EWIGE MASKE auf das ursprüngliche Verbot einzugehen: Presseanweisung vom 15.10.1935, abgedr. bei: Gabriele Toepser-Ziegert (Bearb.), *NS-Presseanweisungen der Vorkriegszeit*, Bd. 3, München 1988, S. 674. Auch bei ausländischen Produktionen, von denen eine Vielzahl von der Kontingentstelle verboten wurde, wandten sich Produktionsgesellschaften bzw. Verleiher direkt an Hitlers Adjutantur: BA/K NS 10/48 Nr. 11 Paramount Film AG an Adjutantur vom 4.10.1937.

schminkten Darstellung sozialer Realität im Dritten Reich verboten haben.[77] Goebbels wurde offensichtlich davon völlig überrascht, und als besonders peinlich stellte sich für ihn heraus, daß er die Filme noch nicht einmal kannte. Die Ufa wurde vom Propagandaministerium deshalb nochmals aufgefordert, fertige Filme sollten »möglichst zuerst Herrn Dr. Goebbels vorgeführt und dann erst dem Führer zur Besichtigung zugeleitet werden«[78] – was in der Regel ja auch geschah.[79]

Der Fall des antisowjetischen Filmes von 1936, WEISSE SKLAVEN, dokumentiert anschaulich, wie auf höchster Ebene die Zensurpraxis ablief: Einer Notiz Goebbels' vom 14.10.1936 zufolge lehnte Hitler die ihm vorgelegte Endfassung des Filmes ab, woraufhin der Propagandaminister zunächst versuchte, die Aufhebung dieses Verbots zu erreichen[80] und danach das Manuskript umschreiben ließ bzw. einige Szenen selbst beisteuerte (26.10., 11.11.36): »Jetzt ist der Film ganz brauchbar geworden, z.T. sogar ergreifend. [...] Der Film hat auch die richtige Tendenz« (9.12.1936). Am 16.12. lag Hitler die Neufassung vor, wenige Tage später vermerkt Goebbels die Freigabe des mit einer neuen Schlußszene aus tagespropagandistischen, antibolschewistischen NS-Parolen versehenen Films.[81] Auch in Goebbels' Bemerkungen vom 15.10. zeigt sich, daß Filmverbote offenbar auch schon vor 1939 von Hitlers Umgebung in dessen Namen ausgesprochen werden konnten, ohne daß der »Führer« die Streifen persönlich sah.

Hitlers Ablehnung verfiel auch ein mehrmals umgearbeiteter dokumentarischer »Film über Spanien und seine Revolution« (4.12.36): »Führer meint, besser nicht aufführen. Noch zu unklar und wenig präzise. Texte zu pathetisch. Also Verbot« (12.1.37). Tags darauf meldet Goebbels Vollzug: »Spanienfilm verboten«.[82] Ein weiterer Versuch,

---

77 Wetzel/Hagemann, S. 58 und 90.

78 BA/K R 109 I/1033b Nr. 94 Protokoll-Nr. 1348 vom 3.1.1939.

79 Bei politischen und anderen herausragenden Produktionen konnten das Propagandaministerium und die Reichskanzlei gleichzeitig die Endfassung der Produktionen erhalten.

80 Eintrag vom 15.10.1936: »Gegen ein Verbot, das vom Obersalzberg kommt. ›Auf Befehl des Führers‹, das ist jetzt die beliebteste Ausrede. Ich wende mich nach oben. Hoffentlich gelingt mir die Aufhebung.«
Vgl. auch Einträge vom 14. und 16./17.10.1936.

81 BA-Film/B Film-Nr. 01982.

82 Möglicherweise ist der Streifen identisch mit dem 1937 gezeigten SPANIEN IN FLAMMEN und wäre demnach doch nicht verboten bzw. später doch noch zugelassen worden: Helmut Regel, Han pasado – Sie sind durchgekommen. Der Spanische Bürgerkrieg im NS-Kino, in: Rainer Rother (Hrsg.) *Bilder schreiben Geschichte: Der Historiker im Kino*, Berlin 1991, S. 129.

den spanischen Bürgerkrieg mittels eines Dokumentarfilms propagandistisch auszuwerten, scheiterte ebenfalls an Hitler. Nachdem Goebbels zunächst über die deutsch-spanische Produktion ESPAÑA EROICA (HELDEN IN SPANIEN) befunden hatte, diese »grausige Schau des Bürgerkrieges« sei »für uns nicht geeignet« (7.8.38),[83] stimmte er der Aufführung schließlich doch zu. Hitler ließ jedoch nach einer Begutachtung am 22. Dezember 1938 die Kino-Auswertung des Films kurzerhand unterbrechen.[84] Bemühungen des Propagandaministeriums im Februar 1939, mit Hinweis auf den großen finanziellen Schaden für die Filmfirma Bavaria die Freigabe zu erreichen, blieben letztlich erfolglos. Nach kurzer Wiederzulassung wurde der Film wiederum verboten. Hitler reagierte bei dem wichtigen Spanienthema sensibel: lieber ein völliges Verbot als eine politisch unvollkommene Darstellung.

Hitlers Allmacht stieß an Grenzen, wenn politische Rücksichtnahmen auf die Verbündeten notwendig wurden. So sollte die 1939 entstandene italienisch-spanische Gemeinschaftsproduktion L'ASSEDIO DELL'ALCAZAR über den Verteidigungskampf nationalspanischer Kräfte in der eingeschlossenen Festung von Toledo die deutsche Filmpropaganda verstärken. Goebbels, »hingerissen« von dem »erschütternden Heldenepos« (24.8.1940), berichtet von mehrmaligen Vorführungen im engeren Kreis (22.9.1940), erkennt aber bald: »Wir müssen die religiösen Stellen aus dem ›Alcazar‹-Film streichen. Das gibt sonst nur Ungelegenheiten« (20.12.1940). Hintergrund war eine achtminütige, stark katholisch geprägte Szene über einen historisch belegten Gottesdienst, aus dem die eingeschlossenen Franco-Truppen neue Kampfeskraft schöpfen.[85] Die Kirche als moralischer Kraftspender – das konnte die scharf antiklerikale NS-Kirchenpolitik und -propaganda keinesfalls durchgehen lassen. Dennoch lehnten die italienischen Bundesgenossen offenbar eine Entfernung der einschlägigen Szenen strikt ab: »›Alcazar‹ wird jetzt in Berlin groß herausgebracht. Der Duce will aber mit Gewalt die Kirchenszenen hineinhaben. Ich bin da skeptisch und werde nochmal den Führer fragen« (15.6.1941). Goebbels' Autorität, den zur Begleitung des Überfalls auf die Sowjetunion filmpolitisch höchst willkommenen und zweifellos wirksamen Kriegsfilm zu kürzen, reichte in diesem Fall nicht aus. Da womöglich

83 Vgl. zu dem Film auch BA/K R 55/1321 Nr. 3ff. Protokoll Bavaria-Aufsichtsratssitzung vom 14.12.1939.
84 BA/K NS 10/46 Nr. 179 Leichtenstern an Adjutantur vom 18.2.1939.
85 Vgl. Regel, S. 139.

auch der Filmliebhaber Mussolini persönlich eingeschaltet war, fiel eine Entscheidung Hitler zu. Dieser zögerte (»Er will es sich nochmal überlegen, ob wir den Alcazar nicht ungekürzt herausgeben können«, 16.6.1941), entschied aber schließlich, den Italienern nicht nachzugeben.[86] Die Kirchenfrage erschien ihm offensichtlich wichtiger, selbst wenn man wegen des gerade begonnenen Krieges gegen die Sowjetunion mehr denn je auf das Bündnis mit Italien angewiesen war. Auch Goebbels hatte wiederholt formuliert, man könne sich »nicht leisten, daß die Italiener verstimmt sind« (1.10.1941) und müsse sie »augenblicklich sehr vorsichtig und großzügig behandeln« (16.9.1941). Aber die NS-Spitze mußte in diesen Monaten notgedrungen den Konflikt mit der Kirche und insbesondere die Predigt des Bischofs Clemens Graf von Galen gegen die Euthanasie herunterspielen[87] und dafür den Zorn der Italiener riskieren. Hinter einer gewöhnlichen Zenurmaßnahme konnten sich also Konflikte von einiger Dimension verbergen.

Die Interventionen in Sachen Filmzensur blieben nicht auf befreundete Länder beschränkt. Offensichtlich versuchte auch die chinesische Regierung, die Aufführung des Films ALARM IN PEKING wegen des negativen China-Bilds während des sogenannten Boxeraufstandes von 1900 zu verhindern: »Die Chinesen haben sämtliche Minister mobil gemacht« (26.6.1937). Doch Goebbels zitiert einen unnachgiebigen Hitler: »Führer lehnt Verbot des Films ›Alarm in Peking‹ ab. Wo kommen wir hin, wenn wir bestimmte Filme von den jeweilig betroffenen Ländern begutachten lassen. Im übrigen läßt er lieber das China-Geschäft fahren« (30.6.1937). Trotz offenbar verstärktem Druck der chinesischen Seite[88] vermerkt Goebbels am 13.7.: »›Alarm in Peking‹ bleibt erlaubt. Führer läßt sich durch keine Drohung beirren«.[89]

86 Eintrag vom 15.7.1941: »Allerdings lehnt auch der Führer es ab, die darin enthaltenen konfessionellen und kirchlichen Szenen in Deutschland mitlaufen zu lassen. Zwar hat mich der Duce ausdrücklich gebeten, hier Nachsicht zu üben, aber leider können wir ihm da nicht entgegenkommen.« In der seinerzeit gezeigten Fassung (UA: 21.9. 1941, BA Film/B Film-Nr. 02100) fehlt die entscheidende Szene. Vgl. auch Regel, S.139.

87 Hans-Günther Hockerts, Die Goebbels Tagebücher 1932-1941. Eine neue Hauptquelle zur Erforschung der nationalsozialistischen Kirchenpolitik, in: Dieter Albrecht u.a. (Hrsg.), *Politik und Konfession. Festschrift für Konrad Repgen*, Berlin 1983, S. 387ff. Vgl. auch Eintrag vom 11.7.1941 über die »konfessionelle Frage« sowie die Einträge vom 18./19. und 22./29.8.1941.

88 Eintrag vom 1.7.1937 und 11.7.1937: »Jetzt drohen die Chinesen schon mit Demonstrationen gegen Film ›Alarm in Peking‹«.

89 Weitere Daten zu diesem Vorfall sind nicht überliefert. Die Uraufführung fand erst am 20.8.1937 statt. Die Möglichkeit von Schnitten an diesem Film ist angesichts des Zensurdatums vom 6.7.1937 nahezu ausgeschlossen.

In erstaunlichem Ausmaß wurde auch Hitler von rivalisierenden Gruppen innerhalb der NS-Führung als oberste Zensurinstanz angerufen und als Zeuge für die eigene Meinung in Anspruch genommen. Manche Hinweise bei Goebbels sind allerdings eher fragwürdig. So ist seine Darstellung der Auseinandersetzung um die Aufführung des Friedrich II.-Films DER GROSSE KÖNIG schon zu oft gläubig übernommen worden.[90] Goebbels zufolge hatten Teile des OKW gegen die Darstellung von Friedrichs Generälen als defätistisch protestiert[91] und versucht, Schnitte durchzusetzen bzw. die Aufführung ganz zu verhindern, was Hitler aber abgelehnt habe (20.3.1943).[92]

Doch zu augenfällig verknüpft Goebbels den Film mit den von ihm propagierten »Totalisierungsmaßnahmen« auf militärischem und zivilem Gebiet. Aus Hitlers Entscheidung zugunsten einer Aufführung will Goebbels dabei »schon jetzt entnehmen, daß der Führer die härtere Art der Kriegsführung billigt und entschlossen ist, sie im weitesten Umfange einführen zu lassen« (20.3.1942). Ausgiebig stellt Goebbels auch seinen Sieg gegen die Militärs dar, so daß an dem Wahrheitsgehalt dieser Episode, für die es darüber hinaus keine Quellen gibt, gravierende Zweifel angebracht sind.

Ein weiteres Schlaglicht auf die Verhältnisse innerhalb des Regimes wirft Goebbels' Schilderung der Meinungsverschiedenheiten über die Filmkomödie CAPRIOLEN mit Gustaf Gründgens in der Hauptrolle. Wie die meisten Filme des stets mißtrauisch beäugten Regisseurs, Schauspielers und Theaterleiters kommentiert Goebbels auch CAPRIOLEN negativ: »Typisch Gründgens. Kalt, intellektuell, überpointiert und eisiger Witz. In manchen Partien direkt peinlich« (14.7. 1937). Hinzu kam eine unklare Verteilung der Geschlechterrollen, wie sie besonders Hitler verhaßt war. Dessen offenbar ebenfalls kriti-

---

90 Vgl. etwa die Darstellung bei Friedrich P. Kahlenberg, Preußen als Filmsujet in der Propagandasprache der NS-Zeit, in: Axel Marquardt/Heinz Rathsack (Hrsg.), *Preußen im Film*, Hamburg 1981, S. 158 sowie bei Albrecht I, S. 81f. und Drewniak, S. 192.

91 Eintrag vom 2.3.1942: »Der Film ›Der große König‹ wird nocheinmal im Hauptquartier aufgeführt. Ein Teil der Generalität hat dagegen Einspruch erhoben, daß in den entscheidenden Stunden Friedrich der Große auch von seinen Generälen im Stich gelasssen wird. [...] Auf meinen Antrag wird der Film ›Der große König‹ nachmittags noch einmal vor der gesamten Generalität von OKW und OKH vorgeführt. Generalfeldmarschall Keitel setzt sich energisch für den Film ein, und unter seinem Druck gibt sich dann auch die sonstige Generalität zufrieden«.

92 Die betreffenden Szenen sind, soweit ersichtlich, im Film enthalten und nicht gekürzt worden: Film-Vorführung der BA-Fassung am 19.12.1992 im Filmuseum München sowie Video-Cassette Euro-Video Nr.12143.

sches Urteil (17.7.) ermutigte Goebbels. Er werde jetzt »Gründgens mehr auf die Finger schauen«. Um Stimmung für ein Verbot des Films zu machen, scheint Goebbels Gründgens bei Hitler mehrfach denunziert zu haben.[93] Auch dem für Gründgens eintretenden Hermann Göring will Goebbels »da nicht nachgeben« (28.7.1937)[94] und setzt ganz auf Hitlers Unterstützung: »Er will sich nun selbst nochmal den Film ganz anschauen. Ist der Meinung, daß Gründgens ganz weg muß« (29.7.1937). Am 4.8. muß er schließlich notieren: »Führer findet auch ›Capriolen‹ sehr schlecht. Aber er meint auch, daß man im Augenblick nichts unternehmen soll.« Offenbar scheute selbst der Diktator einen Konflikt mit dem zu diesem Zeitpunkt äußerst mächtigen und selbstbewußten preußischen Ministerpräsidenten, mit dem ohnehin Differenzen in anderen Kulturbereichen bestanden.[95]

Wenn man den Schilderungen von Goebbels trauen kann, dann lehnte Hitler selbst zaghafteste Widersprüche zur offiziellen NS-Volksgemeinschaftspropaganda ab und mißbilligte jeden Hinweis auf solche Anzeichen in der sozialen Realität, stellte aber gleichzeitig höchste Ansprüche an politisch-propagandistische Filme, die er lieber ganz verbot, als sie in einer unzureichend nationalsozialistischen Version laufen zu lassen. Dennoch darf man Hitlers Zensurtätigkeit nicht überschätzen: Nach Kriegsbeginn hat er nur noch in dem Fall DIE ENTLASSUNG persönlich über eine umstrittene Filmaufführung entschieden.[96]

Interventionen aus Staat, Partei und Wehrmacht

Während Goebbels einer Intervention seines »Führers« selbstverständlich Folge leisten mußte, versuchte er jeglichen Einmischungen verschiedenster Kräfte innerhalb des Regimes konsequent entgegenzutreten.

Mit Rudolf Heß etwa fand eine handfeste Auseinandersetzung um den Heinz-Rühmann-Film DER GASMANN statt. Wenige Tage nach der

93 Vgl. Einträge vom 27.7. und 29.7.1937.

94 Hitler hatte den Film am 17.7. wohl nur teilweise gesehen oder sich auf Aussagen seiner Umgebung verlassen und ließ ihn sich ein weiteres Mal vorführen: BA/K NS 10/48 Nr. 49 Seeger an Adjutantur vom 30.7.1937. Darin wird CAPRIOLEN als »der bereits am 17.7.1937 besichtigte Film« bezeichnet.

95 Vgl. Eintrag vom 4.8.1937 über die »Säuberung« der preußischen Museen. CAPRIOLEN hatte am 10.8.1937 Uraufführung.

96 Siehe Kap 4, Seite 305f.

am 15. Februar 1941 erfolgten Premiere des Films, über den sich Goebbels »sehr zufrieden« (14.2.1941) äußert, vermerkt er »Ausstellungen« von Heß an der Komödie. Goebbels wertete diese zwar als »ganz indiskutabel« (20.1.1941), mußte aber offenbar trotz Unterstützung Görings (21.1.1941) einer Umänderung zustimmen (»›Den Gasmann‹ kriegen wir jetzt auch hin«, 22.2.1941). Heß hatte eine Szene mißfallen,[97] in der Heinz Rühmann als Gasmann von einer Volksgenossin mit einem »Vetter in der Partei« gedroht wird und dieser darauf mit »Na denn, Heil Hitler« antwortet, was als »vorsichtige ironische Karikatur des Zeitgeistes«[98] tatsächlich einmalig in der NS-Filmgeschichte blieb. Während Goebbels nun den Eindruck erweckt, den Einwänden sei Genüge getan (»›Gasmann‹ umgearbeitet. So kann er anlaufen«, 26.3.1941) und die unangenehme Auseinandersetzung nicht mehr erwähnt, geht aus den Akten der Parteikanzlei hervor, daß man dort mit den von Goebbels angebrachten Schnitten nicht zufrieden war und weitere kritische Punkte nannte.[99] Erst im August 1941 – die Dialogzeile vom »Vetter in der Partei« war erhalten geblieben, Rühmanns Hitler-Gruß jedoch entfernt worden – konnte DER GASMANN wieder anlaufen. Das Gezerre bei der Zensur und die Zugeständnisse an Heß und seinen Nachfolger Bormann vergaß der auf seine Autorität bedachte Goebbels eine ganze Weile nicht. Auch später kommt er nochmal auf die Widerstände gegen den GASMANN zu sprechen: Nun habe auch der Thüringer Gauleiter Fritz Sauckel seinen Einspruch gegen den GASMANN zurückgezogen, stellt Goebbels fest und kritisiert den mangelnden Humor verschiedener Parteistellen (28.9.1941).

Bei ZWEI WELTEN war es wiederum Gustaf Gründgens, der für Zweideutigkeiten und politische Anspielungen sorgte.[100] Goebbels erkannte diese und beabsichtigte offenbar starke Kürzungen oder gar ein Verbot (30.12.1939). Nach Interventionen von Gründgens (3.1. 1940) und Göring (4.1.1940) ist davon allerdings nicht mehr die Rede. Scheinbar unbeteiligt bestätigt er nicht nur die Zulassung des Films, sondern gar noch dessen Auszeichnung: »Mit Göring eine

---

97 BA/K NS 18/347 Vorlage Tießler o.D. [Februar 1941].

98 Gregor Ball/Eberhard Spiess, *Heinz Rühmann und seine Filme*, München 1982, S. 102.

99 BA/K NS 18/347 Vorlage Tießler/Parteikanzlei vom 2.7.1941.

100 Eintrag vom 27.12.1939: »Ein heutiger Film von der Erntehilfe, wenigstens soll er das sein. Aber er ist daneben gegangen. Zu intellektuell und fast nur Gehirnarbeit«.

Reihe von Fragen. [...] Gründgens bekommt sein Filmprädikat« (11.1.1940).[101]

Die Pressionen der Parteispitze blieben nicht auf Heß oder Göring beschränkt: So versuchte der NS-Chefideologe und Reichsminister für die besetzten Ostgebiete, Alfred Rosenberg, Goebbels' Hauptrivale auf dem Gebiet von Kultur und Propaganda, im September und Oktober 1942 die Aufführung des Bismarck-Films DIE ENTLASSUNG zu verhindern, was Goebbels nur durch die persönliche Erlaubnis Hitlers abwehren konnte. Auch Heß' Nachfolger Bormann mischte sich in die Filmzensur ein und kritisierte den Kriegsfilm ÜBER ALLES IN DER WELT (22.3.1941). Diesmal ohne die Unterstützung Hitlers, unterlag der Propagandaminister nach eigenem Eingeständnis gegen die »ganze Clique« – gemeint sind Adjutanten, Verbindungsoffiziere und Parteibeauftragte in Hitlers Umgebung –, auch wenn er versuchte, dies als erfolgreiche Abwehr von noch weitergehenderen Forderungen darzustellen: »Mit dem Ritterfilm ein ewiges Hin und Her. Die stärksten Männer fallen um, aber ich gebe nicht nach. Schließlich setze ich mich auch durch, der Film wird mit geringen Änderungen herausgelassen« (23.3.1941).[102] Die für seinen Machtbereich der Filmzensur höchst gefährliche Intervention Bormanns schien der Propagandaminister dabei durchaus erkannt zu haben: »Ich schreibe über den Ritterfilm einen sehr scharfen Brief an Bormann. Alles kann man sich auch im Kriege nicht gefallen lassen« (25.3.1941).

Unterhalb der Regimespitze versuchten verschiedenste Stellen der NSDAP, auf die Zensur Einfluß zu nehmen. So sind Fälle eigenmächtiger regionaler oder lokaler, etwa von Gauleitern verfügter Verbote überliefert.[103] Auch gegen den GASMANN hatten ja nicht nur Heß, sondern auch andere NS-Funktionsträger Einspruch erhoben (28.9. 1941). Am aktivsten intervenierten jedoch Mitarbeiter der Parteikanzlei der NSDAP unter Heß und später unter Bormann in Sachen Filmzensur. Zuständig dafür war Walter Tießler, Verbindungsmann der Parteikanzlei im Propagandaministerium und gleichzeitig Amtsleiter in der Reichspropagandaleitung Hauptamt Film. Tießler übermittelte Goebbels regelmäßig die an die Parteikanzlei herangetra-

---

101 Bandmann/Hembus, S. 249, billigen dem Film zu, »NS-Propaganda durch Ironie unterlaufen« zu haben,

102 Da der Film schon am 17.3. im Berliner Ufa-Palast am Zoo uraufgeführt wurde, beziehen sich die erwähnten Schnitte wohl auf die Premierenfassung, bevor der Film in weitere Kinos gelangte.

103 Vgl. Maiwald, S. 198.

genen und dort gesammelten Forderungen, Beschwerden und Bedenken aus allen Ebenen der Partei, insbesondere der Gaupropagandaleitungen beziehungsweise der Reichspropagandaämter und zog sich deshalb auch wiederholt Goebbels' Kritik zu (23.5.1941).

Eine Aufstellung Tießlers vom Juni 1943[104] dokumentiert die Versuche der Parteikanzlei, stellvertretend für zahlreiche NSDAP-Gliederungen, »weltanschauliche« und »erzieherische« Kriterien in Drehbüchern und Filmen anzumahnen. Bei 30 als fertig klassifizierten Filmen (Spiel- und Dokumentarfilme), d.h. Filme, die von 1941 bis 1943 schon aufgeführt wurden oder teilweise kurz vor der Aufführung standen, vermerkt Tießler sechs Fälle, in denen Goebbels den Parteibedenken nachgekommen ist – in zwei Fällen erfolgte daraufhin gar ein Totalverbot[105] – und nur zwei Filme, bei denen Goebbels die Abänderungsvorschläge deutlich zurückwies.[106] In der Hauptsache betraf die Kritik kirchliche Szenen, die Verwendung des Hitler-Grußes, die Darstellung verschiedener Berufsgruppen, den Einsatz ausländisch wirkender Schauspieler sowie Volkstumsfragen.

Ein besonders lästiges Problem für Goebbels waren dabei die verschiedenen der NSDAP angeschlossenen Berufsorganisationen, die es verstanden, sich über die Parteikanzlei und die Reichspropagandaleitung Einfluß auf die Zensur zu verschaffen.[107] Schon in den dreißiger Jahren hatte Goebbels regelmäßig solche Einmischungen vermerkt (8.6.1938) und sich im weiteren Verlauf immer wieder dagegen verwahrt (8.11.1941, 2.3.1942). Auch öffentlich wandte sich Goebbels gegen die Einflußversuche und Proteste.[108] Als besonders hartnäckig

---

104 BA/K NS 18/357 o.D. Das letzte Datum der Liste betrifft Filmbewertung vom 16.6.1943. Demnach Datierung um Juni 1943 wahrscheinlich.

105 Dies betraf u.a. MIT DEN AUGEN EINER FRAU. Nach Parteibeschwerden (»unmöglicher Kitsch im NS-Deutschland«) ließ Goebbels den Film einen Tag nach der Premiere am 30.10.1942 absetzen: BA/K NS 18/282 Vorlage Tießler/Goebbels vom 31.10.1942.

106 Der Rest betrifft Kritik aus den Gauen, die von der Parteikanzlei selbst zurückgewiesen wurde, sowie Filme und Drehbücher, gegen die keine Bedenken erhoben wurden.

107 Lange, S. 75ff.

108 Rede vom 19.5.1933, abgedr. bei: Albrecht I, S. 444. Auch Fritz Hippler kritisierte 1942 in *Der deutsche Film* die Aktivitäten unterschiedlicher Berufsvertretungen. Die Presse solle darauf hinwirken,»daß nicht weiterhin Berufsstände oder Landschaften oder Interessenverbände stets und ständig mit Klagen und Beschwerden kommen, die zwar an und für sich berechtigt sein mögen, auf dem Gebiet der künstlerischen Gestaltung aber kein Ohr finden dürfen«: abgedr. bei Gerd Albrecht (Hrsg.) *Der Film im Dritten Reich*. Eine Dokumentation, Karlsruhe 1979 (Albrecht II), S. 150. Vgl. auch Fritz Hippler, *Betrachtungen über das Filmschaffen*, Berlin 1943, S. 103ff.

erwiesen sich die innerhalb der NSDAP stark vertretenen Lehrer. Aus der RPL-Liste geht hervor, in welchem Umfang die Entfernung von Szenen verlangt wurde, die den Ständevertretern mißfielen: In zwei Fällen sind Proteste der Apotheker, allein in drei Fällen solche des Lehrerverbandes aufgeführt. So heißt es etwa zu HANNERL UND IHRE LIEBHABER: »Aufgrund der Beanstandung des Lehrerverbands aus dem Verkehr gezogen.«[109] Goebbels veranlaßte einige Direktiven zum Schutz des Lehrerberufs in der öffentlichen Darstellung. In dem besonders spektakulären Fall der – heute verblüffenderweise wieder kultisch vereehrten – Schulsatire DIE FEUERZANGENBOWLE, wo der Humor auf Kosten der »Pauker« blühte, blieb er jedoch hart: »Der neue Rühmann-Film »Feuerzangenbowle« soll unbedingt aufgeführt werden. Der Führer gibt mir den Auftrag, mich nicht durch Einsprüche von Lehrerseite oder von seiten des Erziehungsministeriums einschüchtern zu lassen« (25.1.1944). Zum Zeitpunkt dieser offensichtlichen Fensterrede war der Film allerdings schon von der Zensur freigegeben, drei Tage später startete er.

Bereits die Auseinandersetzungen um ALARM IN PEKING haben deutlich gemacht, daß auch ausländische Regierungen versuchten, Filme zu verhindern, durch die sie ihr Image bedroht sahen. Nicht selten fanden sie dabei auch die Unterstützung des Auswärtigen Amtes. Das AA selbst besaß – nicht erst seitdem Goebbels 1939 die Kompetenz für die Auslandspropaganda an Ribbentrop verloren hatte – ein Mitspracherecht bei der Vorführung deutscher Filme im Ausland. Dort galten andere Maßstäbe als im Reichsgebiet, weshalb etwa DIE ENTLASSUNG wegen allzu NS-propagandistischer (also Kaiser-kritischer) Darstellung der Kriegschuldfrage 1914 und der Rolle des AA beim Sturz Bismarcks ein Exportverbot erhielt.[110] Wiederholt mußte sich Goebbels auch mit seinen Export- und Filmgroßmachtplänen gegen die vom Außenministerium betriebene restriktive Politik zur Wehr setzen.[111] Für die besetzten Gebiete, insbesondere das Generalgouver-

109 BA/K NS 18/357 o.D. Seite 4. Zur »negativen Breitenwirkung« der »Karikierung der Lehrer im Film« s. auch SD-Bericht vom 19.1.1942: Heinz Boberach (Hrsg.), *Meldungen aus dem Reich 1938-1945. Die geheimen Lageberichte des Sicherheitsdienstes der SS*, Herrsching 1984, S. 3180f..

110 Willi A. Boelcke (Hrsg.), »*Wollt ihr den totalen Krieg*«. *Die geheimen Goebbels-Konferenzen 1939-1943*, Stuttgart 1967 (Boelcke II), S. 274.

111 Vgl. Ministerkonferenz vom 14.2.1941: Willi A. Boelcke (Hrsg.), *Kriegspropaganda 1939-1942*. Geheime Konferenzen im Reichspropagandaministerium, Stuttgart 1966 (Boelcke I) S. 619.

Die Feuerzangenbowle (1944): Proteste der Lehrer

nement und das Protektorat Böhmen und Mähren, existierten ohnehin Sonderregelungen. Parteistellen hatten u.a. Bedenken, die Vorführung des Veit-Harlan-Melodrams Die goldene Stadt im Protektorat könne »tschechischen Chauvinismus« anfachen.[112]

Die weitestreichenden Einspruchsmöglichkeiten in die Filmzensur besaß – schon vor dem September 1939 – das Militär. Die Militärzensur war für Goebbels' Propagandaministerium die einzig legitimierte Konkurrenz bei der Gestaltung, Zurückhaltung oder Abände-

112 BA/K NS 18/449 Notiz Tießler für Hippler vom 4.2.1943.

rung von Filmen, Bildern und Propagandamaterial aller Art. Goebbels' Anspruch, nur sein Ministerium dürfe in Zensurfragen Entscheidungskompetenz haben (11.11.1936), ließ sich weder in Friedenszeiten noch im Krieg durchsetzen. Zwischen Propagandaministerium und OKH/OKW bestanden frühzeitig besondere Verbindungen, um die »Bipolarität zwischen militärischer und ziviler Propaganda« zu überbrücken.[113] Die Verbindungsoffiziere der verschiedenen militärischen Stellen im Propagandaministerium befaßten sich allerdings kaum mit der Nachzensur von Spiel- und Dokumentarfilmen. Vielmehr wurden hierfür bereits im Vorfeld Absprachen vorgenommen, so auch bei den »Kriegserziehungsfilmen« vor 1939.

Drehbücher mit militärischer Handlung und Filme, die unter Mitwirkung militärischen Personals zustande kamen, wurden in der Regel der Heeresführung vorgelegt. Damit verbunden waren, sehr zum Leidwesen Goebbels', teilweise recht weitgehende Versuche der Einflußnahme auf die inhaltliche Gestaltung der Filmprojekte: »Ritter und Wiemann klagen auch darüber, daß das Kriegsministerium sich nun in alle Filmvorhaben hineinmische. Ich stoppe das unter Berufung auf einen sehr klaren Erlaß des Führers kurzerhand ab« (24.8. 1937).[114] Auch hier wurden selbst detaillierteste Interventionen auf höchster Ebene abgehandelt: »[Reichswehrminister] Blomberg ruft an. Er will eine Szene aus ›Unternehmen Michael‹ heraushaben. Da wird die Flotte im Kriege scharf angepackt. Ich tue ihm den Gefallen« (4.9.1937). Nach Kriegsbeginn kam es zwischen der Abteilung Wehrmachtspropaganda beim OKW, deren Verbindungsoffiziere im Vorfeld an den Filmvorhaben beteiligt waren, und dem Propagandaministerium vereinzelt zu Differenzen um das Filmbild deutscher Offiziere.[115] Einsprüche im nachhinein, wie der in der Filmgeschichtsschreibung gerne aus dem Goebbels-Tagebuch zitierte OKW-Protest

---

113 Boelcke I, S. 103.

114 Daß dieses »abstoppen« gelang, muß bezweifelt werden. Karl Ritter und Mathias Wieman waren im Kunstausschuß der Ufa für »Kriegserziehungsfilme« zuständig.

115 Vgl. Eintrag vom 12.10.1941 und Eintrag vom 11.5.1942 :»Ich spreche noch telefonisch mit dem Reichsmarschall, der sich über das OKW beschwert, weil es Protest gegen den neuen Leander-Film erhebt. In diesem Film wird ein Fliegeroffizier gezeigt, der eine Nacht mit einer berühmten Sängerin verbringt. Das OKW fühlt sich dadurch moralisch gestoßen und erklärt, ein Fliegerleutnant handle nicht so [...]. Göring macht sich über die Zimperlichkeiten des OKW sehr lustig, was mir außerordentlich zustatten kommt, da das OKW mir bei der Filmarbeit überhaupt sehr viele Schwierigkeiten macht«.

gegen »einen Fliegeroffizier, der eine Nacht mit einer berühmten Sängerin verbringt« (23.5.1942) in Zarah Leanders DIE GROSSE LIEBE, blieben die Ausnahme.

Auch die Behandlung eigener OKW-Filmproduktionen durch das Propagandaministerium führte zu Konflikten. Goebbels sah die Mehrzahl der von der Filmstelle der Abteilung Wehrmachtspropaganda hergestellten Produktionen als propagandistisch unwirksam an und versuchte, einigen von ihnen die Zulassung zu verweigern.[116] Darüber hinaus existierte ein komplexes Beziehungsgeflecht aus Eifersüchteleien und Rivalitäten der einzelnen Wehrmachtsteile, etwa wegen der unterschiedlichen Prädikatserteilung bei den Spiel- und Dokumentarfilmen der Luftwaffe (FEUERTAUFE und KAMPFGESCHWADER LÜTZOW) und des Heeres (SIEG IM WESTEN). Da keine der Wehrmachtsgattungen bei der Prädikatsvergabe schlechter gestellt sein wollte als die jeweils andere, wurde auf das Propagandaministerium entsprechend Druck ausgeübt. Schon bei dem Luftwaffenfilm FEUERTAUFE über den Polenfeldzug sah sich Goebbels mit derartigen Interventionen konfrontiert und mußte wiederum eine Entscheidung Hitlers herbeiführen: »Der Führer bestimmt nun persönlich, daß der Film ›Feuertaufe‹, wie ich vorgeschlagen hatte, das zweite und nicht das erste Prädikat erhält« (7.4.1940).[117] Als der Pressereferent des Heeres in der Abteilung Wehrmachtspropaganda des OKW, Kurt Hesse, »für den ›Sieg im Westen‹ das höchste Prädikat, wie ›Kampfgeschwader Lützow‹ es erhalten hat«, verlangte,[118] widersetzte sich Goebbels

116 Vgl. Eintrag vom 22.2.1940: »›Feind hört mit‹. Ein blödsinniger Spionage-Aufklärungsfilm des O.K.W.« und Ministerkonferenz vom 22.2.1940: Boelcke I, S. 291. Im Juni 1942 richtete Goebbels mit Blick auf die Versuche des OKW, eine Filmabteilung aufzubauen und eigene Filme herzustellen, »an die obersten Reichsbehörden« die Warnung, »daß Filmvorhaben aller Stellen des Staates, der Partei oder der Wehrmacht, mir als dem für die gesamte Filmpolitik verantwortlichen Reichsminister und Reichsleiter vorgelegt werden müssen.[...] Filme, die entgegen diesem Hinweis hergestellt werden, können in Zukunft auf keine Zulassung zur öffentlichen Vorführung mehr rechnen.« BA/K R 43II/ 389 Nr. 171 RMVP an oberste Reichsbehörden vom 30.6.1942.

117 FEUERTAUFE erhielt tatsächlich nicht das politisch wichtigste Prädikat »staatspolitisch besonders wertvoll«, sondern nur »staatspolitisch wertvoll«.

118 Vgl. BA/K NS 18/348 Hesse an Hippler vom 28.2.1941. Hesse kritisierte die »langweilige Handlung« des Luftwaffenfilms KAMPFGESCHWADER LÜTZOW und verlangte, »daß der Film ›Sieg im Westen‹ in den beiden Punkten, in denen ›Kampfgeschwader Lützow‹ besser beurteilt worden ist, d.h. in der staatspolitischen und künstlerischen Note, in der gleichen Weise wie der Tobis-Film beurteilt wird, also die Prädikate ›staatspolitisch besonders wertvoll‹ und ›künstlerisch besonders wertvoll‹ erhält.« Vgl. dazu auch Eintrag vom 4.3.1941.

ebenfalls (1.3.1941). In der folgenden Auseinandersetzung kamen ihm die Animositäten zwischen dem Chef des OKW, Keitel, und dem Oberbefehlshaber des Heeres, von Brauchitsch, zu Hilfe, so daß er gar die Abberufung des auch für Filmfragen zuständigen Heeresreferenten erreichte.[119]

---

119 Vgl. Einträge vom 4. bis 9.3.1941 und Boelcke I, S. 636: Ministerkonferenz vom 7.3.1941, dort auch weitere Hinweise zu dem Vorfall, u.a. aus dem Kriegstagebuch Franz Halders.

»Ein filmisches Epos deutschen Heldentums«: Wochenschau und Dokumentarfilm als Propagandamittel

1. Der Dokumentarfilm

Mangelndes Interesse?

Der Dokumentarfilm trat in der NS-Zeit in vielen Spielarten auf. Eine genaue Definition aller nach Funktion, Herkunft und Inhalt abgrenzbarer Sub-Genres[1], vom Kulturfilm bis zum militärischen Lehrfilm, erscheint äußerst schwierig.

Der dokumentarische Film wurde von den Nationalsozialisten erstmals als »einseitiges Funktionsmittel für die Propaganda«[2] etabliert, wobei sie auf den »weitverbreiteten Irrglauben an die Faktizität der als dokumentarisch ausgewiesenen Bilder«[3] zurückgreifen konnten. Die Innovationen des Nationalsozialismus hinsichtlich manipulativer Techniken und vorgeblicher Authentizität setzten für das Genre in Deutschland für lange Zeit Maßstäbe. Für die Grundmuster erfolgreicher Manipulationstechniken bei der Film-Dokumentaristik galt: »durch Kontextverschiebungen Tatsachen verfälschen; durch eine veränderte Chronologie Kausalbeziehungen verdrehen; durch verbale Korrekturen die visuelle Wahrheit beugen; durch (heroisierende) Musik hinzufügen, ›was der Kraft der Bilder fehlte‹« (Hilmar Hoffmann).[4]

Goebbels hielt das dokumentarische Genre in erster Linie geeignet zur direkten, plakativen Propaganda, weniger als Mittel der favori-

1 Eine Gruppen- und Typenbildung versucht Christian Delage, *La vision Nazie de L'Histoire à travers le cinéma documentaire du Troisième Reich*, Lausanne 1989, S. 17-30.

2 Hilmar Hoffmann, »*Und die Fahne führt uns in die Ewigkeit*«. Propaganda im NS-Film, Frankfurt/M. 1988, S. 126.

3 Ebd., S. 137.

4 Ebd., S. 134.

sierten verfeinerten Indoktrination. Über das Wecken von Emotionen und den Appell an Instinkte hinaus unterschwellige propagandistische Einflüsterung betreiben, konnte der Dokumentarfilm – im Gegensatz zur Wochenschau – nur bedingt und nur in seiner brillantesten Ausformung a la Riefenstahl. Ästhetische Gesichtspunkte waren Goebbels nicht fremd, aber als Medium für Formexperimente und künstlerische Stilübungen durfte der Dokumentarfilm nicht herhalten. Form vor Inhalt konnte hier nicht gelten. Ohne Frage hat Goebbels auch für die nicht-fiktionale Filmform großes Verständnis entwickelt, gefiel er sich doch schon vor der »Machtergreifung« in der Rolle des Propagandaregisseurs damals noch dilettantischer Parteifilme.[5] »Hätten wir nur größere technische Mittel« (5.4.1929), hieß es in jenen Jahren häufig. Doch über die allgemeine Bewunderung russischer Montagetechnik hinaus finden sich weder Vorbilder einer faschistischen Filmästhetik noch Ansätze eines theoretischen Programms. Was Goebbels von innovativen Reportagen und Werken der Dokumentaristik wie Walther Ruttmanns SYMPHONIE EINER GROSSSTADT (1927) und politisch-agitatorischen Entwürfen wie KUHLE WAMPE (1932) hielt, ist nicht überliefert. Die Theorien des Nazi-Gegners Walter Benjamin von der »Ästhetisierung der Politik« oder dessen »Tendenz-Kunst«-Interpretationen nahm er wahrscheinlich ebensowenig zur Kenntnis wie Kracauers Anmerkungen zum Film als realistische Kunstform. Aber auch Ruttmanns Werke im Dritten Reich finden bei ihm keine gesonderte Betrachtung. Ob also im Falle Ruttmanns oder bei anderen Dokumentarfilmern propagandistische Absichten durch bestimmte Filmformen teilweise unterlaufen wurden,[6] ist eine Frage, die Goebbels nicht beantwortet. Er erscheint mit seinen öffentlichen Angriffen gegen ziel- und zwecklose »blutleere L'art pour l'art«, »blassen Ästhetizismus« und Alltags-Naturalismus sowie mit seiner Ablehnung von Willy Zielkes semidokumentarischem Film DAS STAHLTIER als ein Traditionalist, der visuelle Experimente nicht guthieß.

Dabei sah sich Goebbels als ausgesprochenen Fachmann. »Ich erkläre ihm die Grundbegriffe des Dokumentarfilms« (19.4.1940) schreibt er über den vom Flugpionier zum versierten Dokumentar-

5 An der Herstellung der Parteitagsfilme von 1927 und 1929 war Goebbels noch nicht beteiligt; sie fiel in die Verantwortung der Münchner Parteileitung. Vgl. so Eintrag vom 28.9.1929 über den Parteitagsfilm von 1929: »Münchner Kitsch«.

6 Martin Loiperdinger, Neue Sachlichkeit, in: Manfred Hattendorf (Hrsg.), *Perspektiven des Dokumentarfilms*, München 1995, S. 56.

regisseur mutierten Hans Bertram, der immerhin mit FEUERTAUFE gerade einen effektvoll montierten Propagandafilm über den Luftwaffeneinsatz beim Angriff auf Polen abgeliefert hatte.

Zur recht nüchternen Sicht Goebbels' auf den Dokumentarfilm trug auch bei, daß er bei aller Bewunderung für Leni Riefenstahls Parteitags- und Olympia-Filme wußte, daß diese »suggestive Ästhetisierung des Faschismus« (Hilmar Hoffmann) eine Ausnahmeerscheinung war, die sich mangels Begabungen nicht einfach kopieren und als spezifische NS-Filmästhetik etablieren ließ. Außerdem galt der Großteil der nicht-fiktionalen Filmproduktion wegen der enttäuschenden Resultate der SA- und HJ-Spielfilme als Domäne der von Goebbels wenig geschätzten, streng ideologischen NS-Parteifilmpropaganda. Insgesamt widersprechen Goebbels' Passagen zum Dokumentarfilm in den Tagebüchern schon wegen ihres geringen Umfangs der Auffassung, er habe Wochenschau und Dokumentarfilm viel mehr Interesse entgegengebracht als dem Spielfilm.[7]

Mangels filmtheoretisch präziser Definitionen von Kulturfilm und Dokumentarfilm herrscht auch bei Goebbels große Sprachverwirrung. Seine Terminologie im Tagebuch ist mitunter konfus. »Propagandafilm« beschreibt meist einen deutschen oder ausländischen Dokumentarfilm, »Tendenzfilm« gilt eigentlich dem Spielfilm, wird mitunter aber auch für nicht-fiktive Formen benutzt. Der üblicherweise (natur)wissenschaftlich-technisch orientierte »Kulturfilm« kann bei Goebbels auch die Verherrlichung der SS oder anderer Parteiorganisationen zum Gegenstand haben. Der Propagandaminister lehnte sich also nur in der Sprache, nicht aber in der Zuordnung an die zeitgenössische Filmliteratur an.[8] Wie beim Spielfilm werden auch bei der Filmdokumentaristik Goebbels' Maximen dann am ehesten ersichtlich, wenn er konkrete Projekte beschreibt.

Förderer des Kulturfilms

Seit 1934 mußte als Pflichtbestandteil jeder Kinovorführung im Beiprogramm, meist zwischen Wochenschau und Hauptfilm, ein als Kulturfilm bezeichneter Kurzfilm gespielt werden. Sowohl der Begriff als auch die spezifische Ästhetik sind eine deutsche Erfindung.[9] Lehrfilme

---

7 Gerd Albrecht, *Nationalsozialistische Filmpolitik*, Stuttgart 1969 (Albrecht I), S. 88.
8 Die unklaren Abgrenzungen findet man allerdings auch in den offiziellen Bezeichnungen und Bestandslisten des Reichsfilmarchivs. Vgl. dazu BA/P 50.01/648.
9 Hoffmann, S. 113.

aus »Natur und Wissenschaft, Kunst und Volkstum, Handwerk und Technik, Militaria und Politik«[10] – eine universale Schau, volksbildend und von klassenlosem Interesse. Als »politisch-pädagogisches Glossar zum täglichen Leben im Hitler-Staat«[11] dokumentieren die vielen hundert etwa 15 Minuten langen Einakter auch Modernisierungsabsichten und Technikgläubigkeit des Nationalsozialismus.[12] Anhand der Bilder aus der Tier- und Naturwelt ließ sich trefflich die »sozialdarwinistische Ideologie des Fressens und Gefressenwerdens«[13] herauslesen. Auch zahlreiche Parteiorganisationen, Grenzschützer, Alpenkorps, Fallschirmspringer und Seeleute kamen ins Bild. Die Titel der Filme, die oftmals auch optischen und farbtechnischen Experimenten dienten, verdeutlichen die Bandbreite: RÖNTGENSTRAHLEN (1937), BUNTE KRIECHTIERWELT (1940), ALTGERMANISCHE BAUERNKULTUR (1939) oder DEUTSCHE PANZER (1941). Die führenden Dokumentarregisseure der Weimarer Zeit, wie Carl Junghans, Svend Noldan, Arnold Fanck, Walther Ruttmann und Curt Oertel, zeichneten im »Dritten Reich« für die Verherrlichung von Soldatentum, Olympia, Arbeit, Hitlers Feldzügen und Parteiorganisationen verantwortlich.[14] Internationale Auszeichnungen gewannen Ruttmanns Industriefilm MANNESMANN (1937) und Oertels MICHELANGELO (1941).

Die vielen hundert qualitativ höchst unterschiedlichen Titel konnte Goebbels nicht alle persönlich prüfen; nach welchen Kriterien er vorging, bleibt allerdings unerfindlich. In den Anfangsjahren dürfte sein Einfluß auf die Produktion begrenzt gewesen sein. Die Reichsbahn, die großen Filmfirmen, selbst Industrieunternehmen unterhielten eigene Abteilungen zur Herstellung von Kulturfilmen, hinzu kamen zahlreiche eigens darauf spezialisierte kleinere Produktionsgesellschaften. Dies änderte sich erst langsam durch den kontinuierlichen Ausbau des Referats Kulturfilmproduktion im Propagandaministerium. Eigene Kulturfilm-Dramaturgen sollten, ebenso wie beim Spielfilm, Themen und Sujets suchen und prüfen, ohne jedoch in ähnlichem Ausmaß in das einzelne Projekt eingreifen zu können.

---

10 Boguslaw Drewniak, *Der deutsche Film 1938-1945*, Düsseldorf 1987, S. 50.
11 Klaus Kreimeier, *Die Ufa-Story*, München 1992, S. 318.
12 Demnächst soll eine Monographie zum Kulturfilm erscheinen: Michael Marek, Der Kulturfilm 1933-1945.
13 Hoffmann, S. 123.
14 Vgl. Hans Jürgen Brandt, *NS-Filmtheorie und dokumentarische Praxis: Hippler, Noldan, Junghans*, Tübingen 1987.

Anfangs noch zur eigenen Unterhaltung konsumiert (»sehr schöner Kulturfilm vom Deutschen Opernhaus«, 22.3.1936) oder mit einer Mischung aus Stilisierung und naiver Rezeption behandelt (»Lehrfilm ›So lebt China!‹ Ein absolut nomadisches, primitives Volk. Wahrscheinlich zu großer geschichtlicher Form gänzlich ungeeignet«, 6.2.1937), scheint Goebbels die Bedeutung des Kulturfilms für propagandistische Zwecke spätestens anläßlich der Verstaatlichung der Ufa stärker beachtet zu haben: »Ufa-Kulturfilme: eine umfassende Organisation. Aber man kann noch mehr daraus machen. Stärker an den Staat heranführen« (20.2.1937). Sporadisch griff er nun offenbar selber ein: So vermerkt er vereinzelt nachträgliche Korrekturen, etwa bei einem Kulturfilm anläßlich der Automobilausstellung 1938 »über unsere Rennsiege«, den ihm der NSKK-Leiter Adolf Hühnlein vorlegte: »Großartig gemacht. Noch kleine Änderungen angegeben« (19.1.1938). Weniger Gefallen fand Goebbels an den beliebten, eher wissenschaftlich-lehrhaften Expeditionsfilmen. In SEHNSUCHT NACH AFRIKA erläutert der schwedische Forscher Bengt Berg unter Verwendung von Dokumentarmaterial und Spielszenen seine Entdeckungsreise auf dem »schwarzen Kontinent«.[15] Diese Mischung aus Lehrhaftigkeit und »semifiction« mißfällt Goebbels: »Dann sehen wir einen sehr langweiligen Bengt-Bergfilm ›Afrika ruft‹. Penetrant in seiner Aufdringlichkeit« (18.1.1939). Daß trotz eines Dutzends ähnlicher Kolonialpropagandafilme seit 1933 nicht etwa das Sujet Goebbels »penetrant« erscheint, bestätigt er wenige Tage darauf, wenn von dem abendfüllenden Streifen DEUTSCHES LAND IN AFRIKA[16] als einem »schönen Film über unsere ehemaligen Kolonien« die Rede ist (21.1. 1939).

Im Jahr des Kriegsbeginns nahm die Kulturfilmproduktion aufgrund wachsender Beliebtheit beim Publikum stark zu. Die Flut von Filmen führte zwangsläufig zu unkoordinierter Häufung ähnlicher Vorhaben und somit zu – im Krieg untragbarer – Ressourcenverschwendung,[17] woran auch eine im März 1939 eingeführte Meldepflicht bei der Reichsfilmkammer (RFK) nichts änderte. Eine weitere

15 Drewniak, S. 295. Uraufführung (UA): 13.1.1939.

16 Hans Barkhausen, Die NSDAP als Filmproduzentin, in: Günther Moltmann/Friedrich Karl Reimers, *Zeitgeschichte in Film- und Tondokumenten*, Göttingen 1970, S. 173 (Z: 29.3.1939). Vgl. zu dem verstärkten Einsatz und der nach Kriegsbeginn offenbar erheblichen Wirkung dieses Films den SD-Bericht vom 9.2.1940: Heinz Boberach (Hrsg.), *Meldungen aus dem Reich 1938-1945. Die geheimen Lageberichte des Sicherheitsdienstes der SS*, Herrsching 1984, S. 740.

17 Vgl. Drewniak, S. 51f.

Richtlinie, nach der die etwa 15 Minuten langen Streifen nicht weniger als 30 000 RM kosten durften, sollte zu inhaltlich, technisch und optisch aufwendigerer Machart und so zur Verbesserung der Qualität führen. Von den Filmtheatern verlangte Goebbels, für die finanzielle Ausstattung der Kulturfilme einen Anteil von drei Prozent der Nettoeinnahmen abzuführen.[18]

Mit dem Auftrag einer Neuorganisation der Kulturfilmproduktion setzte der Minister im März 1940 den erfahrenen NS-Filmfunktionär und Kulturfilmdramaturgen Carl Neumann an die Spitze des neugeschaffenen Referats Kulturfilmdramaturgie in der Filmabteilung des Propagandaministeriums.[19] Neumann reichte Goebbels mehrere Denkschriften[20] über den Aufbau einer »Produktionszentrale nach dem Vorbild der Wochenschauzentrale« (28.3.1940) ein, mit deren Hilfe Goebbels den Kulturfilm unter strikte staatliche Kontrolle bekommen wollte: »Das Ministerium regelt und führt. Wir müssen da zum Erfolg kommen« (28.3.1940).[21] Die mit Wirkung vom 1. August 1940 neugegründete »Deutsche Kulturfilm-Zentrale« hatte die Aufgabe, »das deutsche Kulturfilmschaffen in politischer, weltanschaulicher und organisatorischer Hinsicht straffer auszurichten und die Produktionsplanung für alle Kulturfilmhersteller in nähere Beziehung zu den Aufgaben unserer Zeit zu setzen«.[22] Nach dem Vorbild des Spielfilms (und in Ergänzung des entsprechenden Erlasses zur Vorzensur vom 18. November 1939) sollte nun auch für Kulturfilmvorhaben (und ebenso für alle anderen Propaganda- oder Beifilme) eine vierwöchige Frist zur Einreichung des Drehbuchs vor Drehbeginn gelten und jährlich ein genereller Produktionsplan für Kulturfilmstoffe erstellt werden. Auf die Unterstützung Hitlers bei diesen Aktivitäten konnte Goebbels zählen: »Er lobt unser Kulturfilmschaffen sehr« (23.4.1940).

An besonders ambitionierten Kulturfilmen nahm Goebbels weiterhin Korrekturen vor, so an Curt Oertels nach dem Krieg mit Preisen (u.a. Oscar 1950) ausgezeichneten, abendfüllenden deutsch-schwei-

18 Vgl. Eintrag vom 6.3.1940. Drewniak, S. 52, spricht von 1-2 %. Vgl. dazu BA/K R 55/180 Nr. 10-17 Neumann an Goebbels vom 23.3.1940 über »Kulturfilmabgabe«.

19 Vgl. Eintrag vom 9.3.1940: »Neumann übernimmt im Ministerium die Kulturfilmproduktion. Er soll sie ausrichten. Ich gebe ihm Richtlinien dazu.«

20 Vgl. Michael Töteberg, Im Auftrag der Partei. Deutsche Kulturfilm-Zentrale und Ufa-Sonderproduktion, in: Hans-Michael Bock/Michael Töteberg (Hrsg.), *Das Ufa-Buch*, Frankfurt/M. 1992, S. 438-443.

21 Vgl. auch Eintrag vom 7.4.1940.

22 BA/K R 55/Nr. 30 Erlaßentwurf Hipplers vom 6.4.1940.

Curt Oertel filmt MICHELANGELO *(1941)*

zerischen Dokumentarmeisterwerk MICHELANGELO, der dem »Genie« des Malers »nur sehr unvollkommen gerecht« werde: »Vor allem stört der pathetische Begleittext. Das muß viel nüchterner und realistischer gesagt werden. Umso tiefer ist dann der Eindruck des Kunstwerks« (13.3.1940).[23]

Im Krieg als »Stimmungskanone« wie als Mittel der Ablenkungsstrategie gleichermaßen einsetzbar,[24] zeigten auch die SD-Meldungen eine ungebrochene Anziehungskraft des Kulturfilms, wobei die Zuschauer neben Tier-, Landschafts- und Wissenschaftsfilmen insbesondere nach »mehr und mehr zeitgebundenen« Themen verlangten und eine »Steigerung der Aktualität der Kulturfilme« wünschten.[25] Für den Propagandaminister, der auch jährlich »Reichswochen für den deutschen Kulturfilm« abhalten ließ, war die deutsche Kulturfilmproduktion eine einzige Erfolgsgeschichte: »Da sind wir auf der ganzen

23 Vgl. auch Eintrag vom 17.4.1940. Zu dem Film s. Drewniak, S. 211f.
24 Hoffmann, S. 129
25 SD-Bericht vom 16.4.1940: Boberach, S. 1578f.

Welt führend« (11.2.1941).[26] Gemäß des Leistungsteigerungserlasses vom Februar 1942 wurde die Deutsche Kulturfilm-Zentrale in ein Sonderreferat Kulturfilm beim Reichsfilmintendanten umgewandelt, dessen Leitung 1943 Heinrich Roellenbleg übernahm. Ab etwa 1940/41 verzichtet Goebbels darauf, Kultur-, also Lehrfilme und explizite Propagandafilme parteiamtlicher Provenienz zu unterscheiden. Die Bezeichnung Kulturfilm dient nun für nahezu alle dokumentarischen Streifen, in erster Linie aber für propagandistische Produktionen mit Portraits von Partei- und Staatsinstitutionen.

Parteiverherrlichung, »Rassenaufklärung« und Kriegspropaganda

Die Dokumentarfilmproduktion im Nationalsozialismus war von einem nahezu unkontrollierbaren Geflecht staatlicher, halbstaatlicher und parteiamtlicher, privater und Wehrmachtsproduktionen gekennzeichnet. Maßgeblich für die Parteiproduktion war die Hauptabteilung Film der RPL, die Auftragsproduktionen der Parteigliederungen entgegennahm und ausführte. Goebbels versuchte zwar, in das organisatorische Chaos Ordnung zu bringen und die Produktion zu zentralisieren, doch enthüllen die Tagebücher, wie zu Beginn der NS-Herrschaft einige Projekte der NS-Dokumentarfilmproduktion wegen allzugroßer filmischer Ambitionen verschiedener Parteiorganisationen und -instanzen mißlangen.

Von den wichtigsten unter Parteieinfluß hergestellten Produktionen bis 1938 findet bei Goebbels allein der von einer »hervorragenden Schnitt- und Montagetechnik«[27] gekennzeichnete Winterolympiade-Film JUGEND DER WELT (1.6.1936) von Carl Junghans Gnade. Im Juni 1936 erschien ein im Auftrag von Alfred Rosenbergs NS-Kulturgemeinde gedrehter Film, DER EWIGE WALD, dessen mystisches und verquastes Gerede über »Einheit von Volk und Wald« offensichtlich weder Goebbels noch Hitler gefiel.[28] Da auch einige weitere von Parteiorganisationen initiierte Filme bei der Uraufführung durchfielen, was von Goebbels, soweit er die Vorhaben gutgeheißen hatte, gerne verschwiegen wird, warnte der Propagandaminister in einem Rundschreiben vom 28. August 1936 vor der Verschwendung öffentlicher

---

26 Solch formelhaftes Lob findet sich bis 1944 regelmäßig mit nahezu den gleichen Worten.

27 Barkhausen, S. 162,

28 Vgl. Einträge 17.7.1936 und 27.8.1936. Unklar bleibt, ob es tatsächlich zur Nichtfreigabe durch Hitler nach der Zensur am 20.8.1936 kam: Schriftwechsel in BA/K R 43 II/390a und Barkhausen, S. 159f.

Gelder für »unkünstlerische Filme« und verlangte die Vorlage eines jeden Manuskripts bei ihm.[29] Nicht besser scheint es im Jahr darauf einem weiteren Film der NS-Kulturgemeinde über die Reichsautobahnen ergangen zu sein. Goebbels berichtet von einem Verbot Hitlers und kann seine Genugtuung darüber kaum verbergen: »Schwerer Schlag. Jetzt der zweite Film der n.s. Kulturgemeinde. 2 Millionen haben die nun schon für diese dilettantischen Scherze herausgeworfen« (22.8.1937).

Goebbels' Verrisse der Parteifilmproduktionen ziehen sich durch die gesamten Aufzeichnungen. Den Farbfilm über den Nürnberger Parteitag 1937, FESTLICHES NÜRNBERG, nennt Goebbels »etwas durcheinander. Typisch Weidemann« (23.11.1937). Ähnlich äußert er sich zu einem Kurzfilm über die Kundgebung Hitlers und Mussolinis auf dem Olympiagelände im September 1937 (30.9.1937).

Über mehrere Jahre zog sich die Herstellung des von Carl Junghans und Hans Weidemann gestalteten, Ende August 1939 zensierten, aber nie mehr aufgeführten RPL-Films JAHRE DER ENTSCHEIDUNG, der eine universale Rückschau der Geschichte der NS-Bewegung seit 1918 bieten sollte.[30] Schon den ersten Entwurf kritisiert Goebbels scharf (14.8.1937), und auch die zweite Folge des als Zweiteiler angelegten Films sei »vollkommen durcheinander«: »Gar keine Klarheit und Übersicht. Weidemann nennt das dynamisch [...] Film muß vollkommen umgearbeitet werden« (12.1.1938). Angeblich wurde JAHRE DER ENTSCHEIDUNG auch deshalb so lange nicht fertig, weil der Propagandaminister noch alle neuen Ereignisse gewürdigt wissen wollte: vom Anschluß Österreichs über die Eingliederung des Sudetengebiets bis zum »Marsch auf Prag«.[31] Ein anderer politischer Kulturfilm, MÜNCHEN – HAUPTSTADT DER BEWEGUNG, geriet für Goebbels »herzlich ungekonnt« (27.5.1939), ein Urteil, das Hitler teilte und durch das Verbot des Films noch unterstrich.[32]

---

29 Vgl. Marcus S. Phillips, *The German Film Industry and the Third Reich*, Diss. phil. East Anglia, 1974, S. 218; Barkhausen, S. 160.

30 BA Film/K Film-Nr. 1238.

31 Laut Barkhausen, S. 163, wurde der Film nach Kriegsbeginn »auf Eis gelegt«. Vgl. dazu die widersprüchlichen Anweisungen Goebbels' auf der Ministerkonferenz vom 8.11.1939: Willi A. Boelcke (Hrsg.), *Kriegspropaganda 1939-1941*. Geheime Konferenzen im Reichspropagandaministerium, Stuttgart 1966 (Boelcke I), S. 221 (»Der Minister ist damit einverstanden, daß der Film ›Jahre der Entscheidung‹ nunmehr eingesetzt wird«) und vom 10.11.1939: Boelcke I, S. 223 (»Eine Umarbeitung des Films ›Jahre der Entscheidung‹ wird veranlasst. Zu dem hervorragenden Bildmaterial soll ein zusammenhängender, verständlicher Text geschrieben werden«).

Im Juli 1937 wurde die Deutsche Filmherstellungs- und Verwertungsgesellschaft mbH (DFG) gegründet. Zwar konnten nun die wichtigsten Parteiproduktionen, ganz in Goebbels' Sinne, unter diesem unauffälligeren Signum statt dem manchmal kontraproduktiven »Die RPL zeigt« laufen.[33] Doch seine Skepsis unterstreicht Goebbels durch die Maßgabe, die neue Produktion solle nur »in kleinem Umfang aufgenommen« (10.6.1937) werden und mit Hilfe zusätzlicher Mittel, die der NSDAP-Schatzmeister Schwarz zur Verfügung stellte, »Vor allem Tendenzfilme« (19.6.1937) herstellen. Obwohl ursprünglich zur Produktion streng NS-ideologischer Spielfilme gedacht,[34] beschränkte sich die DFG bis auf wenige Ausnahmen auf Dokumentarfilme.[35] Sofern sie Spielfilmvorschläge vorlegte, wurden diese von Goebbels weitgehend verworfen.

Bald darauf bestätigte sich, daß der Propagandaminister »auch der neugeschaffenen Parteifilmproduktion kein großes Vertrauen entgegenbrachte«.[36] Für herausragende Vorhaben versuchte er mit einigem Erfolg, renommierte Spielfilmregisseure heranzuziehen. So drehte Gustav Ucicky 1938 den Wahlfilm WORT UND TAT (25.3.1938). In Goebbels' Augen versagte die DFG insbesondere nach Kriegsbeginn bei der Konzipierung wirksamer Kriegspropaganda. »Die fabriziert scheußliche Filme«, stellt er am 3.3.1940 fest.[37] Kurz darauf wurde

32 BA/K NS 10/47 Nr. 11 Adjutantur an Leichtenstern vom 13.6.1939: »sehr schlecht (verboten)«.

33 Barkhausen, S. 165.

34 Die Idee zur Gründung der DFG datiert etwa vom Dezember 1936. Es folgten monatelange Verhandlungen zwischen Goebbels und dem NSDAP-Reichsschatzmeister: Phillips, S. 218.

35 Später verbot Goebbels gar die Herstellung von Spielfilmen durch die DFG bzw. vertröstete sie mit vagen Zusagen auf »Sonderaufträge«, woraufhin sich von seiten der RPL starker Protest erhob: BA/K NS 18/362b Raether (RPL HA Film) an Hinkel vom 6.10.1941. Vgl. auch Eintrag vom 7.6.1941: »Mit Hippler und [dem Amtsleiter Filmproduktion im HA Film der RPL Hugo] Fischer Filmproduktion der Partei. Die soll sich auf Propaganda-, Kultur-, und Dokumentarfilme beschränken. Fischer will auch Spielfilme machen, aber das können seine Leute ja nicht«. Von der DFG wurde etwa der HJ-Spielfilm HÄNDE HOCH (1942) hergestellt, der aber fast ausschließlich in Jugend-Sondervorstellungen zu sehen war. Anläßlich der Bestellung Heinz Tackmanns zum neuen Leiter des HA Film der RPL bekräftigt Goebbels diese Linie, das Hauptamt solle sich »ausschließlich auf Kultur- und Propagandafilme« beschränken, Spielfilme dürften nur von Produktionsgesellschaften der Ufa-Film GmbH hergestellt werden (28.4.1944). Vgl. dazu BA/K R 55/760 Nr. 35 Aktenvermerk Büro Staatssekretär vom 20.5.1944.

36 Barkhausen, S. 165.

37 Vgl. dazu auch seinen negativen Kommentar vom 27./28.2.1940 über Willi Krause und einen »Propagandafilm der R. Prop. Leitung«, wahrscheinlich KAMPF UND BEFREIUNG DES SUDETENLANDS.

Willi Krause als Chef der DFG entlassen.[38] Zu seinem Nachfolger bestellte Goebbels, auf der Suche nach einem »erstklassigen künstlerischen Leiter« (14.3.1940), schließlich Fritz Kubach (17.4.1940). Mit einer folgenreichen Richtlinie wollte der Minister ferner erreichen, daß die professionellen Kulturfilmhersteller auch Filme über Parteiorganisationen machen durften, weil die von denen selbst gelieferten Produktionen oftmals von Goebbels als ungeschickt empfunden wurden: »Mit Neumann Kulturfilmproduktion besprochen. Die D.F.G. darf kein Monopol für die Filme über die Parteiarbeit bekommen. Sonst fehlt da jede Konkurrenz und es wird nichts Rechtes daraus« (23.4.1940).[39] Am 4.8.1942 stellt er fest, daß für die »Aufklärung in Sozial- und Rassefragen« Filme besser seien als etwa Broschüren, und daß darin »das nationalsozialistische Gedankengut, nicht so sehr die nationalsozialistische Organisation« zur Darstellung kommen solle. Die Organisationen verpfuschten mit ihrer Einmischung nur das ganze Vorhaben.[40] Zu den Preisentscheidungen Goebbels' auf der »Reichswoche für den deutschen Kulturfilm« 1943 – er prämierte ausschließlich parteiferne Kulturfilme[41] – findet sich die passende Analyse am 11.7.1943:

»Eine Reihe von Kulturfilmen werden mir vorgeführt, einer von seiten der SS, einer von seiten der HJ. Beide sind für Vorführungen im normalen Programmablauf nicht geeignet, da sie propagandistisch zu dick aufgetragen sind. Das ist überhaupt der Kardinalfehler fast aller seitens der Partei oder ihrer Gliederungen gemachten Filme. Sie glauben, Propaganda mit dem Holzhammer machen zu müssen. Diese ist aber bekanntlich immer unwirksam.«

Als Folge solcher Einschätzungen begann Goebbels im Juni 1943 die DFG aufzulösen, nachdem er schon seit Dezember 1941 plante, »alle

38 Zu einem offenbar von Krause hergestellten Film heißt es am 9.3.1940: »Propagandafilm ›Kamerad Frau‹. Ein toller Wahnsinn, wieder von Krause. Nun aber Schluß damit«.

39 Vgl. Phillips, S. 80.

40 Vgl. auch BA/K NS 18/360 Vorlage Tießlers vom 16.6.1942. Danach hatte Goebbels angeordnet, derartige Kurzfilme »ganz besonders für die Behandlung weltanschaulicher Fragen einzusetzen, sei es auf dem biologischen, rassepolitischen, sozialen, hygienischen oder sonstigen Gebiet. Allerdings legte er Wert darauf, dass man bei der Gestaltung dieser Filme sich so wenig wie möglich mit den offiziellen Organisationen in Verbindung setzen soll. [...] Anlass zu seinem besonderen Hinweis war die Bemerkung Dr. Hipplers, dass bei dem Versuch eines weltanschaulichen Kulturfilms für Rasse- und biologische Fragen die zuständigen Organisationen, er nannte hier besonders den Reichsärzteführer, den Film so erschwert hätten, dass er zuletzt unterblieben ist.« Goebbels reagierte damit auf Berichte des SD über die anhaltend große Wirkung der Bei- und Kulturfilme: SD-Bericht vom 1.6.1942: Boberach, S. 3811ff.

41 Hoffmann, S. 129.

Kultur- und Dokumentarfilmvorhaben zusammenzufassen« (2.12. 1941). Auch das Hauptamt Film der RPL stellte nur noch wenige Parteifilme her. Statt dessen wurde die 1943 eingerichtete Ufa-Sonderproduktion GmbH unter dem Dach der Ufi zum großen Auftragsproduzenten für Partei und Wehrmacht und zum Lieferanten für Kulturfilm-Vorhaben.[42] Bis Kriegsende erwähnt Goebbels noch gelegentlich die wochenschauähnliche Jugend-Film-Reihe der Hitler-Jugend JUNGES EUROPA, von der 1942 bis 1945 acht Folgen hergestellt wurden.[43]

Während Goebbels also weniger aus ästhetischen Gründen als vielmehr aus Sorge um optimale Propaganda systematisch versuchte, die Parteiinstitutionen aus der Filmherstellung herauszudrängen, geben einige Beispiele mit Titeln aus den dreißiger und vierziger Jahren Anhaltspunkte für sein konkretes dokumentarisches Konzept, das stets auch vor Hitler bestehen mußte. Schon in der Vorkriegszeit behandelte der dokumentarische Film das Thema der »Euthanasie«, wie später die Ermordung geistig Behinderter bezeichnet wurde: Nachdem drei vom Rassenpolitischen Amt der NSDAP 1935/36 hergestellte Filme über »unheilbar Kranke« nur für den parteiinternen Gebrauch bestimmt waren, wurde 1936/37 eine Reihe pseudowissenschaftlicher »rassebiologischer Aufklärungsfilme« in die Kinos gebracht. Der perfideste darunter, der vom Rassenpolitischen Amt in Zusammenarbeit mit der RPL hergestellte Dokumentarfilm OPFER DER VERGANGENHEIT, sollte den Boden für die 1939 anlaufende systematische Ermordung von Geisteskranken bereiten. Angeblich hat Hitler den 1936 gezeigten Vorläufer ERBKRANK gesehen und daraufhin einen aufwendigeren, für das Hauptprogramm geeigneten Film angeregt.[44]

Ähnlich wie später bei DER EWIGE JUDE ist Goebbels' Kommentar über den im Juni 1936 fertiggestellten Film von Vernichtungsphobien geprägt.[45] Die endgültige Entscheidung über den öffentlichen Einsatz

42 BA/K R 55/760 Vermerk RMVP vom 12.10.1943. Vgl. darin auch den Vertrag Winklers mit der NSDAP (Reichsschatzmeister) vom 18.8.1943 über die Durchführung einiger Filmvorhaben der HA Film im Rahmen der Ufa Film GmbH.

43 Vgl. zu der Reihe David Welch, *Propaganda and the German Cinema*, Oxford 1983, S. 80ff.

44 Vgl. Karl Ludwig Rost, *Sterilisation und Euthanasie im Film des »Dritten Reichs«*, Diss. med. Berlin 1986, S. 63.

von OPFER DER VERGANGENHEIT hatte sich jedoch Hitler persönlich vorbehalten.[46] Kurz nachdem Goebbels bei Hitler anfragen ließ, wann dieser den knapp halbstündigen Film sehen und freigeben könne,[47] heißt es am 11.2.1937: »Film ›Opfer der Vergangenheit‹. Führer findet ihn sehr gut. Muß in allen deutschen Kinos laufen«. Angeblich hat Hitler sogar die Einmontage von Aufnahmen der drei Kinder Goebbels' in den Film vorgeschlagen.[48] Nach der Uraufführung am 20. März 1937 im Berliner Ufa-Palast am Zoo kündigte die Reichsfilmkammer im April 1937 an: »In sämtlichen 5300 deutschen Filmtheatern wird in Kürze der Film ›Opfer der Vergangenheit‹ vorgeführt werden.«[49] Die Kinobesitzer wurden zwangsverpflichtet, den Film zu zeigen.[50]

Das Engagement des Diktators für OPFER DER VERGANGENHEIT war nicht nur die Vorstufe zu seiner späteren umfassenden Einmischung in die Gestaltung von DER EWIGE JUDE. In vielerlei Hinsicht war der dokumentarische »Euthanasie«-Streifen – Goebbels lobte insbesondere die »psychologische und propagandistische Behandlung dieses Stoffes«[51] – Vorbild für den Kompilationsfilm von 1940. Drastischste, auf Schockwirkung zielende Bilder und ein radikaler Begleittext[52] verdeutlichen das Rezept Goebbels' für Dokumentarfilme, das er anläßlich der nach ICH KLAGE AN 1941/42 wiederaufgenommenen Planung »wissenschaftlicher Dokumentarfilme«[53] über Geisteskranke noch

45 Eintrag vom 4.12.1936: »Dann einen Film aus Irrenanstalten zur Begründung des Sterilisationsgesetzes. Grauenhaftes Material. Mit tollen Aufnahmen. Das Blut gefriert einem bloß beim Anschauen. Da ist die Unfruchtbarmachung nur ein Segen«. Vgl. auch Eintrag vom 10.12.1936.

46 Rost, S. 66.

47 BA/K NS 10/48 Nr. 121 RMVP an Adjutantur vom 8.2.1937.

48 Einträge vom 11. und 23.3.1937. Der Adjutantur wurde vom Propagandaministerium am 22.2.1937 eine »Rolle, enthaltend die Aufnahmen der Kinder des Herrn Ministers, mit der Bitte um Vorlage an den Führer übersandt«: BA/K NS 10/48 Nr. 114 RMVP an Adjutantur vom 22.2.1937. Am 23.2.1937 heißt es dazu auch bei Goebbels: »Film ›Opfer der Vergangenheit‹ mit unseren Kindern als Schluß. Sie wirken alle drei sehr lieb.« Am Ende des Films sind tatsächlich kurz drei spielende Kinder zu sehen, der Film klingt aber aus mit Bildern Hitlers auf einer Massenveranstaltung: BA Film/B Film-Nr. 04702.

49 Joseph Wulf, *Theater und Film im Dritten Reich*, Frankfurt/M. 1966, S. 424. Zum Erfolg des Films s. Karl-Heinz Roth, *Filmpropaganda für die Vernichtung von Geisteskranken und Behinderten im Dritten Reich*, Diss.med. Hamburg 1986, S. 19.

50 Rost, S. 67.

51 BA/K NS 10/64 Nr. 123 Rassenpolitisches Amt an Adjutantur vom 23.3.1937.

52 Film-Protokoll abgedr. bei Rost, S. 234-237.

53 Roth, S. 165-167.

einmal unterstreicht. Zur gleichen Zeit, da hinsichtlich von ICH KLAGE AN mit Rücksicht auf Volksstimmung und Kriegslage äußerst vorsichtig taktiert wurde, diskutierte Goebbels mit Phillip Bouhler, wie man »in einem Kulturfilm die grauenvollen Krankheitsbilder zur Darstellung bringen, die man in den Irrenanstalten beobachten kann«. Man dürfe nicht zu wissenschaftlich vorgehen, sondern müsse dem Publikum einfach die entsprechenden Bilder zeigen, »damit uns die Liquidierung dieser nicht mehr lebensfähigen Menschen psychologisch etwas leichter gemacht wird.« (5.9.1941). Goebbels setzte auf die psychologische Wirkung vorgeblicher Authentizität, ganz nach dem Rezept von DER EWIGE JUDE und OPFER DER VERGANGENHEIT. Nicht Diskussionen über Recht und Moralität der »Euthanasie« galt es anzufachen, vielmehr sollten durch schockierend realistische »Aufklärung« Abscheu weckt und offen »die Liquidationsmethoden an unheilbar Irren begründet werden«:

»Ich dringe vor allem darauf, daß keine mittleren Fälle dargestellt werden, sondern nur solche, die absolut überzeugend wirken. Auf der anderen Seite kann man dem Film dann einen Teil anhängen, in dem Fälle dargestellt werden, die heilbar sind und auch geheilt werden sollen. Auf jeden Fall aber darf dieser Film nicht, wie das die Mitarbeiter Bouhlers wünschen, vom medizinisch-wissenschaftlichen Standpunkt aus angelegt werden. Er muß sich der Schwarz-Weiß-Malerei bedienen, da er sonst im Volke nicht überzeugend wirken kann.« (30.1.1942) [54]

Solche brutalen Bilder widerlegen auch Feststellungen in der Filmgeschichtsschreibung, daß bestimmte Bereiche in den Wochenschauen und Dokumentarfilmen der NS-Zeit »prinzipiell ausgespart« worden seien: »Die Kinoleinwand zeigt weder Pogrome, Bücherverbrennungen, Deportationen, Zwangsarbeit, Konzentrationslager, noch sind Sterilisation und Euthanasie Themen der Filme.« (Hilmar Hoffmann) »Auf der Leinwand waren antisemitische Umtriebe beinahe so tabu wie z.B. Konzentrationslager oder Sterilisation«, heißt es bei Siegfried Kracauer. Aber nicht nur das Konzentrationslager Oranienburg wurde in einer frühen Wochenschau und einem Kurzfilm vorgestellt, auch Bücherverbrennungen, antisemitische Pogrome und Zwangsarbeit (Säuberung der Judenviertel in Riga und Wilna, antisemitische Ausschreitungen, Abtransport) waren, ebenso wie »Euthanasie« und

54 Die Skripts für Dokumentarfilme, die man nach langer Pause wieder plante, entsprachen diesen Vorstellungen Goebbels' von »absolut überzeugenden« Fällen: Rost, S. 130ff.; Roth, S. 165-173.

Sterilisation in OPFER DER VERGANGENHEIT, bewußt Themen von Wochenschau und dokumentarischen Kurzfilmen.

Im September 1939 arbeitete Goebbels an den ersten Manuskripten für Kriegspropagandafilme. Den dokumentarischen Bei- und Kurzfilmen kam im Zusammenspiel mit den Wochenschauen die schwierige Aufgabe zu, das Fehlen neuerer propagandistischer Spielfilme auszugleichen. Auch hier gestaltete sich der Anfang zäh. Während der Ufa-Vorstand feststellte, »dass von den 10 beim Propaganda-Ministerium eingereichten Manuskripten für die als Kulturfilme herzustellenden Propaganda-Filme 7 genehmigt worden sind«,[55] klagt Goebbels kurz darauf: »Ein paar Filmmanuskripte für Kriegspropaganda geprüft. Meistens unbrauchbar. Leitartikel, aber keine Filme, die vom Bild, nicht vom Wort ausgehen müssen« (3.10.1939).

Daraus entstanden Filme wie WAFFENSCHMIEDE DEUTSCHLAND, LUFTSCHUTZ, AUFBAU IM OSTEN oder HELFENDE HÄNDE, die Goebbels in der Endfassung dann sogar lobte. Alle waren in den ersten Monaten 1940 in den Kinos zu sehen.[56] Goebbels betrachtete die lockere Variante als wichtiges Stilmittel für die Aufklärungsfilme, so wie in einem »Propagandafilm der Ufa über den Luftschutz, der es auf die humoristische Tour versucht, und zwar mit großem Erfolg« (2.11. 1939). Sie sollten, im Gegensatz zu mehr ideologischen oder belehrenden Streifen, die Bevölkerung mit den neuen Maßnahmen und Verhaltensregeln im Krieg vertraut machen. Nach einigen Fehlschlägen,[57] die Goebbels auch auf ungenügende Prüfung der Manuskripte zurückführte,[58] betonte er auf der Ministerkonferenz vom 3. November, es solle »darauf geachtet werden, daß diese Filme nicht weltanschaulich übersättigt sind, sondern in humoristischer und leichter Form die zu behandelnden Maßnahmen und Mißstände dem Kinobesucher vor

55 BA/K R109I/1033c Nr. 130 Protokoll-Nr. 1387 vom 27.9.1939.

56 Vgl. Liste »Kulturfilme der Ufa 1939-1941«, in: Bock/Töteberg, S. 433.

57 Eintrag vom 13.10.1939: »Propagandafilm der Tobis ›Üb immer Treu und Redlichkeit‹, eine primitive Mache ohne Sinn und Verstand«.

58 Vgl. dazu Eintrag vom 3.11.1939 (»Abends Propagandafilme geprüft. Z.T. nicht gut. Ich muß das nun schärfer überwachen.«) und Ministerkonferenz vom 3.11.1939: Boelcke I, S. 219: »Alle Propagandafilme sollen zukünftig durch die Filmabteilung in Zusammenarbeit mit der Propagandaabteilung und Herrn Fischer (R.P.L.) überprüft werden. Bevor das Manuskript nicht geprüft ist, darf der Film nicht in Angriff genommen werden und muß vor seiner endgültigen Fertigstellung im Rohschnitt vorgelegt werden«.

59 Ministerkonferenz vom 3.11.1939: Boelcke I, S. 219.

Augen führen.«[59] Im Tagebuch setzt er nach: »Ich kritisiere die letzten Propagandafilme: sie sind mir zu lehrhaft. Der erhobene Zeigefinger ist von Übel« (4.11.1939). Um unerwünschte Verhaltensweisen anzuprangern, so Goebbels im Februar 1940, müsse man ein Konzept der »Lächerlichmachung der Fehler« verfolgen.[60]

Bei der »Volkserziehung« und besonders bei der eigentlichen ideologischen Produktion setzte Goebbels gemäß Hitlers seit »Mein Kampf« gültigen Propagandamaximen auf mehr Konzentration, Einfachheit, Eindringlichkeit, ständige Wiederholung und Prägnanz: »Spreche über Propagandafilme und ihre Methode. Sie sind alle zu versponnen und zu kompliziert. Wir setzen beim Volk zuviel voraus und werden deshalb von ihm vielfach gar nicht verstanden. Ich dränge deshalb in unserer ganzen Propaganda auf mehr Primitivität« (11.11. 1939). Diesen Leitlinien folgte Goebbels auch bei seinen in jenen Wochen forcierten Arbeiten an DER EWIGE JUDE und dem aus den ersten Kriegswochenschauen montierten Dokumentarstreifen FELDZUG IN POLEN.[61] Die anhaltende Unzufriedenheit Goebbels' mit den Propagandafilmen der ersten Kriegsmonate führte indessen zu den schon erwähnten Umbesetzungen bei der DFG.

Besonders fixiert ist Goebbels auf den Begleittext der Filme: »Dann übt der Minister Kritik an dem Propagandafilm ›Die Erde ruft‹, der im Bild gut, im Text schlecht ist«, vermerkt das Protokoll der Ministerkonferenz über einen Film der Hitlerjugend.[62] Ähnlich wie bei MICHELANGELO und JAHRE DER ENTSCHEIDUNG hatte die Abstimmung von Text und Bild für Goebbels höchste Priorität. Dies war auch der Hintergrund eines Streits um den aus sowjetischen Spielfilmen zusammengesetzten »antibolschewistischen« Schulungsfilm WENN MORGEN KRIEG WÄRE. Die Filmabteilung des Propagandaministeriums ließ den von der Dienststelle Rosenberg 1944 in Auftrag gegebenen Streifen »nur für den geschlossenen Einsatz in Schulungsabenden der NSDAP« zu.[63]

---

60 Ministerkonferenz vom 1.2.1940: Boelcke I, S. 279.

61 Vgl. zu FELDZUG IN POLEN die Einträge vom 3./28.10., 2.11. und 16.11.1939: »›Polenfeldzug‹ ganz gut und flüssig geworden mit sehr wirksamen und schlagenden Tricks [...].« Hitler hatte allerdings noch Einwände, insbesondere zu den Trickaufnahmen, so daß Goebbels am 13.12.1939 feststellt: »Auch der Polenfilm muß auf Wunsch des Führers nochmal umgearbeitet werden«: BA/K NS 10/49 Nr. 67 Adjutantur an Hippler vom 14.12.1939.

62 Ministerkonferenz vom 12.12.1939: Boelcke I, S. 241. Vgl. dazu auch Einträge vom 6./13.12.1939.

63 BA/K R 55/663 Nr. 46 Leiter F an Goebbels vom 20.10.1944.

Die Begründung findet man bei Goebbels, nicht ohne einen Hieb gegen seinen Widersacher:

»Wie noch manche Partei- und Staatsdienststellen dem Bolschewismus immer noch gegenüber stehen, ersehe ich aus einem Propagandafilm, den die Dienststelle Rosenberg aus sowjetischen Beutefilmen zusammengestellt hat. Ein fader Sprecher gibt zur Zusammenstellung dieser Filmausschnitte einen theoretischen Text. Dabei sind die Bilder von einer Wucht und Eindringlichkeit, daß sie auf den Besucher durchaus überzeugend wirken. Man stelle sich vor, daß solche Dilettanten die deutsche Propaganda führten. Sie würden sehr bald ein Stimmungschaos hervorrufen. Ich bin leider gezwungen, diese Filmzusammenstellung zu verbieten.« (29.10.1944)

Rosenberg versuchte zwar, die fünfzehn gezogenen Kopien wenigstens für die Vorführung vor einem »beschränkten Teilnehmerkreis« freizubekommen, ließ aber Goebbels in seltener Eintracht mitteilen: »Reichsleiter Rosenberg stimmt mit dem Herrn Minister völlig darin überein, daß die starke bildliche Wirkung durch den Sprecher in dem Film nicht neutralisiert werden kann«.[64]

Mit Beginn der antiamerikanischen Propaganda Anfang 1939 – Goebbels erwog gleichzeitig das Verbot amerikanischer Spielfilme – regte das Propagandaministerium bei der Ufa an, »aus vorhandenem amerikanischem Wochenschau-Material einen Film über die amerikanische Unkultur herzustellen«,[65] worauf der Firmenvorstand zunächst mit Hinweisen auf »bestehende Verträge« mit amerikanischen Wochenschaufirmen und fehlende Rechte an dem Material ausweichend reagierte. Da die deutsche Politik bis 1941 zum Ziel hatte, den USA keinen Anlaß zum Kriegseintritt zu liefern, verzichtete man trotz Pressehetze auf filmische Provokationen, die – in Amerika vorgeführt – der interventionistischen Linie Roosevelts hätten nutzen können (auch im Spielfilm fehlte diese Tendenz weitgehend).[66] Noch vor dem US-Kriegseintritt wurden dann antiamerikanische Propagandafilme hergestellt (RUND UM DIE FREIHEITSSTATUE), die ein Amerika-Bild aus sozialer Barbarei, bizarrem Amüsement und brutalem Gangstertum vorführten. Auch Goebbels selbst war bis auf seine Bewun-

64 BA/K R 55/663 Nr. 55f. Leiter F an Goebbels vom 16.12.1944.

65 BA/K R 109 I/1033b Nr. 55 Protokoll-Nr. 1352 vom 24.1.1939.

66 Abgesehen von amerikakritischen Streifen wie dem 1939 hergestellten Gerichtsfilm SENSATIONSPROZESS CASILLA über die Praktiken der US-Presse, der Anfang 1942 im Rahmen der antiamerikanischen Propaganda wiederaufgeführt wurde: BA/K Zsg. 102/63 vom 13.2.1942. Zur Linie der NS-Propaganda gegenüber den USA s. Peter M.R. Stirk, Anti-Americanism in National Socialist propaganda during the Second World War, in: ders./M.L. Smith (Hrsg.) *Making the New Europe*, London 1990, S. 66-86.

derung mancher Hollywood-Filme stark antiamerikanisch eingestellt. Regelmäßig spricht er von einer »Zivilisationswüste« (27.5.1941) und bemerkt am 28.7.1941 über einen »Film über das Kulturleben in den USA«: »Soviel Unkultur auf einem Haufen zusammengestellt habe ich bisher noch nicht gesehen.«[67] Als Autor des Films nennt er übrigens Fritz Hippler, von dem bisher nicht bekannt war, daß er neben antisemitischen auch antiamerikanische Hetzfilme fabrizierte.

2. *Der Virtuose der Wochenschau*

Die deutschen Kriegswochenschauen als Dokumente manipulierter Wirklichkeit von historischem Rang waren das zeitweise effektivste Propagandamittel, über das die Nationalsozialisten verfügten. Die demagogische Schlagkraft, die Suggestivität der authentischen Bilder, die sorgfältig durchkomponierte und nachsynchronisierte Tonkulisse, wirkungsvolle Musikeffekte und die revolutionäre Technik – all dies machte die als Nachrichtenfilme aufgezogenen Propagandastreifen dem alliierten Gegenstück weit überlegen.

Die Kampfberichterstattung, das Miterleben des Krieges vom Kinosessel aus, vor allem als dieser in der Heimat noch nicht so spürbar war, schlug in der Beliebtheit manche Kinofilme. Die Fiktion einer immer nur siegreichen Wehrmacht wurde durch die Wochenschau zur Realität, ja wurde erst richtig erfahrbar.

Die Ästhetik der Wochenschau prägte eine ganze Generation von Zuschauern und hielt sich bis in die sechziger Jahre. Das bis weit in die Nachkriegszeit reichende Indoktrinationspotential und die psychologische (Nach)Wirkung der rassistischen »antibolschewistischen« Hetze der Wochenschau mit Bildern asiatischer »Untermenschen« ist dabei nicht zu unterschätzen.

Als massenwirksames Erziehungsmittel diente die Wochenschau zum Transport der gesamten Palette blanker NS-Ideologie samt humoristisch-belehrenden Beifilmen a la TRAN UND HELLE.

---

67 Es ist nicht ganz ersichtlich, ob es sich hier um den am 20.12.1941 zensierten Film RUND UM DIE FREIHEITSSTATUE – EIN SPAZIERGANG DURCH DIE USA (BA Film/K Film-Nr.49) oder einen nicht aufgeführten Streifen handelt. Laut Goebbels befahl Hitler, »diesen Film im größtmöglichen Umfang vor das deutsche Publikum zu bringen« (10.2.1942), da er »einen gewissen Beifall gefunden habe« (15.2.1942).

Die Kameramänner der Wochenschau

Vernachlässigung vor dem Krieg?

Auch die deutschen Wochenschauen standen nicht gleich vom ersten Tag an unter der Kontrolle der Nationalsozialisten. Die noch vielfältigen, dezentral von verschiedenen privaten Filmfirmen hergestellten Nachrichtenfilme betrieben zwar hemmunglose NS-Propaganda. Ebenso wie die ersten deutschnationalen Anbiederungsfilme konnte dies die Propagandisten um Goebbels aber nicht zufriedenstellen.

Erst im Mai 1935 wurde mit dem Deutschen Film-Nachrichtenbüro unter der Leitung von Hans Weidemann eine Institution geschaffen, um die Wochenschauen in Deutschland staatlich zu kontrollieren. Zunächst wurden dabei nur generelle Themenvorgaben an die Wochenschauproduzenten weitergegeben und »die einzelnen Wochenschau-Ausgaben koordiniert und ihre inhaltliche Zusammensetzung und künstlerische Gestaltung überwacht«.[68] Ein Gesetz zur Erleichterung der Filmberichterstattung vom 30. April 1936 schrieb darüber hinaus die staatliche Deregulierung des Copyrights sowie den privilegierten Status einer uniformierten Gruppe »amtlich zugelassener Filmberichterstatter« fest. Weidemann und seine Mitarbeiter praktizierten nur eine Nachzensur der vier verschiedenen, nach Regionen aufgeteilten Wochenschauen Ufa-Tonwoche, Deulig-Tonwoche, Fox-Tönende Wochenschau und Bavaria bzw. seit 1939 Tobis-Woche, ohne detailliert in die Gestaltung einzugreifen. Sie sorgten jedoch für eine auf Paraden, Parteitage, Staatsbesuche und Aufbauleistungen der Volksgemeinschaft konzentrierte »enge thematische Gliederung der NS-Wochenschau«[69] 1935/36. Vor dem Publikum hielt man die staatliche Aufsicht über die Wochenschau zunächst verborgen.

Nach bisheriger Überlieferung ist bei Goebbels erstmals in der Eintragung vom 13.7.1935 eine Wochenschau kommentiert.[70] Nachlässig und nur äußerst selten erwähnt er die Nachrichtenfilme, und somit scheint sich die Annahme zu bestätigen, die Nationalsozialisten hätten in den ersten Jahren nach der Machtübernahme die Wochenschau eher geringgeschätzt.[71] Noch länger als beim Film bleibt Goebbels der passive Konsument und begnügt sich mit Ausdrücken höchsten Lobes: »Wochenschauen sind heute das Hinreißendste und Dramatischste, was man sehen kann«, schwärmt er am 30.12.1935. Goebbels stellt die Wochenschauen bewußt in Gegensatz zur Massenware Unterhaltungsfilm, dessen Produkte oft nur »großer Quatsch« seien: »Dagegen sind die Wochenschauen aktuelles Leben« (8.1.1936). Besonders hervorgehoben werden gelungene Sujets über staatliche Propagandaveranstaltungen wie die Eröffnung des Winterhilfswerks, eigene PR-Aktionen (»reizende Wochenschau mit meiner Weihnachtsfeier«, 3.1.1936), die Olympiade (18.8.1936) oder Parteiaufmärsche: »Und dann die Wochenschau von der Berliner 10 Jahresfeier. Ganz groß und hinreißend. Die Reden wirken wunderbar, vor allem die des Führers« (8.11.1936). 1935/36 sind Goebbels' Kommentare durchweg positiv, lassen sich aber wegen der inhaltlichen

68 Peter Bucher, Wochenschau und Staat 1895 bis 1945, in: *Geschichte in Wissenschaft und Unterricht*, 35. Jg., 1984, S. 751.

69 Hoffmann, S. 187. Zu Kompetenzverteilung, Gestaltungs- und Kontrollprozedur der Vorkriegswochenschau s. Albrecht I, S. 65.

70 Bucher, Wochenschau und Staat, S. 756 Anm. 34, vermutet, daß es sich um U[fa]T[on]W[oche] 253/1936/Z: 10.7.1935 handelt.

71 Ebd., S. 750.

Gleichförmigkeit der einzelnen Ausgaben in den seltensten Fällen einem bestimmten Hersteller zuordnen: »Wie immer gute Wochenschauen«, vermeldet er am 2.9.1936.[72]

Während beim Spielfilm spätestens 1936 ungehemmtes Machtstreben und detaillierteste Einflußnahme zu beobachten sind, finden sich bis Mitte 1938 bei Goebbels keine Hinweise auf großes persönliches Interesse an einem Einsatz der Wochenschau zu spezifischer politischer Agitation. Frappierendstes Beispiel dafür ist die Abstinenz »antibolschewistischer« Wochenschau-Sujets von 1935 bis zum Juni 1941.[73] Es scheint, als habe sich der Propagandaminister mit den oben geschilderten Bildberichten über das »positive Aufbauwerk« und mit dem Daueraufmarsch von NS-Politikern weitgehend zufriedengegeben. Es ginge zu weit, den Wochenschauen bis 1938 mangelnde manipulative Qualititäten zu unterstellen, aber es fehlte noch am Selbstverständnis als Propagandamittel und auch an dramaturgischen und psychologisch ausgefeilten Konzepten. Die tatsächlich ausgeübte Kontrolle der Wochenschau durch den Minister und auch durch Hitler bleibt undurchsichtig. Der »Führer« scheint gelegentlich eine Art Nachzensur bei der Ufa-Tonwoche ausgeübt zu haben; zumindest ließ er einige mißliebige Sujets entfernen: »Führer ruft an: er läßt einige Stücke aus der Wochenschau schneiden« (7.8.1937).[74] Kritik kam offenbar vereinzelt von Parteiorganisationen, die sich nicht genügend ins Bild gerückt fühlten.[75]

Große Probleme bereiteten Goebbels die mangelnde Aktualität und Reichweite der Wochenschauen. Bis zum Herbst 1938 hatten nur knapp sieben Prozent der deutschen Zuschauer (ohne Österreich und Sudetenland) die Möglichkeit, die jeweils neueste Ausgabe zu sehen. Zudem blieb die Zahl der zirkulierenden Kopien gering – alle vier Hersteller kamen zusammen auf etwa 400 Kopien pro Woche.[76] Der Umstand, daß zwar wenig Material an »unpolitische Themen verschwendet« wurde,[77] manche Ausgaben aber wochenlang durch die

72 Vgl. auch ähnliche ausnahmslos positive Einträge vom 9./21./27.9.1935, 5.11.1935, 29.1.1936, 12.6.1936, 4./11.11.1936 und 14.12.1936.

73 Bianka Pietrow-Ennker, Das Feindbild im Wandel: Die Sowjetunion in den nationalsozialistischen Wochenschauen 1935-1941, in: *Geschichte in Wissenschaft und Unterricht*, 41. Jg., 1990, S. 341. Nur im Sommer 1935 erschienen zwei Berichte.

74 Hierbei ist nicht zu ermitteln, ob Hitler die betreffende Ausgabe doch schon vor ihrem Erscheinen vorgelegt bekam.

75 Vgl. Eintrag vom 9.9.1937.

76 Phillips, S. 200f.

77 Hoffmann, S. 187.

Kinos kursierten und ihr Inhalt völlig überholt war, begrenzte die Möglichkeit zu aktueller politischer Berichterstattung beziehungsweise die Wirksamkeit propagandistischer Sujets (so wenn zum Beispiel die Bilder von der Rheinlandbesetzung erst Wochen später zu sehen waren). Gegen Ende 1937 suchte Goebbels hier nach Auswegen,[78] angetrieben durch Vorhaltungen Hitlers. Mit ihm sah er sich am 10.1.1938 in der Reichskanzlei »eine Reihe von Wochenschauen an. Sie sind zum Teil ganz ungeschickt aufgemacht. Ich werde mir Weidemann vorknöpfen«. Tags darauf resumiert Goebbels erneut, die Wochenschauen seien »zu unpolitisch und zu fade«.

Im Vorfeld der politisch-militärischen Krise vom Sommer 1938 rückte die Wochenschau als Propagandainstrument dann ganz deutlich ins Blickfeld von Goebbels und Hitler. Der Diktator prüfte zahlreiche Ausgaben der Nachrichtenfilme in diesen Wochen persönlich,[79] kritisierte sie heftig und gab genaue Richtlinien an. Er kritisierte, »dass bei Veranstaltungen nur Aufnahmen von meiner Person gemacht werden« und verlangte: »Die Veranstaltungen müssen in ihren Einzelheiten besser erfasst werden.« Hitler vermißte seine Lieblingssujets wie »Entstehung der neuen Bauten« und – zur psychologischen Vorbereitung der militärischen Expansionen – die permanente Verherrlichung des Soldatentums: »Die Wochenschau muß politisch witziger gestaltet werden, so z.B. jetzt Aufnahmen über die nervösen Vorbereitungen der Tschechoslowakei bringen. Zum Schluss muss dann eine Großaufnahme des deutschen Soldaten zu sehen sein. Es darf keine Woche vergehen, in der nicht Aufnahmen der Marine, des Heeres und der Luftwaffe erscheinen.«[80]

Als Konsequenz ist am 2.6.1938 und am 15.6.1938 bei Goebbels von einem »Plan zur politischen Aktualisierung unserer Wochenschau« die Rede. Kurz zuvor hatte der Ufa-Vorstand aus Angst vor

78 Eintrag vom 16.12.1937: »Weidemann trägt mir Pläne zur Aktualisierung der Wochenschau vor. Ich billige sie. Aber das kostet viel Geld«.

79 Allerdings fand diese Prüfung meist nach der Freigabe durch die Zensur statt: BA/K NS 10/45 Nr. 134 Adjutantur an Leichtenstern vom 23.6.1938 (UTW 406/1938/Z: 15.6.1938): »Aufnahmen von Dr. Goebbels sehr schlecht«; NS 10/45 Nr. 31 Adjutantur an Leichtenstern vom 16.7.1938 (UTW 409/1938/Z: 6.7.1938); NS 10/45 Nr. 2 Adjutantur an Leichtenstern vom 22.11.1938 (Tobis-Wochenschau); NS 10/45 Nr.19 Adjutantur an Leichtenstern vom 22.7.1938 (Bavaria Wochenschau).

80 BA/K NS 10/44 Nr. 72 Entwurf eines Schreibens der Adjutantur an das Propagandaministerium vom 1.6.1938. Derartige Direktiven galten im übrigen für alle Medien, die Hitler ebenso abwechselnd lobte und kritisierte: Engelbert Schwarzenbeck, *Nationalsozialistische Pressepolitik und die Sudetenkrise*, München 1979, S. 369.

Vorkriegswochenschauen: Politisch zu fade!

nachlassender Publikumswirkung durch zuviel Politik eine »mehr belehrende Ausgestaltung der Wochenschau« noch abgelehnt.[81] Für Goebbels selbst stellte sich die Situation weniger dramatisch dar. Er pflichtet zwar jeweils der Kritik Hitlers bei, scheint aber nicht unzufrieden mit den Wochenschauen gewesen zu sein. Dazu hatte er auch wenig Grund, war er doch ausgiebig auf der Leinwand präsent. In der Zeit vom 1. Juni bis 6. Juli 1938, also in nur knapp fünf Wochen, brachten allein die Ufa- und Deulig-Wochenschauen fünf verschiedene Reden des Propagandaministers.

Nach wiederholten Unmutsbekundungen Hitlers (»Der Führer hat mit Recht Ausstellungen an unseren politischen Wochenschauen gemacht«, 3.8.1938)[82] räumt Goebbels immerhin ein, bisher vielleicht

81 BA/K R 109I/1033a Nr. 67 Protokoll-Nr. 1311 vom 20.5.1938.

82 Daraus geht nicht hervor, welche Ausgaben genau Hitler mißfielen. Möglicherweise störten ihn die ausgiebigen Sujets über den Staatsbesuch des englischen Königs in Paris oder den französischen Nationalfeiertag in UTW 411/1938/Z: 20.7.1938 bzw. D[eulig] T[on] W[oche] 343/1938/Z: 27.7.1938.

in der Kontrolle der Nachrichtenfilme zu nachlässig gewesen zu sein: »Ich ordne an, daß sie mir jedesmal vorher vorzulegen sind.« Regelmäßig geschah dies allerdings auch jetzt nicht.[83] Darüber hinaus änderte Goebbels die Gestaltungsform der Wochenschau hinsichtlich Schnitt und Montage, allerdings ohne großen Erfolg: »Wir sehen eine neue Form der Wochenschau. Aber die ist in den verschiedenen Bildern zu abrupt und deshalb garnicht gut« (20.8.1938).[84] In den Ausgaben ab Ende September 1938 (etwa DTW 352/1938/ Z: 28.9.1938) trat die von Hitler gewünschte Militarisierung der Wochenschau dann überdeutlich hervor.

Ende Oktober 1938 erließ Goebbels einige Verordnungen, die die Vorführung einer Wochenschau am Beginn einer Kinovorstellung zwingend vorschrieben; darüber hinaus wurde für die Kinobesitzer die Vorführung der jeweils neuesten Wochenschau-Ausgabe kommerziell attraktiver.[85] Zur Verbesserung der finanziellen Ausstattung der Wochenschau wurde ein von den Filmfirmen gespeister Fonds gegründet und vom Propagandaministerium einige, wenn auch sehr vage Richtlinien zur Gestaltung erlassen, die auf mehr Heroismus und Ernsthaftigkeit abzielten.[86]

Erst die erneute Kritik Hitlers im Dezember 1938[87] – für den durch die Baarova-Affäre angeschlagenen Goebbels zu diesem Zeitpunkt doppelt bedrohlich – scheint dann Auslöser für einige grundlegende Reformen in der Wochenschauherstellung gewesen zu sein: Im Januar 1939 erfolgte die Gründung der Deutschen Wochenschau-Zentrale beim Propagandaministerium. Leiter der neuen Institution wurde zum 1. Februar Weidemanns bisheriger Assistent Fritz Hippler.[88] Die eigentliche Gestaltung blieb zwar den Wochenschauabteilungen der

---

83 Bucher, Wochenschau und Staat, S. 752. Vgl auch Albrecht I, S. 65f.

84 Vereinzelt ist in den folgenden Monaten ein schnellerer Rhythmus im Schnitt zu beobachten, der angeblich auf Weidemann zurückgeht und den Hitler persönlich im Sommer 1939 unterbunden haben soll: Befragung Hipplers von 1970, zit. bei Phillips, S. 198.

85 Hoffmann, S. 194; Phillips, S. 201.

86 BA/K R 109I/1033b Nr. 73 Protokoll-Nr. 1340 vom 8.11.1938.

87 Eintrag vom 17.12.1938: »Der Führer hat sich über die Wochenschauen beklagt. Ich muß da neue Leute ans Ruder setzen. Weidemann ist zu sehr Phantast und bekümmert sich auch nicht darum.«

88 Ob damit auch der genaue Zeitpunkt des Ausscheidens Weidemanns aus der Wochenschauarbeit beschrieben ist, wie Bucher, Wochenschau und Staat, S. 752, angibt, kann nicht mehr genau zurückverfolgt werden. Vgl. auch BA/K R 109I/1033b Nr. 93 Neben-Protokoll zu Nr. 1349 vom 10.1.1939. Fritz Hippler, *Die Verstrickung*, Düsseldorf [1982], S. 165, datiert die Übergabe bereits auf 1938.

Filmfirmen überlassen, doch in den Richtlinien des Ministeriums zeigen sich die verschärften Eingriffsmöglichkeiten: »[Die Deutsche Wochenschau-Zentrale] plant, entwirft und verteilt in regelmäßigen Arbeitsbesprechungen mit den Wochenschauleitern die einzelnen aufzunehmenden Sujets«.[89] Schon bevor die Neuorganisation abgeschlossen war,[90] reklamierte Goebbels erste Erfolge: »Eine gute Wochenschau. Der Führer ist jetzt damit sehr zufrieden« (20.1.1939).

Im Jahre 1939 kümmerte sich Goebbels bis zum Sommer überraschenderweise kaum um die Wochenschau, nicht einmal eine regelmäßige »Schlußredaktion« wird ersichtlich.[91] Kaum ein halbes Dutzend einschlägiger Kommentare findet sich von Februar bis Juli 1939, weit weniger als man trotz Goebbels' ausgedehnter Abwesenheit von Berlin erwarten dürfte. In den Sommermonaten 1939 sah Goebbels die Wochenschau offenbar erst am Tage ihrer Zensur – wenn nicht gar danach. Perfekt war sie noch immer nicht: »ein paar gute Wochenschauen: Leider zuviel Amerika« (28.6.1939), heißt es über die Ausgaben von Ende Juni 1939.[92]

Organisation und Zensurverfahren nach Kriegsbeginn

Auch wenn die Mitwirkung Goebbels' im dunkeln bleibt, entstanden im Jahr des Kriegsausbruchs mit allen technischen Raffinessen gestaltete Propaganda-Botschaften von hoher publizistischer Wirksamkeit, darunter auch die berühmte Wochenschau zu Hitlers 50. Geburtstag.[93] In den letzten eineinhalb Monaten vor Kriegsausbruch ist dann auch Goebbels' sorgfältige Bearbeitung der eindeutig auf Kriegsvorbereitung ausgerichteten Wochenschauen unübersehbar, wie seine Kommentare zu den letzten beiden, schon ganz von einer einmarschbereiten Wehrmacht dominierten August-Ausgaben der Ufa-Tonwoche belegen.[94]

---

89 BA/K R 55/175 Nr. 82 Ministervorlage vom 1.2.1939

90 Vgl. Einträge vom 27./28.1.1939 und 1.2.1939.

91 Diese schreibt Bucher Goebbels zu. Laut Phillips, S. 198, sollen im Frühjahr 1939 Weidemann und Hippler die Wochenschauen redaktionell gestaltet haben; die Endabnahme sei in die Verantwortung von Goebbels' Staatssekretär Hanke gefallen.

92 DTW 391/1939/Z: 28.6.1939; UTW 459/1939/Z: 21.6.1939; UTW 460/1939/Z: 28.6.1939. Einige Sujets über Ereignisse in den USA finden sich in diesen Fragmenten.

93 Gerd Albrecht, Sozialwissenschaftliche Ziele und Methoden der systematischen Inhaltsanalyse von Filmen. Beispiel: UFA-Tonwoche 451/1939 – Hitlers 50. Geburtstag, in: Reimers/Moltmann, S. 25-27; Hoffmann, S. 195-199.

94 Vgl. etwa Einträge vom 23.8.1939 und 30.8.1939.

Sämtliches Ton-, Bild- und sonstige Berichtsmaterial dazu lieferten die schon im Herbst 1938 gebildeten Propagandakompanien (PK). In mehreren Abkommen zwischen dem Propagandaministerium und dem Oberkommando der Wehrmacht (OKW) wurden 1938/39 weitgehende Eingriffsmöglichkeiten der Militärs festgeschrieben,[95] die Goebbels, was wenig überraschen kann, ähnlich wie etwa die Kompetenzen von Hitlers Pressechef Dietrich, regelmäßig scharf kritisierte. Als Soldaten unterstanden die oft über 100 Mann starken und den einzelnen Teilstreitkräften zugeordneten Propagandakompanien den Befehlen der Wehrmacht. Zu ihnen gehörten Fotografen, Journalisten, Kameraleute und Rundfunksprecher ebenso wie Laboranten und Filmentwickler.[96] Kritik an den Propagandatruppen der Wehrmacht findet sich von 1939 bis 1943 laufend – öffentlich dagegen reklamierte Goebbels die vom Publikum bewunderte PK-Arbeit teilweise für sich.[97] Gleich am 6.10.1939 heißt es über die »Arbeit der Prop. Kompanien«: »Sie sind zu militärisch gedrillt und können deshalb keine rechte Initiative entwickeln.[...] Das sind nur Soldaten aber keine Propagandisten.« Wann immer die Durchschlagskraft der Wochenschau nachließ, sah Goebbels eine Ursache im »Versagen der PK« (9.1.1940): mal kritisiert er deren Organisation als »zu bürokratisch« (9.5.1941), dann wieder sind die laufenden »Umorganisationen« der Propagandatruppe für schlechtes Material von den Fronten verantwortlich.[98]

Mehrmals versuchte er offenbar, dem Propagandaministerium einen direkteren Zugriff auf die PKs und deren Material ohne Zwischenschaltung des OKW zu verschaffen. Doch seine wiederholten Ankündigungen, dem OKW über Hitler die Abteilung Wehrmachtspropaganda zu entziehen,[99] erweisen sich als folgenlos. Dem OKW

95 Vgl. Barkhausen, S. 211ff.

96 Zu den Propagandakompanien s. Doris Kohlmann-Viand, *NS-Pressepolitik im Zweiten Weltkrieg*, München 1991, S. 46ff.

97 Vgl. Goebbels' Aufsatz »PK« in: *Das Reich* Nr. 20 vom 18.5.1941 und in: Joseph Goebbels, *Zeit ohne Beispiel*, München 1941, S. 481-485.

98 Vgl. Eintrag vom 17.5.1943 und zur Kritik an den PKs auch den Eintrag vom 22.2.1944. Tatsächlich erfolgten ab 1942/1943 mehrere Umorganisationen der PKs, die 1943 zu einer »selbständigen Waffengattung der Gesamtwehrmacht« wurden: vgl. Hasso von Wedel, *Die Propagandatruppen der deutschen Wehrmacht*, Neckargemünd 1962, S. 58-69.

99 Vgl. Eintrag vom 29.8.1943: »Abends Wochenschau. Sie ist etwas dünn ausgefallen; vor allem die Kampfbilder fehlen. Die PKs im Osten werden wieder einmal umorganisiert. Die Abteilung WPr. im OKW ist von einem seltenen Ungeschick in ihren organisatorischen Maßnahmen. Es wird jetzt höchste Zeit, daß ich den Führer bitte, mir diese Abteilung persönlich zu unterstellen«.

wiederum mißfiel die Praxis der Wochenschau-Hersteller, mit einzelnen besonders NS-treuen Generälen oder dem von Goebbels bewunderten Feldmarschall Rommel eine Art Personenkult zu inszenieren.[100] Ein besonderer Streitpunkt zwischen Goebbels und dem OKW lag auch in der Freigabe der für die Wochenschau bestimmten PK-Aufnahmen durch die Militärzensur. Am 18.2.1941 beklagt der Minister mit Blick auf »das O.K.H., das mir die besten Leute, Kameramänner und Cutter wegnimmt«: die »Wochenschauarbeit hakt an allen Ecken, gehemmt durch Zensurbehörden, Hereinredereien u.ä.« Die Verwendung von Aufnahmen neuester Waffenentwicklungen, etwa von »Eisenbahngeschützen« (17.8.1940) oder der V1/V2-Projektile, trafen regelmäßig auf den Einspruch der Zensur.[101] Auch für die eingeschränkte propagandistische Wirkung der Leichenfunde von Katyn in der Wochenschau im Mai 1943 macht Goebbels die Militärzensur verantwortlich.

Nachdem die Begeisterung Goebbels' und Hitlers über die ersten Kriegswochenschauen[102] abgeklungen war, machten sich angesichts des »Sitzkrieges« im Westen zunehmend technische Schwierigkeiten, »Materialmangel« (7.11.1939) und erste Ratlosigkeit über nichtmilitärische Sujets (21.11.1939) bemerkbar. Dies führte einerseits zu Umarbeitungen der Wochenschau (14.11.1939) und erregte dann auch wieder zunehmend die Unzufriedenheit des die heroischen Schlachtenbilder vermissenden Diktators (28.11.1939, 10.12.1939). Schließlich rechnete Hitler am 11.12.1939 in seiner Mittagsrunde scharf mit Goebbels' Filmpropaganda ab, übte Kritik, wie Goebbels zugab, »vor allem an der Wochenschauen«.[103] Goebbels kompensiert die peinlichen Vorhaltungen mit Hinweisen auf die »schlechten französischen Wochenschauen« (12.12.1939) oder die Mißorganisation bei den Kameraleuten der Propagandakompanien (10./11.1.1940).[104]

Gleich nach Kriegsbeginn wurden als Voraussetzung für eine weitere Konzentration und verbesserte Kontrolle die vier verschiedenen

---

100 Phillips, S. 295.

101 Vgl. Eintrag vom 24.4.1943 und 11.7.1943. Zu dem Prozedere und der Zusammensetzung der OKW-Vertreter bei der Wochenschau-Zensur s. auch BA/K R 43/389 Nr. 206ff. Keitel an Lammers vom 29.9.1943.

102 Vgl. Einträge vom 12.9.1939 und 3.10.1939.

103 Siehe auch Kap. 3, Seite 224f.

104 Vgl. auch Hippler, S. 189 und Eintrag vom 10.1.1940: »Rede vor den Chefs der Prop. Kompanien, die von der Front nach Berlin gekommen sind. Ich rüge auf das schärfste alle aufgetretenen Mängel. Suche die Synthese zwischen schöpferischer Initiative und militärischer Disziplin«.

Wochenschau-Ausgaben vereinheitlicht. Zwar behielten sie zunächst noch aus wirtschaftlichen Gründen einen nach Regionen unterschiedlichen Vorspann,[105] doch auch dieser verschwand im Juni 1940 mit dem Einheitstitel Deutsche Wochenschau. Schon zuvor hatte Goebbels nach Wegen gesucht, die im Besitz der amerikanischen Filmgesellschaft Fox befindliche Fox Tönende Wochenschau zu verdrängen.[106] Die Befugnisse der Deutschen Wochenschau-Zentrale übernahm die am 17. November 1940 gegründete Ufa-Tochtergesellschaft Deutsche Wochenschau GmbH.[107] Damit wurden auch die Auslandsambitionen der Wochenschau unterstrichen, mittels einer eigens zusammengestellten Auslandsausgabe ein Monopol in Europa beziehungsweise in den neutralen Staaten zu schaffen.[108] Inzwischen war ein Heer von über 14 000 Mitgliedern der Propagandakompanien tätig, 1000 Kopien gingen ins besetzte und neutrale Ausland, mit Fassungen in zahlreichen europäischen Sprachen.

Bei fast allen organisatorischen und personellen Veränderungen gab Hitlers Unzufriedenheit mit Machart und Inhalten der Wochenschau einen wesentlichen Anstoß. So auch im Dezember 1939/Januar 1940 und erneut im Winter 1940/41. Als Goebbels, zu dieser Zeit selber offenbar nicht glücklich über die Leistung der Nachrichtenfilme, über eine Wochenschau-Ausgabe im Januar 1941 wieder einmal festhalten mußte, sie habe »dem Führer nicht gefallen« (14.1. 1941), verkündete er sogleich ein weitgehendes Revirement und »eine Reihe von organisatorischen Änderungen«, »vor allem um die ganz berechtigten Wünsche des Führers zu erfüllen«: »Die Wochenschau muß eine eigene Chefredaktion bekommen [...], ein klares Statut und ein festes Arbeitsprogramm« (15.1.1941).[109]

Die sogleich im September 1939 erhöhte Kopienzahl wurde bis zum Kriegsbeginn im Westen sukzessive weiter aufgestockt; im Mai sah eine Richtlinie des Ministeriums mindestens 2000 Stück vor, deren

---

105 Bucher, Wochenschau und Staat, S. 752.

106 Eintrag vom 15.3.1940: »Fox Wochenschau wird evtl. ganz aufgelassen. Die Amerikaner sind zu frech und unverschämt«.

107 BA/K 773 Nr. 58f. über Gründung der Deutschen Wochenschau GmbH.

108 Vgl. Boelcke I, S. 170.

109 Nach einigen weiteren Verbesserungen an einem neuen »Wochenschau-Arbeitsstatut« (17./28.1.1941) vermeldet Goebbels bereits am 17.2. den Erfolg der Maßnahmen. Vgl. auch den Organisationsplan in BA/K 773 Nr.58f. über Gründung der Deutschen Wochenschau GmbH vom 31.1.1941.

Umlaufzeit von acht auf vier Wochen halbiert wurde.[110] Die Angaben über die Anzahl der tatsächlich eingesetzten Kopien schwanken von 1700 bis zu etwa 2400 im Jahre 1943.[111] Die Länge der Streifen erhöhte sich von etwa 300 auf bis zu 1200 Meter (ca. 40 Minuten), was immer noch nur etwa vier Prozent des wöchentlich gedrehten Materials ausmachte.

Neben einer verbesserten Distribution und anderen organisatorischen Maßnahmen zur Stärkung des »Propagandakampfmittels« wurden im Mai 1940 eigene Wochenschau-Kinos eingerichtet, die zwölf Stunden täglich neben einem Kurz- und Kulturfilm die jeweils neueste Ausgabe spielten.[112] Der zwischen Juni 1939 und Juni 1940 um fast 90 Prozent angestiegene Kinobesuch ist zwar nicht ausschließlich auf die Popularität der Wochenschau, sondern auch auf die allgemeine Kinokonjunktur zurückzuführen,[113] gleichwohl verhalf dieser Aufschwung den wöchentlichen Propagandaparolen zu einer enormen Verbreitung. Während im Frühjahr und Sommer 1940 zahlreiche Besucher die Kinos eigens wegen der Wochenschau aufsuchten, zogen es andere vor – insbesondere in ereignisarmen Zeiten –, das Ende der Wochenschau im Vorraum abzuwarten und erst für den Hauptfilm den Kinosaal zu betreten. Goebbels reagierte darauf mit einer Anordnung, die bisherige fünfminütige Pause zwischen Vorprogramm und Spielfilm abzuschaffen und die Kinokassen nach Beginn der Vorstellung schließen zu lassen, was sich aber offenbar nicht ohne weiteres durchsetzen ließ.[114]

Von September 1939 bis mindestens Herbst 1944 wird in Goebbels' Tagebuch bis auf verschwindende Ausnahmen jede Wochenschau-Ausgabe kommentiert. Lief die Gestaltung oder Endprüfung einmal ohne ihn, erwähnt er dies ausdrücklich.[115] In der Regel zweimal pro

---

110 BA/K R 109I/1034b Nr. 237 Protokoll-Nr. 1414 vom 29.5.1940; Hippler, S. 185.

111 Vgl. Hoffmann, S. 202.

112 Peter Bucher, Goebbels und die deutsche Wochenschau, in: *Militärgeschichtliche Mitteilungen*, 40. Bd., 1986, S. 54. Vgl. auch Eintrag vom 16./17.5.1940.

113 Vgl. Wilhelm van Kampen, Die Entwicklung der Kriegswochenschauen, in: Rainer Rother (Hrsg.), Ufa-Magazin Nr. 18, Berlin 1992, S. 11. Die Tobis-Zahlen über den monatlichen Filmbesuch zwischen Juni 1940 und Juli 1941 zeigen, daß nicht der Inhalt der Wochenschau, sondern meist das – im Juni 1940 fehlende – Angebot an Unterhaltungsfilmen für den schwankenden Kinobesuch verantwortlich war: Phillips, S. 243.

114 Vgl. SD-Bericht vom 27.3.1941: Boberach, S. 2152f.; Ministerkonferenz vom 2.6.1940: Boelcke I, S. 375; Ministerkonferenz vom 9.4.1941: Boelcke I, S. 672. Ministerkonferenz vom 31.3.1941; Boelcke I, S. 652.

115 Vgl. etwa Eintrag vom 22.1.1942 und vom 19.3.1942.

Woche, zunächst Dienstag und Mittwoch abends (später wurde die Rohschnitt-Fassung noch ohne Text und Musik oft schon am Sonntag vorgelegt), zeitweise aber auch bis zu viermal wöchentlich widmete sich der Propagandaminister der detailgenauen Gestaltung der Wochenschauausgaben. In einem erstaunlichen Ausmaß verwandte er auf die Wochenschauarbeit im Krieg einen großen Teil seiner Arbeitszeit. Fritz Hippler berichtet über die nach Kriegsbeginn meist in Goebbels' Privathaus in Schwanenwerder stattfindende Prüfung: »Im Gegensatz zu früher hatte ich ab sofort jeden Samstag, Sonntag, Montag und Dienstag abend im Hause Goebbels zu erscheinen, am Wochenende zur Vorführung neuester deutscher Spielfilme, am Wochenanfang zuerst mit dem stummen Rohschnitt der Wochenschau, zu dem ich die Texte verlas, dann mit dem Feinschnitt, den unterlegten Musikpassagen und dem revidierten Text.«[116]

In seinen Filmreden von Februar 1941 und Februar 1942 lobte Goebbels die Wochenschau ausgiebig und sagte über die eigene Begutachtung, »daß ich selber zwei Abende jeder Woche seit Beginn des Krieges opfere, um sie wirklich vorbildlich zu gestalten«.[117] Ab Jahresanfang 1941 scheint außer Goebbels und Hippler auch Staatssekretär Gutterer stärker in die Kontrollprozedur eingeschaltet gewesen zu sein.[118] Heinrich Roellenbleg, bis März 1939 Leiter der Wochenschau-Abteilung bei der Tobis/Bavaria, dann Wochenschau-Chef bei der Ufa und ab November 1940 Geschäftsführer und Chefredakteur der Deutschen Wochenschau GmbH wird in diesem Zusammenhang kaum erwähnt. Die genaue Hierarchie bei der Zensur ergibt sich aus den Notizen nicht, doch heißt es am 28.6.1943 über Fehleinschätzungen der unteren Instanzen bei der Vorprüfung: »Ich bin sehr ungehalten darüber, daß man diese Bilder überhaupt schon beim Staatssekretär hat durchgehen lassen.« Folgt man Goebbels, so litt die propagandistische Schlagkraft der Wochenschau unter der Tatsache, daß er als zuständiger Minister bei der Zensurpraxis erst hinter Hitler und dem OKW rangierte: »Den Militärs im Führerhauptquartier ist es tatsächlich gelungen, die Bilder von Katyn wieder aus der Wochenschau herauszubringen. Der Führer hatte leider keine Zeit, sie persönlich anzuschauen, und will sie eventuell für die nächste Wochenschau freigeben« (28.4.1943).

116 Hippler, S. 185f.
117 Rede vom 28.2.1942, abgedr. bei: Albrecht I, S. 494.
118 Vgl. Eintrag vom 21.1.1941.

Goebbels' ästhetische und technische Prinzipien

Bei der peniblen Gestaltung der Wochenschauausgaben folgte Goebbels gewissen Maximen, die eng an die Gestaltungsprinzipien der Propaganda- und Dokumentarfilme angelehnt waren: Die Gesamtwirkung ergab sich aus der perfekten Komposition von Kommentareinsatz, Musik, Montage, der Authentisierung durch Geräuschuntermalung sowie dem Einsatz von Tricks oder Kartenausschnitten. Eine schlüssige Dramaturgie und eine ganz auf Realismus bedachte Atmosphäre vermied, bis auf ganz wenige Ausnahmen, künstlich arrangierte Szenen, so daß »die optische und akustische Gestaltung mit der vorgegebenen inhaltlichen Leitidee vollends übereinstimmte«.[119] Voraussetzung war ein technisch reibungslos funktionierendes System aus Materialbeschaffung, Kopierung und Distribution, das im Verlauf des Krieges beständig verbessert wurde. Kurz vor dem Angriff auf die Sowjetunion standen auch fahrbare Entwicklungs- und Kopierapparaturen der Propagandakompanien zur Verfügung, für Goebbels ein »technisches Wunderwerk« (10.6.1941).

Im Rahmen einer stimmigen Gesamtkomposition war es für Goebbels entscheidend, ein ausgewogenes Verhältnis von Kommentar, Bild und Musik zu erreichen und jeweils die eine Komponente zu verstärken, um die Schwäche der anderen auszugleichen. Vorwiegend betraf dies den Musikeinsatz, eine dynamische Schnittfolge und einen kämpferischen Kommentar. In kritischen Zeiten, in denen Aktualität oberstes Gebot war, jedoch nur ältere Aufnahmen zur Verfügung standen, »kam hauptsächlich dem Kommentar, unterstützt von Musik und Geräuschen, die Aufgabe zu, die veralteten Bilder so zu interpretieren, daß sie dem zeitgemäßen Geschehen gerecht wurden«.[120] Ein bezüglich der Kriegslage ernster Kommentar von der »Härte der Kämpfe« konnte im Zusammenklang mit Bildern militärischer Erfolge die Aussage unterschwellig umfärben und die erwünschte Wahrnehmung beim Zuschauer erzeugen: das Gefühl objektiver Information bei gleichzeitiger grundsätzlicher Zuversicht. Viele Wochenschautexte stammen bis in die kleinste Formulierungsfeinheit direkt von Goebbels.

---

119 Bucher, Goebbels, S. 56.

120 Vgl. Peter Bucher, Der Kampf um Stalingrad in der deutschen Wochenschau, in: Friedrich P. Kahlenberg (Hrsg.), *Aus der Arbeit der Archive. Festschrift für Hans Booms*, Boppard 1989, S. 582.

Sofern spektakuläre Kampfaufnahmen fehlten, galt es für Goebbels, »Schnitte anzulegen, den Text zu verstärken und zu verschärfen und dafür zu sorgen, daß eine Musik angelegt wird, die das, was an der Kraft der Bilder fehlt, dann auf ihre Weise hinzuzufügen versuchen muß« (16.7.1941) oder schlichtweg »den Mangel durch besonders illustrative Begleitmusik auszugleichen« (29.7.1941):[121] »Ich lege nun ungesteigerten Wert auf eine besonders wirkungsvolle musikalische Untermalung der Wochenschau«, heißt es am 4.8.1941 über charakteristische und abwechslungsreiche Musikstücke in DW Nr. 570, mit denen Bilder russischer Gefangener und eines Frontbesuchs Hitlers untermalt wurden. Gleichzeitig kündigt Goebbels eine verbesserte Archivierung der Tonstreifen an, »so daß für die Zukunft das ewige Suchen nach wirksamen musikalischen Untermalungen bis auf ein Minimum beschränkt wird.«[122] Die zunächst als mäßig eingeschätzte DW 558 »wird doch gut, nachdem sie mit einer rassigen Musik unterlegt ist« (12.5.1941): Ein besonders hoher Anteil Marschmusik und Soldatenlieder überlagern die eher durchschnittlichen Aufnahmen vom deutschen Vormarsch in Ägypten. Noch im Mai 1944, als Goebbels der Wochenschau weniger Aufmerksamkeit widmete, forderte er von den Produzenten ausdrücklich mehr Sorgfalt bei Musik, Begleitgeräuschen und die Wiedereinsetzung jenes alten Sprechers, dessen eindringliche Herrenmenschen-Stimme seit 1940 die Wochenschau geprägt hatte.[123]

Eindeutig nachteilig für die Propaganda-Botschaften der Wochenschau wirkte sich Hitlers schwer nachvollziehbare Weigerung aus, seine Reden in der Wochenschau mit Originalton laufen zu lassen. Irritiert von der Kritik des Publikums an der fehlenden »Führer«-Stimme versuchte Goebbels regelmäßig, Hitler umzustimmen, jedoch ohne Erfolg.[124] Somit mußte die Wochenschau, bis auf wenige (vor allem 1944 zu beobachtende) Aufnahmen, auch bei Redeausschnitten anderer führender NS-Politiker auf originalen Ton verzichten, um

121 Vgl. auch Eintrag vom 12.5.1941.

122 Diese Absicht ließ sich offenbar nicht ganz verwirklichen, der Zeitaufwand blieb erheblich: »Wir probieren eine ganze Reihe von Musiken aus und finden dann eine Lösung, die meiner Meinung nach ausgezeichnet ist« ([1].7.1942). Schon zu Beginn des Krieges hatte Goebbels gefordert, zur Untermalung der Wochenschau »gute Soldatenchöre aufzunehmen«: Ministerkonferenz vom 27.1.1940: Boelcke I, S. 274.

123 BA/K R 109 II/67 Vermerk Hinkels vom 20.5.1944.

124 Ministerkonferenz vom 4.11.1940: Boelcke I, S. 565; Ministerkonferenz vom 28.3.1941: Boelcke I, S. 630.

dies als durchgehendes gestalterisches Konzept verkaufen zu können. Als Goebbels bei seiner »Totaler-Krieg«-Rede in DW 651 überraschend im O-Ton zu hören war, wurde dieser Bruch vom Publikum offenbar so verstanden, daß nun auch Hitlers Ansprachen bald wieder original zu hören sein würden. Kurz darauf wurden allerdings in DW 655 Hitlers Worte wiederum mit der Stimme des Sprechers unterlegt, was zu großer Enttäuschung und verstärkter Unzufriedenheit der Zuschauer führte.[125]

Bei der Wahl des Filmmaterials bestand kaum eine Alternative. Das aus heutiger Sicht mit einer speziellen Suggestivkraft und Ästhetik behaftete Schwarz-Weiß-Material der Wochenschau scheint Goebbels allerdings keineswegs der seinerzeit revolutionären farbigen Darstellung vorgezogen zu haben:

»Am Abend lasse ich mir eine Reihe von Farbwochenschauen vom Ostfeldzug vorführen. Sie sind außerordentlich gut geraten. Man kann hier feststellen, daß eine farbige Wochenschau sehr viel instruktiver wirkt als eine Wochenschau in Schwarz-Weiß. Allerdings fehlen uns die technischen Hilfsmittel, um sie in größerem Umfange zu kopieren. Wir wollen jedoch einige Farbwochenschauen für die markantesten Plätze in Europa schaffen, um alleine durch das technische Wunder der farbigen Wochenschau der gegnerischen Filmpropaganda etwas Abbruch zu tun.« (5.4.1943)[126]

Konkret verdeutlichen lassen sich Goebbels' Vorstellungen im ersten Kriegsjahr anhand UTW 507, der zweiten Wochenschau-Ausgabe nach dem Beginn des Westfeldzuges. Sein Kommentar: »Hinreißend in Aufbau, Tempo, Musik und Textierung. Die wird wie ein Blitz einschlagen. Nur im ersten Teil lasse ich die Musik noch etwas rasanter machen« (23.5.1940). Die Aufnahmen vom brennenden, durch deutsche Luftangriffe schwer zerstörten Rotterdam zu Beginn des Westfeldzuges erschienen ihm offenbar selbst von einer solch »harten und unerbittlichen Realistik« (24.5.1940),[127] daß er sie nur im Zusammenhang mit einem Kommentar zuließ, der den Überfall auf die Niederlande geschickt rechtfertigte und den Durchbruch der Maginot-Linie verherrlichte. Darüber hinaus hielt er es für notwendig, die Wochenschau »durch die Presse noch näher begründen [zu] lassen«,

125 SD-Bericht vom 1.4.1943: Boberach, S. 5038f.

126 Dieses Vorhaben Goebbels' ließ sich nicht verwirklichen; vgl. Barkhausen, S. 238f. Die von speziell beauftragten Kameraleuten aufgenommenen mehrere tausend Meter Farbaufnahmen von der russischen Südfront sind im BA Film/K überliefert. Zu dem 1944 von Goebbels initiierten farbigen Auslandsjournal »Panorama« s. Stamm.

127 UTW 507/1940/Z: 23.5.1940.

um eventuell aufkommendem Mitleid der deutschen Zuschauer durch Herausstreichen der angeblichen Kriegsschuld der neutralen Niederlande zu begegnen. Mehrere Kartentrickaufnahmen strukturieren den dynamischen Ablauf und leiten die schnell wechselnden, mit Marschmusik untermalten militärischen Schauplätze beziehungsweise Vormärsche ein. Gefangene französische Soldaten, vorwiegend Nordafrikaner, werden den heroisch vorwärtsstürmenden oder in Kampfpausen friedlich schlafenden deutschen Soldaten gegenübergestellt.

Dieses Stilmittel der ständig kontrastierenden Gegenüberstellung findet sich in vielen Wochenschauausgaben: Da steht der deutsche Heldenmut arischer Soldaten gegen die Feigheit feindlicher Soldaten, bei denen es sich meist um Nordafrikaner auf französischer und »Asiaten« auf russischer Seite handelt, oder man sieht blühende deutsche Landschaften neben Elendszuständen in den eroberten Gebieten.[128] Auch im Nachrichtenkrieg setzte Goebbels auf dieses Verfahren: »Ich bringe die feindlichen Lügenmeldungen über Charkow in den Wochenschau-Text. Er wirkt angesichts der dort gezeigten Bilder geradezu niederschmetternd auf die feindliche Propaganda. Wenn beispielsweise das Schlachtfeld übersät mit zerstörten feindlichen Waffen und mit Leichen gefallener Bolschewisten gezeigt wird und der Sprecher dazu sagt, dass Moskau gemeldet habe, hier wolle man jetzt wieder mit dem Zuckerrübenanbau beginnen, so ist das eine Gegenüberstellung, wie sie drastischer und überzeugender nicht gemacht werden kann« (1.6.1942).[129]

Als gestalterisches Mittel besonderer Art verordnete Goebbels der Wochenschau unter dem Stichwort »Auflockerung« sog. Milieuaufnahmen: sie sollten, vorwiegend während des Winters, den zeitweisen Mangel an effektvollen militärischen Aufnahmen verdecken und gleichzeitig die starre Struktur der Wochenschau mit ihrer ständigen Wiederholung nahezu identischer Kampfbilder aufbrechen. Zur Ab-

128 Vgl. Eintrag vom 4.8.1941: »Vor allem haben wir jetzt außerordentlich wirkungsvolle Aufnahmen von den sozialen Zuständen in der Sowjetunion bekommen. Sie werden wirkungsvoll in diese Wochenschau hineingeschnitten und werden sicherlich dem deutschen Volk ein sehr eindeutiges Bild von den Zuständen im sogenannten ›Paradies der Arbeiter und Bauern‹ geben.« Die Elendsbilder wurden in zahlreichen Wochenschau-Ausgaben verwendet, bis der SD auch Grenzen der Glaubwürdigkeit ausmachte, da gleichzeitig moderne sowjetische Bauten gezeigt wurden: Bianka Pietrow-Ennker, Die Sowjetunion in der Propaganda des Dritten Reiches: Das Beispiel der Wochenschau, in: *Militärgeschichtliche Mitteilungen*, 43. Bd., 1989, S. 95; Vgl. etwa SD-Bericht vom 4.12.1941: Boberach , S. 3063.

129 Betr. DW 614/1942/Z: 11.6.1942.

wechslung wurden zunächst Sequenzen über das »Leben hinter der Front« (Versorgung und Verpflegung der Soldaten, Späße und Freizeitgestaltung während Kampfpausen) eingefügt, dann in immer stärkerem Maße auch »Heimatsujets« mit Sport, Städteansichten, Kultur- und Unterhaltungsveranstaltungen usw., Bilder, die die Solidarität der »Heimatfront« unterstreichen sollten (Arbeitsdienst der Frauen, Rüstungsproduktion). Die erste systematische Anwendung dieser Innovation datiert vom Beginn der krisenhaften Entwicklung des Rußlandfeldzuges im Spätsommer 1941, als Goebbels sich mit der Wochenschaugestaltung so intensiv beschäftigte wie nie zuvor und zunehmend deren Eintönigkeit erkannte: »Es wird einige Kritik an der Wochenschau geübt: Sie bringe vielfach immer dieselben Aufnahmen und bringe zuwenig Abwechslung. Ich werde mich mit diesem Problem etwas ausgiebiger befassen« (25.8.1941).[130] Über DW 573 heißt es am gleichen Tag, sie sei »nicht besonders gut geraten, bietet wieder dieselben Bilder wie die ihr vorangegangene und bringt zuwenig Abwechslung in der Milieu- und Menschenzeichnung«. Goebbels befürchtet bei immer gleichen Kampfbildern »Leere und Stagnation« und will am 7.9.1941 »neue Stoffe und Sujets« suchen. Dies war mitunter ein schwieriger Balanceakt, denn die »Auflockerung« und die friedlichen Milieuaufnahmen konnten beim wachsamen Publikum schnell falsche Hoffnungen wecken: So geriet DW 576 (Z: 17.9.1941) »zu friedlich und idyllisch«:

»Es werden zwar eine Unmenge von interessantesten Sujets gezeigt über Nachschub, über Ruhe und Pferderekonvaleszenzen und ähnliches; aber so weit ist es im Osten ja noch nicht, daß wir fast gänzlich auf die Kampfbilder verzichten könnten. Ich lasse deshalb die Frontschau in der Nacht nocheinmal umbauen und ein paar ausgesprochene Kampfszenen hineinkleben, so daß zwar einerseits die Milieuaufnahmen nicht verschwinden, sie aber andererseits ihre tragenden Pfeiler in den Kampfaufnahmen finden. Ich halte das auch aus psychologischen Gründen für notwendig. Wenn wir in dieser Situation die Wochenschau auf reine Milieuzeichnung abstellen, schließt das Publikum daraus, daß wir das öffentliche Interesse allmählich auf die Beendigung der Kämpfe im Osten ablenken wollen. Das ist nicht der Fall [...]« (15.9.1941)[131]

---

130 Goebbels kannte offenbar schon die ersten Berichte der dann im SD-Bericht vom 28.8.1941 (Boberach, S. 2703f.) festgehaltenen Beobachtungen, nach denen »die Wochenschauen in letzter Zeit sich sehr ähnlich seien und ›kaum wesentlich Neues brächten‹«. Eine Woche darauf machten die SD-Berichter ähnliche Beobachtungen über die »Gleichförmigkeit der Kampfaufnahmen«. Gleichzeitig konnte Goebbels dem Bericht die Beliebtheit der ersten Ansätze von Milieuszenen entnehmen: wie »dankbar neue Bildmotive, die ein möglichst allseitiges Bild vom Leben der Soldaten im Osten vermitteln, aufgenommen werden«, zeige »der große Beifall, den die Aufnahmen von den Ruhepausen mit dem Flußbad, den Tieren und ähnlichen Szenen fanden«: SD-Bericht vom 4.9.1941: Boberach, S. 2727.

Insgesamt aber waren die ruhigeren Szenen und Heimatbilder ein großer Erfolg. Der Sicherheitsdienst lobte, »daß diese Szenen auch propagandistisch von besonderem Wert seien, da sie den Angehörigen der Soldaten zeigten, daß es im Kriege nicht nur Kampf und Gefahr gäbe«. Ehefrauen und Soldatenmütter ließen sich von der Wochenschau-Frontidylle zeitweise beruhigen. Allerdings erweckt Goebbels im weiteren Verlauf des Krieges oft den Eindruck, diese Milieuaufnahmen seien als Trumpfkarte in Phasen militärischer Stagnation jederzeit mit Erfolg einsetzbar. Seine hektischen Kurswechsel zwischen mehr Kampf und dann wieder überwiegend Heimatsujets folgten einer ebenso schwankenden Volksstimmung. Nur selten gesteht er die begrenzten Möglichkeiten der auflockernden und unterhaltenden Sujets – ab 1942 auch populäre Sportveranstaltungen mit ausgesprochen eskapistischem Charakter[132] – oder auch die Problematik bei der Darstellung einer heiteren Frontidylle ein.

Da die Sujetwechsel allein nicht ausreichten, das Interesse an der Wochenschau aufrechtzuerhalten, spekulierte Goebbels auch auf die Sensationslust des Publikums: mit allen technischen Hilfsmitteln wurden regelmäßig besonders spektakuläre Kampfaufnahmen von Luftkämpfen und dem U-Boot-Einsatz eingeschnitten, die meist auch den gewünschten Effekt beim Publikum erzielten.[133] Auf rasenden Flugzeugen und tauchenden U-Booten wurden Kameras montiert, und Goebbels konnte sich über »nie dagewesene Bilder über den Luftkampf« freuen (16.1.1944). Darüber hinaus tüftelte er oft tagelang an wirkungsvollen Kartentrickaufnahmen (26.10./1.11.1942). Mit jeder aktionsbetonten Steigerung der Wochenschau wuchs indes zugleich die Gefahr der Enttäuschung und folglich auch der sinkenden Resonanz beim Zuschauer, wenn derartige Bilder fehlten.

---

131 SD-Bericht vom 16.10.1941, Boberach, S. 2873: »Die Auflockerung der Wochenschau mit Bildern vom Lagerleben der Truppe fand größte Zustimmung.« »Die Auflockerung der Wochenschau mit den Aufnahmen des Einsatzes des RAD und vor allem mit den Bildern von den Ruhepausen der Truppen wurden allgemein sehr zustimmend und vielfach mit großer Freude begrüßt«: SD-Bericht vom 25.9.1941, Boberach, S. 2799.Vgl. zu dem Komplex auch die Einträge vom 18.9.1941 und 4./17./18.11.1941: »[...] jetzt haben wir in der Wochenschau mehr Gelegenheit, das Leben hinter der Front zu zeigen. Ich setze entsprechende Sondertrupps an, die dafür geeignetes Material beschaffen sollen«.

132 Vgl. van Kampen, S. 11.

133 Vgl. Einträge vom 2.2.1943 und vom 23.2.1942 über deutsches U-Boot vor New York in DW 599/1942/Z: 25.2.1942 (SD- Bericht vom 5.3.1942: Boberach, S. 3412), 16.2.1942 sowie Eintrag vom 11.12.1942 über Ostasien-Sujet in DW 640/1942/Z: 9.12.1942 (SD-Bericht vom 17.12.1942: Boberach, S. 4578).

Die beim Publikum erfolgreichen Wochenschauen haben in ihrer wirkungsvollsten Phase zweifellos die Kinokonjunktur mitangekurbelt. Auch Goebbels bezeichnete die Wochenschau öffentlich als »Großzieher des deutschen Spielfilms« und resümierte am 20.2.1942: »Die Wochenschau hat dem Spielfilm den Weg bereitet, und am Ende des Krieges wird der Film selbst zweifellos eines der wichtigsten Volksführungs- und Volksbeeinflussungsmittel sein und bleiben«.[134] Die Wochenschauen beeinflußten anfangs auch Ästhetik und Inhalt einiger Spielfilme, die 1940/41 erschienen: u.a. WUNSCHKONZERT, STUKAS, ÜBER ALLES IN DER WELT. Diese von Goebbels nicht übermäßig geschätzten »Zeit«- oder »Wirklichkeitsfilme« waren so eng mit der heroischen Leitidee von den siegreichen deutschen Truppen verknüpft, daß sie nach dem Ende der Blitzkrieg-Wochenschauen nicht weitergeführt wurden. Das Spannungsverhältnis zwischen Wochenschau und Spielfilm dagegen, das erstmals im Frankreichfeldzug offenbar wurde, blieb nur über eine relativ kurze Zeit kritisch.[135] Goebbels sprach diese »fast unüberbrückbar scheinende Kluft [...] zwischen der realistischen Darstellung des Krieges in der Wochenschau und der Friedensproduktion des deutschen Filmspiels«[136] während der Offensiven 1939 und 1940 öffentlich an und nahm geschickt den Tatbestand auf, daß Zuschauer vereinzelt nach der Wochenschau und vor mittelmäßigen Unterhaltungsfilmen den Kinosaal verlassen hatten. Allerdings ist es nicht ganz richtig, daß die Komödien und Lustspiele »monatelang von der Wochenschau nahezu verdrängt« wurden und erst zu Jahresende 1940 wieder zur Geltung kamen:[137] Das Verbot von Premieren »seichter« Unterhaltungsfilme im Mai/Juni war nicht von langer Dauer, und gerade im Spätherbst 1940 begann der Großeinsatz politischer Filme in den deutschen Kinos.

Auch zum Dokumentarfilm bestand ein Spannungsverhältnis. Diese schwierige Abgrenzung thematisiert Goebbels anläßlich der als bewußt innovativ und abwechslungsreich gegenüber dem Wochenschau-Schema konzipierten DW 612, die ausschließlich die Leistungen der deutschen Rüstungsproduktion verherrlichte und von Goeb-

134 Rede vom 14.2.1941, abgedr. bei: Albrecht I, S. 472 .Vgl. dem Eintrag vom 20.2.1942 ähnliche Rede vom 28.2.1942, abgedr. bei: Albrecht I, S. 494.

135 Vgl. Eintrag vom 4.6.1940: »Lustspielfilme werden allmählich zurückgezogen. Sie schlagen sich zu stark mit der Wochenschau«.

136 Rede vom 14.2.1941, abgedr. bei: Albrecht I, S. 472.

137 Bucher, Goebbels, S. 56.

Emblem der deutschen Kriegs-Wochenschau ab 1940

bels erwartungsvoll und großspurig angekündigt wurde.[138] Als die Reaktion des Publikums eher zwiespältig ausfiel,[139] suchte er nach einer Erklärung: »Zwängt man die Wochenschau in das Prokrustes-Bett der dokumentarischen Darstellung hinein, so verliert sie zweifellos viel von ihrem unmittelbaren Reiz. Man sieht das jetzt an der neuen, ausführlichen Darstellung unserer Rüstungsarbeit in der letzten Wochenschau, die im Publikum bei weitem nicht so anspricht, wie wir uns das vorgestellt hatten.«

---

138 Eintrag vom 23.5.1942: »Es werden hier Bilder von einer überwältigenden Wucht gezeigt, die allerdings noch zum großen Teil geheim sind. Ich werde bei der Vorführung beim Führer selbst dabei sein und sehen, soviel wie möglich freizubekommen. Was hier gezeigt wird, das kann auf das Inland nur beruhigend wirken und das Ausland nur auf das tiefste beeindrucken. Diese Wochenschau wird von einem ungeheuren propagandistischen Wert sein«.

139 SD-Bericht vom 4.6.1942: Boberach, S. 3791f.

Die Oberaufsicht des Führers

Als oberster Zensor von Spielfilmen zog sich Adolf Hitler nach Kriegsbeginn zurück, die neueste Ausgabe der Wochenschau ließ er sich aber weiterhin regelmäßig vorführen. Hitler zeigte an den deutschen Nachrichtenfilmen nicht nur allergrößtes Interesse;[140] aus den Tagebüchern seines Ministers gewinnt man sogar den Eindruck, daß der Diktator in den Vorkriegs- und ersten Kriegsjahren ein dauernder Antreiber für eine immer propagandistischere Wochenschau war. Wäre er Goebbels nicht ständig im Nacken gesessen, und sei es nur mit dumpfen Unmutsbekundungen, hätten die Wochenschauen vielleicht nie ihre unbestreitbare Massenwirksamkeit erreicht. Das Tagebuch von Goebbels offenbart hier bei aller eitlen Selbstdarstellung viel von Hitlers gestalterischen Ansprüchen, die nirgendwo sonst überliefert sind.

Hitler und sein Führerhauptquartier hatten das letzte Wort, gleichgültig ob es nur um Korrektur einzelner Sujets, Textänderungen, »einzelne Vorschläge über die musikalische und tonliche Untermalung« (30.6.1942) oder um die grundsätzliche Linie der Nachrichtenpolitik ging. Gerade bei der Information der Öffentlichkeit durch die Wochenschau war Goebbels oftmals unsicher, welche Richtung er einschlagen sollte und konnte. So erscheinen ihm Aufnahmen von deutschen Siegen an der Nordafrika-Front im Dezember 1941 »eindrucksvoll und zum Teil noch nicht dagewesen«. Er zweifelt aber, »ob man diese Aufnahmen, die so positiv für uns sprechen, im Augenblick überhaupt so ausgedehnt bringen kann, denn man weiß ja noch nicht, wie die Dinge in Nordafrika sich weiter entwickeln werden. Hier muß ich zweifellos eine Führerentscheidung herbeiführen«.[141] Deutliche Meinungsunterschiede zwischen den beiden Propagandisten über den Grad der nachrichtenpolitischen Realistik in der Wochenschau traten dann mit verschlechterter Kriegslage ab 1942 hervor. Im Gegensatz zu seinem Propagandaminister verfolgte Hitler in der Frage der Information der Öffentlichkeit über die militärische Lage ein ziemlich star-

---

140 Über Hitlers Zensur der Wochenschau heißt es bei Henry Picker, *Hitlers Tischgespräche im Führerhauptquartier*, Nachdr. Frankfurt/M. 1989, S. 45: »Für diese Vorführung wurde einmal in der Woche der zweite Kasino-Speiseraum hergerichtet. Hitler ließ sich die einzelnen Filme einmal bis zweimal vorspielen, übte Kritik, gab Anregungen oder diktierte neue Begleittexte.«

141 Die Entscheidung fiel offenbar zumindest für DW 587 (Z: 3.12.1941) dafür aus. Vgl. auch Eintrag vom 2.12.1941.

res Konzept und forderte von der Wochenschau Vormarsch-Aufnahmen und »die Darstellung soldatischen Heldentums, egal ob Kampfhandlungen stattfanden oder nicht«.[142] Anfang Oktober 1942 bezweifelte Goebbels etwa die Wirkung von DW 631: Die Frontaufnahmen brächten nichts Neues, wiederholten sich nur, und man müsse »über kurz oder lang wieder mehr Heimatsujets« in die Wochenschau einbauen. Doch noch am gleichen Tag mußte er nach einer Besprechung mit Hitler den Rückzug antreten: Der wünsche trotz Frontenstillstand nicht, »daß wir Kriegssujets durch Heimatsujets ersetzen«. Der Führer habe noch Operationen im Sinn, windet sich Goebbels, »und solange sollen wir uns in der Hauptsache auf Frontsujets beschränken« (4.10.1942). In den folgenden Wochen sind neben den militärischen Aufnahmen nur in sehr kleinem Umfang auch Berichte aus Berlin oder Weimar zu sehen.

An dem daraus folgenden Glaubwürdigkeitsverlust der Wochenschau hatte Hitler jedenfalls erheblichen Anteil. Inwischen wurde auch nicht mehr verheimlicht, daß, so Goebbels im Februar 1942 in seiner Rede vor den Filmschaffenden, die Wochenschau »fast im letzten Augenblick noch vom Führer geprüft« werde.

Hitlers besonderes Interesse galt, neben den Bildern von großen Entscheidungsschlachten, stark rassistisch und politisch akzentuierten Folgen über russische »Greueltaten« oder Wochenschauausgaben, in denen er selber auftrat. Von 1939 bis 1941 tat er dies noch sehr häufig. Die Ausgabe DW 557 enthält Aufnahmen von Hitler bei seiner Reichstagsrede vom 29. April und von seinem Besuch in Österreich: »Der Führer hält sie für die technisch beste, die wir bisher herausbrachten« (9.5.1941). Lob erfuhr auch die Ausgabe DW 514, die zu fast 40 Prozent aus Aufnahmen Hitlers (bei den Soldaten, bei Besichtigung einer Kathedrale) bestand (9.7.1940). Dabei dürfte sich Hitler auch an den Szenen ergötzt haben, die sich mit der Revanche für den Vertrag von Versailles befassen, so u.a. die Rückführung des Zuges aus Compiègne, in dem 1918 die deutsche Kapitulation unterzeichnet wurde (samt Sprengung des dortigen Denkmals), oder auch der Rückblick auf die Durchbrechung der Maginot-Linie.

Stellenweise ergibt sich bei Hitlers Wochenschaubeurteilungen eine gewisse Diskrepanz zu Goebbels. Hitler lobte offensichtlich auch solche Ausgaben, die Goebbels als eher schwach empfand: »Der Führer

---

142 Bucher, Goebbels, S. 59.

ist trotz ihres etwas labilen Charakters damit außerordentlich zufrieden«, registriert Goebbels am 18.11.1941 über DW 585, obwohl diese Folge vorsichtige Andeutungen über den stockenden Vormarsch auf Moskau (O-Ton: »in diesem Lehm und Dreck droht alles steckenzubleiben«), aber kaum prägnante Kampfaufnahmen enthielt.[143] Die Erklärung liegt wahrscheinlich in Aufnahmen gefangener russischer Soldaten, die als eine »besondere Auslese von Juden« bezeichnet werden, und in Sequenzen mit Elendsquartieren in der Sowjetunion (»Sie lebten schlimmer als Vieh«).

Hitler legte auf die ästhetische oder dramaturgische Geschlossenheit der Wochenschau weniger Wert als auf kompromißlos propagandistische Sujets. Gleich die erste »antibolschewistische« Wochenschau nach Kriegsbeginn, die raffiniert montierte und kommentierte sogenannte Greuel-Szenen ukrainischer Zivilopfer der Roten Armee in Lemberg brachte,[144] – für Goebbels »ein wahres filmisches und propagandistisches Kunstwerk« (10.7.1941) – stieß auf große Begeisterung bei Hitler.[145] Er verlangte daraufhin für die nächste Ausgabe weitere, ähnlich grausame und brutale Szenen, während Goebbels offenbar gewisse Bedenken hatte und es vorzog, »den Angehörigen der in Russland kämpfenden Soldaten die aus den Bildern entstehende Angst zu ersparen«.[146] Die nächste Wochenschau erhielt zwar einige antisemitische Sujets, dem Wunsch Hitlers bezüglich der Lemberger Aufnahmen wurde aber, womöglich um die Reaktion der Zuschauer abzuwarten,[147] erst in der übernächsten Ausgabe Rechnung getragen.

Hitlers Korrekturen werden sogar dort offenbar, wo Goebbels sie direkt nicht erwähnt. Von der Katastrophe bei Stalingrad alarmiert, meint Goebbels am 24.1.1943, man müsse den geplanten Wochen-

143 Vgl. zur Wirkung den Eintrag vom 23.11.1941 und SD-Bericht vom 27.11.1941: Boberach , S. 3035f.

144 DW 566/1941/Z: 10.7.1941. Vgl. dazu Pietrow-Ennker, Sowjetunion, S. 94.

145 Eintrag vom 8.7.1941: »Mit erschütternden Szenen der bolschewikischen Greultaten in Lemberg. Ein Furioso! Der Führer ruft an: das sei die beste Wochenschau, die wir je gemacht hätten«.

146 BA/K NS 18/282 Tiessler an Bormann vom 14.7.1941. Diese Differenz zu Hitler, »die Veröffentlichung der Bilder noch einige Zeit zurückzustellen«, erwähnt Goebbels nicht im Tagebuch; sie geht nur aus obigem Aktenstück hervor. Vgl. auch Pietrow-Ennker, Sowjetunion , S. 94.

147 Vgl. SD-Bericht vom 17.7.1941: Boberach, S. 2535: Danach seien die Aufnahmen »nur vereinzelt nach dem Urteil von Frauen bis an die Grenze des Erträglichen« gegangen, dafür hätten sie aber »in ihrer grausigen Realistik die Wirkung der bisherigen Presse- und Rundfunkberichte über die bolschewistischen Greueltaten bei weitem übertroffen«.

schau-Schwerpunkt mit Themen »nationalsozialistischer Aufbauleistung« im Rahmen eines ausführlichen Rückblicks auf zehn Jahre NS-Herrschaft absagen: »Jetzt aber, unter dem Eindruck von Stalingrad, wirken diese Bilder nicht mehr. Man kann nicht Aufnahmen zeigen, in denen der Marsch durch die Wilhelmstraße oder der erste Spatenstich zu den Reichsautobahnen gezeigt wird. Das versinkt augenblicklich alles vor dem Heldentod der Front. Ich werfe deshalb die ganze Wochenschau wieder um, nehme auf den 30. Januar überhaupt keinen Bezug und bringe erneut Frontbilder. Wir müssen uns damit begnügen, den 30. Januar nur rückschauend in der Woche danach zu behandeln.« Doch nicht nur, wie hier von Goebbels beabsichtigt, die übernächste, sondern bereits die nächste Wochenschau DW 647/27.1.1943 brachte ausführlich genau diejenigen Sujets, auf die der Propagandaminister »keinen Bezug« nehmen wollte: Beseitigung der Arbeitslosigkeit, Wohnungsbau, Kunstbauten, soziale Hilfswerke usw. – somit die Lieblingsthemen Hitlers, der das denkwürdige Datum offenbar umfassend gewürdigt sehen wollte.[148] In DW 648/3.2.1943 findet sich eine ähnliche Bildfolge über die Feier zum 10. Jahrestag der »Machtergreifung« in Berlin.

Im Frühjahr und Sommer 1942 scheinen dem hinsichtlich der deutschen Siegeschancen wieder euphorischen Hitler[149] die Erfolge der Frühjahrsoffensive an der Südfront nicht ausreichend heroisch dargestellt worden zu sein. Goebbels lobt am 18. und 19.5.1942 die mit den Kämpfen auf der Halbinsel Kertsch beginnende erste Offensiv-Wochenschau DW 611 als »glänzend gelungen und vor allem so aktuell, wie das überhaupt nur denkbar ist«, räumt kurz darauf allerdings Probleme mit einer unzusammenhängenden und unschlüssigen Darstellung der Kämpfe bei Charkow in DW 613 ein: »Große Schwierigkeiten haben wir jetzt wieder einmal mit der Wochenschau. Der Führer verlangt von der Wochenschau etwas mehr, als wir leisten können. Die Wochenschau ist nicht in der Lage, jedesmal einen fix und fertigen Dokumentarfilm zu liefern. Sie kann ja nur das Material verwenden, das ihr augenblicklich zur Verfügung steht. Dokumentarisch eine

148 Die Aufnahmen dazu lagen bereit; Goebbels hatte schon in der Vorwoche einen »Vorschlag für eine große zusammenfassende Wochenschau zum 10. Jahrestag unserer Revolution am 30. Januar« geprüft: »Diese zusammenfassende Schau muß noch wesentlichen Veränderungen unterzogen werden, aber man kann aus ihr doch ersehen, was wir alles in diesem knappen Jahrzehnt geleistet haben« (17.1.1943).

149 Vgl. Joachim C. Fest, *Hitler*, Berlin 1973, S. 901f.

Schlacht zur Darstellung zu bringen, wird, wie der Name schon sagt, später einmal die Aufgabe eines Dokumentarfilms ein« (3.6.1942). Dennoch ging Goebbels bei der weiteren Behandlung der Charkow-Sujets besonders sorgfältig vor und sicherte sich in diesem Fall durch enge Zusammenarbeit »mit den Offizieren vom Generalstab« ab. Schließlich gibt er sich überzeugt, »daß wir jetzt die Wünsche des Führers erfüllen können; er wird mit dieser Art der Darstellung sehr zufrieden sein« (8.6.1942).[150] Die Einträge der folgenden Wochen scheinen die Zufriedenheit des »Führers« zu bestätigen: »Die Wochenschau ist sein Lieblingskind auf dem Gebiet des Filmschaffens. Die letzte Wochenschau vor allem mit den Kämpfen in und um Dieppe hält er für die beste, die wir bisher herausgebracht haben« (21.8.1942).

Welche Ausgaben Hitler während des Krieges tatsächlich noch gesehen hat, darüber geben die Tagbücher keine lückenlose Auskunft. Hitlers gewohnheitsmäßiges Interesse, sich die Wochenschau regelmäßig und teilweise auch noch im Rohzustand anzusehen, scheint nach Ende der Sommeroffensive 1942 nachgelassen zu haben. Statt desssen übernahm das Führerhauptquartier mit nicht immer geklärten Verantwortlichkeiten die Endabnahme. Ab 1944/45 entschied Hitler meist nur noch über die Freigabe als geheim eingestufter Bilder.[151] Am 23.1.1945 ist seine – soweit bislang bekannt – letzte Besichtigung einer deutschen Wochenschau, »mit Bildern von V.2, die ihn außerordentlich interessieren«, im Tagebuch festgehalten. Die letzte Wochenschau, die Goebbels und Hitler zusammen sahen, war bezeichnenderweise eine amerikanische. Beide erlagen diesmal der gegnerischen Propaganda, zogen aus den Jubel-Bildern bei de Gaulles Einzug in Paris weitgehende politische Schlüsse und – nur noch kurios – wunderten sich, wie ähnlich de Gaulle doch Goebbels' Staatssekretär Hermann Esser sehen würde (25.1.1945).

---

150 Vgl. dazu Eintrag vom 10.6.1942: »Er sagt mir, daß die letzte Darstellung des Schlachtverlaufs von Charkow in der neuen Wochenschau geradezu vorbildlich sei«.

151 BA/K R 55/663 Nr. 74 Leiter F an Staatssekretär vom 4.7.1944 über Führerentscheid zur Freigabe von Bildern der V1 und Textänderungen; Nr. 75 Leiter F an Staatssekretär vom 6.7.1944 über Verschieben der Zensur wegen erneuter Prüfung der eingefügten Bilder durch Hitler. Aus einem äußerst aufschlußreichen Schreiben Hinkels an Goebbels vom Dezember 1944 geht die Zensurpraxis im Führerhauptquartier hervor: BA/K R 55/663 Nr. 92 vom 7.12.1944. Zu dem Schreiben s. auch Maiwald, S. 189f.

Die Wochenschau war als Teil der gesteuerten Massenmedien »in das nationalsozialistische System der ›gestalteten‹ Informationsvermittlung eingebunden«[152] und folgte der offiziellen Linie der Nachrichtenpolitik,[153] die im Krieg einerseits stark vom OKW und seinem Informationsmonopol für das militärische Geschehen abhängig war, andererseits den restriktiven Vorstellungen Hitlers Rechnung tragen mußte. Bisweilen ergab sich, wie die Schwierigkeiten der Wochenschau und der anderen Propagandamittel im Bereich der »antibolschewistischen« Propaganda zeigen, ein »Spannungsverhältnis zwischen programmatischer Zielsetzung und tagespolitischem Pragmatismus«:[154] Den Widerspruch zwischen den verschiedenen ideologischen Grundüberzeugungen und den staatspolitischen Notwendigkeiten während des deutsch-russischen Nichtangriffsvertrags 1939 bis 1941 hofften die Wochenschauproduzenten anfangs noch mit subtilen filmischen Mitteln ausgleichen zu können (die verbündeten Russen erschienen neben den deutschen Militärs blaß und unterwürfig),[155] doch auf Dauer konnte dies nicht gelingen.

Die inhaltlichen Schwerpunkte der Wochenschau konnte Goebbels am allerwenigsten allein festlegen. Hitlers Interventionen, die Zensurhoheit des OKW in militärischen Fragen und die natürliche Dominanz des Kriegsgeschehens engten seinen Spielraum relativ stark ein.

Im Vordergrund der Sujetauswahl der Kriegswochenschau stand die Abstimmung mit den publizistischen Medien: Luftkämpfe über England, »Bilder von offenen Feindseligkeiten zwischen englischen und französischen Gefangenen sowie von den tierischen Mahlzeiten schwarzer Kriegsgefangener«,[156] das delikate Thema der Kinderlandverschickung, mystische Todesverklärung durch »Anknüpfung an den Heldengedenktag« (23.3.1943). Anregungen und Kritik in den SD-Meldungen, die oft erstaunlich präzise selbst Musikeinsatz und

152 Bucher, Stalingrad, S. 580.

153 Daß die Wochenschau Bilder enthielt oder Themen behandelte, die eigentlich gemäß der Anweisungen für die Presse und die übrigen Medien verboten waren, scheint die Ausnahme gewesen zu sein: Kohlmann-Viand, S. 83f.

154 Bianka Pietrow-Ennker, Das Feindbild im Wandel: Die Sowjetunion in den nationalsozialistischen Wochenschauen 1935-1941, in: *Geschichte in Wissenschaft und Unterricht*, 41. Jg., 1990, S. 341.

155 Ebd., 343f.

156 Ministerkonferenz vom 4.7.1940: Boelcke I, S. 413.

Geräuschuntermalung kommentierten,[157] versuchte Goebbels so weit wie möglich zu berücksichtigen.[158]

Viele Grundprinzipien, wie etwa die später immer wieder hervorgehobene Tatsache, daß die Wochenschau keine toten deutschen Soldaten zeigte, statt dessen das Massensterben der Wehrmachtssoldaten nur indirekt durch Szenen mit Begräbnissen der »Kameraden« andeutete – werden von Goebbels nicht einmal erwähnt. Auch die damit einhergehenden Probleme behandelt er nur oberflächlich: Denn Leichen von feindlichen Soldaten, insbesondere von Angehörigen der Roten Armee, kamen ausführlich ins Bild, was ebenso wie das Verschweigen deutscher Gefallener vom Publikum aufmerksam und mit nicht minderer Besorgnis registriert wurde.[159] Goebbels begnügt sich mit dem knappen Eingeständnis, die Wochenschauaufnahmen über die »blutigen und tödlichen Verluste der Bolschewisten« würden die Aufmerksamkeit der Zuschauer auch auf die Frage nach deutschen Verlusten lenken (1.3.1942).[160]

Goebbels' Kommentare machen unfreiwillig auch auf absolute Flops und Fehlentwicklungen der NS-Kriegspropaganda aufmerksam und zeigen, wie schwierig es für den Minister war, die Tendenz der Medien aufeinander abzustimmen. Ein aufschlußreiches Beispiel betrifft die Wochenschauen während der West-Offensive von Mai bis Juli 1940. Zunächst sieht Goebbels seine insgeheimen Befürchtungen nicht bestätigt, die Wochenschaubilder über den Krieg gegen Frankreich und die Benelux-Länder könnten wegen der gezeigten Zerstörungen beim deutschen Publikum eher Mitleid denn Kriegsbegeisterung auslösen: »Nach übereinstimmendem Urteil aller Berichte aus dem Lande erwecken unsere Wochenschauen mit ihren kriegsrealistischen Aufnahmen nicht Entsetzen, sondern nur Ingrimm und Genugtuung« (1.6.1940). Die Herausstellung blutrünstiger farbiger Soldaten und Mißhandlungen an Deutschen scheint anfangs ihre Wirkung nicht verfehlt zu haben.[161] Doch obwohl die deutsche Propaganda

157 Vgl. etwa SD-Bericht vom 18.9.1941: Boberach, S. 2776 (musikalische Untermalung); SD-Bericht vom 30.10.1941: Boberach, S.2934 (zu kurze Kartenskizzen); SD-Bericht vom 6.11.1941: Boberach, S. 2954 (Schlußsequenzen); SD-Bericht vom 20.11.1941: Boberach, S. 3013 (originale Geräusche).

158 Ministerkonferenz vom 29.5.1941: Boelcke I, S. 755; Ministerkonferenz vom 28.3.1941: Boelcke I, S. 630; Ministerkonferenz vom 16.2.1940: Boelcke I, S. 287.

159 Vgl. SD-Bericht vom 26.2.1942: Boberach, S. 3371; SD-Bericht vom 5.3.1942: Boberach, S. 3412.

160 Betr. wohl DW 599 oder 598; auch DW 600 enthält derartige Bilder.

schon Anfang Juni 1940 erkannte, daß im Lande latentes Mitleid und »Erschütterung gegenüber der französischen Tragödie« vorhanden waren, zeichneten Presse, Rundfunk und Wochenschau nach der Kapitulation in Berichten aus dem besetzten Frankreich oftmals das sympathische Bild einer darbenden und schuldlosen, von der »verbrecherischen« Regierung Reynaud ins Unglück gestürzten Bevölkerung. UTW 513/Zensur: 3.7.1940 enthält Szenen geschundener französischer Frauen, Kinder und Flüchtlinge sowie mitleiderregender alter Bauern. Ähnliche Aufnahmen finden sich in der darauffolgenden Ausgabe. Zwar wird im Text die Normalisierung der Situation in Frankreich und die Versorgung von Flüchtlingen durch Wehrmacht und NSV betont,[162] die Schuldzuweisungen an Großbritannien, durch dessen »Verrat« Frankreich erst in diese Lage gekommen sei, sind aber geeignet, das Mitleid eher noch zu verstärken.

Goebbels versuchte gegenzusteuern[163], gab Anweisungen an die Presse, »nicht zuviel Lob an Frankreich auszuteilen. Sonst bekommen wir eine richtige Welle von Francophilie« (6.7.1940).[164] Genau dies trat offensichtlich ein: »Die Francophilie steigt bei uns rapide an. Dagegen wird jetzt mit aller Macht angegangen.[...] Die Polemik gegen Vichy wird nun wieder etwas schärfer geführt. Der S.D. Bericht teilt auch meine Besorgnisse. Aber das wird nun bald anders« (11.7.1940). Der SD-Bericht hatte die pro-französische Stimmung bestätigt, die Wirkung der dagegen aufgebotenen Anti-Frankreich-Kampagne aber als begrenzt bezeichnet, da die Bevölkerung den Sinn nicht begreife.[165] Entgegen dieser und weiterer Ankündigungen[166] bekam Goebbels das Problem nicht in den Griff, daß Frankreich vielen als Opfer des britischen Verrats und der deutschen Militärmaschine galt. Seinen Abteilungsleitern schärfte er ein: »Nach wie vor gilt es, den Hass gegen Frankreich wach zu halten, und nicht, ihn einzuschläfern«.[167] Schließlich nahm auch Hitler Anstoß: »Beklagt sich auch darüber, daß wir in Film und

161 SD-Bericht vom 3.6.1940: Boberach, S. 1207.

162 Vgl. dazu Paul Maine, L'image de Paris et de la France occupée dans les actualités allemandes (Deutsche Wochenschau) de mai 1940 à novembre 1942, in: Deutsches Historisches Institut Paris/Institut d'Histoire des conflits contemporaires, *La France et l'Allemagne en guerre*. Septembre 1939-novembre 1942, Paris 1990, S. 392f.

163 Eintrag vom 27.6.1940 und Ministerkonferenz vom 27.6.1940: Boelcke I, S. 409.

164 Ähnliche Bemerkungen finden sich am 7./8.7.1940; Ministerkonferenz vom 19.7.1940: Boelcke I, S. 430f.

165 SD-Bericht vom 11.7.1940: Boberach, S. 1363f.

166 Einträge vom 13./14.7.1940.

Presse erneut in Sentimentalität gegenüber Frankreich machen«. Daraufhin griff Goebbels gar zu der Maßnahme, in der Wochenschau durch einen humoristisch-belehrenden TRAN- UND HELLE-Beifilm[168] (den bisher längsten) die mißliebige »Sentimentalität« für Frankreich aufzugreifen[169] und durch witzige Dialoge Pro-Frankreich-Argumente in der Bevölkerung zu entkräften. So entstand die paradoxe Situation, daß die Wochenschau eine Stimmung in der Bevölkerung bekämpfen sollte, zu der sie vorher selbst beigetragen hatte.[170]

Die optimale Zusammenstellung propagandistischer Hauptmotive in der Wochenschau traf sehr zum Ärger Goebbels auch auf unerwartete Hindernisse. Als treffsicherstes Mittel, dem Publikum Zuversicht einzuflößen, galten Auftritte Hitlers in der Wochenschau.[171] Vor dem Krieg dürfte Hitler in fast jeder dritten Wochenschau bei unzähligen Anlässen – von Empfängen, Ausstellungseröffnungen bis zu Staatsakten, Parteiritualen und Festspielen – zu sehen gewesen sein.[172] Die Führerwochenschauen wurden jedoch im Verlauf des Krieges nach den anfänglich dauerpräsenten Frontbesuchen immer seltener. Hitler gestattete den eigens zu seiner Abfilmung bestimmten Kameraleuten meist nur wenige Einstellungen und Weitwinkelperspektiven. Wiederholt drängte Goebbels, Hitler solle mehr »persönliche« Sujets und private Aufnahmen in der Wochenschau gestatten, doch meist ohne Erfolg: »Leider kann er sich nicht entschließen, größere Komplexe aus seiner eigenen Tätigkeit in der Wochenschau zu zeigen, ob-

167 Vgl. Eintrag vom 27.7.1940 (»Die Presse bringt wieder starke Sentimentalitäten Frankreich gegenüber«) und Ministerkonferenz vom 26.7.1940: Boelcke I, S. 439f »Der Minister macht die Abteilungsleiter von Presse, Propaganda, Rundfunk und Film dafür verantwortlich, daß in der Berichterstattung über Frankreich alle Sentimentalitäten in Zukunft zu unterbleiben haben«.

168 Vgl. Hans-Jürgen Singer, »Tran und Helle«. Aspekte unterhaltender Aufklärung im Dritten Reich, in: *Publizistik* H.3/4, 31.Jg., 1986, S. 347-356. Den Kurzfilmen gelang es z.T. recht gut, in humorvoller Form und mit geschickten Dialogen Vorurteile und Unzufriedenheit in der Bevölkerung zu artikulieren und im Sinne der Propaganda zu widerlegen.

169 UTW 517/1940/Z: 1.8.1940.

170 Die mangelnde Resonanz der Aktionen in der Bevölkerung und die Konzentration auf die antienglische Propaganda führten schließlich zum Ende der Kampagne: Ministerkonferenz vom 5.8.1940: Boelcke I, S. 447: »Gegen Frankreich sollen im Augenblick Angriffe nicht unternommen werden«.

171 Vgl. Eintrag vom 18.9.1941 über SD-Bericht vom 25.9.1941: Boberach, S. 2799: »Besonders die Aufnahmen, die den Führer zeigen, sind beim Publikum außerordentlich beliebt [...] Je sicherer und selbstbewußter der Führer in der Wochenschau auftritt, umso positiver sind die Wirkungen eines solchen Bildstreifens«.

172 Stefan Dolezel/Martin Loiperdinger, Hitler in Parteitagsfilm und Wochenschau, S. 92f. in Loiperdinger u.a. (Hrsg.), *Führerbilder*, München 1995.

schon, wie ich immer wieder betone, das Publikum sich direkt danach sehnt, in der Wochenschau wenigstens das Gesicht des Führers zu sehen« (19.8.1941). Dringend benötigte Goebbels beim Publikum enorm beliebte Szenen wie jene, die Hitler im Spiel mit seiner Schäferhündin »Blondi« zeigten (in DW 611/20.5.1942).[173] Die Erkenntnis, »daß der Führer seine Person nur sehr ungern in der Wochenschau zeigen läßt«, das Publikum diese Bilder aber sehr vermisse, ließ Goebbels zeitweise resignieren (6.10.1942). Hitler hatte gerade wieder einige Aufnahmen von seiner Sportpalastrede zur Eröffnung des Winterhilfswerks vom 30. September 1942 entfernen lassen. Zwei Wochen später heißt es sogar: »Der Führer hat wiederum alle seine Person betreffenden Aufnahmen herausgestrichen, was für die Wochenschau sehr schädlich ist. Aber der Führer ist, wie bekannt, in der Herausstellung seiner Person außerordentlich sparsam. Ich sitze etwas in der Klemme. Das Volk will ihn sehen; der Führer will nicht, daß er in der Wochenschau gezeigt wird. Was soll ich tun?«

Angeblich befürchtete der Diktator, sein körperlicher Verfall könne in den Aufnahmen bei Staatsbegräbnissen, in der »Wolfsschanze«, insbesondere aber bei Reden, für das Publikum zu offenbar werden.[174] Speziell geschulte Kameraleute versuchten ohnehin, Bilder von Hitlers Krankheitssymptomen von vornherein zu vermeiden.[175] Und auch Goebbels zitiert einen SD-Bericht von Anfang April 1943, das »deutsche Volk sei auf das tiefste erschüttert gewesen, den Führer bei der Heldengedenkfeier in Berlin zum ersten Mal wieder in der Wochenschau zu sehen. Sein Aussehen sei so gramvoll und zersorgt gewesen, daß man sich über ihn außerordentlich viele Gedanken mache« (7.4.1943).[176] Ein weiterer unangenehmer Folgeeffekt war die Einschätzung des SD, es seien »aus seinen Gesichtszügen und seiner Haltung Schlüsse auf sein Befinden und ›von da aus auf den Stand unserer Sache‹ gezogen worden.«[177] Die Wochenschauszenen, die Hitler kurz darauf an seinem 54. Geburtstag zeigen, fielen jedenfalls auffallend distanziert aus.[178]

---

173 SD-Bericht vom 28.4.1942, S. 3758.

174 Vgl. Welch, German Cinema, S. 200.

175 Loiperdinger/Dolezel, S. 98f.

176 Dies betrifft den äußerst aufschlußreichen SD-Bericht vom 1.4.1943: Boberach, S. 5038f. über DW 655/1943/Z: 24.3.1943.

177 Ebd., S. 5038.

178 DW 660/1943/Z: 28.4.1943.

Ab 1942 wurde die Glaubwürdigkeit der Wochenschau wegen der von Hitler strikt verweigerten vorsichtigen Aufklärung über die wahre militärische Situation nachhaltig erschüttert. Insbesondere das Totschweigen des Stalingrad-Desasters von November 1942 bis Januar 1943 trug dazu bei.[179] Goebbels dagegen hatte schon seit Anfang 1942 für eine abgewogene und vorbeugend »desillusionierende« Nachrichtenpolitik und einen »gewissen Realismus« plädiert.[180]

Für die Informationspolitik Hitlers und des OKW während der Einkesselung von Stalingrad will Goebbels keine Verantwortung übernehmen: »Wir müssen uns nun allmählich mit dem Gedanken vertraut machen, das deutsche Volk über die dortige Situation zu unterrichten. Das hätte eigentlich schon längst geschehen können, aber bisher war der Führer immer noch dagegen« (21.1.1943). Die indirekt eingestandene eigene Ohnmacht, die realistischen Aufnahmen zurückhalten, abwarten zu müssen und sich »ein paar Wochen durch dies Dilemma hindurchzuwinden« (10.1.1943), rechtfertigt er gleichzeitig damit, das PK-Material über »den Rückzug aus dem Kaukasus« sei ohnehin »sehr deprimierend und in keiner Weise für die Öffentlichkeit geeignet« (2.2.1943).[181]

Die Umstellung von Zuversicht auf Durchhaltewillen wurde in der Wochenschau gerade mit dem Mittel der Angstpropaganda betrieben. Unter diesem Aspekt ist auch einer der letzten Höhepunkte bei der inhaltlich-propagandistischen Gestaltung der Wochenschau zu sehen, den Goebbels mit Bildern von den im April 1943 aufgefundenen polnischen Opfern der Roten Armee nahe Katyn erreichen wollte.[182] Diesmal war es Goebbels, der die grausamen Aufnahmen nach ihrer Vorführung im Ausland auch in der Inlandswochenschau zeigen wollte. Zwar müsse man »auf die Angehörigen der im Osten vermißten deutschen Soldaten in gewisser Weise Rücksicht nehmen«, aber

179 Vgl. Bucher, Stalingrad, S. 584.

180 Vgl. Eintrag vom 27.1.1942.

181 Immerhin konnte sich die Linie des konsequenten Verschweigens und der auflockernd-ablenkenden Szenen auch nach Beobachtung des SD bei großen Teilen der Zuschauer ausgesprochener Zustimmung erfreuen. Insbesondere Frauen würden »eine Auflockerung der Wochenschau durch die Hereinnahme von Bildern aus ruhigeren Kampfabschnitten in Anbetracht der sonstigen schweren seelischen Belastungen begrüßen und die Bildfolgen der Wochenschau als Erleichterung von einem schweren Druck empfinden«. Diese Kreise wollten sich »beim Besuch der Wochenschau Beruhigung und Zuversicht holen«: SD-Bericht vom 28.1.1943: Boberach, S. 4722.

182 Vgl. dazu John P. Fox, Der Fall Katyn und die Propaganda des NS-Regimes, in: *Vierteljahreshefte für Zeitgeschichte,* 30. Jg., 1982, S. 462-499.

nicht auf Kosten der »antibolschewistischen« Propaganda (18.4. 1943). Für Hitler dagegen, bis dato ein Anhänger der Schockpropaganda, wog sein Trauma von 1918 schwerer, und er stimmte mit den Militärs darin überein, die Heimatfront nicht übermäßig zu beunruhigen. Weil die Kampagne in den übrigen Medien bereits seit über zwei Wochen lief, fürchtete Goebbels durch die verzögernde Zensur des OKW würden am Ende »die Bilder so veraltet sein, daß sie keinen Aktualitätswert mehr besitzen« (28.4.1943).[183]

Letzte Rezepte gegen den Niedergang 1942-1945

Mit dem Ende des Blitzkriegs im Herbst und Winter 1941/42 hatte im Grunde die Wochenschau ihren Höhepunkt schon überschritten.[184] Von Ende Februar bis April 1942, vor der Frühjahrsoffensive der Wehrmacht im Osten, ist der verringerte Umfang, den die Wochenschaugestaltung im Tagebuch einnimmt, schon deutlich zu erkennen, obwohl Goebbels nach den krisenhaften Wochen im November und Dezember 1941 die Wirkung der Bildberichte wieder positiv einschätzt.[185] Von Mai bis August 1942, parallel zu den wiederauflebenden Hoffnungen auf einen raschen Sieg, kam es zu einem erneuten Aufschwung, bis im September 1942 die wachsende Interesselosigkeit des Publikums an der Wochenschau zu einer ersten schweren Krise des Mediums führte. Angesichts von Folgen, die »leider jeglicher Höhepunkte« entbehrten (13.9.1942), suchte Goebbels nach neuen Wegen. Alle Propagandamittel, auch die Wochenschau, seien mit ihren »Ausdrücken und Redewendungen, die so alt sind wie Methusalem«, »allzusehr in der Schablone erstarrt«, heißt es am 27.9.1942. Es folgen Überlegungen, die Wochenschau handlungsreicher zu gestalten: Man müsse ihr »wieder einen Zusammenhang, womöglich gar eine Art von Handlung, wenigstens in einzelnen Sujets« geben (13.10.1942).

Doch auch kleinere Handungsstränge in Heimatsujets brachten keine grundsätzliche Lösung der »Wochenschau-Müdigkeit« (7.3. 1943). »Das Problem der Wochenschau«, so Goebbels am 25.5.1943

183 Zu Goebbels' Weisungen über die Verwendung von »Greuelbildern« in der Wochenschau 1944 vgl. BA/K R 55/663 Nr. 85 Leiter F an Goebbels vom 30.10.1944.

184 Bucher, Goebbels, S. 58ff.; David Welch, Goebbels, Götterdämmerung, and the Deutsche Wochenschauen, in: K.M. Short (Ed.), *Newsreel witness*, London 1986, S. 84ff.

185 Einträge vom 17.2.1942 und 23.2.1942.

angesichts von Transportschwierigkeiten und fehlender Kampfaufnahmen, »wird bei längerer Dauer des Krieges immer schwieriger. Man weiß nicht, was man bringen soll.« Doch eine ehrliche Analyse läßt Goebbels vermissen. Indem er den Eindruck erweckt, die Resonanz auf die Ausgaben schwanke je nach Sujets und Qualität, vermeidet er, das eigentliche Problem einer nachhaltig lädierten Glaubwürdigkeit der monotonen Bildstreifen einzugestehen. Mal klagt er über den Mangel an Kampfaufnahmen, dann wieder will er auf Heimatbilder und Sportveranstaltungen ausweichen, weil eben diese Kampfbilder sich zu sehr wiederholten (11.9.1943). Auch die Heimatsujets konnten trotz ihrer Beliebtheit vor allem in der Vorweihnachtszeit nur kurzfristig für mehr Attraktivität sorgen.[186] Goebbels versuchte, dem zwangsläufigen Schematismus auszuweichen und den Bedeutungsverlust der Wochenschau aufzuhalten, ohne an dem Grundkonzept Änderungen vorzunehmen. Eine kohärente Strategie gab es nicht mehr. Ende 1943 und 1944 wird die Wochenschau meist nur noch mit stereotypen Wendungen wie »bunt und mannigfaltig« oder »sehr interessant« kommentiert.

Im Januar 1944 berief Goebbels, nachdem er ähnlich wie im Filmbereich regelmäßig »Personalveränderungen« angekündigt hatte,[187] den PK-Oberleutnant Fritz Dettmann zum Leiter der Wochenschauredaktion, was zu einer letzten Phase gradueller Veränderungen und zur Zufriedenheit des Propagandaministers führte: Dettman habe »die gesamte Wochenschauarbeit von Grund auf reformiert. Die Wo-

186 Vgl. Eintrag vom 14.9.1942: » Wir werden uns bald wieder dazu bequemen müssen, Bilder aus der Heimat zu bringen, um die Wochenschau etwas vielgestaltiger zu machen« und vom 13.12.1942: »[...] bringt jetzt wieder mehr Heimatsujets, da die Frontaufnahmen langsam zu fehlen beginnen und das Publikum auch gerade in der Weihnachtszeit Vorliebe für Dinge besitzt, die etwas abseits vom Kriege liegen.« (betr. DW 641/1942/Z: 16.12.1942). Obwohl die Wochenschau damit zunächst keinen Erfolg hatte, was auch Goebbels am 19.12.1942 eingesteht (das Publikum begriff den Schwenk auf Heimat und Unterhaltungssujets, so den Boxkampf in DW 641, offensichtlich als Ausflucht: Bucher, Goebbels, S. 61), sollte diese Tendenz im folgenden offenbar noch verstärkt werden: »Wir müssen versuchen, während des Winters wieder mehr auf Heimatsujets überzugehen« (19.12.1942). So sollten zwar in Rundfunk und Presse der ganze weihnachtliche »Zauber nicht überhand nehmen«, die Wochenschau dagegen »ganz weihnachtlich gestimmt« werden (18.12.1942). Die Weihnachtswochenschau DW 642/1942/Z: 21.12.1942 fand auch beim Publikum ein besseres Echo: SD-Bericht vom 7.1.1943: Boberach, S. 4633.

187 Vgl. Eintrag vom 28.11.1943: »Ich will Roellenbleg einen sehr geschickten, propagandistisch begabten Hauptschriftleiter für die Gestaltung der Wochenschau zur Seite stellen«.

chenschau anzuschauen ist heute wieder ein reines Vergnügen« (16.4.1944). Besonders von März bis Mai 1944 war Goebbels von den Wochenschau-Ausgaben sehr angetan. Sogar Hitler habe die Verbesserungen unter Dettmann »schon längst bemerkt«, freut sich Goebbels am 27.4.1944.[188] In einem Schreiben an Goebbels vom April 1944 faßte Dettmann als »Hauptschriftleiter der deutschen Wochenschau« seine »mit einigem Erfolg durchgeführte Umstellung und Auflockerung der Inlandswoche« zusammen. Dabei bat er um mehr Mittel und Vollmachten: Der Weg von den PKs zur Wochenschauredaktion, der bisher umständlich über das OKW führte, sei verkürzt worden, die »Einführung von Originalton auch auf dem militärischen Sektor« habe wesentlich zur »Auflockerung des Gesamteindrucks beigetragen«.[189] Darüber hinaus habe die »stärkere Berücksichtigung ziviler Sujets innerhalb der Wochenschau, vor allem durch Aufnahmen aus dem deutschen Kulturleben (Theater, Konzert usw.)« ihren propagandistischen Zweck erreicht, nämlich »den abseits stehenden Menschen die Gewissheit zu geben, dass das deutsche Kultur- und Geistesleben auch unter den grössten Schwierigkeiten weitergeht«.[190]

Goebbels scheint aber nicht alle technisch-ästhetischen Neuerungen akzeptiert zu haben. So kommentiert er die erste Wochenschau mit Bildern von der alliierten Invasion in der Normandie:[191] »Im übrigen aber hat Dettmann den Fehler gemacht, eine Reihe von alten Archivaufnahmen in diese Wochenschau hineinzufügen, so dass sie insgesamt nicht brauchbar ist. Sie muß noch einmal zur Gänze umgearbeitet werden« (12.6.1944).

Im Sommer 1944, als die Kopieranstalten und Räumlichkeiten der Wochenschau-Zentrale schon seit Monaten teilweise ausgebombt waren, ordnete Hinkel auch in diesem Bereich Einsparungsmaßnahmen an, darunter eine Verkürzung der Durchschnittslänge um ein Viertel auf damals 400 Meter.[192] Die technischen Möglichkeiten waren inzwischen dermaßen eingeschränkt, daß bei Goebbels immer öfter von langen Wartezeiten auf aktuelles Material die Rede ist.[193] Im

188 Vgl. zu Goebbels' Lob für Dettmann auch Einträge vom 5./19.3.1944 und vom 7./21.5.1944.

189 Bei anderen Sujets wurde dieser Originalton schon seit Mitte 1943 eingesetzt: Bucher, Goebbels; S. 62. Vgl. dazu Einträge vom 28.6.1943 und 15.8.1943.

190 BA/K R 109II/67 Dettmann an Goebbels o.D. [April 1944].

191 DW 719/1944/Z: 14.6.1944.

192 BA/K R 55/663 Nr. 81 Hinkel an Goebbels vom 3.8.1944.

193 Vgl. Bucher, Goebbels, S. 63f.

Wochenschau-Problem Frontbilder: Mangel oder ungeeignet

Dezember 1944 erkennt er zwar »hervorragende Kriegsbilder« in der Wochenschau, auf Berichte über die Ardennenoffensive – früher waren derartige Bilder manchmal am Tag darauf bereits in den Kinos zu sehen – müsse man aber noch etwa 8 Tage warten (17.12.1944). Im Januar 1945 wurde die Wochenschau dann »dünn und unergiebig«, weil Frontbilder zum Teil überhaupt nicht mehr durchkamen (14.1.1945), und wenn doch, dann nur um »einen Eindruck von der ungeheuern Schärfe und Wucht des sowjetischen Angriffs« zu vermitteln (22.1.1945).[194]

Zu einem zentralen Dilemma gerade der Wochenschauberichterstattung, mit ihrer gegenüber Rundfunk und Presse psychologisch stärkeren Wirkung, wurden die durch den Bombenkrieg zerstörten Städte. Auf seiten der Hersteller war man sich bewußt, daß man dem Thema in der Wochenschau zwar nicht völlig ausweichen, aber auch nicht das ganze Ausmaß der Zerstörungen zeigen konnte. Ein erster Versuch Goebbels', die Bombenangriffe auf Rostock im April 1942 in der Wochenschau zu behandeln, wurde von Hitler zurückgewiesen.[195] Auch der in der übrigen Bildberichterstattung geltende Kurs, durch Zerstörungsbilder den Haß auf die Alliierten zu schüren, wurde ab

194 DW 750/25.1.1945.

195 Vgl. Bucher, Goebbels, S. 59.

Mitte 1942 stark zurückgefahren und Sondergenehmigungen für derartiges Bildmaterial eingeführt.

Goebbels fiel es daher immer schwerer, hier eine stringente Linie zu finden. Über den Entwurf zu DW 669/Z: 30.6.1943 beklagt er sich nach einer Woche besonders schwerer Bombadierung des Ruhrgebiets: »Leider muß ich hier sehr starke Schnitte vornehmen. Gutterer hat Bilder aus den Luftkriegsgebieten durchgehen lassen, die man dem Publikum einfach nicht zeigen kann. Sie würden beim Laufen durch die deutschen Filmtheater wahrscheinlich eine gewisse Panik hervorrufen.« Weiter heißt es, als trüge nicht er die Verantwortung für die Propaganda-Linie: »Bis zu einem gewissen Zeitpunkt hat man über den Luftkrieg überhaupt nichts gesagt, und jetzt möchten unsere übergescheiten Propagandisten sich direkt in die Folgen des Luftkriegs propagandistisch hineinknien [...] Ich mache an der Wochenschau einige bedeutsame Schnitte, die das Überspannte beseitigen, andererseits aber doch dem Volke einen gewissen Einblick in die Probleme des Luftkriegs auch durch die bildliche Darstellung geben« (28.6.1943). Auch in der darauffolgenden Ausgabe blieb Goebbels der Linie treu, vorwiegend zerstörte deutsche Kulturgüter, aber keine Opfer zu zeigen: »Wir bringen Bilder von den Zerstörungen im Kölner Dom, die außerordentlich überzeugend wirken: darüber hinausgehende Bilder lasse ich nicht veröffentlichen; sie sind beim gegenwärtigen Stand der Dinge nicht dienlich« (4.7.1943). Schon diese Veröffentlichungen scheinen nur bedingt dienlich gewesen zu sein, denn die Spitzel des Sicherheitsdienstes berichteten, besonders »aus Arbeiterkreisen kommen Äußerungen, daß kein Verständnis dafür aufgebracht werden könne, daß die Vernichtung kultureller Dinge in den Vordergrund geschoben werde und die Todesopfer tausender Mütter und Kinder kaum erwähnt würden«.[196]

Nach den schweren Bombenangriffen auf Hamburg im August 1943 bemerkt Goebbels zu seiner Absicht, durch »Bilder mit grauenhaften Szenen« im Ausland Propaganda gegen die Engländer zu betreiben und zur künftigen Propagandalinie generell: »Überhaupt kön-

196 Zur zwiespältigen Herausstellung des Kölner Doms und dem Verzicht auf »entsprechende Würdigung der bei dem Terrorangriff auf Köln verursachten Todesopfer« in der Bevölkerung: SD-Bericht zu Inlandsfragen vom 8.7.1943, Boberach, S. 5449f.: »Verschiedentlich werde auch mit Verwunderung geäußert, daß trotz der ablehnenden Einstellung des Nationalsozialismus gegenüber der katholischen Kirche jetzt die Beschädigung eines Doms so stark herausgestellt werde«.

Wochenschau 1944/45: Keine Offensiven mehr

nen wir jetzt Propaganda nur auf die umgekehrte Weise machen. Während wir bisher durch unsere Siege wirkten, müssen wir jetzt versuchen, durch unsere Niederlagen zu wirken« (8.8.1943). Er erweckt allerdings nicht den Eindruck, als könne er die zweigleisige Propaganda und den Bruch mit dem bisher gültigen Bild ungebrochener Zuversicht und Siegeswillen der Bevölkerung ohne weiteres vermitteln.[197] Später widerrief er den Kurs, im Ausland die verheerenden Schäden zu zeigen. Zum einen wüßten Amerikaner und Briten gar nicht, »wie sehr wir unter ihrem Luftterror leiden« (21.12.1944), zum anderen würden in diesem Stadium des Krieges Zerstörungsbilder bei niemandem mehr Sympathie für Deutschland wecken.

Im Inland ließ sich diese – nie konsequent verwirklichte – Mitleidspropaganda nicht anwenden, weshalb die Wochenschau gerade durch

197 »Wir sind hier gezwungen, sehr große Rücksichten auf die Heimat zu nehmen, und es ist augenblicklich außerordentlich schwer, die Interessen der Innenpolitik mit denen der Außenpolitik in Einklang zu bringen« (9.7.1943).

den Bombenkrieg in folgenschwere Erklärungsnöte geriet: »Es ist natürlich jetzt sehr schwer, die geeigneten Bilder zu bekommen. Die meisten Heimatsujets passen nicht in die Landschaft, und die, die hineinpassen, können wir nicht bringen, zumal solche vom Luftkrieg« (8.8.1943). Die Vorführung einer trotz Bombenangriffen und Zerstörungen weitgehend heilen Welt in der »Heimat« wurde immer problematischer: »Auch in der Wochenschau dürfen wir nicht Bilder bringen, die etwa aufgeräumte und heitere Menschen zeigen; das würde den Tatsachen zu sehr widersprechen.« Als sich Goebbels, seit Ende März 1943 auch Sonderbeauftragter für »Hilfsmaßnahmen bei Luftbombardements«, schließlich entschloß, die mehrtägigen Bombenangriffe auf Berlin Ende November 1943 zu einem Fanal für die Leistung der von ihm geleiteten Aufräumkommandos und zu einem »Heldenlied« für die Berliner Bevölkerung zu machen, erschien ihm offenbar das Material dazu nicht geeignet: »Die Wochenschau hat aus der Berliner Katastrophe gar nichts zu machen verstanden.[...] Die Wochenschaubilder, die mir von Berlin gezeigt werden, sind unter aller Kritik. Man sieht nur schaurige Elendsbilder; von den Hilfsmaßnahmen ist nichts zu sehen« (28.11.1943).[198]

Nicht nur beim Ausmaß der Zerstörungen, auch bei der Darstellung der Luftkämpfe selbst blieb die Wochenschau weit hinter der Realität zurück.[199] Goebbels hebt dabei einen »Bericht über die Tagesangriffe auf Berlin« hervor, der »bunt und spannend gemacht« sei: »Es erscheinen hier Aufnahmen, wie wir sie in dieser Dramatik noch nicht gesehen haben« (19.3.1944). Doch die zwar spektakulären und dynamisch montierten, wenn auch optisch dürftigen Luftkampfszenen von Bord deutscher Abfangjäger blieben ein bloßes Stilmittel: Der Kommentator spricht weiterhin von der »erfolgreichen Abwehr« alliierter Bomber durch deutsche Flak.

198 Betr. DW 691/1943/Z: 1.12.1943. Erst in der folgenden Wochenschau wurden die Luftangriffe auf Berlin behandelt.

199 Vgl. zum Thema Luftkrieg in der Wochenschau: Welch, Götterdämmerung, S. 89.

»Der Führer mag Gustaf Gründgens nicht«: Starkult und Verfolgung – Nazis und Filmkünstler in neuem Licht

Der Reichsminister Joseph Goebbels genoß es, wie viele Politiker vor und nach ihm, ein Teil der Kunstwelt zu sein. Mit den einst im Kino angehimmelten Stars nun als deren »Schirmherr« verkehren zu können, bereitete Goebbels große Genugtuung.

Aber Goebbels wollte nicht mit von devoten Filmstars geheucheltem Respekt vorliebnehmen. Ihm genügte es nicht – und auch diesen Wunsch teilt er mit den meisten intelligenteren Politikern – nur aufgrund von Macht und Autorität von den Filmleuten ernstgenommen zu werden. Seine Ambitionen gingen weiter.

Deshalb bemühte sich der neue Filmminister 1933 darum, auch das Vertrauen der Filmschaffenden zu gewinnen, weshalb er große Namen wie Trenker und Riefenstahl, Werner Krauß (»politisch ganz harmlos«, 15.8.1933) und viele andere gezielt für Filmprojekte ansprach. Von der spärlichen Rückkehr in das nationalsozialistische Deutschland (zum Beispiel Lilian Harvey aus den USA) ist bei Goebbels viel die Rede, von der Emigration der besten Kräfte weniger. Regelmäßig besuchte er auch die Festspiele in Venedig, Bayreuth oder Salzburg – und tauchte tagelang in die Kunstwelt ab.

Was kann man von Goebbels' Aufzeichnungen über das Verhältnis zwischen Nazis und Schauspielern, zwischen Kunst und Macht, nun erwarten? Das Thema ist natürlich unerschöpflich und bereits in vielen Abhandlungen überstrapaziert worden, oft genug auch anhand der Tagebücher. Nur leider reicht es nicht, im Namensregister zu blättern und sich Highlights herauszusuchen, die gut zu bereits bestehenden Legenden passen.

Verständlicherweise findet sich nichts über Goebbels' geradezu legendären Verführungskünste, seine sexuellen Abenteuer und die von ihm drangsalierten Nachwuchsschauspielerinnen. Denn im Tagebuch ist Goebbels ein vorbildlicher Ehemann und Familienvater. Allerdings bemerkt man gewisse Codewörter, mit denen Goebbels einige Affären – vor und nach seiner Beziehung zu Lida Baarova – umschreibt, die zwar nach dem Krieg stark übertrieben wurden, aber zweifellos existierten.

An vielen Stellen des Tagebuchs finden sich Empfehlungen des Ministers an Demandowsky, Hippler oder an Produktionschefs zur »Berücksichtigung« jüngerer und unbekannter Darstellerinnen (zum Beispiel Jutta Freybe). Doch dahinter muß sich nicht immer eine Besetzungscouch verbergen, oftmals gibt er sogar Wünsche seiner Frau wieder. Letztlich ist das historische Interesse zu gering, um große Forschungsanstrengungen in diese Richtung zu unternehmen. Wer schlüpfrige Affären und perpetuierte Legenden lesen möchte, muß entsprechende Skandalchroniken zur Hand nehmen.[1]

Es ist bekannt, daß sich Goebbels als aufgestiegener Kleinbürger wie als Intellektueller zu den Kreisen der Schauspieler hingezogen fühlte. Das wird auch im Tagebuch immer wieder bestätigt: »Diese Künstler sind ein richtiges Kindervölkchen. Aber zum Liebhaben« (18.3.1937). Goebbels bekennt, er sei »gerne mit Künstlern zusammen. Sie sind so anregend und begeisterungsfähig« (29.3.1937), dann tadelt er milde, die Künstler seien »in praktischen Dingen völlig unfähig«. Lief zeitweise nichts nach seinen Vorstellungen, war die Filmwirtschaft gar ein »Sauhaufen« (16.10.1937).

Mit Hingabe kümmerte sich Goebbels um die Steuer- und Eheprobleme von Schauspielerinnen, um Engagementswünsche, um »viele kleine Sorgen«, und berichtet sogar bei völlig unwichtigen Anlässen wie Beziehungsproblemen oder Schwangerschaften von der »Hilfe« und Einmischung Hitlers (8.3.1937).

Man erfährt von seiner persönlichen Freude an der Rolle als Schutzpatron des »Künstlervölkchens«, dem man helfen müsse, von seinem Vergnügen, die Privatgeschichten und Probleme der Künstler zu erfahren und des öfteren auch Hilfe zu gewähren (15.11.1935). Die Berichte über Privataudienzen beim Minister lesen sich dann so: »Frau Tschechowa erzählt von Sorgen und Freuden« (9.10.1937). Während der Sommermonate der Jahre 1935 bis 1937 fanden zahlreiche

1 Paul Werner, *Skandalchronik des deutschen Films von 1910 bis 1945*, Frankfurt/M. 1990, der die Aufzeichnungen klittert, wie es gerade paßt. Friedemann Beyer, *Die Ufa-Stars im Dritten Reich*, München 1991, Arthur M. Rabenalt, *Joseph Goebbels und der »Großdeutsche« Film*, München 1985.

gemeinsame Ausflüge oder Treffen in Goebbels' Landhaus statt. Bei einer »Bootsfahrt Schwielowsee« (9.7.1936) etwa begleiteten ihn Luis Trenker und Carola Höhn.

Diese Art von Patronage und Fürsorglichkeit ist besonders in den Tagebüchern der Jahre 1937/38 zu finden, als Goebbels viel Zeit mit Lida Baarova verbrachte. Als diese Affäre zu Ende war, entwickelte sich bei dem ernüchterten Minister mehr Zurückhaltung. Vielleicht bemerkte er, daß er durch seine Affäre mit Lida Baarova und seinen Ruf als »Bock von Babelsberg« stärker Teil der Filmwelt geworden war, als ihm lieb sein konnte. Der Kriegsbeginn war ein guter Anlaß für Goebbels, sich rhetorisch immer wieder scharf vom Künstlerdasein abzugrenzen und gegen Künstler als unzuverlässige Müßiggänger zu hetzen. Diese »Faulenzer« würden dank ihrer Privilegien noch leben wie zu Friedenszeiten (13.1.1943). Jetzt heißt es nach einer kleinen Abendgesellschaft schon mal: »Ich bemerke bei dieser Zusammenkunft, wie weit man sich auch selbst von diesem reinen Künstlerleben entfernt hat.« (26.9.1942)

Hitler, Goebbels, Göring und vielleicht noch einige niedrigere NS-Chargen wie Baldur von Schirach, Hans Hinkel oder Fritz Hippler bildeten sich stets ein, eine besondere Beziehung zur Kunst und zu prominenten Künstlern zu haben. Goebbels, Göring, Martin Bormann (Manja Behrens), der Berliner Polizeipräsident Helldorf (Else Elster) und Hans Hinkel waren fest oder zeitweise mit Schauspielerinnen liiert.

Zwischen hohen Nazis und Schauspielern entstand so ein komplexes psychologisches Geflecht aus Verachtung, Neid, Fürsorge, Überheblichkeit, Zuckerbrot und Peitsche. Sicherlich empfand auch Goebbels Spaß an Demütigungen und Drangsalierungen, an Strafe und Erhöhung. Fritz Hippler[2] konstatiert eine »schizophrene Haltung, Künstler zu hofieren und zu schmähen« bei Hitler, Goebbels und anderen führenden Nazis. Die NS-Politiker traten als moderne Fürsten und Mäzene in einem Hofstaat alimentierter Künstler auf. Gelockt wurden die Künstler mit Traumgagen, Propagandaaufträgen, Theaterintendanzen, steuerfreien Sondergaben, riesigen Steuervorteilen, Titelverleihungen vom Staatsschauspieler bis zum Professor, Auszeichnungen mit Goethe-Medaille und Adlerschild, eigenen »Künstlerempfängen« durch Staats- und Parteigrößen von Göring bis Hitler

2 Fritz Hippler, *Die Verstrickung*, Düsseldorf [1982], S. 239.

Empfang in der Reichskanzlei 1939

und Mussolini sowie Freistellungen vom Wehrdienst und privilegierten Lebensverhältnissen.[3] Wohlgelittene Superstars konnten auf Luxus und Ruhm zählen: »arisierte« Villen und Autos, der Status eines gehätschelten Volkslieblings. Nach Anfangsschwierigkeiten war die Bejubelung durch die gesteuerte Presse garantiert, es gab kaum ernstzunehmende öffentliche künstlerische Kritik. Selbst die Studiobosse konnten durch direkten Kontakt zu Goebbels überspielt werden.

Bis Kriegsbeginn traf man sich in den Ehrenlogen der ständigen Feste, Empfänge, Paraden und Staatsbesuche. Überall schmückten sich die führenden NS-Politiker mit den prominenten Künstlern. »Wir feiern zuviel«, stellt Goebbels schon am 3.7.1936 fest: »Das Volk lacht darüber.« Kurz darauf ließ er ein gigantisches Fest auf der Pfaueninsel mit fast 3000 Gästen ausrichten.

Eine besondere Ehre für einige bekannte Schauspielerinnen war es, zu Hitlers Tischdamen erkoren zu werden. Lil Dagover, Anny Ondra, Luise Ullrich, Olga Tschechowa und noch einige andere konnten sich darüber freuen.

3 Vgl. Wolfgang Becker: *Film und Herrschaft*, Berlin 1973, S. 175.

Emil Jannings und Benito Mussolini

Auch Hitler fühlte sich wohl bei den großen und kleinen Empfängen im Kreis der üblichen Entourage aus Adjutanten und Parteigrößen und in der lockeren Amüsierlaune einer größeren Runde aus Bühnen- und Filmprominenz. Häufige Gäste waren – mit wechselnder Konjunktur vor und nach Kriegsbeginn – neben den eben genannten auch Jenny Jugo, Leni Riefenstahl, Irene von Meyendorff, Willy Birgel, Viktor de Kowa, Carola Höhn, Johannes Riemann, Mathias Wieman, Heinrich George, Wolfgang Liebeneiner, Emil Jannings, Veit Harlan, Kristina Söderbaum und Hilde Krahl. Am Kaminfeuer enthüllte Hitler den Stars »die Kunst seiner Volksführung«, was einen »sehr tiefen Eindruck bei den Künstlern« hinterließ (17.3.1937). Für die Öffentlichkeit waren die Filmabende und Künstlertreffen nicht bestimmt: Der Presse war verboten, darüber zu berichten.[4]

4 Vgl. Presseanweisung vom 16.5.1935, in: Gabriele Töpser-Ziegert, *NS-Presseanweisungen der Vorkriegszeit*, München 1987, S. 295.

In einem Wochenschaubericht zur Kriegstagung der Reichsfilmkammer im Februar 1941 dagegen wurde öffentlich gemacht, welche der zahlreichen Stars die NS-Oberen als wichtiges Aushängeschild ansahen: auch darunter Riefenstahl, Wieman, George, Rühmann.

Da die NS-Größen keine eigentlich vorzeigbare »höhere Gesellschaft« konstituierten, nahmen die Filmstars eine Art Ersatzfunktion wahr. Mangels einer öffentlich sichtbaren Adelsgesellschaft oder eines höfisches Milieus mußte das Publikum sein Sensations-, Identifikations- und Glamourbedürfnis auf sie konzentrieren. Auch das war Teil der Unterhaltungs- und Ablenkungsstrategie: Der »Starkult als Propagandamittel« sah vor, daß »hochstilisierte Identifikationsfiguren ihren Beitrag zur Stimmungslage der Nation leisten« sollten.[5] Auf diese Weise wollte Goebbels das gesellschaftliche Ansehen des im Volksmund als liederlich verschrieenen Filmstandes heben. Die Aufstellungen über die enormen Einspielergebnisse, die etwa Filme mit Zarah Leander aufwiesen, gingen täglich über Goebbels' Schreibtisch. Sie führten ihm immer wieder vor Augen, wie wertvoll die Leinwandstars nicht nur als Aushängeschilder, Identifikationsfiguren und Idole des Publikums waren. Mit ihrer Hilfe konnten auch (politische) Durchschnittsstoffe zu gewaltigen kommerziellen Erfolgen gemacht werden.

Folgt man den Memoiren und Erinnerungen der Schauspieler, dann empfanden sie die NS-Jahre oft als die Zeit ihrer größten beruflichen Erfolge, und insofern als »die größte Zeit des deutschen Films«.[6] In einer systematischen Untersuchung von 59 Film- und Theaterschauspielerbiographien finden sich mehrere durchgängige Rechtfertigungen: man sei unpolitisch gewesen und habe von vielem überhaupt nichts bemerkt, der Ort der Kunst, ob Film oder Theater, sei eine isolierte Oase gewesen, Emigration unmöglich, weil in der Fremde als Außenseiter ohne berufliche Chance, und schließlich habe man ja helfen müssen, andere, Gefährdete, zu schützen. Diese »Unschuldsbeteuerungen in Buchform« (Georg Seeßlen) der Verdrängungskünstler stimmen mit Goebbels' Äußerungen und den wenigen verbliebenen Aktenstücken nicht immer überein.

Tatsächlich erscheint Goebbels in den Erinnerungen der ehemaligen

5 Andrea Winkler- Mayerhöfer, *Starkult als Propagandamittel*, München 1992, S. 147.

6 Helmar Harald Fischer, »Was gestrichen ist, kann nicht durchfallen.« Wie sich Schauspieler an ihre Arbeit im Dritten Reich erinnern. In: Theater heute, Heft 9 1989, S.1-19. Einen Abriß der Schauspielerrechtfertigungen bietet auch Michaela Krützen, *Hans Albers. Eine deutsche Karierre*, Weinheim, Berlin 1995, S. 243ff.

Filmelite als allmächtiger Dämon, wenn auch mitunter ein etwas zahnloser. Fast jeder bezichtigt sich großer Unbeliebtheit bei Goebbels, sei es wegen vorlauter Reden, unbotmäßigen Verhaltens oder steter Ablehnung von Ministerwünschen, etwa der Aufforderung, Parteimitglied zu werden.[7] »Ständig erbleicht er vor den mutigen Antworten der späteren Memoirenschreiber«.[8] Gleichzeitig will jeder weibliche Filmstar von Goebbels erotische Anträge bekommen haben, die unter Inkaufnahme des Karriereknicks selbstverständlich zurückgewiesen wurden, ja Goebbels »muß Weltmeister im ›Abfuhr-Bekommen‹ gewesen sein.«[9]

Auf die Frage nach den Gründen für die Anbiederung an die NS-Machthaber gibt es keine einfachen Antworten, schon gar keine, die die Schauspieler bloß pauschal verurteilen. Sicherlich rechneten sich viele mittelmäßige Begabungen nach der Emigration und Ausschaltung einiger Spitzentalente große Chancen aus. Zahlreich waren die Profiteure von Berufsverboten durch Nichtzulassung oder Ausschluß aus der Reichskulturkammer. Im Komödienfach dürften nicht wenige den Exodus der überlegenen jüdischen Kollegen begrüßt haben.

Die oberste Schicht der wirklich künstlerisch ambitionierten Filmer allerdings »erlag weniger dem faschistischen Bazillus als ihren eigenen Wunschträumen und der Illusion, daß der Propagandaminister sie erfüllen werde«.[10] Für sie eröffneten sich ungeahnte Möglichkeiten, durch die diktatorische Macht Goebbels', Ideen, Projekte und Drehbücher durchzusetzen, die zu Zeiten eines normalen Produktionssystems wahrscheinlich keine Chance gehabt hätten. Von Goebbels wurden sie sogar zu zahlreichen persönlichen Besprechungen empfangen und hofiert.

Nicht wenige Filme sind so entstanden, nicht wenige Träume der Spitzenstars auch in Erfüllung gegangen: So konnte Emil Jannings sein Herzensprojekt DER ZERBROCHENE KRUG (1937) realisieren. Das ermutigte einige Kreative, auch völlig abwegige Projekte vorzuschlagen. Goebbels erwähnt allein bei Emil Jannings zahlreiche Filmpläne, etwa Fallada-Romane, den »Fuhrmann Henschel«, »Michael Kohlhaas« (25.10.1942) und ein »Dschinigis Kahn«-Projekt. Die Hybris der Künstler verstellte den klaren Blick, nämlich daß der Propagan-

---

7 Micaela Jary, *Ich weiß, es wird einmal ein Wunder geschehen*, Berlin 1993, S. 222.
8 Fischer, S. 13.
9 Georg Seeßlen, *Tanz den Adolf Hitler*, Berlin 1994, S. 47.
10 Klaus Kreimeier, *Die Ufa-Story*, München 1992, S. 347.

daminister ihnen zuliebe niemals Filme genehmigt hätte, die seiner Politik zuwiderliefen. »Einen unzeitgemäßeren Stoff könnte man sich kaum ausdenken,« qualifiziert Goebbels so auch die Dschingis-Khan-Idee von Jannings ab (2.7.1942). Und zu Heinrich Georges Vorschlag, Gerhart Hauptmanns »Schluck und Jau« zu verfilmen, äußert er sich ebenso klar: »Ich verbiete das. Diese krankhaften asozialen Menschen interessieren heute kaum noch« (13.7.1940). Erst gegen Ende des Krieges mag die Überlegung im Spiel gewesen sein, Phantasie-Projekte vorzuschlagen, nur um Arbeitswilligkeit zu demonstrieren.

Goebbels' Gunst zu erlangen, brachte viele materielle Vorteile. Emil Jannings erhielt von 1942 bis 1945 viele hunderttausend Mark, obwohl er nur noch zwei Filme machte. Die astronomischen Gagen von Zarah Leander von 400 000 Reichsmark pro Jahr sind selbst für heutige (deutsche) Verhältnisse noch üppig bemessen (ein leitender Angestellter der Ufa erhielt pro Monat 2000 RM, ein Beamter der Filmabteilung etwa 700 RM, Reichsfilmintendant Hans Hinkel als Leiter 1500 RM).

Gutverdienende und besonders »prominente« Künstler – eine dehnbare und subjektive Definition, die von Goebbels und verschiedenen Kulturfunktionären vorgenommen wurde – durften 40 Prozent ihres Einkommens pauschal als Werbungskosten von der Steuerschuld abziehen. In diesen Genuß kamen die meisten Spitzenstars des Films, aber auch der von ständigen Steuerschulden bedrängte Propagandaminister selbst ließ sich auf die Liste setzen.

Im Krieg kam dann noch eine »Gottbegnadeten-Liste« mit über tausend Namen zum Teil »unersetzlicher« Künstler hinzu, ein wirksames Disziplinierungsmittel, weil sie die u.k-Stellung, also die Unabkömmlichkeit der (Film)künstler regelte. Film- und Theaterschaffende stellten auch hier die große Mehrheit.[11]

Diese totale Kategorisierung und Hierarchisierung der Filmdarsteller wurde sehr weit getrieben. So wurden mehrere, oft streng geheime Listen aufgestellt, die Bedeutung, Beschäftigung und Verdienst der Künstler regelten. Die Kreation solcher selbstherrlicher Listen »besonders förderungswürdiger Künstler« war eine Lieblingsbeschäftigung des Propagandaministers, der seine Macht über die Kunstprominenz kaum unmittelbarer demonstrieren konnte.

---

11 Oliver Rathkolb, *Führertreu und gottbegnadet*, Wien 1991, S. 174ff.

Abgesehen von der permanent zu beschäftigenden Spitzengruppe von etwa einem Dutzend Schauspielern, darunter Rühmann und Leander, sowie dem Gros der bekannten Darsteller auf Liste 2, entschied Goebbels über den Einsatz vieler Routiniers und Talente jeweils persönlich. Die Schlußliste enthielt Namen mißliebiger Akteure, die möglichst kein Engagement mehr bekommen sollten.[12]

Die Reichsfilmkammer als staatlich-bürokratische Zwangs- und Standesorganisation reichte dem Propagandaminister nicht aus. Goebbels' Idealvorstellungen von einem straffen Studiosystem sind der Blütezeit der Hollywoodmogule entnommen: kontrollierte, disziplinierte, den einzelnen Firmen fest zugeteilte Schauspielerensembles, zusammengeführt in einer »Zwangskorporation als Hausgemeinschaft«.[13]

Permanente Kontrolle und Erziehung waren auch die Mittel, um einen neuen Menschentypus zu erschaffen, den Nazi-Künstler. Schließlich wollte Goebbels den Zustand, daß »Künstler alle politisch charakterlos« waren (5.7.1935), durch neues und besseres »Menschenmaterial« bei Film und Theater ändern. Intensiv kümmerte er sich um Nachwuchspflege und Schauspielerausbildung und schwor seine willfährigen Theaterintendanten wie Paul Hartmann ganz darauf ein. An die Stelle der Unzuverlässigen, Kritischen und Überintellektuellen sollte ein nationalsozialistisch strammer Nachwuchs treten, den sich Goebbels mit Hilfe von selbstentworfenen Ausbildungsplänen und durch ständige persönliche Auslese heranzüchten wollte. Doch die begnadeten Stars der Gegenwart abzulösen, war nicht so einfach wie gedacht. Die neuen Zöglinge empfand er selber als herbe Enttäuschung: »Der Nachwuchs im Film ist von mittelmäßigem Format. Er macht einen zu kleinbürgerlichen Eindruck« (16.10.1941). Gerade vor dem Hintergrund seiner Filmgroßmachtsträume suchte Goebbels einen universal vermarktbaren Typ: »Wenn der deutsche Film die Welt erobern soll, dann muß er auch Personen in Szene setzen, die für die Welt einen Begriff darstellen können.« (16.10.1941)

Damit hängt auch die in der Filmgeschichtsschreibung wiederholt aufgeworfene Frage zusammen, warum es nicht gelang, »aus der immer noch beträchtlichen Zahl gut ausgebildeter und beim Publikum beliebter Darsteller den positiven Homunculus der ›neuen Zeit‹, den Prototyp des nationalsozialistischen Menschen zu konstruieren.«[14]

12 Gerd Albrecht, *Nationalsozialistische Filmpolitik*, Stuttgart 1969, S. 214-217.
13 Witte, *Lachende Erben – Toller Tag*, Berlin 1995, S. 124.
14 Kreimeier, S. 345.

Die 50jährigen Ur-Überväter, gütigen Autoritätsfiguren und Charakterdarsteller Jannings und George konnten zumindest dem Jugendideal und dem rassischen und physiognomischen Anspruch nur teilweise genügen; auch Paul Hartmann oder Eugen Klöpfer erreichten ihn nicht. Der eigentlich idealtypische Hans Albers ließ sich nicht genügend instrumentalisieren und hatte bereits ein zwar heldisches, aber doch ambivalentes Profil, noch bevor NS-Überlegungen, eine Führerfigur aufzubauen, greifen konnten. Blieben Willy Birgel, Gustav Fröhlich, Mathias Wieman etc. Es heißt, Goebbels und Hitler seien mit diesem Angebot gediegener Figuren unzufrieden gewesen.[15] Wiemans Offiziersrollen wurden von Goebbels kritisiert (1.8.1937), trotz absoluter Parteitreue bekam Wieman keine Heldenrollen mehr (20.10.1937). Er sei »weiter unausstehlich« (27.4.1938). Den regimefernen Albers ignorierte Goebbels. Fröhlich war zeitweise sein Nebenbuhler bei Lida Baarova und wurde deshalb schikaniert. Hans Söhnker und Karl John machten sich durch Affären unbeliebt, und die beiden NSDAP-Mitglieder Viktor de Kowa und Willy Fritsch (trotz seiner Rolle in JUNGE ADLER) waren aufs leichte Fach festgelegt. Nur den von der Statur her kleingeratenen, deutschnationalen Typus Birgel mochte Goebbels privat wie auf der Leinwand.

Aber wurde diese Suche nach einem männlichen, arischen »NS-Star«, der makellos Film und Regime repräsentierte, überhaupt gezielt betrieben? Hitlers Äußerungen zufolge vermißte er keinen solchen Typ. Hitler hob vielmehr nur die Frauenrollen – »edle Leidende« wie »patente Frauenzimmer« – in den Filmen hervor, bewunderte Greta Garbo, Pola Negri, sah gerne Jenny Jugo, Luise Ullrich, Brigitte Horney, Olga Tschechowa und Kristina Söderbaum. Er meinte, daß »die falsche Rollenbesetzung der Männer manchmal große Frauenleistungen zerstört« (25.1.1937). An keiner Stelle findet sich eine Hervorhebung irgendeiner »heldischen« männlichen Figur außer eben Jannings und George. Filme mit Hans Albers oder Gustav Fröhlich gefielen, aber anerkennende Worte für die Draufgänger und Liebhaber fehlten. Hitler liebte Komiker wie Hans Moser, Attila Hörbiger, Heinz Rühmann oder Weiß Ferdl. In ihren Trottel-Rollen bedeuteten sie keine Konkurrenz für ihn. Warum sollte er die Bewunderung durch sein Volk mit einer charismatischen Lichtgestalt des Films teilen, neben der er äußerlich verblaßte?

---

15 Beyer, S. 30.

Vielleicht machte sich Hitler trotz solcher Hinweise auch gar keine Sorgen über mögliche Rivalen von der Leinwand, obwohl es an zeitgenössischen Anspielungen nicht fehlte.[16] Eine sehr intelligente Analyse eines möglichen Konkurrenzverhältnisses zwischen Filmstar und »Führer« weist etwa am Beispiel Albers darauf hin, daß die beiden Charismatiker eben nicht Rivalen der Volksgunst, sondern Komplementärfiguren waren, die das Publikum niemals auf einer Ebene sah.[17]

1. Im täglichen Umgang

Rassisches

Goebbels war fanatischer Antisemit und betrieb eine systematische »Entjudung des Kunstlebens«. Im Umgang mit anpassungsbereiten Künstlern, im Spiel des Gebens und Nehmens, kommt aber auch der Opportunist und Pragmatiker zum Vorschein.

So erteilte Goebbels zahlreiche Sondergenehmigungen für jüdische Filmschaffende (die von Hitler bestätigt werden mußten). Im Juni 1939 existierte noch für 320 jüdische oder »jüdisch versippte« Künstler innerhalb der Reichskulturkammer eine solche Sondergenehmigung.[18] Im Falle der Film- und Theaterschauspielerin Trude Hesterberg mußte die Presse sogar auf Goebbels' Sondererlaubnis hingewiesen werden, um die Angriffe gegen die jüdische Darstellerin abzustellen.[19]

Im Tagebuch dagegen kehrt Goebbels vorwiegend seine harte Linie gegen Schauspieler heraus, die zugunsten jüdischer Kollegen intervenierten, oder er verschweigt solche Ansinnen ganz. Den Akteuren Paula Wessely und Attila Hörbiger will er nicht nachgeben: »Attila Hörbiger sucht für seine Frau Paula Wessely den Juden Reisch zu retten. Ich schlage das ab. Wir müssen nun da stark bleiben« (15.5.1936). Dabei ging es um die weitere Arbeitsmöglichkeit für den Wiener Drehbuchautor Walter Reisch. Im Jahr des Anschlusses von Österreich emigrierte Reisch dann nach Hollywood und arbeitete dort mit Ernst Lubitsch und Billy Wilder zusammen. Gleich nach der Annexion Österreichs nahm sich Goebbels die in Wien lebenden

16 Hans C. Blumenberg, *In meinem Herzen, Schatz ...*, Frankfurt/M. 1991, S. 65.
17 Krützen, S. 352.
18 Oliver Rathkolb, *Führertreu und gottbegnadet*, Wien 1991, S. 33. Siehe auch Albrecht, S. 208.
19 BA/K Sammlung Sänger Zsg 102/60 vom 30.8. 1935.

jüdischen Darsteller vor. Paula Wessely habe »zuviele Judenfreundschaften«, hielt der Minister Attila Hörbiger vor, er solle dies unterbinden (1.4.1938).

Ein schwieriger Komplex waren die christlich-jüdischen Mischehen, für die die meisten Ausnahmegenehmigungen galten. Denn auch Publikumslieblinge wie Hans Moser und Heinz Rühmann oder von Hitler bewunderte Alt-Stars wie Henny Porten galten als »jüdisch versippt«. Goebbels und seine Helfer wie der radikale Kulturfunktionär Hans Hinkel setzten natürlich alles daran, diese Ehen aufzulösen. Nur bei weniger bekannten Darstellern blieben auch die Anstrengungen geringer: »Georg Alexander bringt nun doch die Scheidung von seiner Jüdin nicht fertig. Soll er in Gottes Namen bei ihr bleiben« (9.12.1937). Frank Wysbar, ein vielversprechender Nachwuchsregisseur, ließ sich erst auf Druck von Goebbels im September 1938 von seiner jüdischen Frau scheiden, um kurz darauf in die USA zu emigrieren.

Hans Albers' anfängliche Weigerung, sich von seiner jüdischen Lebensgefährtin Hansi Burg zu trennen, soll Goebbels besonders geärgert haben. Bei Albers, dem Aushängeschild des deutschen Films und ein »physiologischer Inbegriff des Deutschtums«,[20] ließ Goebbels aber nicht locker. Schließlich schrieb Albers im Oktober 1935 an Goebbels: »In Erfüllung meiner Pflicht gegen den nationalsozialistischen Staat und in dem Bekennntnis zu ihm habe ich meine persönlichen Beziehungen zu Frau Hansi Burg gelöst«.[21] Burg heiratete pro forma einen Ausländer, eine echte Trennung erfolgte erst 1939. Die Schauspielerin emigrierte nach England, kehrte aber nach dem Krieg zu Albers zurück.

Heinz Rühmann, ein »netter, witziger und charmanter Junge« (18.12.1937), hatte offenbar ohnehin Eheprobleme und klagte, von Goebbels nur zu gern gehört, über »sein Eheleid mit einer Jüdin« (6.11.1936). Während Goebbels eine Hilfszusage bei Filmengagement und reibungsloser Scheidung notiert, bestreitet Rühmann die Unterstützung des Propagandaministers.[22] Im November 1938 ließ er sich von seiner Frau Maria Bernheim scheiden und heiratete seine

---

20 Kreimeier, S. 342.

21 BDC-RKK Hans Albers: maschinenschriftliche Abschrift eines Briefes von Albers an Goebbels vom 15.10.1935.

22 Gregor Ball, *Heinz Rühmann*, München 1981, S. 82. Heinz Rühmann, *Das war's*, Frankfurt/M.-Berlin 1982, S. 132.

Schauspielerkollegin Hertha Feiler. Später handelte sich Rühmann Ärger ein, weil er bei den Behörden das Vermögen von Maria Bernheim, die ins neutrale Schweden gegangen war, nicht angegeben hatte.

Falls Goebbels nicht konsequent und über die Jahre seine Tagebucheinträge verfälschte, so widerlegen seine Aufzeichnungen auch ganz eindeutig bisherige Legenden um einen großen Star des Films der dreißiger Jahre, jene um Renate Müller. Ihre Rollen in zahlreichen Komödien wie DIE PRIVATSEKRETÄRIN (1930) und VIKTOR UND VIKTORIA (1933), aber auch in Propagandastreifen wie TOGGER (1937) verhalfen der blond, kokett und burschikos auftretenden Schauspielerin und Sängerin zu großer Beliebtheit. In Kolportagen der Nachkriegszeit ist von »Dauerfehde« und unbändigen »Haßgefühlen« Goebbels' gegenüber Renate Müller die Rede.[23] Grund dafür sei ihre Beziehung zu einem jüdischen Bankier gewesen, der 1934 ins Exil ging, zu dem die Schauspielerin aber nicht jeden Kontakt abbrach. Goebbels habe Renate Müller daraufhin systematisch fertiggemacht. Ihre rätselhafte, möglicherweise epileptische Erkrankung, begleitet von Tabletten- und Alkoholsucht, tat ein weiteres. Sie starb am 7. Oktober 1937 in einem Berliner Sanatorium, Gerüchten zufolge durch Selbstmord. Zwar sind über die Ereignisse von 1933/34 noch keine Goebbels-Notizen vorhanden, doch bisher ist kein negatives Wort über Renate Müller zu finden. Über ihre Krankheit wußte Goebbels Bescheid, da ihn die Schauspielerin noch wenige Monate vor ihrem Tod persönlich aufsuchte: »Renate Müller erzählt mir ihre Leidensgeschichte. Sie ist eine kranke Frau« (3.4.1937). Standen Besetzungsfragen an, liest man bei Goebbels: »Renate Müller! Ich helfe ihr« (25.6.1937). Nach einem von der Reichsfilmkammer veranlaßten Verhör will Goebbels sogar den Berliner Polizeipräsidenten Helldorf gemaßregelt haben, »wegen Renate Müller, die auf das Entehrendste vernommen wurde« (6.4.1937). Nur in seinem Kommentar der Todesnachricht läßt Goebbels dann mögliche frühere Konflikte anklingen: »Es tut mir doch sehr leid. Mit 29 Jahren. Furchtbares Schicksal« (8.10.1937).

Der im Krieg eingeführte Status der »privilegierten« Ehe aus einem »arischen« und einem jüdischen Ehepartner bot den Verfolgten einen gewissen Schutz, aber natürlich keine Garantie, der Willkür ganz zu entkommen. Der Film- und Theaterschauspieler Joachim Gottschalk

23 Werner, S. 244-250.

wurde von Goebbels und vor allem von Hans Hinkel wegen seiner jüdischen Ehefrau Meta seit 1937 zunehmend drangsaliert. Gottschalk lehnte eine Scheidung kategorisch ab und als die Situation für ihn unerträglich wurde und er im Mai 1941 Arbeitsverbot erhielt, nahm er sich am 5. November 1941 mit seiner Familie das Leben.[24] Zynisch kommentiert Goebbels die »etwas peinliche Nachricht«, er wolle dafür sorgen, daß »dieser menschlich bedauerliche, sachlich fast unabwendbare Fall nicht zu einer alarmierenden Gerüchtebildung benutzt wird« (7.11.1941). Dabei sollte ihm auch der Volksbühnenintendant Eugen Klöpfer helfen. Doch der Selbstmord sorgte in Berliner Theater- und Filmkreisen und weit darüber hinaus für große Bestürzung. Goebbels mußte mitansehen, daß trotz seines Verbots, an der Beerdigung teilzunehmen, am Grab Gottschalks mit Wolfgang Liebeneiner und Brigitte Horney auch zwei Lieblingskünstler von Hitler erschienen.

Es scheint fast, als habe der Vorfall Hitlers und Goebbels' Haltung gegenüber christlich-jüdischen Mischehen wie der von Gottschalk beeinflußt. Denn nur zwei Wochen später berichtet Goebbels: »Bezüglich der jüdischen Mischehen, vor allem in Künstlerkreisen empfiehlt der Führer mir etwas reserviertes Vorgehen, da er der Meinung ist, daß diese Ehen sowieso nach und nach aussterben und man sich darüber keine grauen Haare wachsen lassen soll« (22.11.41).

Diese Meinung ist bis Kriegsende mehrmals von Hitler zu hören, wenn man Goebbels hier trauen darf. Doch auch sonst gibt es genügend Hinweise, daß Hitler die auch von Heydrich vorangetriebene Verfolgung von »Mischlingen« und Mischehen z.T. nicht guthieß, wenn zu viele deutsche Familienmitglieder betroffen waren. Am 4.10. 1942 notiert Goebbels, Hitler sei gegen die Einführung des Judensterns in Mischehen: »In der Hauptsache handelt es sich dabei ja um Künstlerehen. Wir müssen später natürlich auch einmal an dieses Problem herangehen, aber vorerst meint der Führer, sollen wir einmal die reinen Juden aus Berlin hinausschaffen, die mit den arischen Volksgenossen nichts mehr zu tun haben.« Die tolerante Haltung Hitlers gegenüber Mischehen, die Goebbels immer wieder betont, könnte auch die Vorfälle in der Berliner Rosenstraße im Februar/März 1943 be-

---

24 Vgl. Ulrich Liebe, *Verehrt, verfolgt, vergessen.* Schauspieler als Naziopfer, Berlin 1992, S. 90ff.

25 Nathan Stoltzfus, *Resistance of the heart.* Intermarriage and the Rosenstrasse protest in Nazi Germany, London 1996.

einflußt haben, als es zu teilweise erfolgreichen Protesten gegen die Deportation jüdischer Ehepartner aus Mischehen kam.[25]

Ob für Hitler Einzelschicksale dabei eine Rolle spielten? Hitler war ein großer Fan der gleichaltrigen Schauspielerin Henny Porten, die er schon in Stummfilmen bewundert hatte. »Insbesondere hat sie ihn einmal als Soldat tief beeindruckt, als er in Lille bei einem kurzen Urlaub von der Front sie zum ersten Mal sah. Solche Eindrücke vergißt der Führer überhaupt nicht«, diktierte Goebbels über die Verehrung seines Chefs für Henny Porten. Leider war Portens Ehemann ein jüdischer Arzt, und sie verweigerte die Scheidung. Dies war aber nicht, wie später gerne behauptet wurde,[26] der (einzige) Grund für fehlende Filmrollen. Henny Porten wurde von Göring und dessen Frau protegiert, ja sogar Hitler sprach sich für ihren Einsatz in neuen Filmen aus. Ausdrücklich dankte Henny Porten Hermann Göring bereits im Dezember 1937 für die Vermittlung eines Vertrages mit der Tobis.[27] Auch Goebbels teilte der Bavaria im Juli 1940 mit, Filme mit Henny Porten könnten jederzeit begonnen werden, so daß ihre Verdienstmöglichkeiten keinesfalls beschränkt waren. Die Filmfirmen aber gaben vor, keine geeigneten Rollen für den alternden Stummfilmstar zu finden.[28] Obwohl es bei Goebbels heißt: »Der Führer bedauert sehr, daß Henny Porten durch ihre Ehe mit einem Juden außerhalb unserer Reihen steht« (10.8.1943), wurden sie und ihr Mann weitgehend in Ruhe gelassen, ja Hitler setzte ihr laut Goebbels »eine monatliche Pension von tausend Mark« aus (25.1.1944). Henny Porten erklärte dazu nach dem Krieg: »Mein größter Feind war Dr. Josef Goebbels, der mit einer wahren Wollust mich menschlich quälte und künstlerisch erniedrigte und demütigte.«[29]

Auch von dem Schauspieler und Regisseur Wolfgang Liebeneiner hielt Hitler sehr viel, er verbot ausdrücklich, daß Liebeneiner zur Wehrmacht eingezogen würde.[30] Der Diktator und sein Propagandaminister nahmen sogar an den Eheproblemen des Gestalters wichtiger Propagandawerke teil. Als Goebbels noch mit Liebeneiner und dessen Lebensgefährtin Hilde Krahl »eine Reihe von persönlichen Angele-

26 Cinzia Romani, *Die Filmdivas des Dritten Reichs*, München 1982, S. 45f.
27 BDC-RKK Henny Porten: Porten an Göring vom 21.12.1937. Vgl. auch Boguslaw Drewniak, *Das Theater im NS-Staat*, Düsseldorf 1983, S. 166.
28 BDC-RKK Henny Porten: Hinkel an Demandowsky vom 12.2.1938.
29 Brief an Fritz Hippler vom 13.6.1947, bei Hippler II, S. 165.
30 Einträge vom 10./27.5.1943.

genheiten, die ihn sehr bedrücken und bei denen die Gefahr besteht, daß sie ihn in eine menschliche Krise hineinführen« besprach (29.11.1942), hatte Hitler »die Angelegenheiten« schon geklärt: Er stimmte zu, daß nach Liebeneiners Scheidung von der jüdischen Schauspielerin Ruth Hellberg deren Sohn aus erster Ehe, der als Andreas Liebeneiner aufwuchs, nicht in die Vernichtungslager geschickt werden sollte.[31]

Diese Einzelfälle muten seltsam an, aber schon bisher war bekannt, daß Hitler auch den jüdischen Arzt seiner Mutter vor der Deportation bewahrte. Fälle wie diese bewirkten jedenfalls, daß Goebbels die »Sorgen durch jüdisch versippte Künstler, insbesondere aus dem Film- und Theaterleben« im Krieg erhalten blieben, und »daß man hier mit einer gewissen Vorsicht vorgehen muß« (24.1.1944).

Schließlich war ein ähnlicher Fall Goebbels' Kontrolle entglitten. Harry Baur war einer der wenigen begnadeten französischen Schauspieler, die in deutschen Filmen auftraten. Anfangs hatte Goebbels ihn nicht gemocht, kein Wunder, denn Harry Baur galt als Jude (5.8.1937). Angeblich auf Goebbels' Wunsch hin wurde er dennoch 1942 für den deutschen Film SYMPHONIE EINES LEBENS von Hans Bertram engagiert.[32] Im September 1942 sah Goebbels den teuren Film und schätzte ihn sehr positiv ein. Doch erneut wurde Baurs angebliche jüdische Abstammung zum Thema. Er war im Mai 1942 in Paris festgenommen worden, am 22. Juni stellte die SS fest, Baur sei »Volljude«. Nun wollte Goebbels offenbar davon nichts mehr wissen: »Es wäre mir sehr lieb wenn der Film gerettet werden könnte, denn die jüdische Abstammung Bauers [sic!] ist keineswegs erwiesen. Ich glaube auch nicht daran. Hier werden wohl unsere Pariser Dienststellen päpstlicher gewesen sein als der Papst« (11.9.1942). Im Oktober lag Goebbels ein vom SD erstellter Bericht vor, der eigene Fehler hinter typischen antisemitischen Parolen zu verbergen suchte: Baur sei kein Jude, habe aber in Frankreich versucht, diesen Eindruck zu erwecken, um seine Karriere zu fördern. Baur war inzwischen auch wieder aus der Haft entlassen worden, starb aber an den Folgen Anfang April 1943, ja wurde womöglich sogar von der Gestapo er-

31 BDC-RKK Wolfgang Liebeneiner: handschriftl. Vermerk Gutterers vom 27.11.1942 über durch Bormann mitgeteilte Zustimmung Hitlers.

32 Boguslaw Drewniak, *Der Deutsche Film 1938-1945*, Düsseldorf 1987, S. 434. Die Presse wurde jedoch angewiesen, über das Engagement Baurs nicht zu berichten: BA Sammlung Sänger Zsg 102/63 vom 26.6.1942.

mordet.[33] Wenige Tage nach seinem Tod lief SYMPHONIE EINES LEBENS in Deutschland an.

Politisches

Neben rassenideologischen Verfolgungen versuchten Goebbels und seine Funktionäre auch jede politische Abweichung im Filmbereich zu bestrafen. Selbst große Namen konnten vor Repressalien nicht immer schützen. Der erste Filmheld, der in Ungnade fiel, war der 1892 in Südtirol geborene Schauspieler, Regisseur und Filmproduzent Luis Trenker, eine der bekanntesten Figuren des deutschen Films. Schon vor Beginn des Dritten Reichs erfreuten sich seine Ton- und Stummfilme im Bergmilieu beim Publikum großer Beliebtheit. Trenker war einer der Stars, der von Goebbels und Hitler schon vor der Machtübernahme bewundert wurde. Wenige Tage vor dem 30. Januar 1933 hatten beide mit Trenkers Widerstandsfilm DER REBELL ein filmisches Schlüsselerlebnis (19.1.1933) auf dem Weg zum »nationalen Aufbruch des deutschen Films«.[34] Der »wilde Mann« (20.5.1933) verkörperte in idealer Weise Mut, Heldentum und bodenständige Liebe zu Heimat und Vaterland. Trenker verschweigt in seinen Erinnerungen, daß er ein gerngesehener Gast Goebbels' in der Zeit der vielen Empfänge 1935/36 war. Lustig muß es u.a. beim Filmfestival in Venedig 1936 zugegangen sein (30.8.1936), bei dem Trenker für DER KAISER VON KALIFORNIEN den Mussolini-Pokal für den besten ausländischen Film erhielt.

Doch schon CONDOTTIERI (1937) mißfiel Goebbels und Hitler: »Trenker ist zu katholisch. Er vermasselt uns die ganze Tour.« (1.4.1937). Die Südtirolfrage bedeutete dann für Trenker das Aus. Die NS-Regierung forderte nach der Einigung mit Italien über den Verzicht auf Südtirol 1939 alle deutschstämmigen Südtiroler auf, ihre Heimat zu verlassen und sich bis 30.6.1940 im Reich als Deutsche registrieren zu lassen (»optieren«), andernfalls würden sie in Südtirol alle politischen und kulturellen Rechte einer Minderheit verlieren. Erste Gerüchte tauchten auf, Trenker würde dieser Linie nicht folgen, obwohl man sich gerade von ihm natürlich Signalwirkung erhoffte. Nun wollte Goebbels seine Lobpreisungen für Trenker vergessen machen: »Luis

33 BDC-RKK Harry Baur: Bericht Hilleke an Goebbels vom 17.10.1942 sowie Personalkarte. In der Akte auch die Todesmeldung im *Filmkurier* vom 15.4.1943, wonach Baur »nach kurzer Krankheit in einer Pariser Klinik gestorben« sei.

34 Joseph Wulf, *Theater und Film im Dritten Reich*, Frankfurt/M. 1966, S. 370.

Trenker, dieses Stück von Charakterlosigkeit, hat sich für Italien entschieden. Wir werden ihn uns kaufen. Der Führer hat nie viel von ihm gehalten und ich habe auch immer vor ihm gewarnt.« (18.1.1940).[35] Dabei hatte Trenker sich in dieser Frage noch gar nicht festgelegt. Am 27.2.1940 schrieb er einen Brief an Hitler, widersprach allen Gerüchten und fragte: »[...] was Sie raten werde ich tun. Sofortige Auswanderung und alle Beziehungen zu Italien und demzufolge auch zum Wunsche Mussolinis abbrechen oder weiterhin im Sinne deutsch-italienischer kulturpolitischer Freundschaft hier bei uns und in der Welt arbeiten.«[36] Hitler hatte jedoch während der Vorbereitung des Angriffs im Westen kein großes Interesse an der Sache, und so blieb Goebbels weiter mit dem Fall befaßt (5.3.1940): »Nachmittags empfange ich Luis Trenker. Er schwafelt mir etwas von seinem Deutschtum vor, das er heute kaltlächelnd verrät. Ich bleibe kühl und ungerührt bis ans Herz hinan. Ein Schuft und vaterlandsloser Geselle. Hinhalten und eines Tages erledigen.« (7.3.1940)[37] Auf Passagen wie diese hat Trenker nach der Publikation der Goebbels-Tagebücher 1987 gerne hingewiesen, wenn es um seine Rolle im Dritten Reich ging. Tatsache ist, daß er schließlich am 28. März 1940 für Deutschland optierte und die reichsdeutsche Staatsangehörigkeit erhielt.[38] Trotzdem sorgte Goebbels dafür, daß Trenker in Deutschland keine Filme mehr machen konnte. All seine neuen Filmvorhaben wurden abgelehnt.[39] Als Schauspieler war er nur noch in dem 1941 gedrehten Kolonialfilm GERMANIN zu sehen. Weil sich Gerüchte hielten, er habe in Südtirol gegen die Forderung der Regierung in Berlin, alle Deutschstämmigen sollten aus der Region auswandern, agitiert, wandte sich Trenker im November 1941 sogar hilfesuchend an den Reichsführer SS-Heinrich Himmler, den Reichskommissar für die Festigung des deutschen Volkstums. Schließlich hatte Trenker, der den SS-Brigadeführer Hinkel einen »alten wohlwollenden Freund« nannte, ja den Anschluß Österreichs 1938 gepriesen und in höchsten Tönen über

35 Nach seinem Kenntnisstand berichtet Goebbels korrekt: Ihm lagen zu dieser Zeit Berichte des Sicherheitsdienstes der SS vor, Trenker habe nicht, wie von den Nationalsozialisten gewünscht, für Deutschland »optiert«.

36 BDC-RFK: Akten Trenker: Trenker an Hitler vom 27.2.1940.

37 Vgl. Trenker, S. 386, der sich aber im Zeitpunkt des Treffens mit Goebbels irrt.

38 BDC-RFK: Akten Trenker: Personalkarte. Trenker verschweigt diese Option in seinen Erinnerungen: S. 385f.

39 BDC-RFK: Akten Trenker: Filmabteilung an »Luis Trenker Filmproduktion« vom 7.1.1941 BDC-RFK Trenker Akten: Stab Himmler an SS-HStführer Wolf v.2.9.1942.

den »Führer« geschrieben. Die SS fragte bei Goebbels nach, doch dieser ließ bestellen, Trenker könne nicht mehr damit rechnen, im deutschen Film Anstellung zu finden.[40] Trenker selbst lebte ab 1943 in Mussolinis Republik von Salo.[41]

Passend zu dem nach Kriegsbeginn abgekühlten Verhältnis zwischen Goebbels und den Künstlern, wehte nun auch politisch ein rauherer Wind. Im April 1939 kam der Schauspieler Rudolf Platte, »der sich abfällig über unsere Politik geäußert hat«, noch mit einer Ermahnung davon (19.4.1939): »Er erweist sich auch in dieser für ihn höchst peinlichen Situation als wahrer Komiker.« Als eine der ersten traf es die Kleindarstellerin Anneliese Spada-Kambeck. Goebbels ließ sie ins Ministerium kommen und anschließend wegen regimekritischer Äußerungen im Oktober 1939 ins KZ sperren.[42] Ein Vorfall, von dem nicht mehr die Rede war, als Spada-Kambeck am 26. September 1942 Hans Hinkel heiratete, dessen Trauzeuge niemand anderes war als der Propagandaminister (27.9.1942).

In seinem Tagebuch geht Goebbels nun massiv gegen »Gerüchte« und »Defaitismus« in Künstlerkreisen an. Diese ständigen Drohungen verstärkten sich ab 1941. Ein Opfer wurde auch der überaus beliebte Darsteller Gustav Fröhlich, den Goebbels schon seit dem Beginn seiner Affäre mit Lida Baarova nicht ausstehen konnte. Schon nach der ersten Begegnung bezeichnete er den Heldendarsteller als »ausgemacht dumm« (16.5.1937). Als Fröhlich während der Dreharbeiten zu Veit Harlans DER GROSSE KÖNIG einige abfällige Bemerkungen über Wehrmachtssoldaten machte, schien das die Gelegenheit gewesen zu sein, auf die Goebbels gewartet hatte. Seine Mitarbeiter sammelten belastendes Material, zu dem auch Veit Harlan kräfig beitrug: Fröhlich sei ein undisziplinierter »undeutscher, ekelhafter Kerl«, gab Harlan zu Protokoll. Goebbels ließ daraufhin auf Hipplers Vorschlag Fröhlichs u.k.-Stellung aufheben.[43] Fröhlich kam im Sommer 1941 für mindestens 18 Monate zur Wehrmacht, allerdings ausdrücklich ohne Frontdienst. Eine vertrauliche Weisung an die Produktionen, Fröhlich

---

40 BDC-RFK Luis Trenker: Trenker an Himmler vom 4.11.1941; Hippler an Stab Himmler vom 21.9.1942.

41 Vgl. Drewniak, Film, S. 77.

42 BDC-RS Hans Hinkel. Chef Sipo und SD an Himmler vom 14.11.1942 sowie Einträge vom 16./17.10.1939 und 19/20.10.1939.

43 BDC-RKK Gustav Fröhlich. Hippler an Goebbels vom 17.4.1941; Niederschrift vom 10.4.1941 über Aussage Harlans vor Hippler und Bacmeister.

Goebbels' spätere Geliebte Baarova, Rivale Fröhlich: Ausgemacht dumm

nicht mehr zu beschäftigen, wurde nicht genau befolgt. Offenbar wurde Fröhlich bei der Wehrmacht so wenig benötigt, daß ihn sein Kommandeur nach Hause schicken wollte bzw. er schon bald Urlaub für Theater und Filmauftritte erhielt.[44] Im November 1942 beantragte sogar Goebbels selbst wieder die u.k.-Stellung von Fröhlich.[45]

Betont unnachgiebig geht Goebbels mit »dummen und albernen Gerüchten« ins Gericht, »die wiederum über politische Vorgänge in Filmkreisen verbreitet werden. Ich werde jetzt einmal energisch zupacken und die Verantwortlichen zur Rechenschaft ziehen, da man sonst auf diesem Sektor keine Ruhe bekommt« (3.3.1942). Hintergrund war eine kuriose Episode während der Dreharbeiten zu dem Bismarck-Film DIE ENTLASSUNG. Dabei erregte offenbar die überzeugende Verkörperung August Bebels durch den Schauspieler Friedrich Maurer Aufsehen. Dieser brachte die antinationalen Parolen des Sozialdemokraten angeblich so glaubwürdig hervor, daß sie am Set als

44 Vgl. Gustav Fröhlich, *Waren das Zeiten*, Berlin 1989, S. 185ff.
45 BA R55/412 Filmabteilung an Abteilung RV vom 2.12.1944.

aktuelle politische Anspielungen verstanden wurden. Jannings, so Goebbels, habe sich als » kleiner politischer Verleumder erwiesen. Er hat behauptet, daß in seinem Atelier eine antinationalsozialistische Demonstration stattgefunden habe, und als ich die Sache näher untersuchen lasse, stellt sich heraus, daß er diese Behauptung nur aus Konkurrenzneid gegen einen besseren Schauspieler aufgestellt hat« (3.3.1942). Laut den – in diesem Punkt reichlich konstruiert wirkenden – Memoiren von Fritz Hippler, der die Tagebuchstelle aus einer frühen Veröffentlichung kannte, war Goebbels selber Opfer eines über Jannings verbreiteten Gerüchts geworden, das sich bald aufklärte.[46] Goebbels weicht von seiner Version nicht ab und hetzt weiter gegen Filmschaffende, die »unter Berufung auf ihren Künstlertick sich auch nationale oder politische Ungezogenheiten erlauben.« (16.4.1942). Auch in Hitlers Tischrunde läßt er sich über die »unqualifizierte Gerüchteverbreitung von Jannings« aus (27.4.1942). Jedoch: »Auch der Führer sieht ein, daß die meisten Künstler, vor allem die Schauspieler, einen Tick haben. Man muß darauf gebührend Rücksicht nehmen. Aber natürlich dürfen die Künstler die augenblickliche Kriegslage nicht zu ihrem eigenen Vorteil ausnutzen« (27.4.1942).[47]

Gegenseitige Denunziationen waren übrigens auch unter den Filmkünstlern keine Seltenheit: So beschwerte sich Willy Fritsch über seinen Regisseur Viktor Tourjansky, daß dieser im Atelier zuviel russisch spreche.[48]

Leuchtende Beispiele, politisches Lob und Freude über Treuebekundungen finden sich bei Goebbels ebenfalls. Ausdrücklich erwähnt er Heinrich George, Brigitte Horney oder Friedrich Kayßler als treue Anhänger: »Kayßler genießt das besondere Vertrauen des Führers« (27.4.1944). Auch in Wien entdeckte Goebbels Lobenswertes. Nach einem Treffen mit Wiener Film- und Theaterkünstlern, darunter Paul Hörbiger, zeigte er sich beeindruckt: »Die Wiener Darsteller sind verhältnismäßig gut politisch ausgerichtet« (15.3.1942). Gleiches galt in Deutschland nur für den jüngeren Schauspieler-Nachwuchs, den er selbst mit herangezüchtet hatte: Sie hätten verstanden, daß die Nation

---

46 Vgl. Hippler, S. 235f. Nicht auszuschließen ist, daß Hippler diese Version im Austausch gegen eine entlastende Erklärung Jannings' vom 11.3.1947 verbreitete.

47 Zu Hitlers Einstellung vgl. auch Henry Picker, *Hitlers Tischgespräche im Führerhauptquartier*, Frankfurt/M. 1989, S. 246 (26.4.1942).

48 BDC-RKK Viktor v. Tourjansky. Vermerk Hilleke vom 12.2.1941.

Krieg führt und die Künstler sich fügen müßten, nur »für die alte Garde muß das immer wieder klargemacht werden« (3.2.1942).

Das erste politische Opfer von Goebbels' zunehmend schärferem Vorgehen im Krieg wurde im August 1942 der sehr versierte und auch als Propagandaregisseur erfolgreiche Herbert Selpin. Selpin war als Choleriker bekannt. Schon 1935 gab es Berichte aus der Terra an die Reichsfilmkammer, in denen heftige Wutausbrüche und Schimpfereien Selpins am Drehort gemeldet wurden.[49] Ähnliches scheint sich während der Herstellung des Films TITANIC 1942 wiederholt zu haben – nur diesmal mit gegen Krieg und Wehrmacht gerichteter Tendenz. Die Temperamentsausbrüche wurden Hinkel und Goebbels von Selpins ehemaligem Freund, dem Drehbuchautor Walter Zerlett-Olfenius, zugetragen. Zunächst wollte Hinkel den Fall offenbar begraben. Angeblich erst als Selpin sich weigerte zu widerrufen, wurde er unter dem Vorwurf »wehrkraftzersetzender Äußerungen« verhaftet – ob dies tatsächlich noch in Goebbels' Arbeitszimmer nach einer Vorladung beim Minister geschah,[50] ist unklar, nach einer Notiz vom 31.7.1942 aber möglich: »Ich sehe mich veranlaßt den Filmregisseur Selpin verhaften und dem Volksgericht überstellen zu lassen. Er hat sich unqualifizierbare Ausfälle gegen die deutsche Wehrmacht und gegen die allgemeine Kriegsführung zu schulden kommen lassen. Er wird wahrscheinlich zu einer hohen Zuchthausstrafe verurteilt werden müssen.« Am Morgen des 1. August 1942 fand man Selpin erhängt in seiner Zelle. Seinen Kollegen wurde durch Aushang in den Ateliers mitgeteilt, Selpin habe sich »durch niederträchtige Verleumdungen und Beleidigungen deutscher Frontsoldaten und Frontoffiziere schwerstens gegen die Kriegsmoral vergangen«. Gerüchte hielten sich, Selpin sei im Gefängnis von der Gestapo ermordet worden. Obgleich dies nicht auszuschließen ist, hätte es zumindest nicht zu Goebbels' Absicht gepaßt, vor aller Augen den Beweis zu führen, daß er Ernst machen wolle, sprich, daß politischen Vergehen auch Verurteilungen, Gefängnis und sogar Todesurteile folgen könnten. Denn daran ließ Goebbels, obwohl er zunächst noch von »Zuchthausstrafe« gesprochen hatte, keinen Zweifel: Mit dem Selbstmord habe Selpin nur »die Konsequenzen gezogen, die sonst wahrscheinlich von seiten des Staates gezogen worden wären« (1.8.1942).

49 BDC-RKK Herbert Selpin: Terra-Produktionsleitung an RFK vom 14.4.1936.
50 Kreimeier, S. 385, Wulf, S. 329.

»Was die Darsteller beim Film anlangt, so billigt der Führer meine Tendenz, nicht allzustreng in politischen Dingen vorzugehen; allerdings Staatsfeindschaft und Kriegsfeindschaft dürfe nirgendwo geduldet werden. Andererseits ist es jedoch gut, wenn man hier etwas großzügiger verfährt. Künstler dürfen auf politischem Gebiet nicht ernstgenommen werden.« So begründet Goebbels am 23.9.1943 noch einmal seine Linie. Ein Widerspruch zu permanenten Drohungen gegen die Künstler? Nur auf den ersten Blick, denn Staatsfeindschaft war bei Bedarf schnell ausgemacht. Höchstens Meckereien über die Lebensmittellage, wie sie in vielen abgefangenen Briefen auftauchte, sollten milde geahndet werden.

Als »Bereinigung des ganzen Filmstandes« umschreibt Goebbels brutal seine Absicht, mit allen Mitteln die Filmschaffenden zu disziplinieren. Ein Klima der ständigen Bedrohung herrschte für alle, die seit jeher nicht als Freunde des Regimes galten. Auch in den Tagebüchern erkennt man diese Suche nach zur Abschreckung geeigneten Fällen, selbst wenn sie weniger spektakulär verliefen. Karl John, blond und dynamisch, spielte vorwiegend Offiziere. Seine Rolle als tadelloser Feldwebel auf Heimaturlaub in ZWEI IN EINER GROSSEN STADT machte ihn bei einem breiten Publikum bekannt und beliebt. Goebbels empfing ihn und die übrigen Schauspieler des Nachwuchsfilms im Januar 1942 in der Ministerwohnung. Danach war John überwiegend am Deutschen Theater tätig. In dieser Zeit muß er sich unbeliebt gemacht haben, denn Goebbels spricht am 10.5.1943 über »einige politische Unliebsamkeiten« am Deutschen Theater. Diese lastet er dem Intendanten Heinz Hilpert an, der »dem Reich und der nationalsozialistischen Politik und Kriegsführung gegenüber immer eine gewisse Reserve« gehabt habe. Denn: »Ein neuer Fall John ist hier aufgetreten. Der Schauspieler John ist mir schon einmal wegen seiner abträglichen Äußerungen gegen die Kriegsführung aufgefallen. Jetzt werde ich ihn beim Genick packen.« Ein Bühnenunfall Johns verhinderte womöglich das Schlimmste. Allerdings wurde sein Vertrag nicht verlängert und er für die Wehrmacht freigegeben. Im Januar 1945 traf Hans Hinkel John in einem Bunker am Bahnhof Zoo in einem erbärmlichen Zustand an. Hinkel wollte John sogar Geld aus einer Stiftung für Künstler in Not zukommen lassen, doch Goebbels blockte ab.[51]

---

51 BDC -RKK Karl John: Hinkel an Goebbels vom 12.1.1945.

Schauspieler Karl John: Beim Genick packen

Was John wegen »abträglicher Äußerungen« erspart blieb, widerfuhr wenige Monate darauf seinem Schauspielerkollegen Robert Dorsay. Er wurde als erster Schauspieler wegen »Staatsfeindschaft« verurteilt und hingerichtet. Der Fall paßte in die Terrorstrategie des Ministers: »Im Film- und Theatersektor stellt man einige unsichere Kantonisten fest, die im Augenblick etwas frech werden, weil sie glauben, Morgenluft zu wittern. Ich bin eifrig bestrebt, einen exemplarischen Fall herauszufinden, um dann ein Strafgericht vorzunehmen. [...] Ich bin mir seit je darüber klar gewesen, daß wir im deutschen Kunstleben nicht auf fanatische Anhänger rechnen dürfen«, notierte Goebbels schon mit Blick auf Dorsay (14.8.1943), der im August 1943 zunächst vom Sondergericht des Reichskriegsgerichts zu einer Zuchthausstrafe verurteilt wurde. Dorsay hatte in der Theaterkantine Führerwitze erzählt, schließlich wurde auch ein Brief von ihm abgefangen, in dem er sich gleichfalls über Hitler und die NSDAP lustig machte. Im Herbst wurde neu verhandelt, mit einem offenbar vorab festgelegten Todesurteil.[52] Zwar gibt Goebbels eine leicht andere Schilderung des Falles als die bisher bekannte, nämlich daß Dorsay seine ersten »defaitistischen« Äußerungen gemacht habe, »ohne daß ich ihn packen konnte«. Am Tage der Hinrichtung heißt es dann aber mit brutaler Offenheit, die Künstler müßten sich endlich in die »nationale Disziplin einfügen«, wenn nicht, »verlieren sie wie jeder andere Bürger den Kopf« (29.10.1943). Nur eine kleine Einschränkung trübt den erfolgreichen Abschluß des Falles: »Ich ärgere mich sehr darüber, daß auch Liebeneiner sich für Dorsay eingesetzt hat; aber das beirrt mich nicht.« Die Meldung über die Hinrichtung ließ Goebbels wie üblich auf Plakaten anschlagen.

Im Jahr 1944 wurden allein 5764 Todesurteile außerhalb der Militärgerichtsbarkeit vollstreckt, die überwiegende Zahl wegen Hochverrat und Wehrkraftzersetzung, also etwa wegen Meckerns oder Führerwitzen. Im gleichen Jahr ließ Goebbels zwei weitere Leute aus dem Filmbereich, die Pressechefs der Terra und der Ufa, Erich Knauf und Richard Düwell, wegen »staatsfeindlicher Äußerungen« vom Volksgerichtshof verurteilen und hinrichten.[53] Bei Goebbels findet sich der interessante Hinweis, daß sogar der NS-Justizminister Thierack Knauf begnadigen wollte, weil, so Goebbels zynisch, Knauf im Gefängnis »ein paar schöne Lieder gedichtet hat«. Doch Goebbels bleibt dabei: »Der Führer ist für Vollstreckung und ich auch [...] Er hat sich so schwere Verbrechen gegen die Staatssicherheit und die Wehrkraft zuschulden kommen lassen, daß er den Tod verdient hat. Der Führer wird deshalb auch das Todesurteil unterschreiben.« (18.4.1944). Knauf, ein ehemaliges SPD-Mitglied, wurde am 2. Mai 1944 hingerichtet.

Obwohl die Ufa nach dem Tod von Knauf ihre Mitarbeiter offiziell vor derartigen Vergehen und insbesondere vor leichtfertigen, abfälligen Bemerkungen warnte, traf es kurz darauf ihren Pressechef Richard Düwell, einen engen Vertrauten von Wolfgang Liebeneiner.[54] Im Mai nach monatelanger Überwachung wegen lange zurückliegen-

---

52 Liebe, S. 22-27.

53 Vgl. dazu BDC-RKK Erich Knauf: Personalkarte. Vgl. auch Kreimeier, S. 420.

54 Michael Töteberg, Der Pressechef und die Gestapo, in: Hans Michael Bock/Michael Töteberg, *Das Ufa Buch*, Frankfurt/M., 1992, S. 450-451; Maiwald, S. 200. Siehe zu dem Vorgang auch BDC-RKK Wolfgang Liebeneiner: Hinkel an Goebbels vom 31.8.1944.

der Äußerungen verhaftet, wurde Düwell am 28. August, als nach dem Attentat vom 20. Juli brutaler denn je vorgegangen wurde, trotz Fürsprache von Liebeneiner hingerichtet. Erneut waren aufgrund besonders dubioser Denunzianten selbst die Instanzen der NS-Justiz und der Gestapo zurückhaltend, während Goebbels auf Verurteilung und Hinrichtung bestand. Im Dezember 1944 meinte Goebbels gar, in Filmkreisen habe sich »eine kleine kommunistische Opposition gebildet, die ich nun mit Stumpf und Stil ausrotten werde« (5.12.1944). Ob Goebbels damit ihm vorliegende politische Einschätzungen von Wolfgang Staudte meinte oder etwa eine KP-orientierte Widerstandszelle, der auch der Film- und Bühnendarsteller Hans Meyer-Hanno angehörte[55], läßt sich nicht mehr genau zurückverfolgen.

Der Grad ihrer persönlichen Gefährdung durch die Nazi-Willkür ist das Thema zahlreicher Filmschaffender in ihren Nachkriegsmemoiren. Sicherlich konnten sich manche Spitzenstars einiges mehr erlauben als weniger bekannte Darsteller wie Robert Dorsay. Dies gilt auch für Gustaf Gründgens, eine der schillerndsten Figuren aus der Film- und Theaterwelt des Dritten Reiches, der schon 1932 mit der Darstellung des Mephisto in Goethes »Faust« am Deutschen Theater in Berlin Triumphe feiern konnte. Der intellektuelle Schauspieler und Regisseur wurde besonders von Hermann Göring gefördert, dem er als Generalintendant der Preußischen Staatstheater ab 1937 unterstand. Obgleich der homophile Bühnenstar für Goebbels und Hitler eine Reizfigur sondergleichen war, fehlte dem Propagandaminister der direkte Zugriff auf Gründgens. Da »zum Machtbereich von Göring gehörend«, sei er für Goebbels ein »Todfeind« gewesen,[56] hieß es nach dem Krieg über Gründgens. Andererseits sind die Vorwürfe wegen angeblicher Gefügigkeit gegenüber den Wünschen des NS-Regimes Legion. Zunächst schien Goebbels den genialen Theatermann sogar bewundert zu haben (»Er ist ein interessanter Kopf«, 1.12.1935). Er verteidigte ihn auch gegen die NS-Kulturgemeinde des Parteiideologen Alfred Rosenberg (14.5.1936), der 1936 wiederholt Theaterinszenierungen von Gründgens als »antifaschistisch« bezeichnet hatte,[57] sowie gegen die »ungerechte« Behandlung durch den

55 Liebe, S. 238.
56 Heinrich Goertz, *Gustaf Gründgens*. Hamburg 1982, S. 43.
57 Gustaf Gründgens, *Briefe Aufsätze Reden*, Hamburg 1967, S. 17.

Reichsbühnendramaturgen Schlösser (18.3.1937). Dieser hatte Gründgens' Darstellung von »Richard III« als Kulturbolschewismus angeprangert.[58] Gründgens fühlte sich zeitweise so bedroht, daß er daran dachte, für immer ins Ausland zu gehen,[59] obwohl er noch 1935 gemeinsam mit Werner Krauß in der Verfilmung von Mussolinis Napoleon-Stück HUNDERT TAGE aufgetreten war.

Doch das eher positive Gründgens-Bild bei Goebbels wandelte sich schnell, als Göring endgültig den Part des Schutzpatrons übernahm. Goebbels denunzierte Gründgens wiederholt bei Hitler, wo er mit Klagen über den homosexuellen »Sumpf am Staatstheater« (27.7. 1937) auf offene Ohren stieß: »Ist der Meinung daß Gründgens ganz weg muß« (29.7.1937). Kurz darauf wurde Gründgens von Göring zum Preußischen Staatsrat ernannt und konnte nur mit dessen persönlicher Einwilligung verhaftet werden. Diese Protektion sorgte fortlaufend für Ärger: »Dabei ist der ganze Gründgens-Laden vollkommen schwul. Ich verstehe da Göring nicht. Mir kribbelt es in den Fingern.« (21.1.1938)

Gründgens' Filme und die Art seiner Darstellung gefielen Goebbels nur selten, was aber nicht ausschloß, daß man über neue Projekte diskutierte und daß Gründgens mit »Film und Theatersorgen« zu Goebbels kam (30.4.1938). Goebbels schien offenbar nicht abgeneigt, Gründgens seinen Bühnenerfolg vom Mai 1940 mit dem Stück »Cavour« von Benito Mussolini und Giovacchino Forzano mit einer gleichnamigen Verfilmung wiederholen zu lassen. Alternativ dazu besprach er mit Gründgens die Inszenierung des von den gleichen Autoren stammenden Stücks »Caesare«, nach einem Drehbuch von Benito Mussolini (3.8.1940).

Die Polemik gegen Gründgens verschärfte sich, je mehr er bedrängten Kollegen zu Hilfe kam. Gleichwohl entsteht nicht der Eindruck von Todfeindschaft zum Propagandaminister, denn Goebbels plante noch Ende 1942 eine große Revue mit Gründgens im Metropol-Theater, die allerdings von Hitler, der sich wieder einmal »sehr scharf gegen Gründgens geäußert« hatte (13.1.1943), persönlich verhindert wurde. Goebbels mußte das von Gründgens mit Energie betriebene Projekt zurückziehen, und zwar bemerkenswerterweise, »ohne dass Gründgens von dem starken Mißtrauen des Führers gegen ihn zu er-

58 Goertz, S. 67.
59 Gründgens, S. 18f.

fahren braucht.« (13.1.1943) Dabei wußte Goebbels ja: »Der Führer mag Gustaf Gründgens nicht. Er ist ihm zu unmännlich. Er ist der Meinung, daß man im öffentlichen Leben unter keinen Umständen die Homosexualität dulden darf« (17.8.1941).

Überhaupt ist es äußerst überraschend, wie ausgiebig sich Hitler mit dem »Bühnenintellektuellen« Gründgens selbst während schlimmster militärischer Krisen befaßte. Nicht nur, daß er selbst auf dem Höhepunkt der katastrophalen Entwicklung von Stalingrad noch eine Gründgens-Inszenierung außerhalb des Staatstheaters untersagte. Auch als Gründgens kurz darauf – angeblich weil er nach der Ausrufung des »totalen Kriegs« keinen anderen Ausweg mehr sah und sonst ins KZ eingeliefert worden wäre – freiwillig zur Wehrmacht ging,[60] rätselte die NS-Staatsspitze wochenlang über die wahren Ursachen und Motive: »Die Hintergründe des ganzen Vorgangs kenne ich noch nicht. Jedenfalls stimmt es nicht, daß der Führer mit dieser Frage befaßt worden ist. Auch er weiß nicht, worum es sich dabei eigentlich handelt. Ich werde jetzt bei Göring selbst anfragen lassen. Jedenfalls liegen die Dinge nicht so klar und einfach, wie Gründgens sie darstellen will« (4.4.1943). Während Gründgens angibt, er habe die Leitung der Staatstheater auf jeden Fall behalten wollen, berichtet Goebbels, der Generalintendant habe Paul Hartmann als seinem Nachfolger die Leitung geradezu aufgedrängt. Goebbels vermutet hinter Gründgens' Einrücken in ein Luftwaffenregiment Görings natürlich eine »unangenehme Angelegenheit in puncto Homosexualität« (3.4.1943). Hatte Gründgens doch von der immer agressiveren Haltung Hitlers ihm gegenüber erfahren? Oder übertreibt Goebbels hier maßlos, ja schiebt Hitler vor, um seinem eigenen Haß mehr Gewicht zu verleihen? Jedenfalls diktierte Goebbels am 10.5.1943 seinem Stenographen, daß der »Führer« weiter über Gründgens' Motive rätsele, allerdings »vertritt er den Standpunkt, daß Gründgens in der Wehrmacht weniger Schaden anrichten kann als im Theater« (10.5.1943). Bei dem offenbar letzten Treffen mit Goebbels am 30.8.1944 hat Gründgens offensichtlich zugunsten seiner Staatstheater anläßlich der am 1. September 1944 angeordneten Schließung aller deutschen Bühnen interveniert.

Insgesamt ist es verwunderlich, wie wenig Konsequenzen die jahre-

60 Gründgens, S. 73. Allerdings ist bei Goebbels am 10.1.1943 noch eine friedliche gemeinsame Liederprüfung für den Film GROSSTADTMELODIE mit Gründgens und seiner Frau Marianne Hoppe überliefert.

lange Antipathie Hitlers für den Leiter des Staatsschauspiels hatte. Denn auch nach der härteren Gangart gegenüber allen oppositionellen Strömungen nach dem Stauffenberg-Attentat blieb Gründgens unbehelligt, obwohl sich Hitler regelmäßig nach seinem Verhalten erkundigte. Goebbels gibt darauf gerne Auskunft: »Daß Gründgens sich geweigert hat, an einem Bekenntnis zum Führer mitzuarbeiten, nimmt den Führer gar nicht wunder. Er hat für ihn nur Verachtung übrig« (5.12.1944). Womöglich reichte Görings schwindender Einfluß zum Schutz Gründgens' doch noch aus. Absolute Sicherheit aber gab es für niemanden: Bis in die letzten Kriegstage wurde mit vielen alten Gegnern, die zum Teil schon in Haft saßen, abgerechnet. Zumindest sollte man heute trotz aller Ungereimtheiten nicht grundsätzlich bestreiten, daß sich Gründgens – wie von ihm behauptet – in Lebensgefahr befunden haben könnte.

Ähnlich schlecht wie Gründgens kommt ab 1942 auch der mit sämtlichen Auszeichnungen überhäufte Emil Jannings weg. Bei aller Bewunderung seines Genies und seiner filmischen Leistungen mochte Goebbels Jannings persönlich nicht leiden. Selbst in Zeiten engster Zusammenarbeit schmähte er ihn regelmäßig (»feiger und charakterloser Intrigant«, 25.4.1938). Goebbels fiel zudem – für einen Nazi das schlimmste Verdikt – eine »frappierende Ähnlichkeit mit Gregor Straßer« auf, dem »Verräter« von 1932: »Deshalb bin ich immer etwas skeptisch« (25.2.1938).

Goebbels mißfielen Jannings' angebliche Gerüchteverbreitung (siehe oben), Geldgier und zu cleveren Gagenverträge. Dazu warf der Minister seinem ehemaligen Propagandazugpferd wiederholt »Feigheit« vor. Wie viele andere Prominente – Goebbels nennt Ewald Balser, der noch an Neujahr 1942 als spezielles NS-Ritual das Clausewitz-Testament im Rundfunk verlas – vermied es Jannings, allzu häufig die ständig von Bombenangriffen bedrohte Reichshauptstadt aufzusuchen.[61] Goebbels muß dies um so mehr geärgert haben, weil er dagegen faktisch machtlos war. Jannings blieb in seinem Feriendomizil am österreichischen Wolfgangsee, wo ihn Goebbels früher zu äußerst harmonischen Kurzaufenthalten aufgesucht hatte. Nun hegten Hitler und sein Minister Rachegedanken: »Abends sitzen wir noch ein paar Stunden plaudernd am Kamin zusammen. Ich bespreche mit dem Führer Theater-, Konzert- und Filmfragen, wofür er sich sehr leb-

61 Drewniak, Film, S. 179.

haft interessiert. Insbesondere erkundigt er sich nach der Haltung der einzelnen bekannten Künstler den Belastungen des Krieges gegenüber. Hier steht Furtwängler an der Spitze und Jannings im letzten Glied. Der Führer hat für die Feigheit der Wankelmütigen nur Verachtung. Aber er ist auch meiner Meinung, daß wir das nicht vergessen dürfen. Nach dem Kriege müssen die Tapferen belohnt und die Feigen bestraft werden« (14.3.1944).

Gleichwohl wurde Jannings an seinem 60. Geburtstag am 23. Juli 1944 von Ufa- und Naziführung hoch geehrt. Der Streit um die Anwesenheit namhafter Künstler in Berlin ging aber weiter. Goebbels nahm den Fall Jannings schließlich zum Anlaß, Filmkünstlern, die nicht am Arbeitsort wohnen wollten, grundsätzlich keine Reisekosten mehr erstatten zu lassen.

2. *Vorteile und Affären*

Gagen und Steuern

Goebbels' schildert den Kampf gegen die emporschnellenden Schauspielergagen als ein wichtiges Ziel seiner Filmpolitik vor dem Krieg. Die immer wiederkehrenden Klagen über die zu hohen Gagen, (26.11.1937, 28.7.1938, zeigen, daß Goebbels' Ankündigungen, rigoros dagegen vorzugehen, meist erfolglos blieben. Ab 1935 beschwert sich der Minister zudem regelmäßig über eine Flut von Bittbriefen und Geldforderungen, die namhafte Künstler an ihn richteten. Jede Neugestaltung der Gagen traf sogleich auf erhebliche Proteste, die Goebbels zu vorsichtigem Vorgehen zwangen: »Das ist sehr schwierig und muß außerordentlich diskret behandelt werden« (22.12.1937). Manche Stars traten dabei offenbar recht forsch auf, so daß sich Goebbels zum Beispiel über die »unverschämten« Geldforderungen einer Jenny Jugo erboste (3.5.1937).

Vor dem Krieg war die Kostenexplosion der Filmbudgets aufgrund von Gagensteigerungen nur schwer in den Griff zu bekommen. Hans Albers etwa erhielt schon 1936 über eine halbe Million Mark Jahresgage. Schließlich war auch Goebbels selbst nicht schuldlos an der Entwicklung: Sein Credo vor dem »Anschluß« Österreichs nämlich lautete: »Wir müssen alle großen Künstler in Deutschland haben. Dafür auch finanzielle Opfer bringen« (8.12.1937). Aus solchen Abwerbeaktionen wußten die Künstler natürlich ihren Vorteil zu ziehen.

Neben den Gagen taucht eine möglichst geringe Steuerzahlung in Goebbels' Aufzeichnungen als ein weiteres Anliegen der Filmkünstler auf. Kaum einer, der nicht mit Goebbels seine Steuerangelegenheiten persönlich besprach. »Steuerfreie Extrahonorare«, die von Hitler selbst veranlaßt oder genehmigt wurden (15.10.1940), waren keine Seltenheit. Emil Jannings, Fritz Hippler und Heinz Rühmann profitierten genauso wie Veit Harlan oder Wolfgang Liebeneiner von Dotationen in Höhe von mehreren zehntausend Mark, die oft aus Hitlers privatem »Kulturfonds« kamen.[62] Bis kurz nach Kriegbeginn sagte Goebbels des öfteren großzügige Hilfe und wohlwollende Prüfung zu, auch wenn es darum ging, Devisen für Auslandsreisen zu beschaffen. Überzogene Forderungen stellte dabei offenbar Lilian Harvey, »die einen Haufen Devisen haben will« (5.4.1938). Denn Devisenschmuggel war ein Laster, dem viele Filmschaffende frönten. Heinz Rühmann hatte deswegen ein lästiges Verfahren am Hals. Camilla Horn wurde 1935 sogar aus der Reichsfilmkammer ausgestoßen, weil sie in ihren Schuhen Reichsmark über die Grenze in die Tschechoslowakei schmuggeln wollte.[63] (1942 erhielt sie dann wegen wirtschaftlicher Not von Goebbels wiederum Sonderzahlungen).

Die Gagenerhöhungen wurden ab 1940 restriktiver gehandhabt und Steuervergünstigungen oft ganz gestrichen. Der RKK-Geschäftsführer Hans Hinkel persönlich wurde von Goebbels zum »Sondertreuhänder der Arbeit für die kulturschaffenden Berufe« ernannt und sollte, unterstützt von dem Sonderbeaufragten Müller-Goerne,[64] Gagenstopps durchsetzen und Verträge überprüfen. Letztlich blieb aber in vielen Fällen die Höhe der Gage trotz Goebbels' öffentlicher Mahnung, ihn nicht mit weiteren Forderungen zu belästigen,[65] an eine persönliche Genehmigung des Ministers gebunden (25.2.1941).

Zeitweise versuchte Goebbels wohl, das Problem einer Gagengestaltungsreform auf die Zeit nach dem Kriege zu verschieben: »Im Augenblick möchte ich, entgegen allem Drängen, an diese Probleme nicht herantreten«, schon, »um nicht die hier verborgen liegenden Krisen und Verärgerungsmöglichkeiten in Bewegung zu setzen« (3.2.

62 Drewniak, Theater, S. 164.

63 BDC-RKK Camilla Horn: RFK an Camilla Horn vom 2.8.1935. Der Ausschluß wurde später von Goebbels auf dem »Gnadenwege« aufgehoben.

64 Vgl. dazu Marcus S. Phillips, *The German Film Industry and the Third Reich*, Diss. East Anglia 1974, S. 238.

65 Rede vom 15.2.1941 bei Albrecht, S. 477.

Emil Jannings am Wolfgangsee:
Clevere Vertragsgestaltung

1942). Doch mit zunehmender Kriegsdauer paßte diese defensive Haltung gegenüber den von einigen Filmstars bezogenen exorbitanten Gagen immer weniger zu seiner allerorten verkündeten Verzichtspropaganda. Die Jahresverträge garantierten selbst dann hohe Summen, wenn das jeweilige Filmprojekt nicht zustande kam – heute auch »pay or play« genannt –, und waren mithin »Verträge aus der Vergangenheit, die alles andere als nationalsozialistisch sind« (14.8.1942). Goebbels' Versuch, an Emil Jannings, »der es mit unerhörter Raffiniertheit verstanden hat, sich einen Vertrag zu sichern, der ihm alle Rechte und der Tobis alle Pflichten zuschanzt« (14.8.1942), ein Exempel zu statuieren, führte nicht zum gewünschten Erfolg.[66] Jannings war nach DIE ENTLASSUNG bis Kriegsende nur noch in einem Film zu sehen (ALTES HERZ WIRD WIEDER JUNG). Alle anderen ihm angebotenen Vorhaben verschleppte er laut Goebbels, bezog aber weiterhin Spitzengehälter. Für das Projekt WO IST HERR BELLING? waren weitere 225 000 RM vorgesehen. Eine Auseinandersetzung mit dem Propagandaministerium zog auch die Forderung Jannings' nach sich, sein Diener müsse bei Fahrten nach Berlin eine Fahrkarte Erster Klasse Schlafwagen erstattet bekommen.

Gegen Ende des Krieges hatten viele Künstler nur noch eines im Sinn: Überleben und Geld. Um dem Einzug zur Wehrmacht zu entgehen wurde die Produktion, wie ja auch von Goebbels gewünscht, mit allen Mitteln aufrechterhalten. Wegen der Zerstörung vieler Ateliers und ständiger Bombenangriffe wichen die Filmteams zu Außenaufnahmen aufs Land aus. So entstanden viele schöne Landschaftsbilder in den ab 1943 gedrehten Filmen.

Von kaum einem Filmkünstler fehlen 1944 Bitt- und Bettelbriefe nach mehr Gage, im Ton mal schmeichelnd, mal fordernd. Wolfgang Liebeneiner beschwerte sich von Juni 1944 bis Januar 1945 mehrmals bei Max Winkler, daß er als Produktionschef der Ufa (»eine undankbare Tätigkeit«) nun weniger als früher für seine Regietätigkeit erhalte. Er forderte, auch mit Hinweis auf die viel höheren Bezüge Veit Harlans, deutlich mehr Geld.[67] Ähnliche Anliegen kamen von seiner Frau Hilde Krahl. Im Juni 1944 billigte Goebbels ihr schließlich nach einigem Widerstand eine üppige Jahresgage von 150 000 Reichsmark zu.[68]

Marika Rökk, dem Star zahlreicher Revue-Filme, schlug Goebbels im Februar 1944 – auch hier war erneut Hitler eingeschaltet – die Forderung nach Zahlung eines Überbrückungsgeldes zwischen zwei Filmarbeiten ab, weil ihm Rökks letzter Film, DIE FRAU MEINER TRÄUME, nicht gefallen hatte.[69] Der Schauspieler und Theaterintendant Eugen Klöpfer, noch 1937 in die NSDAP eingetreten, erhielt

---

66 Vgl. BDC-RKK Emil Jannings: Vertrag Jannings/Tobis-Filmkunst vom 1.4.1941. Es gelang Goebbels, mit der Drohung, die Zahlungen an Jannings auszusetzen, einen neuen Vertrag aushandeln zu lassen. Dieser bedeutete allerdings keine wesentliche Verschlechterung der Bezüge und Rechte von Jannings: vgl. umfangreichen Schriftwechsel dazu in BDC-RKK Emil Jannings insbes. Tobis Filmkunst an Jannings vom 26.9.1942.

67 BDC-RKK Wolfgang Liebeneiner. Liebeneiner an Winkler vom 30.1.1945. BA 109 III/Notiz Winklers vom 12.6.1944.

68 BDC-RKK Hilde Krahl. Notiz zur Ministervorlage vom 4.6.1944.

69 BA R 109I/2786 Jonen an Winkler vom 29.2.1944. Siehe auch Eintrag vom 16.1.1944.

schon vor dem Krieg eine Tagesgage von 2000 Reichsmark. Im Mai 1944 verlangte er mehr, nämlich eine Pauschalgage in Höhe von mindestens 50 000 RM.[70]

Als Goebbels im Januar 1944 die Gage von Heinrich George für dessen Rolle in KOLBERG von 150 000 auf 120 000 RM kürzen wollte, traf er auf so massiven Widerstand, daß George schließlich seine 150 000 RM behielt. Ein Jahr darauf wandte sich Goebbels gegen die hohen Gagen für den in Prag filmenden Hans Albers, der schon für GROSSE FREIHEIT NR. 7 über 400 000 RM erhalten hatte. Doch Albers bekam auch noch 1945, was er verlangte. Trotz rigidester Sparmaßnahmen setzten sich also die Künstler in vielen Fällen mit ihren Ansprüchen gegen Goebbels durch.

Andere Filmschaffende plagten viel schwerere Sorgen, als nur die Gefahr von Gagenkürzungen. Karl Ritter und Camilla Horn etwa waren völlig überschuldet und wandten sich mit Bittbriefen an Goebbels, in denen sie Sonderzahlungen verlangten. Der Propagandaspezialist Ritter, als Regisseur ab 1943 nicht mehr gefragt, hatte bereits sein Haus in Potsdam-Griebnitzsee verpfändet. Schon am 15.10.1940 hatte Goebbels angekündigt: »Prof. Ritter stand schon vor dem Bankrott. Den werde ich sanieren.« Dies gelang jedoch trotz mehrfacher Extrazuwendungen nicht, weshalb Hitler persönlich im Mai 1944 einer erneuten steuerfreien Zuwendung von 100 000 RM zwecks Entschuldung des ehemaligen Regiestars zustimmte.[71] Filme sollte Ritter dennoch keine mehr drehen.

Verfehlungen

Aufgrund teils echter, teils pharisäerhaft moralisierender und aufgesetzt bürgerlicher Wertvorstellungen fühlte sich Goebbels permanent herausgefordert, Verhalten und Lebensstil der künstlerischen Prominenz zu kritisieren. Goebbels geißelte das Bohèmien-Leben, Verschwendungssucht, elitär-überhebliche Einstellungen und finanzielles Gebaren. Obwohl Ehebruch (»Sorgen um Werner Krauß. Seine Maria Bard macht Seitensprünge«, 16.11.1937) und Alkoholismus überwiegend toleriert wurden, dienten auch diese Laster Goebbels als willkommene Zielscheibe.

Einerseits verhinderte Goebbels durch umfangreiche »u.k.-Listen«,

70 BDC-RKK Eugen Klöpfer. Notiz Müller-Goerne für Hinkel vom 12.5.1944.
71 BA R 109I/2786 Goebbels an Winkler vom 23.5.1944.

Wolfgang Liebeneiner, Hilde Krahl

daß Künstler und Angestellte der Filmbranche nach Kriegsbeginn an die Front mußten, andererseits bezeichnete er sie dafür aber regelmäßig als »Drückeberger«, »Faulenzer«, »Kriegsgewinnler« und »Defaitisten«. Dabei stellen sich als konkrete Anlässe oft nur mindere Verfehlungen wie mehrwöchige Arbeitspausen zwischen zwei Filmen, Schwarzmarktgeschäfte, Verstöße gegen das Rauchverbot in Ateliers oder Devisenvergehen heraus. Saturierte Künstler und gewisse Berliner »Schlemmerkreise«[72] sind Goebbels' Lieblingsbeispiele, um mit einpeitschender Rhetorik Stimmung für den »totalen Krieg« zu machen.

Mit Mißfallen beobachtete Goebbels, daß es nicht ausreichte, Firmenleitungen und Produktionschefs einzusetzen, wenn auf den niedrigeren Ebenen der Produktionsleiter, Regisseure, Dramaturgen, Drehbuchautoren und anderen Angestellten sich Nischen, Freiräume

72 Vgl. Eintrag vom 7.2.1943 über die Schließung des Berliner Luxuslokals Horcher und Einträge vom 19.5/21.5. und 20.6.1943 über die Verwicklung Prominenter in Bezugsschein-Manipulationen.

und ein Eigenleben in den Studios und Produktionsstätten herausbildete. Goebbels' Zugriffsmöglichkeiten waren begrenzt, da die Zuständigkeit zuallererst bei dem nicht selten »unfähigen« Produktions- oder Firmenchef lag. Vor allem bei der Tobis, die unter der Leitung des »eigentlichen Nazis« von Demandowsky stand, machte Goebbels solche Zustände aus (3.4.1942).[73]

Auf der Geschäftsführersitzung der Ufi am 3. Juni 1942 etwa wurde eine »schonungslose Durchführung« von »Disziplinierungen« gegen die »Vertreter der Gefolgschaftsmitglieder« beschlossen, die sich Verfehlungen zuschulden kommen ließen.[74] Dies scheint zunächst wenig geholfen zu haben, denn am 30.7.1942 ist bei Goebbels erneut von einer »Reihe von Korruptionsfällen« in Filmkreisen die Rede, »die geradezu haarsträubend sind«: »Ich bin jetzt entschlossen, rigoros und brutal durchzugreifen und keine Rücksicht mehr zu kennen.«

Im Herbst 1942 erhielt Goebbels Berichte über oppositionelle Strömungen, Korruption und »Protektionswirtschaft« in einer »Clique« bei der Wien-Film um den Produktionschef Karl Hartl. Hartl, obwohl vom SD als treuer Nationalsozialist eingestuft, soll sich angeblich auf einmal sogar den Hitler-Gruß verbeten haben.[75] Schließlich ließ Goebbels die u.k.-Stellung einiger Vertrauter von Hartl aufheben, um so die »Auflockerung der Clique« zu erreichen.[76]

Auch der Regisseur von SYMPHONIE EINES LEBENS, Hans Bertram, bekam den Zorn Goebbels' zu spüren: Wegen angeblicher Falschaussagen und Verleumdungen wurde er im Oktober 1942 aus der Reichskulturkammer ausgeschlossen.[77] Ein »Ehrenrat für den deutschen Film«, ein Gremium mit namhafter Besetzung unter Vorsitz des Reichsfilmintendanten Hippler, konstituierte sich am 23. September 1942 und schloß zwei Tage nachdem Goebbels notiert hatte, der Regisseur könne »kaum noch gerettet werden« (23.9.1942), Bertram gleich auf der ersten Sitzung aus der Kammer aus. Fadenscheinig erklärt Goebbels, er wolle sich mit Hilfe des vorgeschobenen Gremiums aus den Personalfällen heraushalten: »Ich erhoffe mir davon einige

73 Von Demandowsky erhielt im Juli 1942 eine Geldstrafe von 12 000 RM wegen »Verstoßes gegen den Leistungssteigerungserlaß«: BDC-RKK von Demandowsky: Leiter F an Produktionschefs vom 29.7.1942.

74 BA/K R109I/1483 Protokoll Ufi-Geschäftsführersitzung vom 3.6.1942.

75 BA/K R 55/164 politische Auskünfte über die Produktionschefs.

76 BA/K R 109II/63 Hilleke an Präsident der RFK vom 16.11.1942 und BA/K R 109II/63 Hilleke an Goebbels vom 1.10.1942.

77 Drewniak, Film, S. 90.

Vorteile, vor allem den, daß ich nicht mehr unmittelbar in jede Entscheidung hineingezogen werde und mich mehr in den Hintergrund verziehen kann.« Tatsächlich behielt er in solchen Angelegenheiten immer das letzte Wort.

Für weiteren Ärger sorgten einige Komparsen, die sich bei den Außenaufnahmen zu dem Film TITANIC in Gotenhafen danebenbenahmen. In den peniblen Untersuchungen war sogar von Korruption, Orgien und Alkoholexzessen an Bord der Cap Arcona die Rede, in die neben der Mannschaft und Tobis-Mitarbeitern auch die Schauspielerin Sybille Schmitz – Vorbild für Fassbinders VERONIKA VOSS – verwickelt gewesen sein soll.[78] Goebbels spricht erneut von »unliebsamen Vorgängen im Filmsektor« (11.12.1942). Um so schärfer reagierte er wenige Wochen später auf die seiner Ansicht nach überlangen Drehpausen von Hans Söhnker. Es sei an der Zeit, »faulenzende Film- und Theaterkünstler, die u.k. gestellt sind und manchmal drei oder vier Monate nichts zu tun haben, in die Truppenbetreuung einzugliedern« (16.1.1943). Söhnker ließ er ein Telegramm nach dessen Kurort Bad Aussee schicken: »Ministerium wünscht sofortigen Einsatz. Truppenbetreuung noch vor nächster Filmrolle, da letzte Filmtätigkeit Oktober endete.«[79] Dabei konnten es die Künstler auch bei der Truppenbetreuung Goebbels nicht recht machen: Schon am 26.2.1942 hatte er kritisiert, die Künstler würden sich bei solchen Gelegenheiten als »Kriegsgewinnler« betätigen, weil sie sich »an der Front als die großen geistigen Betreuer der Soldaten aufspielen und dafür am Abend für den Vortrag eines Gedichts drei-, vier-, oder fünfhundert Mark erhalten.«

3. Lieblinge und Favoriten

Filmschaffende wie Emil Jannings, Werner Krauß, Paula Wessely oder Leni Riefenstahl begegneten nach dem Krieg Vorwürfen wegen ihrer Kollaboration mit Goebbels mit dem Hinweis, sie seien schließlich nicht einmal Mitglieder der NSDAP gewesen. Doch gerade diese Nichtmitglieder waren als Propagandaschauspieler und -regisseure

78 Schriftwechsel in BDC-RKK Sybille Schmitz und BA R 109/45.
79 BDC-RKK Söhnker: Telegramm Hilleke an Söhnker vom 20.1.1942; Hilleke an Goebbels vom 14.1.1943 und Leiter Film an Goebbels vom 18.1.1943.

für Goebbels viel wichtiger als parteieingeschriebene Akteure wie Viktor de Kowa und Willy Fritsch. »Unpolitische bis materialistische Präferenzen«[80] dominierten das Kalkül des Regimes, das oft einzig nach Prominenz und Nutzen für die staatlich verordnete Kunstpolitik, weniger nach formaler Parteitreue fragte.

Eine bloße Mitgliedschaft in der NSDAP brachte Darstellern wie Volker von Collande, Rudolf Fernau oder Harry Piel nicht unbedingt Vorteile. Eine spezielle Förderung brachte sie nur dann ein, wenn die NS-Sympathie (wie bei Johannes Riemann) auch darüber hinaus kundgetan wurde, etwa durch öffentliche Stellungnahmen. So wurde beispielsweise eine der profiliertesten Film- und Theaterschauspielerinnen, Elisabeth Flickenschildt, seit dem 1. Juli 1932 als Mitglied geführt, war also noch vor der Machtergreifung eingetreten.[81] Es findet sich aber nirgends ein Hinweis auf ihre besondere Linientreue. Goebbels scheint an ihr nicht besonders interessiert gewesen zu sein, weil er sie zwar für eine hervorragende Theaterschauspielerin, aber für nicht gutaussehend genug für Filmhauptrollen hielt (30.9.1938). Auch Hilde Krahls Parteieintritt 1936 führte zu keinen sichtbaren Privilegien, die nicht auch anders hätten erworben werden können. Nicht das Parteibuch, sondern ihr Starpotential dürfte ausschlaggebend gewesen sein, daß Goebbels Filmpläne mit ihr persönlich besprach (»Sie ist außerordentlich gescheit«, 20.9.1940).

Diese Ehre wurde nach der Kriegswende 1942/43 nur noch ganz wenigen Spitzenstars wie Leander und Jannings zuteil, bemerkenswerterweise aber auch der österreichischen Darstellerin Paula Wessely, mit der Goebbels noch im Juli 1943 zwecks Stoffbesprechung »einige Freundlichkeiten« austauschte (1.7.1943). Auch die erotisch-exotische Brigitte Horney, die einige durchaus patriotische Filmrollen vorzuweisen hatte, wurde nach einem TBC-bedingten Sanatoriumsaufenthalt in Davos von Goebbels empfangen. Dabei freute sich der Minister, »daß Brigitte Horney bei ihrem Aufenthalt in der Schweiz sich so in ihrer nationalsozialistischen Gesinnung gefestigt hat. Ich sah wenige Schauspieler und Schauspielerinnen, die so klare Meinungen zum Krieg zur Schau tragen wie sie« (29.6.1944).

Persönliche Freundschaften und Bekanntschaften zwischen Filmleuten und Goebbels, Hippler oder Hinkel, die über die regelmäßige Teil-

---

80 Rathkolb, S. 169.
81 BDC-RKK Elisabeth Flickenschildt: Personalkarte.

nahme am »engsten Kreis« hinausgingen, halfen mehr als Parteimitgliedschaften. Der Regisseur Hans H. Zerlett war mit Hans Hinkel befreundet. Käthe Haack, die Mutter von Hannelore Schroth, war ebenfalls mit dem Reichskulturwalter Hinkel gut bekannt, womöglich über ihren Mann Heinrich, der wie Hinkel offenbar Mitglied der SS war. Sie wandte sich bei ihren Ansinnen an Hinkel als »liebes Hänschen«. Solche Kontakte halfen gewiß, ihre Tochter durch einen von Goebbels vermittelten Bescheid Hitlers vom Arbeitsdienst zu befreien.[82] Und im Terminkalender Heinrich Himmlers ist am 6.9.1942 ein Abendessen mit einem »Fräulein Ilse Werner« vermerkt, mit anschließender Vorführung von Wochenschauen.[83]

Besonders engen Kontakt zu Goebbels pflegte auch die Berliner Theaterschauspielerin Carola Höhn. Sie war sogar bei einigen Zusammenkünften dabei, bei denen sonst nur Goebbels' Familie und engste Freunde wie »Reichsbühnenbildner« Benno von Arent oder der Berliner Polizeipräsident Helldorf anwesend waren (17./18.4. 1938, 5.6.1938). Im Ergebnis solcher Treffen hieß es: »Carola Höhn hat Sorgen« (3.4.1937), derer sich Goebbels dann auch annahm: »Ich [ver]schaffe ihr eine gute Rolle im »Claudia«-Film« (12.8.1937)[84] oder »Liste der klassifizierten Künstler wird nun von mir nochmal überprüft. Carola Höhn rette ich den Vertrag« (16.6.1937).

Favoritenstellungen bei Goebbels oder Hitler hielten allerdings nicht ewig. Dies mußten viele Lieblinge der dreißiger Jahre erfahren, die wie Luise Ullrich und Jenny Jugo so häufig Gäste der NS-Oberen waren. Als Veit Harlan seine Frau Hilde Körber verließ, wurde diese direkt bei Goebbels und Hitler vorstellig, um ihr Leid zu klagen. »Hilde Körber weint mir etwas vor«, kommentiert dies Goebbels zynisch (19.8. 1938). Immerhin verschaffte er der Mutter von drei Kindern, die sich auch mit Briefen an den »Führer« wandte, einen Filmvertrag mit der Tobis »als soziale Maßnahme«, denn, so stellte Goebbels' Personalbeauftragter 1942 fest, Hilde Körber sei »nur ganz bedingt einzusetzen«.[85]

---

82 BDC-RKK Hannelore Schroth. Präsident der RKK an Präsident der RFK vom 24.11.1941. Danach sollten alle Sängerinnen und Tänzerinnen von diesem Bescheid profitieren.

83 Zentrum für die Aufbewahrung Historisch-Dokumentarischer Sammlungen Moskau, R-1372-5-23.

84 Aus dieser Rolle wurde nichts: In GEWITTERFLUG ZU CLAUDIA bekam dafür eine andere Bekannte des Ministers, Jutta Freybe, die Hauptrolle.

85 BDC-RKK Hilde Körber-Harlan: Müller-Goerne an Hilleke vom 3.8.1942.

Doch konnte man den Bogen auch überspannen. Mit einer Mischung aus Starallüren und Unbekümmertheit beriefen sich einige Top-Darsteller bei ihren Problemen mit Regisseuren oder Produktionschefs auf angebliche Versprechen Goebbels'. Brigitte Horney lehnte bei den Dreharbeiten zu GELIEBTE WELT mehrere Kameramänner ab und behauptete, Goebbels habe zugesagt, daß all ihre Wünsche erfüllt werden sollten. Umständliche Nachfragen der zunächst eingeschüchterten Filmleute waren die Folge, bis sich herausstellte, daß in dieser Sache »eine Unterhaltung zwischen dem Minister und Frau Horney niemals stattgefunden« hatte.[86]

Luise Ullrich galt schon ab 1935 als am Drehort recht renitent. Außerdem hatte sie bei Goebbels Kredit verspielt, weil sie 1938 angeblich Hollywood-Angebote annehmen wollte. Als sie sich schließlich nach einem längeren Südamerikaaufenthalt weigerte, die von Goebbels für sie ausgesuchten Filmrollen auch zu spielen, erteilte der Propagandaminister im April 1942 eine streng geheime Anweisung, sie für mindestens ein Jahr nicht mehr im Film einzusetzen.[87]

Jenny Jugo nützten die zahlreichen Treffen im kleinen Kreis mit Hitler und Goebbels (»Der Führer hat ihr Blumen geschickt«, 11.10. 1935), für die sie sich mit überschwenglichen »Heil mein Führer«-Briefen bedankte, im Krieg immer weniger. Zwar ordnete Goebbels noch im Mai 1942 persönlich an, ihre Gagenforderungen von 80 000 RM pro Film zu erfüllen. Als sie aber im September 1944 von ihrer eigenen Haushälterin wegen defaitistischer Äußerungen denunziert wurde, ließ Goebbels unter Einschaltung Hitlers gleich mit untersuchen, ob Jugos Ehemann Friedel Benfer nicht ungerechtfertigterweise u.k. gestellt worden war.[88]

Das Verhalten vieler Nazi-Lieblingsfilmkünstler ergibt sehr oft nur ein zwiespältiges Bild. Käthe Dorsch schickte Ergebenheitstelegramme an Hitler und versuchte, durch Kontakte zu NS-Führern bessere Rollen zu erhalten, setzte sich aber auch für Juden und bedrängte und bedürftige Kollegen ein (14.12.1937, 19.1.1940, 12.2. 1941). Wolfgang Liebeneiner intervenierte bei Goebbels gegen das Todesurteil für Düwell, log zugleich später über seinen Anteil bei dem »Euthanasie«-Film ICH KLAGE AN, sagte nach dem Kriege, er habe

---

86 BDC-RKK. Brigitte Horney. Müller-Goerne an Hilleke vom 22.8.1942.
87 BDC-RKK Luise Ullrich: Leiter Film an Reichsmeister vom 27.4.1942.
88 BDC-RKK Jenny Jugo: Hinkel an Goebbels vom 28.9.1944; Ministeramt an Hinkel vom 6.10.1944.

nach dem Tode Düwells um seine Ablösung als Ufa-Produktionschef gebeten, während Hans Hinkel in Briefen an Goebbels Liebeneiner großen Arbeitseifer bescheinigt. Henny Porten schrieb nette Briefe an Hitler und Göring, meckerte aber in von der Gestapo abgefangener Post über die Lebensmittellage und wurde dafür von Goebbels verwarnt. Bei aller unbestreitbaren Anbiederung und Anpassung verfügten nur wenige Künstler über genug taktisches Geschick im Umgang mit dem unberechenbaren Minister, waren unvorsichtig, überheblich und manchmal tatsächlich unpolitisch.

Leni Riefenstahl, die einzige Filmregisseurin des Dritten Reichs, und auch »die einzige von all den Stars, die uns versteht« (Goebbels), ist wohl die bestbeschriebene Figur des NS-Films. Selbst die Goebbels-Tagebücher sind dazu ausführlich ausgewertet worden, obwohl das brisanteste Material in den noch nicht veröffentlichten Jahrgängen 1933-35 enthalten sein dürfte.

Zahlreich sind die Unwahrheiten, die Leni Riefenstahl nach dem Krieg auftischte. In Ray Müllers Filmdokumentation DIE MACHT DER BILDER sind ihr vor laufender Kamera ja die Widersprüche ihrer Aussagen mit Goebbels' Notizen bereits vorgehalten worden, insbesondere ihr ständiger gesellschaftlicher Verkehr mit der NS-Spitze, der schon vor der »Machtergreifung« begann. Man gewinnt allerdings den Eindruck, sie habe, wie wohl viele andere Künstler auch, ihre über die Jahre hochgehaltene Unschuldsversion so verinnerlicht, daß sie heute ohne Unrechtsbewußtsein tatsächlich daran glaubt.

Anläßlich der Auseinandersetzung um ihre Bilderausstellung in Hamburg im Sommer 1997 meldete sich Leni Riefenstahl in zahlreichen Interviews zu Wort. Unter anderem sagte sie auf Fragen, ob sie den Exodus jüdischer Schauspieler und Freunde nach dem Januar 1933 nicht bemerkt habe: »In den ersten fünf Monaten der Machtübernahme war ich doch gar nicht in Deutschland, sondern mit dem amerikanischen Team zu Dreharbeiten in der Schweiz, am Berninapaß. Da haben wir in einer Berghütte gewohnt, wo es noch kein Fernsehen, nicht einmal Rundfunk gab. Ich hab also die Machtübernahme überhaupt nicht erlebt, von der Bücherverbrennung keine Ahnung gehabt. Erst im Juli 1933 bin ich wieder nach Deutschland gekommen.«[89]

Es dürfte auch andere Beweise geben, daß Leni Riefenstahl zu die-

89 Interview mit dem *Zeit-Magazin*, Nr. 36/1997, S. 13.

Leni Riefenstahl während der Dreharbeiten zum OLYMPIA*-Film 1936: Hysterie oder Sabotage?*

sem Zeitpunkt doch in Deutschland war (Goebbels' Tagebuch setzt bisher erst im Mai 1933 wieder ein). Bei Goebbels erscheint sie jedenfalls bereits am 17. Mai 1933 voller Tatendrang: »Nachm. Leni Riefenstahl: Sie erzählt von ihren Plänen. Ich mache ihr den Vorschlag eines Hitlerfilms. Sie ist begeistert davon.« Und kurz darauf ist sie auch bei einem »mißglückten Picknick« mit Goebbels und Hitler dabei (26.5.1933). In den Wochen danach ging man dann schon gemeinsam an die Ausarbeitung der Filmpläne (12.6.1933).

Einige Legenden, so die angeblich ohne Reichsmittel zustandegekommene Finanzierung ihres OLYMPIA-Films oder ein von ihr bestrittenes Dankestelegramm an Hitler, sind schon lange zu ihren Lasten aufgeklärt. Nach wie vor dubios sind ihre Kontakte zu dem *Stürmer*-Herausgeber und Nürnberger Gauleiter Julius Streicher, der ihr glühende Dankesbriefe über »die Stunden, die wir in Deinem Haus verbrachten« schrieb.[90] In ihren Erinnerungen will Leni Riefenstahl Streicher nur einmal gesehen und ihn gleich wegen seines *Stürmers* be-

90 BDC-RKK Leni Riefenstahl. Vollmacht vom 11.12.1933 an Julius Streicher sowie »Abschrift eines handschriftlichen Briefes des Gauleiters an Leni Riefenstahl«, abgedruckt bei Rathkolb, S. 227f.

91 Leni Riefenstahl, *Memoiren*, München 1987, S. 207.

Empfang für Leni Riefenstahl zur Premiere des OLYMPIA-Films: »Die Leni kann schon sehr viel«

schimpft haben.[91] Vieles über das Verhältnis Goebbels/Hitler-Riefenstahl wird noch hinzukommen, wenn die Tagebücher der Jahre 1933-1935 vollständig erschlossen sind. Insbesondere wird man in den Notizen nach dem ständigen Haß und den Sabotageabsichten suchen, mit denen Goebbels sie laufend verfolgt haben soll.

Soweit man bisher sehen kann, bewunderte Goebbels die Arbeit von Leni Riefenstahl und hielt auch persönlich sehr viel von ihr. Aber sicherlich störte ihn ihr direkter Draht zu Hitler und ihr selbstbewußtes Aufreten als Frau und brillante Filmemacherin, das er regelmäßig als »hysterisch« bewertete.

Leni Riefenstahl taucht nach 1938, als noch ein sehr intensiver persönlicher Kontakt zu Goebbels bestand, und man gemeinsam die Vermarktung des OLYMPIA-Films im Ausland sowie ihren USA-Aufenthalt (Goebbels: »Ich schicke sie nach Hollywood zum Studium der dortigen Technik«, 22.3.1938) plante, in den Aufzeichnungen des Ministers kaum mehr auf. Auf den ersten Blick inkriminierende Tagebucheinträge, in denen Riefenstahl über »Terror und Boykott« berichtet, den die Juden in den USA ausübten (5.2.1939), sind mit Vorsicht zu genießen. Zwar war Leni Riefenstahl sicherlich über die Ablehnung ihres OLYMPIA-Films in den USA erbost. Doch die billigen antisemitischen Propagandafloskeln gehören zum Standard-Repertoire des Goebbelsschen Amerika-Bildes. Riefenstahls vom Pech verfolgte Arbeit an dem zum Teil direkt aus dem Reichshaushalt finanzierten Film TIEFLAND, den Goebbels für viel zu teuer hielt (6.12.1940),[92] aber in dessen Produktion er nicht eingreifen wollte (30.3.1940), wird am 16.12.1942 mit der Feststellung kommentiert, die Regisseurin sei darüber krank geworden und brauche dringend Erholung. Es ist das letzte von Goebbels vermerkte Treffen.

Kein schlechtes Wort fällt bei Goebbels über Marlene Dietrich. Rätselhaft bleiben die Passagen über den angeblichen Rückkehrwillen der Leinwandlegende, die schon vor 1933 in die USA gegangen war. Goebbels sandte den Intendanten des Deutschen Theaters in Berlin, Heinz Hilpert, als Emissär nach Paris, um dort die mit DER BLAUE ENGEL weltbekannt gewordene Schauspielerin zur Rückkehr nach Deutschland zu bewegen. Auf Grund von Hilperts Bericht vermerkt er: »Marlene Dietrich kann erst in einem Jahr in Berlin auftreten. Aber sie steht fest zu Deutschland« (12.11.1937). Aus ihren Memoiren ist dagegen zu entnehmen, daß Marlene Dietrich nie die Absicht hatte und auch nichts darüber äußerte, nach Berlin zu kommen.[93]

Weil er mit einer Jüdin verheiratet war, soll Heinz Rühmann 1936/37 auf der »Abschußliste« gestanden haben, seine Arbeitsmöglichkeiten seien in Gefahr gewesen.[94] Er befand sich zeitweise auf einer Sondererlaubnis-Liste und wechselte nach seiner Scheidung von Maria Bernheim erst im Januar 1939 auf die ordentliche Liste. Ein gewisser Druck und vereinzelte Proteste kamen auch von unteren Parteistellen. Doch die Folgen blieben gering: Obwohl Angebote angeblich ausblieben, drehte Rühmann von 1936 bis 1938 pro Jahr vier Filme. In Rühmanns Erinnerungen wird der Propagandaminister kaum erwähnt. Um so öfter taucht der Mime in Goebbels' Tagebuch auf. Als »systemstabilisierender Komödiant« (Karsten Witte), der das konforme Aufbegehren des kleinen Mannes im NS-Staat symbolisierte, genoß Rühmann von Anfang an höchste Wertschätzung und gehörte bald zu einem relativ engen Kreis um Goebbels. Rühmann konnte sich eine gewisse Renitenz leisten. Einmal verdächtigt ihn Goebbels, von »jüdischer« Mitwirkung bei der Komödie DER MUSTERGATTE gewußt zu haben (10.10.1937). Später bezeichnet er

92 Siehe dazu Unterlagen in BA/R 43 II/810b.
93 Marlene Dietrich, *Nehmt nur mein Leben*, München 1979, S. 106f.
94 Ball, S. 80.

ihn gar als »frech« und »reichlich unverschämt«, ja läßt ihn »verwarnen« (7.4.1940). Dabei ging es wohl um von Terra-Produktionschef Peter Paul Brauer genährte Gerüchte, Rühmann wolle ins Ausland gehen, was sich aber rasch aufklären ließ: »Rühmann hat sich positiv erklärt« (10.4.1940). Goebbels notiert stets, sich bei privaten wie beruflichen Schwierigkeiten des Schauspielers hilfsbereit zeigen zu wollen (»Heinz Rühmann hat Sorgen mit dem Regisseur Wisbar. Ich befreie ihn davon«, 18.12. 1937).

Die Wochenschau zeigte im Kriegswinter 1940 einen Wunschkonzert-Auftritt Rühmanns, der zu Ehren von Kapitänleutnant Prien zusammen mit seinen Kompagnons Hans Brausewetter und Josef Sieber (aus PARADIES DER JUNGGESELLEN) den abgewandelten »Seemann«-Schlager gegen Churchill sang: »Das wird den ersten Seelord doch erschüttern, lügt er auch wie gedruckt.«

Zu Goebbels' 43. Geburtstag überraschte ihn der begnadete Komödiant mit einem »lustigen Geburtstagsfilm«, den »Heinz Rühmann mit den Kindern gedreht hat, zum Lachen und zum Weinen, so schön« (30.10.1940). Ein solcher Filmstreifen ist erhalten geblieben,[95] womöglich gab es mehrere. Rühmann, der in der Wochenschau als Flieger auftrat , will auch mit einer Filmkopie ins Führerhauptquartier gereist sein, um hinter Goebbels' Rücken bei Göring und Hitler persönlich seine umstrittene Schulkomödie DIE FEUERZANGENBOWLE vor einem Verbot zu retten.[96] Laut Tagebuch war das gar nicht nötig: Goebbels selbst erhielt von Hitler die Weisung, den Film trotz Protesten aufzuführen (25.1.1944).

Ein einziges Mal soll Goebbels in Rühmanns Haus Am kleinen Wannsee Nr. 15 zu Gast gewesen sein.[97] Anlaß war der 65. Geburtstag von Rühmanns Stamm-Regisseur Carl Froelich am 5. September 1940. Rühmann dagegen muß Goebbels öfter besucht haben; so fand er sich am 21. September 1940 bei ihm im engsten Kreis der Filmpropagandisten ein, zusammen mit Jannings, Karl Ritter und Gustav Ucicky, der schon 1938 NSDAP-Wahlfilme gedreht hatte.

Am 26. Januar 1941 saßen u.a. beisammen: Rühmann, Adjutant Hans-Leo Martin, der »Führer«-Fotograf Heinrich Hoffmann, Carl Froelich und die Frau des »Reichsbühnenbildners« Benno von

95 BA-Film Nr.1843.
96 Rühmann, S. 152ff. Vgl. Eintrag vom 25.1.1944.
97 Ball, S. 97.

Heinz Rühmann, Hermann Göring: Häufiger Gast dreht »lustigen Geburtstagsfilm«

Arent. Auch im Krieg gab es noch die (halb)privaten Treffen mit Goebbels, so als Rühmann und Hertha Feiler am 1. August 1942 neben Hippler, Rolf Hansen, Jenny Jugo und deren Mann Friedel Benfer in die Ministerwohnung kamen.

Engsten Kontakt zu Goebbels hielt auch Veit Harlan, der Regisseur aufwendiger Propagandaepen. Er zählte zu einem exklusiven Kreis von Freunden und Filmkünstlern, die Goebbels auch auf dessen Landsitz am Berliner Bogensee besuchten. Nach einem solchen Treffen notiert Goebbels: »Harlan ein kluger Kerl. Ich werde ihn mir merken« (26.4.1937). Der Minister setzte den Regisseur kurz darauf in den Aufsichtsrat der eben aufgekauften Ufa. Für ihn war Harlan »ein Fanatiker und Kämpfer« (15.4.1938). Ein Vergleich ergibt, daß Harlan von allen Regisseuren und Schauspielern Goebbels' häufigster Gast bei »Spazierfahrten«, »Palavern« und gemeinsamen Filmvorführungen war, ja daß Goebbels (große Ausnahme in seinen Beziehungen zu »Filmschaffenden«) zeitweise mehr private als berufliche Kontakte erwähnt. In Harlans Memoiren ist nur eine einzige Einladung festgehalten, deren Beschreibung erheblich von Goebbels' Tagebucheintrag abweicht.[98] Bis weit in den Krieg hinein taucht der Name Harlan im Tagebuch auf, wann immer Goebbels Treffen mit Filmleuten notiert. Als Beweis großer Gunst darf gelten, daß Harlan und Söderbaum mit Goebbels die Silvesterabende, so auch 1940 und 1942, im engsten Freundes- und Familienkreis der Goebbels' in deren Privatwohnung verbrachten.

Nachdem weder die »Göttliche« Greta Garbo noch Marlene Dietrich oder Ingrid Bergman in Deutschland filmen wollten, wurde die schwedische Schauspielerin Zarah Leander zum Superstar, zur »Ersatz-Garbo« mit den höchsten Einspielergebnissen. Für den deutschen Film im Krieg war sie von unschätzbarem Wert. Zarah Leander verkörperte »jenen Schimmer des Rätselhaften, jene schwerblütige Melancholie« (Klaus Kreimeier)[99] und das melodramatische Durchhaltekino, das sie mit Liedern wie »Es wird einmal ein Wunder geschehen« zu Riesenerfolgen führte.

Bei Goebbels erscheint Zarah Leander tatsächlich so unpolitisch, wie sie sich selbst sah, zugleich aber auch als anpassungsfähig und zäh in der Vertretung ihrer Interessen. Bemerkenswerterweise erkannte Goebbels Zarah Leanders Ausstrahlung, Kassenkraft und Publikumswirkung anfangs gar nicht. Vielmehr sperrte sich der Propagandaminister sogar zunächst gegen ihr Engagement durch die Ufa (8.2.1937). Treibende Kraft war hier offensichtlich sein Mitarbeiter Hans Weidemann. Goebbels bezeichnet sie als »Deutschenfeindin« (15.1.1937) und bemerkt zur Frage eines festen Engagements in Deutschland: »Ich halte diese Frau für sehr überschätzt« (21.3.1937), um sich dann doch von den Ergebnissen an der Kinokasse überzeugen zu lassen: »Die geschäftlichen Erfolge mit ihr sind enorm« (6.10. 1937). Goebbels hegte und lobte sie fortan (15.9.1938).

Nach Kriegsausbruch stellte sich für Zarah Leander die Frage, ob sie in Deutschland bleiben oder nach Schweden zurückkehren solle. Goebbels versuchte sie mit allen Mitteln zu halten, bot ihr in einer langen Besprechung am 14. Juni 1939 eine neue Villa und ungeahnte Privilegien an, hoffte, sie würde sich heimisch und als Deutsche fühlen.[100]

98 Harlan, *Im Schatten meiner Filme*, Gütersloh 1966, S. 56f., Tagebuch vom 26.5.1937.
99 Kreimeier, S. 352.

Auf ähnliche Ansinnen der Ufa schrieb Zarah Leander dem Ufa-Generaldirektor Klitzsch im September 1939 etwas verklausuliert mit Blick auf den Kriegausbruch, »daß meine Gefühle für die Ufa und für meine deutschen Freunde durch die Ereignisse der letzten Zeit noch mehr konsolidiert worden sind.«[101] Sie stand für weitere Filme in Deutschland zur Verfügung und handelte dafür enorme Gagen aus, die zum Teil in schwedischen Kronen gezahlt werden mußten – eine Vereinbarung, die wegen des chronischen Devisenmangels im Krieg bald kaum mehr einzuhalten war.

Regelmäßig kümmerte sich Goebbels um seinen größten Star persönlich und bat sie häufig für kurze Unterredungen ins Propagandaministerium. Über Bedenken der Darstellerin, »daß Schweden in den Konflikt hinein gezogen werden könnte«, notiert Goebbels: »Frauen sind gänzlich unpolitisch« (11.1.1940). Viel wichtiger: »Sie hat Spaß daran, bei uns mit dabei zu sein«, hält er am 7.12.1940 fest. Besuche bei Goebbels in Schwanenwerder (8.10.1940) oder auf eine »kleine Plauderei mit Frau Leander« in Lanke (4.9.1940) waren keine Seltenheit. Auch nach der Filmpremiere von DIE GROSSE LIEBE suchte Goebbels die Diva auf (14.6.1942) – worüber die Pressse übrigens nicht berichten durfte. Zarah Leander scheute Treffen mit Goebbels und Hitler bei zahlreichen gesellschaftlichen Anlässen ebensowenig wie Auftritte beim Wunschkonzert.

Ab Herbst 1942 verbrachte Zarah Leander nur wenig Zeit in Deutschland und nutzte ihre ständige Reiseerlaubnis nach Schweden, wo sie ein Gut in Löno besaß. Ihr Vertrag mit der Ufa lief am 31. Oktober 1942 aus, ein weiterer für das Melodram DAMALS sollte bis Mitte 1943 gelten. Erst nach der Premiere dieses Films kam es zum Bruch mit der Ufa. Goebbels versuchte aber offenbar, Leander mit Stoff- und Filmvorschlägen zu weiteren Filmen zu überreden. Ihre letzte »kurze Unterredung« (28.11.1942) war harmonisch verlaufen: Die Schauspielerin berichtete dem Minister wie bei ähnlichen Treffen zuvor auch schon, wie günstig die Stimmung in Schweden für Deutschland sei – jedenfalls hörte Goebbels dies nur zu gerne heraus. Angeblich im April 1943 siedelte die Diva endgültig wieder nach Schweden um.[102] Im selben Monat wollte Goebbels ihr weitere Angebote unterbreiten, u.a. sollte sie für nur einen Film und eine Drehzeit

---

100 BA R 109I/ 2874 Notiz für Klitzsch vom 15.6.1939.
101 BA R 109I/2 Leander an Klitzsch vom 14.9.1939.
102 Kreimeier, S.354f.

Kassenmagnet Zarah Leander: »Spaß, mit dabei zu sein«

von April bis Juli 1943 250 000 RM erhalten. Ob zu diesem Zeitpunkt tatsächlich noch von dem Titel »Staatsschauspielerin« für sie die Rede war, ist zweifelhaft. Denn mit diesem Anliegen war Goebbels schon einmal gescheitert. So schreibt er zwar am 21.11.1941: »In diesem Zusammenhang werfe ich auch den Fall Leander auf. Der Führer vertritt den Standpunkt, daß selbstverständlich Frau Leander auch zur Staatsschauspielerin ernannt werden muß, weil sie erstens wirklich eine große Schauspielerin ist und sich zweitens große Verdienste um die Weltgeltung des deutschen Films erworben hat.« Doch entweder hat Hitler seine Meinung geändert oder Goebbels war etwas voreilig. Erst Monate später, nach der Premiere von DIE GROSSE LIEBE, taucht der Vorgang in den Akten auf: Die Filmabteilung des Propagandaministeriums sollte bei Hitler dessen Stellungnahme in Erfahrung bringen.[103] Nach Fühlungnahme mit dem Staatssekretär der Präsidialkanzlei, Hans-Otto Meissner, entstand der Eindruck, Hitler habe Bedenken wegen der schwedischen Staatsangehörigkeit von Zarah Leander.[104] Im September 1942 hieß es dann unmißverständlich, daß Hitler die Ernennung nicht wünsche.[105]

Doch unabhängig von Ehrentiteln: Der Abgang von Zarah Leander vollzog sich nicht so plötzlich, wie später dargestellt. Sie scheint die Angebote von Goebbels zumindest nicht kategorisch abgelehnt zu haben. Vielmehr zogen sich die Verhandlungen bis September 1943 hin, wobei Zarah Leander sehr hinhaltend auf ihr zugeschickte Filmstoffe reagierte.[106] Immerhin fuhr sie für die Synchronisation ihres letzten deutschen Films im Krieg, DAMALS, nach Paris.[107] Der Schauspielerin ging es auch darum, ihre enormen Guthaben und Wertgegenstände ohne Probleme aus Berlin herauszubekommen.

Aber wurde sie, wie ebenfalls immer wieder behauptet,[108] nach ihrem Weggang in Deutschland zur Unperson, deren Filme und Lieder aus den Medien verschwanden? Für die Presse mag dies gelten. Die Überlegungen von Filmwirtschaft und Propagandaministerium ergeben ein völlig anderes Bild. Erst als im Juli 1944 angebliche »deutschenfeindliche« Interviews der Schauspielerin in der Stockholmer Presse bekannt wurden, forderten einzelne Parteistellen die Absetzung aller Leander-Filme. Hinkel legte diese Frage auch Goebbels vor, mit der Anmerkung, die Exportschlager seien schließlich die »Lokomotive für die ganze deutsche Produktion, deren Verkauf damit infrage gestellt wäre«. Aus ökonomischen Gründen könnten die Filme weder im In- noch im Ausland zurückgezogen werden. Verbote einzelner Gaue müßten aufgehoben werden. Und: Über 500 Kopien der Leander-Filme seien im Umlauf, mit einem jährlichen Einspiel von über drei Millionen RM![109] Kurz darauf teilte die Reichspropagandaleitung mit, DIE GROSSE LIEBE bleibe weiterhin zugelassen.[110] Erst im Januar

---

103 BA R 55/118 Nr. 5 Ministeramt an Abt. Film vom 24.5.1942.
104 BA R 55/ 118 Nr. 3 Stellungnahme Personalabt. vom 19.6. 1942.
105 BA R 55/118 Nr. 9 Vermerk Personalabt. vom 9.9.1942.
106 Vgl. Paul Seiler, *Zarah Leander. Ich bin eine Stimme*, Berlin 1997, S. 64ff.
107 Siehe Unterlagen in Personalakte BA R 109I/2874.
108 Cornelia Zumkeller, *Zarah Leander*, München 1988, S. 133, wird von Kreimeier, S. 355 wiederholt.
109 BDC-RKK Zarah Leander. Ministervorlage vom 18.7.1944.
110 BDC-RKK Zarah Leander. Leiter RPL an RPA Bayreuth vom 21.7.1944.

Heinrich George: Treuer Kämpfer

1945 wurde im Propagandaministerium festgestellt, im Inlandsrundfunk würden keine Lieder mehr von Zarah Leander gespielt.[111]

Heinrich Georges Rolle im Nationalsozialismus wird noch immer sehr kontrovers diskutiert. Eine neue biographische Verteidigungsschrift ist jüngst erschienen.[112] Doch auch sowjetische Vernehmungsprotokolle Georges nach seiner Internierung durch die russische Besatzungsmacht sind aufgetaucht, in denen sich der Schauspieler äußerst reumütig gibt. Hatte er Grund dazu?

Das damalige Publikum mußte George als einen der treuesten NS-Anhänger unter den »Filmschaffenden« wahrnehmen.[113] Seine regel-

111 BDC-RKK Zarah Leander. Reichsmeister an Hinkel vom 8.1.1945.
112 Werner Maser, *Heinrich George. Mensch, aus Erde gemacht*, Berlin 1998.
113 Siehe auch Interview Georges im *Völkischen Beobachter* vom 28.4.1938, S. 5.

mäßigen öffentlichen Treueschwüre, pathetischen Huldigungen, seine Rundfunklesungen nationaler Texte, seine Propagandarollen in JUD SÜSS und KOLBERG und sein von der Wochenschau vorgeführter Applaus für Goebbels' Rede zum »totalen Krieg« ließen keinen anderen Schluß zu. Als einer der ersten Darsteller zum Staatsschauspieler und Reichskultursenator ernannt, erhielt er zu seinem 50. Geburtstag im Mai 1943 die Generalintendanz des Schillertheaters.

Goebbels lobt den begnadeten und leidenschaftlichen Schauspieler mit der »vollsaftigen Natur« beständig – politisch wie künstlerisch – und berichtet Gleiches von Hitler. Der Minister ärgerte sich sogar darüber, daß George von den Resten der intellektuellen Berliner Bühnenkritik Gründgens gegenüber ständig benachteiligt würde (28.6.1944). Was Albers und Gründgens Ende 1944 ablehnen, nämlich ein letztes öffentliches Bekenntnis zum »Führer«, wird von George geleistet. »George ist immer noch der alte tapfere Kämpfer für unsere Sache, der auf Gedeih und Verderb mit uns geht«, diktierte der Minister am Weihnachtstag 1944.

Anhang

Was Goebbels wirklich schrieb: Entzifferungsfehler in den Tagebuch-Editionen

Die Handschrift Goebbels' ist tatsächlich schwer lesbar, zumal wenn nur Kopien schlechter Microverfilmungen vorliegen. So weisen die bisherigen Goebbels-Editionen zwangsläufig einige Entzifferungsfehler und Ungenauigkeiten auf. Manche wären wohl nur bei großer Vertrautheit mit einem bestimmtem Thema zu vermeiden gewesen, andere hätten vom Inhaltlichen her ins Auge springen müssen. So rätselt man, wenn man unter dem 24.10.1935 Goebbels klagen hört, es seien »zu wenig Nazis in der Partei«,[1] wobei sich bei genauerem Hinsehen herausstellt, daß er eigentlich die Polizei meinte. Letztlich aber ist wohl niemand vor falschen Entzifferungen dieses Materials gefeit.

Auch für den Filmbereich muß man einige Korrekturen nachliefern. So werden in den vorliegenden Veröffentlichungen zum Beispiel Filme, die Goebbels unter ihrem Arbeitstitel erwähnt, falsch zugeordnet oder auch falsch entziffert. Da wird ein FALL ROBERTS[2] (auch als DIE NACHT IM FORSTHAUS aufgeführt, Erich Engels, 1933) zu einem »Fall Borsch«, obwohl der Griff zum Filmlexikon leicht hätte Aufschluß geben können. Daß Goebbels Josephine Bakers Film ZOU-ZOU einen »Schmarren« fand (29.1.1936), NUR EIN KOMÖDIANT mit Rudolf Forster dagegen »ganz große Klasse« (17.8. 1935), bleibt einem wegen der ausbleibenden Entzifferung der Filmtitel vorenthalten,[3] ebenso der Titel des von Goebbels gelobten italienischen Kriegsfilms (»gut gemachter nationaler Film aus dem Abessinienkrieg. Aber künstlerisch nicht gut«, 7.11.1939[4]), nämlich LUCIANO SERRA PILOTA (Goffredo Alessandrini, 1938).

Der verbotene, halbdokumentarische Reichsbahn-Film hieß DAS STAHLTIER[5], nicht das »Stahltor«. Aus DAS GEHEIMNIS UM BETTY BONN (Robert A. Stemmle, 1938) wird mal eine »Betty B.« (30.1.1938), dann eine »Betty Blum« (10.6.38).[6] Und statt LIEBE KANN LÜGEN (Heinz Helbig, 1937) liest man »Lotte kann lügen« (26.6.1937).[7] Aus

---

1 Elke Fröhlich (Hrsg.), *Die Tagebücher von Joseph Goebbels. Sämtliche Fragmente. Teil I 1924-1941*, München 1987 (Fröhlich I), Bd. 2, S. 531.
2 Fröhlich I, Bd. 2, S. 417.
3 Fröhlich I, Bd. 2, S. 570 bzw. 542.
4 Siehe Fehler bei Fröhlich, Bd. 3, S. 634.
5 Fröhlich I, Bd. 2, S. 524
6 Fröhlich I, Bd. 3, S. 171 bzw. S. 420.
7 Fröhlich I, Bd. 3, S. 186.

der KORALLENPRINZESSIN (Viktor Janson, 1937) wird eine »Kosakenprinzessin« (11.10.1937)[8], und DER MANN MIT DER PRANKE (Regie: Rudolf van der Noss, Buch: Thea von Harbou, 1935) wird zum »Mann mit der Perücke« (19.11.1935).[9]

Schwerwiegender irrt man sich an der Stelle über den Drehbuchentwurf zum Film JUD SÜSS: »Die S.S. Muster ausgezeichnet geworden«, soll Goebbels laut Eintrag vom 9.11.1939 notiert haben.[10] Dabei heißt es richtig: »Von E.W. Möller. Ausgezeichnet geworden«.

Im Register der vierbändigen Edition des Saur-Verlags werden viele Namen von Personen aus dem Filmbereich falsch identifiziert oder verwechselt oder tauchen unter dem betreffenden Datum gar nicht auf. Obiger Eberhard Wolfgang Möller, Mitautor des JUD SÜSS-Drehbuchs, wird mit Goebbels' persönlichem Referenten Georg Wilhelm Müller verwechselt.[11] Der Regisseur Carl Froelich wird nicht nur zum Teil mit dem Schauspieler Gustav Fröhlich verwechselt, sondern ist auch im Register erst ab 1940 als von Goebbels erwähnt zu finden.[12]

Bei Goebbels' Mitarbeiter Hans Weidemann, der mehrmals mit dem Regisseur Alfred Weidenmann[13] und sogar mit Hitlers Adjutant Adi Wiedemann[14], verwechselt wird, fehlt zum Beispiel der Verweis auf die Daten des 16./17.4.1937, 3./8.5.1937 sowie des 8.10.1937. Auch setzte Goebbels natürlich nicht seinen Büroleiter und späteren Staatssekretär Werner Naumann an die Spitze des Kulturfilmreferats, sondern den Kulturfilmdramaturgen Carl Neumann[15], und es gab auf einer Vorstandssitzung 1937 in der Ufa nicht gegen den Hausregisseur Karl Ritter »starken Widerstand« (29.4.1937), sondern gegen den NS-Filmfunktionär Arnold Raether.[16]

Darüber hinaus fehlen eine Identifikation von Frank Maraun, Goebbels' Beauftragtem für den Filmnachwuchs, und von Ministerialrat Ernst von Leichtenstern, dem Filmabteilungsleiter.

---

8 Fröhlich I, Bd. 3, S. 298.
9 Fröhlich I, Bd. 2, S. 542.
10 Fröhlich I, Bd. 3, S. 63.
11 Fröhlich I, Bd. 3, S. 657.
12 Fröhlich I, Register, S. 85.
13 Fröhlich I, Register, S. 305f.; Die Tagebücher von Joseph Goebbels. Teil II. Die Diktate 1941-1945. Im Auftrag des Instituts für Zeitgeschichte und mit Unterstützung des Staatlichen Archivdienstes Rußlands. Herausgegeben von Elke Fröhlich. 15 Bde., München 1993ff. (Fröhlich II), Bd. 9, S. 654.
14 Fröhlich I, Bd. 3, S. 550 und S. 571.
15 Fröhlich I, Bd. 4, S. 67.
16 Fröhlich I, Bd. 3, S. 127.

Bei den Schauspielern taucht Heinz Rühmann mal als Rühman auf, während aus Emil Jannings mitunter ein Jennings wird.[17] Die italienische Schauspielerin Laura Solari wird als »Laura Solin« entziffert (20.9.1940).[18] Die 1937 liquidierte Tobis-Tonbild Syndikat wird laufend mit der Tobis-Film GmbH verwechselt, desgleichen der Dachkonzern Universum Film AG mit der Produktionsfirma Ufa-Film GmbH. Mit Emil Jannings besprach Goebbels viele Filmstoffe, darunter auch einen »sehr guten Ohm Krüger über den Burenkrieg« (29.11.1939) und natürlich nicht etwa einen »Burgenkrieg«[19]

Im Eintrag vom 12.7.1938 lobt Goebbels die Komödie EINE NACHT IM MAI: »Ein lustiger und gut gemachter Tanz-Film«, aber kein – wie fälschlich entziffert – »Terra-Film«[20], schließlich kam die Produktion von der Ufa. Ähnlich wird das Gagenproblem, mit dem Goebbels die hohen Bezüge der Schauspieler umschrieb, zu einem ominösen »Gegenproblem« (19.6.1937).[21] Und so gern es Goebbels gesehen hätte, konstatierte er am 13.10.1937 dennoch keine »Solidarität der Arbeit bei der Ufa«, sondern deren Solidität.[22] Nicht eine bisher unbekannte Zeitung »I.A.M.«, so heißt es am 30.6.1936, »meckert« gegen die Filmpolitik von Goebbels, sondern das orthodoxe Sturmabteilungsorgan *Der SA-Mann*.[23]

Als Goebbels den amerikanischen Revolutionsfilm VIVA VILLA! sah, hat er es nicht mit der Angst zu tun bekommen und gemeint: »Es wird zu gefährlich«[24], sondern er hat den Film mit dem brisanten Inhalt angesichts des noch nicht konsolidierten Regimes als »für uns nicht aufführbar, da noch zu gefährlich« (18.4.1934) bezeichnet. Ein »hochinteressanter garnicht jüdischer Film«, den Goebbels am 17.11.1939 beschrieb, entpuppt sich als das Gegenteil: ein »polnisch-jüdischer Film«, wahrscheinlich die jiddische Musikkomödie JUDEL SPIELT FIEDEL (1936).[25] Der US-Tanzfilm ONE IN A MILLION mit Sonja Henie gefiel Goebbels am 4.4.1937, weil er »sauber, nett und witzig« war, nicht etwa nur »sauber, hell und witzig«.[26] An Luis Trenkers Bergfilm

---

17 Fröhlich I, Bd. 2, S. 697; Bd. 3, S. 105.
18 Fröhlich I, Bd. 4, S. 333.
19 Fröhlich I, Bd. 3, S. 653.
20 Fröhlich I, Bd. 3, S. 478.
21 Fröhlich I, Bd. 3, S. 178.
22 Fröhlich I, Bd. 3, S. 300.
23 Fröhlich I, Bd. 2, S. 636.
24 Fröhlich I, Bd. 2, S. 474.
25 Fröhlich, Bd. 3, S. 644.
26 Fröhlich I, Bd. 3, S. 99.

LIEBESBRIEFE AUS DEM ENGADIN störte Goebbels nicht ein »Zuviel des Klatsches«, sondern des »Kitschs« (2.11.1938).[27]

Und als Goebbels im Streit um Wochenschaulizenzen am 15.3.1940 fand: »Die Amerikaner sind zu frech und unverschämt«, meinte er damit nicht eine »Frz. Wochenschau«, also eine französische, sondern die »Fox Wochenschau«.[28]

Mit seinem Filmabteilungsleiter Fritz Hippler besprach Goebbels am 20.3.1940 nicht einen »Vorvertrag bei der Ufa«, sondern eine personelle »Veränderung bei der Ufa«.[29]

»Die Fälle Speelmans und Schmitz mit Hussels amüsieren ihn besonders«, soll Goebbels am 22.3.1940 über Hitlers Vorliebe für die beiden im Wochenschau-Vorspann auftretenden »Tran und Helle«-Komiker geschrieben haben, statt dessen heißt es: »Die Filme Speelmans und Schmitz-Hussels«.[30] Statt einem »Polenfilm der Feuertaufe ›Luftwaffe‹« sah Goebels am 31.3.1940 den »Polenfilm der Luftwaffe ›Feuertaufe‹«.[31] Goebbels und Hitler sahen zusammen am 29.4.1941 einen »russischen Marinefilm«, nicht einen »neuen Schwedenfilm«.[32]

Und schließlich »frontieren sich« die deutschen Wochenschauen nicht, sie »rentieren sich glänzend«, konstatierte Goebbels am 31.5.1940.[33]

---

27 Fröhlich, Bd. 3, S. 527.
28 Fröhlich I, Bd. 4, S. 74.
29 Fröhlich, Bd. 4, S. 80.
30 Fröhlich I, Bd. 4, S. 80.
31 FröhlichI, Bd. 4, S. 92.
32 Fröhlich I, Bd. 4, S. 614.
33 Fröhlich I, Bd. 4, S. 83.

Glossar und Siglenverzeichnis

AA	Auswärtiges Amt
BA/K	Bundesarchiv Koblenz
BA/P	Bundesarchiv Potsdam
BDC	Berlin Document Center
DAF	Deutsche Arbeitsfront
DFG	Deutsche Filmherstellungs- und Verwertungsgesellschaft mbH
DFV	Deutscher Film-Verleih
DNB	Deutsches Nachrichtenbüro
DTW	Deulig-Tonwoche
DW	Deutsche Wochenschau
FKB	Filmkreditbank
HA	Hauptamt
KddK	Kameradschaft der deutschen Künstler
KdF	Organisation Kraft durch Freude
NSBO	Nationalsozialistische Betriebszellenorganisation
NSDAP	Nationalsozialistische Deutsche Arbeiterpartei
NSKK	Nationalsozialistisches Kraftfahrkorps
NSV	Nationalsozialistische Volkswohlfahrt
PK	Propaganda-Kompanie
RAD	Reichsarbeitsdienst
RFD	Reichsfilmdramaturgie
RFI	Reichsfilmintendanz
RFK	Reichsfilmkammer
RFM	Reichsfinanzministerium
RKK	Reichskulturkammer
RMVP	Reichsministerium für Volksaufklärung und Propaganda
RPL	Reichspropagandaleitung der NSDAP
SA	Sturmabteilung der NSDAP
SD	Sicherheitsdienst der SS
SIPO	Sicherheitspolizei
SOPADE	Sozialdemokratische Partei Deutschlands (Exil-SPD)
SS	Schutzstaffel der NSDAP
OKW	Oberkommando der Wehrmacht
OKH	Oberkommando des Heeres
UA	Uraufführung
uk.	unabkömmlich
UTW	Ufa-Tonwoche
WPr.	Abteilung Wehrmachtpropaganda beim OKW
Z	Zensur

Bibliographie

1. Archivalien
(Auswahl)

Bundesarchiv Koblenz (BA/K)

R 2	Reichsfinanzministerium
R 43	Reichskanzlei
R 55	Reichsministerium für Volksaufklärung und Propaganda
R 56 I	Reichskulturkammer
R 56 VI	Reichsfilmkammer
R 109 I	Universum Film AG
R 109 II	Reichsfilmintendanz
R 109 III	Reichsbeauftragter für die deutsche Filmwirtschaft
NS 10	Adjutantur des Führers
NS 18	Reichspropagandaleitung der NSDAP
NL 118	Joseph Goebbels
NL 98	Alfred Hugenberg
Zsg. 102	Sammlung Sänger
Zsg. 101	Sammlung Brammer
Zsg. 109	Sammlung Oberheitmann

Bundesarchiv Abt. Potsdam (BA/P)

50.01	Reichsministerium für Volksaufklärung und Propaganda
80 BA 2	Deutsche Bank
90 GO	Nachlaß Joseph Goebbels
90 RI	Nachlaß Karl Ritter

Bundesarchiv-Filmarchiv Koblenz (BA-Film/K) und Berlin (BA-Film/B)

über 150 Spielfilme 1933 bis 1945 sowie Wochenschau-Ausgaben 1935 bis 1945

Bundesarchiv Dokumentationszentrum (BA/Dokz.)

ungeordnetes, vermischtes Material, hauptsächlich Personalunterlagen und Sachakten des Reichsministeriums für Volksaufklärung und Propaganda

Berlin Document Center (BDC)

Personalunterlagen der Filmschaffenden im Bestand Reichskulturkammer

Institut für Zeitgeschichte, München (IfZ)

Nachlaß Goebbels ED 83, ED 172, MA 137O, F12 Nr.1-34.
MC 31 Spruchgerichtsakte Hippler

2. Aktenpublikationen, Dokumentationen, Editionen, Tagebücher
(Auswahl)

Akten der Parteikanzlei der NSDAP. Rekonstruktion eines verlorenenen Bestandes, bearb. von Helmut Heiber. Teil I 4 Bde., (2 Reg.-Bde.), München u.a. 1983; Teil II, bearb. von Peter Longerich. 4 Bde., (2 Reg.-Bde.), München u.a. 1992.

Albrecht, Gerd: Der Film im Dritten Reich. Eine Dokumentation, Karlsruhe 1979.

Boberach, Heinz (Hrsg.): Meldungen aus dem Reich 1938-1945. Die geheimen Lageberichte des Sicherheitsdienstes der SS, 16 Bde., Herrsching 1984.

Boelcke, Willi A. (Hrsg.): Kriegspropaganda 1939-1941. Geheime Konferenzen im Reichspropagandaministerium, Stuttgart 1966.

Boelcke, Willi A. (Hrsg.): »Wollt ihr den totalen Krieg?«. Die geheimen Goebbels-Konferenzen 1939-1943, Stuttgart 1967.

Deutschland-Berichte der Sozialdemokratischen Partei Deutschlands (SOPADE) 1934-1940, 7 Bde., Reprint Salzhausen/Frankfurt/M. 1980.

Domarus, Max (Hrsg.): Hitler. Reden und Proklamationen 1932-1945, 2 Bde., Würzburg 1962/63.

Fröhlich, Elke (Hrsg.): Die Tagebücher von Joseph Goebbels. Sämtliche Fragmente. Teil I 1924-1941. Im Auftrag des Instituts für Zeitgeschichte und in Verbindung mit dem Bundesarchiv, 4 Bde., München u.a. 1987.

Fröhlich, Elke (Hrsg.), Die Tagebücher von Joseph Goebbels. Teil II. Die Diktate 1941-1945. Im Auftrag des Instituts für Zeitgeschichte und mit Unterstützung des Staatlichen Archivdienstes Rußlands, 15 Bde., München u.a. 1993ff.

Halder, Franz: Kriegstagebuch. Tägliche Aufzeichnungen des Chefs des Generalstabes des Heeres 1939-1942, bearb. von Hans-Adolf Jacobsen, 3 Bde., Stuttgart 1962ff.

Heiber, Helmut (Hrsg.): Das Tagebuch des Joseph Goebbels 1925/26, Stuttgart 1960.

Heiber, Helmut (Hrsg.): Goebbels-Reden 1932-1945, 2 Bde., Düsseldorf 1971/72 (Nachdr. Bindlach 1991).

Hill, Leonidas E. (Hrsg.): Die Weizsäcker-Papiere 1933-1950, Frankfurt/M. u.a. 1974.

Jochmann, Werner (Hrsg.): Adolf Hitler. Monologe im Führerhauptquartier 1941-1944. Die Aufzeichnungen Heinrich Heims, Hamburg 1980.

Kardorff, Ursula von: Berliner Aufzeichnungen 1941 bis 1945, hrsg. von Peter Hartl, München 1992.

Klemperer, Victor: Ich will Zeugnis ablegen bis zum letzten, Tagebücher 1933-1945 2 Bde., Berlin 1995; derselb., Leben sammeln, nicht fragen wozu und warum. Tagebücher 1918-1932, 2 Bde., Berlin 1996.

Lochner, Louis P. (Ed.): The Goebbels diaries 1942-1943, New York 1948.

Lochner, Louis P. (Hrsg.): Goebbels-Tagebücher aus den Jahren 1942-1943, Zürich 1948.

Picker, Henry: Hitlers Tischgespräche im Führerhauptquartier, Stuttgart 1951 (Nachdr. Frankfurt/M.-Berlin 1989).

Reuth, Ralf Georg (Hrsg.): Joseph Goebbels. Tagebücher 1924-1945, 5 Bde., München 1992.

Schebera, Jürgen (Hrsg.): William L. Shirer. Berliner Tagebuch. Aufzeichnungen 1934-1941, Leipzig 1991.

Seraphim, Hans Günter (Hrsg.): Das politische Tagebuch Alfred Rosenbergs 1934/35 und 1939/40, Göttingen 1956.

Stadelmayer, Peter (Hrsg): Joseph Goebbels. Tagebücher 1945. Die letzten Aufzeichnungen, Hamburg 1977.

Sösemann, Bernd (Hrsg.): Theodor Wolff. Tagebücher 1914-1919, Boppard 1984.

Toepser-Ziegert, Gabriele (Bearb.): NS-Presseanweisungen der Vorkriegszeit. Edition und Dokumentation 1933-1936, 4 Bde., München 1987ff.
Ulrich von Hassell. Die Hassell-Tagebücher 1938-1944. Aufzeichnungen vom anderen Deutschland, hrsg. von Friedrich Freiherr Hiller von Gaertringen, Berlin 1988.
Wulf, Joseph: Film und Theater im Dritten Reich, Frankfurt/M. 1966.

3. Memoiren, Erinnerungen, publizierte Selbstzeugnisse
(Auswahl)

Badenhausen, Rolf (Hrsg.): Gustaf Gründgens.»Laß mich ausschlafen«, München/Wien 1982 (Nachdr. Frankfurt/M.-Berlin 1987).
Badenhausen, Rolf (Hrsg.): Gustaf Gründgens. Briefe, Aufsätze, Reden, Hamburg 1967.
Below, Nicolas: Als Hitlers Adjutant. 1937-1945, Mainz 1980.
Dietrich, Marlene: Nehmt nur mein Leben, München 1979.
Goebbels, Joseph: Vom Kaiserhof zur Reichskanzlei, Berlin 1934.
Gründgens, Gustaf: Briefe Aufsätze Reden, Hamburg 1967.
Hanfstaengl, Ernst: Zwischen Weißem und Braunem Haus. Memoiren eines politischen Außenseiters, München 1970.
Harlan, Veit: Im Schatten meiner Filme, Gütersloh 1966.
Hippler, Fritz: Die Verstrickung, Düsseldorf o.D. [1982].
Hoffmann, Heinrich: Hitler was my friend, London 1955.
Fröhlich, Gustav: Waren das Zeiten. Mein Film-Heldenleben. München/Berlin 1983 (Nachdr. Frankfurt/M.-Berlin 1989).
Knef, Hildegard: Der geschenkte Gaul, München 1982.
Krämer, Willi: Vom Stab Heß zu Dr. Goebbels, Vlotho 1979.
Martin, Hans Leo: Unser Mann bei Goebbels, Neckargemünd 1973.
Riefenstahl, Leni: Memoiren, München 1987.
Rühmann, Heinz: Das war's, Frankfurt/M.-Berlin 1982.
Trenker, Luis: Alles gut gegangen. Geschichten aus meinem Leben. München u.a. 1965 (Nachdr. 1974).
Wiedemann, Fritz: Der Mann, der Feldherr werden wollte, Velbert/Kettwig 1964.

4. Zeitungen und Zeitschriften
(Auswahl)

Der Angriff
Der deutsche Film
Essener Nationalzeitung
Filmkurier
Frankfurter Zeitung
Der Kinematograph
Licht-Bild-Bühne
Neue Zürcher Zeitung
Das Reich
Völkischer Beobachter

5. Zeitgenössische Literatur
(Auswahl)

Belling, Curt: Der Film in Staat und Partei, Berlin 1936.
Goebbels, Joseph: Michael. Ein deutsches Schicksal in Tagebuchblättern, München 1929.
Goebbels, Joseph: Zeit ohne Beispiel, München 1941.
Goebbels, Joseph: Das eherne Herz, München 1943.
Hippler, Fritz: Betrachtungen über das Filmschaffen, Berlin 1943.
Jahrbuch der Reichsfilmkammer 1937.
Kriegk, Otto: Der deutsche Film im Spiegel der Ufa, Berlin 1943.
Müller, Georg Wilhelm: Das Reichsministerium für Volksaufklärung und Propaganda, Berlin 1940.
Traub, Hans: Die Ufa. Ein Beitrag zur Entwicklungsgeschichte des deutschen Filmschaffens, Berlin 1943.

6. Darstellungen
(Auswahl)

Abel, Karl-Dietrich: Presselenkung im NS-Staat. Eine Studie zur Geschichte der Publizistik in der nationalsozialistischen Zeit, Berlin 1968.
Albrecht, Gerd: Nationalsozialistische Filmpolitik, Stuttgart 1969.
Auerbach, Hellmuth: Volksstimmung und veröffentlichte Meinung in Deutschland zwischen März und November 1938, in: Knipping, Franz/Müller, Klaus Jürgen (Hrsg.): Machtbewußtsein in Deutschland am Vorabend des Zweiten Weltkrieges, Paderborn 1984, S. 273-293.
August, Wolf-Eberhard: Die Stellung der Schauspieler im Dritten Reich, München Diss. phil. 1973.
Bärsch, Claus-E.: Erlösung und Vernichtung. Dr. phil. Joseph Goebbels 1923-1927, München 1987.
Balfour, Michael: Propaganda in War 1939-45. Organisations, Policies and Publics in Britain and Germany, London 1979.
Bandmann, Christa/Hembus, Joe: Klassiker des deutschen Tonfilms, München 1980.
Bauer, Alfred: Deutscher Spielfilm-Almanach 1929-1950, Berlin 1950 (Überarb. Neuausg. München 1976).
Barkhausen, Hans: Filmpropaganda für Deutschland im Ersten und Zweiten Weltkrieg, Hildesheim u.a. 1982.
Becker, Wolfgang: Film und Herrschaft, Berlin 1973.
Behrens, Tobias: Die Entstehung der Massenmedien in Deutschland, Frankfurt/M. 1986.
Belach, Helga: Wir tanzen um die Welt. Deutsche Revuefilme 1933-1945, München 1979.
Benzenhöfer, Udo/Eckart, Wolfgang U. (Hrsg.): Medizin im Spielfilm des Nationalsozialismus, Tecklenburg 1990.
Bering, Dietz: Kampf um Namen: Joseph Goebbels contra Bernhard Weiss, Stuttgart 1991.
Blumenberg, Hans C.: In meinem Herzen, Schatz ..., Frankfurt/M. 1991
Blumenberg, Hans C.: Das Leben geht weiter. Der letzte Film des Dritten Reichs, Berlin 1993.
Bock, Hans-Michael/Töteberg, Michael (Hrsg.): Das Ufa-Buch, Frankfurt/M. 1992.
Bohse, Jörg: Inszenierte Kriegsbegeisterung und ohnmächtiger Friedenswille. Meinungslenkung und Propaganda im Nationalsozialismus, Stuttgart 1988.

Borgelt, Hans: Die Ufa – Ein Traum, Berlin 1993.
Broszat, Martin/ Schwabe, Klaus (Hrsg.): Die deutschen Eliten und der Weg in den Zweiten Weltkrieg, München 1989.
Browning, Christopher R.: The path to genocide, Cambridge 1992.
Bracher, Karl Dietrich u.a. (Hrsg.): Nationalsozialistische Diktatur. Eine Bilanz. Bonn 1986.
Bramsted, Ernest K.: Goebbels and National Socialist Propaganda 1925-1945. Michigan 1965 (Dt.: Goebbels und die nationalsozialistische Propaganda 1925-1945. Frankfurt/M. 1971).
Brandt, Hans-Jürgen: NS-Filmtheorie und dokumentarische Praxis: Hippler, Noldan, Junghans, Tübingen 1987.
Bredow, Wilfried von/Zurek, Rolf: Film und Gesellschaft in Deutschland, Hamburg 1975.
Broszat, Martin: Zur Edition der Goebbels-Tagebücher, in: Vierteljahreshefte für Zeitgeschichte 37. Jg., 1989, S. 156-162.
Bucher, Peter: Die Bedeutung des Films als historische Quelle: »Der ewige Jude«(1940), in: Duchhardt, Heinz/Schlenke, Manfred (Hrsg.): Festschrift für Eberhard Kessel, München 1982, S. 300-329.
Bucher, Peter: Goebbels und die deutsche Wochenschau, in: Militärgeschichtliche Mitteilungen 40. Bd., 1986, S. 53-69.
Bucher, Peter: Film als Quelle, in: Der Archivar 41.Jg., 1988, S. 498-524.
Bucher, Peter: Die Tagebücher von Joseph Goebbels, in: 1999. Zeitschrift für Sozialgeschichte des 20./21. Jhdts, 2. Jg., 1988, S. 89-95.
Courtade, Françis/Cadars, Pierre: L'histoire du cinema nazi, Paris 1972.
Courtade, Françis/Cadars, Pierre: Geschichte des Films im Dritten Reich, München 1975.
Dahm, Volker: Anfänge und Ideologie der Reichskulturkammer, in: Vierteljahreshefte für Zeitgeschichte 34. Jg., 1986, S. 53-84.
Deist, Wilhelm u.a.: Ursachen und Voraussetzungen des Zweiten Weltkrieges, Frankfurt 1989 (= Das Deutsche Reich und der Zweite Weltkrieg, Bd. 1, Stuttgart 1979).
Delage, Christian: La vision Nazie de L'Histoire à travers le cinéma documentaire du Troisième Reich, Lausanne 1989.
Dick, Bernard F.: The Star Spangled Screen. The American World War II Film, Lexington 1985.
Diller, Ansgar: Rundfunkpolitik im Dritten Reich, München 1980.
Donner, Wolf: Propaganda und Film im »Dritten Reich«, Berlin 1995.
Döscher, Hans Jürgen: »Reichskristallnacht«, Frankfurt/M./Berlin 1988.
Drewniak, Boguslaw: Der deutsche Film 1938-1945, Düsseldorf 1987.
Drewniak, Boguslaw: Das Theater im NS-Staat, Düsseldorf 1983.
Faulstich, Werner/Korte, Helmut (Hrsg.): Fischer Filmgeschichte, Bd. 2, 1925-1944, Frankfurt/M. 1991.
Fest, Joachim C.: Hitler, Berlin 1973.
Fleming, Gerald: Hitler und die Endlösung, Berlin 1987.
Förster, Jürgen (Hrsg.): Stalingrad. Ereignis. Symbol. Wirkung, München 1992.
Fox, John P.: Der Fall Katyn und die Propaganda des NS-Regimes, in: Vierteljahreshefte für Zeitgeschichte 30. Jg., 1982, S. 462-499.
Furhammer, Leif/Isaksson, Folke: Politics and film, London 1971.
Gandert, Gero (Hrsg.): Der Film der Weimarer Republik: 1929, Berlin 1993.
Gellermann, Günther W.: ...und lauschten für Hitler. Geheime Reichssache. Die Abhörzentralen des Dritten Reichs, Bonn 1991.
Goerner, Rüdiger: Das Tagebuch, München/Zürich 1986.

Goertz, Heinrich: Gustaf Gründgens. Hamburg 1982.
Gregor, Ulrich/Patalas, Enno: Geschichte des deutschen Films, Gütersloh 1962.
Hagemann, Jürgen: Presselenkung im Dritten Reich, Bonn 1970.
Hamann, Brigitte: Hitlers Wien, München 1996.
Hanna-Dauod, Thomas: Die NSDAP und der Film vor der Machtergreifung, Köln 1996.
Happel, Hans-Gerd: Der historische Spielfilm im Nationalsozialismus, Frankfurt/M. 1974.
Hattendorf, Manfred (Hrsg.): Perspektiven des Dokumentarfilms, München 1996.
Hehl, Ullrich von: Die Kontroverse um den Reichstagsbrand, in: Vierteljahreshefte für Zeitgeschichte 36. Jg., 1988, S. 259-280.
Heiber, Helmut: Joseph Goebbels, München[3] 1988.
Herzstein, Robert E.: The war that Hitler won, London 1979.
Hilberg, Raoul: Die Vernichtung der europäischen Juden. Die Gesamtgeschichte des Holocaust, Berlin 1982.
Hillgruber, Andreas: Hitlers Strategie, Politik und Kriegsführung 1940-1941, München[2] 1982.
Hillgruber, Andreas: Die Zerstörung Europas, Frankfurt/M.-Berlin, 1988.
Hocke, Gustav René: Europäische Tagebücher aus vier Jahrhunderten, München 1978.
Höver, Ulrich: Joseph Goebbels – ein nationaler Sozialist, Bonn 1992.
Hoffmann, Hilmar: »Und die Fahne führt uns in die Ewigkeit«. Propaganda im NS-Film, Frankfurt 1988.
Hoffmann, Hilmar: Mythos Olympia, Berlin 1993.
Hoffmann, Hilmar: 100 Jahre Film. Von Lumière bis Spielberg 1894 bis 1994, Düsseldorf 1994.
Hollstein, Dorothea: Antisemitische Filmpropaganda, München/Berlin 1971.
Hollstein, Dorothea: »Jud Süß« und die Deutschen, Frankfurt/M. u.a. 1983.
Huemer, Andrea: Die Frau im NS-Film, Wien 1985.
Hull, David Stewart: Film in the Third Reich, Berkeley 1968.
Irving, David: Hitler, 2., überarb. Auflage London 1989.
Jacobsen, Wolfgang (Hrsg.): Babelsberg, Berlin 1992.
Jäckel, Eberhard/Rohwer, Jürgen (Hrsg.): Der Mord an den Juden im Zweiten Weltkrieg. Entschlußbildung und Verwirklichung, Stuttgart 1985.
Jäckel, Eberhard/Rohwer, Jürgen (Hrsg.): Kriegswende 1941. Koblenz 1984.
Janßen, Karl Heinz/Tobias, Fritz: Der Sturz der Generäle. Hitler und die Blomberg-Fritsch-Krise 1938, München 1994.
Jochheim, Gernot: Frauenprotest in der Rosenstraße, Berlin 1992.
Kahlenberg, Friedrich P. : Starke Herzen. Quellen-Notizen über die Produktion eines Ufa-Films im Jahre 1937, in: Wetzel, Kraft/Hagemann, Peter A.: Zensur – Verbotene deutsche Filme 1933-1945, Berlin 1978, S. 110-125.
Kahlenberg, Friedrich P. (Hrsg.): Aus der Arbeit der Archive. Festschrift für Hans Booms, Boppard 1989.
Kanzog, Klaus: »Staatspolitisch besonders wertvoll«. Ein Handbuch zu 30 deutschen Spielfilmen der Jahre 1934 bis 1945, München 1994
Kershaw, Ian: How effective was Nazi Propaganda, in: Welch, David (Ed.): Nazi Propaganda – the Power and the Limitations, London 1983, S. 180-205.
Kershaw, Ian: The Hitler Myth, Oxford[2] 1987.
Kershaw, Ian: Hitlers Macht, München 1992.
Kershaw, Ian: Der NS-Staat. 2., überarb. und erw. Neuausg. Hamburg 1994.
Kessemeier, Carin: Der Leitartikler Goebbels in den NS-Organen »Der Angriff« und »Das Reich«, Münster 1967.

Klee, Ernst: »Euthanasie« im NS-Staat. Die »Vernichtung unwerten Lebens«, Frankfurt/M. 1983.
Klingler, Walther: NS-Rundfunkpolitik 1942-1945, Mannheim 1983.
Knilli, Friedrich u.a.: »Jud Süß«, Berlin 1983.
Koch, Peter-Ferdinand (Hrsg.): Die Tagebücher des Doktor Joseph Goebbels, Hamburg 1988.
Kracauer, Siegfried: Von Caligari bis Hitler, Frankfurt/M. 1979.
Kreimeier, Klaus: Die Ufa-Story, München 1992.
Krützen, Michaela: Hans Albers. Eine deutsche Karierre, Berlin 1995.
Kresser, Dodo/Horvath, Michael: Nur ein Komödiant? Hans Moser in den Jahren 1938-1945, Wien 1994.
Leiser, Erwin: »Deutschland erwache«. Propaganda im Film des Dritten Reiches, 2., überarb. Auflage Hamburg 1989.
Liebe, Ulrich: Verehrt, verfolgt, vergessen. Schauspieler als Naziopfer, Berlin 1992.
Lizzani, Carlo: Il cinema italiano, Rom 1982.
Loiperdinger, Manfred: Der Parteitagsfilm »Triumph des Willens«, Opladen 1987.
Loiperdinger, Martin/Schönekäs, Klaus: Die große Liebe – Propaganda im Unterhaltungsfilm, in: Rother, Rainer (Hrsg.): Bilder schreiben Geschichte: Der Historiker im Kino, Berlin 1991, S. 143-153.
Loiperdinger, Martin u.a. (Hrsg.): Führerbilder, München 1995.
Longerich, Peter: Propagandisten im Krieg. Die Presseabteilung des Auswärtigen Amtes unter Ribbentrop, München 1987.
Longerich, Peter (Hrsg.): Die Ermordung der europäischen Juden. Eine umfassende Dokumentation des Holocaust 1941-1945, München 1989.
Longerich, Peter: Nationalsozialistische Propaganda, in: Bracher, Karl Dietrich u.a. (Hrsg.): Deutschland 1933-1945, Düsseldorf 1992, S. 291-314.
Lowry, Stephen: Pathos und Politik, Tübingen 1991.
Maaß, Michael: Aspekte von Kultur und Freizeit in Nürnberg, in: Archiv für Sozialgeschichte 33. Jg., 1993, S. 329-356.
Maibohm, Ludwig: Fritz Lang, München 1981.
Maiwald, Klaus Jürgen: Filmzensur im NS-Staat, Dortmund 1983.
Manvell, Richard/Fraenkel, Heinrich: Goebbels. Der Verführer, Köln 1960 (Nachdr. München 1989).
Martens, Stefan: Hermann Göring. »Erster Paladin des Führers« und »Zweiter Mann im Reich«, Paderborn 1985.
Mathieu, Thomas: Kunstauffassungen und Kulturpolitik im Nationalsozialismus, Saarbrücken 1997.
McGilligan, Patrick: Fritz Lang. The nature of the Beast, New York 1997.
Michalka, Wolfgang (Hrsg.): Der Zweite Weltkrieg, München 1989.
Michels, Helmut: Ideologie und Propaganda. Die Rolle von Joseph Goebbels in der nationalsozialistischen Außenpolitik bis 1939, Frankfurt/M. 1992.
Moeller, Felix: I Gusti del Führer, in: Il cinema dei dittatori, Bologna 1992, S. 261-268.
Moeller, Felix: Blitzkrieg und Filmpropaganda: Aus den Tagebüchern von Joseph Goebbels 1939-1941, in: Siemann, Wolfgang/Daniel, Ute (Hrsg.): Propaganda, Frankfurt/M. 1994.
Moltmann, Günther: Goebbels' Rede zum totalen Krieg am 18. Februar 1943, in: Vierteljahreshefte für Zeitgeschichte 12. Jg., 1964, S. 13-43.
Moltmann, Günther/Reimers, Karl Friedrich: Zeitgeschichte in Bild- und Tondokumenten, Göttingen 1970.

Müller, Hans-Dieter: Der junge Goebbels. Zur ideologischen Entwicklung eines politischen Propagandisten, Mannheim Diss. phil. 1974.
Nill, Ulrich: Die »geniale Vereinfachung«. Anti-Intellektualismus in Ideologie und Sprachgebrauch bei Joseph Goebbels, Frankfurt/M. 1991.
Nordemann, Wilhelm: Die ›Tagebücher‹ des Joseph Goebbels im Spannungsfeld von Besatzungs-, Persönlichkeits-, und Urheberrecht, in: Westermann, Harm Peter/ Rosner, Wolfgang (Hrsg.): Festschrift für Karlheinz Quack zum 65. Geburtstag, Berlin 1991, S. 73-88.
Obst, Dieter: »Reichskristallnacht«: Ursachen und Verlauf des antisemitischen Pogroms vom November 1938, Frankfurt/M. 1991.
Ogan, Bernd/Weiss, Werner (Hrsg.): Faszination und Gewalt. Zur politischen Ästhetik des Nationalsozialismus, Nürnberg 1992.
Osterkamp, Marold: Die populäre Kultur im Dritten Reich – Bestandsaufnahme und Wertung unter besonderer Berücksichtigung des Unterhaltungsfilms, Diss. phil. Berlin 1986.
Oven, Wilfried von: Wer war Goebbels?, München 1987.
Panse, Barbara: »Diese Künstler sind wie Kinder«, in: Theater heute Nr.9/1989, S. 4-21.
Paul, Gerhard: Aufstand der Bilder. Die NS-Propaganda vor 1933, Bonn 1990.
Phillips, Marcus S.: The German Film Industry and the Third Reich, Diss. East Anglia, 1974.
Pietrow-Ennker, Bianka: Die Sowjetunion in der Propaganda des Dritten Reiches. Das Beispiel der Wochenschau. Eine Dokumentation, in: Militärgeschichtliche Mitteilungen 46. Bd., 1989, S. 79-120.
Pohl, Dieter: Von der »Judenpolitik« zum Judenmord, Frankfurt/M. 1993.
Rabenalt, Arthur M.: Film im Zwielicht, München 1958.
Rabenalt, Arthur M.: Joseph Goebbels und der »Großdeutsche« Film, München 1985.
Rathkolb, Oliver: Führertreu und gottbegnadet, Wien 1991.
Rebentisch, Dieter: Führerstaat und Verwaltung im Zweiten Weltkrieg. Verfassungsentwicklung und Verwaltungspolitik 1939-1945, Stuttgart 1989.
Recker, Marie-Luise: Die Außenpolitik des Dritten Reiches, München 1990.
Reichel, Peter: Der schöne Schein des Dritten Reiches, München/Wien 1991.
Reimann, Viktor: Dr. Joseph Goebbels, Wien u.a. 1971.
Reimers, Karl Friedrich/Friedrich, Helmut (Hrsg.): Zeitgeschichte in Film und Fernsehen, München 1982.
Rentschler, Eric: The Ministry of Illusion, Cambridge 1996.
Reuth, Ralf Georg: Goebbels, München 1991.
Riess, Curt: Das gab's nur einmal, 3 Bde. Frankfurt/M. u.a. 1985.
Riess, Curt: Die große Zeit des deutschen Films, 4 Bde., Wien/München 1977.
Rost, Karl Ludwig: Sterilisation und Euthanasie im Film des »Dritten Reichs«, Diss. med. Berlin 1986.
Roth, Karl Heinz: Filmpropaganda für die Vernichtung der Geisteskranken und Behinderten im »Dritten Reich«, Diss. med. Hamburg 1986.
Sänger, Fritz: Politik der Täuschungen. Mißbrauch der Presse im Dritten Reich. Weisungen, Informationen, Notizen 1933-1939, Wien 1975.
Sakkara, Michele: Die große Zeit des deutschen Films, Leoni 1980.
Schäfer, Hans Dieter: Das gespaltene Bewußtsein. Über deutsche Kultur und Lebenswirklichkeit 1933-1945, Frankfurt/M. 1981.
Schaudig, Michael (Hrsg.), Positionen deutscher Filmgeschichte, München 1996.
Schettler, Holger: Arbeiter und Angestellte im Film, Bielefeld 1992.

Schreiber, Gerhard: Hitler. Interpretationen 1923-1983. Ergebnisse, Methoden und Probleme der Forschung, 2., überarb. Auflage Darmstadt 1988.
Schulz, Jürgen Michael: Die Identität des Täters. Joseph Goebbels als Tagebuch-Autor, in: Lange, Ulrich Thomas (Hrsg.): Identität, Integration und Verantwortung. Vorträge und Referate der ersten Görlitzer Wissenschaftstagung, Berlin 1994, S. 194-204.
Seiler, Paul: Zarah Leander. Ich bin eine Stimme, Berlin 1997.
Singer, Hans-Jürgen: »Tran und Helle«. Aspekte unterhaltender Aufklärung im Dritten Reich, in: Publizistik H. 3/4, 31. Jg., 1986, S. 347-356.
Smelser, Roland/Zitelmann, Rainer: Die braune Elite, Darmstadt 1989.
Spiker, Jürgen: Film und Kapital, Berlin 1975.
Sösemann, Bernd: Voraussetzungen und Wirkungen publizistischer Opposition im Dritten Reich, in: Publizistik H. 2/3, 30. Jg., 1985, S. 195-215.
Sösemann, Bernd: Die Tagesaufzeichnungen des Joseph Goebbels und ihre unzulänglichen Veröffentlichungen, in: Publizistik H. 2, 7. Jg., 1992, S. 213-244.
Sösemann, Bernd: Inszenierungen für die Nachwelt. Editionswissenschaftliche und textkritische Untersuchungen zu Joseph Goebbels' Erinnerungen, diaristischen Notizen und täglichen Diktaten, in: Historische Zeitschrift. Sonderheft 16, 1992, S. 1-45.
Sösemann, Bernd: »Ein tieferer geschichtlicher Sinn aus dem Wahnsinn«. Die Goebbels-Tagebuchaufzeichnungen als Quelle für das Verständnis des nationalsozialistischen Herrschaftssystems und seiner Propaganda, in: Nipperdey, Thomas u.a. (Hrsg.): Weltbürgerkrieg der Ideologien. Antworten an Ernst Nolte. Festschrift zum 70. Geburtstag, Berlin 1993, S. 136-174.
Steiner, Maria: Paula Wessely. Die verdrängten Jahre, Wien 1996
Steinweis, Allan E.: Hans Hinkel and German Jewry 1933-1941, in: Leo Baeck Institute Year Book 1993, S. 209-219.
Stephan, Werner: Joseph Goebbels. Dämon einer Diktatur, Stuttgart 1949.
Stirk, Peter M. R.: Anti-Americanism in National Socialist Propaganda during the Second World War, in: ders./ Smith, M. L. (Eds.): Making the New Europe, London 1990, S. 66-86.
Stoltzfus, Nathan: Social Limitations on the Nazi Dictatorship: The Rosenstraße Protest and the Case of German-Jewish Intermarriage, Boston 1996.
Sywottek, Jutta: Mobilmachung für den totalen Krieg. Die propagandistische Vorbereitung der deutschen Bevölkerung auf den Zweiten Weltkrieg, Opladen 1976.
Terveen, Fritz: Die Rede des Reichsministers Dr. Goebbels vor den Filmschaffenden in Berlin am 28. Februar 1942, in: Publizistik 4. Jg., 1959, S. 29-48.
Toeplitz, Jerzy: Geschichte des Films, Bd. 3, 1934-1939, Berlin 1982.
Toeplitz, Jerzy: Geschichte des Films, Bd. 4, 1939-1945, Berlin 1983.
Traudisch, Dora: Mutterschaft mit Zucker. Frauenfeindliche Propaganda im NS-Spielfilm, Pfaffenweiler 1991.
Wedel, Hasso von: Die Propagandatruppen der deutschen Wehrmacht, Neckargemünd 1962.
Wegner, Bernd (Hrsg.): Zwei Wege nach Moskau. Vom Hitler-Stalin-Pakt zum »Unternehmen Barbarossa«, München 1991.
Weinberg, David: Approaches to the Study of Film in the Third Reich: A Critical Appraisal, in: Journal of Contemporary History 19. Jg., 1984, S. 105-126.
Welch, David: Goebbels, Götterdämmerung, and the Deutsche Wochenschauen, in: Short, K. M. (Ed.): Newsreel witness, London 1986, S. 80-99.
Welch, David: Propaganda and the German Cinema, Oxford 1983.
Wendtland, Karlheinz: Geliebter Kintopp. Sämtliche deutsche Spielfilme von 1929-1945, 7 Bde., Berlin o.D.

Wetzel, Kraft/Hagemann, Peter A.: Liebe, Tod und Technik. Kino des Phantastischen 1933-1945, Berlin 1977.

Wetzel, Kraft/Hagemann, Peter A.: Zensur – Verbotene deutsche Filme 1933-1945, Berlin 1978.

Winkler, Klaus: Fernsehen unterm Hakenkreuz. Organisation. Programm. Personal, Köln u.a. 1994.

Winkler-Mayerhöfer, Andrea: Starkult als Propagandamittel im Dritten Reich, München 1992.

Wirl, Manfred: Die öffentliche Meinung unter dem NS-Regime, Diss. phil. Mainz 1990.

Witte, Karsten: Die Filmkomödie im Dritten Reich, in: Denkler, Horst/Prümm, Karl: Die deutsche Literatur im Dritten Reich, Stuttgart 1976, S. 347-365.

Witte, Karsten: Filmkomödie im Faschismus, Diss. phil. Frankfurt/M. 1986.

Witte, Karsten: Film im Nationalsozialismus. Blendung und Überblendung, in: Jacobsen, Wolfgang u.a. (Hrsg.): Geschichte des deutschen Films, Stuttgart 1993, S. 119-170.

Witte, Karsten: Lachende Erben – Toller Tag, Berlin 1995.

Wykes, Alan: Joseph Goebbels. Der Reichspropagandaminister, Rastatt 1986.

Zielinski, Siegfried: Veit Harlan, Frankfurt/M. 1981.

Zumkeller, Cornelia: Zarah Leander, München 1988.

Personenregister

Filmtitelregister

Abbildungsnachweis

Archiv der Stiftung Deutsche Kinemathek Berlin (60, 62, 68, 72, 74, 76, 156, 168, 172, 195, 198, 207, 241, 251, 254, 275, 279, 289, 311, 319, 353, 407, 426, 434, 444, 451, 453)
Archiv Filmmuseum Potsdam (86, 343)
Archiv Henschel Verlag (157, 399)
bildarchiv preussischer kulturbesitz (33, 43, 149, 183, 246, 301, 304, 308, 321, 401)
Bilderdienst Süddeutscher Verlag (365, 369)
Ullstein Bilderdienst (45, 53, 88, 105, 113, 120, 123, 126, 129, 133, 138, 146, 175, 287, 406, 422, 437, 445, 448)